中华传世藏书 【图文珍藏版】

曾国藩全集

［清］曾国藩◎原著

赵征◎主编

线装书局

曾国藩全集

曾国藩

日记

上

[清]曾国藩⊙原著
赵征⊙主编

卷一　道光十九年

正月

初一日（夜写散馆卷一开半）

家居。季洪弟受风寒。夜写散馆卷一开半。

初二日　天阴

请客四席。夜写卷一开。

初三日　天阴雨

丹阁叔留舍。朱尧阶夜来。

初四日　阴（作书邀刘冠群来舍）

辰后，拜祖墓。午刻，朱啸山来，王待聘妹夫来。作书邀刘冠群来舍。又作书寄霞仙。季洪弟自来痘。夜与尧阶、啸山谈至天明。夜三更大雪。

初五日

大雪，自昨夜三更起，至本日酉刻止。午刻欧阳牧云来。

《踢球》局部　清代

初六日　大晴（二妹之儿巳刻死）

二妹之儿巳刻死，儿生五十天。家中酬龙愿，同龙至添梓坪德六从祖家，申刻归。朱尧阶、啸山辰刻归去。

初七日　晴

早，至德六从叔祖家，听剧一天，夜未归。

初八日　晴

祖大人寿辰，在添梓坪拜寿。巳刻，龙至柳衙叔家。申刻归。汪德庄来舍。

初九日　阴

早，至柳衙叔家，申刻归。陶村四叔来家，同饭柳衙叔家。

初十日　阴

早，至任尊叔家。饭后同龙至曾祖坟上，又至元吉公坟上。午饭宽五弟家。夜归。

十一日　大晴

早饮宽三从弟家。饭后同龙至祥坞从祖家。晚归。

十二日　晴

早饮祥坞从祖家。饭后同龙归。夜散龙。

十三日　晴（调停楚善叔卖田事）

大姊家起龙至予家。邀彭百乘、寿七至舍，为楚善叔衡阳卖田事，予托百乘二人调停。是日家中客多，共十馀席。朱尧阶专人来舍，约余于廿四走彼家，拟同当朱良二庄田。四妹

议许字朱凤台之子,尧阶遣人送男庚来。夜作书复尧阶,不愿成当田事。又作书与朱啸山,将四妹女庚发出。又作书复刘霞仙,论事甚详。睡时五鼓矣。

十四日　晴

饭后,家祖同龙至萧家冲。左凤阁来。江南五母舅来。夜作书与刘鲁岩。

十五日　晴、阴

左凤阁饭后归去。家祖归。朱尧阶申刻来,言终当成当田事。

十六日　晴

早饮姊婿家。饭后,走欧阳沧溟先生家,仆一人,肩舆八人。是日彼家二席。

十七日　晴

饭后由岳家走欧阳宗祠,共八席。夜宿阳祠。

十八日　阴

由欧阳宗祠走庙山家祠。夜宿涞米石渡王家,家祖亦宿此。

十九日　晴

由王家至宗祠。

廿日　阴

在祠,走各处坟山扫墓。

廿一日　阴

在祠。祠内经管请外姓人吃酒,四十馀席。夜大雨。

廿二日　阴

由祠内归,夜宿塘头湾,系家贵公后裔。

廿三日　晴(满妹痘甚危)

由塘头湾归家,申刻到。家中种痘者,满妹痘不好,甚危急,叔淳弟初发现,尚好;儿子未发热。夜着刘一、王荆七走刘冠群家,请医弟、妹。

廿四日　晴

在家。满妹痘又发小的,颇红,医人谓是子来救母,杂投人参、鹿胶。

廿五日　阴(儿亦发痘)

昨夜儿子发热,本日现痘不甚多。发热必三日始现痘为佳,兹仅发热一夜,非吉报也。前十七日面约廿六日至尧阶家,因家中种痘,光景不好,不能遽去。午刻遣人致书尧阶,约廿七日至彼家。夜大风。

廿六日　阴雨

满妹痘愈不好。儿子桢第痘稠密异常,啼哭不止。叔淳弟痘尚未灌浆。望刘冠群东屏来医,甚急,竟不见到。夜,风尤大。满妹爬破烂痘,面上血淋漓,实痛心也。

廿七日　大北风

是日备行李,将往尧阶家,肩舆十人,皆已收拾待发,以满妹及儿子痘症险逆,不忍行,迟至午刻始行。行半里许,遇刘东屏先生,因与同归。即作书遣人走尧阶家,言不复去。又作书与朱凤台,另订告庚日期。儿子痘愈益密,如聚粟满地,无复界限,色紫红。东屏举方要清热解毒,有西庄、犀角等药。夜,稍泻,哭稍止。夜深,大雪。

廿八日　大雪,寒甚(满妹痘疾愈险)

满妹痘愈险,痘不灌浆,不甚服药,一切饮食不入口,但喜嗽口,而人甚清醒。自昨日未时,咬牙战口,本日愈甚。夜,愈危,面上痘痂皆指爪爬破,面及颈皆烂,血渍被褥,淋漓不复可视,臭气薰蒸,其实惨极。二更后,余扶持儿子,不复去看满妹。儿子本日仍服昨日方,但去西庄。不复啼哭,渐昏弱,无生气,心知不可救药,犹冀幸万一。

廿九日　阴雨(满妹病故)

辰刻,满妹死,余尚未起。时叔淳弟痘亦密,甚危。家中哭泣不敢出声,恐惊叔淳。满妹

生于道光十年庚寅八月初八日辰时,至是生八岁零一百七十一天。满妹病,全赖澄侯调汤药,扶持床褥,余甚未尽手足之情。自廿三日,常服补剂人参、鹿胶,竟不能济,痛哉!是日买棺去五千钱,敛葬皆不从薄,葬于油麻冲。满妹临死,遍呼家中人,独不呼儿子桢第,知其危也。儿子是日服补剂,夜深始服高丽参汤。只以船小载重,医者刘东屏知其无济,余亦知其将死。是夜四更始睡,余与内人并不能寐。

二月

初一日　早,雪(儿因逆症夭亡)

儿子痘色转白。昨夜泻二次,皆药也。饭后开方喂药,心知无补,尽情而已。巳刻竟死。儿子生十七年丁酉十月初二日戌时,至是一岁零四月。自内子怀孕,未尝服药,生后至今,皆清吉。家祖尤钟爱异常,至是家祖殆难为情也。日晡时出葬,与满妹同穴。满妹与儿子,生时无片刻离身,至是皆以逆症夭亡,痛哉!夜,汪三与唐一来舍。

初二日　阴

叔淳弟痘渐落痂。

初三日　阴雨

昨日请刘东屏诊视家母。母亲积年多病,东屏谓服药数剂,必当大效。姑存此方于左:

代赭石四钱生研末

三光参二钱　抱木茯神四钱

白旋覆花三钱　元半夏三钱　生白芍二钱半　炙粉草一钱五分　河南枣二枚去核干柿蒂七个　小麦米二钱　老生姜三钱引

初四日　阴雨

刘东屏归去。温甫弟伤风。

初五日　晴

写对联六付。酉刻,龚云亭、紫岩专人来,有书并贺仪钱四千,紫岩有诗四首。夜作书答云亭兄弟。

初六日　晴

温甫弟病未愈,请陈丰六开方,下半日又请王大诚开方。母亲在厨下跌至地,幸无伤损。前在衡阳,欧阳山托荐馆,余荐至葛中道家,本日作书付葛,催令下聘关。夜磨墨。

初七日　晴,大暖(作《哭亡妹亡儿》辞)

温甫弟尚未愈,陈丰六又开方。彭宜人来。作《哭亡妹亡儿》辞。夜请医人尹光六来。

初八日　晴,大暖

温甫弟病愈。与尹光六下棋。申刻剃头。夜,家庙向无丁祭,陶村族叔议兴祭,每人捐谷二斗,祖命为记。是夜,为记约四百字。

初九日　晴,大暖

温甫弟大愈,尹光六去。欧阳楚一至舍。

初十日　晴,午刻雨,申刻大雨

王待聘妹夫来。午饮楚善叔家。

十一日　晴(于是日起遍访亲友)

辰初出门,由井字街走王子山,宿紫殿李恒四家。

十二日　早微雨,辰后阴

由李家走紫名桥、五里山、金蓬、姚家桥,夜至洲上朱太姻伯家。

十三日

早,阴。在朱家。夜,冷,大雨。

十四日　阴雨

在朱家。写扇、联、幅一天。

十五日　阴(四妹许配朱存一为妻)

在朱家。早起,写庚书,四妹许配朱良七爷子存一为室。日,朱家演戏。写联、幅,夜至三更。

十六日　早晴,晚雨

由大义太姻伯家至良二爷家,写联、幅。

十七日　阴

由良二爷家至梓门桥,路径金鸡寺、新庄大村,路大。

十八日　晴(当朱良二田)

在梓门桥与朱尧阶当朱良二田。是日踏田,地名大屋场洼门前虾公塘,共茅屋三座、瓦屋一座;筒车三座:一独占、一三分占一、一六分占五。旧佃彭明青、彭步端、简贤、玉书、易朝宗、彭开一皆踏清,在彭明青家吃酒。是日着屈二、萧三送钱叁拾千回家,并庚书、鞋样。

十九日　晴

在梓门桥饭后,走永丰分司吴咏斯署,又至书院。未刻回梓门桥。

二十日　晴(带彭简贤法禁)

朱良二旧佃彭简贤阻新佃易朝宗耕,昨日有人和释,劝朱出钱三千。简贤已写退耕领信字,本日复强悍不服,辰后带上永丰分司处法禁。午饭后,由永丰起程,至走马街宿。

二十一日　晴

由走马街走刘杰田家,午刻到。杰田系霞仙叔。是日与霞仙会。家中着萧三、萧五来,有信。

二十二日　晴

至霞仙家。下棋数局。写对联。

二十三日　晴

寄衣在霞仙家计灰鼠袍套一付、大毛皮袍、皮马褂、单腿裤。托刘买茶叶并衣包送归。留家书在刘家。由刘家走大波曾姓。

二十四日　晴,大热

至曾楚兴家系大波房。午正,由大波房至田家湾。

二十五日　晴,大热(拟由金家湾走江母舅家)

辰后写对联。午饭后,由田家湾至金家湾。彭景三来,接家信,又接金竺虔京信及金年伯信并勤七信。本拟由金家湾走成忍斋家,因闻成忍斋已走省,故拟由金家湾走江母舅家,下县去。

二十六日　雨

辰后写对联。留金家湾。早,遣彭景三由江母舅家下县。夜写对联。

二十七日　阴、晴

辰后由金家湾至彭廉轩家地名石上。

二十八日　晴

辰后写对联。午后至彭寿亭家,仍归宿廉轩家。

二十九日　小雨

由彭廉轩家十里、羊古凼十里、大风煅十里、扶木亭十五里、测水五里、街埠头十里,至江维世外祖家。

三十日　晴

上半天写对联。午后走通十母舅家。

三月

初一日　晴，大热

早饮极三家，冕四、冕十、南九三房为东。午饮，冠九兄弟为东。上半天写对联。夜作家书，拟明早着二人归。

初二日　晴，大热

早饮通十、南五二母舅家。辰后，走上山田江家老屋挂匾。夜宿豫章十五母舅家。

初三日　晴，大热

早饭豫章母舅家。午饭彭家冲河润外祖家。夜写[宿]彭家冲。朱尧阶、龚云亭并有信，言彭明青事，余作书回复

初四日　晴（朱尧阶托在县告状）

大热，仅可着单衣。饭后至乔[荞]麦田孝六外祖家。下半天写字。彭四、廖兆佳自家来，家严有手示，言家中彭人盗柴事。澄侯有信，言今年用功课。欧阳沧溟先生有信，言黄蓉浦求写树德堂跋。昨日朱尧阶信内有呈官词二纸，要托在县告状。余回信言此刻县考，余宜回避，待考试后再告。昨夜打牌未睡。初四夜雷。

初五

早，大雨。饭后至戴家冲。午饭后走鱼塘曾星耀家。夜复大雨。

初六日　阴、晴

留鱼塘。辰后至石笔墈挂匾。早剃头。夜写对联。

初七日　晴

由鱼塘起身，未刻到县城，住其宫殿。

初八日　晴（县试二场发案）

留县城。县试二场发案。请家德二开单拜客。衡阳黄蓉浦寿六十，托欧阳巨川先生托写树德堂跋，是日，拨冗书就。夜，写家信，着人明日归。前寄钱肆拾捌千在江行八母舅家，是夜作书与江，明日着人去接钱送归。又作书付宁乡曾衍咏之子道二家，约二月廿外至伊家去。

初九日　晴

在城拜客一天。早，着四人归家。是日县试第三场。

初十日　晴

在城写对联。

十一日　早晴，下半天雨

出北门城，至曾常二爷家，又至黄学二老爷家拜客。夜，写字。

十二日　雨

是日，县试四场。在寓写对联廿条付，扇子十馀把。

十三日　雨

是日，在寓写对联。早饮沈霭亭寓所，系霭亭之姊婿王十为东。

十四日　阴

是日，请客一席。上半天写对联。夜拆银封。

十五日　阴（仙舫请余为伊母作寿序）

辰刻后写对联。午刻，饮罗瑞森三爷家。申刻归寓，写对联，剃头。亥刻，写扇。子刻，作书寄宁乡家仙舫上舍兴槎、白庐启事兴耘。昨日，仙舫回书来，送银贰十两，道彼处此刻不必去，且请余为伊母作寿序。余复书，谓他日当作寿文，写屏送至伊家，伊又求写对联二首，

亦付去。又送伊钮松泉联一首。子刻,作家书。又作书寄朱尧阶,为梓门桥事。

十六日　阴、晴

辰起,与勤七叔将县城一切用费算清。辰饮后,由城起程,未刻至普眼堂曾祠。

十七日　大雨(道梓门桥事已清)

住普眼堂。写对联。朱尧阶有信来,道梓门桥事已清。是夜作书复尧阶,四妹订于十月十六日于归。夜写联。五更未睡。

十八日　早雨,辰后阴

由普眼堂走濲水,宿曾光文家。

十九日　阴(逢吉欲构祖坟被占之讼)

早写对联。辰后,由濲水走谭家桥曾逢吉家。夜打牌。曾光文来,为逢吉言讼事。逢吉家有叠葬祖坟鳜鱼山,曾被彭如舜强葬八棺。乾隆四十九年构讼,至五十六年,李藩邑侯断结押扦,给印谳为执照,藩邑侯亦有谳。兹于七月、二月周佐才强葬此山,劈匪骑头。逢吉欲与周兴讼,故与余商。

二十日　阴

住逢吉家。上半日写扇。午饭后,作寿序一首,系衡阳唐赓虞求伊父五十寿文。夜二更始誊起。作家书,明日将送寿文回家。又打牌一刻。又将逢吉与彭家讼事老案稿阅看。

二十一日　晴

由逢吉家至蒋干甫家。夜早睡。

二十二日　大雨

住蒋家。蒋颇有藏书。是日阅余所未见书,有《坚瓠集》《归震川古文》、钟伯严选《汉魏丛书》及诸种杂书。蒋求书"慎习楼"三字并跋。下半天写对联。夜打牌。

二十三日　晴,大热

由蒋家起程廿里,濲水过河,十五里,洋古凼廿五里。宿和睦亭。

二十四日　晴,大热

由和睦亭十八里,侧水过河,五里,街埠头廿里,中沙。夜到家。行李及下人皆宿贺家坳

二十五日

早,晴;日中,大风雨。是日在家。

二十六日　雨

澄侯至汪觉庵师家,归,携寿文一首。

二十七日　雨不止

唐家请予于廿八日走伊家写寿屏,予应廿九去。夜作书与朱凤台姻叔,订做装;又作书与霞仙,将遣人去接衣;又作书寄欧阳巨川先生。

二十八日　雨

东阳叔祖来家。楚善叔来,言请予代彼卖衡阳田与彭人。

二十九日　阴

由家起身,走衡阳唐诩庭家。下半天,唐以予作寿文中间太直,请予改。

四月

初一日　晴,微雨

写唐诩庭寿屏,福青缎写黄字,字学柳诚悬,参以王大令、董香光笔意,结构甚紧,笔下飒爽雅健,甚自许也。汪德庄世兄亦于是日至唐家。唐家又请敖姓人写寿屏。是日余写七幅,敖写五幅。

初二日　晴

写寿屏完,后打牌。

初三日　晴,大热(唐诩庭设筵贺寿)

唐诩庭生日,召客设筵,汪觉庵师亦至。

初四日　晴,大热

唐家重开宴。下半天着棋,夜打牌。

初五日　晴,大热

由唐家走洪光桥,至孟公坳,走回子岭,至牧云峰,夜宿希六伯家。

初六日　晴,下半天雨

由希六家饭后走碎桥,约廿里过渡,至琥翰堂、高嘴头。

初七日　大雨

住高嘴头。写条幅数首。着人走面湖凼十四、唐福十八、鸥江桥廿三处发信。下半天打牌。

初八日　早,大雨;日中,复大晴

由琥翰堂走松陂曾祠,顺便扫墓三处。下午,饭寺冲,系松陂祖山。下半天过金兰寺,日黑入祠。

初九日　晴

住松陂曾祠。写字数幅。

初十日　晴、大热(余颇忿松陂祠食言)

由松陂祠行四里,至黄蓉浦家。是日,松陂祠未具贺仪。又前年,父亲至此祠送匾,伊言当送钱来家贺,后食言。今又言贺仪待八月送。又前日要余扫墓,情理不顺,余盛气折之,祠内人甚愧畏。

十一日　晴,大热

黄蓉浦生日。欧阳巨六亦于昨日来黄家。是日唱剧,客甚多。

十二日　晴,大热(松陂请人来说情)

面湖凼昨日有人来接,订十四日准到。黄家仍音樽。松陂请人说情,送押钱陆拾肆千。

十三日　晴,晚大风

由黄家起身,夜宿软比桥。着吴六送信并钱回家。

十四日　阴

由软比桥至面湖凼曾祠。

十五日　晴

由曾祠至逢时三爹家。着刘一走龙田桥发信。

十六日　晴(借进京路费)

由逢时家至大启家,向大启借钱为进京路费,大启已诺,约七月初遣人去问信。大启年少,少[好]读书,颇有义气。

十七日　晴,大热

由大启家走西渡台圆寺,夜宿花江滩。

十八日　晴,大热

由花江滩至唐福,谒支祖坝公墓,次至祠。夜宿王八爷家。

十九日　晴

住唐福。着人回家,作书与叔父办谱事。

廿日　晴(阅《汉书》)

由唐福至鸥江桥。使者由家来,接父亲手示及四弟信。阅《汉书》韩、彭、英、卢、吴列传,荆、燕、吴列传。

廿一日　晴,下半天微雨
由鸥江桥辰后走唐福,仍至花江宿世禄家。
廿二日　晴,下半天雨
由花江下衡州府城,未刻到。是夜作书付金竺虔,作书寄文昌生,又作家书,又作书与庙山凌云叔,约同往耒阳。是早,寄信与花江人往耒阳。
廿三日　雨(闻彭雅涵偷窃事)
会衡阳沈明府,道及彭雅涵偷窃事。并会戎厅。着五人回家。
廿四日　大雨(闻徐晓村夫子凶讣)
会费鹤江前辈衡州四府观察,并拜客十馀家。闻徐晓村夫子凶讣。
廿五日　大雨
在外拜客。会贺春台。
廿六日　微雨
在家写扇、对。
廿七日　大雨
沈明府请吃饭。
廿八日　大雨
连日大雨,衡州水涨,幸不甚为害。曾大文送饭来寓。
廿九日　晴(喜兰姊生子)
曾上巩送饭来寓。家中有书来,兰姊于四月廿日生子,为之狂喜。二弟付文一赋一来。昨闻大考信,季老师一等第三,升少詹。

五月

初一日　晴
着使至杨立山家,欲收回丙申年所寄书,立山言已遗失矣。
初二日　晴
辰后,由衡府起身,夜宿铁纲铺宋家。
初三日　晴
由铁纲铺起程,行三十里,至栗江,宿鲁班庙,作试帖一首。
初四日　雨
由栗江店走各炭垅拜客。宿湾丘九如垅。
初五日　雨
住九如垅。下半天写对联甚多。
初六日　微雨
早,九如垅请客,陪席。下半天得宝垅陪席。宿得宝垅。
初七日　晴
日中饮王俊俏家,仍回九如垅宿。
初八日　晴
由垅上与希六伯同走常宁红泥桥上选叔家。夜,大雨。
初九日　早雨,辰后晴住上选叔家。
初十日　晴
由选叔家行八里,红陵桥十五里,黄泥塘十八里,五里冲八里,龙门十二里,秩田。
十一日　晴

由秧田过昭阳河十五里，南京桥廿里，于冲铺廿里，耒阳县城。会县令宋君并其客刘镜清、曹心斋，旧好也。

十二日　晴

早，饮宋公署中。宋名凤翔，号于庭，博通能文，颇有著述。饭后，曾氏镇南、冠群来，接入祠内住。写对联。

十三日　晴

住曾氏祠。辰后拜客几家。午，曾祠陪席。

十四日　晴（杜工部祠墓不壮丽）

早，至杜工部祠墓，有坊名"杜陵坊"，有碑数石。顺治十五年，按察使彭而述禹峰有《耒阳道中三十韵》，并展杜墓诗四首，刻石在祠内，又有彭记。祠不壮丽。外有靴洲，相传杜陵赴水后遗一靴，不知信否。夜，作《题宋于庭〈洞箫词〉后》词二首。

北京八旗驻军遗迹

十五日　晴

录词送宋公署。写对联、挂屏甚多。

十六日　雨

早，饮宋于庭署内。于庭有圆圆小像，甚是可观。午，饮家诚和二兄家。

十七日　雨（石湾曾氏请予上匾）

是日石湾曾氏请予至公寓上匾。寓已赁与伍姓人开店。伍姓强悍，有霸占之意。曾氏修屏门为悬匾地，伍人坏碎，又彼此殴伤、告官。余书片与宋公，宋亦未甚究。是夜，又作书让宋公也。竹台寺曾氏寓，邀下半天挂匾。

十八日　雨

仍住曾氏祠。宋于亭有复书来，不以余言为然。

十九日　早，雨

石湾人请余至曾氏寓挂匾。已正，与石湾人下乡，至小水铺。托里房邀余至村宿。

廿日　阴雨（若如石湾多富民则民贼息矣）

由托里行卅里至石湾曾祠。耒阳县间多山，古木苍藤，青苔茂草，殊有幽致。石湾一带多富民，使到处如此风俗气象，民贼息矣。下半天至祠，收拾整齐。夜大雨。

廿一日　阴雨

辰后，至石湾房曾益能叔侄及曾暄家。午后，祠内陪宴。夜

廿二日　大雨

益能之婿欧阳敬斋生子匝月，邀余过饮，余撰联语书赠。下半天回，移住益能家。夜归，写卷半开。

廿三日　雨

住益能家。写对联。下半天，饮洲头，系五房的。

廿四日　阴雨

希六伯早归去。早，饮益能之侄兆安家。午，饮曾暄家。二日写对联、屏幅甚多，字颇好。昨夜，阅益能家《皇甫碑》，识得欧字意思，知颜柳之硬，褚欧之瘦，学书者不可不领略

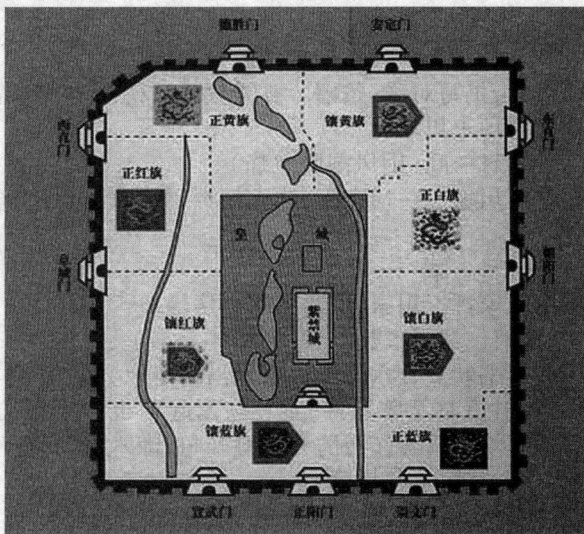

也。

廿五日　阴、晴（益能叔侄款待甚丰）

辰后，仍写对联、条幅。益能叔侄款待甚丰，馈赠甚腆，详人情数目。午初，由石湾益能家走曾家坪玉川家。

廿六日　晴（因风湿脚忽痛）

住玉川家。一切交际，详人情数目。昨早忽脚痛，以风湿故，本日未愈。写对联、条幅，颇佳。

廿七日　晴

由曾家坪玉川家，走通书峡。房隘。

廿八日　晴，大热

住通书峡。廿六日请曾家坪昌时走永兴发信，本日信回永兴。接廿日前刘一兄弟在常宁回家，廿五日至曾家坪，实廿在家起程也。接叔父大人手书，又接父亲大人在省寄回信。本日通书峡请陪客。石湾秀才融峰暄、谦六兆安、五房秀才邦杰号芸藁、九房秀才秀拔诸人，连日与余追随，意气投洽。

廿九日

由桐树即通书下走公平输二十里、马蹄输十五里。宿油榨输。

卅日

由油榨墟行四十五里，至郴州永兴县。是夜作书与石湾家融蜂，要彼明日来永兴也。

六月

初一日　晴，大热（余与永兴县令意气投洽）

永兴城内曾子庙本家接予去，会县令邹扬芳、广文曾雨村，意气投洽。

初二日　晴，大热（住曾子庙）

住曾子庙。写对联甚多。

初三日　晴，大热

饮曾雨村署中。永兴本家见余，趔趄嗫嚅，村鄙可怜。庙内又隘，毒热逼人，甚烦恼也。

初四日　晴，尤热

住曾子庙。夜作书寄郴州首班臣书住，无稿。

初五日　晴（黄新林愿侍余左右）

本日雇船，由永兴下耒阳，灯时开船。记兴城外曾传裕之子纪诗执贽来谒，愿依门墙，家不甚丰，其诚谨可怜。永兴黄新林自荐，愿侍左右。比收留其人，甚可用。

初六日

早，舟泊青水铺，将石湾各处银钱汇齐。夜宿青水铺店内。

初七日　晴，大热，（余写长信与贞垣）

留青水铺。石湾宗忍斋使侄谦六、长子贞垣将公私礼钱面交。余将按日功课读书要径，写与贞垣，约二千言，甚详明。忍斋有回信。日晡开船，夜行至耒阳县城。

初八日　晴，日中大风雨（余携黄福下乡）

早，饭耒城宝泉家。宝泉有钱要在衡府换银，余钱三百馀挂托宝泉带去同换也，遣下人骆泰与宝泉同先往衡城，余携黄福下乡。辰后由耒城走西乡大水洞曾家。

初九日　晴（黄福为厮仆中之有情者）

住大水洞。下人黄福来从余时，其家中父母兄弟皆不及知。其家尚尚［衍一尚字］赡足，黄福犹飞鸟依人，恋恋来从，亦厮仆中之有情者也。家中闻其将远行万里，离家数年，其

母日夜啼泣，其兄赶至大水洞，要黄福回去，余亦怜之。

初十日　晴，大热（宗融峰兄待余情意绸缪）

由大水洞至洲上曾家。石湾宗融峰兄自五月十四在耒城接予下乡后，日日追陪，又同至永兴，又同至大水洞、洲上各处，情意绸缪，相随几一月。本日告别归去，颇难为情。

十一日　晴、大热

由洲上至东江曾家。

十二日　晴

由东江至到凼里。下半天，雇船由东江出昭阳河，即贵阳州河。四更出衡州大河。

十三日　晴，大热

早，舟至新塘堑，起早四十里，至清泉、泉溪市。

十四日　晴

住泉溪市，拜客。

十五日　晴

住泉溪市。

十六日　晴

住泉溪市。市上声明文物与郡城等。

十七日　晴、雨

由泉溪市起行至衡府，旱路三十里，冒大雨行。住石鼓书院。

十八日　大雨

住石鼓书院。拜费鹤江观察，道及本年不进京，明年三、四月北上，辛丑散馆，吃亏亦不多。又道及穆师处须寄唁信去，面上浮签及全帖内签用水红色笺纸，信用黄色罗纹纸。又道及写信与藩台龚若士前辈、李葆初观察前辈，托荐书院馆。

十九日　微雨

沈春江来。下半天走钱店换银。

廿日　微雨

早起，写挂屏、对联。

廿一日　阴

自衡府起身，夜宿唐福玉八爹家。

廿二日　阴、晴

自唐福起程，申正到家。

廿三日　晴

在家。

廿四日　晴，大热（为修谱事清查源流）

在家与叔父为修谱事清查源流。

廿五日　晴，大热

至添梓坪东阳叔祖家。

廿六日　晴

在家。是夜，父亲自省归。

廿七日　晴，大热

澄侯、温甫、叔淳三弟自省归。

廿八日　晴

为修谱事约族人同至公屋议清，即至祥坞叔祖家吃饭。

廿九日

在家写信与衡阳汪德庄、贺春台。又作书与面湖凼唐福各处，嘱其早完国课，以便办优免事。又作书与曾传球、曾希六、曾大启。

七月

初一日

作书与衡州观察费鹤江前辈、沈春江明府，又作书与耒阳曾益能、谦六叔侄。

初二日　晴

遣人走衡阳、清泉、耒阳各处送信。又遣人走宝庆各宗人处。作书与曾毅然。是日写对联、条幅。

初三日　晴

遣人走衡阳宗祠，议修族谱事，作书示族内诸人。

初四日　晴

昨日走柳衙叔家。是日写对联、条幅。夜，欧阳巨川先生来。

初五日　晴

得曾毅然先生复书。作书与陈岱云。又柬凌荻舟，又柬金年伯。

初六日　晴。下半天，雨

初七日　雨

初八日　阴雨

初九日　晴

作宁乡曾仙舫兴槎之母丁孺人六十寿序。

初十日　晴

昨日所作寿序，本日始完。

十一日　晴

写寿序四面。

十二日　晴（因发癫疯不能写寿序）

身上发癫疯，不能写寿序。陈雁门蒙师来。

十三日　晴

仍发癫疯。作寿诗一首。接朱尧阶信。

十四日　晴（家中祭祖）

余家有中元会，每年七月十四，剪纸为衣，束纸钱为包，祭历代祖先，首太高祖元吉公，中殇以上，无所不祀。吾祖兄弟三人，三家轮办祭事，起庚辰年。本年在堂叔楚善家。

十五日　晴（为四妹本年嫁办事）

写对联十六帧、条幅廿八帧。下半天，为四妹本年嫁办事，买嫁时杂具开单。自六月廿二日到家，至是将一月，在家无所事事，修忽迁延，诚为玩偈。

十六日　晴

写寿屏四幅半。是日王大诚请吃饭。衡阳本家曾希六兄弟来。

十七日　晴

在家陪客。夜作书与郭筠仙、金竺虔。

十八日　晴

请客陪希六兄弟。夜作书与朱尧阶。

十九日　晴

作书与贺春台。

廿日　晴

作书寄季仙九夫子。

廿一日　晴

作书寄许吉斋夫子。

廿二日　阴（夜作书与仙舫）

由家走文吉堂。下半天，下棋，夜作书与宁乡曾仙舫、白庐兄弟。

廿三日　晴

至郭醇莽家。辰后写字。

廿四日　晴

至葛泽四家。辰后写字。

廿五日　晴

至葛泽九家。

廿六日　晴

至妹夫王待聘家。

廿七日　晴

住王待聘家。写字。

廿八日　晴

由王家走葛九年家。

廿九日　晴，下半天雨

由葛家走邹至堂家一停，夜宿江岭。

三十日　晴

由江岭行四十里，至丹家井宿。

八月

初一日　晴，大热

由丹家井行至大泉冲曾家。

初二日　晴，大热

由大泉冲走邵阳牛克祖曾祠，计五十里。

初三日　晴，下半日大北风

住牛克祖曾祠。自廿八日至此，温庚子山《哀江南赋》、江文通《恨》《别》二赋。

初四日　晴，大北风（作《慈荫亭记》）

住牛克祖曾锦城家。夜，作《慈荫亭记》。

初五日　晴

由牛克祖行四十五里，至一都太平炉子冲曾岩公祠。

初六日　晴

住岩公祠。下半天写字。

初七日　阴

至云公祠。着刘一回家。

初八日　阴凉

至书院祠。下棋。

初九日　晴

早饮燕子堂。午至南漪家。

初十日　晴

至銮公祠。

十一日　阴

由銮公祠起行,宿三枝铺。

十二日　阴(温《采莲赋》)

行七十里至宝庆府城。二日温王子安《采莲赋》。

十三日　晴

在宝庆府城拜客。

十四日　晴

在城写对联。

十五日　晴

在宝〈庆〉府城。写对联甚多。

十六日　晴

同里朱端品二兄邀饮。

十七日　阴,早雨(余教国正勤俭忠信)

族中有名国正者,在宝庆营。其父故衡阳,随母至湘乡,因徙寓宝庆,娶金氏,生国正兄弟四人。余因修谱事,踪迹其源流,悯其孤苦,因教之勤俭忠信。复至两营及协镇都督处,托其照拂。是早由宝府起程,行六十里宿。

十八日　晴(拜客桃花坪)

行四十五里至桃花坪。闻同里人甚多,因往拜客。夜宿同里王学二店。

十九日　晴,晡时雨,夜,雨更大

由桃花坪起身,行八十里至△△。是夜,店甚隘。

廿日　阴

行八十里,至七里桥。

廿一日　阴

至武冈州城,住湘乡会馆。

廿二日　晴

拜客。日中后写字。

廿三日　晴

写字甚△。

廿四日　晴

刺史杨莘田邀饮。上半天写字。

廿五日　晴

由州起身至花园曾祠。

廿六日　晴,夜大雨

住花园曾祠。

廿七日　阴

由花园至巷口曾祠。

廿八日　阴

由巷口至高沙市。夜宿店。

廿九日　晴

至高沙市曾祠。夜宿曾如地钺家

九月

初一日　阴

早，在如钺家饭。午，饭曾炳吉房。

初二日　阴

仍至高沙市。

初三日　阴雨

住高沙市。至马鞍石曾祠。

初四日　阴凉

由高沙行六十里，至黄枚桥宿。

初四日　阴

由黄枚桥行七十里，至新化十里山宿

初五日　阴

由十里山行七十里，至邵阳四都宿。

初六日　阴

行四十里至新化窝山曾祠。

初七日　阴

住窝山曾祠。

初八日　阴

饮窝山曾拔朝房家。

初九日　阴雨

由窝山行十二里，至采莲曾祠，路甚崎岖。

初十日　阴雨

由采莲行五十里，至古塘曾迪恂家，二更尽始到。

十一日　晴

饮古塘曾氏公寓。

十二日　雨大

由古塘行廿五里，至新化城南门曾祠，与曾粹文名宣甸，癸酉举人甚相投洽。

十三日　大雨（在新化城拜湘乡乡亲）

在新化城拜湘乡乡亲。午，曾祠陪席，甚丰。遇溆浦广文朱心泉。

十四日　阴

住新化城。早，饮知县胡廷槐署内。午，饮曾广富家。

十五日　阴，微雨

由新化城行十里，至科头曾祠。

十六日　雨

由新化科兴行八里，至官庄曾祠。

十七日　大雨（挽功杰知县）

由官庄行八里，至杉木桥曾功杰家。功杰曾为直隶河间献县知县，本年六月故。是日开吊，丧事极办得整齐。余有挽联云："壮岁宫袍，耆年昼锦；陔南丛桂，蓟北甘棠。"

十八日　雨

住功杰家。功杰兄弟四人，大、三已逝，二兄尚存，年八十馀，皆家资富厚，又能礼让。

十九日　阴

仍至新化城,住曾祠。

廿日　晴

早,饮曾粹文家。午,饮湘乡同乡店家。

廿一日　晴(由新化城起行将归)

由新化城起行将归,城外遇朱尧阶专使至。前十三日,余在新城,专使知会尧阶,约九月底同至梓门桥收租。是日尧阶复信,嘱余不必急归。又家中着使至新化城,亦于城外遇着。是日,行廿里。

廿二日　晴

行八十里,至安化蓝田。

廿三日　阴

住蓝田,至湘乡会馆。

廿四日　阴

由蓝田行四十里,至湘乡杨家滩刘元堂夫子家。

廿五日　晴

由刘家走团山周少濂家。

廿六日　晴

由周家走柑子塅彭霁峰家。

廿七日　晴

由彭家走富田桥吴浣溪家。

廿八日　晴

由吴家至荷叶塘曾祠。

廿九日　晴

由荷叶塘至廖家堂曾祠。

卅日　晴

由廖家堂至迪坑,至李尚三家。

十月

初一日　晴,太热

由迪坑行十馀里,至砂溪曾祠。

初二日　晴

住砂溪。朱凤台姻伯及朱尧阶来砂溪相会。午,饮毅然伯家。

初三日　晴

早,饮曾华国家。由砂溪行六十五里至永丰。夜,宿书院。

初四日　晴

由永丰行六十五里到家。

初五日　晴(闻有程仪银送余)

前五月,在耒阳曾忍斋、谦六家,情甚投洽,又见丰赠。后六月底,在家作书,寄忍斋叔侄,借银进京,比未回信。八月,谦六在省会家严,面许借二百金。本日作书寄谦六,又为渠写联幅。九月初十,衡阳县大令沈明府送书来,言费鹤江都转有程仪银送余,存伊处,伊亦自有所赠,要余着人去接。本日作书与沈春江,又作书与贺春台。明日遣二人走耒阳、衡州一带。

初六日　晴

写信与严丽生大令。

初七日　晴

作启与裕馀生中丞。

初八日　晴

作启与王藻廉访前辈。

初九日　晴

作启与李葆初观察前辈

初十日　晴

着人走城送信。

十一日　晴（料理四妹嫁事）

料理嫁四妹事。四妹许朱凤台名镇湘,乙酉武亚元之子,定十月十六日成婚。余家至朱家,百卅里,十四日发轿,一切须早检点。

十二日　晴,日中大雨

十三日　阴

朱尧阶来。四妹系尧阶为媒。朱家共来夫三十四名。

十四日　晴（四妹出阁）

昨夜未睡。是日黎明,送四妹出阁。父亲、母亲、余及二妹送亲,共夫七十八名,并朱家来夫百一十二名。日中,饭黄巢山。夜,宿梓门桥。早,与朱家约黄巢山媒轿来往及亲轿来往共四餐,皆余家办;紫门桥来往四餐,皆朱家办。四妹出阁,哭甚哀,余亦甚难为情。

十五日　晴

行四十里至朱家,热极。

十六日　晴

在朱家。

十七日　阴

在朱家。

十八日　大风,甚冷

由朱家起程,仍宿梓门桥。

十九日　大风,日中微雨

由梓门桥回家。

廿日　阴

在家。

廿一日　阴

在家。写字甚多。客多。

廿二日　阴

在家,拜本房各伯叔,饭万程叔祖家。

廿三日　晴

拜彭姑祖母及王太伯舅四家。

廿四日　晴

在家。写对联甚多。

廿五日　晴

从弟国芳请为其父写主、题主。

廿六日　晴（叔父高轩欲以温甫为嗣）

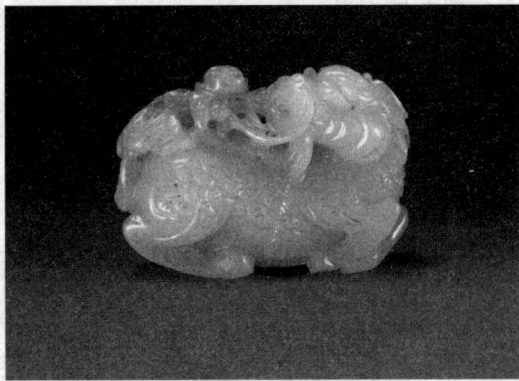

白玉麒麟送子　清

以三弟温甫出抚与叔父高轩为嗣。先是，温甫少时，星者言其当作叔父义儿乃得长生，乡俗呼干爷也。后叔父无子，婶母病十馀年，祖父屡次欲以温甫出抚，未果。本年七月，叔父以见嘱托，母亲不允，至是再四劝谐。是日请族戚四席。

廿七日　晴

拜各房族长。午，饭东阳叔祖家。

廿八日　晴

在家。写字。衡阳刘质夫家屡说兑钱，言到京还。是日作书送洋钱贰十元至刘家。

廿九日　晴（丹阁叔续弦）

丹阁堂叔续弦。丹阁叔先娶朱氏，次娶彭氏，皆亡，今娶左氏。余本拟廿四起行北上，因丹阁叔喜事留住。夜二更归。

卅日　晴

在家。将进京银两封好，行李检拾。家中采女客。

十一月

初一日　晴

在家。辰刻，葛泽六来。楚善叔负累甚重，往年受衡阳彭人田业，连年求售与彭人，不得成。本年欲将本分田售与东阳叔祖，余与东阳多言劝说，亦不得成。楚善避债无方，甚有冻馁之忧，亦无可如何也。

初二日　晴（寅刻得一子）

是日，起行进京。寅刻生一子。二月初一，儿子桢第夭后，内人不时啼泣，昨夜涕零不止也。九世祖姃屈太孺人葬衡阳白果鸡公头周人屋后，后失挂扫。今年祖父至白果，寻出。本日，合族走坟上竖碑，共百馀人，在余家同去，夜宿白果。下半日阴，北风。

初三日　阴

由白果起程至易凤冈家。

初四日　阴

住易凤冈家。

初五日　阴

由凤冈家行四里，至湘乡县城。

初六日　阴

在县城拜客。饭贺献臣家。

初七日　阴（夜作《洙津渡桥序》）

县令严丽生邀饮。夜作《洙津渡桥序》。

初八日　阴

教谕章汝霖邀饮。

初九日　雨、寒

由县城走宁乡，四十里，宿沙堤街。

初十日　雨、雪

由沙堤街行五十里，宿石坝张湘纹家。

十一日　雨，泥甚，寒

自张湘纹家行五十里，至宁乡油麻田曾仙舫、白庐家，二更始到。

十二日　阴雨

住白庐家，仙舫不在家。是日陪席。

十三日　阴（议定修谱事）

住白庐家。白庐之尊人名衍咏,号雩台,尝请于有司求为莱芜侯世袭翰博。后又倡修曾子庙,求为曾氏南宗子。曾氏有修谱者就之余家议续谱,本年六月有成议。至是,余与家叔及上增叔同至仙舫、白庐家订修谱事,议每丁出钱百三十文;翰博印谱一部、圆印谱三部外,需谱者每部钱四千文。白庐之母丁氏,本年余曾为作寿屏也。

十四日　晴

早,至麻田房祠。饭后走宁乡县城,住先贤府。

十五日　晴

由宁乡城行四十里,夜宿油草塘。

十六日　晴

由油草塘行六十里,至省城,住东牌楼咸萃客寓。

十七日　阴

在省城拜客。早,在曾子庙祭祖。

十八日　晴

在省城。

十九日　晴

在省。午,饭陈岱云家。

廿日　雨、夜大雨

午,饭金耀南年伯家。

廿一日　雨（作《乞恤朱午桥后人启》）

作《乞恤朱午桥后人启》。

廿二日　雨

作启始就。

廿三日　阴

将昨日启送曾香海阅。

廿四日　阴

下半天,行李下河。

廿五日　阴

家叔送至省城,是日始归。家严送余下河。是日腹痛。

廿六日　晴

朱啸山约同北上作伴,与余期会长沙,久候不至。是日清晨开船,行五十里,夜宿金紫湾。

廿七日　晴

朱啸山昨日到省,雇一小船与家严同赶至金紫湾,本日辰刻相会。午刻,拜别严君。夜宿青州。

廿八日　晴（筠仙诗作甚进）

辰刻,至湘阴郭筠仙家。下半天大北风。夜宿筠仙家。阅筠仙近作散文二首、骈体文一首、诗数十首,甚有进境,可畏也。

廿九日　阴,北风

早,开船下滩,行十馀里宿。

卅日　阴,大北风

逆风行四十馀里,至白鱼池宿。

十二月

初一日　阴雨,大北风

逆风行四十里,至陈池望。

初二日　大北风,大雪,苦寒

住陈池望。

初三日　大北风,雪

泊陈池望。

初四日　大风雪

泊陈池望。

初五日　大风雪

泊陈池望。

初六日　北风,霁(夜与啸山登岸步月)

由陈池望逆风行六十里,至鹿角。夜,与啸山登岸步月。积雪未消,月明如昼。船甚多,远火高低,与星荧荧。二更登船始睡。

初七日　晴(忍斋为吾邑之好学者)

由鹿角行五十里,至岳州,访府学成忍斋同年,又会萧汉溪学使,晤李邵青于成忍斋署中,畅谈甚欢。忍斋出其诗、古文、词,亦复淹雅,盖吾邑之好学者也。

初八日　晴

由岳州顺风行九十里,又行数十里,至石头关宿。

初九日　晴

夜泊。

初十日　晴

行一百廿里。

十一日　晴

行一百零五里,至汉口,住董家巷长郡公所。

十二日　晴

着人往武昌,打探在省各官。

十三日　晴

过江拜客,饭储柳溪家。柳溪之弟,名德灿,旧识。柳溪家近黄鹤,是夜宿伊宅。

十四日　晴

仍渡江拜客。

十五日　晴

拜各卦店。

十六日　晴

廿一日　晴

在汉口开车。

此册误置箱内,不能逐日取出,随手记载,兹忆前事,补记大略:

廿一日,在汉口与朱啸山共雇二把手小车六两,予占三两半。

廿八,行至河南罗山县靠山棚,遇雪度岁。

卷二 道光二十年

正月至六月

庚子正月初二开车,初七至周家口,换雇三套大车二两,朱占二套,予占六套。

初九日开车,十三日至汴粱省城,住四天,十六复行。即于是日三更后渡河,廿八日到京,一路平安。

二月初一日,赁南横街千佛庵内房四间,每月大钱四千文。

到京以后,与梅霖生、陈岱云两同年联课作诗赋,馀每日写散馆卷。

四月初一,搬下圆明园挂甲屯吉升堂寓,与梅、陈及广东梁俪裳同住。

十七日散馆,题《正大光明殿赋》,以"执两用中怀永图"为韵;诗题《赋得"人情以为田"》得"耕"字。

十八日,搬回城内寓。是日出单,予取二等第十九名。一等共十七人,沈念农祖懋第一。二等共二十六名,三等三名。

廿二日,引见。同年仅两人改部,三人改知县,馀皆留馆,可谓千载一遇。

留馆后,本要用功,而日日玩愒,不觉过了四十馀天。前写信去家,议接家眷。又发南中诸信。比作季仙九师寿文一首。馀皆怠忽,因循过日,故日日无可记录。兹拟自今以后,每日早起,习寸大字一百,又作应酬字少许;辰后,温经书,有所知则载《茶馀偶谈》;日中读史亦载《茶馀偶谈》;酉刻至亥刻读集,亦载《茶馀偶谈》;或有所作诗文,则灯后不读书,但作文可耳。

忆自辛卯年,改号涤生。涤者,取涤其旧染之污也;生者,取明袁了凡之言:"从前种种,譬如昨日死;从后种种,譬如今日生也。"改号至今九年,而不学如故,岂不可叹!余今年已三十,资禀顽钝,精神亏损,此后岂复能有所成?但求勤俭有恒,无纵逸欲,以丧先人元气。困知勉行,期有寸得,以无失词臣体面。日日自苦,不至佚而生淫。如种树然,斧斤纵寻之后,牛羊无从而牧之;如爇灯然,膏油欲尽之时,无使微风乘之。庶几稍稍培养精神,不至自速死。诚能日日用功有常,则可以保身体,可以自立,可以仰事俯蓄,可以惜福,不使祖宗积累自我一人享受而尽,可以无愧词臣,尚能以文章报国。谨记于此。六月初七夜记。

六月初八日(记《茶馀偶谈》六则)

早起。毛鉥臣来,留饭。钱崮仙来,后萧史楼来,耽搁读经功夫。客去后,倦睡。下半天写应酬字数纸。夜阅《二十四家古文·王轸石》。记《茶馀偶谈》六则。

初九日(午饭后去琉璃厂)

早起,窗户阳光太大,不能写字。饭后,田敬塘来。改寿文数句。写信,交方既堂办。日中,看正史,酣睡一回。陈岱云来。午饭后去琉璃厂,将所买正史约换《易知录》,又买《卷葹阁稿》一部回。至黎樾乔、田敬堂、郭雨三诸处。回寓翻阅《卷葹阁集》。

初十日(读顾亭林古文)

早起，习字五十。后，龙翰臣来。辰后写条子一、册页一。日中，读《诗经·二南》，记《偶谈》数则。陈岱云来，邀至伊家吃饭，酉正归。曹西垣、曾心斋来。接家信四月十五发。杨杏农来，梅霖生、岱云来。灯下，读顾亭林古文。《偶谈》二则。

十一日

早，晏起。饭后出门至内城庶常馆及诸处。出城拜□善化会馆。下半天有客。夜写家信，言父亲不必送眷口。

十二日

晏起。饭后，钱峛仙来。后写家信。下半天，周韩城诸人来。朱啸山来，托寄家信同去。

十三日

早起，出门拜客。饭后写寄诸弟信，言作文及诸事，甚长，已写千馀字，尚未毕。下半天，安排寄鹿胶、阿胶、墨桌毡等项回家。傍晚，出门至欧小岑、陈岱云处。夜二更归，写寄物家信。

十四日

早，着人送信及物至会馆。饭后，因房内太热，难坐，因在外间息。午后写应酬字数方。黄正斋来，因与之言渠失偶之事。夜，欧小岑来，长谈至三更。

十五日

早起，至会馆慰黄正斋，久坐。下午，啸山留吃饭，傍晚始归。写应酬字。

十六日

早，陈岱云来，因留饭。饭后至黄虎卿处商正斋事。是日因坐房太热，移过南房。家中无处可坐，因走小岑处。小岑邀同去听戏，饭小岑处。夜，灯上始归，则杨杏农已在寓见候，谈过二更始去。写应酬字数方。

十七日

晏起。辰后，看《乐府题》数十叶。饱睡。午饭后写应酬字数方。夜，欧小岑来，甚谈至三更去。

十八日（与友人斗牌为戏至三更）

早起，写字。辰后看《乐府解题》。倦甚，复酣睡。午饭后走陈岱云处，邀同至小岑处，郭筠仙、张芸阁先在。夜。大雨。张芸阁因邀小岑同来余寓，斗牌为戏，至三更。

十九日

郭筠仙在寓畅叙一天。是日，大雨不止，至五更尚雨，郭不能归。仅写应酬字二方。

廿日（论为学之方）

晏起。辰后，筠仙欲归，又为大雨所阻。午后同筠仙至岱云处，又至黎樾乔处剧谈，二更始归。写应酬字二方。是夜，在黎樾乔处论为学之方，无过主敬之要，主敬则百病可除。自后守此二字，终身断不敢稍有隃越。

廿一日（阅《易知录》）

晏起。辰后阅《易知录》。陈岱云、邹芸陔来。午正，曹西垣来久坐，留饭。傍晚，因同至梅霖生处，又至萧史楼处，又至杨杏农处，二更始归。写字百馀，阅潘少白古文。

廿二日

晏起。辰后阅课文，系梁俪裳送来者。午后，杨春皆来，陈岱云来，杨杏农、孙芝房来，至二更去。又阅课文。是日，共阅课文十篇。

廿三日（阅侯朝宗文）

晏起。饭后阅课文十首。午后阅课诗廿馀首。梁俪裳来。申正走岱云处，邀同至陈庆覃处，更初始归。写字数十，阅侯朝宗文数首。记四则。

廿四日

人渐有病，饮食少减，精神不振。

廿六日

梁俪裳请至"小有馀芳"吃酒。

廿八、九日

人更不快,每食仅碗饭。

卅日

梁玉臣请吃酒,在余寓所,有伶人、香吏在座。是日,余未吃饭。

七月至九月

初一日,见病势恐加,移寓果子巷万顺店,与湘潭欧阳小岑同住。是日服药除暑湿之剂,以后请刘午峰、黄兄嵋诸医。

初二、初三,微好。

初四日,头痛甚,不大解数日矣。

初五日,请安徽吴竹如比部名廷栋,乙酉拔贡,小京官诊视,知为疫症。初七日,病始加剧,以后连服清火药,并食西瓜几只。十七日,病略好。十八日能吃饭。十九日、廿日,觉大好,似未病者。究竟邪热未全退,病虽愈,不可恃。廿一日辰后,怕冷发热。午正,吴竹如来开方,吃下药。廿二日,人大困,请许吉斋师来诊视,吃白术半杯,而邪火一发不可遏矣。由是病日加重,口渴无似,舌胎一日数变。同居欧阳小岑时时诊视,医药一切,皆小岑经理护持。同年、同乡诸公来看者都以为难治,而吴竹如以为万无一失,多服犀角地黄汤,以滋阴解邪热,又间服大黄、芒硝,以廓荡内热。势甚危急,甚赖服药不差,又有小岑时时检点,至八月初旬,渐有好机。至初八日,能食粥。自廿一日起至初八,共十七天,除药水外,一无饮食。初九日,能下床,倩人抱持。十一日,吃饭。以后数日,每日由床抱至胡床上,冥坐终日,每餐食饭碗许,而半步不能移动。十五日,始用山药一碗咽饭,不用油盐。十八日,开晕,吃猪腰子,每日一对。廿一日以后,添吃肺、肚、心等。十八日后暂[渐]次学步,颇能行走一两步。以后倩人扶持,每日走几步。廿四、五以后,渐能走矣。廿四日,恐家中悬望,即勉强写家信,备述病中情状。

九月内,与小岑同住店内,第求养病之法,日日将息无事,或写字几个。

九月十二日,奉派磨勘差使,勉强到礼房磨勘一回。廿日,又核对复试卷。廿四日,与陈岱云等公请恒太守。以后渐次出门应酬。

十月

初六日

挪至达子营关帝庙,与钱崧仙同年同居。小岑搬湘潭馆。

初九日

严君寿辰,在关帝庙焚香祝祷。

十一日

余三十初度。是日,俞岱青前辈请吃饭,乡榜同年有数人来寓。

十一月

初一日

在会馆朱啸山处早饭,阳小岑处中饭。下半天回至寓,已灯后矣,郭雨三在寓。

初二日

晨后有客。已正写字，又写董蓉初之年伯挽联。

初三日（母亲寿辰）

母亲寿辰。有同年郭、梁、锺、陈、毛、仓、段、田诸人来寓，至申初始散。

初四日

辰后剃头。午初出门谢寿。申正饭梅霖生处。夜，二更始归。

初五日（写《过隙影》）

辰后，替陈尧农代写信二封。唐竟海前辈来，继朱啸山来，同至琉璃厂买纸，又同至杨杏农处，又同至萧史楼处，请萧写寿屏。

早起，写寸大字五十个。辰后，单日读经，双日读史，至午正。未初起，单日读史，双日读集，至天黑止。灯后，写《茶馀偶谈》，写《过隙影》。每三、八日出门及做他应酬事。

初六日（小岑文风迥异凡庸）

晏起。辰后写应酬字十数张，董蓉初之年伯挽联下款，至午正止。旋至陈尧农前辈处谈，尧翁于十月廿七丁生母艰，将出京。又至杨春皆处谈。归，方既堂在寓，饭毕天黑。夜，批读小岑所作文二首。小岑文深厚，迥异凡庸。

初七日　苦寒

晏起。做寄郭云仙诗一首。杨春皆来，凌荻舟来。午饭后做诗，至夜深，得二首。

初八日（看《绿野仙踪》）

早起。方既堂来。辰后看《绿野仙踪》小说，心甚不收。方既堂复来，至未初始去。沈念农来。灯后，冯树堂来。夜又作诗一首，共四首，写完将寄郭筠仙。

初九日　夜，大雪

早起，往陈岱云处拜年伯母寿。午初与凌荻舟走至张雨农首班臣处，仍回岱云处吃中饭，至二更方归。写楷书。开父亲节略，将请凌荻舟作寿文。

初十日　大风

饭后，陈岱云来。去后，支少鹤来，金可亭来。写信寄郭筠仙。

十一日　阴

早起，走东头朱啸山处，写寿屏。是日写四幅。夜至金竺虔、黄正斋处闲谈。宿啸山处。

十二日　阴

仍在东头写啸山寿屏，是日写五幅。夜写欧小岑处，下棋两局，谈至四更始睡。

十三日　大晴

在啸山处写寿屏三幅，午正完。饭后，拜沈念农、周颊，回寓已晚。夜，锺子宾来。看小说数十叶。

十四日　晴

辰后，写少坪小条子，阅杨春皆诗。随走潘家河沿杨春皆、孙芝房、张兰皆、陈尧农处，与陈文泉对弈。归寓，小岑已来，谈至夜分归去。夜看小说，至三更始睡。

十五日　晴（至城隍庙烧香）

辰饭后，晏同甫来。后至城隍庙烧香。拜苏赓堂、杨杏农、何杰夫、张星白、何耕云、王松卿、王翰城、吴竹如、陈庆覃、王少岩，最后拜镜海丈，承送《畿辅水利》一部。是日阅《李崆峒文集》一本，是从杨杏农处借得《皇明十家文》。

十六日　晴

晏起。辰后，黄恕皆来，谈及镜海先生每夜必记"日省录"数条，虽造次颠沛，亦不闲一天，甚欲学之。朱啸山来。剃头后，杨杏农来。邵蕙西来，谈及国朝二魏、李文贞、熊孝感、张文端诸人。申初始去。饭毕即晚。灯后，代人作《寒鹭诗》一首，后写《茶馀偶谈》"德行门"五条。

十七日　晴（是日自觉太放浪）

早起，写字数十个。饭后写熊秋白小条一幅。黄正斋来，随至陈尧农吊丧。过孙芝房、杨春皆处。回家写册页半开。邹芸陔来，戴莲溪来，梅霖生来，后陈岱云来，留梅、陈二人吃饭，谈至二更始散。是日所谈多笑谈，自觉太放浪。客去后，写册页一开，写《茶馀偶谈》"德行门"二则。

十八日　晴

晏起。饭后看小说十馀叶。方既堂来，久谈。写吴竹如屏一叶。周星槎来。又写屏二叶，又写行书条幅一。饭后，上谈寻性理中语，将写屏送欧阳小岑。记《茶馀偶谈》"德行门"三则。

十九日　晴

早起，阅小说。饭后誊《韩子·五箴》。将为小岑写屏。又写吴竹如屏半叶。冯树堂来，邀同至小岑处中饭。灯后始归寓。写家信与叔父，论诸弟读书之法甚长。又写信与东阳叔祖，要伊代楚善叔设法。是日，接父亲信，知家眷已于十月十一起行。夜记《茶馀偶谈》"德行门"二则，三更尽始睡。

廿日　阴

晏起。辰，饭后，方既堂来。写吴竹如条幅一叶半。陈庆覃来。又写数十字，自觉懒惰，恰墨已尽，因出门至陈尧农处，又至曹西垣、冯树堂处。回寓吃饭。夜阅二本小说，又记"德行门"三则。

廿一日　阴（与友人谈及理学）

晏起。辰，饭后走许师处、邵蕙西处，谈及理学，邵言刘蕺山先生书，多看恐不免有流弊，不如看薛文清公、陆清献公、李文贞公、张文端公诸集，最为醇正。自渐未见诸集，为无本也。后至黄矩师处、方既堂处、梅霖生处，留吃中饭。夜，起更方归寓。阅小说二本，记"德行门"二则。

廿二日　晴

晏起。辰，饭后方既堂来。写吴竹如屏两幅半。步行去外寻房子，未得，因至善化馆。雇车回寓。灯后，写册页三开半，记"德行门"二则。

廿三日　晴，夜雪（至辛阶处道喜）

晏起。辰后方既堂来，支少鹤来。写册页两开、小条五块。唐镜海丈来。步行至劳辛阶处道喜，又至杨杏农处久谈。灯后，写扇三柄。写书寄郭筠仙。记"德行门"二则。

廿四日　阴

早起，至许师处拜寿，未收祝敬。邹芸陔来，留饭。饭后写小岑屏一张，大懒。与崧仙杂谈，不用功。未正，锺子宾下棋二局，晚饭后又一局。记"德行门"一大则。

廿五日　晴，大北风（至琉璃厂裱字）

晏起。饭后，封信寄郭筠仙，又写片往各处。坐车至棉花各条胡同看房子，又至琉璃厂裱字，并刻字铺。归来遇李笏生，因吃晚饭。仓少坪、梁俪裳来，更初始散。代锺子宾作题画诗。记"德行门"一则。

廿六日　晴，大北风

晏起。饭后，陈岱云来。去后，走椿树三条看房子。又拜苏赓堂、田吉生、戴莲溪。至杜兰溪处拜寿。拜赵蓉舫。归，冯树堂来。夜记"德行门"二则。

廿七日　晴，大北风

早起。辰后，杨春皆来，久谈。日中，剃头，旋为不保养身体事。黄莲溪来，方既堂来，梁玉臣来，仓少坪之兄来。饭后，与崧仙谈"四书"文，甚畅，至二更始散。夜记"德行门"二

白玉猕猴献寿摆件　清

廿八日　晴，北风较小

晏起。饭后与崇仙刻火炉子字。旋至湖广会馆请程玉樵廉访德润。归来，陈岱云、晏同甫来，又同岱云至俪裳处。夜与崇仙闲谈。记"德行门"二则。

廿九日　晴，大北风

冬至，祖母生日。

早起，因祖母生日恐客采，无以欢宴，出门，走曹西垣处早饭。饭后，西垣请听戏，至庆和园观剧。未正归，走陈尧农处，灯后到家，与崇仙畅谈家庭事。记"德行门"二则。

卅日　请，大北风

黎明起，吃饭。走礼部朝房，磨勘湖北、浙江、江西、福建试卷十二本。回，至戴莲溪处拜寿。旋走湖广馆赴饮，晡时〈归〉。夜与崇仙谈文，后记"德行门"二则。

十二月

初一日　晴

晏起。饭后拜客，至吴竹如、穆中堂处，又至城外各处。申正，至陈岱云家，苦留吃饭，更后方归。作诗一首，记"德行门"二则。

初二日　晴（阅《玉堂归娶诗册》）

晏起。辰后，步行拜客数处，午正始归。旋出门走杏农处，晡时归。灯后，阅崇仙《玉堂归娶诗册》，记"德行门"△则。

初三日　晴，甚寒（阅《龙威秘书》）

晏起。饭后与崇仙剧谈。旋至胡莲舫处，下棋一局。归寓，性农来午饭。后灯下阅《龙威秘书》一本，又阅英中堂笔记一本。记"德行门"二则。是日发江西分宜县信。

初四日　阴

晏起。饭后带人同出门换银、定房屋，又至杨杏农处一谈。下半天与崇仙闲话。夜，记"德行门"二则。

初五日　晴，较暖

五更起，至午门外坐班。辰刻至邹芸陔处阅诗赋，邹留吃饭，日中归。钟子宾来。步行至杜兰溪处吃饭，申正归。夜，杜家下人在寓与外面住人嚷闹，至二更始歇。记"德行门"二则。

初六日　晴

晏起。饭后，方既堂来，杨性农来，李六来，旋出门买木器，归，吃午饭。灯后，与崇仙谈，复为崇仙阅诗，改数句。夜深，记"德行门"二则。

初七日　晴

晏起。饭后与崇仙谈。旋至青厂买行李木器处，后至俞岱青处

吃中饭，二更始归。小岑来，谈至五更始睡。是夜未记"德行门"。

初八日　晴

早起。晓岑在此吃饭，饭后，同至树堂处、西垣处。旋至陈岱云处，岱留吃饭。饭后与梅霖生、岱云同至黎樾乔处，二更归。记"德行门"二则。

初九日　阴，雪

晏起。饭后走拜董柯亭、胡云翁、何丹畦及城外各处，申初归。吃午饭后，同崇仙至钟子宾处，谈至二更归。记"德行门"二则。

初十日　阴，大北风（至醋张胡同看房）

晏起。辰，饭后与崇仙闲谈，又问《十家文选》。支少鹤来。旋至醋张胡同看房子，归来

吃饭。夜,梁俪裳来,二更去。记《茶馀偶谈》二则。

十一日　晴

晏起。饭后出门看房子。各处步寻。又至杏农[处]。下半天,看粉房琉璃街屋一所,灯时归。饭后,阳小岑来寓,谈至四更同睡。

十二日　晴

晏起。小岑是日生辰,在寓避客。饭后同至琉璃街看屋。旋至冯树堂处,冯又同来寓,凌荻舟来,共饭。灯后,小岑始归。杨春皆、张楠皆来,谈至二更散。记《茶馀偶谈》"德行门"四则,补昨日所未及。

十三日　晴(定棉花六条胡同房子)

晏起。饭后与崙仙谈。旋出门拜苏赓堂、梁俪裳,又至琉璃街看房子,因拜其屋侧蒋君,谈及知此屋曾经住狄老辈听之夫人王恭人,在此屋殉节。京城住房者多求吉利,恭人殉节,族间不得谓之非命,此房亦不得谓之不详。然"忠、节"二字,事后仰慕芳徽,当时究非门庭之幸。加以此房太贵,屋太多,亦不愿住。是日,定棉花六条胡同房子,交两月钱。又剃头。下半天,至梅霖生处,遇岱云三人,长谈至二更尽方归。记"德行门"二则。

十四日　晴

晏起。饭后写应酬字数方。旋出门至邵蕙西处久谈,又至矩卿师处,申正归。饭后与崙仙闲谈。夜深,抄刘玉坡"抚定海难民摺子"。记"德行门"二则。

十五日　晴

晏起。饭后出门看房子,旋归。又至青厂搬行李,申刻归。曹西垣来,冯树堂来。夜,与崙仙畅谈至二更尽。看月,光明如昼,清寒彻骨。记"德行门"二则。

十六日　晴、北风

晏起。饭后,方既堂来。旋走杨春皆处、芝房处,会史楼、文毅同来寓,念农、岱云在寓,岱云邀同至俪裳处。又将至琉璃,不果,因同至树堂处。归吃饭。夜,雨三来久谈。记"德行门"二则。

十七日　晴(是日搬房)

早起。饭后将行李收拾,搬至棉花六条胡同路北房子。午正,移寓。毛文毅来,曹西垣、冯树堂来,因留饭,晡时散。旋杏农来,小岑来。小岑邀同至越乔处,旋归,布置诸事。夜深,记"德行门"二则。

十八日　晴

晏起。崙仙来,雨三来,同至谷人处早饭,申刻始散。祈幻章诸同年来。夜无所事,闷坐,早睡。

十九日　晴

早起。裱匠来糊窗户。饭后走琉璃厂,午初归。朱啸山、云轩来,陈四、易三来,留吃中饭。下半天,有客。夜,萧史楼诸人来,四更散。记"德行门"四则。

廿日　晴(至琉璃厂买书)

早起,陈岱云邀同至琉璃厂买书、买纸,巳正归。早,饭段果山同年处,申初散。岱又邀至黎月桥处中饭,畅谈,二更归。写本年该清账目。记"德行门"二则。

廿一日　晴、北风(未及改七省试卷)

早起。是日磨勘江南、云、贵、川、广七省试卷,余因知会本日始到来,不及改,未去,告感冒假。早,走内城至胡家及吴竹如家。归,早饭后,霖生来。日中,织辫子。晏同甫来。午饭后,打扫房屋,着下人收拾。夜抄林少穆奏,记"德行门"二则。

廿二日　阴,苦寒

早起,芝房来。饭后至铁门萧史楼,至大街买《论衡》一部。至春皆处、尧农处。归时,钱崙仙、方既堂在寓。写家信,夜送去,内寄《觉世经》二纸。夜阅《论衡》。

卷三 道光二十一年

正月

元日 晴（跪送圣驾出长安门）

三鼓起，坐车至东长安门，步至午门外翰林院朝房，胡应春前辈、祁幼章在焉。五鼓，跪送圣驾出长安门。诣堂子行礼，鼓乐前导。旋迎驾入宫。黎明，随班朝贺，在太和殿下行礼。是日有高丽国陪臣数员。辰刻礼毕，回寓。设香案，祀天地祖宗，为父亲庆贺。饭后倦，假寐。旋去各老师处拜年。是日走内城，申刻还寓。

初二日 晴

早起，走东头，饭朱啸山处。旋走内东城，走后门各处，出内西城，顺成门出城，灯后还寓。与父亲谈京城诸琐事。

初三日 阴寒

早起。辰，饭后出门拜年。走顺城门外、东城、西城各处。灯时还寓。

初四日 晴（出外拜年）

早起。走顺城门外、南城各处拜年。午初还寓。本年贺年，拜各老师、湖广同乡、甲午乡试大同年、戊戌会试同年。初一日起至是早拜完。是日，黄正斋、曾心斋请父亲吃饭，余在家同舍弟围炉闲话。父亲灯后还寓，又历言少时事，二更尽始歇。

初五日 晴

早起。饭后，梅世兄来。是日，父亲出门拜年，余与舍弟围炉闲坐。中饭后，去钱崙仙处，邀同至梅霖生处夜话。霖生留饭，二更尽始散。归时，父亲已睡。

初六日 大北风

早起。陪父亲坐。辰，饭后写家信。钱崙仙、戴莲溪、刘谷仁来，郑小珊来。旋与父亲小坐，申初，走赴劳辛阶处吃饭，二更始散。是日，北风甚大，飞沙扬石。

初七日 晴（阅《读书录》）

晏起。饭后，父亲出门拜客。检点琐事，抄江苏谢恩摺子，抄上谕一道。发家信。代仓少平寄湖南周备堂信。阅薛文清《读书录》。灯后，杨春皆来，久谈。为九弟讲文。

初八日 晴（抄谢恩摺）

早起。祖大人寿辰，同父亲设香案遥祝。九弟略伤风。饭后，同父亲走琉璃厂，未初，还。午饭后，抄谢恩摺子款式。夜阅薛文清《读书录》十叶。

初九日 晴，夜大雪

早起。陪父亲坐。饭后出门步行，走陈、梅、方、钟、蒋诸处谢寿，未正归寓。欧晓岑来，谈至灯上始去。是夜早睡。

初十日（英军入侵，直逼虎门）

三更起。是日湖南公谢恩，为岳、常、澧诸处被水缓征，借给籽粮。三更下园，在翰林朝

房久坐。黎明,在贤良门外桥南,三跪九叩。是早,雪深盈尺,北风甚劲。谢恩后,与俞岱青、劳黎、陈庆覃、黄莆卿兄弟、陈岱云同在挂甲屯福庆堂早饭。申初,回寓。夜听九弟背诵《哀江南赋》,略讲解。上年六月,英吉利夷突定海,沿海游弋。圣恩宽大,不欲遽彰天讨。命大学士琦善往广东查办,乃逆夷性同犬羊,贪求无厌。上年十二月十五,攻破沙角炮台。正月初五日报到后,又直逼虎门。正月初八报到,皇赫斯怒,于初六日通谕中外。初九日,授奕山为靖逆将军,隆文、杨芳为参赞大臣。本日又策侍卫四人往广东,备差遣。

十一日　晴(侍父亲围炉解九弟文)

早起,侍父亲侧。饭后,钱嵩仙来久谈。旋与父亲、九弟同嵩仙至琉璃厂,未正还寓吃饭。陈岱云来,邀余至小珊处,不值。归,听九弟背赋。夜,侍父亲围炉解九弟文。

十二日　晴

晏起。饭后将去年端节后银钱数目查点。约计去年用银八百两,还账三百,用去五百,数目不甚清晰。本年另立一簿,须条分缕晰,自立章程。冯树堂、杨吉农来谈。下半天,封家信寄南。夜,仍写数簿。

十三日　晴

早起。是日九弟开课为文,余亦欲开课,卒无所成,仅与父亲围炉坐一日。夜,候弟文成始睡。

十四日　晴

晏起。陈岱云来。饭后,为九弟改文,久荒制艺,甚难成就,至申正始完。是日,岱云年嫂来寓。夜,读文数遍,为九弟讲文一首。夜深,香烛敬神。

十五日　晴,颇暖(去琉璃厂观灯)

晏起。饭后走街上买砚、灯。旋至陈尧农、孙芝房、杨春皆处,午正归。夜,戴莲溪来。侍父亲与九弟走琉璃厂观灯。归,欧小岑来,陈岱云兄弟、梅世兄来。侍父亲小宴。

十六日　晴

早起。侍父亲坐。饭后,拟为晓岑作策而未成。钱嵩仙来,久谈。写联送李劭青老伯。嵩仙在寓便饭,申正始去。灯后,小珊来谈,至二更始散。对联下款。

十七日　晴

早起。侍父亲坐。饭后写片至霖生、芝房、芸渠各处。旋坐写策页。陈岱云来,久谈。中饭后,小坐,教九弟读诗法。小珊来,霖生来,谈至二更散。

十八日　晴

早起。坐车至内城小岑处。旋走陈岱云处赴饮,未刻散。偕岱云至霖生处长谈至二更。归来甚困,即睡。

十九日　晴(夜请父及九弟来馆看灯戏)

早起,为九弟改《父母其顺矣乎》文,小讲提比。饭后剃发。至湖广馆团拜。夜请父亲携九弟来馆看灯戏,二更尽散,目疲于视,归来即睡。

廿日　晴

早起,走小珊、吉农处,归,吃早饭。饭后,送父亲出门吃酒。睡一会。旋为九弟改文,至未刻毕。邹云陔来,廉琴舫来。申刻走许师处,又走嵩仙处一谈。

廿一日　晴

早起,侍父亲坐。饭后,吉农来,旋出门,步行至内城晓岑处,饭张芸阁处。又坐车至芸陔处。下半天至会馆金竺虔处、朱啸山诸处,更初始归。

廿二日　晴(阅《汉书·高帝本纪》)

早起。饭后,阅《汉书·高帝本纪》十五叶。嵩仙来谈,又邀同至莲溪处。归,阅《明史稿·太祖本纪》十三叶。天黑时,走小珊处,久谈,更初归。阅《文选》诗十二叶:"补亡""述德""励志""责躬""应诏""讽谏"等篇。为九弟批阅鉴字句之疑。

廿三日　晴（九弟课题《予助苗长矣》）

早起。侍父亲坐。辰，饭后，阅《明史稿·太祖本纪》二十五页。抄太祖宴群臣论得天下大势语。又阅《前汉·高祖本纪》毕，计廿页，至酉刻止。灯后，阅《文选》公宴诗四首。小珊来，纵谈至二更尽。是日，九弟课题《予助苗长矣》。

廿四日　晴

早起。饭后为九弟改文，改起比后，朱啸山来，黄左焯、曹西垣来，留曹朱二人吃饭，晡时方去。灯后，将九弟文改完。讲一遍，又讲方朴山《王如知此》文与弟听。

廿五日　晴（祁善革去大学士，拔去花翎）

是日，靖逆将军奕山、参赞大臣隆文出都。早起，走劳、金、梁、钱诸处。旋步行至内城唐镜翁处早饭。之后，阅钱翁手卷卷一，"十月戎行图"一，"五原学舍图"。旋会黄苇卿兄弟，又步行至黎月翁处，少坐即归。夜，阅二十四家时文，将选与九弟读，殊不合意。夜，大雪。是日奉上谕，祁善革去大学士，拔去花翎。

廿六日　大北风（夜思分类抄笔记）

早起，饭后，阅《易知录》《汉宣帝》《元帝》及《武帝》五页。夜深，思将古来政事、人物分类，随手抄记，实为有用，尚未有条绪。

廿七日　晴

早起。饭后稍睡。起，阅《易知·成帝》二十馀叶。欧阳小岑来，因留吃中饭，小岑邀同去曹西垣、冯树堂处，灯后还寓。讲文与九弟听。陈岱云、赵梧青来，二更始去。复阅《哀帝》《平帝》，旋抄《馈贫粮》数则。

廿八日　晴（湖南九人考取中书）

早起。饭后阅《孺子婴》《王莽》《更始》《光武》，共六十叶。记《茶馀偶谈》"读史门"八则。夜，早睡。是日张楠皆来，李笋生来。父亲出门拜客。前二十三日考中书，本日发案，湖南共取九人：陈竹伯、徐芸渠、孙芝房、刘佩泉、刘镜清、张润农、黄致堂、张小野、芸阁。第一系浙江邵蕙西懿辰。

廿九日　晴

早起，为九弟改昨日课文，题《有不虞之誉》，至旰时始毕。辰，饭后少睡。日中，俞岱青、杨杏农来。灯后，走郑小珊处，久谈。归，将昨夜所记《茶馀偶谈》抄出。

二月

初一日　晴

早起。步行至杜兰溪处，陈竹伯、芸渠、陈岱云处。旋至吴蔼人处，公请黄矩卿师。回走梅霖生处、曾梅岩处。归，少息。陈岱云来。灯后，小珊来，谈至夜分。阅《易知录·汉光武》毕，甚倦。

初二日　晴

晏起。父亲不悦。饭后阅《易知录》《明帝》《章帝》《和帝》《殇帝》《安帝》，共五十叶。日中少睡，劳辛阶来。是夜，解诗四首、文二首与九弟听。

初三日　晴（至新馆宝庆馆）

早起。饭后阅《易知录·安帝》十馀叶。陈岱云来，邀同至东头，步行至上湖南馆、湘潭馆。后至老馆，发文昌帝君书。饭后走新馆宝庆馆，二更归。阅《易知录》《冲帝》《质帝》《桓帝》。

初四日　晴

早起。饭后阅九弟昨日所作文，改至提比，唐镜海来，曹西垣来，旋走湖广馆，公请苏橐

台,申正散。走金竺虔处,更初归。困甚,即睡。

初五日　晴

早起,饭后改九弟文完,小睡。梁兴缉来,久谈。杜兰溪来,周华甫来,因同,走岱青先生处。饭毕,灯后讲文一首与九弟听。

初六日　晴(听父言葛人讼事)

早起,饭后走孙芝房处道喜,旋走财盛馆,申正归。夜,与九弟同至裔仙处一谈。归来侍父亲听讲同里葛人讼事甚久。

初七日　晴

早起。饭后,阅《易知录》《桓帝》《灵帝》《献帝》,计六十六叶。上半天,刘如邓来。下半天,竺虔、玉夫、笏生、少庚来。

初八日　晴

早起,阅《易知录》十馀叶。饭后,走文昌馆,戊戌同年团拜,申正散。梅霖生邀同走黎樾乔处,不晤。与霖生久谈,二更归。阅《易知录》《汉献帝》《三国志》。是日,共阅一册,计六十叶。

初九日　晴,颇热

早起,阅《易知录》十馀页。饭后,走财神馆廖老师请安,申正散。灯下,仍看《易知录》《后汉》。是日,亦阅一册,计六十馀页。

初十日　晴(改九弟之诗)

早起;饭后,阅《易知录》《魏纪》及《晋武帝》《惠帝》《怀帝》《愍帝》。因侍父亲出门,走金二处,是日仅看三十馀页。夜,改九弟所作诗四首。题《心清闻妙香》《长安雪后见归鸿》《春色满皇州》《万古入官》。昨日,九弟所作四书文,题《虽同未学》,父亲已代改正。

十一日　雪

早起。饭后,阅《易知录》《东晋元帝睿》《明帝绍》《成帝衍》《康帝岳》《穆帝聃》《哀帝丕》《废帝奕》《简文帝昱》《孝武帝曜》。是日阅一本半,计近百叶。午正,郭雨山来,请作寿文。

十二日　阴

早起。饭后,阅《易知录》《晋安帝》《恭帝》《宋高祖》《文帝》。黄矩卿师请至文昌馆,申正归。接郭筠仙信,骈体文甚古奥,又诗十二首。金竺虔来邀,同走小珊处,不晤。因走杏农处一谈,夜深始归。

十三日　晴　后阴(宿啸山处论试帖诗)

早起,阅《易知录》数页。饭后,同金竺虔走琉璃厂买纸。旋至内城小岑、芸阁、云陔、翰臣处。出会馆拜杜茂林,宿啸山处,论试帖诗。

十四日　阴

早起。饭元堂师处。归家,侍父亲坐。父亲因昨夜不归,不豫。旋写家信。抄上谕四道寄回。小岑来,留吃饭。曹西垣来,走俪裳处,不晤。归时,小珊、竺虔、少庚在寓,久谈,二更尽散。早睡。

十五日　阴,雪

早起,复少睡。饭后阅改九弟十三日所作文,题《子亦有异闻乎》。未初,走汇有堂,系王翰城、张筱云请饭,酉初散。灯后,改诗一首。又作诗数句,系陈庆罩征诗。

十六日　晴

早起。饭后作庆罩诗二首。写完,又写请帖十馀页。刘元堂师来。下半天,与父亲闲谈。夜,将作啸山寿文,无所成,早睡。

十七日　阴寒(与友人纵谈至夜深)

早起。饭后作啸山寿文。金竺虔来,钱裔仙来,邹墨林、口八兄弟来。复作寿文,将及一

半。下半天,走竺虔处,遇小珊,因同来寓。梅霖生、陈岱云先在寓,纵谈至夜深。

十八日　雪

早起。饭后仍作寿文,至申正始脱稿。冯树堂、曹西垣来。夜誊寿文稿。

十九日　晴,雪未融,下半天大雪(是日微觉耳鸣)

早起。饭后倦睡。午后为九弟改文,题《先施之未能也》。改至二更始毕,即睡。是日微觉耳鸣。

二十日　晴

早起。饭后,父亲出门拜客,至文昌馆。余走金竺虔处久谈。闻张玉夫吹笛,竺虔度曲。归来小睡。午饭后,广东冼星巢来。父亲归已晚。夜,拟为竺虔改寿文,既而不果。上半天,定东麟堂席。

二十一日　晴

早起。饭后小坐。出门拜客,午初归。孙芝房来,至午正去。午饭后,天黑矣。夜为竺虔改寿文大半。

二十二日

早起。饭后仍改寿文,完。杨杏农来。出门,走岱云处午饭,何子敬至。二更归,甚倦,即睡。

廿三日

早起。饭后,父亲出门,走会馆。将竺虔寿文誊真,自送去。归来小睡。是日在家请客。岱青前辈早到,同席为劳辛阶、陈庆覃、黎樾乔、杜兰溪、梅霖生、小珊,至二更散。自十八、九以来,人疲乏不清醒,耳微鸣,又未看书。

廿四日　阴(阅韩诗一本)

晏起。饭后倦甚,小睡。邓铁松来。旋写信寄郭筠仙,共七叶,言学问之事,口口月无忘为吃紧语,文章之事,以读书多、积理富为要。至未刻止,送冼君处。下半天,走凌荻舟处催寿文。夜与父亲谈,后为竺虔算寿文字。昨夜及本日早阅韩诗一本:《南山》诗、《圣德》诗,《琴操》《秋怀》等诗。

廿五日　阴,雪(题《独钓寒江雪》)

晏起。饭后阅韩文第二本。中饭时,改九弟文,题《不识可以继此而得见乎》。夜改诗二首,题《独钓寒江雪》《黄金台》。

廿六日　晴

早起。称银为叔父上捐事。饭后写请帖遣人至会馆,请同县客。旋自走杜兰溪家送银。归,冯树堂来,久坐。杨春皆来。未初同父亲至琉璃厂买纸。晚饭后,将所买纸计请人写。灯后,习字百馀只。更初为劳辛阶写条子一张,计三百字。

廿七日　晴,颇暖

晏起。饭后打红纸条子请人写字,甚烦琐,至未初始毕。旋阅《史记》《平津侯主父列传》,南越、闽越、朝鲜、西南夷、相如等传。申初,同父亲至竹虔处。旋独走梅霖生处,阅其世兄文。二更归,倦。

廿八日　晴,甚暖(阅《史记》)

早起。饭后阅《史记》季布、栾布、袁盎、晁错传,旋写请贴李丙三。出门,步至云樵、铁松、毛西垣及邹墨林、谭玉樵。出城,走岳晴初处,送分资。旋至新馆,饭春冈处。又至老馆,下半天回,走黄[戴]莲溪处。归时,岱云在寓,谈至二更始散。

廿九日　阴

早起,走小珊家,请看脉。旋走竹虔处,看写寿屏,饭后归。阅《史记》《张释之冯唐传》《万石张叔列传》《田叔列传》《吴王濞传》《魏其武安灌婴传》《韩长孺传》。旋困睡。午饭后,为九弟改文,题《尧舜与人同耳》,诗题《好竹连山觉笋香》,至二更完。夜,雪,甚寒。

卅日　阴,雪

晏起。饭后讲文与九弟听。阅《史记》《李广传》《匈奴传》。旋睡。午饭后,岱云来,邀同至小珊处,二更归。父亲不豫,陪父亲谈。吃药。旋阅刘元堂先生文三首,加批。

三月

初一日　阴寒

早起,侍父亲走东麟堂请客,皆同县人,两席,至未正散。归,复走杜兰溪处拜寿。夜阅《史记》。

初二日　晴,夜寒

早起。辰后困睡。钱崙仙来,久谈。午饭时,小岑来,邀同至黎樾乔处。归,遇晏巢芸,因同走莲溪处。夜,阅《史记》。夜饭后,听九弟言温甫弟去年情事,颇觉性质不甚平和,谈至夜深始散。

初三日　雪

晏起。饭后坐车至湖广馆请乔见斋,未正归。为郭雨三之年伯作寿文一半,至二更尽。是日,父亲饭陈庆覃处,夜深归。三更睡。

初四日　阴

晏起。仍续寿文,至未正始毕。吃饭后,下人刘兴语言侮慢父亲,因送坊官。旋走小珊处,请一人唤回,不欲置彼于法。因留小珊处久谈,又同至竹虔处。二更归,欲誊寿文,困甚,誊未完。

初五日　阴

晏起。饭后将寿文誊完。走文昌馆,吴子序之年伯寿辰,未刻归。走乔见斋处。归,饭后,走梁俪裳尉渠乡梦,灯时归。小珊来,春皆来。夜阅《史记》《范雎蔡泽传》《乐毅传》《廉颇蔺相如传》。

初六日　雨(至午门听宣会试)

早起,坐车至午门,听宣会试,总裁四人:王鼎、祁隽藻、文蔚、杜受田四人。同考官十八人,另有单。旋走小岑处,归。早饭后阅《史记》《田单列传》《鲁仲连邹阳列传》《屈原贾生传》。睡起,阅《屈贾传》《吕不韦列传》。中饭后,啸山来。灯后,阅《刺客传》《李斯传》。圈九弟文,改诗,睡。

初七日　晴

早起。饭后阅《易知录》宋、齐,共四十页。吃饭后,走萧汉溪处,可亭、辛阶处谈。归,小睡。莲溪来。中饭后,张楠皆来,同走张玉夫、彭十八、杨杏农处,小珊处。归时,已更初,洗脚。

白玉带皮如意平安洗　清

初八日　晴(与云陔同走翰林院衙门)

早起,侍父亲至举场,送会试。午正,至云陔处吃饭。下半天,同走翰林院衙门,穿长安门,出前门,同父亲坐车归。小珊来谈,至灯后散。阅《易知录》廿叶。阅九弟阅《鉴》所批,颇有见解。

初九日　晴(圈《易知录》)

早起,圈《易知录》,即初七所阅者。饭后,改九弟文,题《汝得人焉尔乎》。日中,同父亲至药店看药。中饭后,圈《易知录》十馀页,睡。灯时,霖生、岱云来,谈至更初。又圈《易知

录》廿页，至南北朝南齐止。

初十日　晴，甚暖

早起。圈《易知录》梁武帝、北魏。日中至辛阶处送行，又走黄世铭处。归来，圈书。是日，阅梁、陈、北魏、齐、周、隋，至炀帝。是日，圈一本半。申刻走萧史楼处。阅会试文，题"约我以礼，君子依乎中庸"一节，诗云"王赫斯怒"五句。诗题《师直为壮》，得"平"字。灯时归。小珊来谈，至二更初散。

十一日　晴（走药店捣药）

早起，圈《易知录·唐高祖》一卷。饭后圈一卷。走药店捣药。回，做丸药，至申刻毕。梅霖生来邀，同至小珊处，二更归。同父亲谈。早睡。

十二日　晴（阅《斯文精华》）

早起，阅《易知录·唐太宗》一卷四二卷。饭后，圈一卷。日中，写对联六、七付。中饭后洗澡。旋小睡，灯后起。新买《斯文精华》，随手翻阅一半，宋苏文《表忠观碑》《司马温公神道碑》之类。夜饭后，又圈《易知录》一卷：《唐高宗》四五卷。又圈半卷四六卷二十叶：《中宗》《武后》。是日阅报，系杨果勇侯在广东击破逆夷杉板船三只，二月廿四日事。

十三日　晴

早起，圈《易知录·唐中宗》。饭后阅《睿宗》，是四七卷。旋小睡。起，写对联十七付，至申正止。走萧史楼处，阅经文。旋走霖生处，谈至二更始归。侍父亲谈。讲文一首与九弟听，题《老而无子曰独》，因弟作文不甚圆秀也。

十四日　晴（与同乡游极乐寺、大钟寺）

早起，吃丸药。饭后陪父亲走西直门外极乐寺，侧厝李文正公墓。同乡会者八人，共饭极乐寺。旋游大钟寺，留连良久。由西直门出顺城门回家，已申正矣。戴莲溪、晏同甫来。灯下，代莲溪校《宋书》，阅《王僧绰、颜峻传》，《朱修之、宗悫传》，改诗一首。

十五日　晴

早起，为莲溪校书。饭后，小珊邀一同至琉璃厂，至未正归。小睡。中饭后，代莲溪校书，至三更止，共校六本。惟《隐逸传》《二凶传》全看，馀皆信手翻阅而已。

十六日　晴

早起，为九弟改文，题《吾不如老农》，至未初毕。陈岱云来，留早饭，谈甚久。未正出门，走许师处，冯树堂、曹西垣处，洗星巢处。旋走杜兰溪、徐芸渠、首班臣处及善化馆。吃饭文穀处。归，讲文与九弟听。旋出门，走小珊处。归，早睡。

十七日　晴

早起，侍父亲走会馆，饭春冈处。旋走各会馆及杨石泭处、内城各处道喜，因与小岑同车归寓。金竺虔、王少庚、冯树唐来，留小岑饭。饭后，同走笋生处、竺虔处、鹤汀处。归，已二更，写片至各处。是日，接信三封。

十八日　晴

早起。饭后写家信一封。旋出会客。未初起至二更尽，共写信五封，寄彭筱房、左青士、谢吉人、贺春台、朱凤台。

十九日　晴

晏起。父亲不豫。饭后，父亲出门，余小坐。旋走琉璃厂买纸谦六寿屏、寿对。至杏农处，与杏农偕行，至家，陪西桓及他客。旋写信，寄郭筠仙。早（？）饭后，写纨扇二小方。下半天，为九弟改文一首，题《见贤而不能举》，改诗一首，题《风吹客衣日呆呆》，至三更尽。

廿日　晴

早起。是日客多，自辰至申，几无间。中写请老师帖及知单。申正走小珊处，更初归。是夜早睡。

廿一日　晴，甚热

早起。饭后写对联、条幅。吴春冈代春谷、衙门求的颇多,写至天黑时止,共计条幅廿五张、对联六付。夜拟为谦六作寿文,既而不果,仅翻阅吴谷人四六。为九弟点生文一首。

廿二日　晴(清理诸笔墨应酬)

早起。辰,饭后,写亮甫画卷,写去年所未写完的三条。又清理诸笔墨应酬,请刘裕轩为我代笔。写条子五张、扇二柄。旋陪客。旋写请帖,再走许老师处请日子,因在冯树堂处改写请帖送师处。又走钱崘仙处一谈。归,吃饭,下半天,陪父亲语笑。夜阅九弟所买《制艺存真集》。夜饭后作谦六寿文,至四更尽止,三分有二矣。

廿三日　晴(平日不自修则不见信于人)

早起。饭后将寿文续起,至午正止。旋小睡。起,写对联甚多,至天黑时止。与九弟同走欧阳小岑处,谈至更初。归,吃夜饭,早睡。是日,写对联甚多,惟送成忍斋一联写甚得意。与小岑谈,有不合处。自念二三知心,亦复见疑,则平日之不自修,不见信于人,亦可知矣,可不儆惧乎!

廿四日　晴

早起。饭后改九弟文一首,题《子路人告之以有过则喜》。中小睡。中饭后出门拜客。夜走梅霖生处,谈至二更。归,写扇三柄。

廿五日　晴(与梁俪裳谈广东情形)

早起。饭后出门拜客。未正,至文昌馆请世兄,旋回家吃饭。同岱云走胡莲舫处。又走霖生处,问往观耕糈典礼。遇梁俪裳,谈广东情形,晚归。灯后写信一。后拟作寿诗,未成,睡。

廿六日　晴

早起。饭后小睡。起来写应酬字。会客颇多。写字至申初止。走凌荻舟处,催寿文。至小珊处谈。归,点文二篇与九弟读,旋写信二。

廿七日　晴(为九弟改诗题《秧针》)

早起。饭后为谦六写寿屏二幅。因笔小不能写,走金竺虔处一谈。下半天,东麟堂来讲酒席。小珊来谈,至二更尽。为九弟改诗,题《秧针》。

廿八日　晴

早起。饭后为谦六写寿屏二幅半。邹云阶、冯树堂来。邀小岑吃饭。下半天走史楼处看字。竺虔来。夜写绢笺一幅、小楷扇一柄。

廿九日　晴

早起。为谦六写寿屏三幅半,为小岑写楷屏四幅,至酉正毕。灯后睡。下半天转风。

闰三月

初一日　晴

早起,算父亲寿屏字数。饭后剃头。旋走才盛馆赴饮,申正归。仍算寿屏字数,改几句。闻广东有报到,因走俪裳处谈,更初归。早睡。

初二日　(写对联,听戏)

早起。饭后,同九弟走琉璃厂看纸。旋写对联十七付。走天和馆听戏,申正归。夜,写单条一、册页一。

初三日　晴(往皮货局买皮货)

早起,侍父亲往皮货局买皮货。已刻走湖广馆,请许吉斋师及甲午诸同年,与小珊两人为主,酉初归家。西垣来,崘仙来,小岑来,二更去。夜,早睡。

初四日　晴

早起。饭后写片子十。至各处接字。旋写对联卅馀付、单条数张。午饭后,写册页半开。走金竺虔处谈。更初,归。写册页一开半。写朱尧阶信一封,计五页。三更睡。大风雨。

初五日　大风

早起。饭后写各小条子、册页、扇子甚多。至二更止,后写信二封。

初六日　晴

早起。饭后侍父亲下园子,同行为小岑、岱云兄弟并九弟,游万寿寺。旋至穆中堂处,宿黄荆卿处。

初七日　晴

早起,在园子看虎城。饭后走清漪园、万岁山、吉龙樽、玉泉山,回至罗角子桥,各处游观。旋归,入城,申刻到家。夜,梅霖生来,久谈。

初八日　晴

早起。饭后小睡。旋起,写册页,写信二封。下半天写寄刘霞仙信,至三更始完,约千馀字。

初九日　晴(是日会试发榜)

早起。是日会试发榜。饭后写对联十七付,条幅十馀张。旋走竺虔处听榜。归来,与九弟同至小珊处吃饭,灯时归。小岑来,谈至二更。写信一封。

初十日　晴

早起,至各处道贺。饭心斋处,至申正归。走琉璃厂,旋走霖生处。归,吃夜饭,早睡。

十一日　下半天,雨

早起,候西垣来吃饭。饭后请西垣雇大车。余在家写成忍斋信一半。旋买冬菜、蘑菇等物,买通花耽搁。写对联数付。下半天走陈岱云家,请陈四吃饭。

十二日　晴

早起,刘元堂先生来。饭后父亲与刘同出门。余与九弟至琉璃厂看寿屏。走西河沿买货,归来,客来寓,客至灯时始散。夜写扇一柄,写成忍斋信完,共九叶,大约言读书立志,须以困勉之功,志大人之学。无稿。

十三日　晴(至太和殿内送新进士复试)

早,四更起,同父亲走午门内,至太和殿内送新进士复试,辰刻归。饭后看九弟检父亲行箧。日中,写对联数付。下半天,剃头。旋检点父亲行李。杨杏农来,久谈。二更睡。

十四日　晴

早起。是日父亲出京,与刘元堂先生兄弟同行。父亲与刘月槎共大车一辆。已初开车,余与九弟送至彰仪门外十五里,申刻归。下半天,收拾屋。夜,李笋生来。

十五日　晴(读《见义不为》)

早起,写小条子。饭后,因寓中各屋收拾不整齐,督婢仆逐一检点。午初小睡。岱云来邀,同至小岑处、西垣处、树堂处、俪堂处。岱云来寓吃饭。复同至杏农处、竺虔处,归时读黄陶庵《见义不为》文。小岑来,旋做墨合。天头:是日,接家信。

十六日　晴

早起,写小条半张。饭后走小岑处送行。旋走各处拜客,酉正始归。夜,写小条完。圈《斯文精华》三十五页,《治安策》。

十七日　晴

早起。饭后写易南界信,未果,旋小睡。杨杏农来,久谈,至申正始去。中饭后,走许师处打听散馆信。归。小珊来,复春谷信,二叶半。

十八日　晴(改文题为《忠告而善道之》)

早起,曾心斋请代写信稿二封。饭后,封家信发天头:发家信第五号,并发易南界信,寄

东西。是日,写小条子甚多。夜,改文一首,题《忠告而善道之》。三更尽睡。

十九日　晴(温《诗经·邶风》)

早起。饭后走送杨杏农。旋走黎月桥处。日中,温《诗经·邶风》。午饭后,走小珊处、果山处。归来,圈《斯文精华》二十三叶。

廿日　晴(至朱世兄家道喜)

早起,点书,写谭云嵩条子,至巳正完。旋小睡。曾心斋来。旋走朱世兄家道喜。至徐芸渠、陈云心处谈。归,阅《易知录》十叶。下半天,阅《斯文精华》诗二十馀叶。苏赓堂来,曹西垣、李笏生来,谈至二更。

廿一日　晴

早起,点九弟生书,写小条子至巳正完。小睡。起,温《诗经》《鄘风》《卫风》,至申正止。周韩城来,久谈至灯时。写金字扇一柄,圈古文十馀叶。

廿二日　晴

早起,为九弟点书,写小条子一张,至巳正止。午刻圈《易知录》约五十叶,至申正止。夜圈《斯文精华》诗十馀叶。

廿三日　晴

早起,点书。饭后,剃头。旋拜客各处,至灯时归。陈岱云、凌笛舟在寓,邀同至郑小珊处,谈至三更。

廿四日　晴

早起。点生书。饭后小睡。洪乐吾来。金竺虔、曹西垣来,留吃饭。去后,人热甚,颇沉闷。无所事事,灯后即早睡。

廿五日　晴

早起,点生书。饭后小睡。旋起,听弟背《国风》。改九弟课文、课诗,至酉正止。是日客甚多。夜写张筱云团扇,错杂成章。圈《斯文精华》七古诗十馀叶。

廿六日　晴(临智永《千字文》)

早起。温《诗经·王风》。饭后习字一百,临智永《千字文》。圈《易知录》一百页:《唐明皇》《肃宗》《代宗》,至申正止。圈《斯文精华》十馀页。旋走梅霖生处,看伊咳嗽病。灯后归,圈《斯文精华》又廿馀页,系陆宣公文。

廿七日　晴(背《国风》)

早起,为九弟点书。温《郑风》至《叔于田》。背《国风》头一本两遍。饭后临《千字文》一百。旋小睡。圈《易知录》一卷,三十馀页:唐德宗,至申正止。出门拜客。夜圈《斯文精华》七古数首。拟作古诗未成。

廿八日　晴(题弟诗《人有恒言》)

早起,看搭天篷。饭后小睡。日中,作诗七古一首送凌九,至灯后始成。是日家中搭天篷,未用功。梁俪裳来、钱崙仙来、史士良来。诗成后,为九弟改文一首,题《人有恒言》。

廿九日　晴(温《郑风》)

早起,为九弟点生书,温《郑风》。旋走崙仙处吃饭。因走俪裳处、樾乔处,送笏生行,未正方归。写诗送凌九。阅杜工部七古数十首。夜,写册页二开。一系首行第三字写错,因错为"仁风扇"三字,便作五古一首,起"仁风扇六幕"云云,盖咏时事也,凡十二韵。

三十日　晴

晏起。为九弟点书。饭后写清九泥金字扇一柄。李笏生来久坐。去后小睡,至饭时方起。中饭后,春冈来,旋凌九兄弟来。看《斯文精华》杜七古十馀页。旋走岱云家,久坐,三更方归。查是月所用银钱甚久。

四月

初一日　晴

晏起。为九弟点生书。饭后往霖生处看病，久谈，几至未正归，睡。中饭后圈《易知录》一卷：《唐德宗》《顺宗》《宪宗》，至灯后止。圈《斯文精华》韩文十馀页。

初二日　晴

早起，为九弟点生书。饭后，天气亢热难过，写字数十。旋走善化馆闲谈，归。中饭后，圈《易知录·唐宪宗》卅页。小珊来，邀同至樾翁处，谈至三更归，大雨，归。

初三日　晴（作论《君子体仁足以长人》）

早起。黄苏卿来，留吃饭后，午正去。小睡，起，写金字扇一柄。中饭后，岱云来，邀同至霖生处一谈，至更初归。作论一首，题《君子体仁足以长人》，又作半首，题《除恶务尽》。

初四日　晴

早起，为九弟点生书。饭后改文一半，小睡。中饭后出门，至小珊、兰溪处，三更方归。改文完。题《若夫豪杰之士》。是日剃头。

初五日　晴（拟为心斋做策本）

早起，为九弟点生书。自温《诗经·齐风》。饭后写字。小睡起，写对联八付。圈《易知录》二卷，约六十馀页。下半天，吴春冈、曾心斋来，久谈。旋出门，走曹西垣、树堂、韩城处。归，拟为心斋做策本，无所成。

初六日　晴（可恨文思迟钝）

早起，为九弟点生书。饭后写对联十一付。小睡。起，圈《易知录》一卷。中饭后，岱云来，谈至二更始去。又拟为心斋做策，仅改数句，文思迟钝，可恨！

初七日　晴，夜大雨（自作试帖《山杂夏云多》）

早起，为九弟点生书。饭后走嵩仙处，请渠代改心斋策。旋出门拜客，至东头各处，饭春皆处。夜归，点文一首与九弟读。自作试帖一首，题《山杂夏云多》。

初八日　阴，下半日晴（九弟文有长进）

早起。饭〈后〉，为吴春冈作策头子八道。又为九弟改文一首，题《昔者吾友》。是日，九弟文有斐亹之情，进境不少，可喜。

初九日　晴（夜为吴春冈作策首）

早起，为九弟点书。饭后出门拜客。饭岱云处，晡归。夜为吴春冈作策首，至五更睡。

初十日　晴

晏起。为九弟点生书。饭后小睡。日中，写家信。中饭后，张楠皆、小珊、云皆来。下半天走韩城处，请做策。夜为春冈作策首三道。

十一日　晴

早起，为九弟点书。饭后写信一封，寄朱砺斋。圈《汉书》惠帝、吕后、文帝、景帝、武帝纪。圈韩文数首。夜，灯下写周介夫信一封。拟作钱嵩仙图诗，竟不成。

十二日　晴

早起，为九弟点书。饭后写李花谭信一封，圈《汉书·昭帝纪》，为吴春冈作策首，誊十六道。夜为九弟点文一首，清数目。夜深，自己作试帖一首，题《待燕归来始下帘》。

十三日　晴

清早，岱云来，留吃饭。因同走周黼庭处、俞岱青处、洪乐吾处，归时已申正。吃饭后，小睡。夜改九弟文，题《爱之能弗劳乎》。未改完。

十四日　晴

早起,将文改完。饭后为吴春冈改策四道,甚讨嫌,至申刻完。走小珊处,谈至二更归。早睡。夜微雨。

十五日　晴,颇冷

早起,为吴春冈做策头尾样子。饭后写扇子、册页颇多。旋圈《汉书》《宣纪》《元纪》《成纪》《哀纪》《平纪》《异姓诸侯王表》,至酉。午后小睡。晡时,走梅霖生处看病,二更归。早睡。

十六日　晴(阅《汉书》职官表及诸表)

早起,为九弟点书。饭后阅《汉书》职官表及诸表。写罗苏溪信一封。走会馆,送吴春冈、心斋考。回走岱青先生处中饭,灯初归。岱云来,久谈,至三更睡。

十七日　晴(写家信言楚善叔之苦)

早起,为九弟点书。饭后小睡。写家信,言楚善叔之苦,求祖父代为筹画,共三叶。黎月桥来,钱崙仙来。下半天写费佩青信。夜点文一首与九弟读。早睡。

十八日　晴

晏起,饭后。作崙仙《慈竹平安图》诗二首。下半天写彭棣楼信。旋走钱崙仙处谈。归,写郭筠仙信,二更尽睡。

十九日　晴

早起,为九弟点书。饭后小睡。旋圈《汉书》《礼乐志》《刑法志》《食货志》上卷,计共四十馀页。下半天写册页一开,冷金笺单条一。晡时,小珊采谈,至二更去,又写册页一开。

廿日　晴

早起,为九弟点书。饭后写小条子、册页。旋走穆中堂处拜寿。送李石梧信至黄三处托寄。归,〈留〉陈岱云吃饭,同走王翰城处、黎月桥处,至三更始散。

廿一日　早阴晴,日中阴,夜雨(走内城接殿试考)

早起,为九弟点书。饭后,写司徒绂单条一、王芷庭单条一、李丙生横幅一。中饭后,走内城接殿试考,直至日晡,曾心斋等始出场。夜,灯后始出东华门,不能出城。与小珊、岱云同至华甫处睡。夜,无寐。

廿二日　雨

早起。同小珊、岱云步行出城。饭后饱睡。申时写册页一开,走杜兰溪处吃酒。归即睡。是日雨大,夜又雨。

廿三日　早雨,阴

早起。饭后阅书。旋写册一开,写贺耦庚、李双圃信。中饭后,封信送杜兰溪处。旋走月翁处,同往霖生处看病,二更归,睡。

廿四日　早雨,后晴(走文昌馆拜卓中堂寿)

早起,为九弟点生书。饭后拟改文,小睡。旋剃头。岱云来邀,同走文昌馆拜卓中堂寿。酉正归,小睡。夜写册页一开,为九弟改文一首,题《王知夫苗乎》。

廿五日　晴

早起,为九弟点书。饭后写陈起乐小条子。略睡。旋走钱崙仙处。归,曹西垣来,凌笛舟、曾心斋来,圈《汉书·食货志下》,记[计]十六叶,至申正止。旋写蒋申甫小条子。夜圈《汉书·郊祀志》。

廿六日　晴

早起,为九弟点书。饭后写易南谷信一封。圈《汉书·郊祀志下》。旋走才盛馆拜灵芗生之父母寿。归,圈《汉书·五行志》数叶。梁俪裳请作论。饭后,走小珊处谈。归,曹西垣来。夜拟作论,未果。

二十七日　阴,下半日大雨如注(作论三首)

早起。饭后作论三首,至三更始就。题《马援讨交阯论》,《不贪为宝论》,《人情以为田

论》。四更始睡，不能寐。

二十八日　阴

晏起。饭后，圈《汉书·五行志》十馀叶。旋走会馆送心斋朝考，申初归。下半天玩愒，夜，早睡。是日请父亲自汉口发信，并汴梁信两封。

二十九日　晴

早起，为九弟点书。饭后圈《汉书·五行志》约五十叶。午饭后，岱云来。旋走小珊处，请看内人病。夜查数。

五月

初一日　阴，微雨（闻朝考取录名次）

早起，为弟点生书。饭后圈《汉书》《五行志》《地理志》，约五十页。小珊来，为内人看病。下半天，曹西垣来，闻朝考取录名次。夜，早睡。

初二日　阴

早起，改九弟文，题《禹恶旨酒》，至巳正完。午刻走许师处拜寿。旋拜客数家。归，心斋来，久谈。午饭后圈《斯文精华》七古诗二十五页。夜，点文一首，早睡。

初三日　阴，下半日大雨

早起。饭后阅《汉书·地理志》完。未，小睡。起，走岱云，何家，酉刻归。途中遇雨，走萧史楼处，二更后，冒大雨归。

初四日　大雨

早起，为九弟点书。饭后小睡。旋出门送节敬，拜客，至天黑归。夜，早睡。

初五日　端节，晴

早起，为九弟点书。饭后有客，至午正止。中饭后，圈《汉书》《沟洫志》《艺文志》。夜写团纨扇一柄、册页一开。

初六日　晴（走梅霖生处问病）

早起，温《诗经·齐风》。饭后默写《郑风》《齐风》。习字一百。陪客。未初，陈岱云邀吃饭，至戌初散。因同走梅霖生处问病，更初归。

初七日　晴

早起，为九弟点书。出门拜客，饭新馆，至申正归。下半天，圈《斯文精华》五律诗。夜为九弟点文一首。

初八日　晴，下半天雨

晏起，饭后习字一百。曹西垣来久坐。又他客来。未正，吴春冈来谈，至晚始去。夜写扇一柄。

初九日　晴，下半天雨（抄《馈贫粮》）

早起，为九弟点书。温《诗·魏风》。饭后默写。旋陪客。习字一百五十个。阅圈《汉》《陈胜项籍列传》《陈馀张耳传》《魏豹田儋韩信列传》《韩彭英卢吴传》，至酉正止。旋圈《斯文精华》韩文，至灯后止。旋抄《馈贫粮》"忠义门"二则、"兵法门"五则、"旧友门"一则。旋记《茶馀偶谈》读"史门"二则、"技艺门"二则。

初十日　晴（习字一百个）

早起，为九弟点书，温《诗经·唐风》。饭后默写。习字一百个。圈《汉书》《荆燕吴传》《楚元王交传》《刘德向歆传》《季布栾布田叔传》。下〈半〉天，圈《斯文精华》柳文。夜至小山处。归，早睡。

十一日　晴，下半天雨

早起,为九弟点书。饭后圈《汉书》《高五王传》《萧何曹参传》《张陈王周传》至申正。习字一百五十个。陈岱云来,邀同至月乔、霖生处。归,遇雨。走俪〈裳〉处。归,更初矣。记《馈贫粮》十馀则。

十二日　晴,下半天雨、雹。

早起,为九弟点书。饭后,圈《汉书》《樊郦滕灌传》《傅靳周传》《张周赵任申屠嘉传》,至已正止。走金可亭处拜寿。归,圈《郦陆朱刘叔孙传》《淮南济北衡山王传》《蒯伍江息夫传》。习字一百五十个。下半天为九弟点文二首,圈《万石君卫直周张传》。

十三日　晴、热

早起,圈《文三王传》。饭后圈《贾谊传》。走仓少平处拜生。归,走长郡馆祭关圣帝。灯时归,早睡。

十四日　晴、热(走隔邻彭吏部宅谈)

早起,为九弟点书。饭后圈《爰盎晁错传》。小睡起,剃头。圈《张释之冯唐汲郑传》。写扇三柄。晡时,走隔邻彭吏部宅谈。夜,记《馈贫粮》数十则。

十五日　晴

早起,为九弟点书。阅《贾山传》。接家信。饭后为九弟改诗六首,至申正止。中间有客耽搁。酉刻出门,走冯树堂处、梅霖生处。霖生病甚重,请余邀吴竹如诊治。

十六日　晴

早起,进城,请吴竹如不晤。归,为六弟改文一首,题《博学而详说之》,至申正完。嵩仙来,邀同走既堂处。归,夜写家信,未完,已写两开半。

十七日　雨,早晴,日中晴(用绢写《为学要言》)

早起,为九弟点书。进城,邀吴竹如同至霖生处,未正出。同走黎樾乔起,申初归。饭后,将昨夜信写完。旋用绢写《为学要言》寄六弟,仅写百字,天黑矣。灯下客来。后将去年写信与令弟的续完。

十八日　晴

早起,客来。饭后将绢写完,约五百字,又写信一封与令弟,申初完。将家信封好,寄去。下半天,步行至杨春皆三人处,又至云心处,归。夜,早睡,仅写扇二柄。

十九日　晴,微雨

早起,为九弟点书。饭后习字一百,阅《邹阳枚乘传》《路温舒传》《窦婴田蚡灌夫韩安国传》《景十三王传》。写应酬字数纸。下半天至梅霖生处,旋至黎月乔处。归,有客,陈岱云来,春冈来,久谈。夜,早睡。

二十日　晴

早起,为九弟点书。饭后阅《李广李陵苏武传》。写字数纸。日中睡。吴春冈来,诸客来。夜,写册页一开。早睡。

二十一日　晴,热,着葛纱

早起,为九弟点书。饭后阅《卫青霍去病传》《董仲舒司马相如传》,约五十馀叶。写字一百。下午天,霖生病加剧,有信来请竹如,因即进城,旋走霖生处,晚归。岱云来,因留宿。

二十二日　晴,大热(霖生病益重)

早起。岱云、树堂在此吃饭。饭后同走霖生处,病益增剧,无可为力矣。可叹!可悚!可惨!是日,至东头拜客。归,仍走霖生处,戌刻归。

二十三日　晴

早起,九弟不舒服。小儿自昨日起泻腹。饭后,请郑小珊来看病。郑言九弟病轻,小儿病甚重。是日,甚着急。九弟吃药一帖,即好。小儿服药一帖,夜间病愈重。

二十四日　晴(霖生于是夜子时死)

早起,小珊又来看小儿病。饭后请吴竹如看小儿病。因陪竹如至霖生处看病。余因小

儿病，即刻归。请岱云陪竹如看霖生病。是日小儿病势甚重。下半天不能去看霖生，而霖生即于是夜子时死矣。将死之际，着人来告知，时小珊在余寓看小儿病，小珊往霖生处送终，余以儿子病故，不能一往临诀，哀哉！

二十五日　晴（同乡胡云阁亦于昨夜仙逝）

早起，闻霖生恶耗，又闻同乡胡云阁先生亦于昨夜子时仙逝。是早小珊来看儿子病。儿子昨日服药三帖，亦未得愈。本日又请吴竹如来看。是日服二帖。余于午刻走霖生处吊唁。夜间，儿子病势颇重。

遏必隆腰刀　清康熙

廿六日　晴

早刻，小珊来看儿子病，光景如故。是日，服药两帖。

廿七日　晴

早，小珊来商量儿子病，宜吃凉药。饭后请古姓医人来看，又请王姓医人。古姓粗俚不明，王医颇言之近理，因服王医方一帖。余自廿五日起亦不好，吃药二帖，本日甚不爽快。

廿八日　晴

是日，儿子病略好，而心犹甚恐。是日走梅世兄处，代理诸事。

廿九日

是日，儿子服王医方二帖，已有起色。竹如亦于是日来看，似已可保无虞。

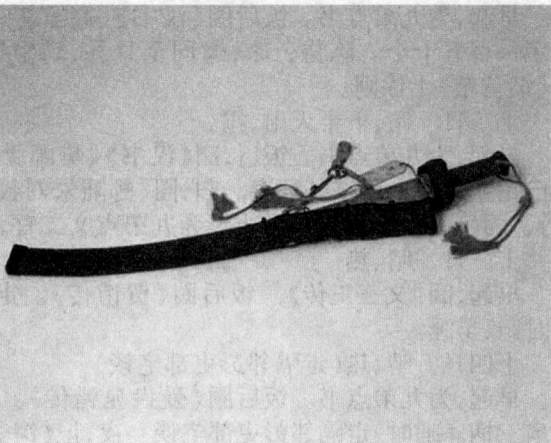

六月

是月上半月，因儿子患病，时时惶惧，绝未理故业。又有梅世兄扶榇开吊诸事，须代为经营也。下半月亦废驰之至，每日事实亦未写记，兹记忆其一二写记。

初一日

走内城云阁先生处吊唁。旋归，走梅世兄处。

初二日

在梅世兄处大半天。

初四日

下园子见吴甄甫师，未得见。

初六日

在文昌馆请吴师。因写知单，请诸同年写霖生身后赙仪。戊戌同年共写四百馀金。吴师独赠百金。

初八日

早走彰仪门外，送吴师之江西巡抚任。

十六、七〈日〉

作胡云阁先生诔。前初七日发家信第九号。

廿四日（请小珊看内人之病）

梅宅领帖，陪一天。内人于昨日起病。是日晚间，请郑小珊来看病。一病三日始愈，小

珊之功不少。

前十二日长郡会馆公事,议交余管接。领银钱一切。是日,写明簿数。十五日在会馆敬神。于门上略加整顿。二十三日,带泥瓦匠去会馆,去看收拾房子。

廿七日

在胡宅送分资,耽搁半天。还,至何子敬处、陈岱云处。

廿八日(作吴春冈之父墓志铭)

作吴春冈之父墓志铭一篇。

七月

初一日　阴

早起,至会馆敬神。点清桌凳数目。还,拜客数家。饭陈筠心处。下半天同汤海秋去看房子,灯后始归。

初二日　晴

饭后写绢笺一幅送易南谷,约八百字。萧史楼来,久谈。下半天至梅宅。是日又写家信一封,共六叶。

初三日

饭后写绢一幅,系吴春冈之父墓志铭。下半天走史楼处。夜作送春冈之官浙江诗一首。午饭后写对联十馀付。

初四日　晴

早饭汤海秋处,在彼处坐颇久。又拜客数家,午正归。下半天作送春冈诗二首,灯时写好于纨扇面。旋写寄左青士信一、寄易南谷信一,四更始睡。

初五日　阴

晏起。饭后写小条子一张。走会馆送吴春冈出京,午正归。饭后下园子,往翰林院朝房,与祁幼章、李葆斋、毛寄云同住。灯时下雨。

初六日　晴(皇上御门,派余侍班)

早,皇上御门,派余与幼章等四人侍班,卯正退班,由园子回,已刻到家。午刻至梅世兄处,是日霖生题主,晡时归。夜,早睡。

初七日　晴

早起,饭后写单条子一张,甚长。至刘谷人处下棋二局。下半天陪客。改九弟文半篇,题《伯夷至太公辟纣》。

初八日　晴

早起。饭后写应酬字。午饭后,凌笛舟弟邀同走萧史楼处,同往看观音地藏庵亭子。归夜,写应酬字。

初九日　晴(家中寄来信、物)

早起。饭后写字,改九弟文一篇,题"桃应问曰"一章。九弟此会文甚好,阅之喜不自胜。彭山屺来,家中寄信数封,又寄来《皇朝经典文编》一部、《周易》一部、《四书》一部、龙须席一床、皮箱三个。晡时走小珊处,不晤。走谷人处,下棋二局。

初十日　晴

早起,为九弟点书。饭后张书斋来,曾心斋来。写宣纸红格《书经》十行。走会馆,拜客数家。至善化馆,赴唐瑶阶之招,同席黄琴坞、李古廉、陈庆覃、岱云、黄莆卿、何根云。散后,同根云、岱云走小珊处,谈至三更始归睡。

十一日　晴(买《朱子全集》一部)

早起，为九弟点书。饭后习"独"定五十个。旋写宣纸红格四百径寸大字。午饭后，陈岱云、梁俪裳来，留吃饭，邀同至琉璃厂书店，因买《朱子全集》一部。归来，陪陈、梁二人吃面、烧鸭片。郑小珊来谈，至二更始散。是日，刘裕轩来，请写扇子三柄。

十二日　晴

早起。饭后走孙琴泉处、方既堂处，又至保安寺街看房子，午正始归。习"徙"字五十个，写宣纸字数十个。午饭后阅《朱子全书》十馀页。史楼来，天黑始去。下雨。夜写字百馀个。

十三日　晴，下半日阴

早起，阅《朱子全书·为学之方》十馀页。饭后，写"经"字五十个。旋写宣纸寸大字二百六十个，拟送祁春浦先生。未正，曾心斋来。是日，家中请客，盖因彭九峰名山屺为予带书籍等件来京。又有邵阳唐斯盛亦坐公车与九峰同来，是日，亦请到。陪客为郑小珊、曹西垣、曾心斋、陈岱云，吃至二更始散。是日早起，求所为主一之法，而此心纷扰如故。日中陪客，颇形急慢。

十四日　阴雨（问唐镜海读书之法）

晏起。饭后走梅世兄处，明日渠扶榇南归，今日走去探问一切。旋至许世叔处送行，又至周华甫之母处拜寿，又至胡润芝处，问伊扶榇归葬事宜。胡送余《陶文毅全集》二部。又至唐镜海先生处，问检身之要、读书之法。先生言当以《朱子全书》为宗。时余新买此书，问及，因道此书最宜熟读，即以为课程，身体力行，不宜视为浏览之书。又言治经宜专一经，一经果能通，则诸经可旁及。若遽求兼精，则万不能通一经。先生自言生平最喜读《易》。又言为学只有三门：曰义理，曰考核，曰文章。考核之学，多求粗而遗精，管窥而蠡测。文章之学，非精于义理者不能至。经济之学，即在义理内。又问：经济宜何如审端致力？答曰：经济不外看史，古人已然之迹，法戒昭然；历代典章，不外乎此。又言近时河南倭艮峰仁前辈用功最笃实，每日自朝至寝，一言一动，坐作饮食，皆有札记。或心有私欲不克，外有不及检者皆记出。先生尝教之曰：不是将此心别借他心来把捉才提醒，便是闭邪存诚。又言检摄于外，只有"整齐严肃"四字；持守于内，只有"主一无适"四字。又言诗、文、词、曲，皆可不必用功，诚能用力于义理之学，彼小技亦非所难。又言第一要戒欺，万不可掩著云云。听之，昭然若发蒙也。又至陈筠心处、金竹虔处、岱云处，始归。夜写卅个。

十五日　阴

早起，走圆通观。是日，梅霖生之枢出城，余坐车送至东便门。黎月乔、郑小珊邀同泛闸至通州。秋风初凉，芦苇尚绿，好景如画，木叶未脱。申正至通州，下榻于余宗山寓所。余名崇本，长沙人，任云南宣威州，运铜来京，与月乔为儿女亲家。是日，余与黎、郑三人泛舟梅宅，扶榇由陆路至通。酉刻，骑马走河沿，寻梅氏之船，云枢尚未到。回寓饮酒，更深始睡。夜雨。

十六日　早雨，日中晴

早起，在余寓吃饭。午正仍泛舟，戌初至东便门，入城雇车，到家已二更尽。人颇疲乏，早睡。

十七日　晴（阅《陶文毅公全集》）

晏起。人不爽快。日中频有客来。下半天，阅《陶文毅公全集》，至晡时，甚倦，即睡。

十八日

早起，仍阅《陶文毅集》。饭后走史楼处，又至谷仁处。日中归，小睡。邹云陔来。午饭后，曹西垣来，彭山屺来。晡时，人不爽快，仍早睡。

十九日

早起，阅《洪稚存集》。饭后李碧峰来。旋出门看房子。归，写李杰斋小条子一张。饭后，写司徒绂扇子。又请春浦先生写字，着人去。陈岱云来。吕佺孙来，请写寿屏。岱云谈

至二更始去。习寸多大字一百个。

廿日（作新婚诗七律一首）

早起。阅《朱子全书·存养门》十页。饭后，习"刑"字三十个，写扇子一柄，磨墨一会。作新婚诗七律一首。写冷金笺屏一幅。又习大字数十个，试笔写寿屏半页，吕星田之母的。中饭后，写寿屏二叶。大雨至晚。夜，写大字功课单一纸。阅《经世文编·原学门》三十页。作朱尧阶尊人寿文，起笔。雨不止。

廿一日　阴

早起，阅《朱子全书·存养门》完，记五条贴壁。旋温《诗经·秦风》，成诵。旋写"伴"字一个贴壁。云阶来，旋走文昌馆，戊戌同年秋团拜，至酉正归。写字一百个，天黑。夜，写扇子字小楷百个。阅《经世文编·儒行门》五十页。作尧阶寿文五行。

廿二日　晴（夜阅《经世文编》）

早起，阅《朱子全书·特数门》五页，记二条贴壁。饭后温陈、桧、曹风。旋写"盖"字一个贴壁。旋走张雨农处拜寿，又至何子愚处讲字。子愚言悬肘之法，须手力向前，颈力向后。归，中饭后写寿屏三幅半。夜，阅《经世文编》十叶。作尧阶寿文大半篇。

廿三日　晏起。饭后走陈岱云处，旋至胡咏芝处。归，写寿屏四幅。午饭后又写二幅。至钱崧仙处，谈至更初归，睡。

廿四日（看《赐砚斋丛书》）

晏起。饭后出门，拜客数家，又至王翰城处，找伊同看房子。归，午饭后看《赐砚斋丛书》。晡时，小珊来，更初去。写字，西垣一幅，又扇一柄。

廿五日

晏起。饭后看《赐砚斋丛书》。旋出门走戴莲溪处，又走刘谷仁处下棋，渠因留吃饭。下半天，走小珊处，不遇。晚归。夜，早睡。

廿六日

晏起。饭后写字。旋剃头。黄正斋、陈岱云来，因留吃中饭。来时已初，饭时申正矣。又同黄、陈走绳匠胡同、门楼胡同看屋。便走岱云处晚谈，二更归。

廿七日　晴，天气渐冷（因风水之故欲易吾房）

早起。饭后又走翰城处，邀渠同出门看房子。日内，缘翰城言余现所居棉花六条胡同房冬间不可住，翰城善风水，言之成理，不免为所动摇。且言八、九两月不可移徙，故找房屋甚急，而讫无当意者，心则行坐不定。本日，又与翰城看数处。午正归，走文昌馆，为吴蔼人之年伯寿分，申正归，西垣来，邀同至小珊处，遇芸渠，畅谈，二更始归。自廿四日起，以房子故，心不定，不能用功，仅阅《宣和遗事》四卷而已。天头：是日，接家信。

廿八日

早起。饭后，西垣来，言下斜街有房甚贱，且甚好，因同往看，久坐。旋走财盛馆送郭雨三之年伯寿分。申正归，又闻绳匠胡同有好房信，又同往看。晚归。夜查数。

廿九日

饭后走钱崧仙处，邀渠同看昨日两所房子，又至岱云家小坐，又至西垣家坐，又走看竺虔，竺虔因同至余寓。是日胡咏芝送余炕垫、炕枕诸物。下半天写字。

八月

初一日

早起，走会馆行香，饭心斋处。午正归，走绳匠胡同看房。下半天，与九弟同至琉璃厂。旋归，至田吉生同年处坐。归，睡。

初二日（走绳匠胡同定房子）

早起。饭后，走财盛馆拜吕倌孙之母寿。午初归，走绳匠胡同定房子。归写房摺。下半天又去看，小珊同看。因同至小珊寓，坐至二更始散。

初三日（送胡云阁出殡）

早起。走送胡云阁先生柩殡出京，至东珠市口而返。走钟子宾处坐。旋走天和馆，拜王吉云之母寿。又至王翰城处。早起，邀同翰城走绳匠胡同看风水，未正归。下半天有客。写对联十馀付。

初四日

早起。饭后带泥水匠、裱匠往绳匠胡同定价，看一切。归来有客。下半天至琉璃厂买对联纸。夜，裱匠不愿做。

初五日

饭后，走新房，命诸匠兴工。归来，写对联。晡时，又走新房。夜写扇一柄、对联数付。

初六日（是日搬至绳匠胡同）

早起。是日搬屋。饭后余走新房收东西。九弟在旧房发下人，仅两个。新房又有诸匠人正兴工之时，仅觉浩繁（?）。日中，岱云来，晡时，小珊来，谈至更深始去。

初七日

早起。是日正部署诸务，午正，彭九峰来，久谈。是日岱云之父忌日，邀余便饭。未正去，灯时归。正斋、岱云同来，二更散。

初八日

早起。是日匠人尚未〈来〉家部署诸务。日中剃须。小睡。客多。

初九日

晏起。是日匠工尚未完，犹处处经理，心殊不安恬。夜，作邹云皆寿序大半，早睡。

初十日

三更起，下园子随班祝嘏。归，在黑寺饭彭山屺处，又至镜海丈处久谈，晡时始归。夜作云阶寿序毕。

十一日

早起。饭后崧仙来。是日走会馆，饭心斋处。申正归。夜作尧阶寿文完。

十二日

早起，将尧阶文誊真。是日，甚倦。有客：岱云、正斋。下半天小珊来，久坐。

十三日

早起。饭后走竺虔处，又至岱云处。归，西垣等来。下半天，写寿屏一幅半。夜，写阴骘文一半。

十四日（丹阁叔考中秀才）

早起。是日写六幅半寿屏，申正完。出门拜客。夜至丁诵荪家谈。是日接家信，丹阁叔入泮。

十五日（至城隍庙拈香）

早，至城隍庙拈香。又至会馆拈香。又各处拜客。至申初归。是日邀心斋吃饭。晡时散。与九弟步至小珊处，更初步月归。

十六日

早起。饭后收拾房屋，检点书籍，写阴骘文半纸。下半天有客。

十七日

早起，温《诗·豳风》。饭后阅《汉书》《张骞李广利传》《司马迁传》。下半天，木匠在家。夜写家信二封、丹阁叔信一封、元堂师信一封。

十八日

早起,温《诗·小雅·鹿鸣》至《采薇》。饭后客来。剃头。圈《汉书》《武五子传》《严助朱买臣传》。出门拜客九家。黎月桥邀饮,更初始归。天头:发家信第十二号。

十九日(为九弟点生书)

早起。为九弟点生书。自温《诗·出车》至《湛露》。饭后阅《汉书》吾丘寿王、主父偃、严安、徐乐、终军、王褒、贾捐之传,《东方朔传》,共三十二页。俪裳、嵩仙来,久谈。中饭后,写回拜庶常帖子。有客来。夜,写册页一开。

廿日

黎明起,为九弟点生书。温《诗经·彤弓》至《祁父》。饭后圈《汉书》公孙贺、刘屈氂、车千秋、王沂、杨敞、杨恽、蔡义、陈万年、陈咸列传,杨王孙、胡建、朱云、梅福、云敞列传。陈岱云、李十一来,与同查写为梅霖生死后寄各处讣信共三十六封。因留吃饭。是日,九弟生辰,至酉正散。又去晏同甫处,托同寄信,岱云邀至伊寓,二更始归。

廿一日

黎明起,温《诗·祁父》至《节南山》。饭后,圈《霍光金日磾传》。日中写应酬字,嫌太光。下半天仍写字。夜改九弟文半篇。

廿二日

黎明起,温《诗·繁霜》。早饭后圈《赵充国辛庆忌传》,傅介子、常惠、郑吉、甘延寿、陈汤、段会宗传。出门拜客,饭唐瑶阶家。下半天归,有客。夜查数。

廿三日

黎明起,温《诗经》《十月之交》《雨无正》二篇。饭后,阅《汉书》隽不疑、疏广、于定国、薛广德、平当、彭宣传,王吉、贡禹、两龚、鲍宣传。为九弟改文。下半天写对联八付,走梁俪裳处谈。

廿四日

黎明起,为九弟点书。温《诗经》《小旻》《小宛》《小弁》。饭后阅《汉书》《韦贤传》,《魏相丙吉传》眭弘、夏侯始昌、夏侯胜、京房、翼奉传。写小条子一张。下半〈天〉,走徐芸渠、黄正斋处谈,至二更散。

廿五日(是日儿跌伤眼眶)

黎明起,为九弟点生书。温《巧言》《何人斯》《巷伯》《谷风》《蓼莪》,共五章。饭后,岱云来,邀同至月乔处拜寿。归,圈《汉书》《李寻传》,赵广汉、尹翁归、韩延寿、张敞传。申刻,写对联一付。走月乔处吃饭,三更始散。是日儿子跌伤眼眶,因手中有箸,跌去,箸抵眼角,入皮半分,青肿见面。幸祖宗神灵,为之默佑,若移过半分,则凿入目中矣。

廿六日

早起,温《诗经》《大东》《四月》《北山》《大车》《小明》。饭后圈《汉书》《王尊传》。《盖诸葛刘郑孙毋将何传》《萧望之传》数叶。下半天走会馆,送邹云阶行。晚,早睡。

廿七日(拜戴莲溪寿)

早起,送徐芸渠、黄正斋行。日中走拜戴莲溪寿。归,阅《萧望之传》完。雨三来邀,同走莲溪处中饭,二更始散。

廿八日

为钱嵩仙之年伯母作寿序。下半天走会吴和甫。

廿九日

作寿序,至日旰始完。走小珊处谈,归,将寿文送嵩仙处。

卅日 冷

晏起。昨日作寿文甚觉其倦。饭后出门闲游,走嵩仙处。因同嵩仙走少鹤处围棋。未正始归,有客。夜,看账。

九月

初一日　大冷（誓从今永禁吃烟）

黎明起，走会馆拈香。归，圈《汉书》《冯奉世传》《宣元六王传》《匡衡张禹孔光传》。下半天走雨三处、寄云处、敬堂处。夜归，早睡。是日早起，吃烟，口苦舌干，甚觉烟之有损无益，而刻不能离，恶湿居下。深以为恨。誓从今永禁吃烟，将水烟袋捶碎。因念世之吸食烟瘾者，岂不自知其然？不能立地放下屠刀，则终不能自拔耳。

初二日（从今始吾不得自逸）

早起，温《诗经》《鼓钟》《楚茨》。饭后，走俪裳处拜寿。因走蔡春帆处、嵩仙处、少鹤处。归，阅《汉书》马宫传，《王商史丹傅喜传》《薛宣朱博传》。下半天，小珊来，余走吴和甫处。

三十年为一世。吾生以辛未十月十一日，今一世矣。聪明日减，学业无成，可胜慨哉！语不云乎"往者不可谏，来者犹可追"。自今以始，吾其不得自逸矣。道光辛丑初度日识。

十二日

晏起。饭后披点《汉书·匈奴传》三十叶。熊秋白来，彭山屺武举在寓早饭。饭后，陈岱云同年来寓，扯同走郑小山处，谈至二更尽。归，披《韩昌黎文集》二十叶。

十三日（是日许吉斋放甘肃知府）

晏起。饭后披点《汉书》《东[西]南夷两粤朝鲜传》《西[南]夷[域]传》上卷，写对联四首、行书单条四张。陈岱云邀吃晚饭。饭后，陈同来寓。更初，圈韩文杂文四十叶，记《茶馀偶谈》二则。是日许吉斋放甘肃知府。

十四日（阅《诗经》《云汉》）

早起，温《诗经》《云汉》下三篇。早饭后，阅《汉书·西域传》下卷、《外戚传》至赵飞燕止。有客二次。步走许师处贺喜；便至嵩仙处一谈。归，披韩文书启三十叶，记《茶馀偶谈》二则。

十五日（作上贺耦庚先生书）

早起，走会馆拈香，旋拜客两家，归。早饭后，阅《汉书》《外戚传》《元后传》《王莽传》上卷，共四十七叶。晚饭后走恽浚生处一谈。灯后，阅韩文书廿五叶，记《茶馀偶谈》四则，作上贺耦庚先生书半篇。夜深，雪，至次日辰正。

十六日

早起，温《诗经》"奕奕梁山"下四篇。早饭后，阅《汉书·王莽传》中卷廿三页。毛寄云来，久谈。作上耦庚先生书后半篇，至更初止。阅韩文廿页。记《茶馀偶谈》二则。

十七日　早，雪（《汉书》是日读完）

起，温《诗经·颂》首四章。饭后阅《汉书·王莽传》下卷、《叙传》两卷，共五十二叶。《汉书》是日读完。陈岱云来，邀同走廖钰夫师拜寿。归，晚饭。检书整齐。夜，阅韩文书序共三十页。记《茶馀偶谈》二则。接家信。

十八日

早起，温《诗》，至《臣工之什》。早饭后，阅《明史》《太祖本纪》《建文本纪》，至灯时毕。夜阅韩集廿页，记《茶馀偶谈》二则，写陈碧帆信一封。

十九日（看《明史·成祖本纪》）

晏起。饭后阅《明史·成祖本纪》。旋写家信四页。灯时封发。夜，记《茶馀偶谈》一则，阅韩文序、祭文共廿五页。

廿日

早起。客来，留吃饭。饭后阅《明史》仁宗、宣宗、英宗本纪。岱云来，邀同走樾乔先生处。归，阅《景帝本纪》。晚饭，走小珊处，二更归。记《茶馀偶谈》三则，阅韩文十叶。

廿一日

早起，阅《明史》三页。饭后阅英宗后纪，宪宗、孝宗本纪。客来。旋写上贺耦庚书，得千字，写至二更完。记《茶馀偶谈》三则，阅韩文六叶。

廿二日

晏起。温《诗经》三叶。饭后剃头，阅《武宗本纪》。出门拜客，至酉初归。是日，李碧峰来余家住。下半天陪客。夜，记《茶馀偶谈》一则，阅韩文墓志铭三十叶。是夜，接家信一件。

廿三日（与胡砚山对奕）

早起。岱云来饭［饭字衍］寓，饭后招同走月翁处看摺子，旋归。胡砚山来寓，欲与余围棋，因对四局，彼皆输。旋看《世宗本纪》，至灯时完。记《茶馀偶谈》一则。写李双辅信一封。

廿四日

早起，温《诗经》五叶。饭后阅穆宗、神宗、光宗本纪。旋写杂诗寄耦庚先生。下半天封信。灯后，记《茶馀偶谈》二则。写摺扇一柄，阅韩文廿叶。

廿五日（得派国史馆协修官）

早起。因是日要出门，早即看史：《熹宗本纪》。饭后，阅《思宗本纪》。崙仙来。未初，出门拜客三、四家，饭春皆处，更初归。记《茶馀偶谈》二则。是日得派国史馆协修官。

廿六日（阅《后妃列传》）

早起。饭后走雨三处。因渠来两次，在渠处下棋，日中归。阅《后妃列传》至灯时止。记《茶馀偶谈》一则，看韩文廿叶。

廿七日（走小珊处借银）

早起，温《诗经》。饭后阅《诸王列传》廿页。萧史楼来，雨三来，崙仙来，俪裳来。走许老师处下帖，崙仙处吃饭。走小珊处借银，二更归。为九弟点文一首，又与九弟谈读书事宜，至三更尽止。

廿八日（走乾清门外谢恩）

四更初起，走乾清门外谢恩。为蠲免本年岳州一带被水税粮，天明时，在宫门外行九叩礼。出，走拜罗苏溪前辈。罗于昨日来京陛见。旋与同乡诸公在东兴居便饭。饭后，同至琉璃厂买《周易折中》《庄子》《大学衍义》。未初，走会馆，唐诗甫邀饮，至二更尽散，归。是日早起，并夜阅《诸王列传》十馀页。

廿九日（上国史馆办志）

早起，温《诗经》三章。饭后上国史馆办志，未正归。下半天有客。晡时，走寄云处，下棋三局，归。阅韩文卅页，记《馈贫粮》。

三十日

早起，温《诗·鲁颂》完。饭后阅《诸王传》廿叶。改九弟文，"人焉廋哉"二句一半。中饭后，岱云来，坐至更初。旋将九弟文改完。阅韩文廿五页。

十一月

初一日（至会馆敬神）

早起，至会馆敬神。彭山屺留吃饭。饭后走田敬堂处拜寿，午正归。阅《诸王传》四十页，至灯后。旋记《茶馀偶谈》二则。阅韩文十五页。早起，在车上温《诗经·商颂》。

初二日（阅《周易折中》）

早起，阅《周易折中》十页。饭后阅《三王传》十页。彭山屺来。写家信一封。留客吃饭。饭后同岱云走小山处。归，作墓志铭一首。

初三日（与岱云走会馆送彭山屺行）

早起，为母亲寿辰设堂拜祝。饭后即与岱云走会馆送彭山屺行。旋在湖广〈馆〉公饯罗苏溪一天。夜洗脚。为九弟点文一首，圈韩文十五页。

初四日

早，晏起。饭后出门谢寿，拜客数家，饭岱云处，夜方归。阅韩文卅页。

初五日（吴子序来谈《易》）

早起，阅《易折中》廿页。饭后阅《三王传》。吴子序来谈《易》。曹西垣来吃晚饭。灯下，查十月数。旋记《茶馀偶谈》三则。

初六日

早起，阅《易折中》六页，饭后阅《公主传》、韩林儿等传。出门送分资，买药，归。又走会馆拜客，夜归。记《茶馀偶谈》二则，阅韩文二十页。

初七日（阅《易经》）

早起，为九弟点书，阅《易经》七页。饭后阅张士诚、明玉珍、方国珍、李思贤传，王保保、陈友定传。夜记《茶馀偶谈》二则。为九弟改一首。

初八日

早起，为九弟点书。阅《易经·坤卦》。饭后，剃头。走文昌馆，请吉斋师，二更方归。为九弟选文。

初九日

早起。阅《易经·屯卦》。饭后走岱云处，为年伯母寿。日中，阅徐达、常遇春、李文忠传。夜点文与九弟读，记《茶馀偶谈》一则，阅韩文卅页。

风雅的清朝笔筒

初十日（是日阅韩文终）

晏起。饭后写应酬字三张，代史楼作对联二付。黎月翁来。走岱云处吃饭，夜归。春皆来，二更始去。阅韩文卅页。是日阅韩文终。

十一日

晏起。饭后阅《易·蒙卦》。旋阅李文忠、邓愈汤和沐英传，冯胜传，友德、廖永忠、蓝玉传。是日，小儿伤风，请小山来开方，吃药。夜记《茶馀偶谈》二则。

十二日（儿生病）

早起。昨夜儿子不好，天未明即起。看《易·需卦》。饭后，至小山处问方。日中崙仙来，长谈。下半天，为岱云作对联。夜，为九弟改文一首。儿子尚未好。

十三日（内人因煤气呕吐）

早起。饭后，频有客。因儿子不好，未尝看书。下半天有客，谈至二更。小山又来看病。夜二更，内人不受煤气，大呕吐。儿子已四日不饮食。

十四日（为九弟选文三本）

早起。饭后岱云来，邀同至湖广馆拜寿。归，走许师处。下半天请小山开方医小儿，大约病症一由受寒，一由煤气蒸逼，一由停滞也。是日与昨日全未看书。是夜，为九弟选文三本。

右选文分三种：气体高浑，格调古雅，可以传世无疑者，为一种；议论郁勃，声情激越，利于乡会场者，为一种；灵机活泼，韵致妍妙，宜于岁科小试者，为一种。不分时代，不论题之大

小，即其所分之三种，亦有可移易者。要之，吾之所见如此。以是为课弟之本云。十一月十四日夜涤生记。

十五日（内人分娩生一女）

早起，走会馆行香。归，早饭。是日内人将分娩。余亦未至书房看书。儿子请太和堂王医来诊治。夜二更尽，内人生一女。是夜，与九弟同守一夜，不睡。儿子病，甚烦闷，哭泣不时。所雇者仆妇已于昨日开销，小婢又不中用。是日夜，甚劳。断脐及一切事，即内人亲手经理。

十六日

早，料理房内诸事。饭后请小山来看儿子病，又与九弟抱护儿子，并料理内人医药。日中少睡，夜早睡。儿子甚吵闹。

十七日（为生女汤饼之会）

早起。儿子病愈，系吃小山方。是日为生女汤饼之会，家亦无客。小山复来看病。真可感也。

十八日

早起。儿子渐吃冻米诸物。日中，余出门拜客，灯时始归。复走小山处，谈及儿子病及内人产后调养法，因言城外送老师事。

十九日（夜荆七因事忤九弟被余开销）

犹以儿子及内人诸琐事未读书，仅写家信一件。陈岱云未初来，九弟留吃饭。夜荆七因事忤九弟，余亦素恶其跋扈，是夜开销他去。

廿日（贺王翰城生辰）

早起。走王翰城家。是日为翰城生辰，申正始散，归已天黑。夜，与九弟同在上房谈天。旋至许师并嵩仙处。

廿一日（在家一天抱护小儿）

早起。在家一天抱护小儿，无所事事。夜，阅《大学衍义》五卷，过笔断句。

廿二日（送许吉斋师之甘肃太守任）

早起，出彰义门，送许吉斋师之甘肃太守任，申初归。走萧史楼处一谈。夜，阅《大学衍义》三卷。

廿三日（为九弟讲《大学》"格物致知"之道）

早起，走汤中堂师处拜寿。旋上国史馆早饭。旋走杨朴安、穆中堂、唐镜翁处，申正归。为九弟讲《大学》"格物致知"之道。查数。旋看《大学衍义》。

廿四日（为史云饯行）

早起，无所事事。饭时，岱云来，共饭。伊为史云饯行，邀余走伊家陪客，吃至更初始散。

廿五日（请小山看内人病）

早起，阅《易经》《讼》《师》二卦。饭后阅《明史》十馀页。剃头。客来。又请小山看内人病。夜为九弟看文，未完。

廿六日

早起，读《比卦》。饭后走杜兰溪处拜寿。拜客数家，归。旋走黄子寿处、钱嵩仙处久谈。灯后方归。

廿七日

晏起。饭后写季仙九师信，未完。岱云来，邀同走黄琴坞家吃饭。更初，归。为九弟点文一首，旋写季师信完，又写罗苏溪信一件。

廿八日

写信八封。早读《易·小畜卦》。

廿九日（为祖母大人寿辰焚香庆祝）

为祖母大人寿辰,早起,焚香庆祝。旋走小山处,饭后归,拟写信。午正,岱云来,留吃晚饭。夜走寄云处,与观亭对弈。归,写信三封。鸡鸣始睡。

十二月

初一日

早起,走会馆行香。旋走各处谢寿,未初归。偕九弟将昨两日信封好。夜,早睡。阅《大学衍义》四十页。

初二日

晏起。饭后至岱云处。旋走镜海先生处。陪弟晚至小山处。夜归,睡。

初三日

早起,小山来。饭后有客。下半天,走史楼处。旋走寄云处,与观亭对奕。归,写信二件。

初四日(换银买鹿肉)

早起,读《易·履卦》。饭后出门,换银卖[买]鹿肉,归。小睡,陪客三起。夜点文一首,改九弟《其丽不亿》文完。阅《大学衍义》三十页。

初五日

晏起。饭后有客。旋至史楼处送行。归,写信二封。走毛寄云处吃中饭,更初归。早睡。是夜,人不爽快。

初六日(阅《制义存真集》拟选文一部)

晏起。饭后阅《制义存真集》拟选文一部,分三册:一册初学必读之篇,一册千人共见之技,一册历劫不磨之文。是日阅文二本。

初七日(看《制艺偶钞》)

晏起。饭后有客。旋看文浦氏《制艺偶钞》初编,未正看完。晚饭后,走小山处,更初归。又看文一本。

初八日(往法源寺吃腊八粥)

晏起。饭后竺虔来寓。招同郭雨三、陈岱云、仓少坪往法源寺吃腊八粥,归。旋走会馆,吊李虞臣之死,酉正归。夜看《制艺》廿篇。

初九日

晏起。郭雨三来,为我诊脉,言甚虚弱也。饭后,频有客。看《制艺》数十篇。是日,接仙九师信。

初十日

晏起。饭后看《制艺》数十篇。岱云来,招同走钱嵩仙、黎樾乔处。因在樾翁处晚饭,痛谈时事,更初始归。早睡。

十一日

晏起。饭后走小山处,旋归。阅《制艺》数十篇。晚至吴和甫处。

十二日(竹如口教予静坐法)

晏起。走竹如处诊脉。竹如教以静坐法,谓可不药有喜。旋走周华甫家早饭。走顺城门大街买衣未得,出城,回拜杨春皆、谢代赉,归。下半天,静坐。夜阅《人谱》一遍。

十三日

早起,静坐。饭后阅《大学衍义》二卷。静坐二时。中饭后,走毛鸿宾、寄云同年处,久谈。晤岱云及雨三兄弟。观亭强余围棋,勉与同局。

十四日(九弟悔昔日书读不好)

早起、写郭、胡、砚珊小条三行,饭后写完。走岱云处议事。岱云拟欲送家眷南旋,昨日邀余走伊家商量,余谓此事非他人所能参谋。岱云意犹豫不决,留我吃饭。饭后,余少青在岱云处长谈,又同走郑小山前辈处。因小山夫人言将来我家,故去走邀。夜归,与九弟言读书事。九弟悔从前读得不好,若再不认真教他,愈不能有成矣。余体虽虚弱,此后自己工夫尚可抛弃,万不可〈不〉教弟读书也。

十五日(小女满月)

早起,走会馆行香。拜客十馀家,午初回。写甄甫师信。请客一席。夜深始散。是日为小女满月。

十六日

晏起。饭后岱云来,邀同走砚珊处送行。归,写坦斋师信。静坐。夜为九弟点文一首,复静坐。

十七日

早起,阅《大学衍义》,是日共阅二本。午正及灯上,静坐两时。大雪自早至夜未歇。夜,接家信。为九弟改本日文一首,题《周有大赉,善人是富》。日中写册页一开。

十八日(至三庆园观春台部演剧)

早起,静坐。饭后,竺虔来请听戏,同至三庆园观春台部演剧,申正归。灯上,静从,旋写四弟、六弟信一件,约千字。

十九日

早起,静坐。饭后料理银钱。岱云来,邀同走琉璃厂买书。因步至岱青先生家,留吃晚饭,更初归。

初九日

晏起。郭雨三来,为我诊脉,言甚虚弱也。饭后,频有客。看《制艺》数十篇。是日,接仙九师信。

初十日

晏起。饭后看《制艺》数十篇。岱云来,招同走钱嵩仙、黎樾乔处。因在樾翁处晚饭,痛谈时事,更初始归。早睡。

十一日

晏起。饭后走小山处,旋归。阅《制艺》数十篇。晚至吴和甫处。

十二日(竹如口教予静坐法)

晏起。走竹如处诊脉。竹如教以静坐法,谓可不药有喜。旋走周华甫家早饭。走顺城门大街买衣未得,出城,回拜杨春皆、谢代赉,归。下半天,静坐。夜阅《人谱》一遍。

十三日

早起,静坐。饭后阅《大学衍义》二卷。静坐二时。中饭后,走毛鸿宾、寄云同年处,久谈。晤岱云及雨三兄弟。观亭强余围棋,勉与同局。

十四日(九弟悔昔日书读不好)

早起、写郭、胡、砚珊小条三行,饭后写完。走岱云处议事。岱云拟欲送家眷南旋,昨日邀余走伊家商量,余谓此事非他人所能参谋。岱云意犹豫不决,留我吃饭。饭后,余少青在岱云处长谈,又同走郑小山前辈处。因小山夫人言将来我家,故去走邀。夜归,与九弟言读书事。九弟悔从前读得不好,若再不认真教他,愈不能有成矣。余体虽虚弱,此后自己工夫尚可抛弃,万不可(不)教弟读书也。

十五日(小女满月)

早起,走会馆行香。拜客十馀家,午初回。写甄甫师信。请客一席。夜深始散。是日为小女满月。

十六日

晏起。饭后岱云来，邀同走砚珊处送行。归，写坦斋师信。静坐。夜为九弟点文一首，复静坐。

十七日

早起，阅《大学衍义》，是日共阅二本。午正及灯上，静坐两时。大雪白早至夜未歇。夜，接家信。为九弟改本日文一首，题《周有大赉，善人是富》。日中写册页一开。

十八日（至三庆园观春台部演剧）

早起，静坐。饭后，竺虔来请听戏，同至三庆园观春台部演剧，申正归。灯上，静从，旋写四弟、六弟信一件，约千字。

十九日

早起，静坐。饭后料理银钱。岱云来，邀同走琉璃厂买书。因步至岱青先生家，留吃晚饭，更初归。

卷四　道光二十二年

十月

初一日（倭艮峰前辈言"研几"工夫）

丑初起，至午门外迎送圣驾。在朝房不能振刷出拜。杨朴庵论《四书》文有诞言。至会馆敬神，饭周华甫处，言不由中。拜倭艮峰前辈，先生言"研几"工夫最要紧，颜子之有不善，未尝不知，是研几也。周子曰："几善恶。"《中庸》曰："潜虽伏矣，亦孔之照。"刘念台先生曰："卜动念以知几。"皆谓此也。失此不察，则心放而难收矣。又云：人心善恶之几，与国家治乱之几相通。又教予写日课，当即写，不宜再因循。出城拜客五家，酉正归寓。灯下临帖百字。

初二日（读易经未解"九四爻"之意）

辰初起，静坐片刻，读《易·咸卦》。饭后昏昧，默坐半刻，即已成寐。神浊不振，一至于此。读《咸卦》，卦象辞能解，《系传》释"九四爻"，不知其意，浮浅可恨。静坐，思心正气顺，必须到天地位、万物育田地方好。昏浊如此，何日能彻底变换也。午正，金竹虔来长谈。平日游言、巧言，一一未改，自新之意安在？饭后，走恽浚生处商公事。灯后，临帖二百字。读许文正公语录，涉猎无所得。记昨日、今日事。

初三日（岱云以诤言劝余）

一早，心嚣然不静。辰正出门拜何子敬，语不诚。至岱云处，会课一文一诗，誊真，灯初方完。仅能完卷，而心颇自得，何器小若是！与同人言多尖颖，故态全未改也。归，接家信。岱云来，久谈，彼此相劝以善。予言皆己所未能而责人者。岱云言余第一要戒"慢"字，谓我无处不著怠慢之气，真切中膏盲［肓］也。又言予于朋友，每相恃过深，不知量而后入，随处不留分寸，卒至小者龃龉，大者凶隙，不可不慎。又言我处事不患不精明，患太刻薄，须步步留心。此三言者皆药石也。天头：直哉，岱云克敦友谊。默坐，思此心须常有满腔生意；杂念憧憧，将何以极力扫却？勉之！复周明府乐清信。利心已萌。记本日事。

初四日（与吴竹如长谈，彼此考验身心）

早起，读《咸卦》，较前日略入，心仍不静。饭后往何家拜寿，拜客五家。归，吴竹如来，长谈，彼此考验身心，真畏友也。艮峰先生来。对二君，心颇收摄。竹如言"敬"字最好，予谓须添一"和"字，则所谓敬者方不是勉强把持，即礼乐不可斯须去身之意。天头：敬自和乐，勉强固不是敬，能常勉强亦好。艮峰躬行无一，而言之不怍，岂不愧煞！黎月乔前辈来，示以近作诗。赞叹有不由中语，谈诗妄作深语，己所不逮者万万。丁诵生来，应酬言太多。酉正走何子贞处，唱清音，若自收摄，犹甚驰放，幸少说话。酒后，与子贞谈字，亦言之不怍。一日之间，三犯此病，改过之意安在？归，作字一百，心愈拘迫，愈浮杂。记本日事。又酒时忽动名心，为人戒之。

初五日（高诵养气章似有所会）

早起，高诵养气章，似有所会，愿终身私淑孟子。虽造次颠沛，毕有孟夫子在前，须臾不离，或到死之日可以仰希万一。昏浊如此，恐旋即背弃也。戒之！读《易》《恒卦》《遯卦》，无心得。会客三次。未正，走冯树堂处，看树堂日课，因与语收摄之方，无诸己而责诸人，可耻！且谈时心有骄气，总由心不虚故。归寓静坐，一时成寐。何不振也！饭后，岱云来，谈诗、字心得。语一经说破，胸中便无馀味，所谓德之弃也。况无心得，而有掠影之谈乎？临帖二百字。记本日事。作字时，心颇活泼。

初六日（此数日意图自新却不能静心）

早，读《易·大壮卦》彖、大象，正与养气章通。爻辞无所得，心粗不入故也。饭后，剃发。了俗事数件。复读《易》，仍无得。临帖二百字，写对联、条幅十馀纸。饭后心杂，灯下拟作题图诗，意欲求工，反不能名[名字衍]成一字。一时游思纷至，客气上浮，此数日意图自新，竟与从前何异？静字全无功夫。欲心之凝定，得乎？记本日事。

初七日（力惩余简慢之咎）

早，读《晋卦》，颇融惬。"罔孚，裕，无咎。"裕，难矣。《中庸》"明善诚身"一节，其所谓裕者乎？饭后进城看房子，晤竹如，同谒唐先生，久坐。出城拜客六七家。力惩简慢之咎，已入于巧令矣。酉末归，作字一百。灯后，又作一百。走岱云处，商应酬事三端，言太多。归，作诗十六句，未成。精神要常令有馀，于事则气充而心不散漫。本日说话太多，吃烟太多，故致困乏，都检点过不出来，自治之疏甚矣！记本日事。

初八日（戒喜誉恶毁之心）

早，诵养气章。读《易》，仅三页，即有俗事来扰，心亦随之而驰。会客二次。饭后，心不静，不能读《易》，因为何子贞题画梅卷子。果能据德依仁，即使游心于诗字杂艺，亦无在不可静心养气。无奈我作诗之时，只是要压倒他人，要取名誉，此岂复有为己之志？未正诗成。何丹溪来，久谈，语多不诚。午正，会客一次，语失之佞。酉正客散。是日，与人办公送礼，欲冗琐杂可厌。心亦逐之纷乱，尤可耻也。灯后，何子贞来，急欲谈诗，闻誉，心忡忡，几不自持，何可鄙一至于是！此岂复得为载道之器乎？凡喜誉恶毁之心，即鄙夫患得患失之心心[衍一心字]也。于此关打不破，则一切学问才智，适足以欺世盗名为已矣。谨记于此，使良友皆知吾病根所在。与子贞久谈，躬不百一，而言之不怍，又议人短，顷刻之间，过恶丛生，皆自好誉之念发出。习字一百，草率记本日事。

初九日（反省待小珊之过）

大人寿辰。辰正陪客，至申初方散。酒食太非，平日自奉不俭，至亲前反不致隆，何不加察也？客散后，料俗事数件。晡时，走小珊处。小珊前与予有隙，细思皆我之不是。苟我素以忠信待人，何至人不见信？苟我素能礼人以敬，何至人有慢言？且即令人有不是，何至肆口漫骂，忿戾不顾，几于忘身及亲若此！此事余有三大过：平日不信不敬，相恃太深，一也；比时一语不合，忿恨无礼，二也；龃龉之后，人反平易，我反悍然不近人情，三也。恶言不出于口，忿言不反于身，此之不知，遑问其他？谨记于此，以为切戒。天头：自反极是！与小珊、竺虔谈甚久，总是说话太多。两日全未看书，且处处不自检点，虽应酬稍繁，实由自新之志不痛切，故不觉放松耳。记本日事。

初十日（梦人得利甚觉艳羡，醒后痛自惩责）

早，读《明夷卦》，无所得。饭后，办公礼送海秋家，烦琐。出门，谢寿数处，至海秋家赴饮。渠女子是日纳采。座间，闻人得别敬，心为之动。昨夜，梦人得利，甚觉艳羡，醒后痛自惩责，谓好利之心至形诸梦寐，何以卑鄙若此！方欲痛自湔洗，而本日闻言尚怦然欲动，真可谓下流矣！与人言语不由中，讲到学问，总有自文浅陋之意。席散后闲谈，皆游言。见人围棋，跃跃欲试，不仅如见猎之喜，口说自新，心中实全不真切。归，查数，久不写账，遂茫不清晰，每查一次，劳神旷功。凡事之须逐日检点者，一日姑待后来补救，则难矣！况进德修业之事乎？是日席间，海秋言人处德我者不足观心术，处相怨者而能平情，必君子也。此余所不

能也。记本日事。

十一日（自省是日浅露浮躁）

三十二初度。同年十人在寓中会课。绝早客来，灯后方散。出题太难，又以生辰，同人皆不完卷，余亦不作，无恒！主人气先散漫，故众亦懒散，说话又多戏谑。是日，酒食较丰，而大人寿辰反菲，颠倒错谬，总由不静故。应酬稍繁之时，便漫无纪律。戏作自寿诗，限三讲全韵。以己之能病人，浅露极矣！天头："寿"字易，"警、勉"等字如何？艮峰。客散后，走何子贞处。夜已深，尚不在家静养，何浮躁也！与子敬久谈后，子贞归。后，兄弟立次子自寿诗韵，欣羡其才，何为人鹜外之见如此其重，而为己之志如此其不坚也。真浊物矣！归已三更。今日精力疲乏，明日读书，必不入。记本日事。

十二日（须专一，养得心静气恬）

起晏。作《初度次日书怀》诗一首。饭后，读《易·家人卦》，心不潜入。言物行恒，诚身之道也，万化基于此矣。余病根在无恒，故家内琐事，今日立条例，明日仍散漫，下人无常规可循，将来莅众，必不能信，作事必不能成，戒之！未正，冯树堂来，阅予日课，云："说得已是，须切诚而致行之耳。"申初出门，拜客谢寿。晚归，作《忆弟》诗一首。数日心沾滞于诗，总由心不静故。不专一，当力求主一之法，诚能主一，养得心静气恬，到天机活泼之时，即作诗亦自无妨。我今尚未也，徒以浮躁之故，故一日之间，情志屡迁耳！查数，许久乃晰。记本日事。

十三日（须戒猜疑之弊）

早起，读《易·睽卦》。凡睽起于相疑，相疑由于自矜。明察我之于小珊，其如"上九"之于"六三"乎？吴氏谓合睽之道，在于推诚守正，委曲含宏。而无私意猜疑之弊，戒之勉之！此我之要药也。习字一百。未正，走岱云处，与渠同请客一席，至三更方散。是日，口过甚多，中有一言戏谑，非特过也，直大恶矣！同人射覆，有求胜心；夜深对客，有慢易之态。客去，与易莲舫论食色之非性。谈理时，心颇和平。

十四日（勉己言必忠信）

起晏。心浮不能读书，翻《陈卧子年谱》，涉猎悠忽。饭后，读《易·蹇卦》。因心浮，故静坐，即已昏睡，何不自振刷也！未初，客来，示以时艺，赞叹语不由中。予此病甚深。孔子之所谓巧令，孟子之所谓恬，其我之谓乎？以为人情好誉，非是不足以悦其心，试思此求悦于人之念，君子乎？女子小人乎？且我诚能言必忠信，不欺人，不妄语，积久人自知之。不赞，人亦不怪。天头：不管人怪否，要忠信。艮峰。苟有试而誉人，人且引以为重。天头：重否？若日日誉人，人必不重我言矣！欺人自欺，灭忠信，丧廉耻，皆在于此。切戒，切戒！接次客来，申正方散。写联二付。灯后，仍读《易》，心较静。作《忆弟》诗一首。誊本月诗。记昨日、今日事。

十五日（深知"敬"字要紧然时有松懈）

早起，读《易》数页。走会馆敬神。拜客数家。访竹如，不值，饭杜兰溪处。谒房师季仙九先生。自庚子送别，今始服阕入都，容颜较老矣。归寓，竹如采，久谈。竹如说理，实有体验，言舍"敬"字别无下手之方，总以严肃为要。自问亦深知"敬"字是吃紧下手处，然每日自旦至夜，瑟僩赫喧之意曾不可得，行坐自如，总有放松的意思，及见君子时，又偏觉整齐些，是非所谓掩著者耶？《家人》"上九"曰："有浮威如。"《论语》曰："望之俨然。"要使房闼之际、仆婢之前、燕昵之友常以此等气象对之方好，独居则火灭修容。切记，切记！此第一要药。能如此，乃有转机，否则堕落下流，不必问其他矣。接次会客，酉正方散。灯后，冯树堂来，与谈礼乐不可斯须去身之义，甚畅然。只是善谈，何益于己？乏甚，早寝。

十六日

晏起。一早东翻西望。饭后，读《解卦》，无所得。昨日既未读书，乃不爱惜精神，致本日仍然昏散，不能入理。至未初时阅书，几茫昧不解。家祖明年七十正寿，意欲称觞致庆，因

走寄云、雨三处商此事，旷功二日矣。归已暝。灯后，记昨日、今日事。临帖二百字。记《茶馀偶谈》二则。心颇怡悦，读许文正遗书，无所得。

十七日（志不立、过不改则难求无愧）

早起，读《损卦》，心颇入。饭后散漫。午正客来，誉人仍言不由中。巳刻，冯树堂来，与论"虚"字之体用及《大家》要略。树堂极虚心，我所不及。读书穷理，不办得极虚之心，则先自窒矣。未正，出门拜客一家，饭杜兰溪处，渠为其子授室，晡时散。走何子敬处，渠生辰，明知尽可不去，而心一散漫，便有世俗周旋底意思，又有姑且随流底意思。总是立志不坚，不能斩断葛根，截然由义，故一引便放逸了。戒之！更初归，习字一百，作《怀人》诗十二句，未成。本日在何宅听唱昆腔，我心甚静且和，因思古乐陶情淑性，其入人之深当何如？礼乐不兴，小学不明，天下所以少成材也。吾齿长矣，而诗书六艺一无所识，志不立，过不改，欲求无忝所生，难矣！记本日事。

十八日（自责读书无恒）

晏起，作诗廿句，饭后仍作诗。自定课程，以读《易》为正业，不能遵守，无恒！巳初，吴子序来，问以《成卦》《解卦》，俱说得好。午初，吴竹如来，深以"敬"字见教，交相箴勖，酉初方散。饭后已黑。灯下，因足成《怀刘孟容》诗，三更始就。是日，全未读书，与竹如对，神颇收摄。构思时交股支肘，困顿不敬。

十九日（愧恨吾才学疏浅力求改之）

仍晏起。誉昨夜诗。翻《元遗山集》，涉猎悠忽，可恨！饭后，读《易·益卦》。倦。静坐，即已成寐，昏杂极矣。午正，易莲舫来久谈。问"正心"，余不能答，申初去。日来颇有数友晤，辄讲学中无所得，而以掠影之言欺人，可羞，慎之！饭后，会客一次。静坐不得力。夜读《易》，思《咸》《恒》《损》《益》四卦，可合之得虚心实心之法，竟不能明透，粗浅之至。记昨日、今日事。两日应酬，分资较周到，盖余将为祖父庆寿筵，已有中府外厩之意，污鄙一至于此！此贾竖器量也。不速变化，何以为人！

廿日（谨记"心正气顺"）

早起，作《忆九弟》五律二首。饭后，读《夬卦》《姤卦》。读书时，心外驰，总是不敬之咎。一早清明之气，乃以之汩溺于诗句之小技，至日问仍尔昏昧。文辞溺心最害事，朱子云，平淡自摄，岂不较胜思量诗句耶！艮峰。巳正会客一次。申初进城看房子，便拜客三家，灯时始归。车上有游思。归，乏甚。夜读《夬》《姤》二卦，颇入。记《茶馀偶谈》一则。日内不敬不静，常致劳乏，以后须从"心正气顺"四字上体验。谨记谨记！又每日游思，多半是要人说好。为人好名，可耻！而好名之意，又自谓比他人高一层，此名心之症结于隐微者深也。何时能拔此根株？天头：此心断不可有。

廿一日（见岱云颇惜光阴而自责余玩世不振）

晨醒，贪睡晏起，一无所为，可耻。饭后，读《易》仅两页。竺虔来，久谈。接九弟信，喜已到省，而一路千辛万苦，读之深为骇悚。又接郭云仙信并诗。两信各一二千字，读之又读，兄弟友朋之情，一时凑集。未正出门，为办公礼事，拜客三家，归。饭后，岱云来，谈至三更。说话太多，神倦，心颇有骄气。斗筲之量，真可丑也。岱云每日工夫甚多而严，可谓惜分阴者，予则玩世不振。客去后，念每日昏锢，由于多吃烟，因立毁折烟袋，誓永不再吃烟。如再

仿永乐青花桃竹纹梅瓶　清雍正

食言,明神殛之!

廿二日(家父教余保身三要及交友之道)

早起,读《萃卦》,心颇入,总有浮气。饭后,读《升卦》,未毕。走晏同甫处拜寿,便拜黎樾乔前辈。渠今日请客,因被留住谈诗。又是说话太多,举止亦绝无瑟倜之意。灯后归。接家信,大人教以保身三要:曰节欲、节劳、节饮食。又言凡人交友,只见得友不是而我是,所以今日管鲍,明日秦越,谓我与小珊有隙,是尽人欢竭人忠之过,宜速改过,走小珊处,当面自认不是。又云使气亦非保身体之道。小子读之悚然。小子一喜一怒,劳逸疴痒,无刻不萦于大人之怀也。若不敬身,其禽兽矣。仍读《易》数刻。记昨日、今日事。翻阅杜诗,涉猎无所得。

廿三日

早起,去雨三家会课,同人闲话甚久,已正尚未动笔。饭后,余逃课归,走寄云家谈,因与围棋一局。归,剃发。读杜诗,涉猎。出门拜客三家。遇树堂,见其静整有进境。归,灯后写册页一开,临帖二百五十字。是日会课,即宜守规敬事,乃闲谈荒功,又溺情于奕。归后数时,不一振刷,读书修忽,自弃至矣。乃以初戒吃烟,如失乳旁徨,存一番自恕底意思。此一恕,天下无可为之事矣。急宜猛省。记本日事。

廿四日(细思不能"主一"之咎)

早起,读《困卦》,心驰出,不在《易》而在诗,以昨日接筠仙诗,思欲和之故也。饭后,强把此心读《易》,竟不能入,可恨!细思不能主一之咎,由于习之不熟,由于志之不立,而实由于知之不真。若真见得不主一之害心废学,便如食乌喙之杀人,则必主一矣。不能主一,无择无守,则虽念念在四书、五经上,亦只算游思杂念,心无统摄故也。况本为歧念乎?午正走岱云处,闻窦兰泉论予为祖寿称觞云:"承父命则可,非承命则俗也。"论事最显而确,因决计不称庆。走何子贞处谈诗,夸诞。归,翰城来。饭罢,天黑,一日闲游荒业,可愧可恨!夜作《答筠仙》诗四首。

廿五日(艮峰劝余克"名心"之累)

早起。因昨诗未成,沾滞一辰。饭后,办公礼送穆世兄吉席。退文昌馆寿筵,掷挡一时。又作诗二首。未正走金竺虔处,不直,归。昨日今日,俱无事出门,如此大风,不能安坐,何浮躁至是!静坐工夫,须是习熟,不勉强苦习,更说甚?作书复筠仙,并诗,计千五六百字,更初乃毕。抄艮峰先生日课,将寄舍弟,共三页。记昨日、今日事。日来自治愈疏矣,绝无瑟倜之意,何贵有此日课之册!看来只是好名。好作诗,名心也。天头:既知名心为累,当如大敌克之。艮峰。写此册而不日日改过,则此册直盗名之具也。亦既不克痛湔旧习,则何必写此册?

廿六日

早起。读《易·井卦》,不入。巽乎水而上水,颇悟养生家之说。已正读《易》,未毕,唐先生来。未初,竹如兄来谈甚久。写信与弟,计三千字。又作楷书禀堂上,三更方毕。自觉困乏,违大人节劳之训。

廿七日(余力求好静忌浮)

晏起。意欲节劳,而游思仍多,心动则神疲,静则神裕,不得徒以旷功坐废为敬身,所谓认贼作子也。饭后,临帖二百字。已正出门会竺虔、道喜两处,城内拜艮峰前辈,谒唐先生,拜竹如、窦兰泉,灯初方归。艮峰前辈言:无间最难,圣人之纯亦不已,颜子之"三月不违",此不易学,即"日月之至"。亦非诸贤不能,"至"字煞宜体会。我辈但宜继继续续求其时习而说。唐先生言,最是。"静"字功夫要紧,大程夫子是三代后圣人,亦是"静"字功夫足。王文成亦是"静"字有功夫,所以他能不动心。若不静,省身也不密,见理也不明,都是浮的。总是要静。又曰:凡人皆有切身之病,刚恶柔恶,各有所偏,溺焉既深,动辄发见,须自己体察所溺之病,终身在此处克冶。天头:心静则体察精,克冶亦省力。若一向东驰西骛,有溺焉而

不知,知而无如何者矣:艮峰。余比告先生,谓素有忿很不顾气习,偏于刚恶,既而自究所病只是好动不好静。先生两言盖对症下药也。务当力求主静,如使神明如日之升,即此以求其继继续续者,即所谓缉熙也。知此而不行,真暴弃矣!真小人矣!夜,何子敬来,久谈,语多不诚,总是巧言,二更去。戏作《傲奴》诗。子敬讲字甚有益。

廿八日

醒,枕忆昨夜诗,有未安,改四句。起,思杂,静坐半时,不得力。饭后,读《革卦》。午正,竺虔、岱云来,申正始散。饭毕,已黑矣。灯后,记右三日事,又混过三日,可愤,可叹!点古文一卷。

廿九日(自戒烟以来心神彷徨)

早起,心不静。走邵蕙西处谈,有骄气。归,蕙西来,久不见,甚觉亲切,然彼此都不近里。读《鼎卦》,不入。会客三次,总是多言,且气浮嚣。晚饭后,会二客,心简慢而格外亲切,言不诚。灯后客去。余亦出门,走岱云处。不能静坐,只好出门。天头:心不耐闲,是病。自戒烟以来,心神彷徨,几若无主,遏欲之难,类如此矣!不挟破釜沉舟之势,讵有济哉!旁注:诚然。同岱云走晤何家兄弟,词气骄浮,多不检。归,已夜深。记本日事。

十一月

朔日(是日思存心修容之道)

晏起。走会馆敬神。至琉璃厂买书,拜客两家。至汇元堂拜田敬堂之尊人寿,因在彼应酬一日。楼上堂客,注视数次,大无礼。与人语多不诚,日日如此,明知故犯。酉正归。灯后,记《馈贫粮》,记本日事,点古文一卷。是日思存心则缉熙光明,如日之升;修容则正位凝命,如鼎之镇。内外交养,敬义夹持,何患不上达!慎之,勉之!无忘斯言,《诗》曰:"颜之厚矣。"殆言躬不逮者与?

初二日

丑正起,为蠲缓华容钱粮,同乡公去园子谢恩。与岱云同车,又多不逮语。同人至馆子早饭,言多谐谑。见鹤舫师归,谒唐先生。与岱云谈,有狂妄语。申正至祁幼章处饭。归,至毛寄云家,有不由中语。更初还,记《馈贫粮》半时。

初三日(儿未尽贺母寿之意乃余之大过)

母亲五十八寿辰。早起,至正阳门神庙烧香,因便访杨朴庵,渠留早饭。阅渠四书文,所诣甚深。拜客二处。归,会客一次,已申初矣。记《馈贫粮》至晚。灯后,点古文二卷,记《茶馀偶谈》一则。是日不能预备寿面,意在省费也。而晡时内人言欲添衣,已心诺焉,何不知轻重耶?颠倒悖谬,谨记大过。记本日事,并昨日。

初四日(喜友人学识日渐卓越)

早起,读《震卦》,无所得。午初,人欲横炽,不复能制,真禽兽矣。展抖书籍,收拾房屋一时许。记《馈贫粮》一时许。饭后出门谢寿,至岱云处看渠日课。岱云近日志日坚而识日卓越。阅之喜极无言,平日好善之心,颇有若已有之之诚。而前日读筠仙诗,本日观岱云日课,尤中心好之也。与岱云同至酒馆,赴竺虔约,有谐语。更初归,读古文,不入。早寝。

初五日(自省"明于责人而暗于责己")

早起。读《艮卦》,午正毕,心颇入。会客一次,甚久。旋窦兰泉来,言理见商,余实未能心领其语意,而妄有所陈,自欺欺人,莫此为甚。总由心有不诚,故词气虚愻,即与人谈理,亦是自文浅陋,徇外为人,果何益哉?可恨,可羞!申初,记《馈贫粮》半时。灯后,冯树堂来,渠近日养得好,静气迎人。谈半时,邀余同至岱云处久谈,论诗文之业亦可因以进德。天头:固是。然一味耽著诗文,恐于进德无益也。艮峰。彼此持论不合,反复辩诘,余内有矜气,自

是特甚，反疑人不虚心，何明于责人而暗于责己也？归，已三更，点古文一卷，心不入，神疲故也。申正记昨日事。

初六日（日来心愈浮则言愈繁，而神愈倦）

早起，读《易·渐卦》。饭后，读《归妹卦》。尚未看王弼本。邵蕙西来，久谈。旋贺麓樵来，与之谈艺，有巧言。此刻下手工夫，除谨言、修容、静坐三事，更从何处下手？每日全无切实处，尚晓晓与人说理，说他何益？吴子序约吃饭，未正去，席间谐语无节。散后，走何子贞家，观人围棋，跃跃然心与之驰。归，乏甚。日来心愈浮，则言愈繁，而神愈倦。记昨日、今日事。

初七日（比照友人余虚心不足）

早起。仍读《渐》《归妹》。饭后，客来。又买衣者耽阁一时许。读《丰卦》，意欲急读完《易经》，遂草草读过，全无所得，不知此心忙着甚么，可哑然一笑也。申初，读毕。灯时，树堂来谈。树堂昨日送日课册见示，余本日午刻细读一遍，妄加批语，树堂乃深采录，虚心固胜我十倍。又索观余此册，亦不甚规弹，何树堂但知责己，而我偏工责人也？对之愧煞！谈及家庭，树堂思及失恃，语次凄然。而予喜惧之思，不甚真切，尚得为人耶？二更客去，点古文二卷。

初八日（猛省痛惩余喻利之心可鄙）

醒早，沾恋，明知大恶，而姑蹈之，平旦之气安在？真禽兽矣！要此日课册何用？无日课岂能堕坏更甚乎？尚腼颜与正人君子讲学，非掩著而何？辰正起，读《旅卦》。饭后，读《巽卦》，一无所得。白文都不能背诵，不知心忙甚么。丹黄几十叶书，如勉强当差相似，是何为者？平生只为不静，断送了几十年光阴。立志自新以来，又已月馀，尚浮躁如此耶！新买缪刻《太白集》，翻阅高吟数十章，甚畅，即此可见重外轻内矣。未正，出门拜寿，拜客三家，晡时归。饭后，岱云来。余写联幅七纸，岱云欲观予《馈贫粮》本，予以雕虫琐琐深闭固拒，不欲与之观。一时掩著之情，自文固陋之情，巧言令色，种种丛集，皆从好名心发出，盖此中根株深矣。初更客去。复黄晓潭信，伪作亲厚语，意欲饵他馈问也。喻利之心鄙极丑极！即刻猛省痛惩，换写一封，作疏阔语。天头：迁改勇甚，可敬！记昨日、今日事。昨日心境已记不清切，自治之疏极矣。三更，点古文一卷半。

初九日（以后当戒多言如戒吃烟）

早起，读《兑卦》。冯树堂，邀同至岱云家拜年伯母寿，吃面。席间一语，使人不能答，知其不能无怨。言之不慎，尤悔丛集，可不戒哉！散后，宜速归，乃与竺虔同走何家。与人围棋一局，又看人一局，不觉耽阁一时。急抽身回家，仍读《兑卦》。申刻，走岱云家晚饭，席前后气浮言多。与海秋谈诗文，多夸诞语，更初散。又与海秋同至何家，观子贞、海秋围棋，归已亥正。凡往日游戏随和之处，不能遽立崖岸，惟当往还渐稀，相见必敬，渐改征逐之习；平日辨论夸诞之人，不能遽变聋哑，惟当谈论渐低卑，开口必诚，力去狂妄之习。此二习痼弊于吾心已深。天头：要紧！要紧！前日云，除谨言静坐，无下手处，今忘之耶？以后戒多言如戒吃烟。如再妄语，明神殛之！并求不弃我者，时时以此相责。

初十日（余忽思构巨篇以震炫举世，可丑！）

晏起。读《涣卦》。树堂来，渠本日三十初度。饭后，读《节卦》。倚壁寐半时。申刻，记《馈贫粮》。旋出门拜客五家，在树堂处看渠日课，多采刍言，躬行无一，真愧煞矣！今早，名心大动，忽思构一巨篇以震炫举世之耳目，盗贼心术，可丑！灯初，归，记昨日、今日事，点古文二卷半。今早，树堂教我戒下棋，谨当即从。

十一日（自省今有自满之心）

早起，点古文一卷。至时苇洲处会课，懒作诗文，写摺子五开半。力戒妄言，尚不多说。然有戏言，又有两语赞人不由中。傍晚归，又补写摺半开。本日全未用心，亦未多讲。灯后便倦，何也？静坐片刻，不得力。记《馈贫粮》二刻［则］。写摺时，同人中有赞好者，初以字丑为愧，绝不动毁誉心，后颇以谀言为可信，比时不知其为自满也。记本日事。

十二日（因神散遂生出剽窃、急遽、无恒之毛病）

晏起。日来，不能整顿一切，随事有放松的意思，遂尔精神散漫。读《易·中孚卦》，不入。拟作诗寿树堂，不成，仅得十句。饭后，作诗数刻，不获。因翻《太白集》，细玩古诗五十九首数遍。继又以缪刻无注，《乐府》多不可解。因取《乐府解题》校钞。晡时，走小珊、竺虔处闲谈。又是说话太多，幸无欺人语。归，仍抄《题解》，此所谓玩物丧志者也。因作诗而翻名人集，有剽窃底意思。《乐府题解》不细看全部，仅钞李集题，又不求真知，有苟且急遽底毛病。《易》与《古文》俱未完，而忽迁业，有无恒底毛病。总由早晨精神散漫，不能读《易》，遂生出种种毛病来。总要静养，使精神常裕，方可说工夫也。

十三日（树堂教我焚香静坐之法以养心养体）

又晏起。真下流矣！树堂来，与言养心养体之法。渠言舍静坐更无下手处，能静坐而天下之能事毕矣。因教我焚香静坐之法。所言皆阅历语。静中真味，煞能领取。言心与气总拆不开，心微浮则气浮矣，气散则心亦散矣。此即孟子所谓"志壹则动气，气壹则动志"也。与树堂同走岱云处早饭，席间一语欺树堂。午初归。因昨日《李集》《乐府题解》已钞一半，索性接钞，灯后，始钞完，共八叶。焚香静坐一时，心仍驰放，勉强支持，犹颓然欲睡，何也？记昨日、今日事。作《题塞外课经图》诗一首，凡笔墨应酬，须即日打发，既不失信于人，此心亦大清净。

十四日（终未体验出入静之真境）

起亦不早。焚香静坐半时。饭后，誊诗送去，数月方报，不恕之至。王翰城来，谈半时去。薙发。仍静坐，不得力。枕肘睡去，醒来心甚清。点古文一卷。饭后，张楠皆、李笔峰来久坐，灯后去。点古文一卷，静坐小半时，颓然欲睡，可恨之至。细思神明则如日之升，身静则如鼎之镇，此二语可守者也。惟心到静极时，所谓未发之中，寂然不动之体，毕竟未体验出真境来。意者只是闭藏之极，逗出一点生意来，如冬至一阳初动时乎？贞之固也，乃所以为元也；蛰之坏也，乃所以为启也；谷之坚实也，乃所以为始播之种子也。然则不可以为种子者，不可谓之坚实之谷也。此中无满腔生意，若万物皆资始于我心者，不可谓之至静之境也。然则静极生阳，盖一点生物之仁心也。息息静极，仁心不息，其参天两地之至诚乎？颜子三月不违，亦可谓洗心退藏，极静中之真乐者矣。我辈求静，欲异乎禅氏入定，冥然罔觉之旨，其必验之此心，有所谓一阳初动，万物资始者，庶可谓之静极，可谓之未发之中，寂然不动之体也。不然，深闭固拒，心如死灰，自以为静，而生理或几乎息矣，况乎其并不能静也。有或扰之，不且憧憧往来乎？深观道体，盖阴先于阳，信矣。然非实由体验得来，终掠影之谈也。始记于此，以俟异日。记本日事。早寝。此所谓复其见天地之心也。次早又记。

十五日（在车中看《中孚卦》思"中虚"之道）

早起，至会馆敬神，便拜客五家，巳正归。在车中看《中孚卦》，思人必中虚，不著一物而后能真实无妄，盖实者不欺之谓也。人之所以欺人者，必心中别著一物，心中别有私见。不敢告人，而后造伪言以欺人。若心中不著私物，又何必欺人哉？其所以自欺者，亦以心中别著私物也。所知在好德，而所私在好色，不能去好色之私，则不能欺其好德之知矣。是故诚者，不欺者也。不欺者，心无私著也。无私著者，至虚者也。是故天下之至虚，天下之至诚者也。当读书则读书，心无著于见客也；当见客则见客，心无著于读书也。一有著则私也。灵明无著，物来顺应，未来不迎，当时不杂，既过不恋，是之谓虚而已矣，是之谓诚而已矣。以此读《无妄》《咸》《中孚》三卦，盖扞格者鲜矣。是日，女儿周岁，吃面，不觉已醉。出门拜客二家，皆说话太多。申正归。饭后，岱云来久谈，因同出步月，至田敬堂寓，有一言谐谑，太不检。归，作《琐琐行》诗，子初方成。

十六日（余须戒：吃烟、妄语、房闼不敬）

早起，誊昨夜诗，尽改换大半。饭后，走何子敬处，欲与之谈诗，凡有所作，辄自适意，由

于读书少，见理浅，故器小易盈，如是可耻之至！与子敬围棋一局。前日服树堂之规而戒之，今而背之，且由我倡议，全无心肝矣。归，房闼大不敬，成一大恶。细思新民之事，实从此起。万化始于闺门，除刑于以外无政化，除用贤以外无经济，此之不谨，何以谓之力行！吾自戒吃烟，将一月，今差定矣。以后余有三戒：一戒吃烟，二戒妄语，三房闼不敬。一日三省，慎之慎之！下半天悠忽将一时，可恨！夜，作诗一首，十二早已作十句，足成之。记本日、昨日事。不读《易》，荒正业已五日矣，尚得为人乎？作"地用莫如马"二章。

十七日（谨记：真情激发时视义理而倾出文字）

早起，思将昨夜三诗誊稿，了此一事，然后静心读书。乃方誊之时，意欲求工，展转不安，心愈迫，思愈棘，直至午正方誊好。因要发家信，又思作诗寄弟，千情缠绵，苦思不得一句。凡作诗文，有情极真挚，不得不一倾吐之时。然必须平日积理既富，不假思索，左有逢原，其所言之理，足以达其胸中至真至正之情，作文时无镌刻字句之苦，文成后无郁塞不吐之情，皆平日读书积理之功也。若平日蕴酿不深，则虽有真情欲吐，而理不足以适之，不得不临时寻思义理，义理非一时所可取办，则不得不求工于字句，至于雕饰字句，则巧言取悦，作伪日拙，所谓修词立诚者，荡然失其本旨矣！以后真情激发之时，则必视胸中义理何如，如取如携，倾而出之可也。不然，而须临时取办，则不如不作，作则必巧伪媚人矣。谨记谨记。未正，竺虔来，久谈。背议人短，不能惩忿。送竺虔出门，不觉至渠寓，归已将晚。写家信呈堂上，仅一叶，寄弟信三千馀字。

十八日（何子贞谈诗文甚知要得艺通于道之旨）

早起。仍欲作诗寄弟，心十分沾恋。作至未正，仅成律诗两首，已思竭神索矣。岱云来，谈一晌，与同赴周黼亭饮。更初，何子贞来，谈诗文甚知要得艺通于道之旨。子贞真能自树立者也。余言多夸诞。客去，再作诗二首。诗成，觉忆弟之情有所著矣，不似早间彷徨无措也。

十九日

早起，记十七日事。饭后，屏当公事数件。接树堂信，问日来静坐工夫，愧悚不能对。记昨日事，写应酬字二纸。走树堂处，与之久谈。树堂送我出门，嘱曰："须静坐，坐得有些端倪时，觉万事俱不如静坐也。"真说得亲切有味。归，料理公事一件，会客一次。饭后，田敬堂来谈一时。夜翻阅《黄山谷集》，涉猎，可耻。灭灯，静坐一时，略得力。然心有私著，无著则静矣，抑亦诚矣。写应酬字二纸，记本日事。

二十日

早起，焚香静坐半时。辰正，岱云来早饭，与同至刑部署内看黄兰坡。前日与树堂谈及此事，谓君子怀刑，不应轻蹈险地。本日，乃邀岱云同去，盖狃于世俗酬应之恒也。在彼处围棋数局。申初出城，赴王翰城饮约。翰城于是日生日，客两席。酒后，同海秋、岱云至樾乔前辈处久谈。归，海秋仍至寓久谈，去时已丑正矣。海秋欲予指渠短处，予与之言"虚"字之体用兼赅，陈义甚高，躬不逮千之一，丑甚！

二十一日（邀岱云至黎家贺招赘之喜）

昨夜，微觉感冒，身子不爽快。早起。看吴子序诗。饭后，东翻西阅，总不爽快，因复卧久。未正，岱云来，邀同至黎家，贺招赘之喜。予因禁油晕[荤]即回。夜，服姜茶，汗湿衾褥，次早霍然而愈，可喜！父母惟其疾之忧，宜何如刻刻保重，慎之！

廿二日（虽日日悔虚度光阴却无改过之实）

晏起。病已愈矣，尚尔沾恋，何也？阅书仅数叶。早饭，记前日、昨日事。走邵蕙西处谈。归，阅《山谷集》，涉猎无得，可恨！好光阴长是悠忽过了。又围棋一局，此事不戒，何以为人？日日说改过，日日悔前此虚度，毕竟从十月朔起，改得一分毫否？未正，朱廉甫前辈偕蕙西来，二君皆直谅多闻者，廉甫前辈之枉过，盖欲引予为同志，谓可与适道也。岂知予绝无改过之实，徒有不作之言，竟尔盗得令闻，非穿窬而何？贻父母羞辱，孰有大于此哉！二君久

谈，廉甫自言，得力于师友为多。接次会客，至二更初方散。点诗二卷。

廿三日（此后须彻底荡涤，一丝不放松修身）

早，点诗一卷。至田敬堂处会课，写摺子五开，申正归，饭。点诗三卷。古文尚未点完，忽迁而点诗，无恒不知戒耶？记昨日、今日事。自立志自新以来，至今五十馀日，未曾改得一过，所谓"三戒""两如"及静坐之法，养气之方，都只能知，不能行，写记此册，欲谁欺乎？此后直须彻底荡涤，一丝不放松。从前种种，譬如昨日死，以后种种，譬如今日生。务求息息静极，使此生意不息，庶可补救万一。慎之，勉之！天头：力践斯言，方是实学。艮峰。无徒巧言如簧也。

二十四日（须专一安身立命。另换出新我来）

晏起。点诗数页。饭后拜客，至申正止。晤朱廉甫前辈，看诗二首，是宗韩者，虽不多说，然尚有谅影之谈。晤竹如，走艮峰前辈处，送日课册，求其箴砭。见其整肃而和，知其日新不已也。而余内不甚愧愤，何麻木不仁至是！竟海先生处，惜不久谈。申正，赴何子贞饮约。座间太随和，绝无严肃之意。酒后，观人围棋，几欲攘臂代谋，屡惩屡忘，直不是人！天头：我辈既知此学，俺须努力向前，完养精神，将一切闲思维、闲应酬、闲言语扫除净尽，专心一意，钻进里面，安身立命，务要另换一个人出来，方是功夫进步，愿共勉之！艮峰。便至岱云处，与之谈诗，倾筐倒箧，言无不尽，至子初方归。比时自谓与人甚忠，殊不知已认贼作子矣。日日耽著诗文，不从戒惧谨独上切实用功，已自误矣，更以之误人乎？且无论是非，总是说得太多。

二十五日（每日过恶，不外乎多言，不外乎要人说好）

晏起。饭后点诗一卷半。倦，焚香静坐半时。客来久谈，貌敬而傲惰，根子未除。客去仍静坐，奄奄欲睡，何不振也！饭后，冯树堂来，因约岱云来，三人畅谈小酌，二君皆有节制，惟予纵论无闲，仍不出昨夜谈议，而往复自，自谓忠于为人，实已重外而轻内。且昧昌黎《知名箴》之训。总之，每日过恶，不外乎多言，不外乎要人说好。

廿六日（读艮峰为我批之册不禁悚然汗下）

晏起，可恨！点诗一卷。至杜兰溪家拜寿，说话谐谑，无严肃意，中有一语谑而为虐矣。谨记大恶。拜客两处，微近巧言。未正至竹如处，谈至昏时。竹如有弟之丧，故就之谈以破寂，所言多血气用事。竹如辄范我于义理，竹如之忠于为友，固不似我之躁而浅也。归，接到艮峰前辈见示日课册，并为我批此册，读之悚然汗下，教我扫除一切，须另换一个人。安得此药石之言！细阅先生日课，无时不有戒惧意思，迥不似我疏散，漫不警畏也。不敢加批，但就其极感于心处著圈而已。夜深，点诗一卷。

廿七日（余欲另换一个人，又怕人说我假道学）

早起，读《中孚卦》，心颇入。饭后，走唐诗甫处拜其年伯冥寿，无礼之应酬，勉强从人，盖一半仍从毁誉心起，怕人说我不好也。艮峰前辈教我扫除闲应酬，殆谓此矣。张雨农邀同至厂肆买书，又说话太多。黄莆卿兄弟到京，便去看。与岱云同至小珊处，渠留晚饭，有援止而止底意思。又说话太多，且议人短。细思日日过恶。总是多言，其所以致多言者，都从毁誉心起。欲另换一个人，怕人说我假道学，此好名之根株也。尝与树堂说及，树堂已克去此心矣，我何不自克耶？记廿四、五、六、七四日事。

二十八日

早起，读《小过卦》。饭后，岱云来，示以诗。阅艮峰先生日课，见其孝弟之情，恳至流溢，钦仰之至。因遣人送还，另纸称诵此节，即牵连而别有所陈，亦撮壤崇山之意。仍读《易》，无所得。圈诗半卷。申初，竺虔来，旋小珊来，便饭。何子敬、吴子序来，总是不克寡言，以说话不迟重故也。如果语语由中，岂能开口容易乎？子序最后散，言取人最要取长录短，人有寸长，我必暴之。因有联幅不可再迟者，夜深写十馀纸。

廿九日（予内有矜气而语复浮，可鄙）

祖母大人七十六寿辰。晏起。逢此庆节,不黎明而起,何神昏一至是耶?田敬堂来拜寿,一无预备。抱愧何已?敬诣前门神庙烧香,便拜客三家,归。饭后,读《既济》《未济》,毫无所得。未正,黄莘卿来,接次会客,朱廉甫前辈来,谈甚久。予又病多言。昌黎云:"默焉而其意已传。"晓晓胡为者,况其一无真知耶?廉甫言取人,但当求其长,与子序昨夜言同。又言济世以匡主德、结人心、求贤才为要,馀皆末节耳。傍晚去,饭后,冯树堂、易莲舫来,谈良久。予内有矜气,而语复浮,所见不合,仍尔自是器小,可鄙。读《既济》《未济》注疏,粗涉了事。记昨日、今日事。

三十日(虽留心缄默,而犹多自文固陋之言)

早起,读《易·系词》三章,至巳正。客来,同出门拜寿。见人围棋,跃跃欲试,竟越俎而代,又何说自解耶?吃面拜客二家。归,看书三页。走邵蕙西处,受朱廉甫前辈昨日之托也。谈次,邀同至海秋处,不获辞,因与俱往。座间,晤陈小铁浙江人、王少鹤广西人,皆英年妙才。海秋苦留四人上馆,至子初方归。渠四人皆博学能文,予虽留心缄默,而犹多自文固陋之言,此等处所谓虽十缄亦不妨者也。惟其平日重内轻外,故见有才者,辄欣羡耳。是日,接耦庚先生信,浪得虚誉,愧极,丑极!

十二月

朔日(本日扰扰,几不自新,每日大过都在语言)

早起,读《易》数页。走会馆敬神。拜客数家。车上有游思。午正,至寄云处会课,手冷,竟不成字,久荒故也。父大人若知我不写白摺,必窃忧之。便走岱云处,观渠日课册,因论二人之不如艮峰先生之密。同走子序处谈,便过子贞处,仍至寄云处。晚饭后,予复至子序处,因子贞劝做寿屏,故往求子序撰文也。听子序谈《中庸》,甚畅。复走何子贞处,求写寿屏,因论诗甚畅。又围棋一局,何以为人?归已三更,倦极。本日扰扰,几不知有所谓自新者。又席间一言犯众,疏极!每日大过,都在语言。

初二日(艳羡黄子寿之奇才)

晏起,读《山谷集》。溺心于诗,外重极矣。饭后,开节略,求子序作寿文。海秋来,以所著《浮邱子》嘱为商订,久谈,有不忠语,有诡语。写寿屏一幅半,邵蕙西来,示以方世兄所作论,年才十五而才华如此。黄子寿来,示以所作《选将论》,真奇文也。心中艳羡,既已重外,而又有自文固陋之言数语。写屏半幅,灯后写半幅。子寿来,又写一幅半。岱云、树堂、莲舫来,谈良久。余内有矜意,又以数日仍未改过,怕树堂要看日课册。小人消沮闭藏之状,如此如此。谈次,又不能寡言。客去,记三十、初一事。

初三日

早起,记昨日事,看日课册。所记者都是空言,究竟一过未改,日日有腼面目,与人酬酢而已。阅《山谷集》。饭后写寿屏,至亥正方毕。午正会客三次,约耽阁一时馀。力戒多言,已觉冷落。仅写八幅,便觉困倦,精神不养,则不裕也。记本日事。点诗二卷。

初四日

早起,翻阅诗集,昨日稍劳,便觉昏瞀,并平旦之气无之矣。一晨悠忽,可恨!饭后,拜客数家,走琉璃厂买寿屏纸,买书,日旰方归。饭后,走岱云处商事,遇海秋,久谈。归,读史十叶。是日在厂肆流连太久。在岱云处说话太多。

初五日(余见树堂面目一新不免无地自容)

早起,海秋以所撰《浮邱子》嘱予细阅一遍,而订是非。予向读海秋诗文,不无面谀之时,今阅全册,仍遂前失,欺友自欺,罪恶大极。无论是否,总须直陈所见。自辰初看至申正,尽二卷。出门访苗仙露河间人,精六书谐声之学,观所藏"君子馆砖""开元瓦"诗册,因嘱予

题诗。旋走树堂处,渠自初一日起又重换一个人,对之愧死! 真无地自容。归,读史十叶。海秋邀余至蕙西处谈,夜深方散,言不诚。

初六日(余背议人短,谨记大过)

早起,读史十叶。饭后,翰城来久谈。陪客时心不一。为海秋看《浮邱子》七十叶。酉初,走邵蕙西谈,背议人短,谨记大过。归,作诗二首,写信一封,复周文泉大令,记初四、初五事。乏甚,寝不寐,游思沓来。补:早问,吴莘畲来,名尚志,广东人,沉静有志者。亦欲引予共学,而予志不坚,过不改,有腼面目,真可愧也。

初七日(立课程十二项)

晏起。看《浮邱子》五十叶。未初走蕙西处,谈片刻。归,剃头。申初海秋来久谈,言不诚。酉初出门拜客,饭岱云处。同走子贞处,商寿文。与子敬谈,多言。岱云之勤,子贞之直,对之有愧。归,读史十叶。寝不寐,有游思,殆夜气不足以存矣。何以遂至于是! 不圣则狂,不上达则下达,危矣哉! 自十月朔立志自新以来,两月馀渐渐疏散,不严肃,不谨言,不改过,仍故我矣。树堂于昨初一重立功课,新换一个人,何我遂甘堕落耶? 从此谨立课程,新换为人,毋为禽兽。

课程

敬整齐严肃。无时不惧。无事时心在腔子里,应事时专一不杂。如日之升。

静坐每日不拘何时,静坐半时。体验来复之仁心。正位凝命,如鼎之镇。

早起黎明即起,醒后勿粘恋。

读书不二一书未点完,断不看他书。东翻西阅。徒徇外为人。每日以十叶为率。

读史丙申购廿三史。大人曰:"尔借钱买书,吾不惮极力为尔弥缝。尔能圈点一遍,则不负我矣。"嗣后每日点十叶,间断不孝。

谨言刻刻留心,是功夫第一。

养气气藏丹田,无不可对人言之事。

保身十月廿二奉大人手谕早:"节劳、节欲、节饮食。"时时当作养病。

日知所亡每日记《茶馀偶谈》二则。有求深意是徇人。

月无忘所能每月作诗文数首,以验积理之多寡,养气之盛否。不可一味耽着,最易溺心丧志。

作字早饭后作字半时,凡笔墨应酬,当作自己课程。凡事不可待明日,愈积愈难清。

夜不出门旷功疲神,切戒切戒。

初八日

晏起。客来,旋王少鹤锡振来,广西人。声气日广,学问不进,过尤不改,真无地自容矣。饭后,记初六、初七事。谨立课程如右。写信与李花潭。出门拜客三家。至湖广馆,公请李石梧中丞,揖让太周到,满腔俗意。座问应酬语太多,无戒惧意。归,与岱云同至樾乔、树堂、莲舫三处,以乏甚,故少说话。归,看史十叶。

初九日

早起,约岱云同至琉璃厂买纸,便至书铺。见好物与人争,若争名争利,如此则为无所不至之小人矣,倘所谓喻利者乎? 已正拜客一处。赴海秋、王少鹤饮约,申正散。赴黄莘卿兄弟饮约,说话仍失之多。归,便过竺虔,因渠明日引见,夜深归。违夜不出门之戒,都是空言欺人。归,读史十叶。

初十日

又晏起。何以自解? 看史数叶,饭后始毕。整齐书册,摒挡琐事半时,陪客一次。旋竹如来,深谈良久,如饮醇醪,不能改过,实孳良友契许之情矣。负负然安得竹如一日受特达之知,遂尔痛偿斯愿耶? 去已日旰。晏起,则一无所作,又虚度一日,浩叹而已。饭后,拜客三处,至蕙西处,备闻卓识之言。蕙西学识过我十倍,而见许甚厚。如竹如之所以许我者,良友

远期,何以克赴,终身抱惭而已。记初八、初九、初十事。记《茶馀偶谈》三则。

十一日

早起,读《易·系》二章。饭后出,拜客一天,日旰方归。友人纳姬,欲强之见,狎亵大不敬。在岱云处,言太谐戏。车中有游思。晚饭后,静坐半时,读史十叶,记《茶馀偶谈》二则,记本日事。

大龙邮票　晚清

十二日(出城赴吴莘畲饮约)

早起,与岱云同至艮峰先生处,谈至学臣之难称职,余言有徇外为人意。同至唐先生处,先生命吃便饭。不终席,出城赴吴莘畲饮约。座间,晤姜樟圃曾、崔芋堂乃卓及朱廉甫前辈。姜长于形势,足迹遍天下,口如悬河;崔长于词赋。予力戒多言,恐毫无实学,而声闻日广也。归,拜客一家,至蕙西处略谈。归,心浮而神疲,静坐片刻。读史五叶。树堂来,邀同至岱云处,强与同行,久谈,多谐语。树堂较默。夜深方归。仍读史五叶,记《茶馀偶谈》二则。是日闻樟圃言,镇筸总兵长春,字松心,将材也。虚衷下士,爱士卒,又娴文事。廉甫闻而舞蹈,好贤之诚不可及。

十三日(留客贪谈,心不静也)

晏起,可恨。读史。恐本夜有事耽搁,至午初方毕。何子贞作祖父母寿文,读之甚惬心。而以后半叙次,不甚似祖大人气象,意欲自加润色,良久,乃修饰妥当。持稿示蕙西,蕙西责予曰:"子孙孝思,曾不系乎此,此世俗所谓尊其亲者也。君不宜以此逐逐,徒浪费耳。且君只拟作一副寿屏,既请子序撰文,不宜复商之子贞;子贞作文,君亦不得赞一词,节次差缪,总为俗见所蔽,遂致小事都迷。"闻言悚然,回看子序文,良深远绝俗,益信闻誉言则气易骄,闻箴言则心易虚,良友夹持可少乎哉?因定计办屏两架,以文吾过。饭后,走琉璃厂买纸,与岱云同至海秋处,因渠不得京察代,故往慰籍。语太激厉,又议人短,每日总是口过多,何以不改?归,岱云在寓,久谈,三更始散。留客贪谈,心不静也。记《茶馀偶谈》二则。

十四日(请李碧峰代写屏底稿)

晏起,算两寿屏字数,排写。午刻陪客二次。何子敬送字来,索诗,因作诗二首,一谢作字,一贺留须。晚饭后,读史十叶。仍请李碧峰来代写屏底稿。灯后,记十二、三、四三日事。记《茶馀偶谈》一则。

十五日

早起,读《易·系》十叶。饭后,午初至会馆,便拜客半日。至岱云处,留晚饭。同至萧汉溪前辈寓。座间,劝予写摺子,实忠告之言,而我听之藐藐,意谓我别有所谓工夫也。细思我何尝用工夫,每日悠悠忽忽,一事未作,既不能从身心上切实致力,则当作考差工夫,冀博堂上之一欢,两不自力,而犹内有矜气,可愧可丑!与溪溪、可亭、岱云同至江小帆同年处,江服阕,初至也。二更尽,归。寒月清极,好光阴荡过,可惜!读史十叶。记《茶馀偶谈》一则。

十六日(往西市观武臣部斩人)

晏起,直不成人。日高三丈,客已来矣。翰城来,留吃早饭。讹言是日某武臣部拟斩立决,人邀同往西市观,欣然乐从,仁心丧尽,比时悔之而不速返,徘徊良久,始归。旷日荒缪至此,尚得为人乎?读海秋《浮邱子》一篇,读史十叶。蕙西来久谈。料理公事二三端,已晚矣。又断送一日。夜,走雨三处,求写寿屏,渠不得闲。谈次,闻色而心艳羡,真禽兽矣。复走子贞处,无事夜行,心贪嬉游,尚说甚学!又围棋一局,要日课册何用?归记《茶馀偶谈》一则。是日,奉到家信。

十七日

早起,涉猎数叶。至钟子宾处,求写寿屏。渠以手痛不能写,便至树堂处。归,看子序古

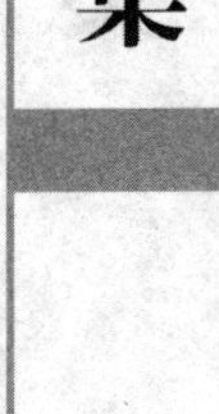

文。旋以写屏求人太促，恐难，因自写。树堂来，子序来，久谈。仅写屏一幅，已晚。如此悠忽，奈何？夜，读史十叶。记《茶馀偶谈》一则。记十五、十六日事。

十八日

早起，记昨日事。旋写寿屏，至晚方毕，共七幅。申刻，海秋来，谈一时，言不诚，有一语斡[幹]旋无痕迹，是奸人伎俩，若不从此等处严为警戒，将来机变愈孰矣。夜，觉心火上炎，不静故也。神颇困，读史十叶，全不入。记《茶馀偶谈》一则。

十九日（恨己无实学，教弟不得要领）

晏起，绝无警惧之意矣！一早悠忽。饭后，读史十叶。房闼又不敬。前誓有三戒，今忘之耶？既写日课册，于此等大过，尚不改，其他更复何说？甘心为禽兽，尚敢厚颜与正人君子往还耶？竺虔来，略谈，与同至子贞处看寿屏。旋同走岱云处，久谈。余语多失之谐，又背议人短，亦见豕负涂之象，不能惩忿，生出多少毛病来。岱云留晚饭。饭后，三人同走竺虔处。归，写家信禀堂上，楷信二叶，寄弟信五叶，恨自己无实学，教弟虽多，言总不得要领也。记《茶馀偶谈》一则。

廿日

早起，又写《信》与弟四页，共三千六百字。午初始发。艮峰先生来，一见惶愧之至，真所谓厌然者矣！向使时时慎独，何至见人而渐沮若是？陪客，陆续四次。写应酬字至晚。散步至恽浚生处，略坐，语不诚。归，记十八、九及本日事。记《茶馀偶谈》一则。

廿一日（恨余精神易乏，何以为人？何以为子？）

晏起。昨夜寝不成寐，思又虚度一岁。一事未作，志不立，过不改。精神易乏，如五十岁人，良可恨也。何以为人？何以为子？又思有应了事数件，一诺愆期许久，思之悚然汗下，展转不寐。起，看昨日《茶馀偶谈》，有未安，因易之。已刻，读史十叶。唐先生来，道真儒贵有心得。旋围棋一局。写应酬字二纸。料理公私数目至晚。至蕙西处，同看张文端《南巡扈从日记》。归，记本日事。记《茶馀偶谈》一则。

廿二日（作题画兰诗）

早起，作题画兰诗，应人嘱。午初，出门拜客，至晚方归。朱廉甫处闻莘畬道洛园先生之功德，令人神往。夜，周韩臣来，岱云亦来，久谈。客去，看史十叶。记《茶叶[馀]偶谈》一则。又作画兰诗一首。

廿三日（悟天下事皆须沉潜为之）

晏起。改诗三句。写绢。饭后，携交田敬堂。走雨三处，为云陔托销假事。旋至子序处，不晤。便过子贞，见其作字，真学养兼到。天下事皆须沉潜为己[之]，乃有所成，道艺一也。子敬留围棋一局。嬉戏游荡，漫不知惧，适成为无忌惮之小人而已矣。便过岱云，久谈，语多不咋。归，留客晚饭。树堂来，谈及日来工夫甚疏，待明年元旦荡涤更新。渠深自惭，予则更无地自容矣。邵蕙西来，三人畅谈。祭灶后，因共小酌。予言有夸诞处，一日间总是屡犯欺字耳！客去，读史十叶。记《茶馀偶谈》一则，勉强凑，无心得。

廿四日

晏起，料理数目。已初读史十馀叶。午正写年对、应酬字。申初出门，拜客一家。至杜兰溪家赴饮约。席间多戏言，无论乱德，即取尤招怨，岂可不察？与岱云同至周韩城处，谈次，心不在。归，敬神。记廿二、三、四日事。记《茶馀偶谈》一则。

廿五日

早起，至会馆为代云阶消假事，云阶已到矣。饭周华甫处，语不诚，且心已他适。拜客至申初。归，走蕙西处，谈及疚心之事，久抱之愧，与人提起，惭沮无地。归，竹如来，久谈。西垣来，并留便饭。饭后，海秋、岱云来，语多不诚，又谑浪无节。围棋一局。闻子序丁内忧，不胜感愕，恨素与子序未甚畅谈，今则益友当别矣。课史十叶，记《茶馀偶谈》一则，记本日事。

廿六日（以今年空度又愧对亲朋而不成寐）

晏起,料理各项帐目,兼平公私银两,约耽阁一时许。已至[正]与蕙西同至子序处唁吊,便至寄云处略谈。归,读史五叶。心摇摇如悬旌,又皇皇如有所失,不解何故? 盖以夙诺久不偿,甚疚于心,又以今年空度,一事无成,一过未改,不胜愤恨。又以九弟之归,心常耿耿。及他负疚于师友者,百念丛集,故昨两夜不能寐。下半天,蕙西来。夜,树堂来,又雨三、岱云、少平三同年来,留树堂久坐,畅谈,四更方归。树堂谓予有周旋语,相待不诚。诚伪最不可掩,则何益矣! 予闻之,毛骨悚然。然比时周旋语已不自记忆,疏而无忌,一至是耶? 与树堂吃酒后,心略安帖。

廿七日(因下人侵蚀钱项而忿怒不释)

早起。读史至午初止,共廿馀叶,补昨日之程,以后切戒。旋看下人收拾房屋,约半时。剃头、写对联约一时。欲作诗,不成。下半日,因欲事走岱云处。归,因下人侵蚀钱项,忿怒不能释。日来以尤悔百端,心忡忡无主,又添一番懊恼,更不安矣。勉强围棋,亦复视而不见。行有不慊则气馁,今我则侮吝丛集,气固馁,心尤愧恨,奈何! 记昨日、今日事。记《茶馀偶谈》二则,以补昨日之程。

廿八日(夜作诗《岁暮杂感》)

晏起。料理银钱一时许。至仓少平家拜寿。已正至各老师处拜节,便拜客数处。日旰归。夜作诗四首,题曰《岁暮杂感》。

廿九日

岁除。早起,料理琐事,又作诗二首。午正出门拜客。归,李笔峰来。晚饭后,俗事相仍。夜作四首,共诗十首。四更方睡。

卷五　道光二十三年

正月

元日（书"孝"字"敬"字并出门贺年）

未明起，敬神，北向朝贺。静坐半时，心有忿念，即克去假寐。磨墨试笔，谨书"孝"字、"敬"字，写课程单。饭后，记昨两日事。出门贺年，酉刻方归。车中倦甚。于与人往还，最小处计较，意欲俟人先施，纯是私意萦绕。克去一念，旋生一念。饭后静坐，即已成寐。神昏不振，一至于此！记本日事。

初二日（算去年共用银数）

早起，心多游思。因算去年共用银数，抛却一早，可惜。读史十叶，与内人围棋一局，连会客三次。晚饭后，静坐，不得力。写信。请树堂来寓，畅谈至五更。本日会客时，有一语极失检，由"忿"字伏根甚深，故有触即发耳。树堂至情动人，惜不得使舍弟见之兴感，又惜不得使霞仙见之也。说到家庭，诚有味乎！言之深夜，留树堂下榻。

初三日（因小故予发忿不可遏，痛哭而悔）

晏起。留树堂早饭。午正。客去。坐车出彰义门，拜黄兰坡，久坐。留者虽坚实，自已沾恋，有以启之。与人围棋一局。归，记初二日事。曹西垣、金竺虔同年来，久谈，索饭。饭后，语及小故，予大发忿不可遏，有忘身及亲之忿。虽经友人理谕，犹复肆口谩骂，比时绝无忌惮。树堂昨夜云，心中根子未尽，久必一发，发则救之无及矣。我自蓄此忿，仅自反数次，馀则但知尤人。本年立志重新换一个人。才过两天，便决裂至此。虽痛哭而悔，岂有及乎！真所谓与禽兽奚择者矣。客去已二更。厘清拜客单，乏甚。

初四日（为下人不得力屡动气，"忿"又往复）

早起，拜客，至日旰毕。城外俱已拜完。车中无戒惧，意为下人不得力，屡动气。每日间总是"忿"字、"欲"字往复，知而不克去，总是此志颓放耳！可恨可耻。车中看义山诗，似有所得。夜翻《樊川集》证之，亦然，知何大复《明月篇》之有心得也。记初三、四日事。

初五日（闻台湾镇达洪阿道姚莹有动摇之意）

早起。昨日蕙西来，言台湾镇达洪阿道姚莹有动摇之意，由英夷设计倾陷故也。蕙西极为忧愤，几于坐不安席。约今日起渠处谈，早去，因留余便饭。归，岱云来，久谈。旋约蕙西三人同走越乔前辈处。蕙西忠爱之忱形于词色，而予付之谐谑，蕙西比即面责，真直谅之友。归，邀岱云、楠皆便饭。恰树堂亦来，畅谈至夜深。是日，与蕙西有作伪之言，夜多戏言。

初六日

晏起。料理客单。出门拜客，饭邹芸陔同年处，至晚方归。仍未拜完，出门大晏故也。归，步至岱云处、何子贞处。早归，夜悠忽。是日坐车中频生气，虽下人不甚能干，实由惩忿绝无工夫，遂至琐细足以累其心。

初七日（志不立，识又鄙，须求心之安定，不可得矣）

早起。是日，张设寿堂，周章一日，心中不甚安详。西垣在寓便饭。申正，岱云来，留吃酒，二更方散。自去年十二月廿后，心常忡忡不自持，若有所失亡者，至今如故。盖志不能立时易放倒，故心无定向。无定向则不能静，不静则不能安，其根只在志之不立耳。又有鄙陋之见，检点细事，不忍小忿，故一毫之细，竟夕踌躇，一端之忤，终日粘沾恋，坐是所以忡忡也。志不立，识又鄙，欲求心之安定，不可得矣。是夜，竟不成寐，展转千思，俱是鄙夫之见。于应酬小处计较，遂以小故引伸成忿，惩之不暇，而更引之，是引盗入室矣。

初八日

敬逢祖大人七十寿辰，早起，率家人行礼。陪客至更初方散。共拜寿客四十人。早面四席，晚饭三席，全无严肃的意思，和乐而流。客去后，仍有昨夜鄙俗不堪之见，可耻已极。

初九日

晏起。饭后清账，又清戊戌公账付梓，屏当一切，约两时。记初五以后事。所以须日课册者，以时时省过，立即克去耳。今五日一记，则所谓省察者安在？所谓自新者安在？吾谁欺乎！真甘为小人，而绝无羞恶之心者矣。复左青士信。

初十日（早起吐血数口，惟有日日静养）

早起，吐血数口。不能静养，遂以斫丧父母之遗体，一至于此；再不保养，是将限人大不孝矣！将尽之膏，岂可速之以风？萌蘖之木，岂可牧之以牛羊？苟失其养，无物不消，况我之气血素亏者乎！今惟有日日静养，节嗜欲、慎饮食、寡思虑而已。是日出门谢寿，补拜年，酉正方归。树堂来。夜，岱云来问病。

十一日（竹如言一"耐"字足以医心病）

早起。岱云来，旋树堂来，可感。着人请竹如来，留三人便饭。竹如言病不要紧，但须好养，说"养"字甚详，言之津津有味。饭后久谈，至申正方散。张楠皆来，与语交友之道。旋走小珊家赴饮约，座间无静底意思。夜归已倦，尚围棋一局。意欲消遣，实则用心耗散精神。竹如教我曰"耐"，予尝言竹如："贞足干事，予所缺者，贞耳。"竹如以一"耐"字教我，盖欲我镇躁，以归于静，以渐几于能贞也。此一字足以医心病矣。谨记，谨记。

十二日（以后以写字养心）

晏起。饭后走惠西、岱云两处，旋拜客数家。归，海秋来久谈，言围棋最耗心血，当戒。酉刻仍走惠西处略淡。夜，记初十、十一、二日事。写字时，心稍定，便觉安恬些。可知平日不能耐，不能静，所以致病也。写字可以验精力之注否，以后即以此养心。

十三日

晏起。饭后，惠西来邀，同至廉甫前辈处，久谈。三人同车至琉璃厂买书，至晚仍归廉甫处晚饭。灯后还寓，料理俗事数件，记本日事。自初十早失惊之后，万事付之空寂，此心转觉安定，可知往时只在得失场中过日子，何尝能稍自立志哉！

十四日

早起。饭后，至西便门外看吴莘畬别业，失意快快而返。借书二种，有占夺之心。下园子，至穆师处下公请帖。归已晚，仅能进内城，因借宿何丹畦寓。口无择言，遂有不怍之弊。

十五日（余慰六弟文笔颇似王半山）

早起，由丹溪处至会馆敬神。归，困甚，又不能寐。接家信，三弟各有信。六弟文笔颇似王半山，心甚欢慰，展转读看，不能自已。至湖广馆，同乡团拜，未正归。下半天写寄弟信，至二更尚未成，倦甚。

十六日（高景逸云：不通畅处，皆私欲也。）

早起，仍写寄弟信，至已正。赴郭雨三饮约。未正，归，仍写弟信，计三千字。倦极，心神恍惚，若不自持。树堂、惠西、莲舫三人先后来。陪客，坐不安席，若舌比平时较短者，屈伸转旋俱不适。黄莘卿约饮，竟不能去，不知身体何以亏乏若此，不敬身之罪大矣。高景逸先生云："接教言。连日精神不畅，此不可放过。凡天理自然通畅和乐；不通畅处，皆私欲也，当时刻唤醒,不令放倒。"然则我之精神短弱,皆自己有以致之也。

十七日(是知千言万语,莫先于立志也)

晏起。饭后写信,禀堂上三叶。人总不爽快。是日请客,至亥正方散。倦甚,勉强支持,仅乃了事。向使以重大之任见属,何以胜任?《记》云:"君子庄敬日强。"我日日安肆,日日衰苶,欲其强,得乎?譬诸树木,志之不立,本则拨矣。是知千言万语,莫先于立志也。

十八日(凡办公事,须视如己事)

早起。是日,戊戌同年团拜。予为值年,承办诸事,早至文昌馆,至四更方归。凡办公事,须视如己事。将来为国为民,亦宜处处视如一家一身之图,方能亲切。予今日愧无此见,致用费稍浮,又办事有要誉的意思。此两者,皆他日大病根,当时时猛省。

十九日

晏起。饭后,仍至文昌馆,本省甲午团拜。酉正归,陪客,意不属,全无肃敬之意。应酬有必不可已者,而或缺焉,则尤悔并生。本日见许世叔,自觉惭沮,职是故也。夜倦,眼蒙,早睡。

二十日(淡而无味,冷而可厌,亦不足取)

眼蒙,晏起。饭后赴龙翰臣饮约,未正归。是日,家中请客,至亥初方散。又无严肃气象,席间代人作讥讽语,犹自谓为持平,真所谓认贼作子矣。早席中,孤另另别作一人,非处己处人之道。吕新吾先生云:"淡而无味,冷而可厌,亦不足取。"殆如此乎!

廿一日(君子不重则不威也)

晏起,眼蒙。饭后,人不甚爽快。至蕙西、龙翰臣处,旋至吴子序处陪吊。未正便至岱云处谈,观其小楷甚长进,非工夫继续者不能。旋同赴张雨农饮约,更初方归。席间,面谀人,有要誉的意思,语多谐谑,便涉轻佻,所谓君子不重则不威也。归途便至杜兰溪家商事,又至竺虔处久谈。多言不知戒,绝无所谓省察者,志安在耶?耻安在耶?归已夜深。

廿二日

眼蒙,甚晏起。内人亦卧病不能起。饭后,至蕙西处少谈。归,将至才盛馆,遇竹如来,折回久谈。竹如无不近里之言,真益友也。申初出门,赴恽浚生饮约,兼甲午团拜,酉正归。是日,目屡邪视,直不是人,耻心丧尽,更问其他?夜,心情不畅,又厌闻呻吟声。仍出门至竺虔、西垣处谈,亦不耐静坐之咎也,更初归。因下人小不如意致忿,何其一无所养至此!可耻之至。

廿三日(内人病颇重)

晏起,眼犹蒙。饭后,至吴莘畲处送行,久谈。归,便过蕙西,略坐。内人病颇增重。中无所养,一有所怫,便不安恬,只觉烦恼。晚饭后不能耐坐,步至田敬堂、何子贞、陈岱云三处,更初归。

廿四日

早起。西垣来,留早饭,言有不忠语。旋拜客三家,季仙九师招饮,面辞归。请竹如来诊内人病,久谈至申正。樾乔及雨三、岱云来,酉正散。至寄云家吃寿酒,二更归。是日,与竹如言有不忠语,记之。

廿五日

晏起。至何丹畦处,与诸同年会课,众人皆作诗文。余因心血亏,不可用,乃勉作七古一首。不作诗尽可,作此一首,反长矜气,可耻之至。旋走镜海先生处,久谈,酉正归。内人病如故。守坐室内,一书不读,悠忽如此,何以自立!

廿六日(余今闷损盖皆私意私欲缠拢)

晏起,雪雨交作,而不甚寒。内人病不愈,余亦体不舒畅,闷甚不适。高景逸云,凡天理自然通畅。余今闷损至此,盖周身皆私意私欲缠拢矣,尚何以自拔哉!立志今年自新,重起炉冶,痛与血战一番。而半月以来,暴弃一至于此,何以为人!何以为子!

廿七日

晏起。饭后，翻阅杜诗。请吴竹如来诊内人病，久谈。日来居敬穷理，并无工夫，故闻人说理，听来都是隔膜，都不真切，愧此孰甚！申初，拜客二家，至海秋家赴喜筵，更初方归。同见海秋两姬人，谐谑为虐，绝无闲检，放荡至此，与禽兽何异！

廿八日

早起。内人病稍愈。饭后，岱云来，略谈。走竺虔处谈。竺虔约同至何家，子敬少谈，即出子愚处，观宋高宗书《豳风》，字画雅洁，图画亦工雅绝伦。又同至岱云处少坐，归已晚矣。

廿九日（至今不能日新，乃反日趋下流，何以对良友？）

晏起。饭后看杜诗，翻阅，一无所得。旋走黎月乔前辈处，闻刘觉香先生言渠作外官景况之苦，愈知我辈舍节俭，别无可以自立。若冀幸得一外官，以弥缝罅漏，缺瘠则无以自存，缺肥则不堪问矣，可不惧哉！与月乔前辈同至金可亭寓，为博塞之欢，嬉戏竟日，二更初散。写日课册，至今已四阅月，不能日新，乃反日趋下流，有何面目复与良友相酬对耶！

卅日

早起。饭后，看《山谷集》。何子敬来，久谈。剃头。易念园来谈诗，至西初去。走蕙西处。自正月以来，日日颓放，遂已一月，志之不立，一至于此。每观此册，不知何谓，可以为人乎！聊存为告朔之饩羊尔。

二月

初一日（日后须：内则专静纯一，外则整齐严肃）

早起，至会馆敬神，便拜客五家。申初到家，倦甚，不能看书，眼蒙如老人。盖安肆日偷积偷之至，腠理都极懈驰，不复足以固肌肤、束筋骸。于是，风寒易侵，日见疲软，此不能居敬者之不能养小体也。又心不专一，则杂而无主。积之既久，必且忮求迭至，忿欲纷来。其究也，则摇摇如悬旌，皇皇如有所失。总之，日无主而已。而乃酿为心病，此不能居敬者之不能养大体也。是故吾人行父母之遗体，舍居敬更无他法。内则专静纯一，以养大体；外则整齐严肃，以养小体。如是而不日强，吾不信也。呜呼！言出汝口，而汝背之，是何肺肠？

初二日

晏起。饭后，黄子寿来邀。同至蕙西处久谈，未正方散。晚饭后，岱云来略谈，邀同至吴子序处，又至子贞处久谈，至三更初方归。看子贞所批圈古文及《史记》，信乎其能自立者。杨子云云："其为人也，多暇日者，其过人也不远矣。"自念如此悠忽，何以自立！若子贞者，名不苟立，可敬也。

初三日

晏起。饭后，会客一次。旋拜客三家。至会馆恭祀文昌诞辰。座间，心有忮求。西正散归，汤海秋、陈岱云同至寓，共为试帖诗一首，言多谐谑，又不出自中心之诚。每日言语之失，直是鬼蜮情状，遑问其他？

初四日

晏起。饭后，蕙西来。旋濂甫来邀，同进城谒唐镜海先生，拜倭艮峰前辈、吴竹如兄三处，谈至日入始归。唐先生言，国朝诸大儒，推张扬园、陆稼书两先生最为正大笃实，虽汤文正犹或少逊，李厚庵、方望溪文章究优于德行。竹如兄与人交，虽人极浓厚，渠常冷淡，使人穆然与之俱深，真是可敬。

初五日（蕙西谓余诗太自主张，细思良然）

早起，读《张杨园先生集》十馀叶。至汤海秋处，公请镜海先生，申初散席。至易念园处，观其所为诗，宗法晚唐，颇有法度。余性好言诗，蕙西谓予于诗太自主张，不免自是，细思良然。夜，仍读《杨园先生集》，中有数条，破我怃求之私，不啻当头棒喝。

初六日（本日算帐、围棋用心太过而心神渐浮）

晏起，读《杨园集》。饭后，算戊戌值年公帐，自出换公银。走吴和父同年处议公事。晚饭后，走蕙西处谈。归，仍围棋一局。寝后，神不得安，缘本日算帐、围棋，用心太过，实由心不敬。一早，自不安帖，偶一用之，尤浮动而神不安耳。

初七日

晏起。饭后，因心不舒邑，出门游荡。至何子贞处，观渠作字，不能尽会悟，知平日所得者浅也。与汤海秋围棋一局，至申初始归。海秋来寓，蕙西亦来。观人作应制诗，面谀之，不忠不信，何以为友！圣人所谓善柔便佞之损友，我之谓矣。申正，赴易问斋饮约。戌正，同王翰臣、杜兰溪、何子贞小饮黎月乔处，不节饮食。夜深方归。

初八日（治《春秋》学者陈艺叔论俱不俗）

早起，读《杨园集》。饭后，走蕙西处，谈不甚久。归，算明公帐，走交吴和父。旋至濂父处久谈。座间遇陈艺叔，治《春秋》学者，论俱不俗，谈至申正归。岱云约晚饭，灯后归。读《杨园集》数页。

初九日（读《近古录》真能使鄙夫宽，薄夫敦）

早起，读杨园《近古录》，真能使鄙夫宽，薄夫敦。巳刻，赴蒋申甫饮约，申初散，便至琉璃厂买书。傍晚归，眼蒙特甚。年在壮岁，而颓惰称病，可耻孰甚！今年瞥已四十日矣，一事未成，晏安自甘，再不惩戒，天其殛汝！惕之惕之。岱云来。谈至二更方散。

初十日

晏起。饭后，走蕙西处，旋走田敬堂处。归，蕙西来，谈未久。剃头。韩世兄来，将所收赙银交付与他，另写一清单。下半天，仍至蕙西处，蕙亦仍来寓夜谈，更初方散。予对客有怠慢之容，对此良友，不能生严惮之心，何以取人之益？是将拒人于千里之外矣。况见宾如此，遑问闲居？火灭修容之谓何？小人哉！

十一日

早起。诸同年至寓斋会课，自辰至戌方散。予以心血亏，不作诗文，乃并不写字，何颓散至此！考试之有得失，犹岁之有丰歉也。有耕而即期大有，是贪天也。然绝不施耕耨之功，不已弃天乎！我则身为惰农，而翻笑穗荛为多事，慎孰甚焉！至月乔处，二更归。

十二日（蕙西面责余三事："慢""自是""伪"）

蕙西已来，始唤起，论连夜天象。西南方有苍白气，广如一匹布，长数十丈，斜指天狼星。不知主何祥也。因留蕙西早饭。蕙西面责予数事：一曰慢，谓交友不能久而敬也；二曰自是，谓看诗文多执己见也；三曰伪，谓对人能作几副面孔也。直哉，吾友！吾日蹈大恶而不知矣！是日，作小楷千馀字。下半天，蕙西来，招同至陈艺叔处，灯后归。王翰城来，久谈。

十三日（时时谨记《朱子语类》"鸡伏卵"及"猛火煮"）

晏起。饭后，至翰城处，惑于风水之说。至厂肆买书，未初归。作字百馀。下半天，拜客五家，灯后归。昨日，因作字思用功所以无恒者，皆助长之念害之也。本日，因闻竹如言，知此事万非疲软人所能胜，须是刚猛，用血战工夫，断不可弱，二者不易之理也。时时谨记《朱子语类》"鸡伏卵"及"猛火煮"二条，刻刻莫忘。

十四日

早起，作字。饭后，至岱云处。因翰臣在，彼谈及移居之事。归，看书数页。竹如来，旋曹西垣、冯树堂来。树堂有信，约今日出城，故邀客一桌来陪。因留西垣、树堂二人，在寓下榻。本欲与树堂畅谈一切，因客太多，反不能一言。不知树堂一月之别，精进何如也。对之，但有内疚而已。

十五日

早起，与树堂、西垣同至岱云处。早饭食贪。午正至文昌馆赴黄矩卿师饮约，酉正归。

邹芸陔同年来,围棋二局,意气扬扬自得,可鄙可丑。何子贞来,谈及渠在国史馆,每去,手钞书十页,录《东华录》所不载而事有关系者,约钞五千字。闻之,服其敏而好学。予前冬入史馆而绝不供职,对之愧杀。

十六日(贺竺虔拣发福建知县之喜)

晏起。饭后,至竺虔处,贺拣发福建知县之喜,久谈。旋至海秋、念园处,不遇。未初,走湖广馆,爱其清静异常,因思为养静之所,朝出暮归。在馆读杜诗一卷,详加批点,有自以为是之病。

十七日

早起。饭后到馆,王翰城邀吃早饭,至申初乃散。仍至湖广馆,批点杜诗半卷。凡读书有为己为人之分。为人者,纵有心得,亦已的然日亡。予于杜诗,不无一隙之见,而批点之时,自省良有为人之念,虽欲蕴蓄而有味,得乎?夜,至蕙西处久谈。

十八日(悟杜诗韩文能不朽皆因有知言、养气工夫)

晏起。饭后,到湖广馆看杜诗一卷,纯是矜气。杜诗韩文所以能百世不朽者,彼自有知言、养气工夫。惟其知言,故常有一二见道语,谈及时事,亦甚识当世要务。惟其养气,故无纤薄之响。而我乃以矜气读之,是客气用事矣,何能与古人投入哉!岱云来馆,久谈。夜,在家看小说。

十九日

晏起。饭后,走湖广馆。写家信禀大人,计五叶。因前信遣诸弟出门读书,恐大人不欢,故详明禀告。又写信与外舅,申正始完。女儿不好,在家惟闻呻吟之声,甚为难耐。曹谔庭作《君子疾殁世章》,文云:"有用之岁月,半消磨于妻子,仕宦之胸良然。"

廿日(余竟拒致力于考试实为暴弃自欺)

晏起。饭后看小说。已初,至龙爪槐公请房师季仙九先生,言有诳语,酉初归。女儿尚未好。季师意欲予致力于考试工夫,而予以身弱为辞,岂欺人哉?自欺而已!暴弃至此,尚可救药乎?

廿一日

早起,请竹如来诊小女。已正来,久谈。竹如言及渠生平交道,而以知己许子,且曰:"凡阁下所以期许下走之言,信之则足以长自是之私,辞之又恐相负相知之真,吾惟有惧以终始而已"云云。予闻此数语,悚然汗下。竹如之敬我,直乃神明内敛,我何德以当之乎!日来安肆如此,何以为竹如知己?是汗竹如也!未初,至雨三处会课,写摺二开,灯后归。岱云偕易莲舫来,谈至二更去。

廿二日

早起。饭后,王翰城、易问斋来,略谈。去拜客半天,至酉初归。夜至岱云处畅谈,至二更归。接李劲青信,欣佩之旨溢于行间,吾何以堪之,所谓欺世盗名者耶!是日,全未观书。

廿三日

早起。饭后,到蕙西处,谈不久。旋到湖广馆批杜诗半卷。海秋寻至馆中,久谈。论诗相合,言七律须讲究藻采、声调,不可专言上乘证果,反昧初阶,切中余病。又盛赞余五律。谈至酉末,同至月乔前辈处索饭。饭后,各作试帖诗一首,题《杂英满芳甸》。

廿四日

早起。饭后,至湖广馆读杜诗半卷。未正,至戴莲溪同年处,公请黄矩卿师,至二更方散。处众人中,孤另另若无所许可者,自以为人莫予知,不知在己本一无足知也,何尤人为!

廿五日(竹如言交情有天有人,凡事皆然)

早起。女儿昨夜彻宵不眠,请竹如来诊治,谈之良久。又同至蕙西处。竹如言交情有天有人,凡事皆然。然人定亦可胜天,不可以适然者,委之于数,如知人之哲,友朋之投契,君臣之遇合,本有定分,然亦可以积诚而致之。故曰命也,有性焉,君子不谓命也。下半日,悠忽

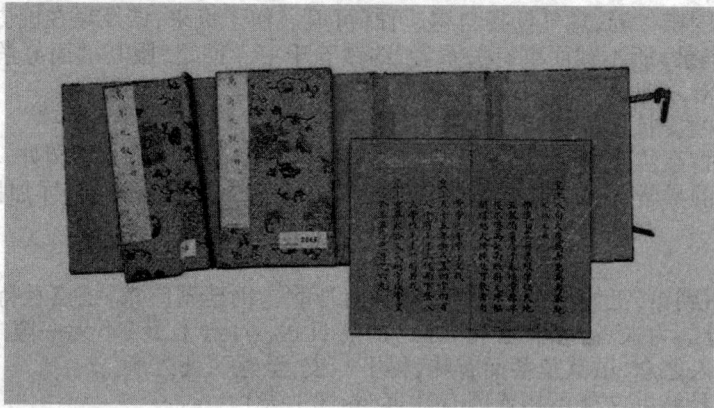

大清官员庆贺诗册

不事事。至岱云、少平处。作诗一首。

廿六日

晏起。饭后，至湖广馆读杜诗。张雨农与竺虔至馆，久谈。下半天，至诗甫处道喜。诗甫邀予与竺虔同至酒楼，比时不斩绝，后虽悔之，无及矣。座中，心甚不乐，而强颜为欢。知天下小人之始其失足，亦如此也。

廿七日（同乡会课，予以不能深思故不作文）

早起。饭后，至月乔前辈处。同乡会课，予以不能深思，故不作文，仅作诗二首。题《宦途最重是文衡》。何子贞、汤海秋二君最为捷敏。与海秋围棋一局。自以精神不强，不敢构思，而乃凝神对奕，是何意耶？饭时，观人奕，嗜之若渴，真下品矣。

廿八日

早起，请竺虔来吃饭，座有岱云、小珊，午正散。日来读杜诗，颇有小得。无事则心头口头不离杜诗，虽细加咀嚼，而究有为人的意思。申正，出门拜客二家。至翰城处赴饮约，席间放言。以取人悦，毫无忌惮，直不是人。二更归，岱云来寓略谈。

廿九日

早起，读书数叶。出门拜客三家。至海秋家拜寿。已正至文昌馆请廖钰夫师。未正仍出，至内城谒镜海丈，久谈。旋拜窦兰泉，谈至晚始归。镜丈言读书贵有心得，不必轻言著述；注经者依经求义，不敢支蔓；说经者置身经外，与经相附丽，不背可也，不必说此句，即解此句也。夜，至岱云寓，作试帖诗二首。

三十日（余谓人君之心当时时知惧）

早起，读杜诗。饭后，为蕙西写序一首，计六百字。旋走蕙西处淡。申初，何子贞来，略谈。旋朱莲甫来，邵蕙西来，久谈，至晚方散。莲甫言，莫要于君德，君心不正，万机胥坏矣。予谓人君之心，当时时知惧，不惧则骄，乱本成矣。夜，至雨三寓，作试帖诗一首。

三月

初一日

早起，至会课馆敬神。与邹云阶围棋一局。午初，至杜兰溪处拜寿。未初，至湖广馆读杜诗半卷。今年忽忽已过两月，自新之志，日以不振，愈昏愈颓，以致不如禽兽。昨夜痛自猛省，以为自今日始，当斩然更新，不终小人之归，不谓今日云阶招与对奕，仍不克力却。日日如此，奈何？

初二日

早起。饭后写小楷千馀字。日中，闺房之内不敬。去岁誓戒此恶，今又犯之，可耻，可恨！竹如来，久谈。久不克治，对此良友，但觉厚颜。庞作人来。言渠近来每日记所知，多或数十条，少亦一、二条，因问余课册。予但有日记，而无课，闻之，不觉汗下。酉初，赴岱云便饭之约，座间失言。

初三日

早起，读史。饭后共读十叶，写小楷二百馀。未初，至敬堂处会课。写白摺两开。作试帖诗，未成。何丹畦请予为是正文字，予俨然自任，盖矜心之内伏者深矣。夜至蕙西处久谈，至二更尽，所言皆慷慨激烈。又与蕙西步访王少鹤，不遇，归。今早，友人见示一文稿，读之，使人忠义之气勃然而生，鄙私之萌斩焉而灭。甚矣，人之不可无良友也。

初四日（张雨农与黄第卿订婚，是日纳征）

早起，至湖广馆作试帖诗一首。至翰城家早饭。巳正，与岱云同至张雨农家。张与黄苇卿订婚，是日纳征，予二人为媒。在张寓久坐，因与张楠阶围棋一局。席间，因谪言太多，为人所辱，是自取也。人能充无受尔汝之实，无所往而不为义也，尚不知戒乎！夜，至海秋处，略谈。

初五日

晏起。明知体气赢［羸］弱，而不知节，不孝孰甚焉！饭后读史七叶，写小楷数百。窦兰泉来，久谈。语及今世贤士大夫，渠甚推钟云亭先生，以为可当大任。申初至岱云家赴饮约，语次屡有谐谑之言。夜归，与竺虔同车。眼蒙甚。

初六日（忽闻大考将至，惶恐进场难完卷）

早起。饭后作小楷，陪客二次。未正，姚子箴来，语次，接季世兄信，知本月初十日大考，闻之甚觉惊皇。盖久不作赋，写摺子绝少，近又眼蒙，恐进场难完卷也。忙收拾笔墨，出门拜客二家。至郭雨三处，公请外官同年三人。亥正归，试笔。

初七日

早起，至琉璃厂买笔砚之类，巳初归。饭后，收拾行李。午正与岱云同至网明园，寓大树庵。至，收拾墨合，写摺二开半。夜看赋。早睡。

初八日（平日不用功，如今真谓"临渴而掘井"）

早起，磨墨，写摺六开，作论两篇，题《班超通西域论》《与人不求备论》。平日不用功，至此皇皇如弗及，所谓临渴而掘井者也。虽十驾而追，岂有及哉！

初九日

早起，写半开。饭后磨墨一晌。旋出门，拜客二家。收拾进场之具。阅陈秋舫、吴伟卿所作应制赋，气势流利，古不乖时，今不同弊，心赏其能，而自愧弗如也。夜不安寝，盖矜持之过。

初十日（今入"正大光明"殿应试）

寅初起。卯初，至出入贤良门外听点。旋入"正大光明"殿应试。卯正，得题《如石投水赋》，以"陈善闭邪谓之敬"为韵；《烹阿封即墨论》；《赋得"半窗残月有莺啼"》，得"莺"字，五言八韵。三艺至未初末刻作就，未正写起，至酉正，止补一字。出场，出赋稿与同人看，始悟有一大错，已悔无及矣。粗心至此，何以忝厕词垣哉！是日进场，百廿四人，监试为定郡王载诠，逻守甚严，搜出怀挟之赞善如山，比交刑部治罪，可惨也，馀俱整齐完场。

十一日

早起，在园子早饭。辰正归，午初到家。因场屋有大错乱，心甚不安帖，与内人兀坐相对，患得患失之心，憧憧靡己，强为制之，尚觉扰扰，夜不成寐。平日所谓知命者，至是何有，真可羞已。未正，赴何子敬饮药。

十二日（仍不得考试信，余四处打听，行坐不安，丑极）

晏起。宴闲之私，几使婢妪皆知，何以克修齐乎！巳初，出门拜客。旋至东麟堂赴文小南饮约。座间，失得之念形于颜色，人之视己，肺肝如见，耻孰甚焉！申初归，仍不得信，中心焦急，四处打探，行坐不安，丑极。

十三日（余因有大错而忝列高等，抱愧殊极）

卯正得信，名次二等第一。一等五人：万青藜、殷寿彭、张芾、萧良城、罗惇衍。二等五十五人。三等五十六人。四等七人。予以有大错谬而忝列高等，抱愧殊极。客来，屡次会客。剃头。旋至季师处。申初赴园子，仍住大树庵。闻在赞予场中诗赋者，愧甚！

十四日（余仰蒙天恩以翰林院侍讲）

五鼓起。卯正，排班引见。仰蒙天恩以翰林院侍讲升用。一等第一、第二俱以编修升学士，第三以庶子升少詹，第四以中允升侍读，第五以编修升侍讲。二等第二以编修升侍读，第三、四、五、六俱以编修升赞善。下半天见鹤舫师。丁诵生求予代写谢摺，故留园未归。

十五日

早起。饭后自园归，便拜客数家，午初到家，设香案望南叩头。何子贞来，张雨农来，接次陪客。申正出门拜客数处。傍晚，黎月乔、金可亭、岱云、翰城来，小饮，至三更方散。

十六日

早起，料理零事。旋出门拜客。至会馆敬神，补昨日之不逮。巳初赴曹西垣约，至东兴居小酌，未初方散。候下人不至，大怒，不可遏抑。惩忿无功，溃决至此。申初归，拜客一家。旋赴园，微雨，灯后到。

十七日

五更起，至宫门桥南谢恩。归寓，同人索喜酒，因具酒食。未正归，便拜客数家。晚饭后至岱云处，约同至小山处，久谈。旋同至易念园寓，以渠本日不得御史，故往慰之，二更归。

十八日（为唐诗甫、金竺虔饯行）

晏起。读《黄山谷集》。巳刻为唐诗甫、金竺虔饯行，请客共七位，未正方散。吴竹如来，畅谈至酉初。所以期许之者良厚，识浅气弱，何以副之？夜，预备东西，送竺虔南归。

十九日

早起，至东小市买衣，巳正归。写家信甚短，又料理寄家补服晶顶、阿胶、鹿胶等件，托竺虔带交。申初，赴王翰臣饮约。席间，次海秋韵，送竺虔南旋，即之官闽中。闻人一言，足以快睚眦之怨，口虽不言，心窃欣之，可鄙孰甚。雨农、岱云来寓，谈至二更。

廿日（与桂丹盟久谈，自觉以虚名欺人）

晏起。桂丹盟来，尚未起，平日习焉不觉，今早乃愧赧无地。久谈。虚名欺人，可耻孰甚！饭后，易问斋来，陈石山来，围棋二局，未初去。写挽联寄彭棣楼之母。至岱云处，同至何子贞处，又同走送竺虔，不遇。至海秋处小饮，子初归。

廿一日

早起。巳初至金竺虔处送行，久谈。本思送渠上车，因是日至莘洲处会课，故不果。席间，与人争，逞胜。未初，走莘洲处。写摺子二开。同人谈良久，酉正归。旋至寄云谢阿胶之惠，谈至二更归。

廿二日

早起。饭后回拜诸道喜客，自辰至酉，约五、六十家，归来倦甚。走邵蕙西处一谈。归，写家信一页。

廿三日（寄银求叔父以他名馈送族戚最苦者）

晏起。饭后接写家信四页，又写信与叔父，寄银十两，求叔父假他事为名，馈送族戚之最苦者。申初封好。大考等第单及升降上谕，一并封入。冯树堂来，留吃早饭，亦在予寓写信。申正出门，拜客二家。至海秋家赴饮约，二更尽散。

廿四日

早起，会客两次。家中搭凉棚。饭后至湖广馆看杜诗半卷。夜作诗，苦索不得。邹云阶来，略谈。

廿五日

早起，会客两次。饭后出门，至季师处。又拜客数家，至竹如处，久谈。言近日心事，觉不爽快，我辈益宜敛德修行，以自保重云云，甚有深意。未正归，作感事诗一首。蕙西来，畅谈。

廿六日

早起。饭后拜客。进城至东四牌楼等处，又拜东头各家。至熊秋白处赴饮约。是日，暴热侵人，困甚。座间，人尚谨饬，我独脱袍帽自放，未免失之野。二更尽方归。闻子贞、海秋过寓，犹跃跃思出门夜谈，何好动也。

廿七日

桂丹盟来，久谈。在寓抑郁不自得。连日大风，黄尘四塞，天久不雨，气若闭塞。又日无常课工夫，时时深杞人之忧。出门入门，冈冈［惘惘］寡营。是日作诗二首，小珊来久谈。夜，蕙西来久谈。

廿八日

早起，仍哦诗。曹西垣来，留吃早饭。饭后，誊写大考诗赋，送穆师处。因渠十四日面索故也。便过海秋，因留晚饭，灯初归。至蕙西处，同访龙翰臣、姚子箴四人，共步至朱廉甫处索酒纵谈，二更尽散。

廿九日（日内心沾滞于诗有悖厚积薄发）

晏起。饭后，李卓甫、张楠皆来。李与人口角，来诉冤抑，久谈不休。何子敬来，桂丹盟来。仍作七古一首。日内心沾滞于诗，明知诗文以积久勃发为佳，无取乎强索，乃思之不得，百事俱废，是所谓溺心者也，戒之。

卅日（作诗、畅饮）

早起，读《山谷集》。饭后海秋来，王麓屏来，诉事苦久，未初始去。仍作七古一首。晚饭后，步至丹盟处略谈。旋至帽店买帽。傍晚，至何子贞处索酒，饮酣。闻子贞言，渠在国史馆尽心办事，真可敬也。三更归。

四月

初一日

早起，至会馆敬神，便拜客数家，饭黄鹤汀处。与邹云阶对奕两局，明知旷工疲神，而屡蹈之，何以为人！拜客又数家，至吕鹤田处，久谈。彼此倾想已久，故一见即投契良深。酉初归，乏极。会客共三次，觉疲于应接。精神如此，不极力保养，不孝孰大焉。

初二日

晏起。饭后仍不爽快。天久不雨，亢阳初热，甚觉困人。写应酬字二纸。申初，出门拜客。赴黄琴坞便饭约。与云阶奕一局，又旁观一局。观黄子寿所为论著，良可畏也。至小珊处久谈，二更归。

初三日

早起。饭后，罗椒生久谈。有志之士，暗然日章，不胜钦服。午初走岱云处。渠自园子回，如久别乍遇。旋同步走数家。岱云至余家便饭，蕙西亦在寓，论当代人物，意见不合。下半天，读黄诗。夜不克静坐，仍走岱云处小饮，二更尽归。

初四日

早起。饭后至祁幼章处会课，写摺一开。巳正，至才盛馆赴曹提塘饮约。未正，至湖广馆公请劳辛阶观察，唐镜海丈在座。与素不钦服之人谈论，未免有芒角，慎之。酉正，与易念园同至月乔处，话至更初归。

初五日（前日起用琦善、奕经、文蔚）

前日起用琦善、奕经、文蔚。昨陈侍御庆镛谏正，皇上从谏如流，立收回数月前之成命，真大圣虚怀，非汉唐以下人主所可拟矣。天久不雨，昨夜大沛甘霖，直至今日午刻始歇。天人感应之际，何其神也。写泥金屏八由，申正始毕。酉刻出门，拜客二家，赴黄莲溪饮约。座间，看人白摺甚多，更初归。

初六日

早，大雨如注。晏起。写应酬小楷条三纸。晚饭后，走蕙西处，谈不甚久。

初七日

晏起。饭后写小楷千馀字。午正蕙西来，旋丹盟来，杜兰溪来，谈良久。留蕙西便饭，同步至朱廉甫处。渠于本日得福建道御史，有志献纳，得居言路，可喜也。读廉甫诗数首，知其用力已深，其心血亦足可以力战不衰，余所不及。更初归。日来，灯后眼蒙，不能看字，每夜早睡。

初八日（吴子序来谈，其义甚精）

早起，至东小市买衣，巳正末归。饭后，吴子序来，久谈，言圣人言保国保天下，老氏言取国取天下，吾道只自守，老氏有杀机云云。其义甚精，好学深思，子序不愧。又会客二次至城内拜客二家。归，写小楷千馀字。灯初即睡。

初九日

早起，磨墨。饭后写小楷五百字，入倦甚。仍看《黄山谷集》。申正出门拜客二家。赴杜兰溪饮约。座间，劳辛皆、黎月乔、何子贞诸人，皆同里之彦也，谈至二更尽始归。日来，喉下如有鲠，略用心则尤盛甚。

六月

初一日（接家信，自悔不应使弟受堂上之责）

早起，至会神[馆]敬神。旋与黄鹤汀、邹云皆围棋三局。拜客五家。归，闻放云贵试差信，心中有得失之念，胶轕萦扰，几不克自持。随接家信，为之一喜，始将妄念消去。展转久看，自悔不应将弟书发还，使弟受堂上之责。晚饭后，去看岱云病，见其势甚沉重，为之惊惶忧惧者久之。归，曹西垣来，言其百端挫折，实难为情。夜拜斗，早睡。

初二日

卯初起。闻岱云昨夜下血甚多，病势甚重，即刻去看，见其面如纸色，手足冰冷，汗出不止，焦虑之至。早间，赶服药一帖。巳正，症愈虚，因服参附。至下半天，脉息回阳，心始安帖。夜归，拜斗，睡。

初三日（霞仙来书文识过人，对之惭愧）

早，至岱云处看病，较昨日已好些。午正，至郭雨三家拜寿，围棋一局。归，会客一次，清理书案。酉初，雨三处赴晚饭约。更初仍至岱云处看病，归，已晏。昨日接霞仙书，恳恳千馀言，识见博大而平实，而文气深稳，多养到之言。一别四年，其所造遽已臻此，对之惭愧无地，再不努力，他日何面目见故人耶！

初四日

早起。饭后，走岱云处看病，巳正归。写致友朋书五封。申正晚饭后，出门拜客五家。至岱云家看病。夜，至何子贞处围棋二局，归。

初五日

　　早起,至岱云处看病。午初归,围棋一局。写《心经》一付,记右四日事。下半天,作寄弟诗一首。至岱云处看病。夜归,作诗一首。拜斗。睡。

　　初六日

　　早起,至岱云处看病。午初至寄云处,围棋二局。归,写家信一封、六弟信一封,又另纸写为学之方示六弟。蕙西来。头昏目眩,几不克自主。身体疲弱如此,何以自立!因送蕙西归,与之闲谈,稍觉自怡。

　　初七日

　　早起,至岱云处看病,巳初归。写四弟信,发家信。小睡。闻岱云未服药,仍去看病。渠因闻人言,不敢服大黄。观其病势,仍似危疑,极力怂恿。至傍晚服药,候至二更平安,归。

　　初八日(写《心经》一本)

　　早起,至岱云处看病。巳正,仍请竹如至寓诊内子病。午正小睡。梁俪裳来,与同至仙九师道喜。旋同看岱云病。遇雨久坐,申正归。记右三日事。写《心经》一本。傍晚,至杨昆峰处围棋三局。归,写扇一柄。

　　初九日

　　早起。饭后拜客二家。旋至岱云处看病。归,写小条子二张、册页二张。晚饭后,蕙西来,旋同至渠寓久谈。归,围棋一局。

　　初十日

　　早起,至岱云处看病,总不见愈,心颇焦急。归,写小条子二张、《心经》一册。夜仍至岱云处看。

　　十一日

　　早,蕙西来邀,同至王少鹤处。旋同至朱廉甫处早饭,观渠二人围棋四局。旋同至岱云处看病,势日加。晚始归,早睡。

　　十二日

　　早起,至岱云处看病。午正归,写应酬字二纸。仍去岱云处问病,日见其重,奈何!夜归。

　　十三日(忽闻岱云下血甚多,立遣人诊之)

　　早,至岱云处看病,巳初归。方欲出门,又闻岱云下血甚多,心惶急失措,立遣人寻竹如,别请魏西亭诊脉,乃反闻骇愕之言,幸竹如来,片言镇定,心为稍安。是日,服犀角、生地汤。留竹如在城外住,恐岱云有变症也。予二更归。

　　十四日

　　早,至岱云处。是日全未离身。夜住陈寓。观其症险,极惶急无计,一夜不寐。

　　十五日

　　早起,候竹如来开方,吃参附。午正觉大有转机。未正予归寓少睡。酉初,仍至陈寓。灯后归。

　　十六日

　　早,至岱云处问病。日中归一时许,仍去,夜间始归。至是,可保无虞矣。

　　十七日

　　早,至岱云寓。闻其臀上有疮,竹如云,未易收口,又深焦虑。在彼坐守一日,更初始归。

　　十八日

　　早,至岱云处问病。归,饭后拜客一日,戌初方归。蕙西来少谈。

　　十九日(罗椒生谈吐多道气,真畏友也)

　　早,至朱廉甫处,陪竹如饭。旋至岱云处问病。旋至耿寿亭处吊唁,雨大如注,久坐。归,罗椒生来久谈,言多道气,真畏友也。

　　二十日

早，至岱云处看病。归，围棋二局，写应酬字数纸，会客二次。酉正仍至岱云处看病。更初归，写应酬字二纸。睡略晚，目力即疲。

廿一日

早，至岱云处看病。饭后拜寿二处，拜客二处，未正归。

七月

初八日（由是日起始发游历各省）

卯初起，收拾行李。巳初起行。午初至长新店尖。申初至良乡县住宿。县令沈元文，浙湖州人，差人请安。将至良乡时，飘风骤雨，其势甚急。幸大雨时已到店矣。

初九日（过白沟河有感）

卯初起行。雨后朝旭，清气可飡。西山在望，万尖如笋。巳初至窦店早尖。杯拌罗列，颇复可食。未初过白沟河，慨然思明成祖与李景隆之战，得句云："长兴老将废不用，赵括小儿轻用兵。"上句谓耿炳文，下句即景隆也。思作长歌而不成。申初到涿州驿馆，雅洁可爱。夜，身体不爽快。

初十日

行五十里，尖高碑店。又廿五里，住定兴县。伤暑不能食。

十一日

行七十里，尖安肃县。又五十里，住保定府。头面发热，不能食。请刘午峰来开方，夜服一帖，明早又服一帖。

十二日

行四十五里，尖泾阳驿。又四十五里，住望都县。身子甚不爽快。

十三日

行六十里，尖定州。又五十里，住新乐县。夜，病较甚。

十四日

出新乐县，过河，水涨，三里许，多人煞费力始过。五十里住伏城驿。天晚，不及赶正定府矣。

十五日

行四十里，尖正定府。前途水涨，不可渡。是日，即住此。借方书自看。

十六日

过滹沱河，水才退，泥深没髀，用夫数十人，始过渡。身子甚不好，愁甚。行六十里，住获鹿县。

十七日（是日已入太行山）

行四十里，至微水村，自备茶尖。又三十里，宿井陉县。是日，已入太行山。山峡间，暑气尤盛，甚不爽快。

十八日

行廿五里，尖核桃园。又四十五里，住百井驿。

十九日

行五十里，尖平定州。又五十里，住测石驿。两日路极难走，沙石甚多，热气逼人，病势又加。夜，作书与劳辛皆，乞代求医。

廿日

行五十里，尖寿阳县。又五十里，住太安驿。丑初始到。

九月

廿一日

由省城起行,行四十里,住新都县。县令张宜亭招游桂湖,徘徊观眺,极饶野趣。

廿二日

早,在桂湖饮酒。为明杨升庵旧址,约广三百亩,皆荷花绿堤,皆桂树。张君修葺,楼阁不俗。酒罢,行五十里,住汉州。州牧刘君邀饮署中,二更散。

廿三日

早起,行五十里,尖德阳县。再行五十里,住罗江县。在途中作《游桂湖五章》。夜,书寄张宜亭大令。

廿四日

早起,行六十里,尖卑角铺。又三十里,宿绵州。夜,大雨,四更始歇。

廿五日

早起,行六十五里,尖魏城驿。又六十里,住梓潼县。在途中作诗一首。

廿六日

早,行四十里,尖上亭铺。又四十里,宿武连驿。作《怀树堂岱云》诗。

廿七日

早,行四十里,尖柳池沟。又四十里,住剑州,作《忆弟》诗。

廿八日

早,行六十里,尖剑关。又四十五里,住大木树。在剑阁看碑,皆唐宋人诗。前明及近人刻石,无可观者。

廿九日(过天雄关俯瞰:嘉陵江如带,田如屋瓦塘如豆)

早,行四十里,尖昭化县。旋过松柏渡,又四十里,住广元县数日,精神不甚振作。早,过天雄关,下视群山,空濛一气,嘉陵江如带,田如屋瓦塘如豆。

卅日(朝天关千盘百折,飞瀑壮美)

早,行四十七里,尖沙河驿。又四十三里,住朝天镇。中间过朝天关,甚高,千盘百折,望对山瀑布,尤可爱。南栈惟此与七盘岭最险峻。

十月

初一日

早,行卅里,尖辰宣驿。又四十里,住较场坝。

初二日(入陕西之境,作七绝六首)

早,行廿里,尖黄坝驿,陕西境也。又五十里,住宁羌州,作七绝六首。

初三日

早,行卅三里,尖滴水铺。又六十里,宿大安驿。夜,作《西征》诗。

初四日

行四十六里,尖蔡坝。又四十四里,住沔县。县令陆君华封要至署晚饭。

初五日

行四十里,尖黄沙驿。又五十里,住褒城县。

初六日

行五十五里,尖青桥驿。又四十里,住马道驿。

初七日

行五十五里,尖武关驿。又四十里,住留坝厅。夜,与贺美恒畅谈。

初八日

行五十里,尖庙台子。又五十五里,住南星。途中,作《留侯庙》诗,又作《柴关岭雪》诗。

初九日

行三十五里,尖三岔驿。又五十里,住凤县。途中,作《废邱关》诗,又改诗六句。过风岭,见高山晴雪,琼楼插天,真奇绝也。

初十日

行七十里,尖草凉驿。又四十五里,住黄牛铺,作七律一首。

十一日(宝鸡山沿途景致清绝无拟)

三十三生日,作七律二首。行五十里,尖观音堂。又五十里,住宝鸡县驿。馆后有平台,俯临渭水,对岸为南山。六日由褒城至宝鸡山之东西也。南北则绵亘万里,不可穷极矣。夜月如画。独立台上,看南山积雪与渭水寒流、雪月沙水,并皆皓白,真清绝也。琼楼玉宇,何以过此?恨不得李太白、苏长公来此一吐奇句耳!孤负,孤负!

十二日

行九十里,住凤翔府。太守汤琢斋八兄,敦甫相国师之子也,邀至署音尊,三更方散。

十三日

凤翔令黎健庵招饮。东湖古树数抱,云是苏公手植。展公遗像,慨慕无穷。下半天,住岐山县。

十四日

行六十里,尖扶风县。又六十里,宿武功县。

十五日(道过马嵬坡,登杨妃墓,访碑诗)

行四十五里,尖扶风镇。又四十五里,宿兴平县。道过马嵬坡,登杨妃墓,访碑诗,无佳者。刻唐人诗,自不可及。

十六日

行四十五里,尖咸阳县。又五十里,宿西安府。

十七日

住。李石梧邀早饮,同席为王西伯前辈,及蔡麟洲、赵子舟两前辈。

十八日

住。早,仍饭石梧中丞处。余前卧病长安,中丞之太夫人嘱仲云世兄代祷抚署两神。是日,余在署拈香。下半天拜客。

十九日

住。早,仍饭中丞处。下半天,看下人收行李。

廿日

发西安。行五十里,宿临潼县驿馆。即骊山温泉,古华清宫地也。

廿一日

行四十里,尖零口镇。又四十里,宿渭南县。

廿二日

行五十里,住华州。

廿三日(登万寿阁,望华岳三峰如在睫前)

行七十五里,住华阴庙。县令姜海珊申璠,甲午同年也,来同登万寿阁,望华岳三峰,如在睫前,积雪皓白,暮云一碧,北风劲甚,檐铃丁丁相和,真胜地也。

廿四日

行四十里,住潼关。潼商道刘监泉前辈邀吃晚饭,二更尽散。

廿五日(渡黄河,望中条山尽收眼底)

早,渡黄河。行七十里,宿坡底,山西蒲州府永济县地,去府城才五里,望中条山如在睫底。

廿六日(立亭望落日红霞,中条山苍然如画)

行七十里,住樊桥驿。馆后有小亭,望中条山,苍然如画。独立亭上,看落日西下,红霞半天,快甚。

姑苏繁华图　阊门

廿七日

行七十里,宿柏桐镇。剃头。

廿八日

行五十里,尖水头,即古涑水,属夏县。又四十里,住闻喜县。

廿九日

行三十里,尖东镇。又五十里,住侯马驿,属曲沃县。

十一月

初一日

行七十里,尖史村驿。又六十里,宿平阳府。

初二日

行六十里,尖洪洞县。又三十里,宿赵城县。

初三日

母亲寿辰。行六十里,尖霍州。又六十里,宿仁义镇。

初四日(作《至日》诗二首)

行四十里,尖灵石县。又七十五里,宿介休县。作《至日》诗二首。

初五日(今宿平遥古县)

行四十里,尖张兰镇。又三十五里,宿平遥县。

初六日

行五十里,尖祁县。又六十里,宿徐沟县。

初七日

行三十里,尖永康镇。骑马四十里,宿王胡。祁渔庄先生来会,春浦先生之兄也。

初八日

行七十里,尖太安驿。又五十里,宿寿阳县。

初九日

行五十里,尖测石驿。又五十里。宿半定州。

初十日

行五十里,尖柏井驿。又八十里,宿井陉县。

十一日

行三十里,尖微水村,自备。又四十里,宿获鹿县。

十二日(至大佛寺看大观音)

行六十里,住正定府。至大佛寺看大观音,又见北齐碑、宋碑各一通。

十三日

行四十里,尖伏城驿。又五十里,住新乐县。

十四日

行五十里,尖定州。又六十里。住望都县。

十五日

行三十里,尖方顺桥。又六十里,住保定府。未初到,拜客六家。

卷六　道光二十四年

正月

初一日（是日为车夫忿怒二次）

寅初起，寅正趋朝庆贺，辰初退朝。至会馆敬神，旋归寓。饭后拜客，至酉初方散。归。是日为车夫忿怒二次。

初二日

早起，读书廿叶。饭后习字一百，至岱云家问病。归，会客一次。未初起，写信稿十馀件，戌正止。记《茶叶［馀］偶谈》一则。

初三日

早起，读书五叶。树堂来，旋同至岱云处看嫂夫人病，未正始归。写信稿十馀件，戌正止。

初四日

早起，读书廿叶。饭后习字百个。午正假寐片刻。写信稿十馀件。清理拜客单。记《茶馀偶谈》二则。写信一件。

初五日

早起，读书十叶。饭后出门拜客，至戌正归。晚饭后，仍至岱云处问嫂夫人病。

初六日

早起，读书五叶。接次会客。至未初，书始读毕。写字一百，旋作《五箴》。酉正至岱云家问病。归，便至心斋处。

初七日

早起，岱云夫人病革，以信来告，即去。竹如、小珊诊脉，俱云不可救。去年，岱云大病，尊嫂曾刲股疗夫，衣不解带者四十馀日。兹不半载而遽如此，真可哀也。酉正，至何子贞家赴饮约。旋仍至岱云处，二更归。

初八日（岱云之妻于午刻仙逝，为之料理一切）

早起，至岱云家问病，辰初归。是日为家祖七十一寿辰，款客至未初散。即走岱云处，而尊嫂已于午刻仙逝矣！为之料理一切，至酉正，粗有头绪，仍归。

初九日

早，至陈宅料理诸事，巳刻归。谢寿数处。至邹云陔处赴饮。未正仍至陈宅，看小敛亭当，归。

初十日（至琉璃厂观庙市）

早，至陈宅料理诸事。巳刻拜客数家。至琉璃厂观庙市，买书二部。申刻，至陈宅襄成服礼，更初归。

十一日

早起，读书廿页。午正至厂肆，观庙市，归。酉正，至陈宅，二更归。是日写挽联送陈宅。

十二日

早起，读书二十页。午初至陈宅陪客，酉正归。

十三日

写四川、陕西各信，共四十五封。封好，请张芝山来帮办，至二更始完。

十四日（百计劝岱云释忧减业，无用）

早，发川、陕信。巳初进城拜年，酉正始归。至陈宅，久坐至二更尽。百计劝岱云释忧减业，竟不能解。

十五日

早，读书廿叶。巳初与蕙西同观厂肆，酉初归。夜至心斋处少谈。

十六日

早，读书廿叶。午初树堂移至寓内同住，将为儿子延师，三月上学，兹先请来住。是日请客三人小饮，戌初散。至陈宅少谈。

十七日

早，读书廿叶。请吴竹如来为内子看病。午初散，又会各客。申初，剃头。旋赴易问斋之宴。旋至陈宅，又至何子贞处谈，子正归。

十八日

早，读书廿叶，会客二起。午正至湖广馆请客，灯后归。至岱云处谈，三更初归。馆团拜，酉正归。至陈宅略坐。归，写请帖。

十九日

早，读书廿叶。饭后假寐。未初，至罗椒生处赴宴，戌初散。至朱伯韩处谈，亥正归。

二十日

早，读书廿叶。饭后拜客二家。至湖广

二十一日

早，读书廿页。饭后出门，送奠分二处。至陈石珊家赴宴。旋至会馆，又至他处拜客。归，假寐。请客一席，二更散。

廿二日

早，读书廿页。饭后习字一百，写扇二柄。旋与树堂谈。申正请客，至二更尽散。

廿三日

早，读书五页，习字一百。至岱云处陪吊，亥初归。

廿四日

早，读书廿页。至毛寄云处拜寿未初归。写家信，至夜未完。

廿五日（至才盛馆团拜）

早，读书十五页。至才盛馆团拜，酉正归。旋至季世兄处、岱云处，戌正归。写家信。

廿六日

早，读书五页。写四弟信。至才盛馆请同年，酉正归。夜作字二百馀。

廿七日（至湖广馆请裕馀山制军）

早起，读书廿页。饭后写字百馀。旋至湖广馆请裕馀山制军。拜客至东四牌楼，酉正归。接王少鹤信。

廿八日

早起欲看书，而看少鹤信，不能无动，遂为书达之。至未刻，书成。杨杏农来，畅谈至夜。誊少鹤信送去，又发山西信一包。

廿九日

早，至岱云处，为其尊嫂发引，申正归。夜，与树堂畅谈。酉刻至蕙西处谈。

卅日(因小事心烦,自责胸怀浅鄙之极)

早起,请裁缝做衣。小事不如意,心绪烦恼,竟日未尝为一事,胸怀浅鄙之极。

二月

初一日

四更起,至社稷坛陪祀。旋至文渊阁衍礼。归,拜客一家。归,小睡。写字,会客。夜,看王荆国文。

初二日(至文渊阁侍班,观经筵大典)

四更起,至文渊阁侍班,观经筵大典。归,写联幅。酉刻至寄云处饭。戌刻,至岱云处,亥正归。

初三日

晏起。读书十页,会客一次。饭后读书五页,清帐。至会馆敬神,便拜客数处。夜与树堂久谈。

初四日

早起,读书廿页。拜客数处。夜与树堂久谈。

初五日

早起,读书廿页。饭后出门,拜客数家。至黄矩卿师处赴饮。

初六日

早起,读书十页。会客数次。作陈君之室《易安人墓志铭》,长成。

初七日

早起,作墓志铭成。会客数次。夜与树堂谈。

初八日

早起,同年八人集余斋,会余诗文课。余写字三开而已。

初九日

早起,读书十页。至城内拜客。暮归,与树堂谈良久。

初十日

早起,读书十页。会客甚多。未正至湖广馆公请常南陔前辈。申正,至会馆拜朱啸山及他友。夜归,作《五箴》成。

十一日

早起,读书数页。会客甚多。杨杏农来,久谈至晚。请客一席,二更散。

十二日

早起,读书数页。会客数次。未初出门,至赵子舟处赴宴。复至郑小山处,二更归。

十三日(至举场送冯树堂考学正,旋至国史馆)

早起,至举场送冯树堂考学正。旋至国史馆,钞乾隆三十一年起河渠水利事。旋拜客数〈家〉。归,饭。至陈岱云处畅谈,归。

十四日

早起,读书十页。杨杏农来,谈至未初去。小睡。起,陪客二次。夜写家信一封。

十五日

早起,读书十页,习字一百。饭后,屡会客。写信一封。拜客数家。夜有客。写应酬字数纸。

十六日

早起,读书十页。习字一百。会客六、七次,至申正散。闻欧阳小岑来。夜与树堂谈。

十七日

早起，闻筠仙来，即去觅他。因在东头拜客，至未初归。会客二次。拜钱崐仙，谈至夜分。

十八日（至财神馆甲午团拜）

早，习字一百。饭后拜客二处。歪郭雨三处会课。午初，至财神馆甲午团拜。申正，仍至雨三处。饭后，拜李楠生，谈至二更归。

十九日（与内人有责言）

早。习字一百。与内人有责言。会客五、六次。未初至会文堂赴宴，拜客三家，归。夜睡最早。

廿日

早，习字一百。会客甚多，未作一事。夜，与筠仙、树堂谈，兼批阅筠仙文一首。

廿一日

早，习字一百。饭后拜客数家。下半天，至会馆，饭赵玉斑处，晚归。夜，杏农来，久谈。

廿二日

早，习字一百。饭后看书十页，写对联、条幅。未初，欧小岑来。请客一席，戌初方散。

廿三日

早，习字一百。旋出门拜客。归，剃头。至文昌馆公请黄矩卿师。未正至会文堂赴李玉川席，申正归。请客一席，二更散。

廿四日

早，习字一百。旋会客数起。出门送分资二起。拜客数家，归。酉正至庙，与筠仙久谈。杏农来，复畅谈，二更尽散。

廿五日

早，习字一百。会客五起。出门送分资，便拜客数处。归，为杨石泃作寿文。送去。陈岱云、张芸阁来。

廿六日（至何丹畦家会课）

早，习字一百。拜客数家。至何丹畦家会课，申正散。与树堂、筠仙久谈。旋与筠对棋二局。

廿七日

早，习字一百。饭后会客二次。出门拜仓少平之母寿，又会客数家，申正归。杏农来，谈至初更而散。写册页一纸。

廿八日

早，习字一百。旋会客二次。出门拜客四家。至邓宅听戏、赴宴，申正归。会客二次。至王麓屏处晚饭。归，寻啸山谈。

廿九日

早，习字一百，会客数次。出门拜客二家。未初写对联、条幅，至申正止。酉正与树堂、筠仙同至岱云，谈至三更归。

卅日

早起，习字一百。拟作诗，仅八句。早饭。饭后，与树堂闲谈。午初客来，旋邀客晚饭，申正方坐席，更初散。留晓岑宿。

三月

初一日

早，习字一百。陪客至午正。拜客至酉初归。饭后，又陪客。

初二日

早，习字一百。陪客数起。吴竹如午正来，至申初去。与筠仙畅谈。至龙翰臣处晚饭，归，与筠仙论文。

初三日

早，习字一百，会客一次。饭后至庙内坐，作诗不成。晚饭后，来陈岱云、杨杏农。夜至萧史楼处谈。

初四日

早，习字一百。会客二次。饭后久谈。出门拜客，酉正归。夜仍与筠、树二君谈。

初五日

报国寺

早，写寿屏一架，至申初毕。中会客五次。酉正，与树、筠同至报国寺慰陈岱云。

初六日

早，至庙与筠仙谈。喜岱云得差。饭后，性农来。旋会客数起。作诗至下半天。夜，李笏生来。

初七日

早，作诗完，写好送树堂、筠仙。至城内小寓。出门送考，申正归。夜大雨。早睡。

初八日

晏起。拟送考，因雨泥不果。饭后，阅黄山谷诗。至心斋寓谈。接家书。下半天，仍阅山谷诗。夜，早睡。

初九日

早起，习字一百。饭后小睡，未初起。写寄六弟、九弟信，共十一叶，尚未完。

初十日（至李笏生处看会试文）

早，习字一百。旋与凌十一信，巳正完。至李笏生处看会试文。归，写弟信完。又至性农处、蕙西处看文。夜看书十叶，记《茶馀偶谈》一则。

十一日

早，至举场送考，午正归。围棋一局。写家信，申正毕。晚饭，至心斋处谈。夜看书十叶，记《茶馀偶谈》一则。

十二日（至钱崧仙处会课）

早，习字百个，读书十五叶。饭后至钱崧仙处会课。旋至小帆处拜寿，即在小帆处一日。

夜归,看书十叶,记《茶馀偶谈》一则。

十三日

早,习字一百,读书十五叶。饭后,写应酬字,至酉初完。会客二次,至灯时。夜,看书十叶,记《茶馀偶谈》一则。

十四日

早,习字一百,读书十叶。日中,写信二封。未正,拜客三家,饭春皆处。晡时归,读书十叶,记《茶馀偶谈》一则,会客一次。

十五日(批何年伯文数首,至小帆处商事)

早,习字一百,读书十叶。饭后至晏同甫处会课。作诗一首,写摺二开,批何年伯文数首。夜归,至小帆处商事。读书十五叶。记《茶馀偶谈》一则。

十六日

早,习字一百,读书十叶。饭后剃头。树堂、筠仙归,谈不久。出门拜客,晡时归。灯后,家有客,久谈。更(初)看书十叶。记《茶馀偶谈》一则。

十七日

早,习字一百。李笏生来,接次客来,已正散。与筠仙畅谈。写对联条幅。会客数次,至晚。夜,人不爽快,走啸山处,畅谈,更初归。

十八日

早,习字一百,会客二次。饭后,出门拜客,至更初归。在新馆晚饭。归,会客,二更初散。

十九日

早,习字一百,是日,在家写对联、条幅。午正、至外换银。屡次会客。夜杏农、笏生二人来。

廿日

早,习字一百。饭后拜客,至戌初归。夜,有客。旋书扇二柄。与树堂久谈。

廿一日

早,习字一百,写小条子一张,旋写对联。小岑日中来,留宿。杏农晡时亦来。

廿二日

早,习字一百。饭后,杂理移寓诸事。下午,请同县客,共十六位。夜,荇农来,谈至二更。

廿三日

早,习字一百。饭后,收拾诸物。送树堂、筠仙先移新寓。予亦至新居部署一切,戌初归。杏农来寓畅谈。

廿四日(今移居前门内碾儿胡同)

是日,移居前门内碾儿胡同西头路北。辰起,整理一切。饭后,至廖师、穆师两处。带儿小、门生即至新寓部署。晚饭后至竹如处,谈一时许。至新居时,小儿上学。

廿五日

早起,部署诸务。饭后会客三次。未正小睡。晚饭后,人甚不清爽。夜与筠仙畅谈。有侠客道学白描《汉书》二语,蕴之已久,兹始与筠仙发之。

廿六日

早起,仍部署诸务。饭后剃头。与筠仙同出城,至汇元堂赴新科团拜之请,申正归。收拾书案。夜检理钱账。

廿七日

早起,悠忽。饭后写摺数行,会客数次。出城拜客,酉正归。饭后,与筠仙、树堂谈至深夜。

廿八日（至会馆新科题名，筠仙未得）

未明起，送筠仙至午门外赴大挑。旋还家，写字一百，写摺数行。至会馆新科题名，戌初方归。筠仙大挑未得，不无抑郁，力劝之，共酌酒数杯。

廿九日

早起，习字一百，会客一次。饭后，写应酬字，至戌正止。夜作试帖一首。

四月

初一日

早起，习字五十，朗吟《楚辞》。饭后小睡。旋写应酬字至晚。夜至竹如处谈。

初二日（至乾清宫引见讲官）

五鼓起，至乾清宫，引见讲官，归来倦甚，心有不怿。终日无所事事。下半天与树堂谈。夜作试帖一首。

初三日

晓岑早来，与共围棋。旋大雨。未正，晓岑去。与内人议家事甚久。夜作试帖一首。

初四日

至文昌馆赴李笏生师弟之约。旋至宴寿堂，赴四川团拜公请，酉正归。与树堂、筠仙谈。夜作试帖一首。

初五日

早，请客一席，至申正散。陈季牧来。戌初复去。夜作试帖一首。

初六日

晏起。饭后至城北拜客一家。旋至湖广馆请四川门生。复拜数家，归。夜为西垣阅文一首。旋料理琐事。

初七日

晏起。至财盛馆，甲午乡榜同年团拜，酉正始归。夜与树堂、筠仙久谈。

初八日

听榜。遣人到处查访，不得的信，与筠仙下棋。夜，竹如来谈。

初九日（树堂、筠仙落第，心殊不怿）

早起。树堂、筠仙落第，心殊不怿。上半天，在家会客。下半天，出门道喜。夜与树堂、筠仙谈。

初十日

早，入内，磨勘朱卷。旋至宝庆馆、湘潭馆老馆、新馆各处送行，夜。

十一日

早，请客，至未正散。申初下园子海甸，住清梵寺曾心斋处。

十二日

早起。写白摺一天。写《彭王姑墓志铭》一首。

十三日

写白摺三开。岱云亦到园子。酉初移寓河道厂，与毛寄云同寓。

十四日

早起，磨墨写字。客来数次。申初出门拜客。戌正归，饭。夜仍至岱云处。

十五日

早起，磨墨写字。是日写三开半。下半天，收拾笔墨。早睡。

十六日（寅正至"正大光明"殿考差）

至正大光明殿考差。寅正进场。《四书》题"其未得之也"至"无所不至矣"。经题《谦也者致恭,以存其位者也》。诗题《赋得君臣一气中》,得"公"字。未正三刻,三艺作完,写至戌初始毕。是日,场屋搜出李汝峤、佟元,交刑部治罪。李则曾在上书房行走,且曾任山东学政者也,尤为可惜。

十七日
早饭,拜客三处。入城,会客甚多。至戌初,客始退尽。早睡。

十八日
早,至陈岱云处早饭,未正散。拜客数处,戌初归。与筠仙围棋。

十九日(得见散馆单同乡之榜)
至湘潭馆送小岑行,送至彰义门外。酉初归寓,倦甚。晚饭后,何丹畦来,因与同至竹如处,久谈。得见散馆单:江国霖,馆元;同乡曾心斋,一等十二;陈竹伯,二等第三;徐云渠,三等第二。

廿日
在寓写寿屏,屡为客耽阁,且天气甚热,仅写二幅。酉正,至萃英堂送周默庵、韩臣、吴西桥殿试。夜与筠仙围棋。

廿一日
晏起。写寿屏六幅。会客三次,酉正完。戌初,写纨扇二柄。夜读文。

廿二日
晏起。饭后,出门拜客,酉正归。夜与筠仙围棋。

廿三日
晏起。拜客,至会馆早饭。旋拜数家,申正归,吃点心。复至镜海丈处,久谈,戌初归。夜,与筠仙围棋二局,头昏眼花,以后永戒不下棋也。

廿四日
晏起。饭后写小字。下雨。写至未刻止。雨甚。闻三鼎甲信。申初,与筠仙围棋,复蹈昨日之辙。

廿五日(黎明起至太和殿下谢恩)
黎明起,至太和殿下谢恩。归寓,黄正斋来,早饭。旋与黄鹤汀围棋,午正散。睡二时。申正下园,预备明日引见。

廿六日
黎明起,入内随班,至勤政殿引见,巳初下。直至郭观亭寓早饭,未正归寓。少息,至城外拜客,晡时归。夜早睡。

廿七日
晏起。饭后与筠仙对奕。旋写应酬字,甚少。下半天,因热甚,人不爽陕,灯后早睡。

廿八日
早起,读书廿页。旋房闷不敬。饭后小睡。未初起,写应酬字甚多,至灯后毕。早睡。

廿九日
晏起。饭后至城外请客,晡时归寓。夜书扇一柄。

卅日
晏起。饭后,客来数起,未正散。写小字。晚饭后,天阴,会客一次。

五月

初一日(与树堂议裱地舆图)

早起，阴雨。习字一百。饭后，与树堂议裱地舆图，因看渠手为裁翦熨贴。下人因事口角，余亦动气，因并遣去，心不快者一日。夜，何丹畦来，畅谈。

初二日

早起，尚为昨事心绪烦乱。饭后出门拜客。旋至易念园处晚饭，戌正归。夜，与筠仙、树堂谈。

初三日

早起。饭后习字一百。会客一次。写小楷、条幅、扇子甚多，至戌正完。夜早睡。

初四日

早起，习字一百。饭后会客五次。出门拜节，至戌初归。夜与树、筠两君谈。

初五日（今誓曰：如再下棋，永绝书香也）

早起，写李石梧道喜信一件。饭后，无所事，心如悬而不降者，知其不能定且静也久矣。未正，徐石泉来，与同围棋数局。石泉去而余头昏眼花，因戒永不下棋。誓曰：如再下棋，永绝书香也。夜与树、筠二君谈。写扇一柄。

初六日

早起，屏当琐事。剃头。旋至廖师处赴饮。申初，至湖广馆请乔见斋方伯，戌正归。夜，与树、筠谈。

初七日

早起，会客二次。旋请客一席，至申正散。小睡一时，起，写联幅。旋会客二次。夜写扇二柄。

初八日

早起，习字一百。旋邓云爻来，至戌初方去。竹如继来，亥初方去。

初九日

早起，习字一百。饭后遣人送信至会馆并曹星槎处。会客二次。下半天，送信一件，料理琐事。夜写字。

初十日

早出门，至首班臣处早饭。东头拜客数家。午正，至观音院请客，戌初归。与树堂、筠仙谈。

十一日

早，接家信。是日在家写信回家，自辰至酉尚未完。竹如来，谈至子初。客去，复写信。

十二日

早，仍写家信，至戌初毕。中间会客二次。夜写应酬字。

十三日（午正至会馆祭关帝）

早，习字一百。会客数起。午正至会馆祭关帝，戌正归。夜与树、筠谈。

十四日

早，出门拜客，饭陈岱云处。旋又拜客。至文昌馆赴曾心斋饮约，戌正归。夜与树堂谈。

十五日

晏起。饭后剃头。旋下园子拜客数家，戌正归。夜，写二柄。饭后写扇三柄。

十六日（看黄山谷诗一本，夜读杜诗）

早起，习字一百。饭后，看黄山谷诗一本。下雨。酣睡。夜读杜诗。

十七日

早起，习字一百。饭后，为人圈批文字，至申正毕。小睡起，读杜诗。夜与树、筠谈。

十八日

早起，至翰林院教习到任，辰正归。饭后会客三次。旋出门拜客，戌正归。夜，早睡。

十九日（读《张杨园先生集》）

早起，习字一百。读《张杨园先生集》，圈三十馀页。小睡。下园预备召见，宿河道厂。夜，大雨。

廿日

早起。寅初一刻，入宫门递奏摺。卯正召见。大雨温衣。午正，到家早饭。饭后小睡。会客三次。看《杨园先生集》三十馀叶。

二十一日

晏起。饭后，作公主府门对四付。会客数次。旋写对十付。夜留啸山在寓。

廿二日

早起陪客，连次有客。早写对五付。客至，申初始毕。作对联五付。

廿三日

早起，写字。饭后，看书。王待聘妹夫来，又偕其从弟仕四同来。是日，与谈家事一日，知祖父近来衰老矣，何日得抽身去堂上问安数旬为慰也？

廿四日

早起，待聘微不快。饭后，李劭青来、钱崧仙之弟来，商酌一切。下午办菜，为妹夫接风。下半天看书数十页。

廿五日

早起，出门拜客数家。至观音院请甲午同年，戌初归。夜与妹夫谈。

廿六日（早起为崧仙批《星轺便览》）

早起，为崧仙批《星轺便览》，至辰正毕。巳正，周荇农来，留谈竟日。夜，下榻寓斋。是日陪客而已，无所事事。

廿七日

早起，读《杨园集》三十页。饭后，仍陪〈客〉，申初方归。下半天写字。夜与树、筠谈。

廿八日

早、读《杨园集》三十页。岱云来商酌周荇农对良久，申初始归。旋写字。夜与妹夫谈。

廿九日

早，读《杨园集》。午初小睡。会客二次。旋作诗二首。

六月

初一日（至文昌馆公宴）

早，读《杨园集》。岱云来，与同至竹如处谈。归来，早饭。旋出城至文昌馆公宴，酉正归。夜与筠仙谈乾坤礼乐，体验身心之端。

初二日（出城至观音院赴宴）

晏起。旋出城至观音院赴宴，酉正归。夜请妹夫来，久谈家事。

初三日

早起读书。饭后出门，至陈岱云处。旋拜客数家，酉正归，饭晚。夜与筠仙谈。

初四日

早起，会客。饭后，午初小睡。旋会客二次。未正写对联，戌初至竹如处畅谈。

初五日

早起，写字。请客，未正客散。小睡，起，晚饭。夜，读《杨园集》三十页。

初六日

早起，会客。旋读《杨园集》五十页，习字一百。

初七日

早起，读《杨园集》。饭后会客。旋写字，读《杨园集》。写耦庚丈信，计六百字，夜深毕。

初八日

早起，至楞仙处送行。旋拜客数家。午初，至才盛馆，赴钟子宾席，酉初散。拜客三家，戌正归，倦甚。夜无所事。

初九日

早起，读书。饭后，写字。会客三次。岱云来久坐，留晚饭。去后，与树、筠二君畅谈，夜谈艺甚畅。

初十日

早起，读《杨园先生集》。饭后，写悬肘行书，未正毕。小睡。会客三次。夜写信四件。

十一日（观金鳌玉蝀及十汊海荷花）

早起，观金鳌玉蝀及十汉海荷花。旋拜客数家，申正归。身子不爽快，早卧。

十二日

晏起，不甚爽快。饭后在筠仙房内坐。旋闻本日放差信。未初读《杨园集》。夜写字。

会昌九老图玉山　清代

十三日

早起，读《杨园集》。饭后，写字。旋会客三次。复读《杨园集》。下半天，朱笑山来。夜为笑山看诗。

十四日

早起，为笑山看诗。饭后，竹如来，与谈吴子序兄弟王学之蔽。旋出门拜客，晚归。夜热，无所事事。

十五日

早起，为仓少平批《星轺便览》。旋会客三次。旋读《王荆公文集》第一本毕。

十六日

早起，读《荆公诗集》。上半天，会客三次。下半天，写对联。仓少平求代笔也。

十七日（近日仍读《王荆公集》）

早起，读《荆公集》。饭后读[续]少平对联，会客二次，与筠仙谈。下半天会客一次，写扇一柄。

十八日

早起，读《荆公集》。饭后会客三次。旋写对联颇多。为李笏生看诗二十馀首。

十九日

早起，读《荆公集》五十叶。小睡。周杏农来，久陪。旋写扇一柄。下半天，筠仙归。留杏农宿，谈至二更。

廿日

早起，读《荆公集》。饭后，杏农去。仍读《荆公集》。小睡。起，写对联十馀对。下半天写家书一页，未完。

廿一日（诗人至琉璃厂买书）

早起，出门拜客。旋至文昌馆，请仓少平、恽浚生至琉璃厂买书。遇雨，申正归。夜与树、筠谈。作诗二首。

廿二日

早起，至筠仙房谈。旋闻放差信，岱云仍不与焉，为嗟歔者久之。写对联、条幅颇多。读《荆公集》三十页。作诗一首。是日写家书，至夜方完。

廿三日

早起，剃头。饭后拟上国史馆，途遇岱云而还。与岱云谈一时许，仍出门拜客，酉正归。读《荆公集》三十页。

廿四日

早起，读《荆公集》三十页。旋写小条子一张、楷书扇二柄，写对数付。周默庵来寓，谈一天。

廿五日

早起，写信一付与少平。读《荆公集》三十页。写楷书长条一幅。小睡。写条幅六叶。夜写册叶一开。

廿六日（早起上国史馆）

早起，上国史馆。拜客数家，申正归。写楷书条一幅。小睡。饭后，与树、筠长谈。夜，写册叶一。

廿七日

早起，送树堂、筠仙考教习。归来，读《荆公集》四十叶。旋写帐，因钱数不对，记忆一时许。旋写对联、条幅甚多，酉正毕。夜，作诗十馀句。早睡。

廿八日

早起，作诗，已正始毕。读《荆公集》五十页。黄鹤汀来，接次客来，陪至二更。树、筠考教习归，俱妥当。西垣在寓宿，久谈。

廿九日

早起，读《荆公集》三十页。旋会客数次。下半天写字。夜仍读《荆公集》。未止出门，至岱云处晚饭，戌正归。

卅日

早起，读《荆公集》三十页。饭后，朱啸山来，与久谈一切。旋会客数次。夜写家信，并止定县梁信。

七月

初一日

早起，陪啸山话。读《荆公集》廿页。饭后遣人看教习榜。旋客来甚多。午正，闻树堂、啸山取，而筠仙不与，甚忧虑。旋闻皆取，甚喜。申初出门拜客，至雨三处吊唁，酉正归。夜作诗一首。

初二日

早起，读《荆公集》数页。闲谈。饭后屡次会客，至酉正方散。啸山仍宿寓中。是日仅写对联五首。

初三日（至庶常馆余以分教庶吉士）

早起，至庶常馆，系潘中堂大课。余以分教庶吉士，故亦早到。是日赋题《熟精文选理赋》，诗题《风定池莲自在香》。未正始散。城外拜客数家。热甚，早归，不能事事。

初四日

早起。饭后出门，拜客数家。季世兄到。是日，为张雨农之世兄完姻，故出门道喜，申正方归。热甚，不能事事。

初五日

早起。饭后出门，至张雨农家晚饭。因去得太早，在贺石农处久谈，戌初归寓。夜太热，仍不事事。

初六日

晏起。饭后热甚。三日在外应酬,本日仍昏倦之至。会客数次。日中小睡一次。绝无事事,耗废光阴,可惜也。

初七日

早起,读《王荆公集》三十叶,会客一次。未正,树堂、筠仙、啸山在金寓请客,客至晚方散。西垣在寓宿,丹畦二更方去。

初八日(岱云境况甚窘,殊难为情)

早起,读《荆公集》三十页。岱云来,相对歉,渠境甚窘,竟不得差,殊难为情,久谈,至午正去。旋小睡。写楷条一张。读《荆公集》。申初出门,拜客二家。夜归,写字数纸。

初九日

早起,读《荆公集》三十页。习字一百。小睡。会客三次。晚饭后,筠仙归,与谈。夜改文二首。是日闻海秋病甚剧。

初十日(闻海秋死,即至渠家吊唁)

早起,读《荆公集》。闻海秋死,即至渠家吊唁。又拜客二家,申正归。与树堂、筠仙久谈。

十一日

早起,读《荆公集》。饭后出门拜客。下半天,饭陈蓻翁处,戌正归。夜作字。

十二日

早起,习字一百。是日公请季世兄。余因微病不能去,在家为田敬堂作《策问》二首。会客二次。

十三日

早起,习字一百。敬堂来,又作《策问》一首。会客一次。写扇二。岱云久坐一天。巳正来,酉正去。

十四日

早,习字一百。巳初,与竹如出城,至伍生处看病。旋至周华甫家拜寿。又拜客数家,申正归。写挽联一,又写应酬字。

十五日

早,习字一百。饭后为敬堂将《策问》誊真,至申正誊完。写扇一。夜改文二首。

十六日

早,习字。饭后写扇一柄。李笏生来,久谈一天,又他客来甚多,始遇王子寿。酉正客方散。旋竹如、石泉来,更初方散。

十七日

早,习字一百。旋与竹如同去看伍生病。至雨三处陪吊。送岱云至渠寓,渠因留吃饭,戌初归。夜与树、筠谈。

十八日(日来余耳鸣殊甚,不耐看书)

早,习字一百。饭后小睡。徐石泉、贺石农采,因留晚饭,余陪客,仍写应酬字。酉正去。日来余耳鸣殊甚,不耐看书。

十九日

早,习字一百。饭后在筠仙房坐谈,写应酬字,看韩文。下半天,与筠仙同至竹如处谈。夜作祭海秋文八句。

廿日

早,习字一百。饭后,写家信,申初毕。复作祭文数句。竹如来邀,同至窦兰泉处。归,仍作祭文,至三更毕,尚未成。

廿一日

早，与竹如同至伍生处看病。旋至心斋处，渠丁内艰，为渠料理诸事。旋拜客数处。酉初归，足成祭文，算字画格。早睡。

廿二日

早，习字一百。饭后小睡。旋陈岱云来，久谈，申正方去。夜，筠仙归来，久谈。

廿三日

早，习字一百。与竹如同去看伍生病。旋至小珊处道喜。复至心斋处。拜客数处，酉初归。夜看诗。

廿四日（写毕海秋祭文）

早，习字一百。旋写海秋祭文，未正毕。会客一次，甚久。复写对二付。夜，张楠皆来，久谈。

廿五日

早，至竹如处，与同至伍生寓看病。旋同至位西处，又至心斋处早饭。拜客数家，至段果山处晚饭，戌初归。习字一百。早睡。

廿六日

丑正起，下园，讲官引见，系骆吁门前辈得之，渠邀吃饭，申初归。下半天习字一百。夜早睡。

廿七日（至才盛馆赴教习同年之请）

早起，习字一百。辰刻出门，至才盛馆赴教习同年之请，申正散。拜客数家，酉正归。戌刻看书。

廿八日

早起，习字一百。辰刻，看《王荆公集》二十页。旋会客数（次）。是日为冯树堂之尊人生日，请陈岱云、徐石泉来吃饭。夜与石泉同走竹如处，看文数篇。

廿九日

早起，习字一百。旋看书三十页。写挂屏二幅，楷书。夜因筠仙在外归，共饮酒畅谈。

八月

初一日

早起，习字一百，旋看书二十页。陈岱云来，又他客来，久谈。旋至竟海丈处道喜，归。晚饭后，与树、筠谈。夜写信一封与谢吉人。早睡。写挂屏二幅。

初二日

早，陈季牧来，旋客来不止。作字一百。客至，未初方毕。看书二十页。申初写挂屏四幅、草屏四幅。饭后，吴竹如来，谈至戌正去。

初三日（四更起至国子监陪祀）

四更起，至国子监陪祀。卯初上祭，太晏。旋至周荇农处，久谈。又拜客二家，归早饭。复出门拜客，酉正归。夜作字一百，睡。

初四日

早起，竟海先生来。辰正出门，至心斋处陪吊。旋拜客三家，至岱云处晚饭，渠为夫人成主，晡时归。至竹如处久谈。归，临帖一百。

初五日

早起，临帖一百。饭后应酬数事。旋为果山作寿文，酉正方成。旋买《淳化阁帖》一部。夜写对联、条幅。

初六日（细思家训条例）

早起，遣人听宣。旋写字一百。饭后写帐。陈岱云来，久谈。至申正始去。下半天细思家训条例。夜钞家训百字，自誓以后非有大故，每日皆钞百字；倘有不钞，永绝书香。

初七日

早起，习字一百。读《王荆公集》廿页。饭后，出门拜客，申初归。小睡。晚饭后至竹如处。夜钞家训百馀字。

初八日

早起，习字一百。客来。饭后读《荆公集》二十八页。会二客，谈良久。晚饭后写扇一，约小楷四百。徐石泉来久谈。旋钞家训二百馀字。

初九日

早起，读《荆公集》卅页。日中临帖百字。旋写应酬字。下半天至竹如处。夜钞百馀字。

初十日

早起，读《荆公集》二十叶。旋临帖百字。至文昌馆赴小山饮约，申正散。拜客三家，晚归。夜钞书百字。

十一日

早起，读《荆公集》三十叶。旋临帖百字，陈岱云来久谈。下半天无所事。夜钞书百馀字。

十二日

早起，读《荆公集》二十馀叶。旋临帖百字，写应酬字不少。夜钞书百馀字。

十三日

早起，读《荆公集》二十馀叶。旋临帖百字。邵蕙西来久谈。旋出门拜寿，拜客数家。归，何丹畦、徐石泉来，与同至竹如处。夜钞书百馀字。

十四日

早起。读《荆公集》二十叶。旋临帖百字。出门拜节数家。江岷樵来，留吃便饭。下半天闲谈。夜钞书百字。

十五日

早起，读《荆公集》二十叶。旋写百字。朱啸山来，早饭。午正出门拜节，未正归。过节。夜钞书百字。

十六日

早起，读《荆公集》十馀叶。镜丈来，谈一时馀。早饭后，仍读书临帖。未正，至毛寄云处赴宴，晚归。夜钞书百字。

十七日（《荆公集》是日读毕）

早起。读《荆公集》三十叶，是日读毕。临帖百字。旋拜客二家。是日家中请客，共六人。灯后，客始散尽，钞书百馀字。

十八日

早起，读《后汉书》二十五叶。临帖百字。会客五次。张楠皆在此晚饭。夜钞书百馀字。

十九日

早起，读《后汉书》二十馀叶。会客三次。旋临帖百字，钞书百馀字，作诗二首。

廿日

早起，读《后汉书》二十馀页。会客二次。旋临帖百字。出门拜客数处。归，钞书百馀字，作诗二首。

廿一日

早起，读《后汉书》二十馀页。会客三次。旋出门拜客，至寄云处。夜归。临帖百字，钞书百馀字。

廿二日（作诗《秋怀》五首）

早起，读《后汉书》二十馀页。会客五次。临帖百字。钞书百馀字。作诗一首。共五首，命曰《秋怀》诗。

廿三日

早起，读《后汉书》二十馀页。会客一次。写应酬字数件。临帖百字，钞书百馀字。将诗写寄位西。

廿四日

早起，读《后汉书》二十馀页。临帖百字。是日，请吴子朴兄弟便饭，又有何丹畦、易莲舫在坐。丹畦更初方散。钞书百馀字。

廿五日（周荇农来此作竟日谈）

早起，读《后汉书》，仅数叶。即出门至岱云处早饭，饭后归。周荇农来此作竟日谈。又会他客三次。夜补读本日书廿馀页，临帖百字，钞书百馀字。

廿六日

早起，读《后汉书》。荇农早去。陈季牧来，便饭，巳刻去。旋会客三次。读书二十馀页。临帖百字。钞书百馀字。申刻与率五至岱云处晚饭，酉正归。夜与率五妹夫在上房置酒，痛谈家事，二更尽毕。

廿七日

早起，接家信甚多，祖父母、父母、叔父、诸弟、岳父、丹阁叔、陈本七各有信。读《后汉书》廿页。临帖百字。钞书百馀字，巳刻毕。开率五回南诸物单，代为收拾行李、衣服，检点一切，至晡时方完。夜仍置酒与率五饮，渠明日即南归也。

廿八日（妹夫回南，与余执手悲咽）

黎明起，早饭。至岱云处，送伊妻灵柩回南。卯正起行，送至东便门外。余妹夫率五亦同此粮船回南，会于东便门外。妹夫执手悲咽，有泪无言。渠本意为来考供事，将来图发迹。余以其才不足以仕宦，故不劝成之。渠以远来，一无所得，恐归无面见江东，又与我处久，不忍离，故不觉泣之悲也。未正归家，读《后汉书》二十叶，临帖百字。申正生一女儿，内人母子俱平安。旋钞书百馀字。

廿九日

早起，读《后汉书》廿馀叶，临帖百字。教儿子读书。日中，内人血气痛颇甚。旋钞书百馀字。晡时，至竹如处畅谈。未正至艮峰、竟海两先生谈。夜在竹如处，二更方归。

卅日

早起，读《后汉书》二十页。教儿子读书。临帖百字。会客一次。旋内人血气痛弥甚，请竹如来开方。钞书百馀字。

九月

初一日

早起，树堂自外归，略谈。读《后汉书》二十馀页。会客五次。习字一百。钞书百馀字。下半天作诗一首。旋至石泉处，谈至二更。

初二日（至庶常馆大课）

早起，至庶常馆大课，余以分教与焉。大教习文孔修，题《秋菊有佳色赋》，"大法小廉"，得"廉"字诗。日中归，读《后汉书》廿馀页。习字百个，钞书百馀字。旋作诗二首。

初三日

早起，读《后汉书》廿馀叶。旋出门拜客六、七家，晡时归。夜习字百，钞书百馀字，作诗一首。

初四日

早起，读《后汉书》二十馀叶。日中会客三次。旋临帖百字，钞书百馀字。下半天与徐石泉、树堂同至竹如处。

初五日

早起，读《后汉书》二十叶。旋会客三次。临帖百字，钞书百馀字。申正至会馆拜客二处，归。夜与树堂小酌。

初六日（至城外送汤海秋之灵柩南归）

早起，至城外送汤海秋之灵柩南归。则已无及矣！早饭朱啸山处。旋拜客二家。归，读《后汉书》二十叶。会客一次。临帖百字，钞书百馀字。夜看赋四篇，教习门生之作。

初七日

早起，读《后汉书》二十叶。习字一百，钞书百字。清理数目。会客一次，艮峰先生。夜作字不少。

初八日

早起，读《汉书》廿叶。是日，请教习门生吃饭，申正饭毕。旋临字一百。钞书百馀字。夜与树、筠谈。

初九日

早起，读《后汉书》十馀叶。朱啸山来。在余寓请客，即留啸山、云松宿。夜，客睡后，补看书，兼临帖、钞书。

初十日

早起，读《后汉书》，并陪客。饭后，啸山与树筠出城听榜。西垣来，岱云来。读书廿叶毕。会客二次。临帖百字。钞书百字。丹畦采，久谈。

十一日

辰起，看榜，喜周荇农中南元。旋读书廿页。出门各处道喜，酉初归。夜习字一百，钞书百字。

十二日

早起，看《后汉书》二十页。会客六次。旋习字百个，钞书百馀字。夜与树、筠谈。

十三日

早起，看《后汉书》二十页。会客六次。习字百个，钞书百馀字。

十四日

早起，读《后汉书》二十页。会客一次。出门拜客。归，习字百个，钞书百馀字。

十五日（余赠书扇为邓七今万里远行）

早起，读《后汉书》二十页。邓七来辞行。万里远行，一无所得，颇为悯之，作五律三首送行。书二扇，一赠邓七，一寄香海也。酉初脱稿。夜习字百个，钞书百字。

十六日

早起，读《后汉书》二十页。西垣来。旋出门拜邓七。归，临帖百字，钞书百字。

十七日

早起，读《后汉书》二十页。会客四次。竹如来，谈甚久。夜临帖百字，钞书百馀字。

十八日

早起，读《后汉书》十馀页。旋出门拜客数家。至陈石山处道喜。归，复读《后汉》数页，是日读毕。习字百个。钞书百馀字。

十九日（始看苏诗）

早起，看苏诗。因往时看有未过笔者数本，因续看数页。即至段果山处拜寿。归。看书

十馀页,习字百个,钞书百馀字。

廿日（出门至刘佩泉处吊唁）

早起,看苏诗廿页。出门至刘佩泉处吊唁。归,会客五次,习字百个,钞书百馀字。

廿一日

早起,看苏诗,午正毕。邓小耘来,久谈。渠明日出寓,留吃点心。晚习字百个,钞书百馀字。

廿二日

早起,看苏诗。周荇农来寓早饭。旋徐石泉来。读苏诗又十馀页。习字百个,钞书百馀字。

廿三日

早,看苏诗,未毕。出门拜客十馀家。归,仍看诗十馀页,习字百个,钞书百馀字。

廿四日

早起,看苏诗,未毕。巳正至会馆,武公车题名。酉正,进城。夜看十馀页,习字百个,钞书百馀字。

廿五日

早,看书数页。岱云来,因同早饭,旋同至易念园处。公请客,晚归。夜看书毕。习字百个,钞书百馀字。

廿六日

早,看书。饭后出门拜客,至寄云处赴饮约。晚归,读诗十馀页,习字百个,钞书百馀字。

廿七日

早,看书二十馀页。未初出门,至杜兰溪家晚饭,晚归。夜习字百个,钞书百馀字。

廿八日

早起,看书廿馀页。未初写挽联一对,送刘佩泉处。申正归,习字百个,钞书百馀字。

廿九日

早起,看书廿馀页。午正出门。同年中有得御史记名者,道喜数处。晚归,习字百个,钞书百馀字。

十月

初一日（三更至太庙陪祀）

早起。三更,至太庙陪祀。黎明归,仍睡。晏起。会客五起。看书廿页。习字百个,钞书百馀字。

初二日

早起,看书数页。至湘潭馆刘佩泉处陪吊。申初归,看书十馀页,习字百个,钞书百馀字。

初三日

早起,看书数页。唐竟丈来,余顷送古文二首,请竟丈批看。自送来也,老辈执下不可及如此。是日会客甚多,白昼仅看书数页。夜看十馀页,习字百个,钞书百馀字。

初四日（至吴兰如家吊丧）

早起,读书十数页,饭后又读十页。陈岱云来,因同至渠家。又至何家拜寿。又至吴兰如家吊丧。归,习字百个,钞书百馀字。

初五日

早起,武殿试传胪,本去谢恩,至午门,未赶上,归。朱伯韩来久谈。旋赴周荇农饮约。

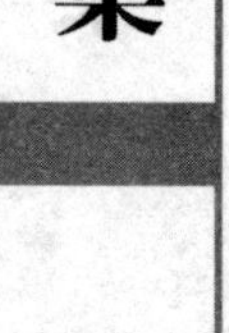

酉初归，读书廿页，习字百个，钞书百馀字。
　　初六日
　　早起，读书十馀页。巳正出门拜客，酉正归。又看数页。夜习字百个，钞书百馀字。是日写寿联一对，送杨年伯。
　　初七日（至杨年伯处拜寿）
　　早起，读书十馀页。饭后又读数页。至杨朴庵之年伯处拜寿。旋至刘月搓九爷处晚饭。习字百个，钞书百馀字。夜作信三件。
　　初八日
　　早起，读书廿页。苏诗，是日看完。旋出门至钱颖兰处送行。又买物送左青士。归，习字百个，钞书百馀字。
　　初九日
　　早起，读书二页。是日为父亲大人五十五寿辰，客来甚早。早面二席，晚饭一席。夜，西垣在寓宿。是夜始读《诗经大全》廿页，习字百个，钞书百馀字。
　　初十日
　　早起，读《诗经》十馀页。是日，出门谢寿，至晚方归。夜再看书十页，习字百个，钞书百馀字。夜置酒。
　　十一日（今生日，树、筠二君衣冠相贺）
　　早起。生日，树、筠二君衣冠相贺，不胜愧感。读书数页，即吃早面。旋又读十数页，习字百个，钞书百馀字。
　　十二日
　　早起，读《诗经》十数页。是日拜客，又至史楼处久坐。晚归，习字百个，钞书百馀字。
　　十三日
　　早起，读《诗经》十数页。出门拜客数家。下半天又读书数页，习字百个，钞书百馀字。
　　十四日
　　早起，读《诗经》十数页。饭后又读数页。出门至东头谢寿数家。夜归，习字百个，钞书百馀字。
　　十五日
　　早起。因树、筠去考金台书院，特办早去。陈岱云来，谈颇久。读《诗经》廿叶。习字百个，钞书百馀字。
　　十六日
　　早起，看《诗经》。饭后，子寿来约。下半天仍来，晚饭。饭后已晚，不能出城矣，因留宿，畅谈至夜分。仍临帖百字，钞书百字。
　　十七日
　　早起，陪子寿早饭。饭后，客去。看《诗经》二十页，临帖百字，钞书百字。看朱伯韩诗，其诗所诣，在韩、白之间。
　　十八日（至才盛馆赴段果山饮约）
　　早起，读《诗经》廿叶。至才盛馆赴段果山饮约，酉初归。夜临帖百字，钞书百字。
　　十九日（作《题朱伯韩诗集后》）

皇太极盔甲　清

早起，读《诗经》廿叶。临帖百字，钞书百字。作《题朱伯韩诗集后》诗五首。

二十日

早起，读《诗经》廿叶。临帖百字，钞书百字。作诗五首，即题《朱伯韩集》者。

二十一日

早起，读《诗经》廿叶。饭后，子寿使来，即将朱伯韩诗附去。又写家信寄去。又陪客甚多。下半天，竹如在寓饭。夜，王孝凤来，久谈。临帖百字，钞书百字。

廿二日

早起，读《诗经》廿叶。饭后王子寿来，久谈。旋会客数次。临帖百字，钞书百字。

廿三日

早起，读《诗经》二十叶。饭后会客。临帖百字，钞书百字。下半天为筠仙作山西寿文一首。

廿四日

早起，读《诗经》二十叶。饭后，写寿屏四幅，至二更方毕。临帖百字，钞书百字。

廿五日

早起，遣人送寿屏至裱店。看《诗经》廿页。临帖百字。钞书百字。是日会客二次。

廿六日

早起，读《诗经》廿叶，至申刻毕。早间，许信臣、江小帆来，谈甚久。夜临帖百字，钞书百字。

廿七日

早起，读《诗经》数叶。出门拜客，至朱伯韩处，与论诗颇畅。又拜客数家。晚归，接读《诗经》廿页，临帖百字，钞书百字。

廿八日（是日会客共八次）

早起，读书数叶。朱伯韩来久谈。是日会客共八次，至酉方散。接读《诗》二十页。临帖百字。钞书百字。

廿九日

早起，读书十叶，至未正读完。出门，在城内拜客数家。归，已晚。夜临帖百字，钞书百字。

卅日

早起，读书十叶，至未正读完。会客一次。临帖百字，钞书百字。

十一月

初一日

早起，读书十叶。旋至倭艮峰先生处拜寿，又至田敬堂处拜寿。至岱云处久坐，晚归。夜再读十叶，临帖百字，钞书百字。

初二日

早起，读书二十叶。会客五次。在家写挂屏二付，至灯上方毕。临帖百字，钞书百字。

初三日（率妇子跪祝母亲六十寿辰）

恭逢母亲大人六十寿辰。早起，焚香，率妇子跪祝。旋客来，至晚方散。是日风大异常，夜去尽。读书二十叶，临帖百字，钞书百字。

初四日

早起，读《诗经》二十叶。旋会客三次。黄正斋在寓晚饭，晚方去。夜临帖百字，钞书百字。

初五日

早起，读《诗经》二十叶。拜客谢寿，共十九家，晚归。夜临帖百字，钞书百字。

初六日

早起，读《诗经》二十叶。会客数次，临帖百字，钞家训百字。

初七日

早起，读《诗经》二十页。仓少平来，久谈。临帖百字，钞书百字。

初八日

早起，读《诗经》二十页。拜客数家，晚归。临帖百字，钞书百字。

初九日（至岱云处拜寿，未果）

早起，读《诗经大全》二十页。饭后至岱云处拜寿，不在家。又拜客数家。至朱啸山处，晚饭归。夜临帖百字，钞书百字。

初十日

早起，读《诗经大全》二十页。饭后，写条幅及他字。下半天写字百个，钞书百字。

十一日

早起，读《诗经》二十页，饭后至巳正毕。出门拜客五家，申正归。习字百个，钞书百字。

十二日

早起，读《诗经》二十页，饭后至巳正毕。邵蕙西来，久谈。邹墨林来。下半天习字一百，钞书百字。

十三日

早起，读《诗经》二十页。饭后至善化馆请夏七兄，同去看钱老太太病。归，会客三次。夜习字一百，钞书百字。

十四日

早起，读《诗经》二十页。饭后会客二次。午正，写应酬字。下半天习字一百，钞书百字。

十五日

早起，读《诗经》二十叶。饭后会客二次，习字百个，钞书百字。

十六日（是日始批《归震川文集》）

早起。是日，始批《归震川文集》二十页。饭后会客二次。拜客五家。夜钞书百字，习帖百字。

十七日

早起，批《震川集》三页。镜海丈来。又会客二次。旋再批《归集》二十叶，习字百个。钞书百字。

十八日

早起，读《震川集》二十馀页。会客三次。汤桂生来。钱振伦嵩仙、汤鹤书二君自四川差旋，在余家下轿，明早复命。故桂生在家谈一天。钱、汤二君傍晚始到。夜，送客睡后，复习字百个，钞书百字。三更客入内，余始睡。

十九日（今会客五次，俱久谈）

早起，读《震川集）》二十馀页。会客五次，俱久谈者。夜客去尽，习字百个，钞书百字。

二十日

早起，读《震川集》二十馀页。会客一次。拜客三家，归已晚。夜习字百个，钞书百字。

二十一日

早起，读《震川集》二十页，至午初毕。会客二次。下半天习字百个，钞书百字。

二十二日

早起，读《震川集》二十余页。拜客二家，下半天归已晚。习字百个，钞书百字。

二十三日

早起，读《震川集》二十馀页。午初毕。会客三次，甚久。习字百个，钞书百字。

二十四日

早起，读《震川集》六页。饭后，会客四次，谈良久。下半〈日〉复看十五页，二更毕。习字百个，钞书百字。

二十五日

早起，读《震川集》七页。饭后出城，拜客五家。归，看十五页，更初毕。习字百个，钞书百字。

二十六日（至城外赴熊秋白饮约）

早起，读《震川集》数页。旋至城外赴熊秋白饮约，申正归。夜复看书十馀页，习字百个，钞家训百字。

二十七日

早起，读《震川集》十页。饭后，又读十馀页。会客二次。习字百个，钞书百字。

二十八日

早起，读《震川集》十页。会客一次。饭后出门，至孙志铭、李笏生处。归，曹西垣来，江岷樵来。夜读书十页，习字百个，钞书百字。

二十九日

为祖母大人七十八寿辰。早起，客来。是日风大异常。罗椒生来，久谈二时许。下半天客散，读《震川集》二十页，习字百个，钞书百字。

卷七 道光二十五年

正月

初一日（出门至老师处拜年）

黎明后起，因眼痛不可风，故不入内朝贺，亦不敢早起。敬神后，即与树、筠两君行礼。儿子即于是日上学。吴世兄来，旋早饭。巳刻出门〈至〉各老师处拜年，申正归。略翻杜诗看。夜饭后发笔，记《茶馀偶谈》一则。

初二日

辰刻起，因眼痛不敢早起。记《茶馀偶谈》一则。早饭后，不敢出门，会客四次。作五古一首，略明用功之所以然。下半天，树堂、筠仙归。夜与二君同饮酒。

初三日

辰刻起，眼痛少愈。陈岱云来此早饭。旋作《茶馀偶谈》一则。会客三次。批韩诗二十叶。夜，早睡。

初四日

辰刻起，眼痛少愈。记日记，看韩诗。饭后，出门拜客，至傍晚归。夜。与树堂言志，更初始睡。记《茶馀偶谈》一则。

初五日

辰刻起，眼痛大愈。看韩诗。邵蕙西采，早饭，久谈。筠仙、树堂归，又与之谈。又会客二次。江岷樵来，留与晚饭。客去后，记《茶馀偶谈》一则。是日早作诗一首。

初六日 （因下人糊涂而生气，自笑七情之易动也）

早起，读韩诗，清理拜客单。饭后出门。因下人糊涂，生气，自笑七情之易动也。拜客，至酉初归。夜记《茶馀偶谈》一则。

初七日

早起，读韩诗数页。徐石泉来舍早饭。饭后，同赴竹如处。晚席在坐有唐镜丈、何丹畦，申正归。仍读韩诗。夜记《茶馀偶谈》一则。石泉来寓宿。

初八日（恭逢祖大人寿诞）

辰起，恭逢祖大人寿诞。寓中来客数十位，至夜方歇。早面三席，晚饭一席。曹西垣、王少庚在寓歇宿。

初九日

早起，陪少庚谈。饭后，出门谢寿，共拜三十馀家，酉正方归。夜看韩诗数页。记《茶馀偶谈》一则。

初十日

早起，读韩诗。饭后，出门谢寿，兼至琉璃厂东门观庙市，申正归。夜，与筠仙久谈。

十一日

辰起,读韩诗。饭后出门拜年,至曹西垣处赴饮约。夜归,记《茶馀偶谈》一则。

十二日

早起,读韩诗。饭后会客三次。又读诗数页。晚饭后,石泉来。夜,与树、筠久谈。

十三日

早起,读韩诗。饭后仍读。是日共读三十页。古诗读毕,仅律诗、联句未毕耳。晚饭后,黄麓西来,坐略久。旋同树、筠两弟至石泉兄处小饮,更初归。记《偶谈》一则。

十四日

早起,拜客。巳正至湖广馆团拜。早饭后,未正至文昌馆赴诸同年饮约,夜归。江岷樵来,久谈。接谢果堂先生信。记《偶谈》一则。

十五日(与故友在寓过灯节)

早起,读韩诗联句十六叶。至文昌馆团拜。申初后,至琉璃厂买书。归,江岷樵、徐石泉、邹柳溪在寓过灯节,吃酒行令。记《茶馀偶谈》一则。

十六日

早起,读韩诗二十叶。会客,买高丽参,共耽阁二时许。记《茶馀偶谈》一则。习字百个,钞书百字。写季世兄信一件。

十七日

早起,读韩诗二十页,记《茶馀偶谈》一则,习字五十。赴陈岱云饮约,未正散。拜客三家,归已夜。习字五十,钞书百馀字。写季仙九师信一件。

十八日

早起,读韩诗二十页毕,习字十馀。饭后习百字毕,钞书百字,记《茶馀偶谈》一则。申正出门拜客。归晚饭。写家信二封。

十九日(始读《史记》)

早起,读《史记》二十页。饭后,习字百个,钞书百字。写金字扇楷一柄。记《茶馀偶谈》一则。写对联五付、条幅四付。晚饭后,客来久坐。夜写李石梧信一件。

二十日

早起,读书二叶。朱伯韩来,久谈。饭后,读十七页。曹西垣来,徐石泉来。未正,至何子贞家赴饮约,灯后归,读书三叶,习字百个,钞书百字。记《茶馀偶谈》一则。写吴甄甫师信一件。

二十一日(因谱五帝三王世系,查图)

早起,习字百个,钞书百字,记《茶馀偶谈》一则。饭后写谢果堂先生信,读《史记》十馀页。因谱五帝三王世系,旋查地舆图东三省及西北、新疆诸境。晚饭后会客一次,写挂屏三幅。夜读《史记》。

二十二日

早起,习字百个,钞书百字,记《茶馀偶谈》一则。饭后,写左士青信,未毕。严仙舫来,久谈二时许。客去,写左信毕。读《史记·周本纪》二十页。晚饭后与树、筠谈。

二十三日

早起,习字百个,钞书百字。饭后记《茶馀偶谈》一则。黄麓西来,久坐。仍写信许吉师一件、对联二付、屏页六幅。陪麓西晚饭。夜因劳乏,懒看书,写金竺虔、何子敬信二件。

二十四日(日内心向作字有所悟)

早起,习字百个,记《茶馀偶谈》一则。饭后,至毛寄云处拜寿。旋拜客四、五家,晚归。写常南陔信。二日内,心向作字,本日始知单钩之法;兼好读地图,无心看书。两日不读书,而精神疲乏如故。

二十五日

早起,读书十叶,习字一百。饭后,记《茶馀偶谈》一则,记《过隙影》。写谢山益信一封、

曾兴仁信一封。会客一次。下半天会客二次,杨砥皆及吴世兄。夜与树、筠同吃夜酒。

二十六日

早起。袁子潭来久谈。旋接耦庚先生信。饭后客来,络绎不绝,直陪至晚。旋至萃英堂拜客。归,习字百个,写周默庵信一件,记《茶馀偶谈》一则。

二十七日

早起,习字百个,钞书百字,记《过隙影》,记《茶馀偶谈》。饭后写复耦庚先生信。未正至湘潭馆赴李笏生饮约。夜写字一小幅,与树、筠久谈。

二十八日

早起,习字百个,钞书百字,记《茶馀偶谈》,记《过隙影》。饭后,邵蕙西、朱伯韩来,久谈。又会客三次,至申正方散。写屏大楷二张。又写江岷樵寿屏一架,至更初毕。复徐世兄信一件。

二十九日

早起,习字百个,钞书百字。饭后记《茶馀偶谈》,记《过隙影》。陈岱云来,江岷樵来。写金字楷扇二柄。客去,写挂屏四幅。黄矩吾二人来。夜至竹如处一谈,更初归。阅《四书》文,圈批二首。又久谈。写周介夫信一件。四更睡。

二月

初一日

早起,习字百个,钞书百字。饭后客来三次。剃头。未初出门拜客。回家晚归。夜批改朋友文三首,写诗寄耦庚先生,记《茶馀偶谈》一则。

初二日

早起,读《史记·秦本纪》二十四页。饭后,已初毕。写字百个,钞书百字。写复郭雨三信一件。记《茶馀偶谈》一则。会客三次。申正课毕。下半天无事。夜,何丹畦来,久谈。

初三日

早起,习字一百,记《过隙影》,记《茶馀偶谈》。饭后钞书百字,写复李花潭信一件,圈《史记·周本纪》二十四页。至会馆拜文昌生日。归至愿学堂。夜看宋生赋四首。

初四日(至东邻愿学堂义塾)

早起,习字百个,记《茶馀偶谈》。饭后,至东邻愿学堂义塾。因家中客来太密,故至彼看书,习静。看《史记》三十页,钞书百字。写复黄实甫一件。作五律诗一首。归,与树堂谈。下半天至镜海丈久谈,至灯后归。又作五律一首。

初五日(庶吉士大课,题《二十四番花信风赋》)

早起,至庶常馆。是日为庶吉士大课,题《二十四番花信风赋》。未正归。至愿学堂,习字百个,钞书百字。看《史记》八页。夜,看《史记》十二页。陪江岷樵吃酒,久谈。记《茶馀偶谈》一则,记《过隙影》。

初六日

早起,习字一百,记《茶馀偶淡》,记《过隙影》。饭后,竹如来久谈。旋同看邹柳溪病。未初至愿学堂,看《始皇本纪》二十页。夜,眼痛,早睡。

初七日

早起,至愿学堂,读《项羽(本)纪》廿叶。饭后,唐镜丈来久谈。又他客来,至下半天始去。习字百个。记《茶馀偶谈》一则。

初八日

晏起,至愿学堂读《史》四页,归。早饭后又看七页。会客一次。出门拜客五家。至戴莲溪处公请黄矩卿夫子,晚归。郭翊臣来,夜小谈,至更初睡。

初九日

早起,至愿学堂读《高祖本纪》《吕后本纪》,共廿二页。饭后会客一次。出门拜客七、八家,晚归。记《茶馀偶谈》一则。

初十日(写正月以来账目)

早起,至愿学堂读《孝文本纪》《孝景本纪》,共廿页。饭后,会岱云来,久谈。客去,又习字百个,记《茶馀偶谈》一则,看江岷樵文一首,加圈批。下半天又读《孝武本纪》十三页。夜,写正月以来账目。

十一日

早起,至愿学堂读《年表》五十页。饭后,郑小山来,久谈。之彭筱房来。旋再至愿学堂。下半天,在城内拜客三家。夜早睡。

十二日(早起刻复试规条千三百张)

早起,刻复试规条千三百张。为举人复试者起见,找各朋友分散各省举人,至未初归。早饭朱啸山处。未正,至愿学堂读《高祖功臣侯表》,申[衍申字]酉正毕。夜集《离雄记》字,作《句曲洞铭》。

十三日

早起,至愿学堂读《史记》廿页。饭后记《茶馀偶谈》,记《过隙影》。旋至彭筱房处,久谈,晚饭,酉正归。夜再集《离雄记》字,作《诸葛武侯赞》。

十四日

晏起。是日请客一席,辰正陪客,至未正止。读《史记》。又会客二次。又读《史》《礼》《乐书》,共十页。灯下,写对联共数副。

十五日(翊臣复试出场,幸无错乱)

晏起。写对联数副。饭后客来。旋至愿学堂读《乐书》《律书》。又作王荫之之母七十五寿序一首,酉正归。夜,翊臣复试出场,幸无错乱。更初,写对二副。

十六日

晏起。岱云来,久谈。饭后,有客耽阁。午正至愿学堂读《历书》《律书》《天官书》十页,申正归。黄恕皆、徐石泉在寓,留石泉夜饭。酉正,江岷樵来。夜未作事。

十七日

晏起。写字,楷书一幅。剃头。饭后至城外拜客五家,申初归。读《天官书》二十页,毕。

十八日(是日起读《史·封禅书》)

早起,读《史·封禅书》二十页。饭后至城外拜客。旋至会文堂赴饮约,申正归。又在内城拜客。彭筱房来寓,畅谈至四更。

十九日

早起,读《封禅书》八页。饭后,至江小帆处赴饮约,申正归。石泉在寓。请筱房吃饭,更初散。

二十日

早起,读《河渠书》《平准书》,又读《吴太伯世家》。酉初散,夜早归。至莘英堂,与人闲谈,更初归睡。

二十一日

早起,至愿学堂读《齐太公世家》《鲁世家》五叶。饭后,至城外拜客七家,更初归。江岷樵在寓,谈。

二十二日

早起,至愿学堂读《鲁世家》《燕世家》《管蔡世家》《陈杞世家》,午初归家。会客三次,

位西来久谈,至日跌始去。夜为李笋生圈文七首、诗十馀首。

二十三日

早起,至愿学堂读《晋世家》。饭后至会馆湘潭馆。旋至曹颖生处赴席。下半天进城,又拜客二家。夜因眼痛,早睡。

十四日

早起,在家读《史记》二十页。请同乡一席,酉刻散。夜有客来谈。

二十五日

早起,至愿学堂,读《史记》二十馀页,饭后归。在家为江小帆作寿文一首,更初始毕。是日会客三次。

二十六日(午正送同乡补复试者至园子)

早起,至愿学堂读《史记》十六页。饭后剃头。午正送同乡补复试者至园子,共四人,代为部署一切。

二十七日(送复试者四人至宫门考试)

寅正起。卯初,送复试者四人至宫门考试。于巳正归家,睡一会,起读《史》十馀页。至萃英堂看邹柳溪病。

二十八日

早起,读《史记》十页。饭后至城外拜客数家。旋至朱伯韩处赴饮约,酉正至家。眼痛甚,吃药。

二十九日

早起,读《魏世家》。旋请客一席,申正散。下半天会客,与筠仙弟久谈。

卷八　咸丰八年

三月至四月

端庄厚重是贵相　谦卑含容是贵相
事有归着是富相　心存济物是富相
读书二卷卯初至午初
习字一、二百午初至未初
料理杂事未初至酉正
诵诗、古文酉正至亥正
作诗文札记三八日
巧召杀,忮召杀,吝召杀。
孝致祥,勤致祥,恕至祥。
大病初愈,戕树重生,将息培养,勿忘勿助。
朝闻道,夕死可矣。
三月廿二日,作札记立誓。
四月廿三日,戒棋立誓。
廿六日,窒欲立誓。
矫激近名,扬人之恶;有始无终,怠慢简脱。
平易近人,乐道人善;慎终如始,修饰庄敬。
威仪有定,字态有定,文气有定。

六月

初六夜记
○调李筱泉　○带吴祥子
调邓弥之与王壬秋言　○带白人虎之子
○葛梧村之子
○至璞山家　带伍宏鉴之子
○调彭山屺　○送银百两与李鹤遐龄家
调○喻吉三　○罗逢元○送银与林家三百
○送芝房奠金三十两　○杏农二十两
○送银与褚家三百　○送吴月溪二十两
○送洪秋浦二十两
忠义祠记　节孝祠记

复邓伯昭信　成忍斋书序

复冯树堂　姚涤夫信　罗忠节墓志

复杨杏农信　刘笔庄文序

复唐镜丈　吴竹如信　小岑之母墓志

复成世兄信马悔初欧伯子集序

谢母传欧氏两世节孝传

三代墓表邓湘皋表

○县城拜各客

湘潭拜左家

○送奠分○欧家袁家○邹家○公局○壬秋家十八总永安钱店

初七日

自家起程,行七十里,至歇马宿。王、陈二祠绅耆送至贺家圻。邹至堂、王冠珪来花桥一会。

初八日

自歇马起行,未刻至县。至洙津渡,访王人瑞家,晤其尊人,留吃中饭。至县城,拜赖明府,罗家养暇处纳凉。是日酷热,余在县寓宾兴堂。

初九日记

○带葛梧村之子

○送刘为章银三十两壁还

传郭鸿翥托岳屏

写信与萧可卿

初九日

早,会客。饭后至各处拜客,两学及德斋叔拜会,馀飞行。未正,至黄膏如家,即赴涟溪之宴。涟溪,温甫之亲家也。傍夕回城。王人瑞、心牧、许蓉浦、舒临风来谈。周润之、孙阆青自省城来接。是日酷热,在黄家差凉。请意城代作起程日期摺稿一件。

初十日记

成名标事　○臆家被水

○三营告奋勇兵丁左营十一人,右营七人,长沙协六人。单存匣。李大雄带来。

胡定魁○黎志彪○张占鳌

史兆翔○余星焕

初十日(与纪泽儿湘乡起行)

黎明,自县城起行。同行者刘孟容、郭意城及儿子纪泽。辰刻至新染铺茶尖,湘乡汛把总王运普所备也。巳刻至云胡桥中饭,湘潭孙大令所备也。午正,至江车,邹岳屏来接。酷热,因留葛氏祠堂小憩,约两时许。傍夕坐舢板船湘潭。二更至城,寓行台公馆。旧部熊传彪、李大雄等自省来接。

十一日(王壬秋言宜从皖南进兵)

早起,见客十馀人。三营兵丁来投效者,亦见十馀人。巳刻,拜客。县署邹岳屏、欧阳小岑、吴太史增逵、郭蒿庵五处拜会,馀亲拜,申正归。付家信,令长夫回家,留八人在身边。灯时登舟,更初开行,三更泊暮云司宿。是日,见刘文清公所书小幅,罗碧泉先生所求,系用《永乐大典》副页纸,文清谓其纸有古色而无火气。余在翰林院敬一亭所见《永乐大典》,其纸较此色更白,不知何故。是日王壬秋来会,语及入浙宜从皖南徽宁进兵,不宜从玉山入。

十二早记

省城要劈山炮　○要带刻字匠、裁缝

十二日(与胡煦堂办浙江军务)

《永乐大典》书影

是日，先妣家忌。辰起，独坐默祝，凄然怆怀。开船至包爷庙早饭。饭后开行，至建家河小泊。以家忌故，不敢午前见客也。未正入长沙城，住抚署又一村，拜骆中丞。旋晤司道、府厅诸君及三营各武弁。夜与左季高兄谈。二更末睡。因是日应酬较多，通夕不寐。未刻在骆中丞处见廷寄，胡煦堂方伯兴仁办理浙江军务，与余会办也。

十三夜记
○送孙阆青五十两　芝房之母墓表
○送史久立之子百两　○带陈宝善
十三日（与诸公商定调各支兵勇事）
早起，见客数起。饭后又见数起。出门拜客，藩臬粮道、孙芝房、贺桂龄、首府仓少平、黄南坡等处拜会，馀皆亲拜，申正归。会客五起。夜至骆中丞处一谈。旋与左季高、刘霞仙、王人瑞、郭意城诸公商定，调各支兵勇开单，又开各项分职及应用船只单。

十四夜记
十五早缄告中丞，言○吴翔冈事，○扬名声事，○调营兵事，○雇船，○办旗
○写信至迪庵处分兵○胡中丞处言分兵事
○许家捐事批禀
○送杨沅银四两
十四日
早起，会客数起。饭后拜客。黄子春、贺少庚、金竺虔、周荇农、黄恕皆、夏憩亭等处拜会，馀均亲拜。申正归，会客二次。至骆中丞处赴宴，更初归。

十五日（定吴国佐翔冈湘营同赴浙）
早起，会客。巳刻至李仲云宅赴宴，同乡公请，主人为丁伊甫、陈尧农两前辈、孙芝房、黄恕皆、周荇农、黄南坡、李仲云、唐树森七君，巳正散。拜客数家。申刻至贺少庚家赴宴，灯后归。骆中丞、左季高来此一谈，定吴国佐翔冈湘营同赴浙也。并定萧启江准假二月，令其回籍之局。是日，小岑自潭来，代买地一所。

十六日
早起，会客数起。至季高家赴宴，午刻归。小岑代请曹镜初来诊病。未刻小睡。申刻会客，南坡、季高诸君来。是日发起程日期摺，由骆中丞处代写、代封、代发。中丞又有夹片，报萧启江请假两月及吴国佐赴浙事，系会余后衔。

十六夜记
○戈什哈现有三十三人另有单
○书启黄兆炳 郭笙陔
○张六琴处送奠分
○少平处送礼
十七日记
○船上办碗盏各具
○中丞处要奏摺三分
○买酱菜
○买药
○自与刘、郭同船一
○戈什哈二船
○巡捕亲兵二船
○文案一船
○内银钱所一船
○各少爷一船
○火食船一
○长夫船一
○每船派一人管驾
○咨抚台发银一万
○发官、胡、李、李信
○发张、萧札信
○调刘锡麟

十七日

早,写澄侯弟信。昨夕写九弟信,至四更乃毕。本日写两信,并钞各件,巳初发。旋写萧、张信加片、胡中丞信、李迪庵信。会客四起。将五日来文清理:一、待上船再办,一、归卷,一、不存。申刻核各咨稿、札稿。会客二起。夜至骆中丞处谈。归,与季高谈,至二更尽。

十八日(是日清理各行李下河)

早,会客数起。巳刻出门辞行,会裕时卿、仓少平、周荇农等,申正归。会客数起。戌初至骆中丞处,夜归。与小岑、季高诸君剀谈。是日清理各行李下河。发李小泉及官、胡二帅并迪庵信。

十九日

卯刻起。饭毕,起行登舟,中丞、学使及司道诸公来送。同乡孙、周、黄、李诸公来送。未刻开船。行九十里,夜宿青油望。黄南坡太守来送。夜干岸上支账房歇宿。

二十日

卯初开行。巳初至湘阴县城。天气酷热,有流金铄石之象,至洞庭宫避暑,旋至学宫避暑。学官邹孔撎,新化人,陪侍甚久,即至其署内晚饭,酉正归船。夜坐舢板上,下江中乘凉,亥初归。月出后开船,行六十里,至土星港宿。本日太热,身体极倦。前黄恕皆谓宜服鹿茸,因于是夜试服之。

二十一日(至岳州,登岳阳楼)

黎明开行。巳正,至万岁湖早饭。南风太大,少停。酉初至岳州,泊南津港。旋登岳阳楼,晤郭直城、曹识山、吴南屏,王初田太守来见。与刘、郭、吴、曹诸公宴于楼下。三更,回南津港。

廿二日记

○江西发信

廿二日

早,因南风太大,未开船。午刻始开行,百二十里,至新堤宿。酉刻转北风,逆风行二十馀里,幸不甚大耳。是日辰刻清理丁义方自江西带回之书籍,《明史》及《毕鉴》留营,注疏等书寄回家中。吴南屏来船久谈。午正别去。

廿三日(至嘉鱼夹下十里湾泊)

早,因北风未开船。巳初开行。行百二十里,至嘉鱼夹下十里湾泊。是日在新堤发骆中丞、左季高及沅甫信。夜发胡中丞信。晤嘉鱼知县武镇西,陕西人,曾师事唐诗甫。是夜四更大风雨,连日盛暑,固虑有风暴将作也。

廿四日记

○至九江,祭刘盛槐,李子成文。

廿四日

早起开船,东北风,逆难行。幸水师布以舢板,扯水纤。是日,行二百四十里。二更尽,至武昌。胡宫保率司道出迎,至抚署居住,与中丞谈,至五更睡。是日,沿途多水师营舢板船只。嘉鱼武令送至牌州归去。

廿五日

早,官制军文来会,司道、府、厅、州、县,分作五次相见,毕。巳正,吃饭。午正出外拜会,晤官制军、罗淡村廉访、厉伯苻、刘冰如,馀俱亲拜。酉刻回寓。见客二次。夜,与胡中丞谈。是日发李迪庵信,约至巴河一会。

廿六日记

○夏鸣之恤银二百   ○刘彤皆家寄银

○王雁汀寄信   ○周荇农寄银

○定转运局发文书

○定月额饷起支日期湖南始拔营之日,湖北始到鄂之日

○寄银彭子文家并方子白信

○寄家信纪泽一封,澄、洪一封   ○寄吉安信

○札厉伯苻转运   ○照会胡莲舫住湖口

○纪以凤事出奏王家瓒

廿六日

早,会客数起。饭后写家信三封,骆、左信各一封,与中丞叙谈,会客三次。申初至官制军处赴宴,二更归。

廿七日(至制军署)

早,会客数起。饭后,写扇一柄,对联十馀付。发长沙信,发江西信。申刻至制军署内赴宴,主人为官制军,胡中丞、罗淡村廉访、张仲远粮使、顾子山观察、厉伯苻、栗仲然、严渭春观察,凡七人,二更散。与中丞谈约一时许。

廿八日记

○雇船

廿八日(写贡院扁)

早,写贡院扁,至午刻毕。写对数付。申刻,至厉伯苻处赴宴,更初归。作对二付送督抚,写四付。

廿九日

早,写对,司道诸公共十馀付,挂屏四张,会客二次。申刻,中丞请吃饭,同宴为官制军、罗廉访、张仲远、顾子山两观察。席散后,人倦甚。

七月

初一日

早，会客三次。饭后写贡院扁十馀块，午正毕。会客数次。写对联、条幅数纸，灯后毕。与中丞谈至三更尽。

初二日记

○与李迪庵会奏筱泉俟报销事毕，即归李营

与胡中丞会奏李春甫、窦蔗泉

○黄州打发制台戈什哈○刻邮封

○刻日行签批　○阅张廉卿文

○写张镜澜信

初二日（船行至青山湾）

早，写扇一柄，会客四次。至制军处早饭。午正出城起行，省城文武送至汉阳门。未正开船，行三十里至青山湾泊。初出顺风，十馀里即逆风，盖江水曲折也。

初三日记

蒋照字文差，庚子江南二名，湖北粮台

○会同迪庵奏塔公祠、昭忠祠

李宗煮字午珊，陕西翰林

李荫荣字雪香，四川举人

严树森字渭春，陕西人，新授荆宜施道

刘齐衔字冰如，福建，林文忠之婿

初三日

早，因风不顺，换坐麦春泉长龙小船，雪琴所遣来接者也。行二十馀里，至阳逻镇下，遇雪琴驾小舟来接，因同坐一船，叙述别情。行至黄州上三十里，雪琴自归小舟。余舟酉刻到巴河，晤孙筱石、王槐轩。温甫弟棹小舟迎我，中途错过，晡时始晤，夜谈至三更。昨日，自鄂来送我者，厉伯苻、方子白，今早归去。

初四日记（益阳共解钱万馀）

王家瓒曾祖如茂，祖养恕，父子奇。湖北副榜，八年胡中丞于牙厘案内，保以复设训导，不论双单月选用四年在行营缴银六百一十七两六钱，又部饭银二两八钱，请保加内阁中书衔。以训导遇缺先用，并分发试用。

益阳捐输于咸丰三年十二月、四年二月，两次共解钱一万四千六百二十八千，咨湖南汇奏。

盛四管衣服一手摺

何得管笔墨一手摺

收发文书簿，每日一阅

营哨什长名单一摺

各项差事名单一摺

各名单三、六、九日一查阅

银钱等簿二、五、八日一查阅

内银钱所收发簿二、人情簿一

初四日　（迪庵中丞自蕲水来会，莘田叔自家来）

早，手记数事。饭后，胡莲舫、罗又村等船到。晚夜因风，未能赶到也。会客数次，旋小睡。未正，迪庵中丞自蕲水来会，谈至酉正。莘田叔自家来。中饭后会客一次。旋与迪庵及诸客谈至更初。归，坐船，又与温甫叙谈。阅张廉卿古文。三更二点睡。是日写胡中丞信、张镜澜信、官制军信。打发其送来之巡捕一人、戈什哈八人回鄂，恐此去不能给以好处也。

初五日记
○定另修湘乡忠义祠。余出银千两，迪庵出二千。

初五日（与迪庵商浙军扎营出队等事）
早，清理文案。饭后写对联、条幅。未刻，与迪庵商浙军扎营出队等事。写胡中丞信。申刻，接奉朱批云："汝此次奉命即出，足征关心大局，忠勇可尚。俟到营日，迅将如何布署进剿机宜，由马日具奏可也。"未刻，由巴河开船，行三十里，至南溪，在迪庵船上赴宴，共二席。酉刻，登岸一行，南溪风景绝佳。夜批廉卿古文毕。

初六日
早，办理文件。饭后与客叙谈。写对联十付。小睡片时。希庵自蕲水来会。唐义渠自张家塝来见。未刻办订庚事，以第四女许郭云仙之子。男庚，己酉正月初四申时。女庚，丙午九月十八未时。此女曾奉先大夫命，出继与季洪弟为女，故拜帖用两分：一用本生父母名，一用继父名。郭家亦以两帖来也。又为长子纪泽聘刘霞仙之女为室。男庚，己亥十一月初二日寅时。女庚，辛丑正月初九戌时。郭家姻事请李希庵、孙筱石为媒。刘家姻事请彭雪琴、唐义渠为媒。申正，请客二席，四媒人之外，有莲舫、王孝凤、张廉卿、王槐轩、李察庵、曾玉樵诸公在座。傍夕写扁一幅。与希庵谈营中事。

初七日记
有能统领各营者，便专责成
亲兵营须轮流择派
二条希庵
驻扎宜择要地各将领征剿，以神速为贵，故变动不居；大帅以镇定为贵，故宜以静制动，斯得主有常。
统领之权宜略重
官场照例之事不宜忽略
营员不可经手捐项厘金
应咨应札应批之件均宜神速及应酬之信
右五条温甫
营外不可有茶馆、烟馆
出六成队不可有七成争军
右二条迪庵

初七日（是日盛四之兄因洗澡落水身死）
早，清理文件。饭后写家信四封叔父、澄、洪、沅、夫人，左季高信一封。与迪庵议扎营等事。午后，复与迪、希、霞诸君邕谈至三更。是日傍夕时，盛四之兄因洗澡落水身死。

初八日
早，清理文件。饭后写湖北信。夜与希庵谈。是日酷热。日中睡二时许，馀时与诸客杂谈，未尝事事。未刻写对二付。

初九日记（定前走六成队，后走四成队）
前走六成队三营，后走四成队二营，或偶然前多，中间辎重。每营以六成另走，以四成护辎重。

初九日
早，清理杂事。饭后至外拜客。与迪、希告别，送霞仙归湘。巳正开船，行百二十里。酉正抵蕲州宿。知州彭应鲤来见。彭号禹门，广东人，由监生随父任，在罗田以军功保升今职。

是日，王孝凤兄弟、张廉卿在兰溪别去。孙筱石本欲调之入浙，已发文书矣，因迪庵处无人，不果。迪、希、孙、王槐轩别我后，即至蕲水营次。余别后，即东下也。夜在蕲州，唐义渠来告别。渠从蕲州赴张家塝防地。

初九日记

咨湖南发潘敬逞部照，当日并未发给实收。摺内误写敬昶，部照误写宏昶，曾经咨部缴照更正。潘在本地方据实呈明。

初十日

早，在蕲州开船。辰正，至富池口，等候陈秋门前辈，未至。因作一书，寄丽参半斤，专便人送兴国。午正自富池口放舟。至武穴，唐鹤九、李师实及局员张△△来见，本街绅耆来见。申刻往回拜。酉正复开船，至隆平宿。是日，江西耆中丞专弁持缄来至富池口，都直夫将军兴阿专协领持缄来至武穴相迓，均请意城作械答之。吴竹庄专弁来武穴，送万篪轩奠金。

十一日记粮台银钱所二员　　随身　　文巡捕一

军械所一员　　武巡捕一

总理大员一　　文营务处二人

总理州县一　　武营务处二人

闲散无差各员　　总理书启一人

总理文案一人

十一日（至大东门观官军所轰缺口）

早，开船。辰刻至卢家嘴后营，各哨来接。巳初，至二套口小泊。见后营各哨。向导营、左营来接。巳正至九江，泊龙开河。见客六、七次。未刻至塔公祠一祭，行一献礼。至大东门，观官军所轰缺口。旋拜署九江道邓双波太守庭楠、程太守元端，申正归。会客数次，困甚。夜，与唐义渠言招勇事。

十二日（至湖北小泊）

早，见客二次。开船，辰正至泉湖北小泊，以东北风太大故也。午刻，杨军门自湖口来迎、会晤。近日气色不甚旺。酉正风稍息，仍开行，到湖口将二更矣。夜，彭雪琴方伯请小宴。旋登岸散步，约行四里许，三更四点归船。

十三早记

○札调张、王至河口

十三日

早，会客数起。写左季高、胡中丞信，写家信一件。午刻，身若有病者，在竹床久睡，至灯时稍愈。请焦听堂诊脉，以为先受暑后伤风之所致也。夜服药一帖。是日雪琴请吃中饭，共三桌，余小坐即归船，不能吃各物。是夜闻胡中丞丁母优姓汤之信。

十四日（因病至浣香别墅住）

早，因病晏起。旋开船至石钟山，至水师昭忠祠侧浣香别墅住。见客数起，馀皆困卧，未能强坐。未刻写唁胡中丞信一件，写吉安家信一件。服药一帖，半夏、桔梗等类，稍愈。夜不能成寐。

十五日记

○水师昭忠祠对一

○扁三　○塔门一、厅一、水厅一

○塔公祠对一

胡中丞之母联一、幛

○开陆营人单　○定江西前此差事人留、撤单

○发湖南各信　○发湖北各信

○希庵扇一　○甘子大处账银

又记

保举人员，守备以下分标，酌量人与标地相去近者

凡阵亡请恤之员，奉有谕旨及部文，须即时咨明本省，并札原籍地方官及该员亲属。

右二条温甫

福建军中各员

臬司保

革员张从龙令固守建宁都城

浦城令张△△

把总许玉隆五月九日，在浦城不知下落

陈振金带兵弁目，五月九日，在浦城不知下落

江捷福

护镇林奎游击禀请赴浦城

守备董连辉、委员刘其钟、陈庆云三人并于五月十四在政和失利，并有阵亡之信

道员赵△△五月十八日在麻沙阵亡

护游击曾△△带水提兵六百名

署将普△△带陆提兵六百名

王华、许忠标带诏勇五百名

游击赵△△

护游击叶△△

守备邱△△

千总林△△四人均令驻守建阳

道员袁△△办顾昌县军务

游击连由建阳麻沙进剿

延平守区接延平篆

又 记

存炮二十八尊七百斤至一百斤

存生铁子九万二千四百斤

存熟铁群子二万二千六百斤

存铅子六千九百四十斤

存铁沙子一千六百五十斤

存药二万四千二百四十斤，又二万五千斤

存火箭二百四十支

存喷筒四百五十杆

存火球一万三千六百五十个

存烘子喷筒一千杆

存净硝十四万斤

存毛硝十五万斤

以上楚师三局存物，冯检递

十五日（石钟山做道场毕，祭水师阵亡各官）

早，见客十馀起。巳刻写官制军信、迪庵信。吴城来接诸员禀见。会客数次。申刻，许仙屏来。夜，清理文件。是日石钟山做道场毕，祭水师阵亡各官，余行二跪六叩礼。

十六日

早，料理文件。饭后见客数起。天热甚。申刻，写对七付。巳、午刻，写扁字二十馀。酉刻，出外拜梁湘蕃、杨军门、焦听堂、吴贞阶。月夜归来，与许仙屏谈。是日，定人江西省城一

行之意,发信告耆中丞。

十七日记

○湖北专人送礼

○寄胡中丞信

○寄厉伯苻信

十七日

早,改湖南信稿。清理文件。至午刻毕。写家信,专人至吉安送鹿茸与沅甫弟。会客数次。未刻,作胡太夫人挽联,写好,兼写别联。会客。至山上乘凉。灯下,写对联约二十付。是日,朱品隆来,知渠营已到九江,因命朱与唐义训二人十九日自九江陆行至吴城,上船至贵溪登岸。余定十九自带数舟晋省一行,其馀各舟即由潴矶分路至贵溪也。

十八日记

随身各员

营务处:李次青、王人瑞、朱品隆、小委员杜光邦

翼长:左萧浚川,四千人,右张凯章,五千人

文巡捕:凌△△、刘曾撰、丁蔼士

武巡捕:杨镇南、褚景铝

银钱所:何敦五、曾席珍要往吉安、改卜春岩、彭芳禄要回家

军械所:丁蔼士、王澧、李勉亭

管公牍:郭意城

管书启:许仙屏、郭笙皆、黄训埏留江西省

发审所:李笏生

家人:韩升门印、王福签押、何得笔墨、曾盛衣服、曹荣跟班

文案:阎泰、陈鸣凤、刘嵩

粮台各员去行营四十里外、八十里内皆可

护理粮台:彭山屺、喻吉三

银钱所:邹寿璋未到以前,何敦五兼管

军械所:莫祥芝、胡云衢

闲散:杨名声、戴朝议、黄兆柄、卜宗铨、李兴锐

湖口报销局兼转运局

总理:李筱泉未到以前,雪琴兼管

委员:魏拣、张秉钧、邓尔昌、凌荫庭以上管报销转运,凌兼管文卷闫辉

船厂:曹禹门、胡嘉垣

支应:秦豫基、廖献廷、叶宝树、曹炯以上留水师

湖北转运局

厉云官

江西支应局

丁应南

胡心庠江西新添

曾国藩故居——富厚堂内景

贵溪转运局

翁学本

又　记

带戈什哈晋省

高连胜　李承典　詹鸿宝　廖洪元

彭述圣　杨世俊　李照裔　张占鳌

十八日

早，清理文件。饭后写胡中丞信，厉伯苻（信）。旋写对联数付、厉伯苻挂屏，又写扇数柄。遣杨名声至胡中丞处吊丧。会客数起。夜间头闷。是日定各项差使单。

十九日

早，清理文案。写湖南文方伯、裕盐使信、夹单，绅士丁、陈等八人信，各写夹单。日中，又若头痛有病者。未刻，雪琴请赴宴。申正搬行李诸物上船。酉刻自登舟，因风太大不能开船。夜三更，与温甫弟别。温在迪庵营，来至兰溪相会，因送至湖口。是夕别去，将由黄梅、宿松等处回迪庵营也。是日赏水师各勇共钱二千二百△△串文，每人二百文。外江勇共六千△百△十△名。内湖勇共四千六百△十△名，哨官未赏。营官各赏对一付，其丙辰冬日曾赏对者，此次不赏。

廿日记

○定撤去楚师三局，其子药等存项，即为陆营之用

○到省撤去冯检

○丁应南留省

○陈斌、张金壁不用

○中洲局捐输以千六百抵银一两

廿日（自湖口至吴城望湖亭）

四更五点，自湖口开船。辰初至南康。杨军门来送，在南康别去。旋过宫亭湖，风浪颇大，盖由火焰山斜过老爷庙，则风直浪顺，由南康横过，则风浪大也。午初至吴城，拜同知蔡芥舟锦青、南康太守颜平州培高、船厂曹禹门级三。酉刻，在望湖亭赴宴。亭为雪琴方伯丁巳六月所修，较往年多两层，足揽全湖之胜。雪琴属余撰联句，余为联云："五夜楼船，曾上孤亭听鼓角；一尊浊酒，重来此地看湖山。"盖咸丰五年，余驻师于此，曾命军士夜习水战，在此亭阅看也。夜，祭江一次，行二跪六叩礼。会客四次，皆自湖口来及吴城送行者。是日写骆中丞信一件。

廿一日

黎明，自吴城开船。午正至樵舍小泊。申初至江西省城。先至者中丞署内，次至臬署，未见。次至单学使署。旋至陶家花园公馆，见客数次。晡时，中丞来，久谈。更初，司道来会。旋写信二片，三更息。是日在舟中写家信二件，葛峯山信一件，写望湖亭对一付。

廿二日记

○高祥麟事一说未行

○燕毅等千六百文作银一两

○撤楚师三局　○撤冯检

○撤支应分局　○留丁应南

○鄱阳胡立孚事

○水师请接济火药　○炮位解水军二百斤以下不要

廿二日

早，会客七起。午初出外拜客。联芝圃、邓绮屏、吴竹庄、徐柳臣、龙翰臣、恽浚生处均会，馀亲拜，酉初归。至庄木生店，归公馆。夜，清理文件，写信与九弟。是日，专人送信至

家,并送骆中丞、左季高信。又专人至德安等处。接吴国佐。

廿三日记(太平军由排山窜往玉山)

广丰五都逆匪,已于十七日卯刻由排山窜往玉山。玉山有沙溪、大南岭两路可窜。又闻浦城尚有一大股在,后不知窜何处上饶杨令廿日禀。李次青十七日受伤,其送信二人,一受伤死,一受伤后二日至广信沈幼丹二十寅刻信。玉山之贼十五日在塔山边扎营,武威军新武奇兵九百馀人,入城助守。十六日大南桥之贼二千馀,窜至水南普宁寺扎营,四面围城甚紧,与广信府城文报不能广信汪守十九日信。闻二渡关有另股伪九千岁窜扎关口,石逆尚踞浦城未动。崇安、光泽之贼窜距温林关、云集关不远弋阳胡令十七日禀。

廿三日

早,料理文件,会客六次。午刻,吴竹庄来久谈。申刻出门拜客。酉正至中丞处谈,灯后归。闻次青受伤之信。庄木生送书十馀种。是日写胡中丞信。

廿四日记

○邓免造册报销　○吴事

○发幼丹信、次青信

○发养素信

又　记

陈缩刻李申耆图

江西全省图铅山县送

邹叔明刻图借莫祥芝的

安徽全省图借李迪庵本,郭笙皆画

安徽江防图袁西台送

金陵街道图袁西台送

广东省河图刘馨室送

江西、福建连界关隘图耆九峰送

广信府图二耆送

广丰县图耆送

廿四日

早,龙方伯来久坐。旋会客数起。清理文件。午正少睡。未初出门拜客、辞行。吴学山、龙翰臣会,馀亲拜。申正至中丞处赴宴,戌正散。出城登舟,中丞、学使、司道诸公送至城外。写李次青、沈幼丹、刘养素信后各夹片。

廿五日记

盛元,号凯廷,管带水师安旅军,稽查河道,驻札瑞洪,共炮船三十六号。东查至安仁,西至省河,东北至表望,去饶州三十里。分三营,营官一系孙恒山,一系高衔,一系钟世祺。哨官一,系萧宝俊。盛元系丙申进士,榜下分发江西。丁忧后,捐江西知府。六年六月,因奉差久不归,革职。

廿五日

黎明开船,行五十里,至滁汊。又行九十里,至瑞洪上三十里地方宿泊。一望无际,平湖中浅处生菱芦各草,盗贼之所聚也。自立安旅军,游勇不敢滋事抢劫。是日写家信二件,又写吴翔冈信二件。一交雪琴带去,一交来勇。写小行书横批一件,寄庄木生。

廿六日记

骆中丞　扬厚庵　左季高　彭雪琴

官制军　李迪庵　胡中丞　张筱浦

耆中丞　沈幼丹　龙方伯

家信　吉安信

以上各处,来往信多,均须编号。

又　记

马步瀛临桂廪生,瑞洪县丞。朴实,竹友。

王必达临桂举人,建昌令,霞轩。轩爽有精神。

谭炳勋宾州举人,贵溪令,星若。

廿六日(朱品隆、唐义训来,共船百二十馀号)

早,起晏甚。舟行三十里,至瑞洪停住。本可再行几十里,因等候朱品隆、刘养素、吴翔冈,遂拟少住二日。未申间,朱品隆、唐义训来,共船百二十馀号。戌刻,养素来久谈,至二更归船。是日写次青信一件,令朱德树至广信。写吴翔冈信一件,写横披一幅,许仙屏求的。看《宣公奏议》卷馀。请意城代作湖口水师昭忠祠、九江塔公祠请锡名号摺稿。

廿七记

○李筱泉夹片

○喻吉三夹片

○纪以凤夹片

又　记

文辉号又石,文鹭轩之弟

邓庆恩号绮屏

联　福号芝圃,江西候补道。

颜培燕号及庭,长沙令

李逢春号茂斋,善化令

高梦麟号石卿,南昌令

马修良号厚田,行一,新建令

杨咏圖号鉴秋,南昌府

元善云渠

史昌寿号△△,进贤令

王嘉麟号孚吉,前瑞州府

李作士号少山,新淦令

马永炽号仙樵,临川令

李瑞章号凤洲,甲午同年,抚州守

程元瑞号星农,九江守

邓庭楠号双波,甲午同年,九江道

岑莲乙号藕肪,湖口令

屈怀珠号星五,四川人,前新建令

许本塘号茨堂,湖北天门人,珠州守

萧　晸号芝屏,四川人,高安令

田博厚号文甫,吉安守

姚体备号秋浦,山东人,卢陵令

蔡锦青号芥舟,广东人。吴城同知

张赋林号兰江,直隶人,袁州守

廿七日(与朱品隆、唐义训言拔营事)

早起,清理文件。饭后至养素处回拜。谢秋汀来久坐。阅湖北各信稿,略有改换。阅许仙屏所起各信稿。发者中丞信一件。酉刻,登舟行走。与朱品隆、唐义训言拔营事。戌刻,养素来久谈,更初去。与意城、仙屏小叙。

廿八日记

陆营每日领烛二百一十六斤,油三百五十斤

米

账房例半年一换

盐

又记李迪庵湘勇湘　中右营　迪庵自带

副中营　希庵自带

副右营　李续焘璞阶,记名总兵,图萨泰

奇右营　赵克彰国香,记名副将,挚勇

元右营　沈俊德克垣,记名副将,总兵衔

亨右营　李登梗经庠,副将尽先

利右营　李长林懋斋,副将尽先,勇号

贞右营成大吉武臣,副将总兵衔,劲勇

元中营王载驷呈瑞,副将尽先

亨中营杨富友述园,参将加副将衔

利中营李存汉代怀,副将尽先

贞中营萧庆衍为则,副将尽先

发中营张运馥桂卿,参将

张中营唐义训桂生,副将

刚中营赵友才作舟,参将

毅中营彭祥瑞吕华,副将

前　营朱品隆云涯,副将,尧勇,宁乡

左　营蒋凝学芝醇,候补府道衔

副左营胡裕发达轩,副将,标勇

后　营周宽世厚斋,记名总兵,翼勇

新后营黄泽远仲仁,副将衔

马　队萧积仰高贤,同知直隶州

以上二十三营,皆湘营二李所招

凯右营　梁作楫湘帆,同知衔知县,邵阳人

凯左营杨得武凯臣,副将,进勇,益阳人

前仁营朱希广子明,副将,道州人

后仁营李运络玉山,游击,永州人

正仁营何绍彩子文,记名总兵,勇号,道州人

左仁营黄胜日晓亭,副将,道州人

副仁营周吉祥△△,都司,道州人

智　营余云龙汉卿,游击,湖北人

信中营彭星占△△,参将

信左营谢永祜青芸,参将,湘阴人

以上十营抚标,胡中丞所招

护军左营刘连升青云,副将,衡阳人

护军右营彭友胜云台,参将,长沙人

护军前营　万远培原名绥之,改文职,湘阴人

护军后营归湘营　张福泰松亭,都司

以上四营,杨军门护水师者

又哨官、哨长

雷峰云,副将,干勇,长沙人(湘阴)

李集贤　副将

朱品文　副将

成得升　副将

彭炳武　副将

又　记

寄薛绍彭七古二首,共八叶,后有山阴徐肇显跋

《动静交相养赋》共五叶

东坡次韵米芾、二王书跋尾五叶

《北山移文》二叶

《祝寿词》一叶后有柯九思、方二壶跋

《美人为政》诗一叶

《寄葛德忱书》一叶

韩诗、贞娘墓诗共四叶中有吴宽、王鏊跋

《树人天台》诗三首,四叶

《庚子山春赋》一叶

多景楼、岘山等诗二叶

《游虎丘诗》三叶横石二,直石一。后有孙米澍跋

以上米书

真叟诗三叶山谷书

《草书论》一叶君谟书

《临高台》三叶子昂书

圣祖临米书一叶

共十六种,罗淡村方伯所送

二十八日(闻太平军窜往东平,立阻朱船前行)

早,清理文件。饭后会雷西垣。旋写对联八付,中有送刘养素一对,撰句云:"组练三千朝踏浪,貔貅十万夜观书。"写家信一封,交谢添兴带至吉安。写信,寄庄木生一件。写一信与丁石汾,托刻地图开方格子。未刻,养素来送行,久谈。申刻开船,行三十里,至木樨湾,宿泊舟中。清米帖一套,共十六种。酉刻接沈幼丹信,知玉山于二十二日解围。次青伤痕已愈,为之忻然。夜早睡。是日派朱品隆一营先行。余因等候吴国佐,故开船甚迟。酉刻闻贼窜乐平之信,恐途次仓卒遇贼。夜二更,派人持令往前途截住朱品隆之船,嘱其等候坐船到时再行同进。

廿九日(因戈什哈李绍裔不服管辖,是夕遣去)

早,开船。行三十馀里,馀干令莫廷蕃来见。又二十馀里,至龙津地方驻泊,莫令再来见。莫号尧羹,广东南海人,甲午同年。曾在南康一见也。是日在舟中清发湖北信件。罗方伯处,自添写二叶。文任吾处添三叶。又写胡中丞信一件、彭雪琴信一件。打包交彭雪琴转递湖北。又写次青信一件,幼丹添二页。夜,接九弟二十四日信张正魁、杨和贵带回,不接弟信四十一日,至是得信,极欣慰也。是日热甚,与雷西垣、意城、仙屏舟次乘凉。久谈。所坐红船,不能至馀干以上,以滩干水浅之故,即在此候坐官板船,将红船开发,仍旧湖口。戈什哈李绍裔不服管辖,是夕遣去。

八月

初一日记

○李熙庵在九弟处捐钱千串

○咨发油烛

初一日

早，开船。未初至茶山宿泊。燥热异常，登岸至周家宗祠歇凉，酣睡二时许。夜登舟，仍极热，坐战船至江心乘风，三更归，坐船渐凉矣。是日阅段氏若膺《戴氏年谱》。

初二日（临近鹰潭，定计遣各营长龙先回湖口）

早，黎明开船。午刻至黄金埠，见安仁令范维璜。杨凤山同年升自广信晋省，亦来一见。申刻至安仁县，遇大顺风，因未停泊。戌正至风塘宿泊，距鹰潭尚欠十里。是日，删改湖口、九江新祠一摺，湘乡忠义祠一摺。河浅滩多，长龙船不能上。是夕定计遣各营长龙先回湖口。

初三日记

○寄季高信言邹图事

○寄次青信约至河口一会

○寄迪庵信、六弟信交黄金魁带

○寄张小浦信河口发

初三日

早，已开船矣，因闻各长龙船尚未来，饷银未到，复又停住。命喻吉三至安仁迎提。巳初，始开船。午正，王人瑞自贵溪来迎。未刻，遇意城船去。酉正，贵溪令谭炳勋、候补同知胡盖南、候补县贺宗澜及其兄贺宗源来见。夜宿金山堂，去贵溪尚二十里。是日，水浅滩多，仅行三十馀里。天气燥热，在船上酣睡，不能作一事。夜在岸上支搭帐房歇宿。

初四日（喻吉三赴下游接饷船，申刻赶到）

早，开船。行八里，过九牛滩。又十里，午刻至贵溪县。张凯章、萧启源、王人瑞来见二次，胡盖南、谭炳勋等来见，共见客七、八起。写家信，澄、季一件，沅弟一件，合之前在瑞洪所写二件叔父一、夫人一，并抄日记，均交老湘营勇，专送吉安，初五早起行也。又作季高信一件，合之昨写之儿子信，均由六百里递至湖南抚署。又写次青信一件、幼丹信二叶、翔冈信一叶。喻吉三赴下游接饷船，申刻赶到。久不雨，枯燥异常。夜以大盆洗澡，略觉清爽。

初五日（向导营四勇经鹰潭，被团局凶殴，令县令立审）

早间，因谣传新城失守，少晏起行。巳午间，大逆风，不能开船。向导营四勇，在鹰潭经过，被该处团局杀死一人，杀伤三人。巳刻来报，县令谭君亦随来，因令谭审讯。谭审后来禀，供词含糊，仅以查拿凶手一语塞责而已，因令解送局中。职员曾守文、生员黄宗发、店主桂胜生三人来营，发交李笏生再审。申刻登舟，开上三里许。戌刻，李审此案。团局于凶殴四勇之后，又复捆送县城，捏情诬禀，情殊残忍，因将曾守文正法，而带黄宗发、桂胜生二人至河口，如受伤三人中再有死者，再行议抵也。是日写六弟信一件、迪庵信三叶。改李筱泉，喻吉三各夹片。夜，写者中丞信三叶，赶抄两摺一片、会回各稿，专黄金魁送迪庵营次，并六弟一信。又将鹰潭团局案，械告雪琴，系意城代写。

初六记

○湘乡祠案，咨缄骆中丞，会后衔

○湖口九江祠案，咨缄告杨、官、胡、者

○会者札，撤李大雄、滕加洪营拟稿并写一信

写家信，言《刘笔庄文集》

○禁骚扰告示

○禁团练不许乱杀人告示

初六日

早，打发黄金魁至迪庵处。旋开船，行三十馀里，至火炖铺宿。是日，滩干水浅，逆风逆

水,舟行极难。申刻停舟,以待火食船之至,约一时许。细雨新凉,一洗近日烦燥。然风雨交加,难于行路。若在贵溪登陆,则较便也。在舟次写九弟信一件。夜看各信稿。

初七日附记

胡长芝芸圃,行五,弋阳令,六安州人,捐班收复龙泉,保举知县

初七日(至弋阳,麾下各营官均亲迎十里)

早,开船。行五十里,酉刻至弋阳,县令胡长芝来接。刘胜祥、刘芳贵、黄振成来接,均迎出十里外。刘胜祥带祥字营勇六百扎弋阳,系新化人。刘芳贵带宝后营、副后营,胜祥之兄也,驻扎铅山县。二人均在衡州时隶我麾下。黄振成带协和营,驻扎弋阳。黄系广东丙午举人,协和营系余在江西省城时所立。中队多广东人,左右队一系义宁人,一系湖南、贵州人。戌刻,徐文藻来见。徐系丙申庶吉士,改刑部主事。咸丰元年冬,余在刑部时,徐京察一等。二年秋,因案降调为府教授,到任数年。七年,捐道员。是日,郭意城、许仙屏坐船因坏柁,二更始到。午刻,改平江营守广丰、玉山一摺。

初八日(今改由陆路行走)

早起,改由陆路行走。各委员及各物均坐船至河口。余与郭、许、巡捕、家丁起早。行二十里,打茶尖。三十里至新硚头,饭尖皆弋阳县所备也。又三十里,至河口,寓关帝庙,系山陕会馆。李次青观察、河口同知孙家铎、铅山县令黄恩浩来见,萧营各营哨弁来见。夜,请凯章、人瑞诸公宴饮。天气甚热。

初九日附记

○与幼丹论米事

○各营下扎加勇粮,均作一钱四分,夫粮均作一钱

○设立粮台各事宜

初九日(吴翔冈之落后队伍初十可到)

早,清理各文件,至辰正毕。会客数次。夜,沈幼丹观察来,谈至三更。是夜发江西司道谢信,龙方伯信,自添三叶,晏中丞信添四叶。天气燥热异常,军中苦之。吴翔冈自江西赶到,为之忻然。其队伍尚在后,约初十可到也。初八日接部文,奉旨,李廷泰前帮办和春军务,现剿闽贼,归余调度等语。

初十日附记

○一札沈道

○一札刘曾撰

○一札铅山黄令、委员潘兆奎

○一札雷西垣

○一札何敦五、卜宗铨

○一札胡云衢、李兴锐、王澧

一札建宁府

○一札邵武府

一札延平府

一札崇安县

○一札光泽县

一札保臬司

一札延建邵道

○一札莫祥芝、黄兆炳、杜光邦

○一发闽督信咨

○一发东将军信咨

○一发周天受信咨

○一发周天培信咨
○一发饶廷选信照会
○一发李定太信尚未咨
○一札张腾蛟
○一札△△△
又附记
郑元璧锡候,建溪书院山长,结实可靠
蒋　衡建宁己卯举人,在府办团
孟际元侯官人,甲午举人,在崇安多年,选莆田教官
杨春蕃邵武府属教官,长乐人。乙未举人,结实可靠
何高慰、傅方驹、杨绍梅皆光泽举人,在团局公正,与雷西垣善
顾飞熊署邵武参将,浙江诸暨人,现在杉关,勇敢善战
以上幼丹观察所开

初十日(今闻闽贼有窜往延平之意)
早,清理文件。巳正,幼丹来愍谈。闻闽贼有窜往延平之意。写家信一封,交莘田叔,彭芳六带归。申刻,改遵旨援闽并陈贼情、军势一摺。夜热甚,早睡。是日共见客六次。张绍南,号伴山,前任丰城令。现丁忧,在幼丹处当营务处,与孙雪筠、雪玉坡来见,馀皆各营哨也。

十一日附记
丁峻部下之勇号恬生,保知县
奇兵营官丁玉麟丁峻之侄
彰武军前营于翎魁,帮办于宣
中营杨洪升,帮办罗鸿标
左营丁应龙丁峻之弟,帮办满发喜
又附记
九江各营送安禀来者
万泰铅山都司,署游击　邵学志德安把总、戈什哈
黄逢祥后营守备　汪　荣建昌把总
杨青后营千总、守备衔　秦得荣前营把总
程廷发后营把总、守备衔　曾麟魁前营千总
虞起荣前营千总　殷维连前营外委
龚庆魁德安把总　欧阳望水师营外委、戈什哈
丁世昌德安把总、戈什(哈)
又附记
戈什哈前哨余星焕,左哨叶光岳,右哨李承典,后哨罗逢元,管带官喻吉三。
戈什哈每人六两,五人一棚,每棚给夫三名。保至都守者,另给私夫二名。保至参游者,给私夫三名。保至千把者,给私夫一名。充哨官者,给夫一名,马一匹,夫、料钱夫价三两,马料价一两。

十一日
早,清理文件。饭后写对联七付,赏水师营陈发祥等四船,并谢得胜、张定元。幼丹来久谈。巳正外出拜客,会吴翔冈、萧启源、张凯章。馀未得见。未正归,倦甚,久睡。下半天见客四次。郭观亭之世兄,前来投效。夜改派粮台及营务处片稿,核各札稿。

十二日附记
吉左营帮办朱宽义号步卿　卢綑绩号少卿

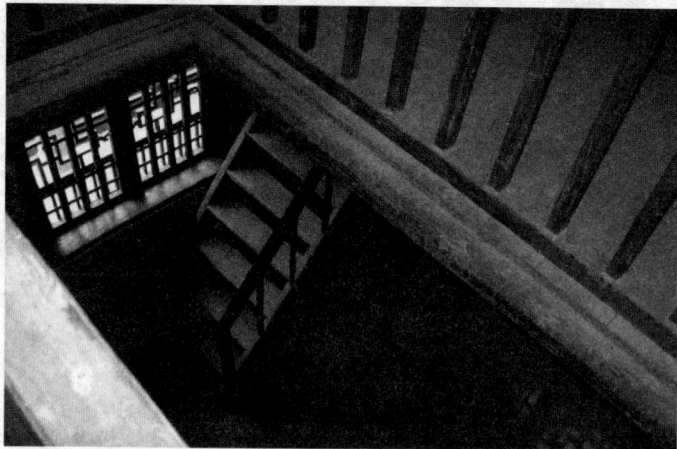

曾国藩藏书楼

十二日（是夜，闻楚勇败挫，又思变计）

早，清理文件。饭后阅四摺一片，料理发报，计遵旨援闽一摺，广丰、玉山两城力战解围一摺，调喻吉三一片，又派沈幼丹、雷西垣两观察办粮台，李次青、王人瑞办营务处一片，均单衔二封。又会杨厚庵、李迪庵前衔，奏湖口水师昭忠祠、九江塔公祠；会官制军、胡、耆中丞后衔一摺一封；又会迪庵前衔，奏湘乡忠义祠一摺，调李筱泉一片，共一封，午刻拜发。巡捕不知，误送铅山县城。申刻派喻吉三至铅山一查，派史连城至广信一查。心生忿懥，盖无养之故也。自寅至亥，倦甚，不能作事，亦未敢服霍香丸。是日添者中丞信二叶，系调丁峻之彰武、奇兵，熊应文之武威军由玉山至金溪。是夜，闻楚勇败挫，金溪、泸溪、新城失守之信，又思所变计矣。

十三日附记自九月十四至廿三，共见十七人

老湘营花翎者○蓝翎者△

九月十五见　侍勇亲兵正百长△何本高介臣，湘阴人，蓝翎都司

九月十七见　副百长△陈玉恒义贵，蓝翎守备

前壮亲兵正百长△张义贵连城，

守备

副百长△朱仲明仁斋，守备

九月十七见　后壮亲兵正百长△文兼武召贤，

守备

副百长△丁登云梯升，千总

九月廿二见左壮亲兵正百长△贺国秀蔚廷，

守备

九月十七见　副百长△辜胜友云如，把总

右壮亲兵正百长△王华国文亭，

都司

副百长△赵仁和贵连，千总

第一旗旗官○黄万友杰轩，副将

九月十四见　中哨百长△陈青云立汉，都司

九月廿一见　左哨正百长△叶明瑞先芃，都司

副百长△周定和蔼臣，千总

右哨正百长△谭发律玉堂,都司

副百长△李竟成兴家,守备

九月十九见　第二旗旗官△文恒久历山,都司

中哨百长△潘运璋金莲,千总

九月十九见　左哨正百长△黎以成锦绎,守备

副百长△方有才集轩,千总

九月廿二见　右哨正百长△熊常富启泰,千总

副百长△龙见田利安,守备

九月十八见　第三旗旗官○陈品南斌全,副将衔,参将

九月十五　○中哨百长△刘光明必照,都司

九月廿三见　左哨正百长△易开俊明耀,守备

九月廿四见、○○副百长△杨鸣岐凤翔,守备

右哨正百长△易荣华晓亭,都司衔

守备

副百长△李纯典镜堂,守备

九月十五见　第四旗旗官○刘松山寿卿,游击

九月廿四见　中哨百长△章合才寿卿,守备

左哨正百长△喻胜荣锦然,都司衔

守备

副百长△朱华清平尧,守备

九月廿三见　右哨正百长△陈世隆国苾,都司衔,

守备

副百长△刘为政以德,守备

第五旗旗官○彭声发振山,参将

九月廿四见　中哨百长△喻致惟泽霖,千总

左哨正百长△尹松友青武,千总

副百长△唐玉益云宗,守备

右哨正百长△胡光辉亮庵,守备衔

副百长△赵连玉璧传,千总

九月廿一见　第六旗旗官○朱绍辉印魁,醴

陵人,游击

中哨百长△杨桂武端章,都司

衔,守备

左哨正百长△陈明南化行,都

司衔,守备

副百长△谷代纬伟人,守备

右哨正百长△喻焕成先云,宁

乡人,守备,都司衔

副百长△曹义胜福亭,守备,都

司衔

十三日(批张凯章禀请前往安仁截剿)

早,闻贼窜金溪,至安仁界。张凯章禀请前往截剿,即时批准。饭后清理文件,会客数起。接九弟吉安家信。申刻又闻贼自安仁渡河,将有归并景德镇之信。夜清各当差人员夫役单。

十四日

早，张凯章、王人瑞来，言即刻拔队赴贵溪、安仁剿贼。旋定各员薪水单、夫单。幼丹来，与之商定十五日回驻弋阳之事，旋告知各营。会客四次。写九弟信三叶，夜，又添二叶，言捐勇中欠饷，请加学额事。写耆中丞信，告知张凯章回剿安、贵之事。夜，发晏中丞信，求以摺件、油纸等物见惠。复胡恕堂中丞信二件，一系托吴子祥扶榇之事。发张小浦信，自添二叶；季高信，自添一叶。

十五日附记

营中各员及委员开一水牌名单

○发报：改由云际关入闽

○咨催湖南添解八、九、十月银六万

○并缄

○函商湖北添银一万

○奏请四川协银二万

十五日

早，拔营。至弋阳，会幼丹一次。卯正起行廿里，至田里丁家祠内早尖。又四十里，至弋阳县住。是日，吴翔冈之义字营走头队，营务处走二队，朱品隆走三队，余走第四队，唐义训走五队，果字八营走六队，均于申刻前后到弋阳。夜，清理各件。江西耆中丞，三次咨请派张道一军驰剿安仁、贵溪一带。杨名声自湖北归来。接胡中丞信，九月、十月银四万已起解。王起玉等自太湖归。接六弟信，知迪庵现围攻太湖。

十六日记

营务处哨弁单　　　花翎者○蓝翎者△

巡查四△彭麒达先发，都司衔，守备

△王佑朝良臣，宁乡人，都司

△陈盛世磺斋，游击衔，都司

○王桐柏心斋，都司

百长三△丁长胜仙华，都司

△陈达庵△△，都司衔，守备

△李绳武宗贵，守备

大旗三△张良青新宁人，都司衔，守备

△邹昌保新化人，守备

△曾聚贤守备

又附记庆制军奏驻延平摺

建宁镇林向荣

臬司保泰

督中军副将贾开泰

邵武参将顾飞熊

参将普超

右五人堵剿建阳，以保建宁

参将黄礼铃

延建邵道袁绩懋

参将惠寿

金门游击曾涛

右四人堵剿顺昌、上洋之匪

兴化都司练青

县丞方晋德

福宁镇池建功

候补道周朴源

右四人攻剿松溪、政和

十六日（接贵溪信，言贼已由安仁窜往万年）

早，清理文件，旋会客三次。巳正至城外营盘一看，申正归公馆。巳刻写雪琴信一封。夜添耆中丞、龙方伯信各一叶，希庵信三叶。核定各稿。派杨名声察视病者、伤者。是日未接凯章之信，不知在何处。又闻其分作两支，一拦头，一尾追，恐兵单力薄，甚惦念也。接贵溪信，言贼已由安仁窜往万年。十七早，又接贵溪信，言贼尚驻安仁。

十七日附记

弋阳六十里至湖坊，又三十里至陈坊。有两路：左六十里，至山头关，又六十里，至火烧关；右七十五里，至云际关。

十七日（是日初移营，夜看水道提纲）

早，接浙中咨，次青记名以江西道员请旨简放。卯正早饭后，移入营盘。天雨新凉，竟日至夜五更，雨不息。夜，写九弟信一件。是日初移营，未办一事。夜看水道提纲。

十八日

早起，略清文件。饭后会客两次。派老湘营二人：

○方宗照平江亲兵百长。极似黄荣贵。廿六岁

祝鸿恩平江亲兵内把总

十八日

早，清理文件。饭后见客六次。李次青荐李仁俊充书办，系一鸟枪勇，而书法甚佳，因令其充清书。蔡梦熊与其侄蔡樟元来见。樟元之父，嘉庆己未进士，任知县十年。其兄道光壬辰举人，现任教官。樟元本年欲北上，送诗一首。添李筱泉兄弟信二叶，添雪琴、迪庵信各一叶。夜温《滕文公》上下篇，二更后睡。竟夜大雨不止。南城十八都团局杀宝勇三十三人。营官朱步青禀请查办，因札饬张凯章讯明究办。并札南城令黄荫山随同查办。是日来报，绅团仅交出三人，碍难核办云云。余以凯章即日拔营入关，嘱其速了此案。

十九日附记（制鹿茸法）

制鹿茸法：先用磁瓦片去毛，将鹿茸用黄酒泡湿。又用酒泡湿白布，包茸放入蒸笼内蒸发，然后用刀切成片子，再加黄酒，再蒸后，用杵冲碎。高丽参切片子，用黄酒蒸发冲碎。每茸一两，配参二两。或用黄酒，或用蜜糖，共和做成丸。

一法：鹿茸用刀去毛，酒侵，切片，炒干，研成末。高丽参切片，炒干，研末。二味和研，用黄酒洒丸。

又附记

建昌府东门出城三里，杨林渡过渡、七里，十里山十里，小岭上山下岭共五里；五里，洪门村房五、六十家，五里，长塘街五里，青麻村庄，民房三、四十家，十里，硝石铺店二、百家，三、六、九日圩场，可扎营，有联局，十里，塘头街十里，严和市村屋三、四十家，有联局，千里，资福桥铺店三、四十家，可扎营，五里，路窑过渡，五里，五福街十五里，石硖铺店百馀，可扎营，五里，新口十五里，飞鸢有汛、有联局，五里，蜂窠十里，杉关六里，九里桥九里，止马铺店二、三十家，有联局，可扎营，八里，京牙可扎营，右往水口，左往光泽，七里，水口铺店八九十家，有小河可通光泽、邵武，可扎一、二营。

送信至吉安。昨十七日，派吴翔冈带队至安仁等处剿贼，为凯章之接应。本日午刻闻翔冈于昨四更至贵溪，迅速可爱。是日，细雨迷漾不止，未办一事，因看《陆宣公集》三卷。夜二更一点即睡。

十九日（闻吴军至安仁，张、王军先后可至安仁）

早,略清文件。饭后,闻吴翔冈于十八日至安仁。旋闻张凯章、王文瑞分两支之军,十八日由乐平一路抄出者,先后可至安仁。张、王督率团练分扎西北门,吴军扎东门。南门外郎河,朱德树平江营水师驻之。康国器济胜军水师,亦于是日来见,遵批赴安仁会剿。丁峻之彰武、奇兵营,前札赴金溪驻防。本日来见,谕令扎于安仁之对河南岸,恐水落滩浅,贼得涉渡南窜也。又亲书一缄,过知凯章。是日修子墙,余营居子墙,内为圆圈。营务处王人瑞、前营朱品隆、强中营唐义训,居中一层墙内:王居后,朱居左,唐居右。王营有门,与余内层通,朱、唐与内层不通也。中层之外,又有外墙子,以备守御。嗣后扎营,俱照此制。申刻,家中遣曾六来接纪泽儿,信附七古一首,颇有清致。而无声调。

二十日附记

〇专人至杨厚庵处送会回稿

萧浚川营哨弁名单〇者花翎△者蓝翎

果中营营官萧启江

帮办秦华祝都司,彭忠信守备,行斋

亲兵左百长〇萧庆高都司

亲兵右百长△萧文太守备

前哨百长〇朱桂秋都司

左哨百长△王胜友把总

中哨百长△何胜必守备

副中哨百长△姚美仑千总

右哨百长△彭称鹤千总

后哨百长△冯翊翔守备

果前营营官△李奏勋直州同,和鸣

前哨百长△刘竹田千总,守备衔

左哨百长△彭良作千总,守备衔

右哨百长〇梁万贵游击

后哨百长　万龙光军功六品

果左营营官　〇胡中和游击,元庭

前哨百长△苏国忠守备

左哨百长△赵国泰把总

右哨百长△彭光辉守备

后哨百长△刘喜益守备

果右营营官　〇毛治祺都司,盛昌

前哨百长△胡腾芳千总

左哨百长△李翠林千总

右哨百长△唐星照守备

后哨百长△彭东岳守备衔〇千总

果后营营官　△刘岳昭同知,静臣

前哨百长△刘复胜守备

左哨百长刘祥隆把总

右哨百长△李添栢把总

后哨百长△谢玉堂把总

新果营营官　△萧启淮守备,桐柏

前哨百长△彭称集千总

左哨百长△王世宾把总

右哨百长谢华桐军功
后哨百长△曹文和千总
副果营营官　△萧积椿府经县丞,漆圃
前哨百长△邹俊元守备,都司衔
左哨百长△彭泰和守备
右哨百长△李继东千总
后哨百长△唐凤辉千总
果勇奇胜军营官○黎得胜守备
前哨百长△陈高益把总
左哨百长邹义沅军功
右哨百长陈三元外委
后哨百长王其发军功
二十日(欣闻凯章大胜杀贼三千)
早,清理文件。旋闻凯章于十九日辰刻
大获胜仗,克复安仁县城,杀贼计三千人。
吴翔军[冈]一军后到一刻,未与于战。午
刻写信示纪泽儿。旋请意城写漱六信、厚庵
信、骆中丞信,各自添一、二叶。
二十一日附记
○布尺二丈　○铜尺　布斗一
布斛一　咨部补武缺
湘前营○者花翎△者蓝翎
营官　朱晶隆云岩
帮力　朱毓衡砚澜一,△府经县丞
张鸿运道南三,监生
张熙琳碧泉三,△蓝翎外委
哨官前黄惠清镜寰一○游击,拟保参将加副
将衔
左沈宝成袖珍二○都司,拟保游击加参
将衔
右胡辉堂芗斋十○游击
后成立福鹄臣四○游击
强中营
营官唐义训桂生
帮办　易良豹晴谷,从九
禹志良汲三,从九
李占鳌少莲
唐福胜红俊,千总
哨官前王华云景星,外委
左王品高尔禄,△守备衔,千总
右刘长春厚德,△外委
后胡玉元其祥,守备
又附记
○竹卓罩　小炮二尊　○门帘

中华传世藏书

曾国藩全集

日记

二十一日(自写告示,竖旗杆,升帅旗)

早,清理文件。饭后见客二次。未刻,请意城写功牌刻之。申刻,自写告示,竖旗杆,升帅旗。夜写家信二叶。前遣回之蒋得胜到家中,家中遣曾象五与之同来。八月初四自家起行,初八自省起行。曾象五十九即到,蒋得胜廿一日始到,因令责之。二次接家信及湖南信数件。夜闻张凯章业已收队,本日可至贵溪,吴翔冈则追出万年等处矣。

二十二

早,清理文件。饭后写家信三件澄季、叔父、朱建四。午正至城内拜客,看许仙屏病。接九弟信,吉安于十九日夜克复,各营来贺喜,应酬时许。夜闻吴翔冈一军追贼至万年,先胜后挫,刘隐霞殉难,李雨苍不知下落,因呼朱品隆来计事。王人树议张凯章一军,宜暂驻贵溪不动也。写信与吴翔冈,令其回营。添信二叶,寄骆中丞。写信与九弟。

廿三日附记

弋阳县南面大河,即广信河。北面小河,北门外有桥,去城门不半里。桥内有山坡,可扎营扼住桥头。城内有山,可扎营。西门外过河以北,有平冈可扎营利于攻者。西门外附城,有小山可扎营利于守者。东门外多山,可扎营,即余驻营地也。

廿三日(带朱品隆出看营盘)

早,带朱品隆出看营盘。弋阳县之脉,自灵山来。灵山在上饶境,在弋阳之东北,六峰耸峙,形如笔架,与庐山之五老峰略同。县之对河南岸有龟峰,山形如龟,去县南稍西,约三十里,南临上饶,北绕弋溪。弋溪发源于灵山西,流至县之西门,注入上饶江。县北门外有桥,去城不半里。桥南有小山,可扎营。城内有山,可扎营。西门外有小平坡,可扎营。皆守城者所宜占也。西门外过弋溪河五里许,有黄土冈,可扎营,攻城者所宜占也。东门外有詹家山,最高,群山颇多,皆可扎营,守者攻者,皆宜占也。咸丰五年,罗、李扎西门外之黄土冈,余今扎詹家山之侧。见客三次。接吉安九弟信,共九叶,计二千字,大致谓委任统领,责成功而略小节。阅克复安仁摺稿。写营门字、对联等。夜闻李雨苍尚在。睡,点三江口闵三杰眼药。夜写三信。

廿四日

早,清理文件。旋看奏片三件,阅匡开益致次青信所陈闽事。是日定廿七日拔营入闽。余率各营从弋阳启行,凯章率各营从贵溪启行,约于陈坊、云际关等处取齐。二十八、九日,分头帮、二帮先后长行。戌刻发报,克复安仁摺一件。万年小挫。刘本杰请恤一片。胡兼善病故,请恤一片。请四川饷一片。意城写一摺二片,郭笙陔写一片也。申刻,自书团练不许妄杀人告示。是日酷热,与盛夏无异,未能治事。

廿五日附记

平江老中营

营官　△屈蟠知县,湖口人,见田

帮办　△钟辅朝守备衔,把总

△李昇平乾州协千总,溆浦人

△王春发把总

杨以勋禀生,湖口人

前哨哨官　彭琼英千总

哨长　黄菊亮千总

左哨哨官　毛全升把总

哨长　单恩德把总

中哨哨官　△吴兰惠把总

哨长　杨发成桃源人,把总

右哨哨官　△唐顺利常宁人,千总

哨长　△张恒彩把总

后哨哨官　△李佑厚守御所千总

哨长　潘光前把总

得胜军　自带护勇十一名,又大旗一人,先锋四人,五人各带四人

管理　△哈必发守御所千总,善化人

潮　勇　共二十九人

哨官　刘　兴广东普宁人

哨长　刘　烈广东普宁人

以上老中营、得胜军、潮勇员弁、勇于共柒百九十六员名,每月大建肆千五百九十二两七钱。

廿五日(嘱莫祥芝画福建地图)

早,清理文件。已刻写楷字百馀。旋见客三次。摹地图,略画数小水,写数十小字,已觉劳神。申刻少睡。酉刻,彭山屺到营,渠自湖南七月廿五日开行也。旋嘱莫祥芝画福建地图,用邹氏重刻李申耆图而展拓之,益以康熙图之小地名及经行之地名。夜,接张凯章禀,因宜黄有事,请暂缓起行。余批以可由泸溪分兵赴建,吉安得胜之师,亦可顾抚建也。二更开,次青之母太夫人左手膀忽痛,不能举箸。

廿六日附记(近日贼连连战败)

咨部请封

大姐五十寿礼

〇送刘隐霞银对

〇咨请浙江发火药一万斤、烛五千斤、油五千斤

又记福建商人由省来,廿三日至弋阳所说邵武之贼,八月十五日退往黄土冈建宁、太平、新城、南丰四县交界,十六、七与官兵战败想即刘印渠之师,附以光泽团练,退转黄土冈。十九日贼又败。二十日回窜入邵武城。唐都司扎光泽西四十里之水口。武都司扎光泽东四十里之龙斗。浦城、星村、建阳三处之贼,均由汀州至潮州。

廿六日

早,清理文件。已午间,见客三次。小睡。张凯章禀,宜黄、崇仁被贼窜扰,意欲回援抚建。余批令,仍至陈坊入闽。申刻作挽联,挽刘隐霞云:"五载共兵戈,地下知心王壮武,万年歆俎豆,沙场归骨马文渊。"是日,次青代作四六信,复沈幼丹,余添二叶。夜添张筱浦信二叶。

廿七日附记

〇家中雇长夫百人

〇蒋魁南、杨喜贵、曾象五送茸至吉安,并功牌

廿七日(是日始拔营)

早起,发耆中丞信、龙方伯信,各添数行。是日拔营。果前营第一队,营务处第二队,湘前营第三队,余行第四队,强中营第五队,平江老中营第六队,果字左、有、后三营第七队。果前营拔营最早。余已刻写九弟信。未刻中饭后,始行拔营。行至南门过河五里,至汤家村

玉镂雕牡丹纹花薰　清

住宿。是夜赶印功牌五百张，送至吉安。军械委员王澧所制，账房太贵，申饬之。

廿八日（拔营行至荷包塘登响石岩）

黎明起。饭毕，拔营。行廿里至荷包塘。过半里许，小憩于野。策马登一山，名曰响石岩，其北为峭壁，南略斜，上为平顶，在龟峰之东，登此山即见龟山之背。对面东南一山亦壁立，高平如台，形与龟峰略同。又行二十里，至双港住宿。双港系一大壑。余扎营之处，名曰五鼓岭，坐西向东。后曰虎形山、月轮山，对面曰岩山。右胁有一水，从义岭来，右东南角有一水，从陈坊、吴坊来，会于双港东北，流至于黄沙港，入弋阳江。是日在舆中，倦甚。果字八营昨日拔营，至汤家山者凡四营。本日同来双港者，仅果前营，馀三营明日始到。其留于弋阳者，则待萧浚川到，始启行也。

廿九日

早，略清文件。因无夫不能成行。巳刻，张凯章来见，言新城有贼万馀，刘印渠一军于十五、十九、廿一、廿四、五打仗，恐贼众兵单，难以防御，请先赴建昌，改道由杉关入闽。余以十二奏由分水关入闽，廿四奏由云际关入闽，不欲屡迁其说，踌躇未决。中饭后，登山一览，并至港口街市，酉正归。夜，定改赴建昌由杉关入闽之计，写信与九弟。夜，睡不成寐。五更，作湖口石钟山水师昭忠祠联云："巨石咽江声，长鸣今古英雄恨；崇祠彰战绩，永奠湖湘子弟魂。"

卅日（因无夫仍在双港扎一日）

早，将起行，因无夫而止，仍在双港扎一日。雷西垣、次青、人瑞至湖口雇夫。又嘱张伴山、韶南在双港雇短夫。上半日小睡。旋写湖口祠联。申刻又作塔公祠联云："大勇却慈祥，论古略同曹武惠；至诚相许与，有章曾荐郭汾阳。"戌刻写就。夜查长夫，略有头绪。弋阳刘祥胜营借来五十人，吴坊雇五十人，双港短雇五十人。派丁蔼士综理军械，计火药、油、烛，用夫四十七名，铅子、火绳，用夫廿名。添罗淡村信一叶。写家信与澄季，寄廿四日摺稿，日内日记。派戈什哈张定魁至吉安，约九弟来建昌。

九月

初一日

早，自双港起行。行四十里，至港口扎营。夜，议次青假归事，派史连城带途费，自平江迎接李太夫人。派易有成迎提鄂饷。写信与雪琴。寄湖口、九江对联。

初二日

早，与次青别。次青由弋阳回玉山一行，清理数日，即归平江迎养。余率师至建昌入闽也。行四十里，至塘陂湾扎营。营盘坐西南向东北。遥望东南外山，为天华山，最高。西南为云台山，东隅为降真峰。北至贵溪五十里，东至光泽县一百八十里，南至耳口寨四十里，西南至上清宫五十里。是夜，天黑欲雨。倦甚，不能治事。

初三日　　早，微雨（由高阳艰行至沙洲）

长夫不齐，拟止行二三十里，即行驻扎在塘陂湾团局局内。雇夫五十名，每名给百三十文，实则局中每名已给三百文。局中首士为龚思胜等，颇有礼也。行二十里至高阳，皆山径崎岖、高岭及涧，无一处可以扎营者。又二十里，始得一大壑，中为河，左为田，右为原，宽平，可扎二万人，地名浒望。因无米可买，故未驻营。又十里，至上清宫，与郭意城同入玉皇殿一观。榜曰"大上清宫"。内有棂星门、下马亭，有正殿，有雍正九年"御碑亭"，极宏伟，皆为贼所毁，神像狼藉。宫门外有赵子昂"玄教碑"，尚完好。旁有雍正年一碑，上无覆亭，剥落尽矣。因帐房未至，在米局中饭。米局系营务处王人树太守所设，其法与地方绅耆议定米价，公设一局。绅士主之，营中派弁目监之，无得抬价抑买。是日米价，每升钱廿一文。过浮桥

里馀,在沙洲上扎营。是日,因早间微雨,有二十里、三十里即行安扎之说。各勇夫无长行五十里之志,不料所过皆深山仄径,无平地可以驻扎,又无铺店可买饭食,又小车难于过岭,又夫马惮于小路碎石,又日暮雨作,遂致饥疲怨嗟,有三四更始到者,有次日尚未到者。

初四日(派余星焕带夫去接军火)

早起少晏。因本日不拔营,即在此停驻一日。营盘地名下桂洲。稍上里许,为上桂洲,即前明下桂溪相国故宅。营坐西向东,河水发源于泸溪,自西而东流,至安仁之上,合入广信大河也。营在河南岸洲上,去河才数丈,实非可安营之地。下游西北隅,为龙虎山,即张真人修炼之所。上游东北隅为象山,即陆子讲学之所。正东为巍姑峰,即馒头岭。正南为出云峰。正西为西华山。东北至塘陂湾五十里。北至贵溪县七十里。西北分三路,至鹰潭四十里,至安仁九十里,至邓家埠七十里。西南至金溪七十里。东南至耳口寨四十里。巳刻,派余星焕带夫三十名去接军火。派彭山圮去查昨日来路,恐有掳夫扰民之事。未刻,喻吉三始到。是日阴雨,雨时作时止。酉刻大雨。夜,雨不息。又因雇夫不齐,军行甚滞。

初五日(至西华山雇齐夫后略可成行)

早起,雨止,未有微雨。因帐房沾湿,雇夫未齐,再住一日。写官制军信,共五叶,写六弟信二叶,迪安信、幼丹信,各添一叶,毛寄云信,添二叶。中饭后至西华山顶一望。西华山之东一壑,即上清宫旷野也。西华山之西一壑,较上清宫之野略小。去西华山之半里许为狮山,葬前明一天师,故有石人、石马。狮山之北接冲天山,俯临江水,即上清宫之水口也。酉正归。雇夫尚未齐。昨日派人至贵溪,持百金雇夫百名,由上清送至建昌。令军械所暂留上清二、三日,俟夫到再行。本日因无夫可雇,又令军械所前存之夫十六名抽出,先送他物起行。银钱所应运之物,暂留上清,待贵溪夫再赶赴大营。抽出钱所夫廿名,先送他物起行。又以银万二千两,交营务处及朱、唐二营,各带四千安勇,身佩百两。亦抽出夫廿名,先送他物起行。是夜,团局亦送来夫十九名,童夫三名,略可成行矣。

初六日

早起,卯正开行。行三十五里,至旸田驻营。营盘坐东北向西南,地名鹤泉源。其东南为云林山,雄秀耸特,抚建之巨镇也。东北即龙虎山,西北为仙鹤峰,南为白马峰。东至孔坊十五里,西至青田桥二十里,北至鱼塘三十里。旸田,邓姓村最大,蔡姓次之。绅士邓义等来见。其父曾任湖南粮道,其兄即周子佩之妹夫也。金溪邓令国恩来见。吴翔冈派夫百五十名来接,因以三十二名往上请,接银钱所寄存之物。其百十八名,明日道上备用。前三十日借祥字营夫百名,至是令朱云岩写信送还。每人发八日口粮,每日一钱。是日,所过孔坊、旸田,皆膏腴之区,惜久被贼扰,民多迁徙未归。

初七日(至金溪县,此膏腴之区却遭贼蹂躏)

早,卯刻拔营。行二十里,至青田桥小憩。又二十馀里,至金溪县。邓令迎入城,借一民居作公馆,小坐时许。金溪膏腴之区,近被贼往来蹂躏,残破不堪。城中仅有一、二民房未毁,馀皆颓垣破瓦,目不忍睹。申刻至营盘,去城二里许。城北为鸬鸪岭,南为雀梅峰、三牌岭诸山。南路左至泸溪百里,右至建昌府百一十里,西南至抚州府百里,西至许湾六十里。邓令襄阳人,提督衙门稿房,咸丰四年,随杨昌泗克复武汉,案内保县丞,五年,在杨厚庵处办文案,旋保知县。申刻闻唐义训丁母忧,余至营省唁之。其兄与侄送新勇九十名来。灯后,萧浚川自鹰潭来见,畅谈至二更四点。其弟启源、其子积椿皆病甚。因令现在金溪之四营,于初九日启行赴建昌,现在鹰潭之四营,俟发饷后再赴建昌。

初八日(闻九弟已由吉安至宜黄,遂派人迎)

早,卯刻拔营。行二十里,停舆道旁,小坐。又二十里,至后车扎营。有绅士傅时亮邀至何氏宅内进酒果,小住,未刻入营。营盘地名王家岭,南有仙人岭,东有大猛山,西北有罗家山,东北有韩婆岭。申刻,闻九弟已由吉安至宜黄,因写信派李承典往迎。南城县黄令昨日派夫五十二名,至金溪县迎接;本日又派四十名,在途次迎接。

初九日（至建昌府城，县令迎于十五里外）

卯刻拔营。行二十里，至永安桥小憩。南城县派家丁在此办早尖。家人、巡捕、轿夫等皆吃饭。饭后，行三十里，至建昌府城。县令黄鸣珂力疾迎于十五里外。旋接见黄署守秉珍，及宝勇四营在郡之营官罗近秋等。又见建昌本营游击季超群等。在城内公馆中饭，公馆即凤冈书院也。饭后回营盘，在北门外三里许。是日，行路较远，见客稍多，颇觉倦乏。

初十日附记

文建昌守黄秉珍东山，宝营普饮堂之营务处

南城令黄鸣珂荫山，贵州安顺人，优贡，庚子举人，以防团保知县，加州衔，但云湖之戚

府经历张寿山宛平人，在周炎营报捐县丞，年

二十六岁

武游击季超群

袁藻华新城石硖千总，临川人

杨锦斌存城干总，上饶人

杨怀玉泸溪把总，高安人

韩步高南城把总，临川人

刘兴杨新城把总，临川人

李步青泸溪外委，新昌人

吴金亮南丰额外，南坡人

罗金魁飞鸢外委，新建人

崔思坤世袭云骑尉，南城人

绅黄家驹壬子优贡，捐输中书同知保知府，冠北，前任刑部主事黄守训之子。

又附记

宝前营刘光明游击，五百人，据称少八十

副中营罗近秋游击，五百人，据称在泸溪败亡八十，未补

左营朱步青游击，五百人

护卫营黄秉忠二百人

初十日（刘荫渠自新城来见，喜其书生气未改）

早，起略晏。见客数次。午刻，刘荫渠自新城来见，六年不见一面，即深相爱重，喜其与三十年在京相见无异，仍是朴讷书生气象，未染军营气息，亦无官场气息也。旋接各处书牍三十馀件。胡恕堂中丞奏调次青赴浙。有信寄余并次青。九弟专人送信，言撤勇事。初三日自吉安发来勇，初七日到省，初十日到建，甚迅速也。余于本日卯刻专老湘营勇送信与九弟，约其来建昌一会。是夜，又回九弟一信。作信寄许仙屏，派戈什哈往弋阳迎之。作信与次青，告以浙抚奏调之事。四弟荐安化刘星槎来营投效。七月廿四日家信，本日夜始到。夜，温《离娄篇》。是日，专人至省，带银一百两，为余与意城办寒衣。

十一日附记

○提南城县漕五千石札一、咨一、函一

○咨省城飞解油烛带丁处眼镜

○札沈道解浙江油烛至新城，并解火药

○采杉关外扎营地方派朱长彪、彭述清

○查河道运米至新城，并飞鸢熊村等处派朱营四人

○告九弟雇夫三百人为一营营官一人、哨长三人

○办十四都杀宝勇一案派张镇湘、陈考元去查

游麻姑山

制布帐子

十一日（派人查沿途营盘地基等）

早，清理文卷。旋请刘荫渠早饭，张凯章、王铃峰、朱云岩、王人树作陪，巳正散。派朱长彪、彭述清看沿途营盘地基，兼问米价。派朱营四人查河道，可运米否。回耆中丞信，意城写四叶，自添二叶，催解油烛。接家信，澄侯信系八月廿四所发，纪泽信系十九所发。遣宝后营之夫回贵溪。夫，每人赏银五钱、钱四百文，共七十九名；亲兵六名，每名赏银一两；哨长一名，赏二两也。派人查麻姑山路，挑麻姑泉水一担来。又僧送麻姑酒，殊不见佳。本日接李仲云信，有船样三图。接孙芝房信，寄近作古文一本。夜，阅《论治》六首，通达事理，文亦劲快，杰作也。温《万章》篇。

十二日

早，清理文件。巳刻，至人树处拜刘印渠。黄荫山大令来见，又见客二次。中饭后进城，拜客四家。归来，身体不甚爽快。夜接文书五十馀件，逐一清核，温《告子》至"宋牼章"止。是日又觉有病，至四更时起腹泄，甚畅快，病即愈矣。本日亥刻接到批摺，共四摺二片。奏朱批二道、谕旨四道。

十三日（令官军改由建昌杉木关入闽）

早，因病起略晏。饭后见黄恩祥、黄麟佑，黄莲溪之胞兄弟也。莲溪名麟祥，甲午举人，庚子翰林，丁未年没于京。一子名廷赞，避乱居乡，景况甚苦。其年嫂年四十一，已生二孙矣，因赠其子三十金。印渠来见，久谈，辞归新城营中。雷西垣自陈坊来销假。定稿：提南城漕米五千石。定稿：于江西省城设立递文所，派胡蔚之、丁石泷经理。回九弟信一件。是日上午，犹觉有病，下半日全愈。夜，王人树来久谈，言萧浚川之二弟及其子病，皆渐好，甚慰。温《告子》"孟子居邹章"起至末，并《尽心》上、下篇。是日午刻，发"闽贼回窜新城，官军改由建昌杉木关入闽"一摺，"纪以凤、王家瓒捐输"一片，专黄辅清、游得胜送至贵溪。

十四日附记

查守营门之人是否未离自查

查各营更鼓是否分明每夜派人查

查强掳民夫、勒买货物等事派人查

查鸦片烟馆、查赌厂派人查

每日传哨官来见自开单

十四日（是日定派张凯章营先入关）

早，起少晏。旋见客五起，又传见老湘营百长何本高、陈青云。是日定派张凯章营先入关，出关外或北剿洋口，或南赴宁化，听凯章主之。余俟部署米粮少有头绪，即行入关。申刻，许仙屏自弋阳来营。夜温《梁惠王》上、下篇。

十五日附记

十四△何本高湘阴归义人，兄弟六人，行三。咸丰三年十月入王璞山营。侍一百，壮四百，朴实。

十四△陈青云五都萧家冲人。先充为字号勇，在金鹅山打仗。四年五月，在湘潭大官殿入璞山营。兄弟四人，居三。眼圆而动，不甚可靠。语次作呕，跟似邹圣堂。

十五。刘光明湘潭石潭人。四年三月十一，在岳州城内战船接出，年二十七岁。父年四十六岁。母没，有二弟。明白安详。

十五〇〇刘松山七都山枣人，曾在季洪处当长夫。四年冬，在铜钱湾入璞山营。其兄在岳州阵亡。母存，父没，嫂嫁，有二侄。据称，东安、郴州之战最苦，吉水潭、四墟之捷最伟。王枚村不言而善战。挺拔明白。

又附记建昌绅士

蔡梦熊渔溪，万年教官

蔡樟元豫卿，庚子举人。梦熊之侄

万恩辅仪唐,甲辰举人

黄士锾秀峰,丙午举人

崔　煊春圃,崔斌之子

李鸿卓黄平州知州,庚午举人,己卯进士

李松龄小梧

十五日(专人晋省,写密信与耆中丞)

早,各员弁贺朔[衍朔字]望者多,至辰正毕。饭后清理文件。专人晋省,写密信与耆中丞,言团练杀宝勇事,自添一片。幼丹信自添一片。未刻剃头。传见刘光明、刘松山二人。夜,温《公孙丑》上下篇。

十六日(与意城、仙屏、笙皆同游麻姑山)

早起。卯正早饭毕,即与意城、仙屏、笙皆同游麻姑山。进城北门,出南门约十三、四里入山。山高四里许,中有半山亭。过亭后有试剑石,有双瀑泉、乌龟潭、水月潭、伏狮潭。又上为金龙潭,为龙门桥。水帘洞与庐山之栖贤三峡桥最相似。桥内有神功泉,极清洌。又进为一大壑,北为仙都观,观外为会仙桥,观内有碧莲池,壁上嵌鲁公书《麻姑坛记》,中龛麻姑神像,今毁矣。庙后为螺蚌岩,岩后为齐云峰,庙之对门为五老峰。观左有五忠祠,祠外有唐大夫松,祠侧为十贤堂,堂后为慈惠庵。仙都观之上,有碧涛庵。庵内有大士阁。南城局绅蔡梦熊叔侄二人在庵内具酒席,供张甚备。饭后,又游丹霞洞,在仙都观之西南,约里许。小溪侧有大石,中洼。相传洼内,旧为人洞之门,今为沙石所闭塞。其上为行人径路,顿足则阆然有声。土人谓其下空洞,故履之成声。然山色粗犷,绝无灵异之象。纵有小岩深洞,必非佳境,不足以宅仙灵矣。申刻归,仍至龙门桥小憩。麻姑山之胜,以此为第一,他皆傅会,不足珍也。薄暮下山,归营已亥初矣。许仙屏得家信,其父患病,促之归,来余账圙叙家事。是日接公文廿馀件。夜间,清理一过。

十七日附记

△王华国八都人,易芝生居相近,三年入王营当伙兵。有弟为凯章亲兵。

△陈玉恒二坊人,南门城外。三年入王营,廿四岁,长而清,可充戈什哈。

辜胜友三坊人,曾家冲。三年入王营,二十五岁,矮而不精,比赵子麟略瘦。

文兼武十二都人,三十岁,其兄亦在王营,拙、直,长工之才。

十七日(九弟言由樟树登陆至建昌来会)

早,清理文件。饭后,送许仙屏回家。天雨竟日,萧然秋老。萧浚川来久谈。其弟启源、启淮及彭忠信均赴江西省城养病。九弟信来,言自吉安十二日启行,由樟树登陆至建昌来会。所部之勇撤去千馀,带千馀人来作我亲兵。见客七次,写六弟信六叶,添迪安信一叶,添雪琴信四叶。夜添次青信二叶,添丁石泾、胡蔚之信一叶。是日写对联四付,写挽幛字,阅《骈体正宗》十馀首,系借仙屏之书。

十八日附记

○○陈品南　老三营湘旗旗长。挺拔,有静气。二十九岁。铜钱湾住。副将衔。

○喻科癸　平江亲兵百长。年二十四岁。满面堆笑,可爱。矮而精明,略似陈安南。

由硝石分路过渡,走新城县,至新口合路。

硝石十五里,界牌前十五里,八都铺店廿馀家,三、五、八、日墟场,可扎营。有墟场联局。八里,白石头十二里,十里山村屋百馀家,十里,新城县五里,五里亭可扎营,十里,熊家塘五里,荷花庄五里,黄竹源五里,白沙十里,新口。

又附记

十九黎得胜果营奇胜军营官。五年冬回楚,六年援江,旋归周凤山统。目动言肆。

十九○○文恒久四都高冲人。三年九月入王营,岳州城内救出。辅卿之侄。有静气,有良心。二旗旗官。父没,母今年没。

十九△黎以成宁乡人。四年，鲁家坝人营。神昏。

二十　莫有升长沙人，年二十九岁。南勇，刘培元营内哨官。眼圆人滑。随浚川出投效。有妻无子，无兄弟。

十九日（吴子序自南丰来会，老病龙钟状）

早，料理文件。巳刻，张凯章来久谈。又见客三次。午正请药匠伙计来作鹿茸丸。吴子序自南丰来会，老病龙钟之状，令人侧然，陪久谈。中饭后，子序入城拜客，戌刻归来。夜与共谈至二更尽。

二十日附记

〇六弟信送九弟倍，送日记

〇迪庵信

〇雪琴信

〇雨三信添片

〇黄莘翁信添片

廿一日附记

△秦华祝三十五都，洪三殿人，三十五岁，三年，在谢春池营。矮，乡间人。果营帮办。

△何胜必二都城前人，二十九岁，有妻子。视下，果营百长。

△冯诩翔湘潭石潭人，二十八岁。左八曾荐至余处，其父兄皆在鲍超营中阵亡。矮微麻。果营百长。

二十日（与子序谈"格物"）

早，清理文件。与子序谈格物，"格"字颇相合。饭后，子序欲归，因雨大暂留，巳正归去，赠银二百两以为乱后葺屋补缀之费。竟日雨不止。写季高信添三叶，胡中丞信添三叶，骆中丞信添二叶，官制军、李希庵信各添一叶。黄荫生、雷西垣来谈。夜，下《孟》[论]至"卫灵公"止。

二十一日附记

卢开甲号纪年，汉军，驻系城炮厂，己亥举人。四年，部选金溪县。本年丁母忧。父先亡。五年到任，六年七月卸事。目动神很。

杨照藜号素园。

凡十五两七钱九分，每日一钱七分，浅杯汁，可供三个月零三日。廿三日又称，仅十四两一钱二分。青花瓶盛七两一钱一分。碎瓷瓶盛四两九钱一分。小花瓶盛二两一钱。

〇朱绍辉醴陵人，湘潭界挖煤为生，广西境内入营。四十八岁，父没，母七十一岁。朴实明白。初充侍勇，六年冬，下岳州分六旗。

△叶明瑞湘潭人，易家湾，种田为生。道州入王营，初充公长夫。面麻小样，狡诡能战，形模似三花脸。

老湘营旗长薪水九两。夫三名，七两二钱今加作九两。王加四两，张加二两。廿四两

正百长薪水九两。夫三名，七两二钱今加作九两。张加二两廿两。

副百长薪水六两。夫两名，四两八钱今加作六两。张加二两十四两。

廿一日（申刻亲兵自省归）

早，清理文件。旋见客五次，传老湘营百长二人来见。写六弟信、迪安信，添雪琴信、雨三信、莘农信各一叶、二叶。申刻，亲兵自省归。接丁石汸信，代办余与意城衣服皆到，至代买之书，庄木生皆赠送。计《司马温公集》一匣，廿四本，《五种遗规摘抄》四本，《观象授时》六本，《观象玩占》十本，缪刻《太白集》四本，江艮庭《尚书》六本。夜，温下《论》毕。是日闻九弟可至抚州，写信派夫百二十名，戈什哈十人去接。

廿二日附记

〇〇贺国秀五都人，兄弟六人，行二，有一兄一弟在营。四年三月廿五入王营。静而明

白。壮勇百长,作田营生。

○熊常富卅五都人。去朱存大甚近,三年十月入王营,曾与羊楼岗之役。

廿二日(接信请大军速入闽以保邵武)

早,清理文件。黄东山太守、罗近秋、朱步青来见,言宝勇拔营无口粮。余许以途费给之。蔡樟元来见,谢送人京程仪也。雷西垣来,谈黄莲溪同年妻子贫苦,告帮助之事。是日请客一席,萧浚川、张凯章、蔡渔溪、黄冠北四人。申初起,酉初散。日暮倦甚。夜温上《论》至"雍也"止。接沈幼丹信,扬州于初四日失守。又接匡已峰信,言顺昌、洋口贼势颇炽,请大军速入闽以保邵武。邵郡绅士举人张垣等亦有公禀,请大军入闽,救光邵生灵。查《观象授时目录》,开一清单。

廿三日附记

署南丰县潘曜新广东人,潘祥新之弟。代理县丞陈淫、风岐三。

代理广昌县孔广晋

石城县令张镕

易开俊城内人,草席生理,四年冬入王营,三旗百长。视下多心计。据青,小枪食药六钱零,抬抢食药二两零,劈山炮食药五两。

△陈世隆四都人,四年冬人副五哨。父母俱没,一兄早没,一弟生子四人,有田三十馀亩。作田营生。

廿三日

早,清理文件。饭后见客三次。添幼丹信一页。中饭后剃头。派王起玉等查各营小枪、抬枪食药若干,劈山炮食药若干。九弟寄温弟信,昨日专二人送江北,忘将迪安一信带去。旋专马二匹,至前途赶交。本日来回信,竟未赶上,须迟日另送也。夜,温上《论》"雍也"至末。又温《大学》全卷。是日,意城为我钞陈希夷《心相篇》,因熟玩数过。

廿四日附记

○○杨鸣歧湘潭十四都,莫家塅人,种田营生。四年正月入一三营。目不妄视。

○章合才四都人,三年九月入王营,岳州战船接出。有祖母有母。挺拔诚实,父今年死。言小枪食药一两,抬枪食一两零。

○喻致惟宁乡二都人。五年正月,招副五哨入营。据言,小枪食药六钱零,食子三颗。抬枪食药二两零,食子一大三小。劈山炮食药六两、七两,食子一大、十馀小者。明白有情。喻吉三之侄。

南城县解宝勇库平银叁万叁千伍百零伍两五钱九分。据宝勇称,内应除湘、宝两军犒赏壹万两正。

宝左营欠二万五千一百零五两一钱二分　每月三千九百六十六两钱。七百名。

宝前营欠一万九千九百六十六两二钱九分每月三千四百十四两。六百名。

副中营欠一万零七百廿两零二分每月三千一百廿伍两二钱。五百五十名。

护卫军欠八千四百六十九两四钱四分每月一千四百三十五两五钱。一百五十名。

以上共欠六万四千二百六十两零△△△△。

廿四日(是日张凯章将十四都杀宝勇之案办毕)

早,清理文件。饭后见客二次。巳刻至萧浚川处回拜,未初归。会客五次,见老湘营百长三次,写九弟信二叶。夜温《中庸》全卷。是日张凯章将十四都杀宝勇之案办毕,开单来告,计正法者十二人,责释者七人,开释者二人,均照所拟办理。凯章了此案后,即于是日拔营入闽。连日苦雨,是日始放晴也。接闽省绅士公信,意欲请余至省一次。

廿五日附记

张筱浦在徽州布置九月初事

江长元皖南镇总兵,驻太平县,防青阳、石埭之贼。

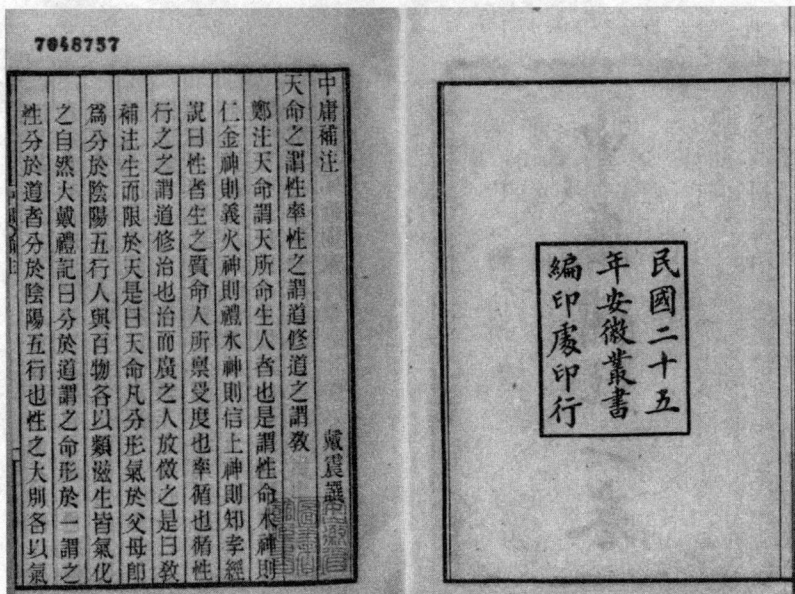

《中庸》书影

陈大富都司,率杨勇赴太平助江镇。
王金魁千总,率楚黔勇赴太平助江镇。
以上徽州西北路之防青阳、石埭
余永椿参将,先防婺源,后黟、祁。
周光顺都司,率浙兵赴渔亭助余永椿。
程绍鸾守备,率安勇赴渔亭助余永椿。
以上徽州西路之防祁门
周天寿漳州镇总兵。自闽浙折回,督攻婺源。
李春寅参将。由上溪口进,随攻婺源。
荣　陞都司。由上溪口进,随攻婺源。
熊廷芳游击。率果毅勇赴清华街助攻婺源。
张　琪县丞。率沪勇赴清华街助攻婺源。
以上徽州西南路攻剿婺源
张应超参将　马光宗
袁国祥游击　闵步璜都司
方国淮守备　许培刚守备
刘祥林带锐勇　萧占国守备
吴伟奇　唐通文把总
曹玉林都司　胡占文千总
黄朝陞都司　王福安千总
罗　淫守备　曾玉堂把总
杨裕仁太平县知县　李钦守石埭人
杨搞藻石埭主事
以上石埭在事之人
王　奎祁门把总　林用光祁门县知县

谢祖述水师千总　程　燠祁门训导

以上祁门在事之人

苏式敬同知　王恩荣参将、武职

吴崧庆婺源县知县　和顺参将

彭定澜委员、知县　叶圣言都司

林廷选徽州知府　以上四人文职

文瑞参将

杨名声都司

夏宝庆游击　以上四人李定太所派

王梦麟参将　陈殿飏把总

丁文尚参将　周占雄千总

鲁屿都司

张洪陛外委　以上三人阵亡

江国林守备　江长元所派

洪修政绅董

陈起熊婺源守备　以上六人武职

潘国珍绅董

江磐绅董

朱家骏绅耆　王友辂绅董

以上婺源在事之人

又附记萧营

○○萧庆高　三十二岁。三年救江西,入李营,同剿湖北,九江、弋阳、广信等处。在景德镇告假,入果营。父、母八十,思归,语次欲泣。四十二都人。

△朱桂秋浏阳人。三年,救江西在罗营当

长夫,至吉安当勇,同打湖北、九江。五年正月告假,又入

罗信南营,茶陵入萧营。略油。

王胜友六都人。初入罗信南营,后入萧

营。据称,小枪食药一两零。父母俱在,乡间蛮人。

○姚美嵩年廿一岁,一都人。六兄弟,行季,四人在营,伯次有妻侄,亦当勇。金溪始充百长。挺拔有情意。

○○○胡中和年廿四岁。廿五都杉木桥人,去太平寺数里,曾在迪安营当勇。八年六月假归。八月娶妻,漂亮。

廿五日(接信言扬州失守)

早,派王福去接九弟,添信一叶。旋清理文件。饭后,见客三次。又传见萧营百长四人。查张筱浦在徽所用之人,开一清单。接何根云信,言扬州失守,但无明文。请王文瑞便中饭。下半日倦乏。夜,温《诗》至"不能奋飞"止,阅《诗谱》一过。派人去查麻源路。是日奉到朱批,即八月廿四在弋阳所发夹板,计奉谕旨三道,军机处交片一件。

廿六日(今九弟到营)

早,清理文件。饭后,写鸟枪、抬枪食子食药表。午初,九弟到营。本日行七十里。不料其早到如此。见客四次,皆九弟带来之人。中饭后,九弟到各棚拜客。余添写张仲远信二叶,罗少村信二叶。酉刻,九弟归营,戌刻,复来。夜,与意城等三人久谈,温《诗·邶风》。是日接刘腾鹤等禀,新淦三都圩截杀湘后营弁勇、丁役一百廿四名,禀请查办。

廿七日

早,清理文件。旋至九弟新营盘吃饭,巳正归。浚川来会,明日拔营至南丰、广昌等处。

九弟所管各营,昨日未到者,本日早到二营。又见客七次。写鸟枪、抬(枪)长短斤重表。申刻接李希庵信,论事有识。派章寿麟监印委员。莫祥芝患病,入城医治,求一见,语言时明时昧,颠连可悯。送黎警斋奠仪银贰十四两。黎名宗铭,零陵人,向在王璞山营,聪明警敏,字仿左季高体绝肖,志趣高亢。方期渐进于诚实,遽以疾殁,殊为可惜。夜温《鄘》《卫》《王风》。

廿八夜附记
○朱品隆派人回宁乡招长夫
○戈什哈改两翼不能遽改翼长,难得其人
○薪水、长夫单再加酌定初三发行
○刘星槎派差事廿九日身故
李筱泉定建昌粮台章程
○催九弟军火各船来建廿九日派人去迎
○复杨泗孙滨石信 ○寄云仙信

廿八日
早,清理文件。旋见客二次。饭后写家信,澄洪一封、叔父一封、纪泽一封、阳牧云一封。接家信,系王芝三、右九二人九月十二自家中专送来者,计澄弟一件、纪泽一件、昆八一件,又纪泽、昆八、临三等寄九弟四件。申刻,九弟来谈诸务,戌正归去。夜,温《诗经》《郑》《齐》《魏》《唐风》,共六十叶。

廿九日附记
○调沈鹤鸣候选知县,照磨,署莲花厅同知
奏调赵玉班
戈什哈分为三等给饷
廿九日(酌加各员蔺水,与意城共定一单)
早,清理文件。饭后阅江艮庭《尚书音疏》。昨夜未能熟睡,本日倦甚。写胡润之中丞信一件。巳刻,发家信。添澄弟信四叶。因澄信分条来商,兹亦分条答之。申刻,九弟来商派朱品隆招长夫等事。酌加各员蔺水,与意城共定一单。接江南文,张殿臣于九月十六日克复扬州。接闽省文,周天培克复洋口。又清理各文件。温《诗》《秦》《陈》《桧》《曹》《豳风》。

卅日(闻老湘营新添病者三百馀人)
早,清理文件。饭后写六弟信、迪庵信。阅《司马文正公集》。申刻,九弟来阅薪水长夫单。添官制台、文藩台信各二叶。见客共四次。戌初至九弟营,二更归。温《诗·鹿鸣之什》。是日接雪琴三信、《水师昭忠祠记略》一首。营务处接凯章信。老湘营新添病者三百馀人。

十月

初一日
早,各员弁贺朔。饭后清理文件。旋见客四次。写筱仙信一件。倦甚,小睡。下半日,九弟在此叙谈。是日,改帐厅架子,自为经理。灯后,温《诗·南有嘉鱼》,至《节南山》止。是日添雪琴信三叶,略论古文。添幼丹信三叶,论提漕事。安化刘星槎经四弟函荐,来营投效,昨日病故。买棺木不甚佳。旋买沥青衬里,共用去钱十一千零。又赠银三十两余十六,九弟十六为归枢之资。其弟二人亦来营投效,因令其四弟扶榇至安化,而留其三弟在营当差。渠兄弟五人,星槎行二,家中尚有一伯兄一季弟也。又衡阳刘纯来投效,牧云有信荐之,

给以途费二十六两余十六,九弟十　遣归。

初二日〔阅温公《谨习疏》慨然有感〕

早,清理文件。饭后,会客二次。添耆中丞信二叶。日中,目蒙甚,小睡。旋阅芝房古文,阅温公《谨习疏》,慨然有感!下半日,因目蒙不能事事。夜,九弟来,谈至二更。温《诗·正月》,至《大东》止。是日湖南所解八月饷到,除去王人树所借之千两,彭山屺所借之二百五十两,实解来银一万八千七百五十两。湖北所解九、十月饷四万亦到,行至抚州起旱,李进发派勇六十八名护送来营。

初三日〔潘曜新论制火药之法〕

早,清理文件。饭后写家信,澄季四叶、夫人一叶,添骆中丞信二叶、季高信一叶,阅《温公集》一卷。中饭时,九弟来。旋见南丰令潘曜新,久谈。九弟与意城共定酌增薪水。长夫单发出。酉初,九弟归营。戌刻,余至九弟营小坐,更初归。温《诗》"四月维夏",至《裳华》止。潘曜新论制火药法,提硝须放萝卜,吸其碱气,炭以柳木者为轻妙,麻骨炭更轻,米亦可以为炭。

初四日

早,清理文件。饭后见客二次。旋看《温公集》二卷。剃头。中饭后,定招集复业告示。旋看《古文辞类纂》数首。夜写刘星槎事告知澄弟。温《诗·桑扈》至《小雅》末。是日九弟游麻姑山,灯初始归。

初五日〔九弟劝余作古文,未偿之凤诺〕

早,清理文件,写信一片与纪泽儿,言寄衣来营。饭后,九弟来叙良久。翻阅《文选》,温《三都赋》《南都赋》《二京赋》一遍。会客三次。酉刻阅《汉书》张释之、公孙宏传等篇。九弟于申初刻归去,更初复来,二更去。九弟劝余于应作之古文,未偿之凤诺,每日补作少许,陆续偿之。

初六日附记

勤梳洗,整衣冠;洁书室,闭三关。

清书牍,勤见客;查道里,核营务。辰巳午未

温熟书,览生书;偿文债,写劄记。申酉戌亥

又附记

制中毛羊皮阿龙袋一件

买好砚一个

派人至河口买材料

派人至扬州看郭亲家

买旧磁瓶数个盛药

取广信寄存之书籍、火腿

买七政台历

又附记

〇宝成〔天头:九年二月廿八见,似文官。〕新染铺人。父六十四,母五十六。兄弟四人,二在濠头堡阵亡,三在岭东阵亡,四弟十三岁。年廿九岁,有妻无子。在县入罗营。三年,救江西,四年,湖北、九江,五年,广信、义宁,俱在场。现充前营左哨长。清而有情。

〇〇胡辉堂四都人,父五十六,母五十六,祖父九十。兄弟二人,兄当护哨。三年六月廿四入罗营,救江西。回长沙告假,入王营。岳州之败,战舟接出。四年八月在紫坊再入罗营,同攻武昌、田镇等处。十二月廿九日接塔公马渡江,赏银十五两。同攻广信、义宁等处,在义宁告假。六年四月派哨长。年二十五岁。短小精明。前营右哨长。

〇成立福湘潭七都人。父八十,母七十。兄弟七人。二早死,四人在营当勇。年三十七岁。四年,在羊楼峒入营。打义宁后,告假一次。七年六月充前营哨长。初由抬枪班当散

勇。朴实壮健,目光渐散。

抬抢班散勇十二人,什长一人,伙勇一人,长夫三人。又由营官处拨来公长夫一人,共十八人两棚。

刀矛班散勇十人,什长一人,伙勇一人,长夫二人,共十四人两棚。鸟枪班亦然。

哨长一人,护哨四人,伙勇一人,长夫三人,共九人两棚。

原制哨长每月口粮九两。罗公加作九两六钱。李公因哨长官阶渐大,以次而加。守备充哨长者,加夫一名,都司加夫二名,游击加夫三名,参将加夫四名,副将加夫五名。各哨长于移营时,私雇短夫。扎坐营时则不雇。其银稍资津贴。

初六日（惊闻龙翰臣之妻殉节）

早,清理文件。饭后附记诸项琐事,传见湘前营哨官三人,会客四次。王人树在此便中饭。阅《汉书》四篇。申刻,九弟来,谈至更初始去。温《诗·文王之什》。与意城叙谈。是日闻龙翰臣方伯之妻何夫人于卅日寅刻雉经殉节,殊可敬悼!

初七日

早,清理文件。刘星房之世兄庠,号慈民来见,备述南丰受害之惨,房屋概为煨烬,侍其母借居乡间茅屋。其妻其弟归,以屋太小,不能同居。其弟侍星房居苏州,景况甚窘。饭后阅文书。九弟来谈。刘印渠自新城来见,看《汉书》二篇。中饭后,读扬子云赋三首。身体不甚爽快。日旰,在营门外小立。灯后,九弟接到行知,奉旨以知府遇缺即选,并加道衔。余至九弟营中,谈论家事,二更归。温《诗·生民》至《荡》。日内眼蒙殊甚,不耐观书,夜中尤甚。所带万刻《诗经传笺》,板本太小,亦不可读也。

初八日

早,清理文件。各委员等道喜,贺九弟奉旨晋官也。饭后,九弟来,久谈,中饭后去。接家信,澄弟一件、泽儿一件。接季高信,言湖南饷可请益。下半日,温《西京赋》。夜接官制军信,已得协办矣。接胡中丞信,告初四日请灵入堂。是日,添张筱浦信二叶、沈幼丹信一叶,添冯树堂信四叶,添饶涤甫信二叶。夜温《抑》戒诗。

初九日（南城绅士自愿捐办入闽之运米费）

是日,恭逢我先大夫诞辰。五更三点,九弟来,一同行礼,黎明礼毕。与九弟叙谈诸务。请刘印渠、王人树早饭,享馀也饭后,论拔营事。余意欲于十三日拔营入闽,意城、九弟与王人树之意,欲俟萧、张入关后,探确贼信,再定所向。亦实以各营无夫可雇也。午刻倦甚,小睡。旋写季高信三叶。未正,李筱泉太守来,与之久谈约二时许。夜,人树来告凯章入关后,营中又发病百馀,且言南城运米五千石至闽,须运费八千馀串,南城绅士自愿捐办。温《诗·桑柔》至《召旻》止。二更后,小泉、意城来叙。

初十日（出营登石仙峰）

早,清理文件。饭后写胡润之中丞信。旋接家信一封,系九月廿五所发,王良五在家带来。内四弟寄九弟信一件、纪泽信二件、临隶书《孔君碑》一卷,言读《诗经注疏》之法,较初八日信已长进矣,见客三次。九弟来,谈家事。写家信二件。日记一本,系曹荣所钞,交九弟专人带至家。中饭后出营,至吁江东岸宝塔山下,至南路,过杨林渡,过太平桥,至府城东门外,循垣墙而北,登石仙峰,灯时归营。夜,小泉与九弟来淡。温《诗·清庙之什》。

十一日

是日,余四十八生日。早,清理文件。凡贺生者皆辞谢。旋九弟来叙谈。辰刻,至九弟营早饭,同坐为郭氏叔侄、李小泉。巳刻归,看《文选》各小赋。未初,九弟来,共饭。黄大令及总局送满汉席。九弟登舟归去,余送至舟中,营哨送者,爆竹甚多。夜温《臣工之什》《闵予小子之什》。送九弟时,与之言所贵乎世家者,不在多置良田美宅,亦不在多蓄书籍字画,在乎能自树立子孙,多读书,无骄矜习气;又嘱多习寸以外大字,以便写碑版;又嘱为三女儿订盟。

十二日（往游麻源观峰石峭壁）

早，写幼丹、次青信各一片。辰初往游麻源。出府城之西约二十里，有麻岭。巨石峭壁，耸立千寻。有水绕于峭壁之北，约小半里许流出，是为麻源之洞口。入麻岭内，两岸皆石壁，中央一溪，清流激湍。东岸摩崖，有"云门"二大字。西岸摩崖字甚多，不可辨识。谷口有店，约二十馀家。去谷口二百步许，有五谷山，罗星极圆，俨护水口。又百步许，有平坡，土人名曰曾和△。五谷山与此坡似断似连。坡之西一谷，坡之东二谷。每谷各有一溪，溪源约各十五里许。东二溪汇于石桥，三溪汇于谷口店铺前，是之谓麻源三谷。东岸山皆石壁，西岸山皆土。东岸上最高者为云谷峰，下有平岗，即毕子岗。西岸上最（高）峰，即麻姑山身后之天马峰，下有一坳，土人名马鞍山。午刻，入栖云庵憩息。黄荫山大令治具。饭后，周览各处，至洞口店内小憩，日暮归营。阅各处来文，料理一切，至二更毕。温《诗》《鲁颂》《商颂》。是夕接萧浚川信，渠营病者一千三百五十六人，故者一百八十二人。

十三日（建昌府城守之甚易，攻入颇难）

早，清理文件。饭后进城。因各营患病者太多，且乡间居民亦病，斋醮三日，禳灾祈福。余亦诣坛拈香。旋至团局粮台等处谢寿。出城东门，绕南门外，自西门进城。

建昌府城，守之甚易，攻入颇难。东面及东南隅贴近盱江大河。东门外即太平桥，桥东有洲，洲南为从姑山，洲尾为新城河。与盱江相会处，洲尾曰杨林渡。两河相隔约一里有奇。中有小港，穿通两河。港有桥，曰千江桥。由杨林渡东岸循河而下，约三里馀，为宝塔山。山下为万年桥。欲围攻建昌城者，东岸自从姑山起至洲尾止，可扎三四千人，须于上下杨林渡绾搭浮桥，以通东岸。北头河沿不便扎营，宜扎于石仙峰及望马岗等处。南头河沿亦不便扎营，宜扎于六都山等处。西面宜扎师公山、王家山等处。西北隅之凤凰山侧，亦可迤逦连扎数营，此围城之说也。若攻城，则三面皆石山，不能挖地道，亦不能起土山，难为力矣。为守城之计者，则宜占据太平桥，占据中洲，通东路之接济，庶不至于围困。中饭后改摺稿、片稿。夜写迪安信二叶、六弟信一件，与小泉、意城叙谈。三更睡，不能成寐。

十四日（接浙江咨，六合、溧水已失守）

早，清理文件。添张凯章信。饭后见客二次。阅《文选》各诗。是日眼蒙殊甚，不能作字。接浙江咨，知六合、溧水皆于九月十八日失守。接饶枚臣信，言病甚，请告假六个月，情词恳切之至。夜温《书经》《尧典》《恤典》。

十五日附记

买洋红

查前此阵亡各员恤典

咨江西要军需则例

△王华云衡阳人，去女子桥甚近。罗山之姨侄。四年在孔垅入营，当长夫。五年，义宁至薄圻后告假，旋回营。罗山没后，随温甫至瑞州当什长。七年随希庵至九江，告假。八年二月在县城派哨长。老实。据称，该哨只十馀人未见过仗。己丑生。[天头：五兄弟，大在家，有妻。三、四已死，五及五（？）皆无妻。]

△刘长春湘乡城内人。成丰五年在后营刘峙衡处当亲兵。六年冬在腾鹤处充哨长。八年二月告假回湘，希庵派为哨长。聪明而滑。[天头：面貌俗。有母。二十七岁。]

○王品高八年三月在九江升哨长。栗山铺人。三年五月人易超九营援江。十一月杨虎臣散营。四年五月入罗营，岳州、武汉、九江、义宁皆在事。随温甫至瑞州。七年随希庵至蕲黄、麻黄。目下视，身长，结实。[天头：鼻好，耳好，目低。一兄被掳。父母皆亡。一妻一女。几年三月一日见。三十一岁。]

△胡玉元永丰下洋潭人。三年十月入罗营，至永兴打油榨圩。四年五月与朱云章解衡州战船至长沙，岳州、武汉、九江皆在事。六年至瑞州，温甫保以蓝翎把总，希庵保守备，迪安保都司。漂亮，微滑。[天头二十八。伯叔在，父母故，弟廿一岁，在靖州生意。]

十五日（传见强中营四哨长问话）

早，各员弁贺朔[衍朔字]望。饭后清理文件。见客三次。传见强中营四哨长问话。阅《方舆纪要·江南山川》。中饭后小睡。仍看《纪要》。夜温《大禹谟》《皋陶谟》《益稷》。是日发九弟信一件。申刻，奉到朱批，系前九月十三所发之摺。一摺批"知道了"，一片批"该部知道"。

十六日附记

○丁长胜前充二旗左哨。本年二月假归。三十五都人。四年，招副五哨入王营。身文而笨，讷于言辞，目不妄动。为可靠。

△龚隆贵二都人。四年二月初十日围在岳州，城破后十五日逃出。在城内杀穿左右颊。十一月复入王营。据称，在湖南与朱洪英战最很，七年十一月与右达开战最很。身长视下，有壮气，好说话。父母年六十二、三。三年入钟开诚营。

李绳武湘乡城内人，种田为业。三年入王营，旋至衡州入罗山营，同剿岳州、武汉、田家镇、弋阳、广信，均在事。年四十二岁。充二旗哨长。无英气。无父母。有弟，有二女。尚老成。

问官制军要弓箭，要马上鸟枪。

十六日（令官军分道入闽）

早，清理文件。饭后阅《方舆纪要》。传见营务处百长三人。午后，目蒙。旋阅《汉书·刑法志》。夜温《禹贡》《甘誓》《五子之歌》《胤征》。郭笙陔买得《松阳讲义》，借阅一卷。是日申刻发报官军分道入闽一摺，各营疾病一片，防守玉山、广丰两城一摺一单，专马送至贵溪。数日内眼蒙，照前略甚。所发之摺片，系意城写，清单十八开，系魏柳南瀛所书。

十七日（进城至黄太守处吊丧）

早，清理文件。饭后进城，至黄太守处吊丧，至粮台雷、李、张三君久谈。中饭后阅《姚姬传集》，见客三次。夜，仍阅《姚集》。因目蒙不敢多看书。与意城久谈。

十八日

早，清理文件。饭后阅《姚姬传集》，添宫中堂信一叶、李希庵信二叶、李香雪信一叶，又添沈幼丹信一叶、孙芝房信一叶，会客二次。晡时，作挽联一付，挽龙方伯。夜，因目蒙不敢看书。是日，黄吟台自安徽归来销差，语及皖北庐州失守，及江南何制军办夷务事。

十九日（见曾传芳，言九弟处军火已到）

早，清理文件。饭后见曾传芳，言九弟处军火已到，约火药三万斤、子三千斤、火绳千八百盘。从此军火稍足矣。昨作挽龙方伯联云："蓬岛掇高科，天边祥瑞韩忠献；章门夷大难，地下追随王伯安。"意城以为欠贴切也。又作一联云："豫章平寇，桑梓保民，休讶书生立功，皆从廿年积累立德立言而出；翠竹泪斑，苍梧魂返，莫疑命归死烈，亦犹万古臣子死忠死孝之常。"午刻写毕。又写对联数首。中饭后阅《姬传集》。夜，目蒙不敢看书，默诵《诗经》。

廿日

早，清理文件。饭后派人至省送龙方伯奠敬百金、联一、幛一，送李观察之配幛一。写信一叶，托丁石沥买零件。见客六次。见张伴山、黄荫山，知黄东山太守生时曾禀参黄荫山也。李筱泉来久谈，因留此中饭。饭后温《书经·汤誓》，至《盘庚》下毕。傍夕与筱泉谈。夜阅《姚姬传集》一卷。意城为余书篆屏四幅，写《洪范》"皇极""三德"二章，因与久谈。是日，接张筱浦咨奏，留周天寿在皖南。又接和雨亭咨，克复溧水县。

廿一日附记

○萧浮泗八都人。三年，救援江西，在罗营。口拙讷，神不外散。四、五二年俱在罗营。六年九月至九弟营。初带义营，现带制字营及中军。

○刘湘南甲午生。八都人。眼黄有神光，鼻梁平沓，口圆有童心，腰挺拔，面英发可爱。五年，羊栈岭入营。六年，罗死后出营。十月入沅营。七年七月升哨官。大父母与父母俱

存,无妻。

　　○○熊登武廿五岁。八都人,青三之侄。目有精光,三道分明。鼻準勾而梁方,口有神而纹俗,略似礼园。三年入罗营,从救江西。四年从攻武汉、田家镇。六年入沅营,未假。本生父故,母存,过继父母皆亡。

　　廿一日(接贺家讣,知丹麓先生已故)

　　早,清理文件。饭后见客二次,传见吉中营哨长三人。添郭雨三信一叶、袁漱六信三叶、沈幼丹信二叶。接郭云仙、左季高等信。接贺家讣,知丹麓先生已故。接九弟信,将由水路回家。下半日见客三次。目蒙,不能多看书。夜与意城谈家事。渠接家信,妻病未愈。阅《姬传集》一卷。

　　廿二日附记

　　○○张胜禄六都碓坎井人,与张开辑、凯章同族。二十八岁。兄弟四人,两兄在家,弟在营。四年,衡州入罗营。岳州、武汉、田家镇、广信、弋阳、义宁在事,六年六月在鄂告假,八月入沅营。口大,似王惠三,目有神光,人偶悦。现充义营帮带。

　　○廖世霖衡阳人,洪乐庙。四年,田家镇入罗营,为护哨三十五个月。罗山没后,随温甫至瑞州,旋至吉安。张开辑故后,充哨长。鼻梁直,腰身正。在家小贸营生。[天头:头发、眉毛有浊气。]

　　○李楚盛湘乡十二都人。义宁州入罗营。六年六月在武昌假,八月入沅营,把总、守备、都司,皆沅所保也。目有精光数道。田业为生,耕作四十担。扑实可用。[天头:面有骨格。大辫子。尚未保都习。]

　　寄贺丹麓奠分四十。

　　寄黄南坡之子卷资三十。

　　寄唐竟丈五十。

　　廿二日(派人去看郭雨三、袁漱六)

　　早,清理文件。饭后见客二次。派人去扬州看郭雨三,过松江看袁漱六。传见吉营营哨官三人。下半日温《书·说命》至《武城[成]》。剃头。夜阅《姬传文集》。

　　廿三日

　　早,清理文件。饭后见客五次。传见哨官三人。小泉来久谈。下半日温《洪范》《旅獒》。夜与意城等谈。

　　廿四日附记

　　△周惠堂东晚坪人。初入一一营,次入彭三元营,次入蒋左营,次入罗信南营,次入沅营,拔高彦骥水营。高归,充水营营官。颧骨好,方口好,面有昏浊气,色浮。不甚可靠。

　　△王桂林[天头:九年二月廿四改桂堂。]年四十一岁。住五里排。五年二月入罗营。蒲圻左足受伤,保千总。六年入沅营,七年改水师。[天头:八年七月廿一受大子伤,左腹入,右腹出。说话尚稳实。]鼻梁正,目青明,左有眚,鼻尖勾,面似小柳。

　　△黄正大清泉未河人。荫亭带至南康,充前营哨官,六年冬,丁艰归。七年入沅营,八月入水营。鬓贱,身长,无直气,目清而动。[天头:九年二月二十四日见。]

　　○李祖祥年卅二岁。洪乐庙人。驾船为生。在广西,南至百色,北至柳州,东至澳门。劳给八品,文格给六品把总,沅保千总守备。目定鼻定,坚实可恃。

　　傅裕昆年卅九岁,谷水人。初入厚庵副右营,四年七月入罗营,十二月小池口告假。五年在家练团,六年正月入罗营,二月受伤,九月入沅营。鼻歪,不可恃,色亦不正。微麻。

　　○周玉堂三年春,长沙入罗营,救江两。四年在岳州、武汉。五年在广信、义宁。六年五月受大子伤,迪安用去百馀金,十二月归。七年入沅营。目光三道,清明。

　　廿四日(闻成章鉴在吴城病故,不胜悲悼)

　　早,清理文件。饭后,吴子序来久谈。午刻传见吉中营哨官三人。刘兆龙带长夫百馀人

来，江龙三亦来。接四弟信、叔父信，言家中事颇详。李筱泉来久谈。中饭后，闻成章鉴在吴城病故，不胜悲悼。成以武弁而知忠义爱民，谋勇兼优，方冀其继塔、杨而起，不意其遽逝也。申刻接彭雪琴信，知迪庵有三河之败；言温甫弟与孙筱石、李璞皆、杨得武皆至桐城，迪庵冲出至六安州，不知果否。又言杨厚庵已至桐城，抚慰军心，都鲍派马队至桐城助守湖口，彭泽之营亦已北渡赴桐云云。若得迪庵无恙，则不久可复振也。迪军分希庵留于湖北，又分八、九营守浔湖彭泽，又分九营守桐城，又分二营来余处。分军太多，胜仗太多，固宜不免一挫。夜，与朱品隆谈李营事。睡不成寐。

廿五日（知三河挫败情形）

早，清理文件。饭后传见吉中营哨长二人。见客三次。午刻，李筱泉来久谈，留吃中饭。饭后，接杨厚庵、彭雪琴信，知初十日三河挫败情形。又接迪庵及六弟初八日信，在三河攻剿不甚得手。援贼四眼狗时已将至，方冀打败援贼，或可徐克坚垒。信系初七日夜写，其后初十日即败挫矣。是日写六弟信一件、九弟信一件、迪庵信一件、雪琴信一件，专湘前营四人送至湖口、桐城等处探问确信。中饭后写纪泽信，会客二次。夜写澄、洪信，未毕。

廿六日附记

△胡松江年二十九岁。目清明，无雄气。四年入秦国禄中营。十二月十二日陷入内湖，五年六月归。六年入沅营。花石人。父母没。吉中营哨长。七年六月丧母回家，仅住一夕。兄一，俱作生意。

△黄东南年廿二岁。大邑塅人。三年十月入王营，岳州城内，战船接出。五年二月入罗营。七年，入李营。六年告假，九月入沅营。父母没。目光三道，面麻，声不雄。

△钟辅朝二年在劳仪卿处。四年春入武庠，秋随李扩夫下武汉、田镇。五年入次青营。六年在抚州。七年贵溪告假。目清而不定，明白，滑。

△吴兰蕙五年春入次青营。癸未生。苏官渡升棚头，七年升哨官。面偏神动，目有精光，跳皮。

○彭琼英三十三岁。平江北乡，与彭大寿同族。四年在凌煌寿麾下，五年冬入苏官渡，七年充哨长。八年在衢州充哨官。鼻正，眼不敢仰视，面有正色。［天头：父故，母存，有妻、无子，弟二十六岁，有子。耳好。］

廿六日（今与意城论直道难行，时道易合）

早，清理文件。饭后写澄、洪信毕，写叔父信。午刻，命安七、玉四回家送信。叔父信内夹六弟信一件，抄雪琴信一件。澄、洪信内附日记一本初十日至廿五止，奏章、谕旨一本。纪泽信内封回《孔庙碑》《玄教碑》临本。日中，阅《汉书·地理志》。未刻，请吴子序、雷西垣、李筱泉、黄冠北、黄印山、张伴山中饭，酉刻散席。夜，阅《古赋识小录》，深有味于柳子厚之《囚山篇》。与意城论直道难行，时道易合。夜阅何敦五所呈报销册，以湖南北、江西十八万为外银钱所入款，以湖口二万及夏方伯、胡长芝三项为内银钱所入款。

廿七日

早，清理文件。饭后接澄侯、季洪十月十一日信，系专局勇二人送来，言养义子事。旋传见王春发等三人。与子序久谈。中饭后阅福建等处来文，知陈季牧已到光泽任矣。添希庵信二叶、王雁汀信二叶、陈伯符信一叶。夜写九弟信。傍夕至吉字中营与刘兆龙、江龙三小叙。夜间，眼蒙不能看书。

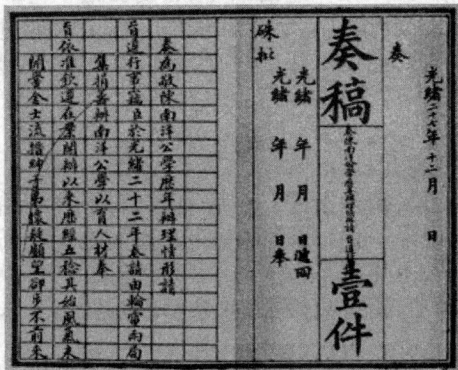

有关南洋公学的奏稿

廿八日附记

〇王春发口方鼻正,眼有清光,色丰美,有些出息。初当散勇,在吴稳正处打大旗,五年冬当百长,八年三月帮办。年二十三岁。父四十六,母四十。

△毛全陞鼻梁正,中有断纹。目小,睛无神光。口小。不可恃。住平江五里亭。四年随李扩夫,六年十二月在贵溪充哨长,现充哨官。[天头:父亡母存。弟二十四,在本哨当勇,四年至今未假,衢州充哨官。]

△唐顺利三十八岁,常宁人。目小有精光,眉粗,笨人。二年在长沙入苏营至南京。五年在李卿云麾下当奋勇,贵溪升哨长。本年三月升哨官。[天头:三年至江西罗玉麾下。兄弟四人,三兄皆在家。发粗。]

廿八日(六弟与迪庵尚无下落,恐将殉难)

早,清理文件。饭后阅看戈什哈、亲兵操演。其好者酌赏银三钱。戈什哈赏六人,后哨亲兵赏四人,右哨亲兵赏四人,河溪兵赏一人。旋见客三次。子序来,久谈。中饭后添罗澹村信一叶、张仲远信二叶、唐荫云信一叶,写扁三付、对联六付。夜与朱副将论三河事,心甚慌乱。旋接赵克彰十五夜信。六弟与迪庵尚无下落,其必同殉难无疑,公愤私戚,万感交集。三更睡,彻夜不寐。是夕,盛四在帐伺候,颇谨。二更时,云物黑暗,天容惨淡,如助愁绪。是日专人送澄、洪等信至九江等处交九弟。义子一事,待九弟到家斟酌行之。六弟初七日一信,亦寄送九弟。

廿九日

早,清理文件。饭后写家信,至申刻始毕。叔父一件,内附赵克彰信,澄、洪一件,夫人一件,纪泽一件,葛泽山一件。夜又添左季高信二叶、胡润之信二叶。是日因六弟无下落,恐已殉节,不见客,不吃荤。申刻,王人树、李小泉、郭意城来帐小叙。夜接官制军信,报桐城十九日师溃,请拨兵援鄂,或亲率以行云云。朱副将及李、郭、王等复来小叙。

十一月

初一日(国事家故忧郁填膺)

早,清理文件。因闻温弟信,禁止各员弁贺朔。饭后发家信及湖南信。查各省镇道驻扎处所。新买《玉篇》,略翻阅。夜,请意城来谈、笋生来谈。三日因闻温弟信,国事家故,忧郁填膺,不能办一事。夜不成寐。

初二日

早,清理文件。饭后接九弟廿二日在湖口所发之信,言温甫在桐城无恙,为之喜慰。写信寄家,安慰家中之人。叔父一件,澄、洪一件,邓、汪、寅皆一件。接著中丞信,欲余驻扎九江。复信言闽境未靖,暂不可去。接雨三亲家信,知眷属在袁江无恙。现被德帅参革查办,有惑乱军民、居心险诈等语。寄杨、彭信,各添一片。申刻,写对联四付。夜,因眼蒙不能看书作字。

初三日(奉旨令余速行入闽以便周天培还金陵)

是日恭逢先妣江太夫人冥逝,五更二点起,备席行礼。礼毕,天明。江龙三旋来行礼祭席。即请刘兆龙、江龙三诸人。余以温弟之故,未与筵席。饭后清理文件。是日心绪极恶,以迪庵、温甫事久无确音。午刻,朱品隆来久谈。渠请赴湖北一查,余止之。未刻写信与希庵,查问诸事。申刻读杜诗五言长排。夜读《柳子厚文集》。目蒙特甚,夜不成寐,公愤私忧,展转不能去怀。因思邵子所谓观物,庄子所谓观化,程子所谓观天地,生物气象,要须放大胸怀,游心物外,乃能绝去一切缴绕郁悒、烦闷不宁之习。是日,接奉廷寄一道,因王春岩奏克复洋口,进规顺昌,谕旨令余速行入闽,以便周天培还金陵。

初四日

早，清理文件。饭后因念江北迪庵、温甫等事，懊闷之至。日中，阅《玉篇》部首，分为形、名、意、词四者，注于目下，至申正止。与筱泉等议湖北事。接子序信，寄《诗经说》一本。按官制军信，已奏请余率师剿办皖北，以固楚疆。夜，意城来议，欲率全军以行，而江西抚建等处又将糜烂，定计留萧浚川一军防守建昌，带张凯章一军暨现在之吉字中营，朱、唐、平江等营，回顾楚疆。先行发信，一俟奉到谕旨，即行拔营赴浔。夜，阅子序《诗经说》，学有根柢，其用意往往得古人深处，特证据太少，恐不足以大鸣于世耳。

初五日（郁闷中接信言温甫弟殉难）

早，清理文件。饭后郁闷。见客四次。未正写《玉篇》部目毕。接雪琴信，言迪安、温甫、筱石、槐轩殉难，不待此信至，早知之矣。阅子序《诗经说》，不能深入。日中，因王令送席，请邓少卿等中饭。余以温弟之故，仍吃素饭，未陪客也。接家信，澄侯、纪泽各一件。夜与筱泉、意城谈，作《爱民歌》未毕。竟夕不寐。闻大风，不知九弟已到何处，为之悬悬。

初六日

早，清理文件。饭后添张仲远、厉伯符、彭雪琴等信一叶，添刘杰人信一叶，专朱副将营勇送去。作《爱民歌》，至初更毕，共八十句。申刻，新任建昌守王霞轩来久谈。夜，李筱泉来久谈。是日复张凯章信，言带渠军至湖北，俟奉到谕旨，余当先行，渠后发也。

初七日

早，清理文件。饭后念三河事，郁闷之至，不能作事。见客三次。前建昌府黄守没后，其印交存余处。是日张府经来，请交新任王太守接印。翻阅《明史·儒林传》。中饭后，王太守来久谈。朱副将来，谈江北事，言得希庵与沅甫二人整理，即可为迪庵、温甫等复仇，余深然其言。特患希庵体弱，忧愤之馀，意兴萧索，而沅甫痛温之亡，又急于归家改葬，或不肯留鄂耳。夜与筱泉谈文官加养廉，始于雍正三年之耗羡归公，武官加廉养，始于乾隆四十六年之补缺额名粮。阅《姚姬传笔记》，阅《匡谬正俗》。心绪恶劣，读书都不能入。

初八日（至厂阅看马步箭）

早，清理文件。饭后至厂阅看马步箭，午正毕。内营务处彭山屺赏对联一付，巡捕杨镇南及戈什哈等七人每月各加薪水一两，亲兵二人、河溪兵二人每月加薪水六钱，平江营哨官二人各赏一刀。下半日，接子序信，请札匡守办江闽交界之防务。旋批子序《诗经说》，至二更，因目蒙不能再批。各州县名有不能尽记者，拟照搢绅手钞一过，是日钞一府。

初九日（学者用力固宜于幽独中）

早，清理文件。饭后进城拜客。会王霞轩太守，粮台会雷西垣、张伴山、邓少卿，午正归。中饭后添陈作梅信二叶，批子序《诗经说》毕，凡十一条，添信二叶。夜，因眼蒙不能作事，默念本朝博学家，信多闳儒硕士，而其中为人者多，为己者少。如顾、阎并称，顾则为己，阎则不免人之见者存。江戴并称，江则为己，戴则不免人之见者存。段王并称，王则为己，段则不免人之见者存。方刘姚并称，方、姚为己，刘则不免人之见者存。其达而在上者，李厚庵、朱可亭、秦味经，则为己之数多，纪晓岚、阮芸台。则不免人之见者存。学者用力，固宜于幽独中，先将为己为人之界分别明白，然后审端致功。种桃得桃，种杏得杏，未有根本不正而枝叶发生、能自邕茂者也。

初十日

早，清理文件。饭后添何镜之信一片、湖北司道信一片、何愿船信数行。巳刻，派戈什哈刘锡昆进京送元旦摺，由湖北行走。钞摺搢绅建昌府。见客二次。中饭后，见老湘营旗长黄万友，明白，有英气，甚可喜。剃头一次。张镇湘自湖南归。接左季高、胡润之、骆籥门信，每月加饷一万，从此月饷应稍敷矣。至王人树处看病。夜阅《古文渊鉴》。

十一日（骆中丞请敕余军赴皖北援急）

早，清理文件。饭后钞搢绅瑞、临二府。中饭后见客三次。申刻接左季高信、胡中丞信，

皆言三河败挫事。骆中丞奏权皖省、闽省军情之缓急,请敕余军赴皖北。夜添季高信三叶、润之信三叶,言谕旨令余赴皖,则率张、吴、朱、唐等军北行,若留余在闽,则派二千人赴楚助剿。

十二日

早,清理文件。饭后钞搢绅袁州府,见客三次。刘慈民世兄庠将往苏州省其父星房,都转言星房近日目盲,以夜间好看书所致。写家信,与澄、沅、洪三弟,专言温弟事。添杨、彭信各一叶,打发厚庵专差归去。接著中丞信,商派兵赴景德镇助剿,复信言此间无兵可拨。夜温《离骚》。

十三日早,清理文件。饭后看操演技艺,无赏无罚。旋写叔父信,派吉字营二勇送归。会客二次。中饭后,钞搢绅九江府。添幼丹信四叶。夜,眼蒙不能作字,亦未看书。与筱泉、意城先后叙谈。

十四日

早,清理文件。饭后朱品隆来谈。旋写碑十一张,系湘前营病故勇夫。钞搢南康府。中饭后,又钞饶州府。夜温《九章·惜往日》,似伪作,当著论辨之。申刻至吉字中营坐。因九弟久无来信,不胜悬悬。请李笏生占牙牌数,似尚平安。是日见客二次。

十五日

早,清理文件。因温甫弟事,传谕各员弁不贺朔望。会客三次,谈论甚久。钞广信府。中饭时,吴子序来久谈。刘印渠自抚州来,陈季牧自光泽来,均与久叙。夜温《九辩》。

十六日(与子序畅谈,识见相投)

早,清理文件。饭后钞搢绅赣州府。与季牧谈京城及途次事。请刘印渠、子序、季牧中饭。饭后复与子序谈。印渠定计撤勇回湖南一行。夜与子序论立"达"字、"道"字、"仁义"等字,俱相合。又论古来圣贤豪杰、私淑之人,俱属相合。眼蒙,不能阅看书文。念九弟不知已到家否,极为悬悬。计在湖口发信,至今二十五日矣。是日接廷寄一道,仍系饬周天培赴金陵。

十七日(派亲兵问温甫下落,亲兵竟被抢)

早,清理文件。饭后钞宁都州南安府。陈季牧来叙谈。中饭后与吴子序邕谈,见客一次,接左季高信。夜接李希庵信,系初九日所发。来勇言九弟已至汉口,后派亲兵六人问温甫弟下落,六人在太湖被抢。行至黄州,李五大人各给钱二千文云云。果尔,则九弟已至汉口,路上当平安矣。但不知其何以未至希庵营中一访问耳。与子序谈至二更。是日买得《五经读本》,字大而纸薄,甚惬余心。

十八日

是日,冬至节。四更起,望阙行礼,建昌府、县两学及武营游击、守备皆随同行礼,本营文武随班者四人。礼毕,各员弁来贺。五更末,复小睡。饭后至厂看操,赏花红银者十人,罚薪水者二人。中饭后会客三次,钞搢绅吉安府,江西钞毕。金溪绅民来,具禀留余久驻建昌,慰劳之。与子序久谈。接澄侯弟十一月初五信,始知三河败挫之信,系接陈伯荷信中所言,犹意迪庵老营必无恙也。夜温《大诰》。梦江岷樵如平生欢。多年未入梦,兹忽梦之,不胜伤感!但不知温弟果生存否?温与岷亦至交也。

十九日

早,清理文件。饭后添养素信一叶、子自信二叶、希庵信四叶。与子序论芝房文章之佳。倦甚,小睡。日中,请王太守霞轩便饭,灯时散。与季牧论家事。夜,眼蒙不敢看书。是日专人至次青家、专人至饶州、专人至黄州送信。接官将军咨。援皖之举,皇上以余军病者三千馀人,难以跋涉长途,未令前去。

二十日

早,清理文件。饭后钞搢绅安庆府。会客四次。中饭后,作温甫弟《哀辞》,未毕。与季

牧夜谈。是日,接到朱批,系十月十六所发之摺。又廷寄一道,谕旨一道,系保举广丰、玉山守城案内之员,均照准。

二十一日(希庵信言温甫弟已阵亡)

早,清理文件。饭后钞摺绅庐州府。见客四次。中饭后见客四次,写意城挂屏四幅,论《诗经》三则。接希庵信,言三河失利事,其咎与李续宾、赵克彰为最大。又开单报各阵亡者,温甫弟列第三,痛哉!子序午刻归去。夜思子序之言,欲余捐除杂念,轻视万事,淡泊明志,信良友之言。余今老矣,忿不能惩,欲不能窒,客气聚于上焦,深用愧恨,古人所以贵于为道日损也。

二十二日(重阅希庵昨日信不胜悲感)

早,清理文件。饭后钞摺绅六安州,并阅滁、和二州。见客二次。为季牧写挂屏八幅,系自作论文六则。中饭后写扇一。申酉后,困倦,有放倒之象。重阅希庵昨日到信,不胜悲感!夜阅《日知录》。

二十三日

早,清理文件。陈季牧禀辞回光泽。饭后见客一次。至季牧处送行。王霞轩太守来久谈。写家信,与澄、沅、洪三弟,钞摺绅滁、和二州。中饭后写毕家信,张凯章来久谈,又写叔父信。灯后,又写夫人信,寄银六十两与姊妹家。夜改摺稿。

二十四日(与意城谈李迪庵军事)

早,清理文件。派吉字营勇二人送信回家,限腊月廿二日到建昌。饭后移支帐房。钞摺绅凤阳府。中饭后添写幼丹信二叶、浚川信二叶。与意城谈李迪庵军事。夜宴,与筱泉淡郑魁士等。温《扬雄传》。

附记

淡泊、精诚、诙奇、立人达人四子可恃

又附记

〇看三片稿

〇寄钰夫师银二百两写一信

〇贺丹麓银三十两

〇少庚银四十两

〇镜海先生银一百两。

夏憩庭银八十两未寄

〇黄子钧银三十两

〇黄南坡之子子襄银三十两

二十五日(欣闻李少荃将来营会晤)

早,清理文件。饭后改摺片稿。添耆中丞信一叶、郭雨三信二叶、许仙屏信一叶。闻李少荃已过广信,即日将来营会晤,为之欣喜。中饭后,钞颍州府。大雨如注,彻夜不息。夜温《礼记》末二本。是日接九弟在长沙发信,欣慰之至。

二十六日

早,清理文件。饭后钞泗州。大雨如注。阅《池州府纪要》。午刻读《礼记》《乐记》《祭法》等篇。下半天见客二次,与意城夜谈渠归去事,作温甫《哀辞序》毕。

二十七日

早,清理文件。饭后钞摺绅池州府。见客一次。中饭后阅《左传》。悄忿之心畜于方寸,自咎局量太小,不足任天下之大事。

夜阅《文选》中双声叠韵字。

二十八日

早,送意城行。渠至抚州,与刘印渠同归也。饭后阅操,赏五人,罚一人,午刻归。清理

文件。添幼丹信一叶，钰夫师、王春岩信，各添一片。中饭后钞徽州府。夜，倦甚。

二十九日

早，清理文件。饭后钞揭绅宁国府。见客二次。中饭后，见客一次。傍夕，至王人树处叙谈。是日，许仙屏来，叙语一切。夜，阅曾香墅先生漫钞及各种。香墅名△△，廷枚宾谷之伯父也。其书仿《困学纪闻》《容斋五笔》之类，特根柢不深耳。

三十日

早，清理文件。饭后见客三次。添萧浚川信一叶，令其寄李迪庵处奠仪汇送余处。钞揭绅太平府。申刻至外闲步。是日，定护卫军制，前左两哨原各管戈什哈三十人，哨官佘星焕、叶光岳。兹添哨长二人，各招抬枪二排、长矛一排。右后两哨原各管亲兵三十人，兹添哨长二人，各招劈山炮一排，以鸟枪一排、长矛一排护之。亲军略多，从九弟意也。

十二月

初一日（将三百勇交王文瑞带至景德镇剿贼）

早，各员弁来贺朔。饭后清理文件。会客四次。钞揭绅广德州。中饭后，至营务处看王人树之病，嘱其即日告假归去。所带营务处三百勇，交王文瑞带至景德镇剿贼。剃头一次。接家信，澄弟一件、纪泽一件。接子序信，寄其侄昌筹之文，因阅一过，识见卓越，有子序之风，惜其早死也已。夜与筱泉、仙屏谈后，作温弟《哀辞》首段。

初二日（与翔冈言识见高明者事事平实）

早，清理文件。饭后见客二次。与翔冈言识见高明者，特患践履不平实，高明则崇效天，平实则卑法地，因进之以脚踏实地，事事就平实上用功。张凯章本日拔营赴景德镇。下半日作《哀辞》毕。此篇作序凡二日，作辞又两日，可谓迟钝，而又仍不工，盖心力已亏，不能深入耳。

初三日

早，清理文件。饭后阅操，午初毕，无赏无罚。写家信与澄、沅、洪共三叶。又写纪泽信，寄银一百两，以送家中亲族：岳母寿礼二十；定二、定三舅祖，四、五、七、九、十各房叔母各十两，凡七家，七十两；归龄婆亲贺仪六两；躯三爹、九木匠两家族叔各二两。会客四次。接家信，系十一月十六日夜沅弟所发，十七日澄弟发也。接左季高信，系廿二日省城所发，兼地图二付，并云有六付交纪泽矣。

初四日（至南城东乡李家观藏书）

早饭毕，至南城东乡上塘圩地方李家，观所藏书籍。李氏兄弟四人，长名甲芸，号翰芗。三甲英，号佩香。次已死，四外出。其父白手成家，富冠通邑。甲芸买书约数万卷，乱后不毁于贼，亦可喜也。约行四十五、六里，中途小憩一次。同往者为王霞轩太守，王少岩、黄印山两大令，黄冠北太守暨余营中雷西垣、李小泉、许仙屏、郭笙陔诸人。登其楼观所藏书，亦多佳本。吾邑尚无此巨室耳。夜宿李家。

初五日

早起，仍看李家书籍。巳正早饭。未初，命驾归营。行二十五里，至南源港地方打尖。昨日亦在此小憩，皆南城王令供具。初四酒席，系李宅所具。初五早，则王令及局绅黄冠北所具也。余送李甲芸兄弟对联二付。又诸李同村迎候者，送对五付：曰李煦，号瑞亭，一；曰李均，号平甫，一；曰李沛兴，号廉泉，四；曰李福增，号情田，四；曰李丙巽，号纬垣，二。灯后抵营。夜接幼丹、少荃、次青诸人信。次青将以廿七日启行来营，而其大夫人病殊未愈，将成半身不遂之症，阅之代为忧灼。

初六日

早，清理文件。连日各件较多，至巳正毕。会客四次。一曾省三，系四川嘉定人。壬子庶吉士，散馆改兵部，捐知府，来此投效，携有徐寿蘅信一件，寿蘅又送之诗一首，写作俱可观，信俊才也。王霞轩来辞行，将以明日往南丰，余告以用绅士之法，宜少予以名利而仍不说破，以养其廉耻。霞轩深以为然。中饭后见客，何竟海应琪谈论尚有条理。改各信稿。批萧浚川呈八营名册一禀。夜添幼丹、凯章、钤峰信各数行。接左季高信，言河南之归德、睢州，江南之徐州，山东之曹县先后失陷，不知的否。夜温《大诰》。

初七日

早，清理文件。饭后写左季高信一封，颇长。改信稿六件。中饭后见客一次。旋与筱泉、仙屏久谈，困倦殊甚。灯后，又就筱泉、仙屏一谈。写雪琴信一封。是日接九弟、季弟之信，系廿日、廿一日所发。

初八日（接信言石达开等将犯两湖）

早，清理文件。饭后阅操，至午时毕，罚二人。见客四次。改信稿三件、片稿一件，系与王制军会奏饶镇军因病乞假之案。夜，阅《姚姬传集》。写官制军信。是日，接和将军咨，言石达开将由茶陵犯湖南，陈玉成将由潜山犯武汉，李世贤将犯高淳、东坝。将探报咨来，逆焰复炽，颇不可解。

初九日

早，清理文件。饭后阅《姬传集》。倦甚，小睡。剃头。会客。程毓龄送其先人墓碑。王壬秋来。午饭请客，坐中为曹佑卿太守、省三、邓令尔昌及壬秋、筱泉、仙屏诸人。申刻散，写对联数首。夜与壬秋谈。仍阅《姬传集》。写官制军信毕。添胡中丞信一叶。

初十日（至城内程氏家庙阅看碑文）

早，清理文件。饭后与壬秋叙谈。旋改摺稿。午初，至城内程氏家庙阅看碑文，系元程巨夫文海之妻、楚国夫人徐君碑，熊朋来撰，赵孟頫书。又有蒙古文碑一道。又有《草书歌》碑一道，系宣德间御书赐程南云者。程氏在南城盖世家也。程毓龄系壬子科举人，邀余至其庙一观，王少岩太令、黄冠北太守往观焉。旋至粮台拜雷西垣、张伴山、邓少卿。王令治具，留余中饭，雷、张、邓、黄在坐，申正归。李少荃来久谈。夜改摺毕，阅各处文件。与少荃、壬秋谈至三更。

十一日

早，清理文件。饭后与筱泉、壬秋等久谈。作目蒙请假片稿。会客一次。下半日，与少荃畅谈和雨亭、福元修近事。灯下，批壬秋古文十馀条。旋与壬秋谈至三更，睡。是日发报，由驲五百里驰奏，复奏闽皖军情一摺、目疾请假一片。

十二日

早，清理文件。饭后见客三次。为王壬秋书其祖碑额，篆字。日中请客。壬秋、少荃、何镜海、王少岩诸君，酉正散。夜阅《左传》。

十三日

早，清理文件。饭后阅操，无赏罚。嗣后改逢三日阅刀矛步箭，逢八日阅马箭、枪炮打靶。王壬秋告辞进京。午刻写家信，澄、沅、洪一件，叔父一件，夫人一件。夜，又写刘正八爷一件。寄银百两与刘峙衡之子。夜，与少荃江南北各路军务。

十四日（思念六弟三河之变，复思念家中）

早，清理文件。饭后改湖北各信稿。见客二次。与少荃畅谈一切。夜与少荃熟叙。日内心绪烦恼，思念六弟三河之变，复思念家中，不能作一事。

十五日（接家信知叔父似中风）

早，清理文件。各员弁贺朔［衍朔字］望。巳刻见客毕。接家信，叔父大人于十一月廿七日受病，说话不甚圆转，有似中风，现服参茸云云。接漱六信，将我书送至湘乡，又借我书数十种，存于松江。下半日，见客二次。次青于傍夕来，别后三个月又半月矣。夜与次青谈至二更散。是日添幼丹信一叶、雪琴信二叶。九弟信中,有言家中不可识利害话,此语最为精当。

十六日

早,清理文件。辰后写家信一件。派曾德麟、王法六将送鹿茸与叔父也。又添魏荫庭信二叶。中饭后阅王伯申书。夜与次青、少荃罶谈。是日午初,李筱泉回江西省城。未刻,王霞轩自南丰、广昌归来,罶叙。

附记

何应琪

王必昌

沈鹤鸣

十七日(悬系希庵黄州军营)

早,清理文件。接家信二次,一系吉字中营亲兵收到回信,澄弟、沅弟十二月初四日所发者;一系朱家二送来,澄弟初四夜所发者。欣悉叔父之病略好,手足能动如常,特舌根不甚圆转耳。饭后见客三次。亲城县令雷嘉澍,广西南宁人,癸卯优贡,丙午举人,尚结实可靠也。翻阅《经义述闻》《经传释词》等书,系新从松江府戴朝议取回者,读之如逢故人,差用怡悦。夜,以孙芝房古文一册与次青看。前于十九日派二两[两字衍]勇送信至希庵黄州军营,至是已满一月,尚不见到,殊为悬悬。

十八日(迪庵殉节,伤哉!)

早,清理文件。因大雨不能看操。阅《经义述闻》。改各信稿,日中小睡。中饭酒席系南城令送次青者。王霞轩在营,邀来同席,申正散。酉刻接希庵信,知迪庵之尸至霍山矣。希信一件、禀一件、清单一件。温甫弟即系清单之第一名也,伤哉!又附润之中丞信一件,迪庵殉节请恤摺一件,战功清单一件,桐城、三河殉难各员请恤摺一件,清单未到。又方子自信一件。又迪庵生前克复潜、太、桐、舒四县摺一件,官都十月、十一月奏稿一件。夜与次青论古文之法。

十九日

早,清理文件。饭后见客四次。因希庵信中言九弟所派六弁皆归,日温弟之忠骸不可得而觅。不胜伤悲,因派人再去三河寻觅。杨名声、杨镇南、张吟三人告奋勇愿去。又派朱营二人之自贼中来投者,一常德人,一四川人。写信一封,托霍山县令王自籥。又令少荃写二信,一与霍(山)县令,一与六安团总。三人又信托润之中丞、希庵观察,信中并言宜调察哈尔马三千匹。下半日,阅《曾子固文集》。夜与少荃、次青罶谈。

廿日

早,清理文件。饭后,杨名声、杨镇南等三人同行。天雨,少霁,意者吾温弟可得归骨乎?见客二次。阅《读书杂记·馀篇》。下半日心绪作恶,因无耐性,故刻刻不自安适;又以心中实无所得,不能轻视外物,成败毁誉不能无所动于心,甚愧浅陋也。是日早写家信,交刘良二带至家中,限年内到。

廿一日

早,清理文件。饭后见张伴山,属其寄书与周念慈汝筠,拟调来此军也。作《欧阳生文集序》至二更,未毕。巳刻回胡润之中丞信一件,劝其不必赴宿松。添雪琴信一片。

附记

托位西买《康熙图》

托漱六买图

廿二日(作《欧阳生文集序》)

早,清理文件。饭后会王霞轩太守,谈颇久。旋作《欧阳生文集序》,申刻毕。写对联八付。夜与次青诸人谈文。旋温《庄子》是日接胡润之中丞信二件,内有为温弟请恤片稿。接

芝房信，内有《先大夫墓表》，系郡位西所作。

附记

请恤：黄国尧、成章鉴、李大雄、张桂龄、萧启源

请封：朱南桂之父、王人树之祖

廿三日

早，清理文件。饭后看操，罚二人。是日，操步箭齐乳，发箭较快，而军器不齐，规矩不严，是足为虑。接家信，九弟一件，又屋图一纸，澄弟一件。天雨，闷甚，未能治事。夜温《史记》"四公子传"。观次青所为《石钟山祠记》，甚有气势。夜，雪甚大，至黎明少止。

廿四日（知景德镇开仗小挫，幸凯章未接仗）

早起，雪未止。饭后，人愁闷，懒于治事。午初，接吴翔冈信，知十九日景德镇开仗小挫，幸张凯章尚未接仗。吴翔冈之仗，约失去数十人，军械十之五六。王人瑞之副湘营，及营务处勇亦败，尚未接其禀报。日中备席，过小年。下半日，温范睢、蔡泽、乐毅传。夜与次青论文。

廿五日

早起，清理文件。饭后王霞轩、王少岩来，久谈，接余进城，在于府署居住。定二十七日进城。又见客一次。写对联、条幅十馀付。子序采自南丰，因与久谈。申刻至二更，又久谈。三更接廷寄谕旨一道，饬通筹全局具奏。

廿六日

早，清理文件。饭后与子序暨幕府诸君久谈。已正写对联、条幅，写大字手卷。中饭后，又写条幅。会张伴山、雷西垣。闻首凌云在乡骚扰。夜添骆中丞信四叶、左季高信四叶。

廿七日

早，清理文件。饭后与子序畅谈。已正，移寓城内，住建昌府太守衙门。会客九次，畅谈，倦甚。南城县办席，余与子序同席，王太守陪坐，灯初散。夜与子序谈，渠明日回南丰过年。

廿八日（南安失守，崇义亦陷，赣郡可危）

早，清理文件。饭后见客六次。日中写复胡中丞信一件，添耆中丞信三叶。剃头。日来，盼景德镇之信甚切。吴翔冈十九日败挫后，王钤峰不知何以并无禀来。张凯章廿日禀后，不知何以无续禀来。悬系之至。萧浚川在宁都州起行后，将至云都过年。南安失守，崇义亦陷，这南厅复陷，赣郡可危。萧浚川赴赣救援，不知赶得及否。而福建连城之贼，又恐其回窜瑞金、石城一带，断萧军之后路，或与建昌老营不通，均属可虑，是为焦灼。

廿九日

早，清理文件。饭后见客一次，与少泉久谈。旋出门拜客五家。王霞轩太守、雷西垣观察处均拜会，午正归。下半日阅祁春浦相国《崧焘亭集》二卷。灯初，王太守请吃饭，二席，即在本公馆张筵，二更散。批吴国佐二十一日禀。

卅日（欣悉叔父病体已愈）

早，清理文件，各员弁来叩岁。接家信，四弟一件、沅弟一件，系十六日所发。欣悉叔父大人病体已愈，不成中症，万幸，万幸！见客七次。与次青、少荃、仙屏、笙陔同吃年饭，酉刻散。与少荃等久谈。灯初接王文瑞禀，报十九日败挫之状：营务处阵亡十二人，副湘营三十七人，吉左营九人。因将其禀细阅，用景德镇图核对一次。请次青批禀，并写信与张凯章、王文瑞、吴国佐各一件，余每信添一、二片。昨夜有批，切责吴国佐。本日书词略平。三更睡。定明早寅正行朝贺礼。

卷九　咸丰九年

正月

初一日（在建昌府衙门拜牌）

寅初刻起，即在建昌府衙门拜牌。同行礼者为李次青、李少荃、雷西垣、曾省三、屈蟠、王霞轩太守、王少岩太令及潘兆奎、何敦五等；武职则彭山屺、喻吉三及建昌营游击、守备。礼毕，各员弁来贺，应酬至黎明毕。旋陪同幕诸公延宴。午刻写家信，澄、沅、洪一件。又见客五、六次。九弟画屋样子，余逐一细批。写牧云信一件、洪秋圃信一件、罗寅伯、晓屏信一件。与次青、少荃等久谈，论办事大局：江南岸应屯万五千人于饶州、湖口、彭泽等处，江北岸应屯三万于宿、太、蕲、黄等处，以冀进可以攻，退可以守；余当驻九江，与湖北、江西合筹下征之局；其南赣一带，须江西自为防剿，余不能兼顾。

初二日

早，清理文件。饭后写王人树信，欧阳小岑信添一、二叶。旋出外拜年，府、县、游击等衙门，午正归。见客五次。是日未刻立春，府县送春牛来此。沅甫弟信来，欲余画一祠堂图。余因画图，略仿"仪礼图"而参以王公卿大夫近年修庙规制。是日派人送家信，内有澄、沅、洪一件，纪泽一件，牧云一件，小岑、人树各一件，洪秋圃、罗晓屏各一件，朱南桂一札。左脚板生一水泡，痛甚，不能做事，又天雨，愁闷。夜，阅《梅伯言文集》一卷。是日接胡中丞信，内有祭迪庵文一首。希庵信，暂不能归，仍驻黄州。

初三日（心颇悬系次青、凯章之营）

早，清理文件。饭后请次青占驻扎九江，不吉；占凯章攻景德镇，吉。久未接湖南信，心颇悬系。午刻，请邓弥之来吃中饭，酉刻毕。旋改遵旨通筹全局一摺一，至三更未毕。

初四日（改遵旨通筹全局摺）

早，清理文件。饭后建昌营各武弁来送喜神。见客四次。改遵旨通筹全局摺，至酉刻毕。夜会雷西垣。与次青、仙屏论诗。接奉廷寄，系十一月廿六日所发摺批回者。日内，因未接湖南、江西信，纪泽儿在长沙亦无信来，心甚悬系。

初五日

早，清理文件。饭后见客五次，王霞轩太守谈颇久。天阴，愁闷，下半日试写宣纸二张。旋阅《惜抱轩集》二集。是日做丸药，一料计鹿茸四两二钱五分，高丽参八两五钱，桂元三两二钱，蜜糖二两。茸即胡中丞所送之半架，参九弟所送也。

初六日

早，清理文件。饭后见客二次。旋阅《惜抱轩集》。小睡。写对联十馀付。中饭后剃头。王霞轩、黄冠北来，久谈。夜仍看《姬传集》。

初七日（抑郁连日军事未顺）

早，清理文件。饭后接九弟廿日信。旋见客三次。写季高信一件、意诚信一件，又写家

信一件。连日因景德镇贼势尚旺，我军未能得手。又去浚川太远，调度不灵，转运不便，心为郁郁。又因久住建昌，急思拔营至江边，亦有孤阳被陷，不能奋飞之意。

初八日

早，清理文件。饭后拟十一日拔营至湖口，传朱品隆等来此，吩咐一切。旋王太守必达、王明府延长来此挽留，绅士黄家驹亦来攀留，遂改期于二十日起行。又见客五次。盛四归家娶亲，带家信一件，左、郭信各一件。日内因久住建昌，无所作为，欲拔赴湖口，又恐闽贼来窜抚、建，进退两难，寸心终日纷扰。屡次占卦，亦智略不足，故不能审定全局确有定计。

初九日

早起郁郁，若无主者，又占二卦。饭后见客，即王太守等来谢我暂不拔营也。巳刻。接胡中丞及雪琴信。寄迪庵优恤谕旨，并温甫弟恤典。余久欲为迪庵、温弟各具一摺，因循未及为之。是日始改迪庵一摺，至二更尽改毕。午刻，接耆中丞信，亦留余暂驻建昌，其词尚恳切。是日见次青为七古一章，气充词沛，才人之笔。

初十日

早，清理文件。饭后见客四次，王霞轩坐颇久。中饭后，作温甫弟殉节一摺，至更初毕。夜，阅《李穆堂文集》，系金溪廪生傅时亮所送。日内，因军事久无头绪，心殊郁闷。又念温弟不得归骨，其赋命太苦，余于手足之间，抱愧多矣。

十一日

早，基酌摺稿，又改片二件：一系奏明暂不移营，并调饶镇军廷选；一系奏调健锐、火器营，三、四品官五、六员，并调郭云仙、李申甫榕。饭后出城，至各营一看，未正归。中饭后，李少荃回江西省，令其专人至颍、亳一带，招勇五百，试操马队，如其可用，再行续招三千。申刻，发报三摺二片。见客二次。阅吴子序所为《释爱》，批之。夜作李迪庵挽联，加王钤峰、张凯章信各二叶。

十二日

早，清理文件。饭后写信与左季高，六叶，会客二次，写挽联及各对联。申刻写胡中丞信，灯后毕。夜写家信，日内心绪不佳，凡事均觉懊郁。闻沈幼丹亦郁闷不舒，添幼丹一片劝慰之。派伍少海至黄州，送迪庵奠仪。

十三日（夜阅凯章各禀，阵亡九十人）

早，清理文件。饭后见客二次。添籲门中丞及雪琴、希庵信各一片。下半天小睡。申刻，接军机处咨，蒙内赏福字荷包等件。阅《彭昱尧子穆文集》。是日专人回家，寄十一日所发三摺二片稿，湖北所奏迪庵恤典一摺一单及谕旨，温弟恤典奏稿、谕旨等件。又寄信与霞仙，并《瀛寰志略》、漱六所书《墓志》。夜，阅张凯章各禀，知廿七日之战，阵亡至九十人之多，深为怅惘！

十四日（与次青定喻吉三营制）

早，清理文件。饭后与次青𨚗叙一切。阅《李临川绂文集》。连日因肝气郁抑，目光昏蒙，不能久视，不克读书，坐废时日。而天阴多雨，于营务操演诸事，又不克悉心讲求。改信稿一本，约二十馀件。中饭后，与次青定喻吉三营制。凌荫庭专人来请示。吴国佐不愿撤散，亦专人请示，定批责之，仍令其撤散，交凌委员另招新营。夜写手卷约四百字。

十五日

早，各委员、营员等拜节，地方文武亦至，午正，应酬始毕。写莫祥芝手卷，约千馀字，至西刻毕。祥芝之兄名友芝，字郘亭，吾友也，故书此颇尽心。日中过节，略备酒席请诸友。久不接长沙信。纪泽儿亦无信来，不胜悬系。

十六日

早，清理文件。饭后占卦，因昨夜梦左手指刀削见血。占之。添张小浦、王春岩、黄莘农诸人信。剃头。下半日阅《经义述闻·诗经》。夜阅《读书杂志·史记》。是日未刻，接奉朱批，是去年十二月十一日所发正摺。奉朱批："览奏，均悉所拟，尚属妥协。"又目疾请假一片。奉朱批："另有旨。"同日，奉谕旨："赏假一月，在营调理。"易昀菱处观所买张梣寮《金刚经》，拓印尚早。又渠买《玉篇》无衬纸，因以余所买一部与之兑换。

十七日（闻贼将由浮梁绕乐平，殊可危虑）

早，清理文件。饭后阅《诗经述闻》毕。午刻，闻景德镇一军于十一日又挫。是夕，贼围老湘营之第五旗扎牛角岭者，自亥至卯，扑毁营盘。十二日又围吉左营，力救得全。闻贼将由浮梁绕乐平，抄截我军后路。殊可危虑，心绪焦灼。占二卦，尚平稳。或平江两营十五日到防，又可立住脚跟，亦未可知。夜，写左季高信、彭雪琴信、李筱泉兄弟信。是日，写扇二把。是夕彻夜不寐。

十八日

早，清理文件。饭后拟作《圣哲画像记》。见客二次。午刻调刘胜祥营赴景德镇助剿。接家信，正月初三所发，澄弟二件、沅弟一件、夫人一件、纪泽一件。叔父之病尚未全好，正月又说话不圆，殊可危虑。下半日，与次青、仙屏论文，因心绪恶劣。是日大雨雪，寒风侵人，眷念景德镇一军，为之悬悬。

十九日

早，清理文件。饭后与次青谈景德镇军事。雨雪不止。作《圣哲画像记》，至未初，"序"毕。未正请客，王霞轩、王少岩、邓弥之、张子衡、何竟海五人，灯后散。甘子大来久谈，二更去。摺差刘锡昆自京师归。接云仙信，知已入直南书房。又接何愿船镜芝信。是日午刻，见朱品隆。闻张凯章又派三旗扎牛角岭，尤为悬系不置。

廿日（嘱建昌府王太守办保甲以查奸细）

早，清理文件。饭后作《圣哲画像记》。见客三次。嘱建昌府王太守办保甲，以查奸细。未刻请客，雷西垣、甘子大、张伴山、曾佑卿、黄冠北、曾莘田，酉正席散。接张六琴、郭意城信。夜仍作《画像记》，未毕。精力倦甚，亦以久不接景德镇信为虑也。

廿一日（筱泉劝我速移营湖口）

早，清理文件。辰后作《圣哲画像记》，至灯初毕。意多而不能贯串，不能割爱，故文颇冗长，至二千馀言不能休。接李筱泉兄弟信，劝我速移营湖口。余与次青熟商，现在湖口并不紧急。景德镇尚未打开，而此间官绅又挽留甚切，三者参观，有不能遽行移营之势。申刻，与甘子大久谈。

廿二日

早，清理文件。辰后写手卷，共二千五百馀字，又写五大篆字，至亥刻写毕，倦甚。夜，与李次青、甘子大久谈。接张凯章禀报十一日之仗，言第三旗又扎牛角岭，心甚悬系。

廿三日

早，清理文件。饭后会客三次，将昨写手卷换写前七行，写郭意城信。写家信，寄赐"福"字至家，又寄圣哲遗像手卷，又寄内赐枣果饼面等回家。添骆中丞信二叶。接凯章十七日信，知平江两营已到。官兵尚站得住，稍为欣慰。连日阴雨泥泞，天寒殊甚。廿二夜大雷雨，本日雨不息，人颇愁闷。幸闻景德镇官兵安稳，较放心也。

廿四日

早，清理文件。饭后见客四次。添写官中堂信二叶、胡中丞信六叶、袁漱六信四叶、李筱泉信二叶。与次青论文。渠去年所买玉山书，至二万馀卷之多，亦可快也。接王文瑞信，知景德镇官军渐已站稳。夜，阅《戴东原集》。

廿五日（已解火药万斤至张凯章营）

早，清理文件。饭后会客三次。阅《戴东原集》。开书目交庄委员晋省买书。中饭后，写横幅一，约五百字，赠甘子大。夜与次青、仙屏久谈，因目光久蒙，夜间不敢看书。是日，接省信，知筠仙于腊月初入直南书房。已解火药万斤至张凯章营矣。是夜大雨倾盆，念军中将

士极辛苦也。

廿六日

早，清理文件。饭后写郭雨三信，又添漱六信，开书籍单，托漱六买之。写张筱浦信，添刘星房信二叶。阅《书经述闻》。夜，温《古文辞类纂》首二卷。

廿七日（寻得温弟忠骸为不幸中一幸）

早，清理文件。饭后见客三次。南城生员胡梓带其子来见，献诗四章，极颂扬之辞，年七十三，对之有愧。未刻，吴子序同年来，与之论文颇畅，谈至亥正二更后。接胡润之中丞告温甫弟忠骨已寻得，内附灵山王大令自籍复余信一件，杨名声、杨镇南等三人禀一件。刘步瀛寄王令信一件。刘步瀛者，督标马兵，前迪庵小石之忠骸，是其所寻得。此次，又寻得温弟忠骸及吴浣溪立蓉尸也。闻温弟遗蜕得还，为不幸中之一幸；而先轸丧元，又为幸中之一大不幸。与子序复谈，将至三更，夜彻晓不眠。

廿八日

早，与子序、子大谈。饭后阅戈什哈弓箭，巳初毕。与子序围棋两局，皆输。写家信二件叔父一，三弟一。寄外信四件胡中丞一，王自籍一，杨名声一，刘步瀛一，专人送归，限初十到，廿五还营。又写胡中丞信一件，杨名声信一件，添王自籍信二叶。未刻，请子序、子大、邓弥之便饭。饭后，又一围棋。灯下，接何廉肪信，附七律十六章，才人之笔，人人叹赏不置。夜饭后清理文件。

廿九日（欲和诗慰劳廉肪阖家殉节）

早，清理文件。饭后与子序围棋。写季君梅、袁漱六信。托漱六代［带］银二百两与季仙九师。又加朱伯韩、唐鹤九、唐义渠、何愿船等信、片。未刻，作七律五首，和何廉肪诗，次韵。同和者为李次青、吴子序、甘子大、许仙屏等数人。而王霞轩、邓弥之、何敬海等亦将和之。余因见廉肪诗才轩举，所著骈文、乐府、皆有可观。悯其阖家殉节，因欲和诗一、二章，以慰劳之，本无意次韵也。子序、次青诸君皆次其韵，余亦遂勉为之。

三十日

早起，作次韵诗，至二更四点止，共作八首。中间，会客一次。是日，玉四、安五等来。接家信，澄侯二件、沅甫一件、纪泽一件、刘正八爷一件。叔父病势略加，心甚悬系。纪泽字大退，远不如七年写高脚牌之时。

二月

初一日

早，各员弁贺朔，巳正毕。又作诗三首十六章毕。中饭后，邓弥之来，与诸君论诗。余在军中，颇以诗、文废正务，后当切戒。是日，接胡中丞信、李希庵信，胡公又寄示袁午桥、胜克斋都官诸信，言调察哈尔马匹事。

初二日（萧浚川解俘件来，杀贼尚多）

早，清理文件。饭后与子序、次青、子大、仙屏诸人谈诗，连日颇荒于诗，精神疲乏。萧浚川解俘件来，共伪印四十三颗，旗帜五百零八面，内大者一百六十八面，辫发七百馀件。杀贼尚多，可慰也。下半日，王霞轩太守采，亦送和诗。夜看子序所著《书经说》，"帝""典""王""谟"看毕。圈子序、次青、仙屏三人诗。批之。

初三日

早，清理文件。饭后见客三次。旋写家信，至夜始毕。天雨，竟日不止，殊觉郁闷。是日，接家信，言叔父病略好，但六弟优恤之旨，于二十七、八可到家，不知叔父与六弟妇能强自排遣否。澄侯信言玉四在家要银，事甚荒唐，是夜重责之。与子序围棋一局，看《杜牧之集》。

初四日（为先大父忌辰两周年；闻萧军大败）

是日为先大父忌辰两周年。大祥之期，五更起行礼，礼毕，黎明。旋小睡片刻。因祭菜请邓弥之、何镜海早饭，巳正散。大雨自辰至三更不止。遣人送家信，内附陈湜、文翼札各一件，正月日记。写季高、意城信各一件，约千馀字。酉刻接萧浚川信，知正月二十日败挫，阵亡二百馀人，伤一百馀人。南路贼势浩大，殊可危虑。夜因眼蒙不敢看书。

初五日

早，清理文件。饭后见客三次。甘子大回省城，依依有情，临别言办事须放手，于九江等处开大局面等语。写信数片与子序。下棋一次。核定萧启江在新城圩胜仗摺稿。连日大雨，郁闷殊甚。本日又闻张凯章在景德镇二十八日小挫，尤切悬系。核咨稿十馀件。夜，与子序围棋一局。因昨日闻连城果复之信，意欲移营抚州，占卦不甚吉利。

初六日

早，清理文件。饭后写胡中丞信、希庵信、雪琴信，共八叶。见客三次。吴国佐自贵溪来见，面斥责之。定计移营抚州，一则以去景德镇近八、九十里，去南安亦近百许里；一则与省城及湖口水师相联络，而建昌四面无警，可放心也。王守、王令来留，未应。申刻，张元龙来，请示亲兵营水师是否宜驻抚州，因令其即日来抚。核定安仁一案保举摺并单。夜，与子序围棋一次。阅郭笙陔诗。

初七日（闻老湘营损百馀人，皆精锐之卒）

早，清理文件。饭后见客四次。发胡中丞、李希庵、彭雪琴信，俱交张元龙带去；凋普承尧剿景德镇，亦交其即送。核定谢温弟优恤恩摺稿，核定各营阵亡、伤亡、病故请恤摺稿并单，核定邓辅纶捐船议叙一片。写扁字二十馀，写墨扁三幅、对联十馀付，写横披半幅，即写昨作七律诗八首。本日，庄木生写信寄书一篓，内有《五代史记注》《毛诗古音考》《屈宋古音义》、卢刻《国策》、纪效《新书》《唐诗纪事》等书，外附徽墨二匣，皆收存。景德镇正月廿八日之挫，王文瑞于本日禀报，副湘营营务处共损三十馀人。闻老湘营损百馀人，皆精锐之卒，可惜也。张凯章至今无禀报，殊为悬系。

初八日（接信言温甫弟丧元，灵柩归乡）

早，清理文件。饭后见客三次。与子序围棋一局，中饭后再围一局。接杨名声专人来信，言温甫弟丧元，杨镇南、张吟再去寻觅，渠一人先送灵柩回湖南，读之悲不自胜，因批令一人先归。夜与子序邕叙，言读书之道，朝闻道而夕死，殊不易易，闻道者必真知而笃信之。吾辈自己先不能自信，心中已无把握，焉能闻道？

初九日（婺源已克复，唯恐贼猛扑张军）

早，清理文件。饭后见客二次。旋写邓弥之手卷毕，写对联数付、扁二块。中饭后见客一次。接左季高信，言调兵事。夜，阅《五代史》冯道等传。是日巳刻发报张运兰攻景德镇一摺，萧浚川剿南安一摺，谢福字恩一摺，谢温甫弟赐恤恩一摺，汇案请各阵亡、伤亡、病故者赐恤一摺，安仁案保举一摺，邓辅纶捐案一片。接王文瑞禀，婺源于初一克复，败贼归并景德镇，恐其猛扑张军，心为悬悬。

初十日

早，清理文件，会客一次。饭后会客六次。南丰潘令造炮车一具，殊不合用。核定各信稿。中饭后阅各文件。胡润帅说帖一纸，言水师以四千人改为陆兵，上下飘忽，使贼备多而力分。写左季高信，添陈季牧信。日来思胸襟广大，宜从"平、淡"二字用功。凡人我之际，须看得平，功名之际，须看得淡，庶几胸怀日阔。

十一日

早，清理文件。饭后添幼丹信一片，李小泉、少荃信三叶。饭后，见吉中营各弁一次。王霞轩、邓弥之来拜老师，王以予之激赏、到处延誉而相感；邓以予之两次奏捐指省道员而相

感也,辞之不果。旋又见客四次,因余明日拔营,前来送行也。建昌绅士送万民伞五把、牌十对,府县率绅士十一人送来。旋有生员张希华送诗四首,系张晓楼太史之族裔。中饭后,出外拜客辞行,在霞轩署内坐谈,馀俱亲拜。归来,写条幅、对联,至灯初毕。夜查核报销七柱清单,系李筱泉原开,余一一注明其下,示以报销之法。收拾行李一切。明日,无论晴雨,皆当拔营。

十二日(闻景镇获胜,从此应稳矣)

早,清理文件。饭后见客二次。旋起行出城,府县送至清水铺,备有公馆,余未知,已住营盘。是日行十五里,阴雨迷蒙,到营后,雨更大,直至灯后始息。是日,接王文瑞信,知婺源贼窜祁门,浮梁亦经克服,养素初五日大获胜仗。景镇之事,从此应少稳矣。夜,温《史记》《外戚世家》《楚元王世家》《伯夷管晏列传》。

十三日

是日,因天雨泥深,扎住一日。饭后,王霞轩、王少岩来谈。午刻,接到朱批,系正月十一日所发各摺:温弟殉节一摺,奉谕旨一道,叔父赏给从二品封典,盖未知前此已得一品,封两次也;李迪庵殉节一摺,奉谕旨一道;通筹大局摺,奉廷寄一道;奏调饶廷选一片,奉旨,已谕知王懿德,即令来营;奏调健锐、火器营各官及调文员一片,奉旨,健锐营、火器营及东三省人员,令都兴阿指名奏调;郭云仙已随僧王赴天津;李榕即饬来营,另有谕旨一道;又奉通饬廷寄一道,系禁止接济贼营硫磺、火药;又寄谕湖北总督官、巡抚胡将军都一道,系为奏拨察哈尔马匹之事,官制军于昨日咨到矣。未刻接萧浚川信,克服南安府城,即请次青草奏,自行核改。仙屏于是夜写毕。写家书一件,计十一叶,复左季高信一件,计二叶。温《史记》《荆燕世家》《陈涉世家》《齐悼惠王世家》。是日府县办有公馆,余未去住。帐棚。寒冷异常,地下极湿,竟日着木屐也。

十四日(温弟殉节,叔父奉旨赏二品)

早,拔营起行。行色放晴,久不见旭日,得此为之开慰。行二十里,至六口,打茶尖。行二十里,至界山关内窗山湾地方中饭,系南城王少岩大令办差也。又行八里,出关至临川境大路游地方驻扎。王霞轩太守、少岩大令送至此山。清理文件。温弟事,奉旨赏给叔父从二品封典,具摺谢恩,声明叔父曾受两次驰封诰轴,则祗领新纶顶戴,则仍从旧秩。核定摺稿,又核定片稿,报移营抚州也。夜温《萧何世家》。眼蒙殊甚。次青又作《怀人》诗十六首,再用何廉昉原韵,绵丽遒劲,才人之笔。

十五日(至荷浦驻营,发报南安府已克)

早,拔营起行,至东馆早饭,系临川邹令所办。又行三十里,至荷浦地方驻营。是日,共行六十里。抚州府李太守瑞章、临川县邹令桐来迎,府经县丞等皆到。是日卯刻发报克复南安府城一摺,谢叔父赏二品顶戴恩一摺,移营抚州一片,由抚州至南昌、九江、湖北行走。写胡中丞信一件,论水师操习陆战事。接家信,系曾恒五由家带来。澄侯一件、沅甫一件、纪泽一件,均详明。

十六日

早,拔营起行。凡三十里,至抚州府城。见客九次。杨名声自湖北归来,言六弟忠骸辨识无误,刻木肖形,亦颇相似。灵柩于正月卅日到黄州,位置舟中。胡中丞、李希庵诚敬致祭,殊为可感。二月初三日,自黄州开船回湘,胡中丞派都司姚安忠,李希庵派亲兵四人并杨镇南、张吟等护送,沿途当可妥慎。接何廉时回信,因和诗十六章而致谢也。日内眼蒙,神困殊甚。温《曹参世家》《张良世家》。

十七日(登城察看形势及新扎各营盘)

早,清理文件。饭后会客四次。旋拜客,李凤洲、元云衢两太守处拜会。由东门登城,过文吕桥,至河东一看形势。旋至南门外玄鹤岭看新扎各营盘,即往年耿光宣、邓弥之、高碧湄等扎营之处。旋绕过西门,进城回公馆。见客三次。添写胡中丞信三叶。夜写雪琴信,温

《陈平世家》。与次青谈,嘱其作军中札记,分门别类为之。

　　十八日

　　早起略晏,见客一次。饭后至文昌门外坐三板船至萧公渡一看,即宜黄崇仁河与建昌交汇之处。抚州城东门外为建昌河,即盱江也。北门外为宜黄崇仁河,又港汊颇多,难于安营。守城者,东北两门易于为力,不虞贼之围攻也。南门外玄鹤岭一带可以安营,即六年邓弥之等驻扎之处。西门外牛角湾附近可以安营,即六年李次青等驻扎之处。守城者,只防此两面耳。未刻归,见客三次。谢子湘同年之世兄谢希桢、侄希迁来见,久谈,送《唐宋诗文醇》各一部。写邵蕙西、张小浦、史士良信,共八叶。又核定信稿五件。夜,清理新到文件。

　　十九日

　　早,清理文件。饭后见客十次。加王人树、萧浚川信各二三叶。中饭后,写匾字十馀幅、对数付。本寓后有高楼,可以眺远,因写"北楼风韵"四字,以房主人姓谢也。夜,阅《唐宋诗醇·陆剑南集》。

　　二十日

　　早,清理文件。见客一次。辰,饭后添信五人,共十二叶。见客五次。中饭后写手卷姚姬传诗十首。灯后,曾莘田来见,久叙。夜阅《姬传文集》。

　　附记

　　张光明碓坎井人,凯章之族侄孙,年二十六岁,癸巳生。初在扑山营,四年在罗山营,从政武汉、九江等处。六年二月,受伤回里。至沅甫处当哨官。八年春,代理营官四个月。目秀,颇聪明,母没父存。

　　二十一日(因闻营勇与钱店纷争,饬粮台自开钱店)

　　早,清理文件。饭后见客二次。写手卷约千字。传见吉字哨官张光明、胡松江二人。中饭,请雷西垣、张伴山、谢希迁、邓弥之、何敬海来赴席,酉正散。登后园高楼眺览。夜,与许仙屏谈诗。写信复彭雪琴。因闻营中勇丁与钱店争辩不休,饬粮台自开一钱店,以平市价,而息争端。

　　二十二日(接信闻沅弟晋省迎温弟灵柩)

　　早,清理文件。饭后见客五次,写雪琴信、胡润之信、耆九峰信。下半日又写雪琴信、刘杰人信,嘱其坚守湖口。接沅甫弟信一件,言家中于二月初六日宣旨,为温弟成服,十五日起道场,十八日散。沅弟于十二日起行,晋省迎接温弟灵柩。夜,为仙屏看诗。日中剃头一次。

　　附记

　　贺湘洲湘潭江车人,年三十八岁:在湘潭开丝线店。咸丰四年被兵,出至罗山营当勇,后开前营当护哨,今在朱处当哨官。鼻梁太削,鼻右有小子,目有清光。

　　廿三日

　　早,清理文件。饭后见客一次,即出门拜客数家。即至营盘看墙子,未刻归。见客三次。传见吉营哨官二人。中饭后,见客一次。写家信,并寄寄[衍一寄字]初九日六摺一片,十五日二摺一片稿回家。又写九弟密信一件。是日,接王人树信,系十七日所发,尚为迅速。晡日,与次青、仙屏登后园楼久谈。习字二纸。

　　附记

　　周溯贤葭浦。桂平人。丙午举人,办团保,知县。选安徽英山县,奉改东乡县。人尚朴实。

　　廿四日(闻湖南连失数县,人人惊慌)

　　早,清理文件。饭后见客二次。写信,左季高一件,王人树、李小泉各一片。传见哨官三人:王桂堂、黄正大、李祖祥,皆吉中营者。下半日接沅甫弟信,易芝生、郭意城、冯树堂皆有信。湖南桂阳、兴宁、永兴等处,连失数县,人人惊慌。沅弟于十六日至省城矣。中饭后温《史记》绛侯、梁孝王、五宗、三王等世家,穰苴列传。是日早,发家信第八号。

附记

张光明中前哨。凯章之侄孙，曾代营官。明白。

胡松江花石人，中左哨。

黄东南大邑碾人，麻子。中右哨。似文童之笨者。

熊登武中右哨。沅之妻侄。晴黄。明白。

廿五日（心殊忧灼湖南局势日坏）

早，清理文件，见客一次。饭后，见客二次。传见吉中营哨官熊登武、黄东南二人。习字二纸。小睡。改信稿十件。中饭后，接左季高信、沅甫信，知桂阳州已失守。湖南局势日坏，心殊忧灼。写复季高信，添骆中丞信一片。见客三次。温《史记》《老子韩非列传》《孙吴列传》。夜与次青、仙屏等观邓弥之、吴竹庄和诗。竹庄诗，牢骚喷薄而出，不忍卒读，盖其中郁抑深矣。是日巳刻，复郭意城一信，专人送至湖南。

附记

周玉堂大子打下唇。制营哨长。

刘湘南甲武生，居近莲花桥。制营哨长。可爱。祖母在，母在。

李升平溆浦人，沅州协守兵。四年，随杨昌泗出。五年，至平江营充先锋，鹰潭案保把总，贵溪案千总，玉山案守备。年二十八，无父母兄弟。眼有黄光，貌平平。

廿六日（夜谈救湘及景镇添兵之事）

早，清理文件。饭后见哨官二次，写胡中丞信、彭雪琴信，又添官中堂、耆中丞信，约共二千字，又习字二纸。莘田来，与谈家事。温《史记》《伍子胥列传》《仲尼弟子列传》。夜与何镜海久谈救援湖南一节，又景镇添兵一节，令其审处熟计。

廿七日

早，清理文件。饭后见湘前营哨官成立福、贺湘洲。又见客二次。加王雁汀信二叶、金竹虔信一叶、郭雨三信一叶，约共六百字。又习字两纸。小睡片刻。未正，请凤洲、元云衢、邹峄峰三人便饭，酉刻散。夜，写叔父信一件，澄、沅、季信一件。温《史记。商君列传》。洗澡一次。日内因温甫弟灵柩将归，景德镇官军已稳，心气稍定。而因贼窜湖南，恐桑梓受害，家居不宁，又不免刻刻悬系。

附记

黄万清宁乡七都灰汤人。二年，在张石卿处充壮勇。三年，随岷樵救江西，曾打广济土匪。四年正月，在郴州人迪营。父母没。四十岁。一弟一侄，无妻子。

沈宝成新染铺人，去黄泽远四十里。抱子。兄弟四，渠一，其二死濠头堡，三死岭东。清而有情，去年之考语也。

廿八日（思余须常存不敢为先之心）

早，清理文件。饭后见客二次。与元守论弓箭。渠言如用笔然，以合手为贵，轻重大小初无定式，为力不同科也。写张筱浦信一件。未初，见何镜海，与之剀论时贤，因言傲为凶德，骄为败征。镜海诵王阳明言丹朱、商均亦不过一"傲"字。习字二纸。温《苏秦列传》。接胡润帅、彭雪琴信，内有京件，言时事颇详。改信稿十馀件，接各处文件颇多。日内作一联云："取人为善，与人为善；忧以终身，乐以终身。"上二句见《孟子》，下二句见余所作《圣哲画像记》。又思战阵之事，须半动半静，动者如水，静者如山。又思兵不得已而用之，常存不敢为先之心，须人打第一下，我打第二下也。

附记

抚州派查城委员：东门程增庆县丞，南门潘贻恩典史，东、西、南门张棠府经，东、南街邱秉为典史，西、北街陈乃澍县丞。

抚州城内居民数：东南城，铺户二百七十三，住家二百四十三，又补二十四户；西北城，铺户一百五十一，住家五百七十五。

陶日升宁乡人,去自箬铺二十里。二十四岁。四年,在田家镇入彭三元营。六年四月,入朱品隆营。父母没。兄弟四人,长在家种田,次在前营当勇前哨,三六年,在黄州阵亡,日升第四。鼻小,腰挺,伶俐有情,亦虑其滑。

胡晖堂廿五岁,聪明伶俐。

廿九日

早,清理文件。饭后写易芝生信一件,见客三次,见哨官二人。中饭后习字二纸,写挂屏十二幅,登后楼远眺。夜温《张仪列传》。是日因水退,战船退扎下游。

三月

初一日(悔叹余生平无恒,百无一成)

早,各员弁贺朔,见客络绎,至巳正止,倦甚。旋清理文件。传见强中营哨官二人。小睡。写郭云仙信四叶。中饭后,邓弥之来辞行,留其暂住数日。习字二纸。接各处文件,清理毕。写挂屏八幅。登后楼小憩。是日辰刻、申刻,并登楼看各戈什哈射箭。夜,清理文件。写纨扇一柄,约百余字。温《樗里子甘茂列传》。日内颇好,写字,字亦略进。余生平以无恒之故,百无一成。即写字一端,用力亦不少,而时进时退,时好之,时不好之,时慕欧、柳,时慕赵、董,趋向无定,作辍靡常。学古文则趋向略有所定,亦以不常作之故,卒无所成,每用悔叹。人而无恒,不可以作巫医。诚哉,是言也!

初二日(传见哨官)

早,清理文件。饭后写信,胡中丞一件、雪琴一件、吴翔冈一件,添吴竹庄四叶。见客二次:一张兴仁,号棣斋,新任建昌知府,将到任去;一朱品隆,补竹山协副将,来谢也。传见哨官二人:刘长春、胡玉元。是日戈什哈等因把子未收拾,故未射箭。中饭后习字二纸,写摺扇一柄,写对联六首。至后楼与次青、仙屏邕叙。温《史记》《穰侯列传》《白起王翦列传》《孟荀列传》。接家信,澄侯一件、纪泽一件,系廿一日所发。纪泽信内封《贺丹麓墓志》一分,系左季高所纂,纪泽所书并篆。

附记

○吴水梅平江龙门厂十五里。广信入营。由散勇亲兵升先锋,带一队。八年十二月,吴兰蕙告假,代中哨哨官。年二十五。母存父没。兄二人。身长,目小而有情,满面堆笑。

○○萧赏谦平江长寿司。苏官渡入营,贵溪升什长,衢州升哨长。父母皆存,蓝翎把总。兄一,读书,弟一,耕田。耕作为业。武人而有儒稚气,身段稳称,鼻正眉疏,似有用之才。中哨哨长。

初三日(闻郴州失守,衡州迁徙)

早,清理文件。饭后见客二次。出城至护卫军营盘,见新招之营,尚属整齐。又至朱品隆营,又至岳字营,归至拟岘台。午正归,见哨官二次。中饭后见客二次。写家信,澄、沅、洪一件,纪泽一件,约共干三、四百字。又习字二纸。夜接雪琴信,言郴州失守,衡州十六迁徙。是日核信稿六件,核公牍稿十馀件。

附记

△黄菊亮平江西乡,去县二十里。父母亡,兄弟四人,行二。兄在家,弟当前哨护哨,三来投效,五年春入营,在胡盖南部下。六年九月十三,在崇仁充哨长。鼻削,目小,面不大。前哨哨长。

○彭琼英上年十二月十六见一次。前哨哨官。

初四日

早,清理文件。饭后写冯树堂信三叶,添幼丹信二叶。见哨官二次。日中倦甚,小睡。

曾国藩书房

中饭后，习字二纸，写挂屏四幅，又写一幅。读《史记·廉蔺传》。登后楼晚眺。夜，温《田单传》《鲁仲连邹阳传》。是日辰刻，发家信，限十二日到。申刻，接沅甫弟在县城所发信，系朱惟堂专丁送来。廿三日，在湘乡、衡州尚无警。王人树已去，意其可保全与？

附记

戴丰福平江北乡，去县城三十里。三年，随林源恩。四年，随蒋益澧，在几江随余至江西省。平江立军，即在左哨。初充抬枪勇，在贵溪屈营官手拔哨长。父五十七，母五十六，弟四人俱在家，力田营生。五敦子身材。面带哭。左哨长。

毛全升左哨官，十月廿六日见。

初五日（夜知李鹤人业已殉难，亦足悯念）

早，清理文件。饭后见客三次，传见哨官二次。写信，唐竟丈、耆中丞、张小浦各二叶。核稿十馀件。习字二纸。中饭后，写挂屏五张。温《史记》《刺客传》《屈贾传》《不韦传》。夜接雪琴信，知李鹤人业已殉难，亦足悯念。

附记

○李佑厚平江东乡，去龙门厂五十里。五年二月入营，六年三月在抚州升哨长，八年三月在衢州升哨官。五短身材，目黄明，身称，眉浊。父六十五，母五十五。兄弟三人，兄在本哨先锋，弟在本哨散勇。初在左营义哨，吴荩臣所带。耳长。后哨官。至今未告假。

△潘光前平江西乡，去县二十里。五年，苏官渡入营。八年，在衢州升哨长。一弟跟官。父母皆五十馀。五短。种田营生。平沓面。

初六日（贼尚未至衡州，或可无虑）

早，清理文件。饭后见客二次。核信稿数件，写信一件。小睡。见哨官二次。巾饭后，习字二纸，写挂屏八幅、扁一、对二。温《李斯传》《蒙恬传》《张陈传》，未毕。是日接左季高、郭意城信，二十五日所发。贼尚在永兴、嘉禾、新田等处，未至衡州，或可无虑。刘印渠于廿四日自家起行，三月初一、二可至衡州，为之一慰。

附记

张恒彩平江东乡人，年三十三岁。四年，随胡润翁。五年春，随余入江西。旋在次青中营当小蓝旗。七年，贵溪升先锋。八年，衢州升哨长。母五十五，酒保营生。兄弟四人。次在建武营当棚头，三、四在家小贸。目精光而动，小有聪明，不甚可靠。右哨长。

唐顺利右哨官。

初七日

早,清理文件。饭后见哨官二次,绫记各哨官履历。小睡。写左季高、郭意城信。申初,习字二纸。旋温《魏豹彭越传》《英布传》。傍夕,登楼一眺。夜,因眼蒙不敢作一事。接刘腾鹏信,知其弟腾鹤于二日廿八日在建德之云峰岭阵亡。腾鹤字杰人,本奉札防守彭泽,乃自欲以剿为防,进攻建德,猝至捐躯,殊为悯悼。其兄峙衡于七年七月十三阵亡,今才一年七个月。其父母尚在堂,何以为情?

附记

哈必发塔军门之亲兵。五年八月调至南康,发苏官渡之前营。旋派至青山,调入完字营,后至平江老中营,现带新田勇四十名、潮勇二十九名。鼻削,目有清光,似吃洋烟。滑。九两。

李廷銮新田人。五年三月入新字营,十一月随周凤山至樟树。六年冬,革李新华,将新字营交峙衡。七年三月,渠赴贵溪投杨得春麾下,八十人。七月归屈蟠。八年至衡州。九年告假在家十日,二月十四自新田启行来。三十一岁,未取妻。父母故。目动面歪,心术不正,打仗或可。六两。

刘 烈潮州人,有老母,年三十一岁。咸丰七年,来江两投效,现带潮勇廿八人。目深,天廷高,面有正色。

初八日(夜思相人之法)

早,清理文件。饭后见客二次。至后楼看戈什哈射箭,赏二人。旋见哨官三次。午正,接奉朱批谕旨,系三月十五在大路游所发之二摺一片。温弟之子纪寿奉旨于及岁时带领引见。未初,写家信,叔父一件、三弟一件,专人送恩旨回家。申刻起行,跟十六到家。见客四次。写胡润翁信一件,习字二纸,温《韩信传》。夜思相人之法,定十二字,六美六恶,美者曰长、黄、昂、紧、稳、称,恶者曰村、昏、屯、动、忿、遁。

初九日(夜接奉朱批谕旨)

早,清理文件。饭后见客四次。传见平江老中营先锋三人。写信,与雪琴一件,与甘子大、李小泉各一片。日中小睡。绫写哨官履历。中饭后习字二纸,温《韩王信卢绾传》《田儋传》。酉刻接奉朱批谕旨,系二月初九所发之摺:安仁、新城保举摺,照准;景德镇胜仗摺,奉"览奏均悉";两谢恩摺,均奉批"知道了";新城圩胜仗摺,奉旨一道;请恤摺,奉照准;邓辅纶捐输一片,奉照准。夜因眼蒙不敢看书。

附记

李祥和常汉人,芷秋对门,二十八岁。兄弟八人。张开辑死后,曾充帮带官。母七十。眼有光而浮,心尚明白,亦虑其滑。

初十日(纪泽看《经义述闻》似有所得)

早,清理文件,见客一次。饭后见客三次。旋传见平江营先锋官三次。宜黄拔贡吴镳来见,庚戌朝考,曾取头场也。核改信稿十件。中饭后习字二纸。接家信,澄弟、沅弟各一件、纪泽一件,系廿八、九所发,维时衡州尚安静,或可保平安耳。温《樊郦滕灌传》《张苍传》。沅弟付所刻温弟请恤谕旨、奏章各件一本,览之不胜感怆。纪泽看看《经义述闻》,似尚能得王氏父子之意,为之忻慰。

十一日

早,清理文件。饭后见客三次,传见哨官三次,写朱尧阶、张廉卿信,习字二纸。中饭后温《傅靳传》《郦生陆贾传》《刘敬叔孙通传》。吴子序来邕谈。夜洗澡一次。

十二日

早,清理文件。饭后见客三次,复传见各哨三次,写左季高信、郭意城信,习字二纸。小睡。中饭后温《史记》《季布栾布传》《袁盎晁错传》《张释之冯唐传》。酉刻,与子序、次青登楼久谈。是日风雨夜,大雨。自二月十四以后,天晴弥月,农民望泽甚殷,得此雨大慰矣。

十三日(深愧余年未五十而早衰)

早,清理文件。饭后与子序围棋一局。旋见客一次。又围棋一局。至后楼看戈什哈射箭,赏二人,罚一人。写家信一件,与三弟、纪泽。所问各书即附告于信末。传见先锋官三人。用白绫写履历。习字二纸。申正写家信毕。又与子序围棋一局。夜温《万石君传》。是日做丸药一料。鹿茸四两三钱五分,崔伯堘所送也。丽参八两五钱,何敬之所送也。桂元二两三钱,蜜糖二两。近日常服参茸丸,而精神并不甚佳,仅立敷衍而已。年未五十而早衰,若此,深用愧悚。是日,派汤盘、谢为翰、宋元魁三人教射,每人加薪水二两。汤名下派学者九人,谢名下派学者十人,宋名下派学者十二人。

附记

东南城外住家二十七户。店铺三百二十户。初六日李太守送册。

十四日

早,清理文件。饭后传见平江营先锋三人,白绫识写。至校场看操演。振字营新招未久,而队伍颇整齐。府县陪同在外看操。县令邹罩峰送猪十只备赏。余又自赏钱百千,旗十面。中饭后,习字二纸。温《史记》《田叔传》《扁鹊仓公传》。傍夕,与子序登后楼,阅新买书画谱。是日辰刻,发家信十二号。申刻,剃头一次。

十五日

早,各员弁贺望,至巳正始毕。清理文件。为次青跋"福、寿"二字,系乾隆年间宸翰,次青在建昌市肆购得,不知何家赐物流落在外也。中饭后,写胡中丞信。习字二纸。温《史记·吴王濞传》。是日与子序围棋一局。早见客太多,日中倦甚,小睡。

十六日(闻子序谈"养气章"末四节)

早,清理文件。饭后写雪琴信一件,看信稿数件。见先锋官三人。钞白绫记事。见客二次。中饭后习字二纸,温《史记》《田窦传》《韩安国传》。夜眼蒙,不敢看书。闻子序谈"养气章"末四节。言孔子之所以异于伯夷、伊尹者,不在高处,而在平处;不在隆处,而在汗处,汗者,下也;平者,庸也。夷、尹之圣,以其隆高而异于众人也。孔子之圣,以其平庸汗下而无以异于众人也。宰我之论,尧、舜以勋业而隆,孔子以并无勋业而汗。子贡之论,百王以礼乐而隆,孔子以并无礼乐而汗。有若之论,他圣人以出类拔萃而隆,孔子即在类萃之中,不出不拔而自处于汗,以汗下而同于众人。此其所以异于夷、尹也,此其所以为生民所未有也。

十七日(接家信知沅弟已接温弟忠梓)

早,清理文件。饭后与子序围棋二局,写官中堂信一封,加王霞轩信一件。见先锋官三人,白绫钞记六人。见客二次。中饭后写对联八付。又与子序围棋一局,习字二纸,温《史记》《李广传》《匈奴传》一半。是日申刻接家信,澄、沅各一件。沅论家事甚详。即廿四日在抚州所派去之二人,初四日到家,初六到县。沅弟在县接温弟忠梓,尚未知初六夜省之信。是日大雨,久旱得此,甚慰!

十八日

早,清理文件。饭后见府县一次,看操一次,赏黄大德一人。与子序围棋一局。见客二次,传见哨官三次。用白绫钞记。核改信稿十馀件。请黄冠北、程秀夫、谢希迁兄弟三人中饭,申正散。又与子序围棋一局。夜习字二纸,温《匈奴传》仅三叶,看文书十馀件。是日李少荃自省来,与之谈二次。

十九日

早,清理文件。饭后写耆中丞、雪琴、希庵信三件,见客二次,围棋一局。中饭后习字二纸,写小横披绢笺约四百字。见护卫军哨官二人。温《史记·匈奴传》毕。倦甚,小睡。夜批子序古文二首。眼蒙,不敢看书。

二十日(与子序论老年用功,不可有骄气暮气)

早,清理文件。饭后见客一次。旋出教场,阅护军营操,中有常山蛇阵,最为可观。赏钱百千,旗十面,午刻散归。见客二次,看信稿十馀件。中饭后见客二次。与子序围棋一局。

习字二纸。夜，温《游侠列传》。是日王霞轩太守自建昌来，久叙。傍夕与子序登楼，论老年用功，不可有骄气暮气。

二十一日

早，清理文件。饭后会客三次。与子序围棋二局。传见哨官二人。加黄莘农、史士良、万篾轩片各二叶。中饭后王霞轩来，久谈。习字二纸。夜温《儒林传》。申刻写祭幛字及对联。近闻江浦、浦口克复，六合亦已合围，下游大有转机，贼势或日衰乎？

廿二日

早，清理文件。饭后写左季高、郭意城信，添骆页门信。围棋一局。传见哨官二人。未刻，请王霞轩太守便饭，在后楼上设席。申刻温《史记》《公孙宏传》《相如传》"子虚上林赋"，习字二纸。夜接家信，澄弟一件、沅弟一件、纪泽一件。泽寄《书谱》一本，内有叔父复信一件，如获至宝。从此，温弟灵柩于十五日到家，纪寿恩旨于十六日到家，或许可少释家中之忧虑乎？

廿三日（夜温《相如传》）

早，清理文件。饭后看操，赏五人。子序作诗六首，因昨日在后楼宴饮，用何廉昉"将进酒"体，新作六首也。旋送子序归去。写刘霞仙信，写家信，澄、沅、季一件，纪泽一件，共三千五百字。传见哨官二人。下半日，见客二次。夜温《相如传》"喻巴蜀檄"至末。

廿四日（至府学看王右军墨池）

早，清理文件。饭后会客四次，传见哨官二人。至府学看王右军墨池，即曾子固作记者也。至城外拜王霞轩，登舟小叙。中饭后核谢纪寿引见恩摺稿，习字二纸，温《南越传》《循吏传》。太史公所谓循吏者，法立令行，能识大体而已。后世专尚慈惠，或以煦煦为仁者当之，失循吏之义矣。因思为将帅之道，亦以法立令行、整齐严肃为先，不贵煦妪也。是日辰刻，发家信，附寄易芝生挂屏四张，宣纸二大张，赵书"楚国夫人碑"八张。

廿五日

早，清理文件，见客一次。饭后见客二次，传见哨官二人。写胡润芝信一件。批许仙屏诗五首。核景德镇两月以来攻剿情形摺稿，又核片稿一件。中饭后习字二纸。大雷雨。温《汲郑传》，又《酷吏传》，未温毕。写小屏四张。接家信，即初四所发信之回音也，澄侯一件、沅甫一件、纪泽一件。知温弟忠梓于十四日到家。蛇龙车日行六、七十里，诚可贵也。叔父病尚未大好，不知得纪寿恩旨后，可略好否？纪泽又寄"临《书谱》"一本、"临《崇福寺记》"一本，因请李少荃批阅。

二十六日

早，清理文件。饭后见岳字营哨官三人。出门拜李太守、元太守二处。出城至振字营、护军营、湘前营，未正归。在外遇雨，各营气象尚属整肃。中饭后习字二纸，阁各处私缄、公牍。接左季高信，知永州大获胜仗，城围立解。是日发报五百里景德镇两月以来攻剿情形一摺、纪寿及岁引见谢恩一摺。老营添勇，俟南路稍松，再赴景镇一片。温《酷吏传》毕，及《佞幸传》。

二十七日（思人心扰扰，只为不知命）

早，清理文件。饭后见客三次，传见哨官三人。接家信，澄侯一件、沅甫一件，系初八送纪寿信之回音。翻阅《四书》一遍。用白绫写《论语》《孟子》中最足警吾身者，约二十馀章。中饭后，习字二纸，温《滑稽传》。夜温《大宛传》，未毕。思人心所以扰扰不定者，只为不知命。陶渊明、白香山，苏子瞻所以受用者，只为知命。吾涉世数十年，而有时犹起计较之心，若信命不及者，深可愧也。

二十八日

早，清理文件。饭后看戈什哈操，赏五人。写白绫帐檐毕。翻阅《陔馀丛考》。中饭后习字二纸，温《大宛传》毕。大雨，登后楼看。与李少荃久谈。夜，倦甚。又以眼蒙，不敢看

书。日中,精神不振,时有怀安之意。巳刻,传见哨官三人。

二十九日

早,清理文件。饭后见先锋官三人。写彭雪琴、胡中丞信。见客一次。阅《陔馀丛考》。中饭后习字二纸,温《淮南衡山传》。旋写大字数幅。酉刻,登后楼。灯后,温《货殖传》数叶。因眼蒙不敢多看书。日内,念不知命、不知礼、不知言三者,《论语》以殿全篇之末,良不深意。若知斯三者,而益之以《孟子》"取人为善,与人为善"之义,则庶几可为完人矣。

三十日(接孙芝房信,告托其身后事,不免慨然)

早,清理文件。饭后见先锋官三人。写张小浦信,改信稿五件。接何廉昉信,写作俱佳,依恋之意,溢于言表,才士不遇,读之慨然。倦甚小睡。剃头一次。中饭后习字二纸。温《货殖传》毕。夜接孙芝房信,告病体垂危,托以身后之事,并请作其父墓志及刻所著诗十卷、《河防纪略》四卷、散文六卷;又请邵位西作墓志,亦自为手书别之,托余转寄。又接意城信,告芝房死矣。芝房于去岁六月面求作其父墓表,余已许之。十一月又寄近作古文一本,求余作序。余因循未及即为,而芝房遽归道山,负此良友,疚恨何极!芝房十三岁入县学,十六岁登乡举,廿六岁入翰林,少有神童之目,好学励品,同辈所钦。近岁家运极寒,其胞弟鳌洲、主事叔孚孝廉相继下世,又丧其长子,又丁母忧,又丧其妻,又丧其妾,皆在此十年之内。忧能伤人,遂以陨生。如此美才,天不假之以年俾成大器,可悲可悯!因忆道光二十八年刘菽云将死之时,亦先为一书寄京以告别,请余为作墓志。凡内伤病,神气清明不乱,使生者愈难为情耳!

四月

初一日(思书法运笔之八法)

早,各员弁贺朔,见客至巳正始毕。传见哨官三人。写何昉时信,请渠来看次青病。中饭后,习字二纸。温《史记·太史公自序》,申正毕。写对联、条幅。夜眼蒙,不敢看书,至次青房久谈,问渠病状。清理文件。日内,思八法"侧、勒、努、趯、策、掠、啄、磔"八字,颇难领略。趯如斯螽之跃,即田间蚱蜢,《诗》所谓"趯趯阜螽"者也。磔如磔石之磔,必右手反揭,向上一掷捺。用之横末,亦可用之。

初二日

早,清理文件。饭后见哨官三次,见客二次。写左季高、郭意城信。倦甚,小睡。中饭后,温《东越传》。习字二纸。又温《卫霍传》。登后楼晚眺。是日核稿数件。

初三日(出城看各营合操)

早,清理文件。饭后出城,看各营合操。吉中营为中路先锋,护军右营为接应;湘前营为右路先锋,岳字中营、后营为接应;强中营、振字营为左路先锋,振副营、升字营为接应;余立中路之后,护军中营、右营及戈什哈等排列护之。各营皆派队在前,装作贼队,与官军对敌。对合数次之后,皆撒作圆墙子,凡撒十一处,各放排枪三轮,然后卷塘收队。中路吉字三营先收,护右营次之,余次之,护中、护左又次之。右路湘前营先收,岳中次之,岳后又次。左路振营先收,强中次之,振副次之,升营又次之。午正归,见客二次。中饭后,写家信,澄、沅、洪一件,夫人一件。史士良来,久坐二时许。又见客二次。夜腹胀,泄数次。核稿数件。

初四日

早,发家信,添写泽儿信一片,计三信、奏章一本、纪泽字二本、日记一本。饭后,清理文件。见客二次,见哨官二次。因昨夜腹泄未睡,小睡至未刻。温《西南夷传》《朝鲜传》。未正请客,史士良、李凤洲、张伴山便饭,酉刻散。夜,习字二纸。接家信,澄、沅各一件。

初五日(至教场看操演并赏钱物)

早起。饭毕,至教场看湘前、强中营操演,午刻毕,赏钱百千、旗十面、猪十只,营务处所备也。归,见客二次,传见哨官三人。中饭后,清理文件。忠士良来辞行,久谈,约二时许。旋登楼,困甚。夜习字二纸。是日觉身不爽快,盖阳气不足,畏初热天气。又以看操、会客等事颇困疲,日内腹泄,亦不免委顿。夜饭禁油荤。早睡。

初六日

小病,晏起。早饭后因病不见客。旋清理文件。阅《书画谱》。中饭后,习字二纸。温《日者传》《龟策传》。倦甚,小睡。夜温《项羽本纪》十叶。是日禁食油腥。

初七日(思置今昔境况胜于昔年)

因病晏起,清理文件。早饭后温《项羽纪》毕。接胡中丞及雪琴信,内附京信二件。倦甚,小睡。中饭后,温《高祖本纪》,至二更未毕。是日尚病,禁油荤。傍夕,至楼后歇凉。念吾在江西数年,五年在南康,景象最苦,六年在省城,亦以遍地皆贼,同事多猜疑,心不舒爽。此外,四年在九江月馀,七年在瑞州月馀,亦无佳兴。去年,住建昌五个月。虽军事无起色,而意兴较好。本年在抚州,所居谢氏宅颇宽。后有高楼,俯临城闉,外瞰盱江,境况较昔年远胜矣。

初八日

早,清理文件。饭后温《高祖纪》毕。见客三次。倦甚,小睡。中饭后,温《秦本纪》,至二更毕。见客,陶仲瑜来,久谈。写字、对联、挂屏,共约四百字。灯后清理来文数十件。习字二纸。日内颇好写字,而年老手钝,毫无长进,故知此事须于三十岁前写定规模。自三十岁以后只能下一熟字工夫。熟极则巧妙出焉。笔意间架,梓匠之规也。由熟而得妙,则不能与人之巧也。吾于三四十岁时,规矩未定,故不能有所成。人有恒言,曰"妙来无过熟",又曰"熟能生巧",又曰"成熟",故知妙也,巧也,成也,皆从极熟之后得之者也。不特写字为然,凡天下庶事百技,皆先立定规模,后求精熟。即人之所以为圣人,亦系先立规模,后求精熟。即颜渊未达一间,亦只是欠熟耳。故曰:夫仁亦在乎熟之而已矣。

初九日(护军营有勇竟被百姓打伤,已交审)

早,清理文件。饭后至后楼看操,赏五人。写雪琴信一件,核信稿六件。中饭后习字二纸,写挂屏四幅,温《史记·吕后纪》。是日,护军营有勇在河东汤姓村内被百姓打伤,百姓前来喊禀。交发审所讯问。问未毕,派抚州兵二人、临川差二人、亲兵二人,往汤村取回所捉留之勇。该村又将抚兵及差与兵等捉留,至夜始归来。乡间刁风,亦可恶也。日内办事颇倦,仍禁荤腥。

初十日

早,清理文件。饭后见客二次。温《五帝本纪》《夏本纪》《殷本纪》,倦甚,在床上看书。志不能帅气,老而不变,可愧也。未刻请客,曾春甫庶常、陶仲瑜太守、曾种泉优贡,至酉刻散,在外散步。夜习字二纸,拟作《晚霞楼》诗,未就。

十一日

早,清理文件。饭后写胡中丞信、李希庵信。见客二次。午正倦,小睡。接各处信缄,核信稿六件。中饭后写对联、条幅,会客一次,习字二纸。申刻出门,送陶仲瑜之行。接王人树之信,言东安失守,新宁、宝庆均紧急之至,石逆在祁阳矣。若果宝庆疏失,则湘乡亦自可危。江西、湖北各营湘勇不无内顾之忧,所关颇大。夜,盛四来,接家信,尚平安。六弟廿七日葬上峰庵矣。温《周本纪》五叶。

十二日

早,清理文件。饭后写邵蕙西信、袁漱六信,加耆中丞信三叶,共约千五百字。中饭后,习字二纸,写对联、大扁。夜,倦甚,精神委顿之至。年未五十,而早衰如此,盖以禀赋不厚,而又百忧摧撼,历年郁悒,不无闷损。此后,每日须静坐一次,庶几等一溉于汤世也。

十三日(日内精神困顿,盖老境侵寻之故)

早，清理文件。饭后看戈什哈演操。写邓瀛皆信。旋小睡。又添漱六信、位西信。中饭后，写家信，令纪泽勿来营。旋写扁对，戌正毕。夜倦甚，早睡。日内意兴索莫，精神困顿，不克振作，盖老境侵寻之故。是日见客一次。

十四日

早，清理文件。饭后见客三次。派人至邵位西、袁漱六处，派人送信回家。倦甚，久睡。与次青叙谈。中饭后习字二纸，写纨扇一柄，温《周本纪》毕。是日，胡中丞派人送参茸丸二瓶来。接家信，澄弟一件、沅弟一件、纪泽一件。

十五日（何廉昉太守自河口来，与之久谈）

早，各员弁贺望，至巳初早饭。饭后见客六次，写胡中丞信、沈幼丹信。中饭后见客一次。何廉昉太守自河口来，与之久谈。习字二纸。又添胡中丞信一页。与次青、少荃等谈。读张文端公《聪训斋语》文和上澂怀园语。此老父子学问，亦以知命为第一义。夜，洗澡。近制一大盆，盛水极多。洗澡后，致为畅适。东坡诗所谓"杉槽漆斛江河倾，本来无垢洗更轻"，颇领略得一二。

十六日

早，清理文件。辰正，次青与沈幼丹联姻订庚，请余与李少荃为大媒。次青设宴两席，午初散。写雪琴信一件。中饭后，核信稿六件，习字二纸，写对联、条幅数件。夜温《秦本纪》三叶，洗澡一次。

十七日（念古人胸次何其旷远，余胸次又何小也！）

早，清理文件。饭后看挂扁等事，见客二次，核信稿数件。中饭后热极，因读东坡"但寻牛矢觅归路"诗，陆放翁"斜阳古柳赵家庄"诗，杜工部"黄四娘东花满蹊"诗，念古人胸次萧洒旷远，毫无渣滓，何其大也！余饱历世故，而胸中犹不免计较将迎，又何小也！沉吟玩味久之，困倦小睡。酉初，何廉昉来，久谈，因为余诊脉，言须服燕菜，以滋阴补水。夜与二李久谈。是日巳正出门拜何廉昉、雷西垣二处。

十八日

早，清理文件。饭后看操，赏二人，巳正毕。见客二次，核信稿二件。天气郁热，烦躁之至。未刻下雨，申初大雨倾盆，直至夜分不息。中饭后，习字二纸。温《秦本纪》毕，《孝文本纪》。戌初小睡。初更后，与李少荃、许仙屏言团练之无益于办贼，直可尽废。如必欲团练，则不可不少假以威权。午刻阅《白香山集》闲适诗，又阅后集格诗。夜阅《望溪文集》书后各篇及各书牍。

十九日（廉昉字自成风格，较之余心抱惭）

早，清理文件。饭后见客四次，传见振字营哨官三人，核信稿数件。温《孝景纪》《孝武纪》未毕。未正请客，何廉昉、雷西垣、曾佑卿三人。饭后，至晚霞楼看雨，酉正散。夜习字二纸，洗澡一次。观何廉昉书扁头小字，偶傥权奇，自成风格。余年已五十，而作书无一定之风格，屡有迁变，殊为可愧。古文一事，寸心颇有一定之风格，而作之太少，不足以自证自慰。至于居家之道，治军之法，与人酬应之方，亦皆无一定之风格。《传》曰："君子也者，人之成名也。"又曰："君子成德之称。"余一无所成，其不足为君子也，明矣。是日，接湖南信，贼窜新宁，恐江忠烈家不免于焚掠，心极悬悬。

廿日

早，清理文件。饭后见客三次，传见哨官三人。添陈季牧、王少岩、张镜澜信各一二叶，写郭云仙信一件。中饭后，写许仙屏册页八开。小睡。旋温《孝武本纪》毕。夜将《孝武本纪》与《封禅书》核对，未毕。申刻习字二纸。正值大雨倾盆，门窗皆闭，书册狼籍。是日竟日雨不息，至次早辰后少息。

廿一日（疾病、忧郁多年缠绵，令余衰惫如古稀）

早，清理文件。饭后见客五次，见哨官二次。写许仙屏册页十三开。写纪泽儿信一件，示以读书之法，宜求博观约取，开列韩、柳及王氏父子所考正书目。是日大雨，竟日不息。写字略多，因倦殊甚，眼花而疼，足软若不能立者，说话若不能高声者，衰惫之状，如七十许人。盖受质本薄，而疾病、忧郁，多年缠绵。既有以撼其外，读书学道，志亢而力，不副识远而行不逮，又有以病其内，故不觉衰困之日逼也。是日未看书习字。

廿二日

早，清理文件。饭后见客一次，传见哨官二次。官仙屏册页七开，约千六百字。写临三、昆八信。中饭后，习字二纸。天热甚。夜，信手习字约三百馀。洗澡一次。天气郁热，与次青诸人罳谈。午正小睡。阅柳文三篇。

廿三日

早，清理文件。饭后写仙屏册页三开毕，人极困倦。写家信。在新椅静坐。中饭后，写对联六幅。傍夕静坐。灯后，接沅甫弟在跳马涧所发信，又接意城信、牧云信，知魏喻义等败挫，衡城危急，因添写家信一叶。日内精神困顿，萧然若乏生趣者。又以湖南局势日迫，心中焦闷，益觉难于振作。夜，闻今年会试题《色难有事》，次题《今夫天》，三题《焉能使予不遇哉》，诗题《高车高捆》，得"从"字。

廿四日

早，清理文件。饭后见客二次。旋看《姬传先生尺牍》。倦甚，小睡。中饭后见客二次，写吴竹如信二叶，又写九弟信，习字二纸，又阅《惜抱轩尺牍》，写扁字数十个。夜阅《惜抱老人尺牍》毕。觉于德性之间，略有长进。是日早，发家信，寄高丽参一斤与澄、季二弟，又纪泽一件、两甥一件。

廿五日（闻江忠烈之太公墓为贼所发，不胜愤恺）

早，清理文件。饭后见客五次。剃头一次。添袁午桥信一叶，周子佩、郭云仙各信二叶。中饭后习字二纸。旋写扁额、对联十馀件。接家信，闻江忠烈之太公墓为贼所发，不胜愤恺。又闻杨安臣打一败仗，不知在何处也。是日派委员伍华瀚、戈什哈曾德麟往衡州坐探，带勇十人，令每三日送信一次。

二十六日（皖北事势颇顺；江南事机少钝）

早起。早饭较常日略早。饭后拜发万寿贺摺，派戈什哈彭述清送进京。令其出京后，绕赴天津一行。送郭云仙亲家信。至校场看吉字中营操演，队伍甚整齐，赏钱百二十千、猪十只、旗十二面。午初归，会客二次。与刘岳砀言湘后营事，以刘连捷、李宝贤、萧品元三人为三营，另立营务处，以综理各事，刘岳旸亦在营务处。营务处即与刘连捷共扎一墙子也。中饭后，见各哨官，习字二纸。雨极大。写对联数付。夜读《伯夷列传》，朗诵之，不诵书已近一年矣。是日闻胜帅招降捻目，张元龙收复凤阳、临淮关，又收复霍山、六安州，皖北事势颇顺。又闻江浦失守，扬州被围，张殿臣小挫，江南事机少钝。

二十七日（至团练总局并至城外拜各营）

早起，即早饭。饭后拜客，先至谢家道喜，次至团练总局，次至城外拜各营，湘后三营、湘前营、强中营、护卫军，均少坐。未初归，困甚且饥饿。吾母江太夫人昔年亦患此病，每饥饿思食，不可须臾少缓，余亦如此，盖秉母体也。旋食零杂点心。会客张六琴、何廉昉，久谈。酉初中饭。饭后，沅甫弟到，略谈片刻，弟出城至营盘住。旋阅诸文件，内有胡中丞寄到筠仙信一件。热甚，未能作事。是日应酬颇劳。

二十八日

早，清理文件。饭后见客五次。沅弟来，久谈家事。未初小睡。次青请吃饭，同坐为何廉昉、张六琴诸人，酉初散席。与沅甫罳论家事，直至夜分三更睡。是日酷暑，又以说话太多，不能成寐。

二十九日

早，清理文件。饭后与九弟罳谈家事。旋见客二次。午刻小睡。未初写对联十馀付、纨

扇一柄。申初请客,何廉昉、张六琴、黄冠北、曾佑卿、谢世兄希栻及九弟共七人,酉初毕。热甚。旋出门送何、曾、张、黄之行。夜,热甚,独坐乘凉。旋习字二纸,困倦不能振作。二更三点睡,亦不成寐。

五月

初一日

早,各员弁来贺朔,至巳正毕。旋清理文件,又见客二次。初热、倦甚,困睡约时许。中饭后,习字二纸。旋写挂屏八幅、对一付。是日刻"闳深肃穆"四字大匾,余守看匠人为之。虽闲甚而汗不止,盖体极弱耳。夜清理文书二十馀件。

初二日

早,清理文件。出城至九弟营早饭,久谈。午刻,至升字营。归寓,极热,困睡时许。中饭后,改信稿、四六一首。写左季高、郭意城信各一件。夜,接胡帅及各信。是日热甚,汗多,不能作事,看工匠刻匾。夜二更即睡。

初三日(备叔母寿辰之礼)

早,出城,阅岳字营操,巳正毕。见客一次。午刻,九弟来,久谈。写家信一件。清理各文件。中饭后写挂屏八幅。热甚,登后楼小憩,稍凉。夜与九弟久谈。十二日为叔母罗夫人五十一寿辰,寄春罗一匹、夏布四匹、燕菜一匣、洋带二根,交此次送信者带去。添王少岩信一叶,周韬甫信一叶。

初四日

早,写纪泽信一件。饭后与九弟絮谈一切。午刻,送弟归营。小睡。加王少岩信一片。中饭后写对联、挂屏数幅。是日大雨。下半日写字,天黑。夜接家信,澄侯一件、纪泽一件。泽儿付[附]有新刻《心经》一部,字体略似褚河南《西安圣教序》。又夫人信一件,言泽儿姻事。是日辰刻,派人送家信,并寄叔父、叔母寿礼。所写"闳深肃穆"一匾刻成。是日墨拓二付,自监守工匠为之。日内天气炎热,应酬稍繁,又九弟新至,剀谈,久不温书习字矣。

曾国藩塑像

初五日

早,各文武贺节,至巳正毕。清理文件。午刻九弟来剀谈。未正中饭,即幕中诸友与九弟过节,备酒席也。饭后与九弟谈。旋见客二次。热甚,至后楼小睡。夜早睡。腹微痛。日内怕热殊甚,又因蚊蚋太多,怕痒,体弱最难过夏也。

初六日

早,清理文件。饭后见客二次。写胡中丞、彭雪琴信。热甚小睡。中饭后尤热,九弟来久谈。旋写对二付。夜写家信,澄侯一件、夫人一件。申刻习字二纸。

初七日(十年旧交刘星房来晤,甚为欣慰)

早,清理文件。饭后阅各贺节复信稿,未刻毕。中饭后,刘星房来。其子慈民,孝廉,侍之以行。十年旧交,得一把晤,甚为欣慰,久谈至酉初。旋写对联十馀付。夜,复与星房谈,倦极。

初八日(论为人之道有四知,天道有三恶)

早,出城,至九弟营中早饭。饭后至朱唐两营、岳字两营、振字营、护卫军送行,午正归。

见客二次。中饭后见客二次。与星房前辈久谈。作"禫服文"一首,定禫服礼仪注。沅弟来,明早共设祭,行释服礼也。夜与沅弟论为人之道有四知,天道有三恶。三恶之目曰天道恶巧,天道恶盈,天道恶贰。贰者,多猜忌也,不忠诚也,无恒心也。四知之目,即《论语》末章之"知命、知礼、知言",而吾更加以"知仁"。仁者恕也,己欲立而立人,己欲达而达人,恕道也。立者足以自立也,达者四达不悖,远近信之,人心归之。《诗》云:"自西自东,自南自北,无思不服。"《礼》云:"推而放诸四海而准,达之谓也。"我欲足以自立,则不可使人无以自立;我欲四达不悖,则不可使人一步不行,此立人达人之义也。孔子所云"己所不欲,勿施诸人",孟子所云"取人为善,与人为善",皆恕也、仁也。知此,则识大量大,不知此则识小量小。故吾于三知之外,更加"知仁",愿与沅弟共勉之。沅弟,亦深领此言。谓欲培植家运,须从此七者致力也。

初九日（行释服礼,同城文武官僚前来致贺）

早,五更起,行释服礼。盥洗上香后,复位,三跪九叩首。旋行三献礼,送神,又三叩首,仿《大清通礼》中品官祭礼仪注而小变之。与沅弟升降拜跪皆同之。惟上香、献爵二事,余以长子专之。赞礼者为易润坛、阎泰,执事者为李仁俊、陈鸣凤,读祝者为刘崧,进馔者韩升在帘外,史连城在帘内接之,陈鸣凤又置接神案。黎明礼毕,尚属肃穆整齐。旋小睡。早,请星房前辈饭。饭后见客十馀次,皆以释服即吉,同城文武官僚前来致贺也。未刻小睡,困甚。中饭后清理文件。酉刻与星房兄畅谈。夜习字二纸,又习大字百馀。日内热甚,多汗,精神困乏。本日天气略清凉,而因早起行礼,日中会客太多,亦觉困倦。

初十日

早,清理文件。饭后见客二次。旋写手卷,将初八夜与九弟所说之三恶四知写出一卷,与九弟带去。中饭后,出城送九弟行,畅谈诸务。进城拜客十馀家。归,与星房前辈久谈。夜,困倦殊甚,二更即睡。

十一日（余肺疾显然,恐非药物所能补）早,派盛四往送沅弟,已成行矣。饭后试写《拟岘台记》,宁如碗大。因平日不能悬肘,字不能佳。清理文件,倦困之甚,觉说话不出,有似肺萎者,因以燕窝熬糯米稀粥饮之。夜又一饮之。上半日,屡小睡。中饭后见客二次,与星房前辈久谈。观其家科名一单,自太高祖以来已巾举三十三人,中进士廿一人,翰林三人,皆在五服之内。其稍疏远者,不过二、三人耳,可谓簪缨盛族矣。星房又言桐城张氏,自前明以来,中举六十六人,中进士十一人,较刘氏恰多一倍,特历年较久耳。余近日困倦之病,何廉昉诊脉,以为肺气太虚。本日提气不上,至于不能说话,肺疾显然,恐非药物所能补摄,仍宜静坐养之。

十二日（杜元凯论读书之道）

早,清理文件。饭后写信,官制军一封、李希庵一件、雪琴一件、张筱浦一件。倦甚,小睡。中饭后与星房前辈啜谈,见客一次,写挂屏二幅。夜写葛睪山信一件。读书之道,杜元凯称,若江海之侵、膏泽之润;若见闻太寡,蕴蓄太浅,譬犹一勺之水,断无转相灌注、润泽丰美之象,故君子不可以小道自域也。是日精神较昨日微好,而气仍不能提起。

十三日

早,清理文件。饭后见客二次。写家信一件,阅张皋文《易经》。倦甚,小睡。中饭后写扁字三十馀个,写挂屏八幅,字甚长大,至戌刻毕。夜,与次青谈。是日雨大,竟日不息,念沅弟及各营出征甚苦。至夜,雨尤甚,倾盆而下,天气寒冷,有似秋末冬初。

十四日

早,清理文件。饭后写胡中丞信一件。见客二次。因右目红疼,不敢看字。下半日写纪泽信一片,添胡中丞信一片,核信稿数件。与星房久谈。夜目蒙殊甚。与次青久谈。思夫人皆为名所驱,为利所驱,而尤为势所驱。当孟子之时,苏秦、张仪、公孙衍辈,有排山倒海、飞沙走石之势,而孟子能不为所摇,真豪杰之士,足以振厉百世者矣。

十五日（悬念各营单帐棚不足避大雨）

早，各文武员弁贺望。巳正，清理文件。写郭意城、欧阳牧云信，又加陈季牧、刘为章信各一片。中饭后大雨倾盆。念九弟及各营辛苦殊甚，为之悬悬。接胜克斋信，报皖北事尚平安。接李竹涢信，深情若揭，不忍释手。温《孝武本纪》，将《封禅书》与《武纪》校对同异毕。夜温南海《神庙碑》。日内，右目红疼，不敢多看书。本日试看之，尚无大碍。夜四、五更，大雨如注，悬念各营单帐棚不足遮蔽，下又无草，真可怜恤。

十六日

早，清理文件。饭后写信与九弟，见客二次。午刻写刘慈民挂屏一付、吴子鸾挂屏一付，各四叶，又另写挂屏、对联。子鸾名镳，己酉宜黄拔贡，曾取朝考，故以门生礼来见。此屏颇称意，有米老风味。目红疼，因写字多，又加红焉。中饭后吴子序来，与之久谈。酉刻，接家信，澄弟一件、纪泽一件。贼尚在宝庆。湘乡团练颇整齐也。泽儿以手卷临《书谱》一本，拟请徐柳臣批阅。是日因右眼红疼，自未后不复作字看书。

附记

刘　衍南丰人。岁贡生。以训导归本班，尽先选用，不论双、单月遇缺。秉彝。焯。斯禧。五十三岁。

十八〔七〕日（人常由阅历悔悟以成熟）

早，清理文件。饭后因目疼不敢作一事，竟日闭目酣睡。未初，见客一次。中饭后写九弟复信一件、李少荃复信一件。与星房、子序邕谈，复与次青谈，闻陈云生乃澍病故，年三十六岁，在临川县丞任内，宦况萧条，身后仅馀银三两、钱一千，亦足悯也。夜闭目不敢作事。本日，与子序言圣人之道，亦由学问、阅历渐推渐广，渐习渐熟，以至于四达不悖。因戏称曰：乡人有终年赌博而破家者，语人曰："吾赌则输矣，而赌之道精矣。"从古圣贤未有不由勉强以几自然，由阅历悔悟以几成熟者也。程子解《孟子》"苦劳饿乏，拂乱动忍"等语曰："若要熟也，须从这里过"。亦从赌输而道精之义为近。子序笑应之。

十八日

早，清理文件。饭后见客一次。旋因眼蒙酣睡，至未刻乃起。中饭后，写挂屏八付。至后楼与子序畅谈，至灯时始下。夜因眼蒙仍不敢看书。

十九日（知宝庆近事尚未少松）

早，清理文件。饭后写三《通》首叶。谢家刻《通典》《通考》初成，求署首也。旋写零大字数十，因目疼尚未好，不敢看书。中饭后改信稿十馀件，至酉刻毕。夜与星房、子序邕谈。温《张署墓志》。申刻，接九弟信，又接郭意城信，知宝庆近事尚未少松。湘乡团练虽尚认真，如贼果窜入，犹属可虞。

二十日

早，清理文件。饭后写郭意城一件。目蒙特甚，不敢作字，午正小睡。中饭后，写九弟信一件。以目蒙之故，中心烦燥。是日，盱江大水，封桥。饶枚臣镇军新到，在河东不能过渡。剃头一次。夜，与星房久谈。旋写零字百馀。子序来营，久谈。

二十一日

早，清理文件。饭后添吴竹庄、胡蔚之、甘子大、易芝生各信一、二片，写郭雨三信，约共千馀字。中饭，吴子序设席，请陪刘星翁也。饶枚臣镇军来，久谈。旋又见客二次。热甚。与星房久谈。夜阅次青作古文一首。

廿二日

早，清理文件。饭后见客二次。旋出城送刘星房前辈，又回拜饶镇军，至陈家吊丧。归寓，眼蒙，不敢作事。中饭后，写对联三付。热甚，目尤蒙。戈什哈黎登照自广东回，闻叶制军已死，夷人归其尸，以水银养之得不坏。柏中丞已死，江方伯已奏请开复等语。

二十三日（至后楼与子序论"敬、和"）

早，清理文件。饭后见客二次。写张筱浦信。因目疾，小睡。翻阅《明史·严嵩传》。未刻，请饶枚臣中饭。热甚，又以目蒙，不敢作一事。夜，接沅弟二十日信。因桑叶洗眼。酉正，至后楼乘凉，与子序论"敬、和"二字，因言天先乎地，君先乎臣，男先乎女，吏亦当先乎民，所谓天下济而光明也。

二十四日

早，清理文件，写澄侯弟信一件。饭后写沅甫弟信一件。接澄弟及纪泽十三、四日信，知萧浚川于初九日自衡起程，十四日可至宝庆，大约桑梓事不足为虑矣。庄思永自省来。其父庄木生送《宋诗纪事》一部、初印王伯申《经传释词》一部、朱彬《经传考证》一部、《杨文定集》一部。因阅朱彬书，其训诂考证亦与王伯申先生相仿，其言《书经》"大"字多语助词，则前人所未发也。中饭后，写对联九付。天热，目疾未愈，不敢多作事。夜，倦甚。以桑叶洗目。早睡。

二十五日（饶镇军来辞行晋省，余亦出城送行）

早，清理文件。饭后见客二次。巳刻，饶镇军来辞行晋省，余亦出城送行。写雪琴及胡中丞信。中饭后习字二纸，温《史记》《年表》《月表》，与子序谈经史训诂，颇多相合处。夜写纨扇二。与次青论姜瀛大通事。是日，核奏稿一件、片稿三件。

廿六日

早，清理文件。饭后写雪琴信一件。见客一次。旋小睡，困甚。中饭后习字二纸，写挂屏、对联十馀件，温《史记·年表》一、《礼书》一。热甚。夜，作晚霞楼对一。温《平滩西碑》。接胡中丞及雪琴信。

廿七日（作孙芝房之父母墓表）

早，清理文件。饭后因新买大笔，写极大匾字十馀个。作孙芝房之父母墓表。未正，与子序围棋二局。天气极热。念九弟与各营在景镇极辛苦也。傍夕，登后楼歇凉。夜作孙太公墓表，至三更未毕，盖久不作古文，机轴生矣。

廿八日

早，阅戈什哈战箭，罚三人，革四人。饭后，围棋一局。旋将墓表作毕。见客三次。中饭后，见客二次。写对联、条幅十馀张。围棋一局。夜，北风，大凉，在后楼久坐。是日午刻阅《梅伯言文集》二卷。申刻接胡中丞信、季洪信。

廿九日

早，清理文件。辰，饭后写九弟信一件，将季弟及各处信并京报等件带去一阅。旋小睡。中饭后习字二纸，写对九付。阅《梅伯言文集》。夜，与子序围棋一局。接湖南信，尚平安无它虑，惟宝庆尚未解危耳。是人[日]派员解银五千与萧浚川营中。

六月

初一日（余近日常写大字，渐有长进）

早，各文武员弁贺朔，至巳正应酬毕。阅《后汉书》《文苑传》《儒林传》。小睡。中饭后，与子序围棋二局。旋写对联、扁额十馀件。余近日常写大字，渐有长进，而不甚贯气，盖缘结体之际不能字字一律。如或上松下紧，或上紧下松，或左大右小，或右大左小。均须始终一律，乃成体段。余字取势，本系左大右小，而不能一律，故恒无所成。推之作古文辞，亦自有体势，须篇篇一律，乃为成章。办事亦自有体势，须事事一律，乃为成材。言语动作亦自有体势，须日日一律，乃为成德。否则，载沉载浮，终无所成矣。夜阅《梅伯言文集》。眼蒙，不敢注视。洗澡水多，甚岂快。是日酉刻，阅亲兵操演。

初二日

早,清理文件。早饭后写雪琴信一件、胡中丞信一件、季洪信一件。见客二次。小睡。中饭后写对联六付,习字二纸。接九弟信,知二十六日两获胜仗。夜接家信,知宝庆相持如故,家中诸事平安。夜与子序围棋一局,写纨扇一柄。

初三日

早,阅戈什哈操演。饭后写家信一件与沅甫,又各处与元甫共十馀件。旋小睡。中饭后写对联八付,挂屏一付。礼部主事李榕申甫到营,即正月十一日所奏调者,四川人,壬子翰林,散馆改部,与之久谈。天阴雨,闷闷,登后楼。夜阅《梅伯言文集》。

初四日(谈带勇之法:用恩莫如仁,用威莫如礼)

早,清理文件。饭后与子序围棋二局,传见升字营哨官二人。天大雨如注,通屋漏湿。念景德镇官军太苦,彷徨难安。阅《梅伯言文集》。中饭后又围棋一次。写挂屏八幅,其四幅系曾祺所求,颇得意也。接九弟廿八夜信。写家信,澄侯一件、叔父一件、夫人一件,三共约千馀字,至夜毕。与何竟海谈带勇之法:用恩莫如仁,用威莫如礼。仁者,即所谓欲立立人,欲达达人也,待弁勇如待子弟,常有望其成立,望其发达之心,则人知恩矣。礼者,即所谓无众寡,无小大,无欺慢,泰而不骄也;正其衣冠,尊其瞻视,俨然人望而畏之,威而不猛也;持之以敬,临之以庄,无形无声之际,常有凛然难犯之象,则人知威矣:孟子曰:"君子以仁存心,以礼存心。"守是二者,虽蛮貊之邦可行,又何兵勇之不可治哉?夜,朗诵《赤壁赋》,至三更止,若有会者。

初五日(念天下之多艰,思身世之难以自立,郁之)

早,清理文件。发家信。饭后见客一次,传见哨官二人。李申甫来见,久谈。小睡。中饭后写对联三付、挂屏四幅。日内,肝气颇郁。昨夜接奉寄谕,去住两难。念天下之多艰,思身世之难以自立,弥觉郁郁久之。夜困倦殊甚,目光尤蒙,早睡。

附记

宽十,号端斋

初六日

早,清理文件。饭后传见哨官二人。与子序围棋二局。加耆中丞信三叶,派戈什哈王福送省,与之函商密事。又写九弟信一件,专人送景德镇。又写澄侯信一件,不果发。是日大雨,殊虑伤稼。又念各路官兵极为辛苦,不知何以淫霖久不止?闻西北苦旱,直隶、山东皆不能下种,天心尚未厌乱耶?中饭后,看《梅伯言集》。因大雨闷极,诸事不能作。夜,看《左传》,偶阅"成公"毕。

初七日

早,清理文件。饭后传见哨官二人。与子序围棋二局。见客二次。加沈观察信一片。写大字三十馀。中饭后,习字二纸,写径五尺大字八个。温《史记·乐书》。静坐四刻许。夜,温《庄子达生篇》。倦甚,不能作事,目亦极蒙也。

初八日(思宝庆事紧,湘乡可虑等,为之悬悬)

早,清理文件。饭后见客二次,传见哨官一次。请李申甫中饭。加何愿船信二片。接九弟信二次,知凯章初二日小挫情形。是日淫雨不息,李申甫至灯时方去。本日身体不爽快,有似疟疾初起之象。夜看《文选》《甘泉赋》及天台山、芜城等赋,精神不甚振作。日内思家乡宝庆事紧急,湘乡殊可危虑。又以景德镇久不得下,又以贼势恐将趋蜀,为之悬悬,心绪烦扰不安。又以久雨不止,身体疲困,弥觉郁闷。

初九日

早五更起,拜牌万寿,即在本公馆行礼。随班者,文职州县以上,武职守备以上,凡补缺者,至黎明皆散去。饭后见客二次。是日困倦殊甚,有似疟疾。与子序围棋一局,旋送之归建昌。中饭后写五尺馀大字八个,写九弟家信一件。傍晚时尤病,目胀头晕,早睡。旋起看《考工记》。夜,初更即睡。

初十日（日内似疟非疟，一切烦怠）

早，清理文件。饭后见客三次。写大字十个，皆径五六尺不等。天大雨，无少歇，烦闷之至。午后小睡，中饭后复睡。日内似疟非疟，似病非病，常觉不自振作，一切烦怠。夜，写九弟信一件。阅《日知录·易经》。有曰：《易》六十四卦，三百八十四爻，一言以蔽之，曰不恒其德，或承之羞。读之不觉愧汗。

十一日（戈什哈、朱长彪自江浙回）

早，清理文件。饭后，天气渐晴，戈什哈朱长彪自江浙回。接邵位西信，并寄孙芝房墓志铭一篇，又赠我以书籍十四种，内有世德堂《庄子》、莫刻韩文、《古今逸史》及《知不足斋丛书》等种，皆难得者。接漱六书，近有疾，不甚详也。写大扁字十个，见客次。中饭后阅韩文，将位西赠本题识首页，《庄子》亦题首页。夜阅《古今逸史》各种。伊遇菱新刻《周易》，合程传、朱义、吕东莱音训为一，亦甚可爱，粗阅一过。是日谢希迁送《通典》《通考》各五部。

十二日

是日恭逢先太夫人忌日，五更起行礼，斋戒一日。作孙芝房《刍论序》一首，约九百字，至三更始毕。老年作文，颇觉吃力，而机势全不凑泊，总由少作太生之故耳。是日见客三次。

十三日

早，清理文件。饭后看戈什哈弓箭，赏四人。阅位西所送各种书，温《书经·顾命》篇。见客三次。倦甚，小睡。未正请客高蕙生等四人，申正散。与李申甫久谈，至戌刻散。夜写澄侯信，写纪泽信，尚未毕，与之论古文《尚书》之伪。

十四日

早，写纪泽家信毕。饭后写雪琴信、胡润帅信、季洪信、沅甫信。倦甚，小睡。看《书经》。中饭后写耆中丞信五叶，专戈什哈送省。热甚。夜翻阅位西新送之《知不足斋丛书》，又买《古文尚书疏证》一部。日内因热、目蒙，不敢多读书。洗澡水多，甚畅快。

十五日

早，看湘后营李宝贤营中枪炮，黎明起，至巳初毕。饭后见客三次。李凤洲太守送武童中可充戈什哈者一单，凡三十七人。余前因临川府试考武童，嘱其留心送来也。倦甚，小睡时许。未刻写对联七付。中饭后，见客一次，习字二纸。申刻温《史记》《律书》《历书》，傍夕剃头。夜温韩文《许公神道碑》。本日热甚，及酉戌以后稍凉。

十六日

早，清理文件。饭后阅武童箭射，挑选八人充当戈什哈。眼蒙，不能作字。写册页七开，易昀菱求写者。久睡。中饭后复睡。目蒙。选放翁律句中可为对联者钞之次青。是日作宜黄县傅培峰传一首，因与之论文。夜接星房前辈信，甚详。

十七日（与次青论古文之法）

早，清理文件。饭后见客四次。眼蒙，少睡。改摺稿，至未正毕，即奉旨防蜀复奏之件。中饭后写挂屏六幅、对联五付。眼蒙殊甚，不能作事。夜与次青论古文之法。次青天分高，成就当未可量。是日，思白香山、陆放翁之襟怀澹宕，殊不可及。古文家胸襟虽淡泊，而笔下难于写出。思一为之，以写淡定之怀，古所谓一卷冰雪文者也。

十八日

早，闻景德镇克复。各文武来道喜，见客凡十次。早，请高蕙生便饭。中饭后写郭意城信、刘霞仙信。上半天写小行书扇一柄寄家。夕，眼蒙甚。洗澡一次，甚快，因本日未申间极热也。读震川文数首，所谓风雪中读之，一似嚼冰雪者，信为清洁，而波澜意度，犹嫌不足以发挥奇趣。

十九日（夜与次青谈调遣大局）

早，清理文件。写澄侯信一件、纪泽信一件。午刻，写沅甫信一件。中饭后又添一叶。写季洪信一件。巳刻派刘得一送信回家。申刻，派人送信至湖口交季弟。上半天见客四次，

李申甫淡最久。未刻习字二纸。接家信,又接各处文件,清理约一时许。夜与次青谈调遣大局。

廿日

五更起,黎明至校场阅升字营操演,辰正阅毕。见客一一次。眼蒙,不敢作字,日内积阁信件复多矣。上天[半]日在床渴睡,不能成寐。精力之倦,颇自废然。中饭后热甚。选放翁诗作五七言对联。接各处文件,清理一过。

廿一日(张运兰等军心已摇,只得因势利导)

早,清理文件。辰,饭后改信稿六件,复张筱浦信一件。日中热甚,小睡。中饭后,清各处文件,核改摺稿一件、片稿一件。阅《天官书》一过。夜极热,四更不能成寐。是日定计,派张运兰一军回援宝庆,余率六千人西上,驻荆、宜等处,保湖北之西路。盖张运兰等军心已摇,只得因势利导,令其回援。

廿二日

早,清理文件。饭后写澄侯信,又写沅甫信,甚长。午正发景德镇克复一疏,又夹片三件。见客三次。改信稿四件,内一件与邓寅皆,论儿子读书,看、读、写、作,四者缺一不可。接季仙九师父子信及胡中丞、左季高等信。清各处来文。夜,看星约时许。是日热甚,不能作字。

廿三日

早,阅戈什哈操演,赏二人,罚五人。辰,饭后,写沅弟信,旋写官制军信、胡中丞信、彭雪琴信。见客一次。是日热甚,移至后楼下小坐,犹觉极热。阅《世说》二卷。

廿四日

早,清理文件。日中,因眼蒙不敢作一字。阅《世说》,以消永日。写扁字十馀个。中饭后,温《唐宋诗醇》中韩诗一本。夜,热极,洗澡一次。日内眼蒙特甚,殊难办事。

廿五日

早,清理文件。饭后见客五次。写刘星房信、骆中丞信。是日五更起,看湘后营操枪炮,至巳刻毕。中饭后习字二纸,写扁字二十馀个。停夕郁热,闷甚。许仙屏谈及勒少仲之言虞永兴《夫子庙堂碑》,笔法备尽,前而二王及六朝诸上天智永禅师,后而欧、褚、颜、柳,用笔长处,无不包蕴其中,可谓知言。日内眼蒙殊甚。午未间久睡,夜亦不看书作字。

廿六日

早,清理文件。饭后拜客三家,俱会。写邵位西信。热甚,未刻小睡。中饭,李申甫在坐,久谈约三时许,酉正归去。夜,目蒙,不入房,即在院中乘凉。

廿七日(作林君源恩殉难碑记)

早,清理文件。饭后见客二次。旋作林君源恩殉难碑记,至戌初毕。清本日新到文件。夜,与次青谈,因渠日内疟疾甚重也。热甚,眼蒙。本日作文稍快,亦机轴渐熟之故。

廿八日(接信知鼎二侄殇亡,宝庆城守如故)

早,清理文件。饭后见客二次。写沅弟信一件、李少荃信一件。接家信,知鼎二侄于六月十四日殇亡,宝庆城守如故。改信稿数件,又将昨日所作文略为修改。中饭后阅《世说》。酉刻,阅戈什哈操,罚三人,赏七人。夜热甚,不能作事,亦不能睡。五更微睡,亦不酣适。

廿九日

早,清理文件。饭后与次青久谈。渠疟疾少轻,足为一慰。写九弟信,改信稿五件。热甚,目蒙,不能作字,因在床假寐。中饭后见客三次。是日摺弁自京师归。接云仙信,知天津海防于五月廿五日大获胜仗。夜阅丹元子《步天歌》。

卅日

五更起,阅湘后营操枪炮,已刻毕。早饭后写四寸大字二百、对联三付。小睡。中饭后写左季高信、郭意城信。夜写澄侯弟信,阅丹元子《步天歌》。是日眼蒙殊甚,不能作字。

七月

初一日

早,各员弁贺朔,至巳正毕。写大挂屏三页,字径四寸,约三百字。中饭后沅甫弟来畅谈一切,至更初散。是日剃头一次,洗澡一次。

初二日(核定南安保单)

早,清理文件。饭后写家信,专人送季弟。写大挂屏三页,《拟岘台记》写毕。午刻核定南安保单。日中小睡。中饭后见客二次,与九弟畅谈一切。曾德麟自永丰来,接王冠珪外甥信,湖南尚平安。夜与九弟谈至三更。天极热,不能成寐。

初三日

早,沅弟疟疾复发,病颇不轻。接澄弟、泽儿等家信。热极,不能作事。见客三次。中饭后,写养素信一件,写对八付、扁三幅。九弟病,竟日不愈,次青亦未好。夜,即在大厅宿,因房内太热之故。

初四日

早,清理文件。饭后与九弟畅谈。见客三次。是日极熟[热],不能作一事。申刻,至拟岘台,绅士公请于此。二更二点宴罢,归,疲困已甚。然今岁当此盛暑,尚能终日欢宴,较之往岁,已觉身体略好矣。

附记

刘廷选候选县丞,六年七月准保知县,六琴请续保

初五日(至城外寻林秀三殉难地,以立碑)

早,清理文件。饭后,查南安保举案内务单。见客四次。热极,小睡。酉初至拟岘台赴宴,府县请钱行也。是日早,至城外一次,寻林秀三殉难之地,将立碑于此。同往者为邹峄峰、何镜海及绅士曾祺、都司李升平。是日,送府县各匾一块、对联一付,送绅士曾春甫庶常程仪百金;绅民亦公送万民伞及旗、匾之类。

初六日

早,出门拜客辞行,巳正归。见客七次,皆来送行者。旋写胡中丞信一件、雪琴信一件。剃头一次。与九弟畅谈诸务。何廉昉自河口来送行,张六琴、黄冠北、程秀夫等自建昌来送行。是夕应酬颇忙。

初十日

黎明早饭,饭后起行。绅士十馀人在街上摆酒钱行。二十五里至凯墟打尖。又二十里,至云山宿。天气极热。夜在山上歇凉,小睡。二更尽,始回寓。

初八日(登舟至城外泛月)

黎明早饭。饭后行四十五里,至进贤县住宿。进贤城内有小河,由水门出,通城外一湖。是日奇热。傍夕,登舟至城外泛月,二更归宿。临川邹令送至进贤县止。

初九日

黎明早饭。饭后行三十里,至罗溪早尖。尖毕,过河,水面宽二里许。又行三十里,至茌港住宿。南昌界也,进贤魏令送至此止。李小泉、黄印山自南昌来接,吴子序自建昌来送。是夕申刻,同至河岸一店内乘凉。戌初下雨,少凉矣。

初十日

黎明早饭。饭后行二十里,至武阳渡早尖。又行四十里至省。着中丞以下文武皆出城迎,少谈片刻。旋至公馆,仍住陶家花园,去年寓处也。见客七、八次。灯后,沈幼丹来畅谈,至三更去。日来极热,昨夕小雨,本日又雨,甚觉凉快。而因应酬太繁,亦觉困倦。

十一日（余以克复景德镇从优议叙）

早，见客数次。饭后出门拜客，抚藩臬粮道皆会晤，余亲拜十馀家，未正归，见客六次。夜，沈幼丹来久谈。接奉朱批，即廿二日所发者。余以克复景德镇从优议叙，沅甫奉旨以道员用。

十二日

早，清理文件。饭后会客十馀次。中饭，请幼丹、霞轩诸人便饭。季弟自抚州来此晤谈。写沅弟信一件。接探报，湖南宝庆于廿九日解围。夜与季弟久谈。

十三日（接谕，命派兵越境出剿皖南）

早，清理文件。饭后出门拜客，至未正归。旋见客五次。申正倦甚，酣睡至灯初起。夜写家信，澄弟一件、夫人一件，与季弟晤谈。是日，接寄谕一道，命派兵越境出剿皖南。午刻，拜徐柳臣前辈，语及纪泽草字，深蒙许可。且言渠所见之人，未有廿一岁能及此者，余以不能沉雄深人为虑。柳臣言作字如学射，当使活劲，不可使拙劲；颜、柳之书，被石工凿坏，皆蠢而无礼，不可误学。名言也。

十四日

早，清理文件。旋写纪泽信一件、沅甫弟信一件。见客五次。中饭后写对联六付。天气酷热，难于治事。申刻少睡。季洪弟下河先行。夜与沈幼丹晤叙。是日接家信，纪泽二件，芝生、牧云各一件。

曾国藩题写的匾额

十五日

早，各员弁贺望。旋见客五次。午刻写宫保信、雪琴信、王孝凤信，三件。中饭后，刘养素来，久谈。旋出门辞行。着中丞及养素处拜会，馀亲拜。归，过幼丹处小坐。夜热甚，不能作事。是日剃头一次，洗澡一次。明日将起行，本日多有送礼者，或收一二色，或四色不等。惟着中丞送礼八色，全收。内如徐柳臣送陈墨四锭，刘石庵横披一帧，最可爱。李辅堂、姚石樵各送墨四十八锭、信笺二匣，皆适于用。又吴学山去年送宝晋斋一套五本，寄存渠处，本日取来，亦尚佳也。

十六日

早起即饭。饭后见客二次。旋至盐局小坐。辰正起程，抚藩以下文武送至滕王阁。巳正开船，行十里，因逆风小泊二时许。申初开行，酉正至王家渡湾泊。李小泉、少荃、申甫三人灯后始到，久谈至二更二点散去。三更复开行，卯初，行至昌邑山，约夜行九十里。日间行船不甚热。而夜间却热。

十七日

黎明，自昌邑放船至吴城，南风甚顺，巳刻已到。同知蔡芥舟、锦青迎至署内小住。见客甚多。中饭二席，同席者胡莲舫、李筱泉，因在吴城开局，为余办报销，皆局中人也。申正，至报销局拜会胡、李二公之外，又有陶仲瑜、甘子大、张小山、邓少卿诸人。夜归，热甚，洗澡一次。

十八日（阅吴城报销局所造各册）

早，清理文件。旋见客四次。已刻至望湖亭赴宴。蔡芥舟觞余于此，共二席。湖光山色，清风徐来，为之一快。未初归。阅吴城报销局所造各册及江南、湖北各底册，申正阅毕。夜，芥舟、筱泉诸人来久谈。

十九日（星子县令胡蔚之来见，因送至湖口）

早，清理文件。饭后见客数次。登舟开行，西南风极顺。已正过南康，风利不得泊船。星子县令胡蔚之来见，因送至湖口。未初已至湖口。杨厚庵军门先自黄石矶来，至湖口迎会。见客十馀次，疲困殊甚，气短不愿多说话，又若受暑气者。睡梦朦胧，不甚清了。夜早睡，彻夜不甚安恬，盖体弱畏暑畏劳之证。景德镇调来各营，朱、唐、喻、张俱扎段窑，振字营扎小池口矣。

廿日

早，晏起。见客四次。旋至厚庵处小坐。乏甚，久睡。未正，雪琴备席宴会浣香别墅，二席，余与厚庵、普钦堂、胡莲舫、李小泉、少泉、许仙屏、李申甫、胡蔚之诸人与焉。昭忠祠五席，各营官、委员与焉。盖雪琴所修昭忠祠。中厅为各营官、哨官神主在焉，后厅为各勇神主在焉。西一所为报慈禅林僧徒所居，其后为观音阁，中一层为钟馗楼，楼之西为坡仙楼，刻东坡记于壁。东一所为浣香别墅，中一层为听涛眺雨之轩，后一层为芍芸斋。斋之后身为且闲亭，亭下有小池，有假山、石洞，穿洞而出，登山为锁江亭。余去岁及今过此，皆住芍芸斋。中饭后日人。见客三次。是日北风，季弟乘风先上黄州去矣。午刻接寄谕一道，饬普镇出境，进攻建德。

廿一日（闻戈什哈在吴城扰事，心为不怿）

早，清理文件。饭后见客四次。写胡中丞信、庄卫生方伯信。中饭后与雪琴游历亭台，邑叙一切。是日闻戈什哈等在吴城有骚扰地方情事，心为不怿。日内大北风，微有秋意。各勇受热病者甚多，或藉凉风可少瘳乎？

廿二日

早，清理文件。饭后大呕吐，盖自六月底七月初大热，受暑颇深，近又受凉，昨夕大风，停食之所致也。竟日困卧不食。傍夕，始出室外，与厚庵、雪琴久谈。吃饭少许。

廿三日

早，病尚未愈。饭后至河下各处拜客。归，见客数次。久睡。中饭，略吃小碗许。下半日，朱洪章带长胜营来。写澄侯信一件，写雪琴扇一柄。夜与厚庵久谈。厚庵欲回黄石矶老营，留之多住数日。

廿四日

早，病略愈，写九弟信一件。饭后见客三次。改摺件二稿：一奉到四次谕旨复奏摺，一谢恩摺，未刻改毕。巾饭后写对联、条幅十馀件。见客四次。夜阅《步天歌》。是日已刻，派潘文质带长夫二人送家信并银二百两，以一百为纪泽婚事之用，以一百为五倢女嫁事之用。又摹本缎线绉袍褂料各一付，为纪泽制衣之用，并绸里。又大呢套料、羽毛裙料各一丈，为五十制衣之用，并绸里。是日吃饭仍不多，每顿半碗许耳。

廿五日

早，清理文件。晨后写李希庵信、左季高信、阳牧云信。见客四次。未刻发报，即昨所改定之二摺也。中饭后写大幅二纸、小屏四幅，颇得意。与杨、彭诸公久谈。写匾字四个。夜写扇一柄，阅《步天歌》。日内病体渐愈。本日饮食已不复作呕，而仍禁油荤，盖荤腥点滴不入口，病自易除也。

廿六日（思古文之道不可浅尝辄止）

早，清理文件。饭后写郭云仙信三大叶。见客五次。添耆中丞信二叶、吴竹庄信二叶。与少泉、雪琴等久谈。是日颇倦。因思古人成一小技，皆当有庖丁解牛、均蝼承蜩之意。况

古文之道,至大且精,岂可以浅尝薄涉而冀其有成者!夜,睡不成寐。

廿七日

早,清理文件。饭后厚庵来坐,谈二刻许。写胡中丞(信)一件、季洪弟信,添何愿船信一片。六月一信久未发,今此与云仙信并交湖北带去也。见客四次。中饭后写对联、条幅十馀件。接奉批摺,即前七月初六在抚州所发者。南安保举、三局保举俱照准。与扬、彭诸人久谈。夜与筱泉商务委员去留。

廿八日(登石钟山观音阁,萧然已有秋意)

早,清理文件。饭后写张筱浦信。见客四次。中饭后写对联、条幅等十馀件。见客二次。北风吹雨,登石钟山观音阁,萧然已有秋意。书联一付,留于庙内。撰句云:"长笛不吹江月落,高楼遥吸好云来。"阅欧阳《文粹》《遗粹》,即邵位西所送者。共文二百首,佳篇多不出乎此,而姬传先生所选《古文辞类纂》中,为《文粹》《遗粹》所不录者,即碑志一类,已有十三篇。故知陈氏所选,亦未为尽当人意。夜与李小泉、少泉鬯谈。早睡。

廿九日(泛舟至石钟山下观石洞)

早起,清理文件。饭后写字、挂屏、对联数件。见客六次。中饭后观杨军门与李申夫对奕。傍晚,与雪琴棹小舟至石钟山下观石洞。绝壁之下有洞口,口外有昔人珍玉壁四[五]字。攀洞口而入,可数十丈,仍由东大石下出洞口,大石即东坡记中所称可坐百人者也。石钟者,山岩中空,其形如钟。东坡记叹李渤之陋,不知坡亦误也。上钟山之下,亦有深岩,余未及游。灯时归。夜阅《步天歌》。

八月

初一日

早,各员弁贺朔者、送行者,共见客十馀次。饭后,至厚庵处少坐。辰正起程,至雪琴舟次少坐。旋登舟开行。是日东北风顺。厚庵送至十八号归去。未初至小池口小泊。登岸观贼匪所筑新城。城基不坚,已塌卸矣。旋至九江城西,泊龙开河内。见九江知府福绵二次,馀客见六七次。写胡中丞信一封。是日风顺,本可再行三四十里,因雷西垣千里来送,未得一见,不得不在九江少候。夜与雪琴、少泉、申夫鬯谈。阅《步天歌》。

初二日(与友人往谒周子墓)

早,清理文件。饭后与雪琴、少泉、申夫往谒周子墓。墓距九江府城十五里,在石塘铺之东南五里。辰正起行,巳正到。其地发脉于庐山之莲花峰,东行至江滨,绕折迤逦旨平岗,绕至西头,入脉结穴,系钤穴。两钤本沙,环抱甚紧,坐北向南。近案为一金星。远朝即莲花峰,所谓回龙顾祖也。溪水从右流出,微嫌左手外沙太少耳。墓为咸丰五年正月罗罗山所修。坟顶结为龟形,约高六尺,径一丈四五尺,罗围高约三尺。罗围后身碑三通:中为罗山所撰碑文,东为周子旧碑,西为太极图。坟之南为小牌坊,亦碑三通:中为仙居县太君贡氏,周子之母也;东为周子墓,碑系罗山所书;西为缙云县君陆氏,德清县君薄氏,周子之配二夫人也。申初还营。见客三次,颇困倦。雪琴作诗一章。接澄侯弟信一件,自永丰发;季洪弟信一件,自黄州发。将欧公文为姚姬传所选、而《文粹》《遗粹》所不收者清出,将钞补于《遗粹》中。

初三日(游山谒岳武穆王母之墓)

早,清理文件。见客二次。饭后进城拜客五处,福太守绵处拜会,馀亲拜。旋至塔公祠少坐。祠为李迪庵所修,尚坚实整齐,午正归。未刻,与雪琴、少泉、申甫三人游山,谒岳武穆王母姚太夫人之墓。墓在九江南四十馀里。坐船行四十里,至沙河镇上岸,又陆行八里许。墓上地名株岭,山水粗顽,非佳域也。在山上已更初矣。执灯归船,二更始至所坐船,为后营

萧辉廷之长龙船，即在上住宿，未带铺盖也。其地去沙河镇二里，去李鹿革制军之宅一里许。

初四日

黎明起。饭毕，再入山谒岳武穆王之配李夫人墓。墓去沙河镇十一二里许。去株岭姚太夫人之墓之西，名曰太阳山，坐北向南。坟下三丈许有陈岩叟坟。岳夫人墓不知其初所据。明宏治九年，童某修县志，以为葬在此。厥后嘉靖六年，何某修志，以为不葬在此，系与姚太夫人合葬株岭也。嘉靖十年，陈氏坟遂葬于下方。至崇祯二年，岳、陈二家掏讼，逮本朝康熙、雍正，讼百馀年，久不决。至乾隆五年，九江府知府施君廷翰判断，定为岳夫人实葬在此。陈氏坟因其太久，亦不复迁。二姓皆永禁进葬。遂为定案详。巡道李君振云批，亦以童志为断。今详文并批，皆刻于东一碑石，西一碑系乾隆十年县令禁刍牧者。墓有古树，皆乾隆中所禁，近年亦枯朽矣。巳正归舟。舟行出沙湖，申刻至九江老营。热甚。酉正，西风作，始渐凉也。见客二次。夜，与雪琴、少泉久谈。清理文件。是日接季洪弟信，知将回湘乡募勇。接胡宫保信，知皖北军事日坏。阅京报，亦以定远失守，胜翁皆交部严议也。阅《步天歌》。是夕，思作书者宜临帖、摹帖；作文作诗皆宜专学一家，乃易长进。然则作人之道，亦宜专学一古人，或得今人之贤者而师法之，庶易长进。

初五日（将《欧阳文忠公全集》清检目录）

早，清理文件。饭后将《欧阳文忠公全集》清检目录，共百五十三卷，附录五卷，至未正清毕。拟派人至江苏接陈作梅来营，写信一件，自添二叶。夜写袁漱六信一件。阅《归田录诗话笔说[记]》。胡中丞寄来京信一件，知胜翁互相讦参。翁自定远失守，兵饷两空，所处之境甚穷。

初六日

早，写漱六信毕。饭后写季仙九先生信一封。派戈什哈朱长彪往溧阳迎接陈作梅，寄途费银百两。李少泉亦派一家丁同去。巳初起行。余亦即于巳初开船。见客二次。是日风色不甚顺。自九江以上，须得东风，沂流乃顺。本日北风甚微。行三十里，至陆家嘴泊宿。与雪琴久谈。登岸散步，行半里许，天气甚热，与少泉露坐久谈。阅次青代雪琴所为《昭忠祠记》，将一二不稳处批出。

初七日（至武穴，厘金等局员来见）

黎明开船，逆风逆水。以十馀人曳牵而上，未刻至隆平。团首胡玉堂来接，团勇沿江岸迎送。湾泊二刻许，复开行。傍夕至武穴。广济县方令来接。方名大湜，巴陵人，附生，保至令职。厘金等局委员李宗涑、胡复初、童焕藻、单发轫、曾纪镂皆来见。灯时始泊船，与雪琴、少泉久谈。夜，大东北风。是日改信稿二十馀件，写张小浦信一件。夜阅《步天歌》。接九弟在袁州所发信，系七月廿日寄强中营，便勇带来者。又有方榘成者，亦安州人，上年避难来鄂，胡中丞派其在武穴当差，本日亦来见。据称，何子永慎修八年四月在英山天花坪被贼扰，七年赴颖州太和县教谕戴汉翔处矣。是日，阅《书经·顾命》等篇，如有所悟。

初八日（至蕲州因各所委员船未齐，不可独行）

黎明，自武穴开船，大顺风。行三十里，至富池口对岸，即无风矣。至田家镇扯牵，行四十里，至蕲州。是日共行八十里，申正即到，因各所委员船只未到齐，故不可独行也。蕲州知州彭应鲤来见，都司成恒来见，带湘勇者欧阳正墉、王载驷自陈德园来见，带鄂勇者杨镇魁自张家塝来见。外又见客三次。与雪琴久谈。夜，与李少荃、申甫皆久谈。是日，写挂屏四幅、对联一付。作湖口水师《昭忠祠记》，未毕。接胡中丞信，内有京信一件，知夷人于何根云制军处来文，甚恭顺，可喜。

初九日（古文之谋篇布势是一段最大工夫）

未明，自蕲州开行。余以各粮员船尚未赶上，令其少息。辰刻复开，行六十里，申刻至道士袄。少湾泊，复过江，行十五里，至散花料湾宿。是日，共行七十五里。风逆水逆，曳牵强行，各委员船皆跟不上。在舟中将《昭忠祠记》作毕。又写挂屏五幅，合昨日共八幅。写《丰

乐亭记》送胡中丞。夜写信一件，交胡署亲兵带去，并带屏幅。夜与彭、李诸公曼谈。是日接家信，系沅弟八月初一在一宿河专勇送来者，内澄弟一件、沅弟一件、欧阳夫人一件、纪泽儿一件，并附余甲辰所作《五箴》、丙午所作《原才》稿来，展读如逢故人也。夜，阅《步天歌》。是日。思古文之道，谋篇布势是一段最大工夫。《书经》《左传》，每一篇空处较多，实处较少；旁面较多，正面较少。精神注于眉宇目光，不可周身皆眉，到处皆目也。线索要如蛛丝马迹，丝不可过粗，迹不可太密也。

初十日

黎明，自散花料开行，风逆水逆，曳牵行七十五里，酉初至下巴河湾泊。是日热甚，在舟中不能做一事，仅会客六次，皆黄州营官及现扎巴河之朱品隆等各营官。武昌、黄冈两县令亦来接，候会见也。亥刻，胡中丞棹轻舟来会。厉伯符自省城、王孝凤自武昌来，皆久谈，至四更二点方散。

十一日

黎明开行，巳正至黄州，即住黄州府署内。胡中丞住署西之雪堂，相去约一箭许。见客十馀次，困倦实甚。戌刻上席，三更始散。天气极热，与六月无异。余素畏应酬，又怕暑热，本日颇觉难耐。

十二日（会周立庵太守，写千馀字家信）

早起，见客三次。饭后见客四次。午初，出门拜客。会周立庵太守。写家信，澄、沅两弟一封，纪泽儿一封，共千馀字。申正少睡。戌刻入席，更初散。与胡中丞久谈。是日亢热异常，心颇烦闷。

十三日

早，见客三次。饭后小睡。未刻写对联数首，申刻毕。中饭，与胡中丞、厉伯符诸公曼谈。夜倦甚，若将呕吐者然，早睡。是日核信稿十馀件。

十四日

早，清理文件。饭后见客三次，与胡中丞曼谈，写对联、挂屏十馀件。小睡一时许。黄州府县送席，酉刻入坐，戌正散。夜，与胡中丞曼谈，至三更末方散，订定十八、九晋鄂省一行。

十五日

早，各员弁来拜节，胡中丞署内各幕友、员弁等皆来拜节；余亦至各处回拜，忙至巳刻方毕。写官帅信一件。看信稿数件。申刻，会宴入座，戌正方散。夜接冯树堂信，颇曼。是日，应酬太繁，意趣倦甚。

十六日（"德成、学成、艺成、功成"能成其一则足矣）

早，清理文件。辰后与胡中丞曼谈。写挂屏六幅，写对联十馀付。天气极热。夜，早睡。是夕，思德成以谨言慎行为要，而敬、恕、诚、静、勤、润六者，缺一不可；学成以三经、三史、三子、三集烂熟为要，而三者亦须提其要而钩其元；艺成以多作多写为要，亦须自辟门径，不依傍古人格式；功成以开疆安民为要，而亦须能树人、能立法，能是二者，虽不拓疆、不泽民，不害其为功也。四者能成其一，则足以自怡。此虽近于名心，而犹为得其止。

十七日

早，清理文件。饭后写挂屏、对联十馀条。与胡中丞、二李、雪琴诸君曼谈。中饭后，复写挂屏。夜洗澡一次。天气奇热，三更三点睡。

十八日

早，各处营员来送行，本公馆幕友等亦多送行，应酬时许。饭后下河，将至武昌省城一行，会商官制军，以定进止。胡中丞及营官等均送至江干。行三十里，至七星洪地方泊宿，因逆风逆水，难以上行。是日，天热甚，心中烦闷。酉刻，与李申甫曼谈。申甫以余识议极与李西沤前辈相合也。夜困倦殊甚，若久病在身者然。

十九日（闻西沤先生掌教锦江书院事）

早，清理文件。是日大西北风，不能开船。饭后，写挂屏、条幅、对联十件。午刻，小睡。未正中饭。后又写对联数幅。李少泉送对笔一支，试之甚好。旋看《天官书》毕。今年，温《史记》已大半年，尚未及三分之二，自抚州拔营后至今，未一寓目，似此，焉能造古人之堂室邪！傍夕闻李申夫道其师西沤先生掌教锦江书院事甚详。夜阅《古文辞类纂》苏明允《易论》等篇，廉阅《文选》"三檄"。是日巳刻，写左季高信一件、葛睪山信一件，约八百字。

附记

未明即起，看星。

天明，敛心对圣哲幛危坐，旋写日记。

早饭后，看公事。写信一二封。写应酬字、对联、条幅之类或临帖。

午正，静坐休息，或少睡。未初二刻巾饭。

中饭后看书，极少十页，极多不过三十页。

日入，休息片时，或少睡。

灯后，温熟古文一篇，千字以内者十遍，千字以外者五遍。

二十日（至叶家州地方泊宿）

早，风少息，开船，行三十里，申刻至叶家洲地方泊宿。雪琴之船已赴上游去矣。写挂屏一幅。写易芝生信一件，劝其学作古文。中饭后与少泉、申甫邕谈，旋看《封禅书》、《河渠书》。夜温卉文《答李翊书》等篇。

廿一日

早，风少息。开船，行三十里，申刻至阳逻地方泊宿。巳刻，写霞仙信一封。午刻，小睡。中饭后，记小学数事。看《平准书》，至夜方毕。接廷寄一道，言不复防蜀、会剿皖中之事。写胡中丞信一件、官制军信一件。夜温韩公《祭张员外文》。

廿二日（接信知先考将改葬台洲）

早，未明起。江夏县备轿来接。余拟起旱行走，因家人辈无马，又天气微雨，恐陆路不便，而船户又言，阳逻之上转一湾，即顺风矣，于是仍由水路行走。行三十里，申刻至青山。因逆风不能行，即在青山泊宿。是日，方子白、张廉卿来见，久谈，留共饭。江夏令韩令来见，约明早来接起旱。是日写叔父信一件，澄、沅、洪公信一件，沅甫信一件，共千馀字。见客七次，方、张及李雨苍皆久谈也。午刻，接沅弟初十日信，知是日开先考、妣旧茔，将改葬台洲，见棺尚好，为之大慰。因以雪琴所送之书、画、扇三十柄寄沅弟，以酬其庸。

廿三日

早，清理文件。饭后在青山起旱。行三十里，未初至武昌省城，寓公馆，即主考之公馆也。会客，至酉正稍歇。夜间又会客三次。是日接家信，澄、沅二弟及纪泽儿各一封。夜又接季洪一信。余写一信复洪弟，将以明日专人送家。是日应酬太多，倦乏颇甚。

廿四日

早，会客四次。饭后，会郭观亭亲家，语及雨三殉节之事，为之凄咽。旋出门拜客。官制军、庄卫生方伯、严渭春廉访、张仲远观察处拜会，又会郭观亭，馀皆亲拜谢步，未正归。中饭后，会客六次。夜会客三次。困倦殊甚。余苦中气不足，不能多说话，故会客略多，辄为之终日不宁。是日申刻，专人回家，家信及易、葛、刘凡七件，附葛睪山挂屏四幅。

廿五日（会汪梅村，其学甚精）

早，复胡中丞信一件，会客二次。饭后会客五次。倦甚，未刻小睡。中饭后会汪梅村，名士铎，绩学士也，江宁人，庚子举人，出胡中丞门下。江宁城破，陷贼中年馀。后逃出，至绩溪山中。去年，胡中丞请之来鄂署，修《读史兵略》一书。其学精于舆地，曾补画《水经注》图；又精于小学，又曾作《南北史补注》。其师友为胡竹庄培翚、胡墨庄承珙、陈硕甫焕、徐惺伯松、张石舟穆之属。又言胡墨庄六种、胡竹庄《仪礼》及焦理堂《群经宫室图》等书最好。旋又会客四次。夜，会张廉卿、方子伯、刘彤皆等。张送古文四首，精进可畏；方送二首，无甚进

步。与厉伯符、彭雪琴久谈。三更睡，不甚成寐。是日申刻，写挂屏四幅。剃头一次。

廿六日

早，清理文件。饭后会客六次。写对联六付。小睡。中饭后至制军衙门公宴，二更四点散。归，与彭、李诸君曩谈。是日写郭意城、李筱泉信各一件。

附记

郭阶字慕徐，雨三之子

廿七日（出门至藩署公宴，东家五人）

早，清理文件。饭后会客五次，刘冰如、严渭春、官中堂皆久坐。未刻，出门拜学台俞奎垣耆云，副都统舒保辅廷，皆会。又至抚署会汪梅村、张廉卿。酉刻，至藩署公宴。东家五人：藩司庄卫生、臬司严渭春、粮道张仲远、盐道恩秋舫因感冒未到，首府如冠九，至二更三点散。与卫生、仲远道及包慎伯作字之法，笔须倒右，锋乃得中，写大字则两边倒侧，与余平日见解相合。

附记

袁万瑛号铁庵，漱六之弟

廿八日（至火药局看造火药之法）

早，清理文件。饭后写胡宫保信一件，添幼丹信一叶。会客五次，与张廉卿谈最畅。午刻，到制军署内便饭，厉伯符在坐。登署内楼，远瞰大江。申正毕。至火药局看造火药之法，以铜为轮，以铁为碾，圜地为大磨盘，以牛碾之。盘大径二丈三尺，周围七丈许。每盘用四牛，每牛连曳两轮。盘外周围漕沟约宽八寸许，火药在漕内，牛行漕外，驭牛之人行漕内，每牛以一人驭之。每两牛四轮之后，则有铲药者一人随之，执铜铲于漕内铲动，庶碾过之后，火药不患太紧也。凡大磨盘十座，皆用此法。又有小磨盘，磨磺与磨麦相似。仅用一牛。又有柜筛磺筛炭，其法绝精，非图说不能明。酉初归，倦甚，小睡。夜复王雁汀信一件，与雪琴、伯符久谈。

附记

到黄州后

〇专人至东台郭亲家处

〇专人至江西送刘星房银，至抚州送竖碑银

〇专人至家送丸药、陈心壶银、葛蔚吾银

〇专人至平江李家送寿礼

湖南入官湖北者：

钟谦钧　　李修梅　　文希范任吾

文南邦湘浦　　汪敦仁子龙　　周开锡寿珊

罗登瀛仙舸　　周　乐笠两　　唐景皋鹤九

熊启咏韵庐　　吴炳昆贞阶　　李续宜希庵

唐方训义渠　　唐际盛印云　　张秉钧小山

魏栋召亭　　孙振铨树人　　张开霁晓峰

邢高魁星槎　　黄益杰子山　　赵笃庆

唐协和　　贺懋樨月樵　　余思训暨笆

吴瑛　　刘廷范　　陈文炤

方大湜　　易光蕙

廿九日（葛翔梧自贼中逃归，相见悲喜交集）

早，清理文件。辰，饭后写家信一封，交袁铁庵带去。铁庵，漱六之胞弟，代余送书箱二十馀口，将至湘乡也。写对联、条幅十馀件。会客六次。申刻出外辞行，如冠九、郭观亭两处得见，馀未会。戌刻归寓，见客三次。写复王雁汀信一件、俞学使信一件、张仲远信一件。

夜,与厉、彭诸公久谈。是日,葛翔梧自贼中逃归,相见悲喜交集。能知下游贼情,尚未详问。

九月

初一日（因大雨未启行,仍留鳊鱼套）

早,各员弁贺朔。清理文件。饭后将起行。雪琴、少泉、申夫已登舟,行李皆下河矣。官制军在市政司衙门等候,司道亦在彼守候,将出汉阳门相送。余坐船在铲鱼套,风大不能开至汉阳门,因遣人请制军及司道诸公各回本署,余将于鳊鱼套下河。旋复因大雨不克启行,制军及司道皆来公馆鬯谈,至未正方散。中饭后,小睡。旋写挂屏四幅。戌刻复小睡。夜阅《思玄赋》,与雪琴、伯符久谈。

初二日（送官制军数扁）

早,清理文件。饭后写挂屏四幅,写扁五块,写对联数付。送官制军扁一,曰"五福堂",联一;送庄卫生扁一,曰"真实不虚",挂屏四叶;送张仲远（扁）曰"经术世家",挂屏四叶;送恩秋舫、葛翔梧各联一。午刻小睡。未正至官制军处。旋拜彭蔚之。申初至张仲远处。中饭,庄、张二人为主,制军亦在坐,及余与彭、厉、二李,共六客二主,一更四点散,归寓。是夜接家信,澄弟一件、沅弟一件、纪泽一件,知先考妣改葬事,于八月十四日自腰里起行,十五日午刻至猫面形山内,十六日午刻下窆,诸事办理妥协,此心为之大慰。沅弟之为功不小矣。并寄穴土一块来,看土似石非石,色似朱非朱,不燥不润,应尚安吉也。

初三日

早饭,即出望山门下河,官制军及张道、恩道皆送至河干。庄方伯卫生因病未出城,遣人送对联二首、挂屏四幅。辰刻开,遇逆风,行三十里至沙口小泊。厉伯符送至青山,因病不能至沙口一晤。午正又开船,行百一十里,至七矶洪夜泊。张廉卿于午刻及夜间来船痛谈古文,喜吾学之有同志者,忻慰无已。

初四日

早起,行四十里至黄州。胡中丞迎至江干。旋上岸,至雪堂盘桓一日。闻石牌已打开,是谋皖一极好机会。都直夫将军于是日巳刻至黄州,在雪堂一会。日中食蟹甚鬯。丁果臣为余买法帖十数种,内有《西平王碑》,尚好。酉刻至都将军处拜会。灯初登舟,胡中丞送至舟次,鬯谈至三更始去。方子白、张廉卿来舟次谈文。是日说话略多,夜不成寐。三更后,清理是日文件。

附记

安庆贼目

延天燕施△△

格天福陈〈时安〉 启天安张朝爵

欣天福侯淑钱 就天燕陈△△

池州 定天义韦志俊

建德 老国宗杨辅清

太湖 浩天福△△△

受天福叶△△

临天豫杨春发湘乡人

石牌 量天福唐△△道州人

初五日（接见巴河各营官）

黎明开船,辰正至巴河,清理文件,接见巴河各营官。巳正登岸,入陆营住帐棚,又接见营官、哨官十馀次。与张裕钊谈文,颇鬯。未刻至河下,雪琴邀饮,至酉初归。剃头一次。戌

刻倦甚。夜见客，王孝凤兄弟来谈，二更后清理文件。

初六日（与友论营务处之道为"树人"及"立法"）

早，清理文件。写家信一件，寄参茸丸二瓶，每瓶重八两，一寄叔父大人，一寄内子，特派戈什哈送去。旋以萧营饬知尚未办齐，改次日送去。请客，雪琴及王孝凤兄弟、张廉卿小宴，恰刘国斌自常德归，与座。午正小睡。中饭后写对联、挂屏八件，内次青之母夫人寿联一付。夜与李申夫论营务处之道，一在树人，一在立法。有心人不以不能战胜攻取为耻，而以不能树人立法为耻。树人之道有二：一曰知人善任，二曰陶熔造就。申夫似能领悟，盖高明而有志于办事者。

初七日

早，清理文件，会客二次。饭后见客三次。旋倦甚，小睡。午正习字二纸。写次青信一件，专人送银三百两、对一付至渠处，为其太夫人寿。又专人送家信。中饭后小雨。见客一次。张廉卿来，与之论古文颇觉，灯时去。夜阅古文，偶阅《康熙字典》，亦粗有裨于小学。

附记

湖北开湘营旧章：每百人月发油七十斤、烛四十二斤。逢夏令烛多融化，不发烛，加油三十斤。自四月初一起至八月廿日止。

余定萧营章程：每百人月发油六十斤，烛四十斤。

湘前营：每百人月发油七十斤，烛四十三斤三两。

初八日（与廉卿论国朝诸大儒优劣）

早，清理文件。张廉卿来，久谈。饭后为张廉卿写手卷一，书予甲辰年所作《五箴》。又写挂屏与方子白。午初小睡。旋与廉卿论国朝诸大儒优劣。中饭后，写吴子序信，批评渠所作古文三篇寄还，又寄银一百两。旋送廉卿去。廉卿近日好学不倦，作古文亦极精进，余门徒中可望有成就者，端推此人。监别依依，余亦笃爱，不忍舍去。求为其祖作墓志，近日尝应之也。温《史记·齐世家》，至夜方毕。温《伯夷列传》，诵十遍。

初九日

早，清理文件。饭后写对联、挂屏约廿馀幅。已正，胡中丞与丁果臣来，觉谈。中饭后，略清文件。夜，与胡中丞觉叙至四更散。丁果臣为余买法帖五十馀种，内有柳公权数种，颇佳。夜，睡不成寐。

初十日

早，与胡润帅、丁果臣觉谈。余言三代以下，不矫激不足以得美名，不要结不足以得民心。早饭后，润帅回黄州。清理文件。已正小睡。中饭后习字二纸，温《史记·鲁世家》。夜温《孟子荀列传》。

十一日（盖兴会不浓则凡事都有退志）

早，清理文件。饭后写信四件。旋写对联十三付。日中小睡。中饭后改摺稿一件，阅《史记·燕召公世家》。夜温《羽猎赋》。日内秋意萧索，甚有倦意，精神短乏，每作事，不克振奋赴功，盖兴会不浓，则凡事都有退志耳。

十二日

早，清理文件。饭后拟作张廉卿之祖墓表，久未下笔，昨夕睡不成寐，神亦昏倦。中饭后，李雨亭来，久谈。申刻下笔作文，至二更三点毕，潦草成篇，全无精采。余近日作文，患在心血日亏，思不能入，较之甲辰年所作《五箴》、戊申年所作《送刘菽云序》，乃远不逮。此十馀年中真虚度哉！

十三日

早，清理文件。辰后，倦甚，小睡，若有病然。日内天寒，夜间受凉，上半日久睡，间在床上偶看《文选》。中饭，禁油荤。申刻写胡中丞信，加官制军信一片。见客二次。夜温《长杨赋》，于古人行文之气，似有所得。

曾国藩卧室

十四日

早,清理文件。饭后见客二次。旋出门拜各营官,拜至湘后营,因病不能久坐。归,小睡。未刻请客便饭,余在座陪客,而不能饮食,申刻客去。与李少荃久谈,复胡中丞信一件。夜,温《书·立政》篇。

十五日（思《书经·吕刑》,于句法若有所会）

早,各员弁贺朔[衍朔字]望,至辰正毕。饭后写家信二件。午刻加袁漱六信三叶、郭世兄信一叶,专二夫送家信。申刻接九弟信,系八月廿八所发。见客二次。清理文件。是日身体欠爽,不食油荤。夜温《韩宏碑》,甚觉清畅。三更睡,竟夕不能成寐,在床上展转。思念天道,三恶之外,又觉好露而不能浑,亦天之所恶也。思《书经·吕刑》,于句法若有所会。

十六日（"惟忘机可以消众机,惟懵懂可以被不祥。"）

早,清理文件。饭后病困,难作字,时在床偃息。中饭后复胡中丞信四叶。旋与少荃论《庄子》。申刻困倦,小睡。夜二更二点即睡,尚能成寐,屡醒屡睡。至次早,觉病势少愈。是日复胡信中有云:"惟忘机可以消众机,惟懵懂可以被不祥。"似颇有意义。而愧未能自体行之。

十七日

起稍晏。早饭后清理文件。旋习字二纸。身体不甚爽快。中饭后会客一次。阅《史记》《管蔡世家》《陈杞世家》。腹泄,小睡。夜,温韩文《柳州罗池庙碑》,觉情韵不匮,声调铿锵,乃文章中第一妙境,情以生文,文亦足以生情;文以引声,声亦足以引文。循环互发,油然不能自己,庶渐渐可入佳境。

附记

君子之道与将帅之道相反者三:党援、权势、分兵救危。

十八日

早,清理文件。饭后习字二纸。写左季高、郭云仙信,各添二片。中饭后温《史记》《卫世家》《宋世家》,至营务处久谈。夜与少荃久谈,温《石徂徕墓志》本日病尚未愈,委顿殊甚,不克治事。夜腹泄二次。身旁无人,颇凄冷也。竟夕不能熟睡,盖老境日臻矣。

十九日（闻江西主考晏彤甫同年至河下,因去一叙）

早,清理文件。辰后病甚,不能作字。旋习字二纸。小睡。阅《文选》书橙。中饭后见客二次。旋闻江西主考晏彤甫同年至河下,因去一与彤谈,灯后方归。夜阅《左传》闵公、僖公数事。余看书病在无恒,今老而不能改,可愧也。久雨闷甚,本日放晴,略觉舒畅。已刻至

朱品隆等三营一叙。

廿日

早,清理文件。辰后习字二纸,邢星槎、孙树人、夏古彝来久谈。旋下河与晏彤甫谈。至未刻,又拜张伴山、李小山,申正归。是日将帐房下脚筑墙三尺馀高,帐房升高约三四尺,众役兴作。吾至少泉处,与邢、孙、夏三人邑谈,至二更二点,倦甚。日内精神困倦,腹泄、目蒙,老境日增。夜,早睡,不得与诸客剧谈也。枕上,思凡人凉薄之德,约有三端,最易触犯:闻人有恶德败行,听之娓娓不倦,妒功而忌名,幸灾而乐祸,此凉德之一端也;人受命于天,臣受命于君,子受命于父,而或不能受命,居卑思尊,日夜自谋置其身于高明之地,譬诸金跃冶而以镆铘、干将自命,此凉德之二端也;胸苍清浊,口不藏否者,圣哲之用心也,强分黑白、遇事激扬者,文士轻薄之习、优伶风切之态也,而吾辈不察而效之,动辄区别善恶,品第高下,使优者未必加劝,而劣者几无以自处,此凉德之三端也。余今老矣,此三者尚切戒之。

廿一日(夜思君子有"三乐")

早,陪邢星槎、孙树人、夏古彝早饭后,会客邹资山,巳正客散。接家信,澄弟、沅弟、季弟各一件。又见客三次。中饭后温《史记·晋世家》十三叶。是日午刻小睡。戌刻接胡中丞信,内附左、季、钱诸信,知者九峰调广东,罗澹村调浙江各巡抚。又知九弟于十六日自长沙起行矣。夜思君子有三乐:读书声出金石,飘飘意远,一乐也;宏奖人材,诱人日进,二乐也;勤劳而后憩息,三乐也。吾于五月八日告沅弟有天道三恶、人事四知之说,兹又有凉德三端、君子三乐之说,若能身体而力行之,庶乎其免于大戾矣。

廿二日

早,清理文件。饭后清发各信。旋至振字营一看,又至嘉字营。归,与少荃谈。倦甚。中饭后,写毛寄云信一件,专二弁至襄河以内迎接。又写九弟信一件,专弁迎接。温《晋世家》毕。

廿三日(身又不适,想老境日臻矣)

早,清理文件。饭后写信一封与胡中丞。巳正,阅《荀子》。至夜,共八篇,略加圈点。灯后,温《庄子》《胠箧》《马蹄》,又温《文选·辨亡论》。目光劳甚,不能多看。夜,睡不甚熟,腹痛,次早作泄。近日腹泄,几及半月,向采所无之病。老境日臻,亦其验也。

附记

郁极思伸,矫首咶天,徒升无翼,或曳之渊。

廿四日(与李申夫言人才以陶冶而成)

早,清理文件,饭后阅《荀子》四篇,至申初毕。旋写家信,澄侯一件、纪泽一件。夜阅《文选》《运命论》《辨亡论》。眼渐作疼,不敢多看,早睡。是日,与李申夫言人才以陶冶而成,不可眼孔太高,动谓无人可用。与彭九峰言嘉字营,责成渠督教之。是夜,思孔、孟子所谓"性相近,习相远""上智下愚不移"者,凡事皆然。即以围棋论,生而为国手者,上智也;屡学而不知局道,不辨死活者,下愚也。此外,则皆相近之资,视乎教者何如。教者高则习之而高矣,教者低则习之而低矣。以作字论,生而笔姿秀挺者,上智也;屡学而拙如姜芽者,下愚也。此外,则皆相近之资,视乎教者何如。教者钟、王,则众习于钟、王矣;教者苏、米,则众习于苏、米矣。推而至于作文亦然,打仗亦然,皆视乎在上者一人之短长,而众人之习随之为转移。若在上者不自咎其才德之不足以移人,而徒致慨上智之不可得,是犹执策而叹无马,岂真无马哉!

廿五日

早,清理文件。饭后阅《荀子》三篇。午刻,小睡。未正,饭后会客二次。申初与李少荃同至黄州。上水逆风,二更始到。谈至四更睡,竟夕不能成寐。

廿六日

早,与胡中丞邑谈一切。饭后与邢星槎、卫静澜、刘开生三人谈,又与胡中丞久谈。中饭后,拟回巴河大营,适金可亭同年亦来,因与之恳谈至三更。睡,复不成寐。

廿七日(因大风雨遂留黄州)

早,本拟回巴河大营,因大风雨,水陆俱不能行,遂仍留黄州,与胡中丞、可亭同年恳谈一日。午刻与刘开生久谈。午正小睡。

廿八日(与友过江游樊口西山并至寒溪寺)

早,与胡中丞小叙。饭后过江游樊口西山,中丞及可亭同年、少荃四人同行。王孝凤及各绅迎接,同至寒溪寺,在怀忠祠中饭,孝凤为主。饭后已酉初矣,即由武昌县下河回至巴河大营。邀可亭同年来营,谈至三更。

廿九日

早,清理文件。饭后见客三次。旋将前数日〈文件〉清厘一过。与可亭同年恳谈。中饭后,写对联十馀付,写胡中丞信一件。夜阅《荀子》二篇。

附记

厉伯符之子　张六琴之戚

周继芬　水师中营

吴城局员　石芸斋

本营委员

余鋆次青信

何廉昉次青信

卅日

早,清理文件。饭后见客三次。可亭之堂弟二人、妹夫一人,请至营中早饭。日中至营务处一谈。中饭后写对联、挂屏十馀纸。已刻,写左季高(信)一件,发家信一件,即廿五日所发之信,因长夫在汉口过河沉失,令下人另誊一分,余批数行于后,交左季高转寄。夜写胡中丞信一件,与可亭夜饮,久谈。

十月

初一日(核定马队营制章程)

早起,骑马出巡视营墙。归,各员弁贺朔,至辰正毕。饭后写厚庵、雪琴信各一件。午刻,会客二次。中饭后写对联数付。旋与可亭恳谈。傍夕,郭亲家用仪来会。灯后,骑马出巡视营墙。夜阅《荀子》一篇。旋与可亭久谈。核定马队营制章程。是日闻九弟于廿九日至武昌,本日至黄州。接九弟信,是卅早在武昌所发者。

初二日

黎明,出巡视营墙。饭后清理文件,写胡中丞信一件,与可亭久谈。午初小睡。请郭用仪亲家中饭,观亭之三弟也。王孝凤自武昌来,以石二块属余书温甫弟哀辞,将镌之武昌祠内。中饭后,九弟到营,应酬良久。兄弟夜谈至三更四点。竟夕不寐。

初三日

黎明,出巡视营墙。与九弟久谈。清理文件。巳正,看兵操、镇溪、河溪、辰州、乾州四营共操,弓箭手四十人、抬枪廿四人、小枪八十人、刀矛四十人,约二时阅毕。复与九弟畅谈。写扇一柄。见客三次。剃头一次。倦甚,小睡。申刻至九弟营盘一坐,至一更四点始回。巡视营墙。二更后温阅《艺文志》,因目疾不敢久视。

初四日

黎明,出巡视营墙。饭后,九弟来恳谈。阅《荀子》五篇。是日闻星使钱副宪宝青萍矼与胡中丞将来营,各队伍于午未间先后迎接,余于申正至河干迎接,到营已更初矣。谈至三

更三点,竟夕不能成寐。

初五日

黎明,出视营墙。是日钱萍矼副宪及胡中丞在此住一日,与之邕谈至夜二更,余倦甚,早睡。钱、胡及少泉谈至四更。是日接季洪弟信,已带勇至黄州矣。

初六日

黎明,出巡视营墙。与钱萍矼、胡润帅邕谈。巳正至江干送客。归,至九弟营少坐。中饭后,阅《荀子》四篇。酉正王锡斋外甥来,久谈,九弟亦来谈,至二更后去。复阅《荀子》一篇。

初七日(酬九弟改葬二亲有功)

早,巡视营墙。饭后九弟来,久谈。写寄云信一件。跋册页后册三十、扇书十五幅、画十五幅,彭雪琴所送者。余因九弟改葬二亲有功家庭,故以此册酬之。九弟本日在余帐房内帮办保举事件,时时邕谈。中饭后,作复奏摺一件,至亥刻毕。夜阅《艺文志》,未毕。是日,见客共四次。

初八日

早,巡视营墙。饭后九弟仍来邕谈。核保单、改夹片二件。写胡中丞信,因厚庵言韦志浚投诚之事。见客五次。申刻季洪弟来,与谈至二更末。

初九日(毛寄云同年来。数年之别,欢聚一堂)

早日,为先大夫七十冥寿,五更三点,率九弟、季弟行礼。礼毕,天明。请杜润之早饭。与九弟、季弟邕谈。巳正,毛寄云同年来。数年之别,一旦欢聚,喜逾寻常,谈至酉刻。清理文件。会客三次。夜核信稿二件。是日巳刻,接袁莫生、薇生信,知漱六亲家于九月初三日去世。有志读书,期至于古之作者,而竟百不能偿其一二,良可深痛。今年六月,郭雨三亲家阵亡,兹又闻漱六之丧,中年哀乐,触绪生感。古人所云,既悲逝者,行自念也。核片稿三件,摺稿一件。

初十日

早,巡视营墙。饭后与寄云同年邕谈。陈秋门前辈来,又与邕谈。中饭后接家信,夜写复信。季弟在此同宿。因说话太多,夜不成寐。

十一日

是日为余四十九生辰。早,出巡视营墙。九弟、二弟及诸友员弁来贺。旋与秋门前辈、寄云同年、少荃编修及金可亭同年、邢星槎太守同至九弟营中早饭。黄州营中如夏古彝、黄子山、曾少固父子、黄虚舟太守皆来,九弟猝未预备,咄嗟办二席。旋陪各客至余营次中饭。饭后送各客归,寄云尚留此小住。夜倦甚,早睡,颇能酣眠。

十二日(接信知两淮糜烂,不可收拾)

早出,巡视营墙。旋与九弟、季弟谈,写官制军、胡中丞信,清理文件,与季云同年邕谈。胡润帅寄示罗澹村父子、袁午桥、翁药房、严渭春各信,知两淮糜烂,不可收拾。诸公之意,皆欲余率师北援河南,但未入奏耳。中饭后写寄云挂屏八幅,又写对联数付。夜写胡中丞信一件,与寄云邕谈至三更。是日午刻接家信,澄侯一件、泽儿一件,九月十九日所发。

十三日

早,巡视营墙。饭后清理文件,写胡中丞信一件。看乾镇、河辰四营兵操演,至午正看毕。归,与寄云久谈。中饭后写对联数付。夜写厉伯符信一件。申酉间与寄云邕谈。是日,庄卫生方伯赠余《武备志》一部,夜略翻阅。

十四日(与李申甫谈,余谓当竖起骨头,竭力撑持)

黎明,出巡视营墙,又至振字营一看,约行十里。饭后写官制军、胡中丞、庄方伯信各一件。旋与寄云同年邕谈。中饭后,写对联数付。九弟自黄州归来,兄弟与寄云叙谈颇畅。择拔营日期,定本月廿四成行:申刻清理文件。酉刻剃头一次。夜与寄云久谈。李申甫自黄州归来，稍论时事。余谓当竖起骨头，竭力撑持。三更不眠，因作一联云："养活一团春意思，撑起两根穷骨头。"用自警也。余生平作自箴联句颇多，惜皆未写出。丁巳年，在家作一联云："不怨不尤，但反身争个一壁静；勿忘勿助，看平地长得万丈高。"曾用木板刻出，与此联颇相近，因附识之。

附记　家中应作文：

台洲阡表

温甫墓志

家庙碑

星冈公神道碑

十五日（算明碑字，写温甫哀辞）

早，巡视营墙。各员弁来贺朔［朔字衍］望，至辰正三刻毕。饭后，送毛寄云同年至江干，午初归。清理文件。中饭后，九弟来邕谈。料理拔营事件。写对联十馀付，酉初毕。算明碑字，写温甫哀辞，王孝凤将刻之武昌县城怀忠祠也。夜，温《艺文志》毕。

附记

○写叔父节略一日　○回信三日

作毕金科碑一日　○阅《荀子》三日

十六日

早起，巡视营墙。饭后写胡中丞信一件，写叔父节略一纸，求作寿文。小睡。中饭后见客二次，写对联十付，与九弟邕谈。晡时，骑马至九弟营中小坐，二更归。午刻阅《荀子》二篇。是夜睡至五更醒，觉心境光明甜适，或亦近日进境。

十七日

早起，巡视营墙。饭后清理文件。旋阅《荀子》数篇。九弟来写碑文，与之邕谈。中饭后写冯树堂信一件、李次青信一件，约千馀字，写对联数付。夜阅《荀子》三篇。二更尽睡，四更即醒。作一联云："天下无易境，天下无难境；终身有乐处，终身有忧处。"至五更，又改作二联。一云："取人为善，与人为善；乐以终身，忧以终身。"一云："天下断无易处之境遇，人生那有空闲的光阴。"

十八日（心境不甚甜适，于爱、憎、恩、怨未能悉化）

早起，巡视营墙。饭后清理文件，见客一次。刘世仲，湖北新科举人，荻云之族侄，刘世伟俊夫之胞弟也。写家信一件，交九弟派人送归。看戈什哈亲兵操演，午初毕。九弟来营，与之邕谈。改信稿五件。李少荃请吃中饭。饭后，又与九弟久谈。夜阅《荀子》四篇，《正名》篇不能了了。睡后，四更末即醒，醒后心境不甚甜适，于爱、憎、恩、怨未能悉化，不如昨夜之清白坦荡远甚。夫子所称日月至焉者，或亦似此乎？

十九日

早出，巡视营墙。饭后核改信稿二十四件，写胡中丞复信一件。中饭后，九弟来邕谈，九弟欲归家改葬祖父母，并料理分家等事。余以此次弟来营尚未满月，遽又归去，实不妥叶，反复商酌。申正，九弟回营去。又核信稿三件。夜核信稿九件。九、十两月积压各信，至是始清厘一次。凡事宜有恒，不可稍有延阁如此。夜，复九弟一信。

二十日（目蒙殊甚，余才之不足以理繁剧也）

早出，巡视营墙。饭后清理文件。写霞仙信、小岑信、李篠［筱］泉信、胡中丞信、朱尧阶信。中饭后，九弟来久谈，刘德一自家来，王金二外甥亦来。夜写邓寅皆信一件。两日写字稍多，遂觉目蒙殊甚。甚矣，余才之不足以理繁剧也。夜，二更后与少泉久谈。三更睡，五更醒。梦寐之中乏甜静意味。是日傍夕，写对联四付。

二十一日

早出，巡视营墙。饭后亲［清］理文件。旋至马队营中看支马圈。四马共一圈，圈宽二

弓,高二尺四寸,进深亦二弓,择斜坡挖之,上支布棚,与兵勇棚子相对。午正归,写胡中丞信。中饭后,九弟来邕谈,写吴竹如信。夜,写季洪信,清理文件。倦甚,与王金二外甥杂问家中琐事。夜批各禀,清算稽核,颇不易易。

二十二日

早出,巡视营墙。饭后清理文件。写信三件。九弟来,久谈。中饭后剃头一次。清理文件。阅《荀子》半篇。闻胡中丞将来送行,因于傍夕骑马至江干候之。更初始到,因同骑马至营,邕谈至三更三点。久不成寐。四更接奉廷寄谕旨一道。

二十三日(九弟告归,余亦不复阻之)

早出,巡视营墙。旋归,陪胡中丞邕谈。约周宝生瀚早饭。周润山廉访玉衡之子,余所取拔贡朝考门生,分发四川者也。已午间,与胡公邕谈。未正送客。申刻九弟来久谈。决意告归,余不以为然,而弟志甚坚,亦不复阻之矣。夜阅《荀子》一篇。

二十四日

四更,头帮拔营。朱、唐、沈三营,湘后三营,岳字二营,振字营,营务处并嘉字一营,共五千七百人。黎明,余起,巡视营墙。饭后,余率二帮拔营。吉中营三营、吉左营、长胜军、何溪营、护卫军马队,共四千四百人。行九里至张家湾扎营,已正即到,未刻始成营。陈金鳌专丁自常德送信来,言桃源有方逢运者,四年被掳,现在贼中封为祝天豫,带兵四千在枞阳。现已拿获其母,拟即招抚。派哨官彭大光带勇目刘松枝前来。刘松枝即在枞阳见过方逢运改名方学凯者也。余令哨官带刘松枝及方学凯之母、舅、叔父同赴厚庵军营,办理招抚事宜。下半天,九弟在此邕谈。夜写信与纪泽儿,一教之早起,二戒无恒,三戒不重。是日早,阅邸钞,知少荃新放延建邵道。

二十五日(复信言须时察军中骄气与惰气)

早起,巡视营墙。是日在张家湾屯扎一日,恐前帮去此未远,中或拥挤也。饭后,清理文件。阅《荀子》一篇。《荀子》至是日读毕一遍。接家信一封,系澄侯十五日在湘潭所发者。沅甫弟来此一谈,申刻归去,即下河回家矣。弟此次到营,未满一月而还,究属不妥。莘田叔自家来,道及叔父近日肝火甚旺,郁怒不时,谈至戌刻。夜复申夫信一件,略言军中骄气则有浮淫之色,惰气则有暗滞之色,须时时察看而补救之。

廿六日

早饭后,卯正三刻拔营。行四十里,至麻岭扎营,在枣子岭之东六里,蕲水县城之西十六里也。已正即到,午正始成营垒。未正,中饭后小睡。会客。蕲水县令刘仲孚紫来见,郭舜民用中亦来。戌刻小睡。夜温古文一首,写胡中丞信,写李申夫信。是夜接左季高信二件。酉刻与莘田叔谈家中事颇详。

廿七日

黎明早饭。饭后行十五里至蕲水县。在蔡家祠堂作公馆,小憩。与刘邑侯仲孚、郭舜民久谈。旋回拜二处。在舜民处见董香光墨迹十册。虽系赝作,而工力殊不可及。午刻复起行,行三十里,至排子畈驻扎。刘仲孚送猪十六、羊十六犒师。郭三亲家自家中来迎,雨三之胞弟也。夜将古文钞一目录,分为十一属,每属分阴阳,以别文境。其一属之中为体不同者,又分为上编下编。

廿八日

黎明早饭,饭后起行。行五十里,至蕲州之西阳驿驻扎。复李申夫信。中饭后,将古文目录钞毕。夜温文二篇。与少荃久谈。竟夕不能成寐。老境日增,万事无成,兹可慨耳。

廿九日

早起。天雨。饭后起行。行四十五里,至扬林铺驻扎,去广济县十八里,午正二刻到。天雨,泥泞,地极湿。帐房内闷甚。见客一次。广济县令方大湜,系方稼轩之胞弟。又有厘金委员二人来会,一湖南人,名张乐;一河南人。夜,温《诗经》。睡略熟。

十一月

初一日（与表弟谈带兵之道为"勤、恕、廉、明"）

早，各员来贺朔。饭后起行，途次微雨。午初，至金盆关驻扎，去广济二十五里。与李少荃邑谈。接厚庵信，知下游韦志浚投诚之事，不甚可靠。是日过广济县城，荒凉殊甚。下半日温《诗经》。写李申夫回信二件。夜，与表弟彭毓桔谈带兵之道。"勤、恕、廉、明"四字，缺一不可。

初二日（日来，每思吾身，须用功十"三"字）

黎明，早饭。饭后起行。行四十里。至一天门地方扎营，黄梅境也。黄梅覃令来迎，与之久谈。下半日，温《诗经》数章，剃头一次。写胡中丞信、彭雪琴信、李申夫信。夜思近日之失，由于心太弦紧，无舒和之意。以后作人，当得一"松"字诀。是夜，睡味甚适，亦略得"松"字意味。日来，每思吾身，能于十"三"字者用功，尚不失晚年进境。十"三"字者，谓三经、三史、三子、三集、三实、三忌、三薄、三知、三乐、三寡也。三经、三史、三子、三集、三实，余在京师，尝以匾其室。在江南，曾刻印章矣。三忌者，即谓天道忌巧，天道忌盈，天道忌贰也。三薄者，幸灾乐祸，一薄德也；逆命亿数，二薄德也；臆断皂白，三薄德也。三知者，《论语》末章，所谓"知命、知礼、知言"也。三乐者，即九月二十一日所记读书声出金石，一乐也；宏奖人才，诱人日进，二乐也；勤劳而后憩息，三乐也。三寡者，寡言养气，寡视养神，寡欲养精。十"三"字者，时时省察，其犹失之东隅，收之桑榆者乎？

初三日（前帮各营哨来见，应酬时许）

是日，恭逢先妣太夫人七十五冥诞，因行营难办酒席，未设祭祀。黎明早饭，饭后起行，行八里至大河铺。黄梅令预备茶尖，小坐。旋又行二十里，至黄梅县城公馆内小坐，即石氏祠堂也。未刻出城，至东门外营盘，前帮各营哨来见，应酬时许。鲍镇军超自太湖来见，程尚斋自安徽来。中饭后，申夫来久谈，彭毓桔亦来久谈。夜写家信一件，寄银廿两与湘西之母。

附记

望江县，设五局。急水沟总局一，外附城及各处分局四。每田一亩，派钱一百、米二升，归总局。其各分局，又别派若干，大约每田一亩，出局费钱三百文，较之平世完正饷漕折钱约五百文者，此为差少云。雇民夫，每里给钱三文，车夫，每里给钱五文。其无可以搬运之日，每夫给米一升、钱四十文。

宿松县，设五局。县城总局一，二郎河、黄家畈、荆桥、凉亭河分局四。每亩派钱八十文一次。自去年十月至本年十月，派过六次，共四百八十文。平日养夫之费，车夫每日米二升、钱四十文，散夫每日米一升半、钱十六文。如有事之日，再加脚价。

黄开元，号春山，江西金溪人。辛卯举人，宿松县令。

王凤仪，号春帆，江苏金匮人。两次捐输，和福保一次，官、胡保一次，遂至知县，望江县令。

黄梅县，设七局。县城一，卢家嘴一，胡思泊一，孔垅一，濯港一，亭前马日一，独山镇一。通县共地丁正饷三万余两，每正饷一两，约完局费多至三千，少或二千五、六，或二千一、二，极少一千八百不等，此每年之数也。宿松、望江于局费之外，不征钱漕。黄梅则钱漕之外又索局费许多，民力尽矣。

初四日（早醒思圣人有所言，有所不言）

早出，巡视营墙。请鲍春霆镇军早饭，巳正饭毕，小睡。写左季高信一件。中饭后，会客三次。宿松、望江两县令来见，详问各局供应多、鲍等军之难。夜与少荃及彭山屺先后邑谈。阅《文选》各论，觉刘孝标《辨命论》实有所见。夜四更，早醒。思圣人有所言，有所不言。积

善馀庆,其所言者也;万事由命不由人,其所不言者也。礼、乐、政、刑、仁、义、忠、信,其所言者也;虚无、清静、无为、自化,其所不言者也。吾人当以不言者为体,以所言者为用;以不言者存诸心,以所言者勉诸身,以庄子之道自怡,以荀子之道自克,其庶为闻道之君子乎!

附记

多隆阿统下飞虎三营:中石清吉,左刘元勋,右王允昌。精选四营:中雷正绾,前杨朝林,右王可陞。马队,西林布。

由黄梅至陈德园,龙坪、江家河、杨丫圻、唐家山、七园、门坎山、毛家嘴、荇风幻、虾蟆沟、黄土蚼、张家蟒、童子幻、汤家坝、西河口。

初五日(巡视营墙,悉听军情)

早出,巡视营墙。饭后见客三次。邓巘虚[筠]自太湖来,道多隆阿一军情形甚悉。帅逸斋之三子并其师蒋澹人来,久谈。中饭后写胡中丞信、季洪信,见客四次,温《史记·楚世家》数页。夜见李申夫、朱云岩诸人,嘱至石牌等处看视形势。二更尽,看木星分外明亮。是日早,接午桥信。渠让余为钦差大臣,而彼为帮办,不知余力亦有未逮也。四更后,接批摺,系前月十七日所发者。

附记

黄梅县,每十亩为一石田,约收毛谷二十挑,晒干,过风车,不过一石五斗,其斗即粮道之制斛也。今年时价,不过值钱九百文耳。每十亩约科地丁正银六钱、七钱不等,派局费约三百馀文。

初六日(宿松绅士八人来见,皆读书人)

早出,巡视营墙。饭后见客四次。宿松绅士八人来见,皆读书人也。日中小睡。复胡润帅信。有邓宗衡者,癸丑进士,分发刑部,刘仙石之门生,来见,久谈。中饭后阅《楚世家》《越世家》。彭盛南、曾莘田来,久谈。夜,与张伴山谈。翻阅《左传》。

附记

立两河口堤定位: 五祖山亥位

龙平山戌位　断云山酉位

四祖双峰尖申位　排子山坤位

黄梅县丁位　宿松县乙位

二郎河艮位

初七日(日内,扎营在黄梅城外约四里许)

早出,巡视营墙。饭后出门察看地势。先至柯家岭,旋至两河口。柯家岭在黄梅往宿、太二路之中。两河口则往太湖路也。两河口至五祖山,不过十二里。共骑马约二十里许,归途坐轿十五里。未初归。会客三次。申刻请客吃饭,有张伴山、张子衡及常世兄等。饭毕,已日墓矣。夜写钱萍矼信、官制军信。是日辰刻写胡中丞信。二更,阅《左传》数篇。思身世之际甚多,抑郁不适于怀者,一由褊浅,一由所处之极不得位也。日内,扎营在黄梅城外约四里许。用罗盘审定县城在午位,庐山亦在午位,去营约百四十里。排子山在坤位。四祖山、双峰尖在庚位,最为峭耸,去营约四十里。多云山在酉位,去营十馀里。小溪山在辛位。龙平山在乾戌位,最为高峻,去营约五十里。五祖山在亥位,去营二十六、七里。东山在壬位。绰壁镇在子癸位。独山镇在寅位。马尾山在卯、乙、辰、巽、巳位。东北一带,自绰壁至马尾山,山皆平衍。西北一带,自四祖山至东山,山皆高峻。惟南面无山,百馀里外过大江,乃有庐山耳。

初八日(细参相人之法)

早出,巡视营墙。饭后清理文件。派唐义训、何应祺等至城内外察看地势。见客三次。写李筱泉信一件。小睡片时。中饭后见客二次。云三、愚一来营,皆房族表弟。愚一则冕四舅氏之子也。读《史记·郑世家》毕。夜,温《孔子世家》。日内襟次不甚开拓,夜不成寐。

本夜睡味较美。细参相人之法，神完气足，眉耸鼻正，足重腰长，处处相称，此四语者，贵相也，贤才相也。若四句相反则不足取矣。

初九日（派人往宿松看营盘，已归）

早出，巡视营墙。饭后清理文件。见客三次。温《史记·赵世家》。核信稿二件。中饭后见客二次，温《史记》。昨派李申夫、朱云岩等往宿松看营盘。本日归采，又派唐义训、何应祺等去看。申刻眼蒙殊甚。夜温《魏世家》。本日，曹荣来。接澄弟长沙所发信，九弟排洲所发信。

初十日

早出，巡视营墙。饭后清理文件。进城拜覃令，出城拜各营官。甫拜三处，北风大雨至，归营。帐房被大风所摇，不得安坐。温《史记·韩世家》。中饭后温《田完世家》。本年温《史记》，至是始温毕一遍。中有数十卷着批，有数十卷不着批，则又余之无恒也。夜温古文数首。

曾国藩用过的围棋

十一日

早出，巡视营墙。饭后清理文件。辰正，拜各营官，至午正归。见客二次。中饭后写胡中丞信、季洪信。蒋之纯自太湖来，邕谈一切。唐义训等自宿松归，具呈扎营之图，颇详晰。夜温《蜀都赋》，阅《荆王刘贾传》。

十二日

早，巡视营墙。饭后见客四次。是日，作《毕金科碑》。中饭，请蒋之纯、李师实、唐桂生、刘南云便饭。下半日作碑至二更四点。因见客甚多，又清理文件，亦有耽搁也。

附记

殷　盘字锡洪，常宁人，训营采办

帅宗楫号小舟

蔡　锷字朗轩，太湖令

帅珍号香士

覃瀚元字石仙，黄梅令

帅，畹号兰九

十三日（行至宿松，居民以爆竹相迎）

早出，巡视营墙。饭后，各营拔营，前往宿松。前帮于黎明时均已成行矣。后帮八营于巳初起行。巳正队伍皆毕，余乃起行。午正在独山镇茶尖。未正二刻至宿松。县城内外居民，放爆竹迎接甚多，四、五里不绝声。至公馆，见客六次，倦甚。夜将《毕全科碑文》毕。日内精神疲倦，癣疾大作，自腰以下几无完肤。古文一事，平日自觉颇有心得。而握管之时，不克殚精极思，作成总不称意。安得屏去万事，酣睡旬日，神完意适，然作文一首，以抒胸中奇趣。

十四日

早，清理文件。饭后见客五次。巳刻写胡中丞信。午初至城外察看营盘。将护卫军与吉字中军改移一处，馀俱照旧。申刻归，见客二次。写家信一件。夜写纪泽儿信一件。将胜克斋陈情、袁午桥推让各一摺钞寄家中。

十五日（余以陈四眼狗将率众来援太湖，未允鲍假）

　　早，各员弁贺望，至巳刻应酬毕。饭后，清理文件。写胡中丞信、官制军信，添恽中丞信一叶、袁午桥信一叶。未正，鲍超自太湖来。渠因母病请假归省，余以陈四眼狗将率众来援太湖，未之允许，嘱其在此小住几日，余亲自劝慰云云，与之久谈。酉刻与少荃谈。夜，又与鲍春霆谈。二、三更均未睡着。四更少睡，梦毕金科尸验海底，有重伤，并断去三指。盖日内作《毕金科碑文》，心专注之耳。

　　十六日（吉字中营近颇有骚扰之名，竟有人跪道叫冤）

　　早起，未事事。饭后清理文件。见客四次。陈金鳌到，刘彤皆到。午正至城外看营盘，又看吉字中军营盘。中饭后写官制军信、胡中丞信、李希庵信。与陈金鳌、鲍超等谈。彭盛南来，与之言吉字中营近颇有骚扰之名，本日又有人跪道旁叫冤，嘱其详细警戒。夜写易芝生信，二更后，胡中丞来一信，又详复之，约四百字。

　　十七日

　　早起。饭后清理文件。见客五次。午正小睡。接李希庵禀，请假六个月。现值军务紧急之际，殊难为计。中饭后，陈金鳌拜辞回水营。见客四次。温《左传·隐公》，至二更毕。夜接胡中丞信，言援贼四眼狗大举上犯，鲍超即夜禀请归营，二更归去。余复胡中丞信一件。中丞近日调度纷纷不定，余颇虑之。计惟守之以定，不为群言所摇惑耳。温《左传》，以余往年读《通鉴》之法行之，择其事要而文警策者记之，馀皆草草温过。

　　十八日

　　黎明，早饭。饭后清理文件。午正出城看本营所搭帐房，未正归。黎寿民自松江西来，问袁漱六后事颇详。中饭后写胡中丞信一。接家信，澄侯一、纪泽一。问送信者，知九弟十一日过岳州矣。写季洪弟信。夜，唐义渠来，畅谈近日调度之不易，二更四点去。胡中丞近日调度，欲以唐义渠之七营，自带三营，往守石牌，拨四营交多都护统之出战。多礼堂带精选四营——飞虎三营、开化营步兵及马队千二百人，进扎潜山，迎击援贼。鲍春霆带霆字六营，亦至潜山迎击援贼，归多礼堂调度。蒋之纯带湘勇八营，由太湖至天堂会合余际昌一军。又欲余宿松一军，以七千人进扎太湖，留三千人扎宿松。本日，来三次手书，词甚迫切，皆执此议。余以奏明居江边，一路又无统领，不欲分兵，故复信未允行也。

　　十九日（何镜海上条陈数事）

　　黎明，清理文件。辰初请唐义渠早饭。巳刻义渠回太湖营次。陈作梅自江南来营。午刻移寓城外葛家岭营盘。见客六次。中饭后，复胡中丞信一件。清理文件。傍夕，与陈作梅畅谈。夜温《左传》桓公、庄公，至"楚子灭息"止。何镜海上条陈数事：第一言须派统领，第二言选勇猛者为选［先］锋。是日午刻，写信与季弟，送口马一匹、布帐子一床。前一面用湖绉，恐气太固也。

　　廿日

　　黎明，出查视营墙。饭后清理文件。巳刻至马队及吉左营长胜军阅视，午正归。见客四次。中饭后写胡中丞信。旋写对联八付。傍夕与李少荃久谈。夜清理文件。将作《莫犹人墓表》，阅其行状，尚未草稿。

　　廿一日（作"墓表"之字无复昔年傲岸之气）

　　黎明，出巡视营墙。饭后清理文件。巳刻至朱、唐两副将营中一阅，午初归。见客三次。中饭后作《莫犹人墓表》。见客五次。清理文件。写胡中丞信。作"墓表"至二更四点，尚未作得毕，仅成三分之二，文笔平衍，无复昔年傲岸劲折之气，盖老境日增耳。

　　廿一［二］日

　　黎明，出视营墙。请申夫陪作梅酒席。巳刻会客四次。中饭后清理文件。作《莫犹人墓表》，至二更毕。平铺直叙，无出色处。邵位西尝谓余碑版文似东汉人，亦嫌其平也。昨夜未得熟睡，本日颇觉昏倦。

　　廿三日（宿松绅士送来《朱字绿文集》一部）

黎明，出巡视营墙。饭后清理文件。旋至湘后三营察看营垒，未正归。中饭后写莫友芝信一件、郭云仙信一件，见客四次。夜阅《五代史》数首。是日接家信，澄侯二件、纪泽一件，带来《通鉴》一部、《五代史》一部。宿松绅士送来《朱字绿文集》一部。字绿名书，康熙丙寅拔贡，壬午举人，癸未进士，翰林院编修，与方望溪、戴田有友善。其《集》，望溪作《墓表》，田有作《序》。田有因《南山集》事获罪。其文字传世者，皆改名宋潜虚，今《集序》亦名宋潜虚也。又有《方东树序》一首。东树号植之，桐城名宿，姬传先生之门人。末附《白崖集》一卷，字绿之子曙所撰也。是夜倦甚，盖因骑马近二十里，稍觉劳勩耳。是日接朱德秋、金权信，知各书藏于下首屋内，尚有十馀箱，在松江未归，当设法接归。

廿四日

黎明，出巡视营墙。饭后清理文件，写周子佩信，阅《五代史》。接家信，澄弟一件、纪泽一件，系十月十一日所发。中饭后写家信，又添易芝生信一叶。午刻写刘霞仙信二叶。申刻，写翁中丞信。是日安排京信，明早交元旦摺差进京。计还债银三百：长沙馆一百、陈仲鸾一百、杨提塘一百也。寄朋友二百二十两，内云仙一百、黄树皆、周子佩等五人共百二十也。又买货物百八十两。共七百金。摺差派任祖文。又预备寄家信。刘霞仙家奠仪五十两，王熙八外甥贺仪十两。傍夕吃晚粥后，胃家不和，大呕吐约一时许。陈作梅谓胃有停饮。是夕不成寐。

廿五日（与黄翼升久谈池洲贼投诚之事）

黎明，拜发元旦摺，出巡视营墙。饭后见客五次。午初出，至振字营、岳字中后两营营务处查阅营垒，未正归。中饭后，倦怠殊甚。清理文件。夜二更即睡。黄翼升自安庆来，与之久谈池洲贼投诚之事。是日专人送家信，两弟并纪泽儿一件、霞仙一件、芝生一件。接季弟信一封，即前送帐子者之复信也。

廿六日

黎明，出巡视营墙。饭后见客五次。宿松绅氏送猪三十六只，米七十二石，受半辞半。中饭后，改信稿六件。写对联、挂屏六件。接许仙屏信，又得渠所送书帖二箱。渠送书前有信来，余遣戈什哈去江西迎接。又得渠此次中举，自告喜信也。夜与作梅道及近年读书之法。渠为余看脉，言本体甚足云云。是日午刻，复胡中丞信。夜不成寐。

廿七日

黎明，出巡视营墙。饭后见客三次，查许仙屏所送各种书籍，翻《蔡君谟集》《文与可集》，写季高信。中饭后写郭意城信、李希庵信。夜写钱萍砥信。翻《五代史》，于欧公"不伪梁"一段，不谓为然。"不伪梁"可也，何必斤斤自疏自解哉？夜不成寐。是日酉刻，写告示一通发刻。

富厚堂前的湘军旗帜

廿八日（余劝申甫破除禁令,畅笔而书）

黎明,出巡视营墙。饭后见客四次。李申甫来,久谈二时许。中饭后写季弟信一件,派人送去。又附寄家信四封,及火腿、茶叶、豆姜等件。写许仙屏信一件。午刻写官制军信、厉伯符信。申刻写彭雪琴信。夜写朱建四信。是夜修饰帐房住屋,料理一切,为明日冬至拜牌计。申甫在此久谈,言渠文笔所以不甚畅者,为在己之禁令太多,难于下笔耳。余劝其破除禁令,一以条畅为主。凡办事者先贵敷陈朗畅也。自昨夕起至本日,大风如吼。各营帐棚有吹破者,有吹倒者。

廿九日

五更二点起拜牌,黎明礼毕。辰,饭后各员弁贺冬至,巳正,应酬毕。午刻,写信一封。中饭后,接胡中丞信,欲余派队至太湖围城。余写复信一件,约千五百字,仍执前说,不肯拨兵往太湖。至夜,与少荃久谈太湖事。夜,竟夕不寐。

卅日

黎明,出巡视营墙。饭后请少荃至太湖看地势。申夫来,久谈二时许。中饭后,广东举人冯竹渔悚光采此久谈,本请其来,写书启之幕友也。清理文件。因昨夕未成寐,颇形昏惰。夜,翻阅《李太白集》。是日巳刻,写胡中丞信一件,比昨日略觉活动,与申夫看,申夫以为可不必发,遂未发也。

十二月

初一日（至钱家山、龙泥潭踩看地势）

黎明,出巡视营墙。各员弁来贺朔,至巳刻始毕。旋改信稿三件。午初出门,至钱家山、龙泥潭等处踩看地势。在钱家山用罗盘视之,龙泥潭在子位,县城之来脉也。县城在午位,河水自西面蕲州界来,经钱家山及县城之西,自丙位流出,下入龙湖。一塔在丙位,所以镇水口也。又一塔在巽位,所以培文峰也。孚玉山在午丙位,即余现驻营之处。槎山在辰位,即湘后三营之外山。河西诸低山,在庚辛酉位。石家坟山在未位。蕲州、黄梅诸大山在河西诸山之后。未正归。下半日颇倦。见客数次。夜阅《李太白集》,写目录于每页之首。

初二日（少荃谈太湖诸军形势）

早出,巡视营墙。饭后见客十馀次。因各营得保举,来谢恩也。申夫来久谈,写胡中丞信一件。中饭后写吴南屏信一件,计千馀字,中有论诗文之处。夜与作梅、少荃久谈。是日少荃自太湖归,说太湖诸军形势甚详。

初三日

早出,巡（视）营墙。饭后清理文件。核信稿数件。写朱云亭信。中饭后至营务处谈。写对联三首,核改复黄莘农信稿。剃头一次。夜阅《封禅文［书］》,比往日略有所会。是日筋骨酸疼,不知何故。盖老境不耐劳苦。夜不成寐。

初四日

早出,巡视营墙。饭后写家信一件,派人由九江奉新新昌陆路送去。计人与九弟信三件、余家信一件、各亲友信三件,又寄王人树地图一分及日记奏稿之类。巳刻出外,查前帮十营所据濠沟,用竹竿量验,每营皆步行亲量,至酉刻归。中饭后倦甚。见客四次。夜写胡中丞复信。

初五日（出外至各营量验濠沟）

早出,巡视营墙。饭后清理文件。出外至各营量验濠沟,后帮七营合马队为九营,观其果掘至一丈五尺否。未刻量毕,归。中饭后写家信,令俊四送书回家,即许仙屏送九弟之注疏也。见客四次。夜温《左传》。

初六日

早出，巡视营墙。饭后清理文件，核改信稿五件。旋见客三次，温《左传》庄公毕。中饭置酒，请胡世兄振煜、冯孝廉焌光。饭后，温《左传》闵公、僖公至二更，温至"介之推不言禄"止。申刻写对联六付。是日，接奉朱批。前发之摺，奉批"知道了"。

初七日

早出，巡视营墙。饭后清理文件，改信稿三件，申夫来久谈。中饭后温《左传》僖公毕。夜温文公十叶。日来，心绪总觉不自在，殆孔子所谓"不仁者不可与久处约"者。军中乃争权絜势之场，又实非处约者所能济事。求其贞白不移，淡泊自守，而又足以驱使群力者，颇难其道尔！

初八日（思孔子所谓"下学上达"，吾困知勉行，犹为庸人）

早出，巡视营墙。饭后清理文件，写胡中丞信，改信稿数件。见客三次，张伴山自水次来久谈。中饭后伴山又来淡。习字一叶。夜不甚寐。思孔子所谓"下学上达"，达字中必自有一种洞彻无疑意味，即苏子瞻晚年意思深远，随处自得，亦必有脱离尘垢、卓然自立之趣。吾困知勉行，久无所得，年已五十，胸襟意识，犹未免为庸俗之人，可愧也已。是日探卒揭得潜山贼首告示，印曰"太平天国御林真忠报国受天安叶芸来"。

初九日

早出，巡视营墙。饭后见客三次，李申夫来久谈，痛论京城九卿气息及六部办事胆小之象。写胡中丞信一件、厉伯符信一件，添吴竹庄信一叶，写张筱浦信一叶。中饭后申夫又来久谈，言京中名士习气，浮而不实，客气用事。申刻，欧阳牧云来，与之论家事及衡阳各家近状。是日天雨，午后雨更大。今冬自十月初四、五雨后，不雨已两月馀矣。是夜，不甚成寐。思此心褊激清介，殊非载福之道，当力趋宽大温润一路。

初十日（造物忌巧，有心谋之则不应也）

早出，巡视营墙。饭后见客四次。与牧云岂谈。申夫来，亦岂谈。中饭后，与张伴山言接办报销之事。写官制军信，添庄卫生信一叶。申正温《左传》至二更，温至"楚子围萧"止。与牧云岂谈家事。沅弟改葬先考妣，本系买定夏家之地，而临开穴时，乃反在洪家地面。洪家之索重资，有由来矣。大抵吉地乃造物所最闷惜，不容以丝毫诈力与于其间。世之因地脉而获福荫者，其先必系贫贱之家，无心得之，至富贵成名之后，有心谋地，则难于获福矣。吾新友中，如长塘葛氏阮富后则谋地，金兰常氏既贵后而谋地，邵阳魏默深既成名后而谋地，将两代改葬扬州，皆未见有福荫，盖皆不免以诈力与其间。造物忌巧，有心谋之则不应也。

十一日（吾以为"治生不求富，读书不求官。"）

黎明，出巡视营墙。饭后写左季高信、郭意城信，添刘养素、黄南坡信各一叶。眼蒙小睡。中饭后与牧云谈。见客三次。温《左传》至二更，约六十叶，至"吕相绝秦"止。二更四点接家信，系十一月廿五日所发，澄弟一件、沅弟一件、纪泽一件、邓寅皆一件、欧阳晓岑一件。夜不甚成寐。因思天下事，一一责报，则必有大失所望之时。佛氏因果之说，不尽可信。有有因必有果，亦有有因而无果者。忆苏子瞻诗云："治生不求富，读书不求官。譬如饮不醉，陶然有馀欢。"吾更为添数句云："治生不求富，读书不求官。修德不求报，为文不求传。譬如饮不醉，陶然有馀欢。中含不尽意，欲辨已忘言。"

十二日

黎明，出巡视营墙。饭后见客二次。是日，风雨极大，各营墙壕，多已倒塌，帐棚吹倒。屋内无光，不能做事。竟日温《左传》至二更，温至"子罕不贪为宝"止。屡与牧云岂谈。夜睡成寐，至五更始醒。是夜略觉甜适。

十三日

黎明，出巡视营墙。风雨极大。饭后写胡中丞信一件、季弟一件，专人送去。因昨日家信内有信应送季阅也。申夫来，岂谈二时许。又见客三次，中饭后写家信，澄、沅一件，纪

泽一件。旋温《左传》至襄二十五年止。是日大风雨，竟日不断，营中帐棚有吹烂者。

十四日

黎明，出巡视营墙。风雨极大。饭后专人送家信，附寄定二、定三舅爹银各八两，欧阳东昇大爹八两，外四两者二起，二两者三起。见客三次。改信稿二件。请欧阳牧云、曾莘田、彭盛南中饭。饭后温《左传》至"庆封奔吴"止。接齐碧湄诗、胡中丞信，知金逸亭、吴翰臣军进扎霍山，季弟扎英山，随中丞驻营一处。

十五日（日暮迭闻大股援贼已至潜山）

黎明，出巡视营墙。各员弁贺望，至巳正始毕。申夫复来邕谈。写胡中丞回信。温《左传》。日中小睡。下半天温《左传》襄公毕。日暮迭闻大股援贼已至潜山。夜接鲍超信，渠军移扎小池驲，多军扎新仓，蒋扎新仓、小池之间，唐军独扎太湖城外。余以临敌更张，极不放心，写信商之。胡中丞又飞扎调萧浚川。夜，竟夕不寐。

十六日

早出，巡视营墙。饭后写官制军信一件。旋点河溪营兵勇名，共兵三百四十六人，勇二百人。镇溪兵劳而愚；辰州兵明而滑，乾州河溪兵二百及勇二百，尚可用也。旋点验军器，矛杆太短。见客四次。中饭后又见客二次。天气寒冷异常，不能办事。阅陈秋舫所著《诗比兴笺》，多合余意。夜写信催希庵来，约千许字。

十七日

早出，巡视营墙。饭后写左季高信。旋温《左传》。是日风雪奇大，竟日苦寒，因温书至申刻止，共温百零二叶。夜，写信与胡中丞。洗脚，睡。苦寒，为近所仅见。

附：李元淳，字启道，号子真，三十八岁。

十八日（看河溪营兵勇操）

早出，巡视营墙。旋占一卦，定派前帮十营进扎太湖，写信告知唐义渠。辰正看河溪营兵勇操。镇溪兵鸟枪不甚好，勇二哨枪亦不好，刀矛则四营之兵，二哨之勇，皆不甚好。午初看毕。风大异常，着狐皮斗篷犹寒冷也。旋见客四次。中饭后，见客二次。写胡中丞信。温《左传》，至"郯子来朝"止。夜因眼蒙不敢看书，与牧云久谈，申夫及何镜海皆来久谈。睡后，咳嗽竟夕，盖因吃药酒或闭寒在肺端之故耳。

十九日（前帮十营将赴太湖）

早出，巡视营墙。饭后，清理文件，见客六次。前帮十营营官来禀辞，明日将赴太湖也。中饭后，见客三次，改信稿六件。夜写胡中丞信一件、季洪信一件。是日接左季高信，将出湖南抚署进京矣。昨夜咳嗽，本日已愈，夜仍咳嗽。

二十日

早出，巡视营墙。饭后，清理文件。见客五次。改信稿六件。中饭后温《左传》，至昭公二十五年止。夜写吴竹如信一件。午刻，写胡中丞信一件。是日，前帮十营进扎太湖。黎明拔营，申刻到。余眼蒙殊甚，又加咳嗽，不能多治事，与牧云闲谈。

廿一日

早出，巡视营墙。饭后清理文件。旋点吉左营之名，巳正点毕。点验军器。午刻，写张筱浦信。中饭后温《左传》，倦甚。申刻复胡中丞信。夜阅毛西河《韵书》。是日倦甚，似过于劳乏者，几不能说话矣。二更一点即睡，幸稍能成寐耳。

廿二日

早出，巡视营墙。饭后清理文件。困倦乏过甚，上半日未作事，仅见客五次。中饭后温《左传》，至"楚杀郤宛"止。陈作梅自黄梅帅宅归来，与之蒇谈，又与冯竹如邕谈。作梅为帅逸斋看葬地，已买得一处，定明年正月廿七日下葬。牧云于昨日坠马，本日右手不能动，盖触迕其气，未伤筋骨也。

廿三日（出外看吉左营操技艺刀矛）

早出，巡视营墙。饭后清理文件。旋出外看吉左营操技艺刀矛，为各营所仅见，午正毕。接朱品隆禀，知二十二日开仗，前敌先大胜，而后小挫，湘营伤亡颇多，因批令六千人主守而不主战。又扎派朱与李申夫为统领，朱管战守，李管禀报。申刻，李筱泉、张小山、邓少卿来，畅谈。夜与小泉畅谈。是夕悬念前敌事件，竟夜不寝。

廿四日

早出，巡视营墙。饭后清理文件，见客四次，小睡片时，改信稿十馀件，写澄、沅家信一件。午刻接季洪信一件。请李小泉、邓少卿、张小山中饭。饭后核信稿四件，清理文件，写胡中丞复信。夜阅欧阳《文粹》。闻蒋营之四营留扎太湖城东门外者，昨夜三更撤去，归并龙家凉亭，恐城贼出袭鲍、蒋后路，批朱总兵禀，今日夜设法牵制之。

二十五日（闻我军伤亡千馀人，余片刻难安）

黎明，出巡视营墙。饭后清理文件，见客五次，核信稿数件。中饭后，许仙屏采，与之畅谈。目蒙殊甚。加罗澹村信尾一片，又核信稿数件。夜与仙屏畅谈，竟夕不寐。日内，因前敌多、鲍、蒋军开仗，悬念之至。廿二日之仗，我军伤亡千馀人，寸心悬悬，片刻难安。

廿六日（悬念前敌鲍军最居险地）

黎明，出巡视营墙。饭后清理文件。旋点马队二营之名。巳正进城，拜客二家。午正归，清核信稿，写季弟信一件。中饭后，温《左传》，至"定公七年"止。夜与李小泉畅谈。是日，闻廿四、五多，鲍、蒋三军未开仗，心稍安帖。是夜，天黑暗异常，愁云惨淡。念前敌鲍军最居险地，为之悬悬。

廿七日

黎明，出巡视营墙。饭后清理文件，见客五次。旋温《左传》至下半日，温至"吴伐鲁"止。心绪焦灼异常。天气大风，冷甚。闻小池驷多、鲍、蒋军日内并未开仗，心稍安帖。夜，与小泉谈胡中丞治事之敏，待人之厚。又与程尚斋、许仙屏畅谈。

廿八日

黎明，出巡视营墙。饭后，清理文件。旋看马队演操，至午正看毕。华字营弓箭不好。中饭后，见客五次，写李次青信一件。戌刻接鲍镇军信，知前敌十分危急，因复信言正月初三、四当派队前往救应，嘱其静守数日，坚壁不战。又写信与唐义渠，商令渠带训字七营进扎前敌，与鲍、蒋二军作品字形。余于宿松另派二千六百人，进扎太湖北门训营旧垒之内。旋将此议写信与胡中丞商之。三更睡，心极劳倦，幸尚能成寐。是日接沅弟家信，系本月十二所发。

廿九日

早出，巡视营墙。饭后清理文件，见客六次。旋温《左传》。中饭后，定计扎派护军长胜军、平江老中营，共二千六百人赴太湖，扎北门外，抽出唐义渠军，进扎小池马日一带。旋又温《左传》，至"蒯聩复国"止。夜复义渠信一、春霆信一。是日专人送家信至季弟营中。平江老中营屈蟠于酉刻至宿松。

卅日（夜闻鲍超军被贼大围包裹，焦急之至）

早出，巡视营墙。饭后清理文件，见客五次。旋温《左传》。中饭后见客十馀次，皆贺岁者。是日，中饭两桌。屈见田新带平江营到，亦与于宴。温《左传》一过毕。傍夕，接家信，澄、沅两弟及泽儿各一件，十二日所发。辰刻，派护军营长胜军至太湖，元旦早可到。夜闻鲍超军被贼大围包裹，焦急之至。

卷十 咸丰十年

正月

初一日

五更二点起，拜牌行礼毕。黎明，见客十馀次，皆文武员弁贺年者。饭后清理文件。写蒋之纯信一件。旋坐小轿至城外周历阅看，共十馀里，未刻归营。中饭后小睡。是日辰刻，写胡中丞信，巳刻，写骆中丞信，又早晚写季弟信二件。夜，睡略酣，四更末醒，五更仍稍成寐，在近日为难得者。夜闻凄风冷雨，念前敌鲍军被围，殊深系念。

初二日（闻蒋以五营出战，以解鲍军东面之围）

早出，巡视营墙。饭后清理文件。旋见客三次。写季弟信一件、胡中丞信一件。闻廿九日蒋以五营出战，虽胜负不分，而得以解鲍军东面之围，霆左营得趁此机运入水米子药，可云至幸。又闻多公派精选前营扎霆左营之垒内，抽出霆左营得少休息，欣慰之至。中饭后，写季弟信一件，清理文件颇多。夜与作梅、小泉圏谈。

初三日

早出，巡视营墙。饭后清理文件，写家信一件与季弟，写胡中丞信。见客六次。中饭后又见客一次。是日大风雪，寒冷异常。与陈作梅圏谈。夜与仙屏圏谈。渠明日将北上也，本日办酒席为之饯行。夜，洗脚，早睡，颇能成寐。

初四日

早出，巡视营墙。饭后清理文件，写家信一件与澄侯、沅甫。又写信与叔父，寄辽东大参四两三钱，系十月二十二日胡中丞所送，又银匣子一个，邹桐之所送也。附寄季弟信八件，他人寄沅弟信二件。午刻专人送至家。仙屏午刻起行进京。旋见客三次。中饭后写李少泉信一件。是日寒甚，未刻后放晴。夜，与作梅圏谈。心绪不宁，盖中无所得，不能不为境所移，滋足愧也。是日派彭山屺至太湖看地势。

初五日（系恋小池驷军情，寸心悬悬）

早出，巡视营墙。是日天晴，雪霁，人心为之一快。饭后清理文件，见客二次。写季弟信，专曹荣送去，又一件，专华字营马送去。写胡中丞信。中饭后核改信稿二十馀件。旋与作梅、筱泉圏谈。日内，系恋小池驷军情，寸心悬悬，不得少宁，行坐均若不安，盖心血积亏而关系亦至重大也。夜阅《郑康成传》。接家信，沅弟一件、纪泽儿一件，十八日所发。

初六日（知萧军已成行，季高已出抚署）

早出，巡视营墙。饭后清理文件。写信与季弟。旋又写一信与鲍超。批李申夫、朱品隆各禀。中饭后见客数次。邓弥之来营久谈。傍夕写胡中丞复信。二更又写一复信，又写唐义渠信。日内，因前敌事急，心绪无片刻之暇，未能看书，并不能清厘报销册等件。二更倦甚，几不能说话。是日接左季高信，知萧军已于廿五日成行，季高已出抚署。

初七日

早出,巡视营墙。饭后清理文件。见客三次。写季弟信一次。中饭请邓弥之便酌。接太湖信,知唐义渠军于初六日在小池驿小挫,被贼踏毁营盘三座,心甚悬系。旋写信复胡中丞。见客二次。夜悬念小池驿,心甚不安,睡不成寐。

初八日(寸心微有郁积,世俗事总扰于怀)

是日,恭逢先祖星冈公生日。因日内战事纷纷,无暇,未及设祭。早出,巡视营墙。饭后亲[清]理文件。写季弟信一件。批朱、李各禀,核改信稿。中饭后写胡中丞信,又密信一件。心绪不安,悬念前敌事,至为切切。夜,与作梅畅论《易图》及风水之说,又论天下之理,惟易简乃可行,极为契合。是夜,彻夜不眠。寸心微有郁积,总由中无所得,下学而不克上达,故世俗之见,尚不免胶扰于怀来耳。

初九日

早,清理文件。出外,巡视营墙。饭后改信稿二件,见客四次,写唐义渠信、季弟信,批太湖军情各禀。中饭后见客三次。傍夕闻贼窜太湖,心极悬系。又闻郭云仙被僧王参劾,亦为惦念。夜写郭意诚信一件、胡中丞信一、金逸亭信一、李申夫信一。是夕,彻夜不寐。

初十日(与作梅论修己治人之道)

早出,巡视营墙。饭后清理文件。旋见客三次,写胡中丞信,批申夫禀,写信与金逸亭。中饭后剃头一次。是日未闻贼上窜太湖之信。下半日又复胡中丞信。与蒋之纯信,欲其进扎小池驿附近,以通鲍营粮路。酉刻,摺差任祖文自京城归。夜阅京信各件。是夜,稍得成寐。申刻与作梅论修己治人之道甚畅。

十一日

早出,巡视营墙。饭后清理文件,复胡中丞信,寄金逸亭信,与季弟信,见客四次。中饭后又复季弟信。是日辰刻接多、蒋二信,言鲍营粮路颇通,为之欣慰。傍夕闻金军至王家牌楼,十二日可开仗,尤为慰喜。夜,接鲍信,言贼围鲍营甚急,又极焦灼。夜发胡中丞信一件,金逸亭、鲍春霆信各一件。竟夕不眠。

十二日

早出,巡视营墙。辰,饭后清理文件,与朱云岩信一件。旋批朱、李各禀。接凌荫亭信,罗溪河尚稳。见客四次。中饭后复胡中丞信。清理各文件。是日定派吉中二营、湘前强中二营、湘后营,各六成队,去新仓打行仗,以救鲍军。部署粗定,是夜又添派吉左营去。本日未闻鲍军被转之信,寸心稍安。又闻金、余军业至高横岭、白洋岭一带。接萧、余公回信,为之一慰。

十三日(王家牌楼贼巢亦被攻破,为之大慰)

早出,巡视营墙。饭后清理文件。是日吉中二营至新仓助打行仗。余在马上观之,旗帜殊不鲜明。又六成队而每旗仅五人,逐一细数,不甚惬意。旋赴二营查墙子,令在家者满队站墙,逐一细数,义字营仅八十七人,中军仅九十二人。因诘问彭盛南,恐营内缺额太多。彭言各营实出有七成队,有二人先行,在前押锅帐行李也。辰正接太湖信,知金逸亭十一日在高横岭大获胜仗,杀贼三千,蹋贼营二座。王家牌楼贼巢亦被攻破,为之大慰,小池驿从此少松矣。见客三次,批朱云崖、李申夫各禀,写胡中丞复信一件。中饭后又复一信,写金逸事信一、朱云崖信一、季弟信一。夜清理应钞古文。是日与陈作梅围棋一局。

十四日

早出,巡视营墙。饭后写家信,澄、沅一件,又钞寄郭云仙处一事。旋清理文件,与作梅围棋一局。午正小睡。中饭后复胡中丞信,批各禀件。接鲍超信,知粮路已通,为之大慰。朱品隆禀,太湖四营十五日带六成队进新仓。是夜,睡略成寐,五更醒。念此身无论处何境遇,而"敬、恕、勤"等字无片刻可驰。苟能守此数字,则无入不自得,又何必斤斤计较得君与不得君、气谊孤与不孤哉!

十五日(营官穆正春因两足受伤,来此养病)

早出，巡视营墙。饭后见客十馀次，皆各员弁贺节者。旋写胡中丞信一件、毛寄云信一件、金逸亭信一件。又清理文件，核信稿数件。精选营营官穆正春来，盖因两足受子伤，来此养病也，久谈，申刻去。请幕府及李少山、何敦五便饭，酉刻散。又清理文件。与作梅围棋一局。夜写胡中丞信，季弟信，批李申夫禀。大雨，春气江濛濛，不便开仗。

十六日（沅弟信略言分家之事）

早出，巡视营墙。饭后清理文件。旋写胡中丞信、次青信，与作梅围棋一局。中饭后又围棋一局。申刻接朱品隆禀，知前敌小池马日业已稳固，新仓尤为铁稳，为之大慰。批发朱品隆、鲍超、李申夫各禀。旋写信与胡中丞。夜阅《文选》。是日接沅弟腊月廿二日信，略言分家大概情形。沅弟才具开展，信贤子弟也。

十七日

早出，巡视营墙。饭后清理文件。出门至马队营小坐，又至城内局中小坐，午初归。与作梅围棋一局。中饭后见客二次，写胡中丞信，批李申夫禀、喻吉三禀。骆中丞咨派萧浚川仍来鄂调遣，余以萧军业奉三次谕旨，两次奏准赴黔蜀之交，岂可再来鄂皖？办一长咨止之。傍夕看《书经》。夜看《书经》。复金逸亭信、季洪弟信。是日，派人送雨衣、药酒与季弟。

十八日

早出，巡视营墙。饭后清理文件。巳正，批朱品隆禀。旋看《书经述闻》四十叶。中饭后与作梅围棋一局，见客三次。接冯树堂信，三千馀字。又得各处文件，清厘一番。酉刻与陈作梅至营外圉谈，言安得一二好友，胸襟旷达，萧然自得者，与之相处，砭吾之短。其次，则博学能文，精通诂训者，亦可助益于我。夜看书，眼蒙特甚，因与牧云圉谈。二更四点，来文书数件，竟不敢阅看矣：睡稍成寐，五更初即醒。近数月皆于五更即醒，盖老境之常态，非仅余一人然也。

十九日

早出，巡视营墙。饭后清理文件。旋阅《经义述闻》，并阅《通论》。中饭后见客四次。是日接官制军咨。又蒙恩赏"福"字荷包、银锞、食物等件。批朱云岩等禀。夜眼蒙不敢看书，与牧云圉谈家事。

廿日（近以小池驲等处贼氛紧急无暇顾他）

早出，巡视营墙。饭后清理文件。旋阅《经义述闻》，会客二次。是日风雪交加，寒气逼人。中饭后与作梅围棋一局。复胡中丞信一件，又一件。夜温古文辞序跋之属。自新年以来，工课皆荒，始则以小池驲等处贼氛紧急，心极焦灼，不暇他图，近日则自涉疏懒耳。

廿一日

早出，巡视营墙。饭后清理文件。雨雪，寒甚。中饭后批朱云岩禀，复胡中丞信。夜批申夫禀。是日早饭，请邹世莲、任星元、王香倬等小宴。巳刻接家信，系正月初六日所发，澄弟一件、沅弟一件、纪泽一件，内有分家分关一纸稿。大分金、玉二号，系先考与叔父高轩所分。小分福、禄、寿、喜四号，系余与澄、沅、季洪兄弟四人所分，配合停匀，公私咸得欢心，沅弟之所经营也。又改葬星冈公、王太夫人过于路堂，十二月二十九日停厝，十年三月拨字向办理，俱惬人意。惟叔父病未愈，读之焦灼之至。申刻温《书经》，至《禹贡》止，古文《大禹谟》未温。写季洪信一件，专人送家信至太湖。夜与牧云谈论家事。

廿二日（是日早闻余际昌军十九小挫，竟日不怡）

黎明，出巡视营墙。饭后清理文件。复金逸亭信，复胡中丞信，批申夫禀，复凌荫庭、罗逢元信。写字太多，眼蒙不能开视。阅《文选》班、杨《符命》二首。中饭后，又复胡中丞信一件，夜又复一件，加厉伯符信一片，批朱品隆、李申夫二禀，见客四次。是日早，闻余际昌军十九小挫之信，竟日不怡。又因昨接家信，闻叔父病重，连占四书卦，皆不甚吉，心为悬悬。

廿三日

黎明，出巡视营墙。饭后清理文件，见客二次。曾莘田来，与谈家事甚久。写李璞阶信。

中饭后,复胡中丞信。申刻复金逸亭信,致李申夫信、多都护信。夜又复胡中丞信。日内因贼匪移营上扎,或围攻太湖各营,或围扰罗溪一军,或直冲鄂境,三者均未可知,寸心焦灼之至。

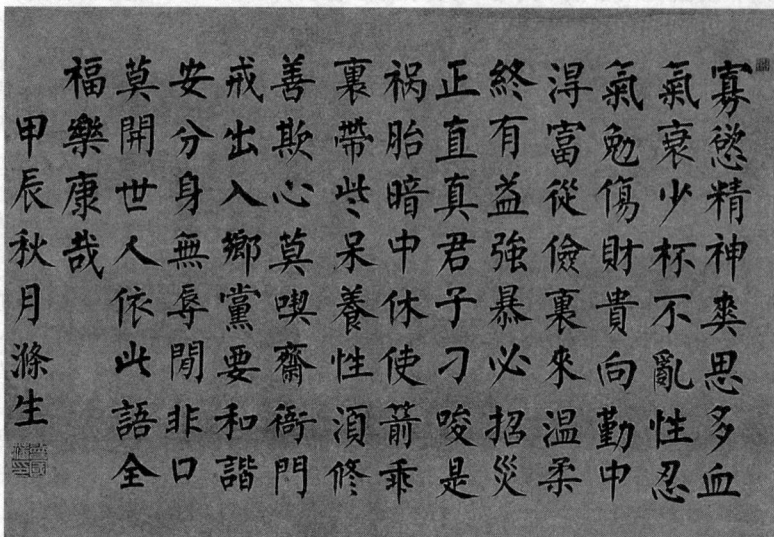

气衰少杯不乱性多血

氣勉傷财贵向勤中柔

淂富从俭须来温

正直真君子休使刁箭唆是

裹胎暗哑中呆养性酒箫修

善欺心入鄉莫哓斋衔

安分身人依闾語

莫乐康哉

福甲辰秋月涤生

曾国藩书法

廿四日(批禀将蒋四营扎于贼之营上拦截)

黎明,出巡视营墙。饭后清理文件,见客二次。写家信,澄、沅一件,夫人一件,寄信笺、信封与外舅。批朱品隆禀,朱言本日将蒋之纯四营扎于贼之营上,拦头截驻,计必开大仗,寸心悬悬不安。中饭后,莘田来罄谈,批李主事禀。未刻复胡中丞信,复凌荫庭信,致朱云崖信。夜,致金逸亭信,复张廉卿信。与牧云久谈。申刻写季弟信一件。

廿五日

黎明,出巡视营墙。饭后清理文件。因派[盼]前敌信息,寸心悬悬不安。复胡中丞信,复金逸亭信。午正,与程尚斋之弟围棋一局。接信,知昨日并未开仗。中饭,请魏召亭便酌。饭后,又围棋一局。旋复胡中丞一信。夜复多礼堂一信。

廿六日(闻小池驲各军大捷,竟夕不寐)

黎明,出巡视营墙。饭后清理文件,见客二次。巳刻,复胡中丞一缄,复彭雪琴信,复金逸亭信。中饭后接朱云崖信,知廿五日新仓获大胜仗。本日又将出大队,去扑贼墙。天气风霾日暗,悬系之至。与程三围棋一局。惦念前敌战事,徘徊庭中,刻不能宁。夜,复希庵一信,与牧云罄谈。李筱泉之弟继泉来营。夜,二更甫睡,闻小池驲各军大捷,竟夕不寐。

廿七日

早出,巡视营墙。饭后清理文件。辰刻得信,太湖之贼于昨夕逃去,克复城池。见客十馀次,皆闻喜信前来贺者。午正围棋一局。写季弟信二件。中饭后复胡中丞信,复李竹屋信。接鲍超禀,小池驲昨日未破之数垒,亦于昨夜攻破,一律肃清,可为欣慰。夜,颇倦怠。

廿八日

早出,巡视营墙。饭后清理文件,见客五次。写家信,专人送归,言援贼已破,太湖克复,沅弟可不必遽行回营,宜在家,待三月廿八日将祖父母坟拨正后,四月再行来营,盖一则以叔父病尚未愈,一则弟移新屋,宜粗立纪纲也。写信二件。未刻,彭雪琴自水营来,与之罄谈。中饭后,刘馨室自长沙来,又与久谈。自新仓打行仗者回。见客四次。夜与雪琴、馨室等久谈。申刻写胡中丞信。

廿九日（阅华字营操演）

早出，巡视营墙。饭后清理文件。请雪琴、馨室宴集。见客四次，批朱云崖、李申夫各禀。午刻复胡中丞信。中饭后与彭盛南谈廿六日打仗情形。在床上小睡。与程三围棋一局。夜请人占六壬，叔父病难痊愈，不胜焦灼。与雪琴㕑谈，又与牧云略谈家事。是日巳刻阅华字营操演。

卅日（知叔父病势甚重，为之竟夕不安）

早出，巡视营墙。饭后清理文件。午后，复官制军信，加李凤洲信一片。中饭后，朱云崖、李申夫自太湖来，与之㕑谈前敌各情。复胡中丞信。接家信，知叔父病势甚重，为之竟夕不安，殆难挽回，家中多故，游子在外，弥切忧皇。是夜与朱、李久谈，渠极言统领之难作，力辞此任。是夜星光明朗，西南二方十四宿皆历历可睹。惟张、翼二宿，不甚分明。东方角宿及大角星皆朗然清明。看至二更末。

塞即古人赛字也，《史记·封禅书》误作赛字，王念孙辨之。

咄嗟即大声疾呼也。《石崇传》之"咄嗟立辨"，项羽之意，写啐嗟，《鲁仲连传》"叱嗟，而母婢也"皆同。欧阳公书牍误作"咄嗟而已"。

淫自矜《越世家》。

二月

初一日

黎明，出巡视营墙。各员弁贺朔。饭后见客六、七次。旋写翁中丞信、胡中丞信。中饭，请朱云崖、李申夫、李吉人等中饭。阅信稿，核改四件。见客二次。夜与申夫㕑谈。亥刻又与雪琴久谈。

初二日

黎明，出视营墙。饭后清理文件，朱云崖、李申夫等㕑谈。旋回太湖老营。写《石钟山记》。久不作楷行书，至申初始写毕。旋阅信稿数件。夜与雪琴久谈，阅京报二本，清理各文件。是日撤何镜海委，将湘后右营委李宝贤带，因闻何营务不整饬也。

初三日

黎明，出巡视营墙。饭后清理文件，见客三次，写信稿二件。午刻改谢福字恩摺。中饭后，改恭缴部照摺。旋至刘馨室处㕑谈。巳刻围棋一局。申刻剃头一次。夜阅李筱泉所造报销册。又接季弟信，因闻叔父病重，思告假归去。

初四日

黎明，出巡视营墙。饭后清理文件，写家信，澄、沅一件，纪泽一件。接胡中丞信，将为其太公胡云阁先生起祠堂作书院，捐千金购书其中，以公之邑人相勉以正学云云。开书单，欲予斟酌，复信一封。中饭后，与雪琴㕑谈。温《书经·盘庚》。夜温《艺文志》。眼蒙颇甚，老境侵寻。

初五日（痛悉叔父病逝）

黎明，出巡视营墙。饭后清理文件。旋写京信，云仙一封、仙屏一封，周子佩、敖甄甫各添一片。中饭备席，请雪琴钱行。饭后大雨，李璞阶来久谈，陈作梅自黄梅归，久谈。酉初接家信，痛悉叔父于十九日戌刻弃世。即夜写信，专人送季弟处。又作夹片，请假四十日，附于缴部照（摺），摺差明日发去。是夜大风雨，不能成寐。

初六日

黎明，出巡视营墙。饭后清理文件。因新闻叔父之丧，心绪忧乱。与作梅、雪琴、筱泉诸公㕑谈。复胡中丞信。中饭后又复一信，专何兴榜送两摺并部照进京。见客李璞阶，说话甚

久。与作梅久谈。夜与筱泉、雪琴久谈。是日上半天风雨甚大，傍夕少息，寒冷异常。

初七日（夜与牧云痛谈家事）

黎明起，因初闻叔讣，不出查墙。饭后移寓城内公馆，予备成服行礼各事。请程尚斋作祭文，雪琴定礼单。午刻行礼，雪琴自为通赞，刘馨室、李筱泉二人为引赞，李继荃、程尚斋、陈作梅、曾萃田、刘彤皆等为执事，未刻礼毕。见客六、七次。复胡中丞信，约四百字。夜与牧云痛谈家事，温古文三首。夜倦甚。是日与季弟通信二件。季欲告假回家，余嘱其来宿松灵前行礼。

初八日

早起，写家信，午初专人送回。见客五次。写胡中丞信一件。将所钞古文辞赋、序跋之属钉成。下半日温序跋之属。傍夕时，季弟来，与季咝谈至二更尽。

初九日（季有思归之志，余以耐烦之义止之！）

是日阴雨。竟日不作一事。与季弟咝谈。午正鲍春霆来久谈。蒋之纯之子来，名泽澐，亦久谈。又见客五次，皆来吊叔父之丧者。申初与作梅围棋一局。夜与季弟论出处，因季有思归之志，余以耐烦之义止之。

初十日

早日，大雨不止。与鲍春霆久谈，并请渠吃中饭，咝叙一切。已刻写胡中丞信一件，阅改信稿十馀件，皆腊、正两个月积压未清者，本日一概清厘完毕。见客十馀次，皆吊慰者。午刻与作梅围棋一局。夜与春霆久谈，又与季弟咝谈。季言归家，必待沅甫来，将湘、恒两营交与沅，而后成行；若不归家，则仍管带二营，不改常度云云。余甚韪之。

十一日

是日天仍阴，午后放晴。见客五次，与季弟咝谈。中饭后写对联七付。杨鼎勋、马征麟送叔父挽联一副云："嗣君节义著三河，想愁绪频浇，孔北海酒尊常满；犹子勋名崇一代，正捷音继至，谢东山棋局已终。"夜接王孝凤信，寄九弟所写《温甫哀辞》，字秀劲近古，刻工亦佳。家有贤子弟，为之欣然。本日因困倦已极，不能说话，恐系日内吃斋之故，因改于是夜开荤。

十二日（与朱品隆谈进攻安庆事）

是日天晴。饭后见客五、六次，如何镜海、刘连捷、朱品隆、屈蟠，皆说话甚久。午正写胡中丞复信，申末毕。写对联十二付。傍夕倦甚，盖以日内火气甚旺，舌干唇燥。与季弟咝谈。夜，与朱品隆咝谈进攻安庆事宜。接胡中丞信，中有寄来金逸亭信，详明切当，多与余意相合，因就金信批明，作书复胡中丞。

十三日

早，阴噎。饭后送季弟回太湖。复胡中丞信一件，见客六次，困倦殊甚。中饭后写扁字数幅。旋与张伴山咝谈。改信稿数件。夜，拟作欧阳两代节孝传，仅成三、四行。

十四日

早，仍阴，下半日放晴。见客四次，李宝贤谈稍久。已刻，写家信一件，寄武昌墨刻《温甫哀辞》十套。复胡中丞信一件。夜，宽十弟自太湖来，久谈。是日作两代节孝传，尚未毕，盖客多不能静坐，又须清理文件也。

十五日

早，天气晴，为今年所仅见。饭后与作梅、牧云及宽十弟同去看帅逸斋新坟之地，在黄梅独山镇西南上洋镇汪氏村庄附近。午刻到，周历里许，即在汪氏庄中饭。未刻归，到家已上灯，往返凡七十里。夜作欧阳两代节孝家传毕。

十六日（写对联数首送弟）

是日，仍阴雨。饭后见客五次。午正写对联数首，内送澄弟一首云："俭以养廉，誉洽乡党；直而能忍，庆流子孙。"送沅弟一首云："入孝出忠，光大门第；亲师取友，教育后昆。"中饭

后又写对联十馀首，与冯竹渔久谈，又与牧云谈，复胡中丞一信。夜跋《文与可集》，寄沅弟。温《三都赋》。

十七日（题跋各书寄赠九弟）

是日，仍阴雨。饭后清理文件。旋题跋各书，寄赠九弟。上半日题六部：三苏《文集》六十四册；岳刻《五经》五十册；《元白长庆集》十六册；《蔡端明集》八册；和板《礼记注疏》廿四册；汪刻《公羊》六册。下半日题三部：《渭南文集》十二册；《金石萃编》六十四册；《行水金鉴》三十六册。一一包封，交盛四送归。又将福字荷包等带归。午刻，与作梅围棋一局。申刻倦甚，小睡。夜与牧云邕谈。渠明日将归，作别。夜梦见李迪庵，与之邕谈。

十八日

是日送牧云归，陈作梅与之同行。早小雨，辰正起行。余送客后，清理文件，写胡中丞信一件。夜又写一件。见客五次，张伴山、高彦骧谈稍久。中饭后静坐，阅古文。倦甚，小睡。旋剃头一次。夜温古文，将《幽通赋》细读数过，若有所会。

十九日

饭后清理文件，写官制军信一件，添张仲远信数叶。是日雨大异常，公馆黑暗。至不能作字，因钞古文，将姚选《类纂》中"奏议"一类细看一遍。夜将《文选·哀诔》各篇细看一过，倦甚。是夕接王霞轩信，内有诗四首。

廿日（服叔父丧已满日）

早，设祭后即脱孝服，盖已满十四日也。饭后将丧次撤去，收拾一切。巳正仍回营盘。见客五、六次，清理文件，写胡中丞信。天气寒冷异常。中饭后阅《后汉书》四十叶。夜又阅廿五叶，《光武纪》阅毕，《明纪》阅一半。接家信，澄侯一件、沅甫一件并祭文、纪泽一件并祭文。

廿一日

黎明，出查视营墙。饭后清理文件。旋见客三次。写季弟信一件、胡中丞信一件。阅《后汉书》《明帝纪》《章帝纪》《和帝殇帝纪》《安帝纪》未毕。与王香倬子云谈。又与马征麟谈。马之业师陈雪楼，名世镕，乙未进士，曾任甘肃知县，著有《周易廓》及《求志居诗集》、古文。马读书颇有渊源，曾著《三立明辨》，谓立德、立功、立言三者，各纂集诸书，自为条例。又有马寿华，号小坡，马复震，号星楷，皆桐城人，在此投效，志趣亦不卑近。夜温《古文·辞赋类》，读《反离骚》篇。

廿二日

早出，巡视营墙。饭后清理文件，见客五次，写胡中丞信。中饭后阅《后汉书》《安帝纪》，顺帝、冲帝、质帝纪。目光甚蒙。夜接九弟信，言及修昭忠祠并东皋书院事。旋温《九辩》，又默诵《书经·吕刑》篇，似有所会。夜梦见父亲大人，久不入梦，偶一得见，亦少慰也。

廿三日

早出，巡视营墙。饭后清理文件，复彭雪琴信、胡中丞信，见客五次。中饭后温《桓帝纪》《灵帝纪》《献帝纪》，又阅《帝后纪》未毕。夜改信稿三件。鲍春霆来见，邕谈。二更四点睡，是夜未成寐。

廿四日（接信言浙江情形极危急）

早出，巡视营墙。饭后清理文件。与季弟信，寄家信，澄、沅一件，十叶，沅弟又一件，二叶，纪泽一件，四叶。又寄邓良甫、吴月溪信。又书陈作梅信、胡中丞信。中饭后阅《和熹后纪》及阎后以下纪至末。夜目光甚蒙，不敢看书。是日，接罗淡村信，言浙江情形极危急，自广德州失守后，安吉、孝丰、四安等处皆失，杭、湖两郡危如累卵。读之焦灼之至。又接翁药房信，言凤阳虽克，而清江浦失守，颍州亦失守云。日来天气阴暗，霾曀不开，寒气特重，与腊月无异，气象殊为可虞。

廿五日（是日知小池驲南退援贼）

姑苏繁华图　虎丘

　　早出，巡视营墙。饭后清理文件，见客二次，写胡中丞信、彭雪琴信。阅《后汉书·律历志》，全不通晓，又阅《礼仪志》。中饭后阅《朱子文集》，周大璋选本也。至夜二更止，共阅二本。是日接官帅信，知小池驿南退援贼。余与官、胡二公皆奉旨交部从优议叙。其随摺保举之人，朱笔改三个，馀俱照准。

　　廿六日

　　早出，巡视营墙。饭后清理文件，改信稿六件，又写胡中丞信一封。午正阅《后汉书·礼仪志》一卷、《祭祀志》三卷、《天文志》三卷，至酉初止，倦甚。与马征麐久谈。马怀宁生员，颇博览书籍，与之语，亦能通晓大旨，谈半时许。夜阅《陆宣公集》数篇。目光极蒙，遂不复看。

　　廿七日

　　早出，巡视营墙。饭后清理文件，写胡中丞信。改信稿五件，中有戴醇士信，改颇多。中饭后阅《五行志》六卷。夜阅《郡国志》三卷，添翁中丞、袁午帅信各一叶。《郡国志》以本朝图核对。目光颇蒙。

　　廿八日

　　早出，巡视营墙。饭后清理文件。旋看本营操长矛，以辰州营第一，副中哨次之，正中哨又次之，乾州又次之，河溪又次之，镇溪最下。矛子长者，丈五六不等，令改作一丈三、四尺，午刻毕。改信稿三件。午饭后阅《郡国志》二卷半。旋与程尚斋围棋一局。李申甫自太湖来，与之久谈，至二更止。

　　廿九日（与友论军务须从日用眠食上下手）

　　早出，巡视营墙。饭后清理文件，见客四次，改信件五件，阅《郡国志》二卷毕。旋阅《前汉·地理志》。中饭，请李申夫便饭。饭后与申夫畅谈，约三时之久，论作文宜通小学、训诂，又论军务须从日用眠食上下手。是日与马征鹿围棋一局。夜写季弟信、胡中丞信。睡不成寐。

三月

　　初一日

　　黎明，出视营墙。饭后清理文件。各员弁来贺朔，见客十馀次。旋点湖北提镇兵丁。点名毕，与程尚斋围棋一局，阅李申耆先生所选《骈体文钞》。中饭后阅《汉书·地理志》十馀叶。酉刻与高彦骧谈。旋与申夫畅谈，至二更二点。是日狂风如吼，严寒飞雪，气象阴森惨淡。午刻接罗中丞咨文，知贼已由武康而进，去省城仅数十里，闻之焦愤。是夜得探报，现守安庆者为伪受天义叶芸来、格天福陈时安、贡天福向仕才，同伪启天安张潮爵、延天福施永

通、欣天福侯叔钱等。守桐城者为伪纵天义吴汝孝、浩天安刘玱林、宣天福张任才。由宁国入浙者为伪忠王李寿成、伪辅王某、伪侍王某等。其四眼狗则现在舒城至安庆。城内现存米五万三千馀担，煤一万八千馀担，各馆私贮之米、煤尚不在内云。

初二日（寸心营营扰扰，无乐天知命之意）

早出，巡视营墙。饭后清理文件。午刻与王春帆围棋一局。中饭后阅《汉书·地理志》。与申夫邕谈。夜阅《骈体文钞》。目蒙殊甚，此心大不安贴，营营扰扰，无乐天知命之意，自愧自恨。夜写郭意城信一件。是日写江岷樵之母陈太夫人挽障及各对联六副，内李勰青之母晏太夫人寿联云："养笃板舆，花封红雨；欢承康爵，芝诰紫泥。"

初三日

早出，巡视营墙。饭后清理文件。旋写胡中丞信、彭雪琴信。请邓守之吃早饭，谈甚久。邓略通小学，盖其父完白先生与其师李申耆先生皆当代名宿，故濡染较深也。中饭后，阅《汉书-地理志》，疲乏殊甚，若不克终卷者，遂置而不阅，观申夫与尚斋下棋。旋与申夫邕谈，述李西沤先生雅言各事。是夜蒸辽参二钱。服之，因精神极困，意思烦郁，为近来所未有。

初四日（寄银于家，为叔父出殡犒赏夫役之费）

早出，巡视营墙。饭后写家信，澄、沅一件，夫人一件。寄银二百两，为叔父出殡犒赏夫役之费，又祭帐二十四个，挽匾三个，挽联九副。其外幛十九个，留于营中零用。又寄银百两、幛一个，送江岷樵之太夫人，由瞿遵训送郭意城转交。又写季弟信一件、雪琴信一件。午正，清理文件。旋阅《汉书·地理志》，与尚斋围棋一局。中饭后阅《风俗》毕。与李申夫邕谈，至更初止。阅《骈体文钞》二卷。是日雨仍大，竟日不息。

初五日

早出，巡视营墙。饭后清理文件，阅《骈体文钞》。旋与尚斋围棋二局。午正，邓守之来久谈。阅《后汉·百官志》二卷，改复王子寿信稿，又阅《百官志》一卷，未毕。李希庵来，与之邕谈，至三更尽。夜不甚成寐。本日仍风雨阴寒。

初六日

早出，巡视营墙。饭后清理文件，与希庵邕谈。竟日不作一事。午正写胡中丞信一件。申刻阅《后汉书·百官志》毕。夜与希庵、申夫论安庆、桐城进兵事宜。倦甚，二更三点睡，甚酣甜。

初七日（与希庵议进兵大局）

早出，巡视营墙，清理文件。饭后与希庵邕谈。午刻阅《舆服志》二卷。申刻阅更始《刘盆子传》。夜与希庵、申夫邕谈。巳刻写胡中丞信一件。夜接家信，系二月十三早澄侯所发。叔父已于十二日起道场矣。进兵大局，希庵之意，以余部下围安庆，多都护部下围桐城，希部暂扎青草塥，为两路援应之师。本日函商胡帅矣。

初八日

早出，巡视营墙，清理文件。饭后与希庵邕谈。巳正剃头一次。旋阅王郎、刘永、李宪、张步、彭宠、卢芳传。中饭后阅《隗嚣传》。旋与希庵邕谈。是日接家信二次，一系二月十七日所发，一系二月廿一日所发。第二次泽儿无信，已下省矣。

初九日

黎明，出巡视营墙。旋清理文件。饭后与希庵邕谈。午刻写信与胡中丞。渠欲派霆字营全军援浙。宋国永先行，鲍超后去。余意欲催鲍超假满后再说。阅《公孙述传》《宗室四王三侯传》。中饭后阅李通、王常、邓辰、来歙传。与希庵论古文之道，约分三门十一类。夜复邕谈。旋清理所钞各文，多错误者。目蒙殊甚。本日又由季弟处寄到家信一封，内沅弟一件、纪泽一件，系二月十二日所发。

初十日（知浙省已被围，睡不成寐）

　　黎明,出巡视营墙。旋清理文件。饭后与希庵閜谈最久。旋与尚斋围棋一局,阅《来历传》。中饭后阅《邓寇传》。酉刻接金衢严道胡泽霈、衢州知府江允康羽檄,知浙省于二月十九日被围,只有浙东可通接济云云。夜与希庵閜论浙事。睡不成寐。三更后,风大如吼,有颓山倒海之声。

　　十一日

　　早,大风,各营棚皆吹倒。饭后大雪,午刻雪转甚,至酉刻,雪止。午刻与尚斋围棋一局。雪霏入室,遍处皆湿。因与希庵閜谈一日。中饭后,改信稿数件,中有复胡泽霈、江允康信,言雪琴所派之炮手百人,三月底可到,浙江萧翰庆所带之训勇、韦勇六千人,闰月可抵浙江,此间另谋续援之师,四月可抵浙江云云。阅《冯异传》。夜倦甚,早睡。

　　十二日(知浙事危急万分,谈之焦愤难名)

　　早出,巡视营墙。饭后清理文件。天气放晴。与希庵久谈。旋改信稿数件,内有致毓又坪信,颇长。倦甚,不能自振。中饭后将古文三门十一类写出交希庵看。申刻李少荃到,久谈。夜与希庵谈,又与少荃谈浙江事。是日又接到胡泽霈、江允康信,言浙事危急万分,谈之焦愤难名。

　　十三日

　　早出,巡视营墙。饭后清理文件。送希庵归去。身体小有不适,竟日不作一事。中饭后写对联数付,改信稿三件。旋写希庵信、胡中丞信。夜阅《骈体文钞》。日内,头晕作疼,不能看书。

　　十四日

　　早出,巡视营墙。饭后清理文件。接张筱浦信,并咨到奏稿,知浙江于二月二十七日失守。虽奏中作不了之辞,云乡团旗兵尚在抵御,殊难深信,不胜愤悒。旋写信告知胡中丞、李希庵。又写家信一封,专人送去。中饭后阅《后汉书》岑彭、贾复传,吴汉、盖延、陈俊、臧宫传。与李少荃閜论浙江事。胡维峰、彭盛南来,皆久谈。午刻围棋一局。复改筱浦前辈信稿。

　　附记

　　胡泽霈,号次云。

　　江允康,号竹圃。

　　马征麐,号钟山。

　　邓解,号作卿。

　　十五日(是日偶思古文之道与骈体相通)

　　早出,巡视营墙。饭后,各员弁贺朔[朔字衍]望,见客十馀次。旋写胡中丞信、希庵信、季弟信。批李申夫禀。与尚斋棋一局。阅《后汉书·耿弇传》。中饭后阅耿国、耿秉、耿恭等传,姚期、王霸、祭遵传。夜温古文《长扬赋》,复雪琴信一封。雪琴又一信,言浙江城破后,满兵巷战二日御之,转危为安等语,盖为探报所误也。是日酉刻,偶思古文之道与骈体相通。由徐、庾而进于任、沈,由任、沈而进于潘、陆,由潘、陆而进于左思,由左思而进于班、张,由班、张而进于卿云,韩退之之文比卿云更高一格。解学韩文,即可窥六经之阃奥矣。

　　十六日(阅操演。营官场镇魁矛法颇好)

　　早出,巡视营墙。饭后清理文件。辰刻阅礼前营操演。营官场镇魁矛法颇好,赏钱六十千,旗五面。午正归,接纪泽二月十八日莲花桥发信。旋写对联七付、扁二方。中饭后阅《后汉书》任光、李忠、万修、邳彤、刘植、耿纯传,朱祐、景丹、王梁、杜茂、马成、刘隆、傅俊、坚镡、马武传。傍夕至营务处高云浦、马钟山棚内小坐。夜,罗淡村中丞之侄忠怀来,余嘱其派亲丁去浙迎接淡村夫人暨少村兄弟。温古文刘越石《劝进表》等篇。

　　十七日(文章之道分阳刚之美、阴柔之美)

早出，巡视营墙。饭后清理文件。旋与尚斋围棋二局。午刻与少荃久谈。阅《窦融传》《马援传》。申刻请客便饭，黑龙江营总明兴、云南方玉润友石、宿松知县黄开元、局绅赵世暹、杨调元、石鸾坡，酉刻散。见客二次。傍夕与少荃剧谈。夜阅《骈体文钞》，将其所分类归并于吾所分三门十一类之中，嫌其繁碎，不合古义也。夜睡甚甜美。吾尝取姚姬传先生之说，文章之道，分阳刚之美、阴柔之美二种。大抵阳刚者，气势浩瀚；阴柔者，韵味深美。浩瀚者，喷薄出之；深美者，吞吐而出之。就吾所分十一类言之，论著类、词赋类宜喷薄；序跋类宜吞吐；奏议类、哀祭类宜喷薄；诏令类、书牍类宜吞吐；传志类、叙记类宜喷薄；典志类、杂记类宜吞吐。其一类中微有区别者，如哀祭类虽宜喷薄，而祭郊社祖宗则宜吞吐，诏令类虽宜吞吐，而檄文则宜喷薄，书牍类虽宜吞吐。而论事则宜喷薄。此外各类，皆可以是意推之。

十八日

早出，巡视营墙。饭后清理文件。旋阅卓茂、鲁恭、魏霸、刘宽传。朱云崖来久谈。易芸陔来久谈。中饭后陈大力来，与之言襟怀贵宏大，世俗之功名得失须看得略平淡些。旋阅伏湛、伏隆传。清检古文应钞各篇。傍夕接胡润翁信，寄示左季高襄阳信及官帅等六缄。又接张筱翁信，知浙江省城于三月初三日克复。张璧田提军玉良自江南来援也，为之大喜。写信告知胡中丞，又批告李申夫。

十九日（与少荃论居官身世出处之宜）

早出，巡视营墙。饭后清理文件。旋写家信，告浙江克复之事，又写信与陈作梅慰之，专曾德麐驰马送去。与尚斋围棋一局，旋写少荃核保举单。中饭后复核至申止止。阅《鉴》，查应钞之篇。夜与少荃论居官身世出处之宜。渠新放福建道，无缺可补，进退颇难自决也。批申夫禀，言出青之法，即《汉书·赵充国传》所谓就草。是日剃头一次。请朱云崖吃便中饭。

廿日

早出，巡视营墙。饭后清理文件。与尚斋围棋一局。朱云崖来，同少荃定保举单。见客三次。阅《后汉书》侯霸、宋弘、蔡茂、赵熹、牟融、韦彪传，至酉刻毕。见客二次。写胡中丞信一封，夜又写一封。是日派刘德大赴浙江，与罗宅丁役同去，写信与少村。又命刘德大至松江，写一信与黄莪生。接胡中丞信，知渠日患病，脉象不好，为之悬悬。

廿一日

早出。巡视营墙。饭后清理文件。巳正与尚斋围棋一局。旋与少荃清理保举单，至未正止，尚未完毕。中饭后阅宣秉、张湛、王丹、王良、杜林、郭丹、吴良、承宫、郑君、赵典传，桓谭、冯衍传。傍夕，又阅申屠刚、鲍永、郅恽，至一更四点毕。是日，见客四次。困倦殊甚。夜蒸高丽参三钱服之。睡尚甜适，梦见祖父大人，父亲大人。

廿二日（接家信知叔父葬于天堂坳）

早出，巡视营墙。饭后清理文件。旋出拜礼前礼后两营官、华字及黑龙江两马队，午刻归。阅《苏竟传》。倦甚。中饭后写对联八付。阅《杨厚传》，倦极，若无聊赖者。夜，接家信，系三月初七所发，内澄弟一件、沅弟一件、纪泽一件。知叔父大人于三月初二日归窆，葬天堂坳贺家坟山之上，下八尺有数，排上三十丈有一棺，大杠抬至麦湾里，改用小杠云。

廿三日

早出，巡视营墙。饭后清理文件。与尚斋围棋一局。摺差自京归，接云仙及仙屏诸信，阅京报数十本。午刻又与黄开元围棋一局。倦甚，不能治事。复胡中丞信一件。中饭后阅《尔雅》《小尔雅》《广雅》《风俗通》，写对联八付。傍夕在外散步，若萧瑟无所倚者。夜清理文件。复筱泉信，希庵信。睡尚熟，梦见叔父大人，与余言甚久。

廿四日（写信论左季高不宜自带勇）

早出，巡视营墙。饭后清理文件。写家信一件，寄新刻之《拟岘台记》五分去。写季弟信，写左季高信，专人去英山迎接。旋与程尚斋围棋一局，见客四次，将《尔雅》看毕。倦甚，

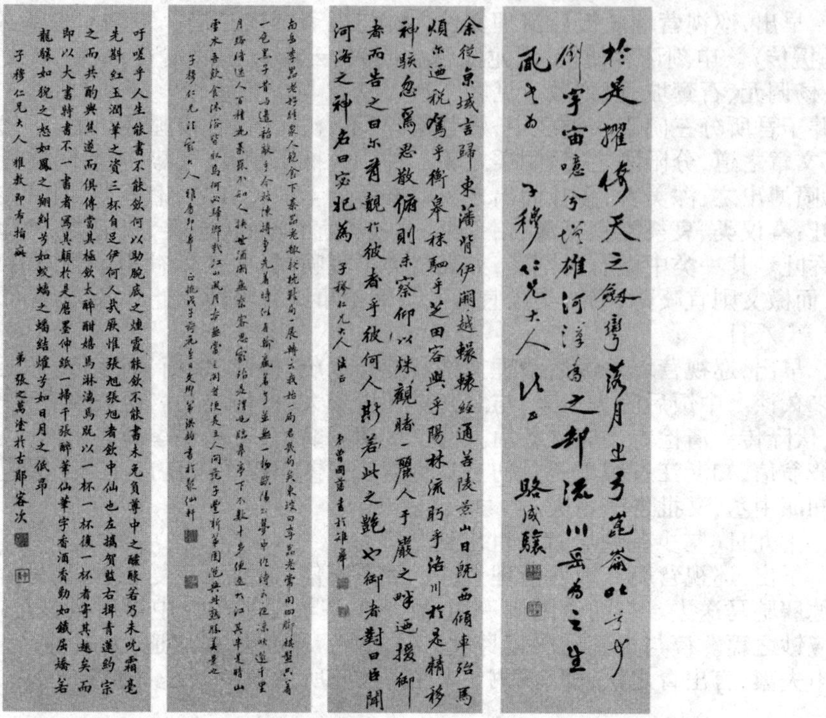

曾国藩书法

小睡。中饭后写对联六付、挂屏六张。阅郎颉、襄楷传，又阅《郭汲传》未毕。申刻洗澡一次。夜阅《骈体文钞》。是日，接廷寄一道，系因官、胡奏萧、韦六千人援浙，谕旨言浙江已复，不必再去。又接袁午帅咨，知清江于二月廿三日克复。写信复胡中丞，论左季高不宜自带勇。是夜，竟夕不寐。

廿五日

早出，巡视营墙。饭后清理文件。旋与尚斋围棋一局。巳正与少荃清保举单，至未初毕。小睡。云南宝宁方玉润友石著有《运筹神机》，凡十九册，分四略：曰战略，曰守略，曰智略，曰艺略。又有《鸿蒙室文钞》二册，《诗钞》四册，求余鉴定，送来已两月矣：本日来索题跋，因为粗阅一过。中饭后为题二百馀字，归之。见客三次，因吉中、吉左等营明日拨赴安庆也。写对联六付、条屏七张。本日天气甚长，做事不少，为之自慰。又写次清信、胡中丞信一封。夜阅《骈体文钞》，不甚能入，以日间神倦耳。

廿六日

早出，巡视营墙，观吉字中营拔营赴石牌，立马数节字营队伍，仅二百五十二人。令巡捕戈什哈数之，均相符合。饭后清理文件，又与尚斋围棋一局，写胡中丞复信。小睡一时许。见客四次。中饭后阅《后汉书》孔奋、张湛、廉范、王堂、苏章、羊续、贾琮、陆康传，樊阴列传。见客三次。袁午桥派人来看视，与之语淮上军情，饷项极缺，自正月至三月初七日，仅每名发给银一两零四分，每日八分，每名仅发十三日耳。旋与少荃閟论身世出处之宜。夜复胡中丞信，阅古文三首。

廿七日（是日，节字营勇伤杀人又打伤县官）

早出，巡视营墙。饭后清理文件。旋与尚斋围棋一局。核改各信稿，午正毕。阅》《《虞延传》《朱浮传》《郑弘传》《周章传》。中饭后写对联数件，阅《梁统传》，张纯、曹褒、郑玄传，至二更毕。是日，因节字营勇闹事，杀一人，枷二人。因一人买帽子，讹夺店子之帽，又打店

家之眼,又纠众人县署打破轿子,打伤县官也。近日,节字营名声甚坏,俟九弟到,当商换营官。申刻思作字之法,绵绵如蚕之吐丝,穆穆如玉之成璧。夜思读书之道,以胡氏之科条论之,则经义当分小学、理学、词章、典礼四门;治事当分吏治、军务、食货、地理四门。

廿八日(看礼字后营操演)

早出,巡视营墙。饭后清理文件。旋出看礼字后营操演,午初毕,约阅二时之久。见客二次。李雨亭自英山、太湖回,与之久谈。改信稿数件。中饭后与尚斋围棋一局,见客三次,写袁午桥信二叶,添张小浦信三叶、翁中丞信二叶、叶介唐信二叶。阅《后汉书》郑兴、范升、陈元、贾逵、张霸传一卷,桓荣、丁鸿传一卷。清理古文,交人钞写。是日卯刻,复胡中丞信一件。

廿九日(闻雨三亲家被贼所害)

早出,巡视营墙。饭后清理文件,写饶镇军信二叶,见客四次。阅《张子衡诗集》,为之加批,午正毕。旋至子衡处送行。又至雨亭处小坐,未正归。中饭后阅《后汉书》张宗、法雄、滕抚、冯绲、度尚、杨璇传,刘平、赵孝传。酉正,郭舜民来,述其兄雨三亲家于九年六月十八日定远城陷时被贼所执,二十一日遇害。有一素识之蕲水勇目周涟,于廿二夜将尸首负出,廿四日至明光地方。官兵张得胜镇军,出队迎出。二十五日在明光棺殓,现在权厝盱眙,将往扶榇云云。夜与舜民久谈,批彭盛南禀。

三十日

早出,巡视营墙。饭后清理文件。旋与尚斋围棋一局,复胡中丞信,批朱、李禀,加陈俊臣信三叶。阅《后汉书》淳于恭、江革、刘般传,周磐传,赵咨传,又阅班彪父子传,至申初毕。中饭后写对联十付、挂屏四张,又写季弟信一件、希庵信一件、朱云崖信一件。酉刻,唐义渠来,与之邕谈,至二更三点。

闰三月

初一日(知老宅事已由两弟调停好)

未明起,看火星。黎明出,巡视营墙。饭后清理文件。各员弁贺朔,至巳初见客毕。批朱品隆禀,加吴竹庄信二叶。致官相信,派人将保举单送去,交渠汇发。又单衔谢恩摺,景德镇保案复奏折,亦交其汇发。阅《后汉书》第五伦、钟离意、宋均、寒朗传,《光武十王传》未毕,阅至东平王苍止。与义渠邕谈。萧、韦援浙一军折回后,当扎枞阳。复胡中丞信,邕论此事。夜又复一信。酉正彭芳四来。接家信,澄侯一信、沅甫一封、纪泽一封。知老宅事,经两弟调停一番,略得妥叶,为之一慰。

初二日

黎明,出巡视营墙。饭后清理文件,围棋一局。倦甚,小睡。旋阅《光武十王传》毕。中饭后阅朱晖、朱穆传,写挂屏六幅,与义渠久谈,复胡中丞信。夜复希庵信。阅乐恢、何敞传。是日因郭舜民将赴盱眙搬雨三灵柩,办信稿寄袁、翁诸帅。

初三日

黎明,出巡视营墙。饭后清理文件。加袁午桥信三叶、翁药房信三叶、郭慕徐信二叶,围棋一局。午刻送郭舜民赴盱眙迎接其兄灵柩。是日本定看襄郿兵勇操演,因大风而止。午正以后大雨。阅邓彪、张禹、徐防、张敏、胡广传。中饭后写对联四付、挂屏六叶,阅袁安、张酺、韩棱、周荣传。夜,写对一付。是日见客三次。罗忠怀言其堂弟忠枯已至武穴,因写信告之胡润帅。

初四日

黎明,出巡视营墙。饭后清理文件,写家信,澄、沅一件,纪泽一件。因来禀言左太冲

《三都赋》，教之以汉、魏人作赋，一贵训诂精确，二贵声调铿锵，约七百字，午初毕。旋写欧阳小岑信，又写季弟信，阅《郭躬传》、《陈宠传》。中饭后阅《陈忠传》、《班超传》未毕。倦甚，若不克久坐者。夜尤倦，竟不作一事。近日常有此现象，盖志境日臻耳。

初五日（阅书，校对所钞韩文四首）

黎明，出巡视营墙。饭后清理文件。旋与尚斋围棋一局，阅《班超传》《梁谨传》，复胡中丞信、希庵信，阅《杨终传》《李法传》《翟酺传》《应奉传》《霍谞传》《爰延传》《徐谬传》。中饭后阅王充、王符、仲长统传。是日共看六十余叶，酉正，倦甚。与李少荃久谈，又与义渠谈。灯时看星，张、翼、轸三宿较往日略明，盖雨后清明也。夜接胡中丞信，言修家祠、书院事。校对所钞韩文四首。

附记

方大混号菊人

邓少伯号守之，名传密

梁照号鹤宾

韩体震号省斋

初六日（阅《陆宣公集》）

早出，巡视营墙。饭后清理文件，复胡中丞信，阅《后汉书》孝明八王传、李恂、陈禅、庞参、陈龟、桥玄传、崔骃传。中饭后阅周燮、黄宪、徐稚、姜肱、申屠蟠传。添张筱浦信二叶。眼蒙殊甚，盖以二日看书颇多，费目力也。夜，与少荃、义渠谈。旋阅《陆宣公集》。

初七日

早出，巡视营墙。饭后清理文件。因昨日阅书颇多，目光眵涩，本日不敢看书。将《欧阳文忠外制集》三卷涉猎一过，选八首。又将《曾文定制诰》六卷涉猎一过，选六首，钞入《古文·诏令类》，内以欧、曾气体近古也。午刻，程尚斋闻讣，丁内艰，其母郑宜人于三月十六日病故，因与久谈，慰唁之。中饭后写对联八付、扁字等。酉刻与义渠久谈。渠定于十八日赴英山。夜阅所钞古文之招令类。目蒙殊甚。是夜大雨，不甚成寐。

初八日

早出，巡视营墙。饭后清理文件，写彭雪琴信五叶。辰初阅操，戈什哈等仅一开弓，襄阳勇五十五人，看刀矛诸技，襄郧宜施兵、鸟枪等技，午初毕。涉猎《陆宣公制诰》，选三篇，合《兴元大赦诏》《平朱泚后大赦诏》，共为五篇。中饭后，目光蒙甚，因寻《诸葛武侯与群下教》，忽亡之，翻《通鉴》数册，乃寻得。盖《通鉴》以此教在《董和传》内，无可附着，因着于昭烈崩后、后主初立之年，余偶忘之矣。精神倦甚。又至尚斋处一谈。旋与王香俼一谈。夜尤倦。阅所钞《古文·诏令类》，若不克终卷者，盖老境日臻耳

初九日（雨日郁抑不舒，真觉日长如年）

黎明，出巡视营墙。饭后清理文件。旋

写胡中丞信、张仲远信、郭意诚信。倦甚，小睡。旋看《杨震传》。中饭后尤倦。日内，阴雨沉闷，意思郁抑不舒。每日寅正即起，至傍夕将及八个时辰，真觉日长如年。而目光眵涩，不耐久视。不敢多看书，稍多则干枯作疼。本日自申至戌，竟不看书。夜阅方友石所著《鸿蒙室文钞》。

初十日

黎明，出巡视营墙。饭后清理文件，见客三次，阅《后汉书》孝章八王传，张浩、王龚、种暠、陈球传，杜根、栾巴、刘陶传。中饭后颇倦，不敢看书，恐损目力。见客二次。与高云浦久谈。旋王、马诸生呈阅五日工课，与之久谈。清理《经史百家杂钞》之"诏令类"，编定叙次，钞一目录，以便装订。夜校对《汉书·叙传》上卷毕。

十一日（念有才智者必思有所表见以自旌异于人）

黎明，出巡视营墙。饭后清理文件，写胡中丞信、彭雪琴信、左季高信，见客三次，阅《后

汉书》李云、刘瑜、谢弼传，虞诩、傅燮、盖勋、臧洪传。中饭后阅《张衡传》九叶，未毕。日内因眼蒙，不敢多看书。天气甚长，申刻以后，但在室内徘徊。酉正趺坐。念天下之稍有才智者，必思有所表见以自旌异于人。好胜者此也，好名者亦此也。同当兵勇，则思于兵勇中翘然而出其类；同当长夫，则思于长夫中翘然而出其类；同当将官，则思于将官中翘然而出其类；同为主帅，则思于众帅中翘然而出其类。虽才智有大小深浅之不同，其不知足、不安分，则一也。能打破此一副庸俗共有之识见，而后可与言道。夜校《叙传》下卷，未毕。王子云、高云浦来，言方某品行不甚可靠。

十二日（接信知皖南贼势复张）

黎明起，出视营墙。饭后清理文件。拟作何丹畦殉难记。清阅李笏生及刘兆彭所开节略，上半日竟未下笔，下半日作就一半。夜因目蒙，不敢久视。是日巳刻，复胡中丞信一件。未刻，复季弟信一件。夜，批朱品隆禀一件。竟夕不寐，若有所思。是日接张小浦信，知高淳、溧阳、建平失守，皖南贼势复张。

十三日（将丹畦殉难碑记作就）

早出，巡视营墙。饭后清理文件。旋复胡中丞信。接家信，三月廿七日所发，澄侯一封、沅甫一封、纪泽一封。上半日不办一事。中饭后将丹畦殉难碑记作就。是日，接郭云仙信，知已告假南旋。又阅胡中丞寄京信四件、京报一本，知云仙本有南旋之意，濡忍未遽发，得胡帅信而始决也，因作书告之意诚。

十四日

早出，巡视营墙。饭后清理文件。旋将殉难记略为改定。复李希庵信、胡中丞信，加杨军门信。写家信一封，派二人送归。定例十五日去，十五日回。准停住五日，每日加途费六十文。如迟到一日，棍责五十，两日责一百，以次递加。早到一日，赏钱一千，早二日，一千三百，亦以次递加。中饭后与少荃闲谈。旋将东汉人及魏时奏议翻阅，以便选钞。是日风雨奇大，寒冷异常，意兴萧索。夜接家信，系三月廿九日所发，曾德霖带来。加张小浦信一片、万篪轩信二片。

十五日

早，各员弁贺望。饭后见客四次。旋阅《张衡传》，将《思玄赋》细读一过。请刘国斌、李雨亭、叶介唐吃便中饭。写季弟信，专人送家信去。寒冷异常，如腊月无异。见客二次。阅《马融传》，未过笔。傍夕与李少荃久谈。夜将新钞之《思玄赋》校对一过。

十六日

早出，巡视营墙。饭后添刘星房信三叶，何廉昉信四叶，核信稿四件。阅《马融传》。中饭后阅《蔡邕传》。见客二次。写胡中丞信，方子白信，将所钞《古文·奏议类》编成次第。夜将《汉书·叙传》校对毕。连日风雨阴寒，几似严冬。本日天色放晴，而寒气尚未尽散，犹着皮袍也。

十七日

黎明起，巡视营墙。饭后清理文件，添骆中丞、翁中丞信各二叶，见客三次，阅《后汉书·左雄传》。口枯心焦，若有不适者。小睡一时。中饭后复胡中丞信，罗少村来久谈，约二时许。阅周举、黄琼传。接张廉卿信，寄文四篇，有王介甫之风，日进不已，可畏可爱。夜校对《谏起昌陵疏》。

十八日（思凡事皆有至浅至要之道）

黎明，出巡视营墙。饭后清理文件。旋阅《后汉书》颍川四长传，李固、杜乔传。中饭后阅吴祐、延笃传。是日，竟日雨不止。心事焦闷，口无津液，上焦火旺，因不复看书，即在室中徘徊。思凡事皆有至浅至要之道，不可须臾离者，因欲名其堂曰"八本堂"。其目曰：读书以训诂为本，诗文以声调为本，事亲以欢心为本，养生以少恼怒为本，立身以不妄语为本，居家以不晏起为本，居官以不要钱为本，行军以不扰民为本。古人格言尽多，要之每事有第一义，必不可不竭力为之者。得之则如探骊得珠，失之则如舍本根而图枝叶。古人格言虽多，亦在乎吾人之慎择而已矣。夜，阅《骈体文钞·牋牍类》。是日接家信，三月三日发，澄弟一件、沅弟一件、纪泽一件。又得竟海先生及作梅、牧云等信。

十九日（闻恽中丞已于初七日物故）

早出，巡视营墙。饭后清理文件。旋复李次青信、胡中丞信，阅《后汉》吴[史]弼、卢植、赵壹（岐）传，《皇甫规传》。中饭后阅《张奂传》。改信稿数件，选古文书牍类数篇付钞手。与少荃久谈。少荃接家信，知恽中丞已于初七日物故。夜，批朱品隆禀。凡做好人、做好官、做名将，但要好师、好友、好榜样。阅欧公书札。目光蒙甚。

廿日

早出，巡视营墙。饭后清理文件。将左季高所为箴言书院

曾国藩故居——富厚堂内景

细阅一过，加批寄英山。写胡中丞信一件、季弟信一件，寄衣与弟，并送家信。午刻又写季高信一件。目蒙殊甚，竟不看书，小睡近二时许。中饭后阅韩、柳、欧书牍。古文中，惟书牍一门竟鲜佳者。八家中，韩公差胜，然亦非书简正宗。此外，则竟无可采。诸葛武侯、王右军两公书翰，风神高远，最惬吾意。然患太少，且乏大篇，皆小简耳。夜阅李翱、孙樵文。目蒙特甚，不敢多看，二更即睡。

廿一日（欲编《经史百家杂钞》）

早出，巡视营墙。饭后清理文件。复胡中丞信。旋阅《段颎传》《陈蕃传》。中饭后阅《王允传》《党锢传序》。旋与少荃畅谈，见客三次。因思余所编《经史百家杂钞》，编成后，有文八百篇上下，未免太多，不足备简练揣摩之用。宜另钞小册，选文五十首钞之，朝夕讽诵，庶为守约之道。夜，将目录开出，每类选"经"一篇，"史"及百家文三篇，凡十二类，共四十八篇。是夜通夕不寐。

廿二日

早出，巡视营墙。饭后清理文件。旋阅《党锢传》，郭太、苻融、许劭传。小睡片时。旋将《古文·书牍类》编次目录。中饭后阅《窦武传》。倦甚，小睡。酉刻阅张廉卿古文，加批。夜清理文件，与少荃久谈。是日闻罗淡村中丞已至平头嘴河边，而其子少村尚在黄石矶未归，因写信告知胡中丞及彭雪琴二公。

廿三日（再思古文"八字诀"）

早出，巡视营墙。饭后清理文件。旋阅《何进传》，郑太、孔融传。中饭后阅《荀彧传》，将张廉卿古文批阅毕。与少荃久谈。剃头一次。申刻出，至霆副中营、黑龙江营、吉左营，傍夕归。夜温《报燕惠王书》《与吴质书》。往年，余思古文有八字诀，曰雄、直、怪、丽、淡、远、茹、雅。近于茹字似更有所得。而音响、节奏，须一"和"字为主，因将"淡"字改为"和"字。

廿四日

早出，巡视营墙。饭后清理文件。写家信，专人送归。写胡中丞信，阅《董卓传》未毕，见客四次。中饭后写李希庵信，批彭毓桔、朱品隆禀尾。眼蒙，不敢看书。倦甚，小睡。夜温《报杨广书》《与吴季重书》，细诵数次，稍有所会。

廿五日（赴乡看马队会操）

早出，巡视营墙。饭后清理文件。赴乡看马队会操，距营约二十里。是日风雨甚大，顺、华、亲三营跑三才阵一次，黑龙江营跑一次，即毕。各哨弁遍身沾湿，无一干者。未刻归来，余亦惫甚。中饭后阅逸子书《典论》，沈阳孙氏所辑也。旋小睡，乏甚。接罗少村信，知已抵平头嘴。是早，接沅弟信，已于廿日至汉口矣。未刻接季弟信。夜温《报燕惠王书》。

附记

赵世暹号蔗泉

杨调元号静庵

石鸾坡号韵珂

罗忠怀号筠谷

廿六日

早出，巡视营墙。饭后清理文件。写罗少村信、九弟信、季弟信。巳初，移寓城内石宅，屋宽而清，尽可安居。见客十馀次。午正阅《骈体文钞》。未正，左季高、李次青二公到，申谈至二更尽。接胡中丞信二件，渠约日内来宿，赴罗宅会吊。

廿七日

早，出城，巡视营墙。饭后清理文件，与季高、次青閟谈。写胡中丞信、李小泉信、张廉卿信。与季高閟谈。未正九弟到营，与之閟谈家事，至三更睡。竟夕不寐。

廿八日

早，出城，巡视营墙。饭后清理文件。与九弟閟谈一切，旋与季高、次青閟谈。写胡中丞信。中饭后温扬子《法言》。与季高久谈。夜与九弟久谈。

廿九日（寄各种墨刻于意城）

早，出城，巡视营墙。饭后清理文件。写胡中丞信、李希庵信。批朱云崖、李申夫禀、郭意城信。写家信，专人送归。又寄各种墨刻于意城。中饭后与季高、次青閟谈。夜与九弟閟谈。

附记

黄金品号贡三

王树屏　方碧江　陈荣村　方清源

王价藩　号锦筌

张继善　号佩芬

何斌号　宗廷

张显道　号子方

易蔚六　号凫山

易超四　号春浦

卅日

早，出城，巡视营墙。饭后清理文件。复胡中丞信、彭雪琴信。旋与季高、次青閟谈。中饭后又閟谈。倦甚，小睡。盛四自家中来，问知一切。接澄弟信、纪泽信。旋复小睡。夜，与沅浦备谈家事。

四月

初一日（作罗淡村中丞挽联）

早，出城，巡视营墙。饭后清理文件。出城二十里，看马队合操。辰刻去，未刻归。马队操演颇可观，但嫌太挤迫。中饭后写胡中丞信，作罗淡村中丞挽联一首云："孤军少外援，差同许远城中事；万马迎忠骨，新自岳王坟畔来。"热甚，小睡。夜与季高閟谈。

初二日（闻金陵大营全军溃败）

早，出城，巡视营墙。饭后清理文件。旋与季高𪐀谈。未刻出城八里，迎接罗淡村灵柩，设路祭一席。申刻归，写挽联并他联。接张小浦信，金陵大营全军溃败。和春、张国梁退保镇江。大局决裂，深为可虞。因钞寄胡中丞。夜与季高𪐀谈。

初三日

早起，清理文件。饭后出城送罗中丞灵柩，至巳初归。送九弟赴集贤关。小睡。中饭后与左季高𪐀谈。酉正小睡。写对联五付。傍夕，与季高、次青久谈。夜甫二更即倦甚，早睡。是日闻季高说有孝子孝妇二人，因其家火起，舁其母灵柩于外。二人平日皆不以力著，妇尤柔弱，诚至则神应，一也，情急则智生，一也，势激则力劲如水之可以升山，矢之可以及远，三也。因是以推，则天下无不可为之事矣。

初四日

早，雨极大，不能出城查视营墙。清理文件。饭后写家信，澄侯一件、纪泽一件。因泽问“穉”“穉”二字，详答之。又出题目三个，一赋题，一古文题，一四书文题。又寄笔十支、墨八条、《拟岘台记》四套。写胡中丞信。倦甚，小睡。中饭后与季高𪐀谈。旋看《董卓传》之后半，刘虞、公孙瓒传。傍夕与季高、次青𪐀谈。夜又与季高久谈。季高言，凡人贵从吃苦中来。又言，收积银钱货物，固无益于子孙，即收积书籍字画，亦未必不为子孙之累云云。多见道之语。

初五日（派都兴阿带人至江北防贼北窜）

早出，查顺字营马队，约行廿八里归。饭后，清理文件。旋与季高𪐀谈，写胡中丞信、李希庵信、九弟信各三叶。阅《陶谦传》《袁绍传》未毕。中饭后，再与季高𪐀谈。阅《袁绍传》毕，《刘焉传》《袁术传》未毕。傍夕与季高、少荃、次青𪐀谈。是日接奉寄谕，因金陵大营溃败，派都兴阿带五千人至江北防贼北窜。因与季高商议东南大局，图所以补救之法。

初六日

早，出城，查视营墙。饭后清理文件，与季高、次青𪐀谈。写胡中丞信。阅《后汉书》刘表传，袁术、吕布传。中饭后，黄子山来，与之久谈：旋阅《循吏传》，未毕。方子自来久谈。与季高、次青、子白𪐀谈至二更三点。夜，睡不成寐。

初七日

早，出城，查视营墙。饭后清理文件。辰刻出城，阅霆字副中营操演，午刻毕。与季高、子山久谈。中饭后，写九弟信、胡中丞信。倦甚，小睡。清理文件。与季高、子白、次青𪐀谈，天热不能久耐。夜与季高谈时事。阅张皋闻古文。

初八日（接奉寄谕，令余会同厚庵进攻芜湖）

早出，巡视营墙。饭后清理文件，与季高𪐀谈，写李希庵信、沅弟信、胡中丞信。阅《后汉书·循吏传》毕，阅《酷吏传》。中饭后阅《宦者传》，未毕，与季高𪐀谈。傍夕与季、次、子白诸人谈。灯下，接奉寄谕，令余会同厚庵进攻芜湖，直抵宁国。并谕询左季高是否仍办湖南团练，抑在余处帮办一切。

初九日

早，出城，巡视营墙。饭后清理文件，与季高、次青𪐀谈，写胡中丞信、沅弟信。阅《后汉书·宦者传》毕，《儒林传》《易》《书》二经。中饭后阅《诗》《礼》《春秋》三经，《儒林传》毕。见客三次。与季、次、少荃久谈。夜见莫祥芝，久谈。倦甚，如不克说话者，亦足以见精力之疲敝矣。

初十日（九弟言将即日进围安庆城）

早，出城，巡视营墙。饭后清理文件。旋与季高𪐀谈，写九弟信、雪琴信，阅《后汉书·文苑传》。未刻与季高、次青久谈。胡宫保自英山采宿松，将往罗宅会吊，未刻到，𪐀谈至二更。接九弟信，将即日进围安庆城。

十一日

早,出城,巡视营墙。饭后清理文件。旋写家信一件与沅弟。与胡中丞、左季高诸君圉谈竟日,至二更,余已倦甚,而诸公尚兴会淋漓。

十二日

早,出城,巡视营墙。饭后清理文件。旋与胡中丞、左季高圉谈。写九弟信一件。中饭后改复奏折稿一件,与季高圉谈。夜作片稿一件。二更三点睡,竟夕不寐。

十三日

早,出城,巡视营墙。饭后清理文件。辰刻至罗中丞宅内题主:宅在隘口,去宿松城四十里,午正到。未初行题主礼。申刻筵宴。是日会吊,同席者胡中丞、左季高、李次青、方子白与余,凡五人。黄子山在罗宅照料丧事。申末起行归来。行二十里,至石嘴铺地方小坐,二更还寓。罗淡村中丞,以乙未进士历官直隶、湖北、浙江等省,凡二十五年,家无一钱,旧屋数椽,极为狭陋。闻前后仅寄银三百两到家,其夫人终身未着皮袄,真当世第一清官,可敬也。是日卯刻,发报一摺复奏,又片一件。

十四日

早,出城,巡视营墙。饭后清理文件,写家信,澄侯一件、夫人一件。旋写李申夫一件、沅浦弟一件,与胡宫保圉谈。中饭后又与季高、次青圉谈。申刻倦甚,睡至日晡始起。夜与胡中丞及季高久谈。清理文件。洗澡一次。睡不甚成寐。

十五日(胡中丞论:凡事皆须精神贯注)

早,出城巡视营墙。饭后清理文件。旋写九弟信一件,添张小浦信二叶,与胡中丞、左季高圉谈。中饭后写吴竹如信一件,批李申夫禀。与胡中丞熟商江南军事。夜,胡公论及:凡事皆须精神贯注,心有二用则不能成。余亦言军事不日进则日退,断无中立之理。二人者皆许为知言。

十六日

早,出城,巡视营墙。饭后清理文件。旋与胡中丞、左季高熟商一切,写雪琴信一件。中饭后接家信,澄侯一件、纪泽一件、夫人一件。纪泽寄赋二篇,一《喜霁赋》,一《拟丁仪励志赋》,学汉人之句调颇有合处。寄信与九弟,共四叶,说及季弟暗病及制于术之法。榜夕与胡、左诸公谈江南事。二更阅《骈体文钞》谏祭、告祭等文。

十七日(闻友人晚年颓唐之状,悚然汗下)

早,出城,巡视营墙。饭后清理文件,见客三次,与胡润帅、左季高圉谈,阅《骈体文钞》哀祭、诔文各篇。未初,冯竹渔来。渠于二月十九日告假回籍,至是始归营。请石芸斋前辈吃便中饭。饭后小睡,倦甚。旋写挂屏一页。因手腕无力,遂弃不复写。申刻,与胡润帅圉谈至二更,季高、次青诸公同在坐。季高言及姚石甫晚年颓唐之状,谓人老精力日衰,以不出而任事为妙,闻之悚然汗下,盖余今精力已衰也。阅韩文哀祭各篇。是日卯刻,接奉寄谕一道。因乔松年奏丹阳失守,李若珠患病,不克出队,催令都将军兴阿赴江北会剿。

十八日

早,出城,巡视营墙。饭后清理文件。旋与胡、左二公圉谈。辰正,送左公归去。旋与胡中丞少谈。酣眠一时许。又与胡帅谈。中饭后阅《后汉书·文苑传下》。出门拜石芸斋前辈一次。与胡帅圉谈,自酉初至亥正。

十九日(接信知州县办上司衙门之差事)

早,出城,巡视营墙。饭后清理文件。旋与胡中丞圉谈。复雪琴信,复汪梅村信。中饭后阅《后汉书·独行传》十叶。小睡时许。旋与胡中丞圉谈,由酉正至二更四点止。夜不能成寐。是日胡中丞言州县办上司衙门之差,所费不过百千,而其差总、家丁开报至三、四千串之多,县令无所出,则于钱粮不解,积为亏空,皆天家受其弊。故湖北州县现无丝毫差事,如有,向例由州县办差者,皆由藩库发实银与州县。令其发给,不使州县赔垫分毫。其名则天

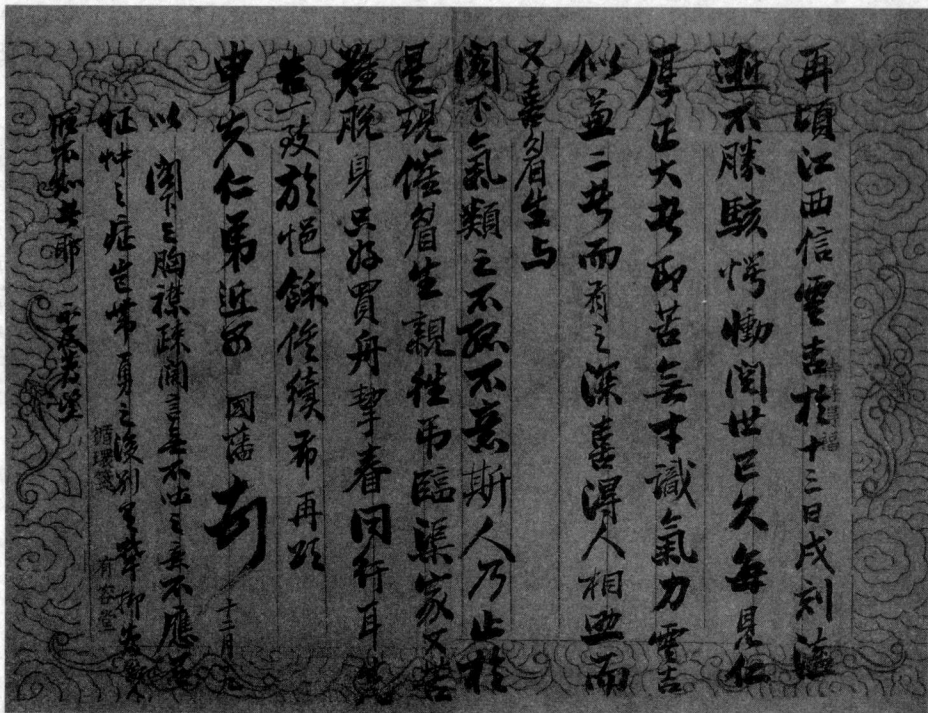

曾国藩书法

家吃亏,其实则州县无可藉口,钱漕扫数清解,为天家添出数十倍之利云云。信为知言。

廿日

早,出城,巡视营墙。饭后清理文件,与胡中丞邕谈。辰刻送胡帅回英山。出城二里许,张幕少坐。巳刻归,小睡。旋阅《后汉书·独行传》毕。中饭后,写沅浦信一件。阅《后汉书·方术传》一卷。将孙芝房《刍论》刻本粗为校对。夜与次青论渠赴浙之事。张伴山来久谈。写信与毓中丞,论屈蟠守湖口之事。旋因次青拟带屈蟠赴浙,此信即不发矣。

廿一日(石芸斋告余养目之法)

早,出城,巡视营墙。饭后清理文件。见客三次。旋阅《后汉·方术传》。小睡。阅《淮南子·俶真训》。中饭后,写扁字十馀、对联二付。阅《方术传》毕。小睡片时。傍夕,阅《后汉书·逸民传》,至初更毕。是日石芸斋送《沁园春》词一首。渠言养目之法:早起后,以水泡目;目属肝,以水养之,又以微热之气祛散寒翳,久必有效云云。而《后汉书·方术传》云:"爱啬精神,不极视大言。"二语亦养目之法。是日,阅王香倬等之诗及纪泽儿之赋。

廿二日

早,出城,巡视营墙。饭后清理文件。出门拜客,送石芸斋之行,至李雨亭处看病,久坐,又拜张伴山、张小山,午初归。核报销局中稿件。中饭后写九弟信,跋林文忠手札,系黄南坡寄来者。申刻接张小浦信,知苏州于十三日失守,不胜惊痛,关系天下全局至大,因与次青、小泉、少荃邕谈。旋写信告知官、胡、骆三帅。傍夕与三李邕谈时事至二更。夜写信与陈作梅,未毕。睡不成寐。

廿三日

早,出城,巡视营墙。饭后清理文件,写陈作梅信毕,又写意城信,又写彭丽生信二叶,又写刘霞仙信,又写胡中丞信,阅《后汉书·列女传》。中饭后又阅《东夷传》,又阅《南蛮传》,共三十馀叶。傍夕与次青、小泉、少荃邕谈时事。夜温《古文简本》,作二小跋,将寄沅弟也。

廿四日（寄银物贺甲五侄新婚）

早，出城，巡视营墙。饭后，清理文件，写家信，澄侯一件，七叶，纪泽一件，七叶。又寄燕窝一匣、秋罗一匹，与澄弟夫妇贺生。又寄银五十两，袍褂料一付，与甲五侄贺新婚。又寄银五十两，与邓先生作学俸。又写九弟信、胡中丞信一件。中饭后，与次青、小泉、少荃廛谈时事。旋阅《魏叔子文集》，又阅《后汉书》南蛮、西南夷传。酉刻天热烦燥，旋与次青诸人久谈。是日黎明，接胡中丞信，寄示京信六件，内郭云仙信中附潘伯寅奏稿二件。又曹毓瑛信中，知钱萍矼仙逝。夜阅所钞《古文简本》，又复胡中丞信。

廿五日（接奉令余救苏、常，然苏、常已失）

早，出城，巡视营墙。饭后清理文件。核定报销各咨稿。钞古文，作小跋。见客三次，与次青、小泉诸人廛谈。批朱品隆禀，阅《后汉书·西羌传》。中饭后写对联十付，阅《西羌传》十叶。李希庵送马一匹。夜接奉廷寄，因乔松年奏常州危急，饬余救援苏、常，盖朝廷尚不知苏常已失也。夜不成寐。是日咨江西、两湖三省合防。傍夕时，与次青等三人登城游览。夜批申夫禀，教之以诚。

廿六日（陈世镕自安庆来，与之久谈）

早，出城，巡视营墙。饭后清理文件。旋复希庵信六叶，复胡中丞信，又添陈季牧信三叶，又写沅弟信。见客二次，陈世镕自安庆来，与之久谈一时许。阅《后汉书·西羌传》，中饭后阅毕，又阅《西域传》十叶。剃头一次。酉刻至陈雪楼处回拜，谈又一时许。夜核定各信稿，写方子白册页二开。

廿七日

早，出城，巡视营墙。饭后清理文件。复胡中丞信、彭雪琴信。小睡一时有馀。中饭，请陈雪庐便饭。写册页二开。接家信，澄侯一件、纪泽一件，内拟《月赋》一篇。又陈作梅、阳牧云等信。选古文"哀祭类"付钞手。写家信与沅、季二弟。夜，又写册页二开。本日倦甚，不耐烦，又未作一事，岂以三日内未吃丸药遂亦疲乏耶？精力衰减若此，何以任天下之事？为之慨然。

廿八日（余奉旨以兵部尚书衔署两江总督）

早，出城，巡视营墙。饭后清理文件。旋写方子白册页七开。倦甚，小睡。请陈雪楼筮卦，筮浙江可保否，得"艮"之象辞；筮余军是否南渡，得"解"之"师"；筮次青应否赴浙，得"兑"之"复"。旋阅《后汉·西域传》。午刻得官帅咨，知余奉旨以兵部尚书衔署两江总督。本营员弁纷纷道喜。中饭后，与次青等廛论时事应如何下手，约一时许。旋写官、胡信二封，沅弟信一封，沅弟信一封。天气极热，实难办事。傍夕，仍与次青等三人廛谈。夜阅《五代史》。睡不成寐。

廿九日

早，出城，巡视营墙。饭后清理文件。旋写胡中丞信，商酌大局，总期江北、江南呼吸相通，及筹兵筹饷，一切均细商之。旋写左季高信、骆中丞信。见客二次。小睡。中饭后写沅弟信一件、澄弟信一件，内命纪泽来营一见。暑热已极，不能办事。旋阅《后汉书·西域传》毕。夜与次青、小泉诸人廛谈。天热，汗不止。夜不甚成寐。

附记

丁泉臣信：任贤。取友。速行。告示。

蒋文若信：江两抚藩指名要。破格用左公。申似房馆。蒋好帮手。速发。

汪梅村信：哀痛恻怛告示，一。裁官，裁绿营兵，二。和夷，三。以楚营法兵部江南之兵勇，四。严禁骚扰，宾礼才俊，五。粮台综核名实，局员以少为贵，举廉惩贪，六。核实保举，慎重名器，七。屏术数星卜之士，八。守碉卡险要，九。拙速疾驱，不可顿兵坚城，十。

五月

〈初〉一日（知袁漱六之家眷终安抵江西）

早，出城，巡视营墙。旋各员弁贺朔，应酬时许。核定各奏稿。复九弟信。下半日复胡帅信。润帅寄来丁果臣、汪梅村、蒋文若诸信，所以期我良厚，惧无以副之。天热，迥异寻常，坐卧不安。接家信及郭意城信，时长沙尚不知苏州失守也。下半日小睡时许。酉刻，袁藻、刘德大自苏州回，知袁漱六之家眷自松江搬柩回。闰月廿五，自松江启程，四月廿八已抵江西省。千辛万苦，卒得安抵江西省，此袁家之大幸也。余亹问吴越情事。旋与次青诸君久谈。夜，写挽幛一具，改奏稿小半。天极热，夜不成寐。

初二日

早，出城，巡视营墙。归，先饭。赴城外看河溪营放连环枪，每人九出，巳刻归。改摺稿一件，又核改片稿二件，复袁婿信，加毓右军信二页。下半日，接九弟、季弟信，即复。夜寄胡中丞一信，定带霆营六千人，礼营千人，朱、唐两千人渡江而南。其安庆大营暂不撤动。是日极热，几不能作一事。夜不成寐。

初三日（本日夏至节，服胡帅所赠之人参）

早，出城，巡视营墙。饭后清理文件，复李希庵信、胡中丞信、沅弟信，阅核各摺稿片稿。未刻发报，共三摺一〔四〕片：谢恩摺一，通筹全局摺二，调沈道葆桢摺三；察看海运事件片一，分办江西钱漕牙厘片二，留李道元度招勇片三，调张道运兰片四。未正清理各处文件，阅《后汉书·南匈奴传》二十三叶。夜清厘文件。与次青、少荃久谈。夜不甚成寐。本日夏至节，服人参钱馀，系胡帅所赠者。

初四日

早，出城，巡视营墙。饭后，清理文件。旋写家信，澄弟一件、夫人一件。又写张小浦信、胡中丞信、九弟信、雪琴信，共约三千字。下半日清文件颇多，见客五次，叶介唐来久谈。接胡中丞信，以渠所为一摺二片寄阅。是日接家信，澄侯一件、纪泽一件、陈作梅一件。

初五日（思若添总督任内地方应办之事，颇烦）

早，出城，巡视营墙。饭后清理文件。旋各员弁贺节，应酬时许。旋复雪琴信，复九弟信。见客三次。中饭请陈雪庐世熔过节，亹谈。中饭后极热，用矮棹坐地写字。复骆中丞信、郭意城信，清理各处文件，又寄沅弟一信。夜与胡中丞一缄。又清理各文件。日内，因〈端〉午节，文件较多，已觉疲乏。若添总督任内地方应办之事，殆不胜其烦剧矣。夜不甚成寐。

附记

出告示咨调冯树堂曾卓如信亦道及淮安办水师

〇札李作士办安庆银钱所

〇札刘曾撰办安庆军械所

〇写对联

〇开委员名单，沙汰集团

初六日（派摺差二人进京）

早，出城，巡视营墙。饭后清理文件，加周子佩信三叶、杨贻堂信三叶、厉伯苻信二叶。午刻派摺差二人进京，一、万寿摺，一、报销摺，并带部饭照费银△△两，又余私带买物银二百四十两。小睡时许。写胡中丞信一封。中饭后热极，几不能作一事。见客三次，写九弟信一封、胡中丞信一封，阅《后汉书》《乌桓鲜卑传》未毕，二〔二字衍〕及诸生呈缴工课。余教以"诚勤廉明"四字，而"勤"字之要但在好问好察云云，反复开导。傍夕与李筱泉、少荃、次青

邕谈。李希庵自青草塌来,与之久谈,至二更尽。

初七日

早,出城,巡视营墙。饭后清理文件,复彭雪琴信,复胡中丞信,加袁午桥信二叶。见客四次,与希庵邕谈。中饭后小睡。又与希庵邕谈二时许,至戌刻止。是日大雨竟日,天气凉甚。下半日写挽幛,对联。夜,清理文件颇多。

附记

请刑名朋友

刻营制、营规

刻居官要语训属员

初八日(拟即带希庵一军南渡为援浙之计)

早,出城,巡视营墙。饭后清理文件,加沈幼丹信四叶,与雪琴信,复胡中丞信。接奉廷寄,系四月廿九日所发。因苏州失守,饬余援浙图苏。中饭后写骆中丞信、左季高信各五叶、郭意城信二叶。旋与希庵邕谈。剃头一次。傍夕与李次青、筱泉、少荃邕谈。拟即带希庵一军南渡,为援浙之计。论至更初,未决。旋清理文件。接筱浦信,知何根云退至上海。

初九日

早,出城,巡视营墙。与希庵联骑而行,至伍少海营少坐。饭后清理文件。送次青回平江招勇,见客三次,午刻与希庵邕谈。小睡。中饭后复张小浦信一件。写对联八付。与希庵邕谈。傍夕小睡。夜,清理文件。睡不成寐。

初十日(定计暂不撤安庆、桐城军)

早,出城,巡视营墙。至李雨亭处小坐。饭后清理文件,写九弟信,倦甚。与希庵熟论安庆、桐城两军应否撤围,约沉吟二时之久,不决。中饭后得少荃数言而决。因写信与胡中丞,定为安庆、桐城二军皆不撤动,青草塌希庵之军亦暂不动。如贼由山路犯楚,必俟其破霍山,破六安州,希庵乃入山内御之云云。申刻写毕。旋读《后汉书·鲜卑传》。本年阅《后汉书》,至是日始阅毕一过。酉正写对联五付。傍夕小睡。夜与希庵邕谈。是日巳、午,见客三次,张伴山谈颇久。

十一日

早,出城,巡视营墙。饭后清理文件,写九弟信、雪琴信,批朱云崖禀。倦甚,小睡。各对联下款,送宿松绅士十对、县令一对。与希庵久谈。中饭后写汪梅村信一件。小睡片时。检点各件,为拔营之计。夜与希庵论多礼堂,又写信与九弟,寄昨与润帅信稿。

附记

告示各条

○禁官民繁华苏祸之由,苏民好善

○禁宾勇骚扰另有告示

令绅民保举人才以两江之人平两江之乱

○安插流徙衣冠右族、死事之家、经生大儒,均给予口食之资,馀令州县存恤

○求闻己过凡已之过与军中之弊,许直告

择守令以廉静为体,善听断为用。贼所不到之处,靠好官

○旌表节义

○禁办团

十三[二]日(是日,各员弁料理拔营事)

早,出城,巡视营墙。饭后清理文件。旋写胡中丞信、九弟信,复雪琴信,见客四次,加张凯章信一片。中饭后复次青信,写扁对数件,与希庵久谈至夕。小泉、少荃亦久谈。日内,各员弁料理拔营之事,余亦检点诸务。

附记 蒋文若、汪梅村所保之人

夏銮教职　葛其仁教职

上二人通小学,君子人

仰士会合肥教官,善苏字

胡肇昕通小学,廪生

章遇鸿举人,循吏

葛　蕃都司,能任事

胡道荣举人,可任岭北总团练

汪士其通外科

　　　以上六人皆绩溪人

陈　奂石甫经师,人品纯粹

杨长年廪生,江宁人

顾逊之贡生

陈　瑒附生

张宝德方正

高以翔廪生　以上六人皆江宁人

马寿龄当涂豪士,东台山

薛　绥扬州,通小学

刘毓松扬州,通小学

查文德泾县

洪汝奎泾县

吴承芳泾县

王祥储太平

汪汝桂江宁

金龙玉江宁　以上廿三人,梅村所保

吴正熙湖南

保　恒前任凤阳知府

李鹤年丁忧,给事中

王检心告假道员

李汝钧刑部主事　以上四人,文若所保

十三日(闻存庄之妻妾皆殉节,存庄亦死)

早,出城,巡视营墙。饭后清理文件,复彭雪琴信、胡中丞信,各四、五百字,加王人树信,会客三次。中饭后复左季高信,与希庵久谈,见客四次,清理各文件。夜,戴存庄钧衡之胞侄二人、房侄孙一人来见,携存庄所为诗一本、古文一本、《草茅一得》三本,求订正,与之久谈。存庄之妻妾皆殉节,存庄亦五年十月忧郁以死,其父母均于九年始没。是日料理拔营零事。中饭,请陈雪庐便饭。夜不甚成寐。

十四日(送银为存庄葬事之用)

早,出城,巡视营墙。至黑龙江马队营中少坐。饭后清理文件,见客二次,写家信与澄侯,写九弟信。旋写厚庵信、胡中丞信。中饭后见客三次。送戴存庄之侄银五十两,为存庄葬事之用。改信稿六件。清理文件。酉刻与希庵久谈。夜见客二次,希庵又久谈。三更睡,不甚成寐。

十五日(在船作拟办三支水师一摺)

早起,料理文件。饭后拔营。各陆营皆起早,至华阳镇渡江。余至宿江东北十二里杨虚嘴上船,各绅及县令送至舟次。余与李筱泉、少泉同舟,巡捕戈什等皆坐长龙船。已刻开行,因风不顺,仅行四十里,至义乡嘴地方即泊宿。是日,在船作拟办三支水师一摺,又核改报启

程日期一摺，又核改夹片三个。傍夕与小泉登岸圙谈。夜早睡，不甚成寐。

十六日

早，因风不顺，未开。巳初开船过湖，两岸皆芦苇，旋至横坝头。宿松黄令率邑绅四人送来[来送]，两岸百姓，扶老携幼，走送者数千人。无德于民，兹可愧也。申刻行至老洲头登大舟，舟系吴城船厂为余新造者，极坚实，极华丽。诵韦公"自渐居处崇，未睹斯民康"之句，为之愧悚不已。巳、午刻，改摺片三件，写胡中丞信一件。酉刻写杨、彭信一件，清理文卷。夜与李小泉、少荃在船尾亭上圙谈。

十七日

是日大东北风，仍在老洲头弯泊一日。巳刻发报预筹三支水师一摺，报启程日期一摺，又附片五件。午刻写骆中丞信一件、郭意城信一件。阅《老子》上下经一过，申刻阅毕。阅各文件，知萧浚川于四川省城病故，奏请照巡抚例议恤。接奉寄谕一件，因有人奏安庆不可驰围者，饬余酌办。傍夕登岸散步。夜与小泉、少泉圙谈。旋诵《田窦传》。

十八日（盖老年心血日亏，凡用心则困）

是日仍大东北风，在老洲头弯泊一日。饭后清理文件。旋作告示一件，至申刻毕。凡六条，约六百馀字。下半日与筱泉、少荃畅谈，夜又久谈，倦甚。酉戌间小睡，不成寐。夜，早睡。老年心血日亏，凡用心作文一篇，辄觉困甚。本日作文，夜尚成寐，亦可喜也。是日接家信，澄侯一件、夫人一件、纪泽一件，内附《魏征论》并纪鸿儿诗文。

十九日（奉寄谕，有"通筹全局，甚合机宜"之褒）

是日，仍大东北风，在老洲头弯泊一日。饭后，清理文件。写官制军信一件、李希庵信一件、沅浦弟信一件。接奉批摺，系五月三日所发之报。又奉寄谕一道，有"通筹全局，甚合机宜"之褒。写朱品隆信一件。中饭后，温《礼记·曲礼》，将郑注与陈澔注核对。写屏四幅，约三百馀字。剃头一次。夜阅京信。因刘锡昆等在京城买马鞍回，内有高笔湄、许仙屏等信。郑阳和带霆字等营来八里江，至此禀见。

节用之道：汰冗员，裁劣营，崇节俭。

廿日

早，清理文件。饭后料理各件。令李筱泉先回江西办理牙厘局事务。巳正开船，风尚未顺，用长龙船牵水牵，凡行百二十里。酉正至华阳镇，雪琴来接，与之圙谈至二更。余受热，微觉不豫。是日在舟中见客甚多。又温《曲礼》，至"日而行事则必践之'"止。习字一叶，核信稿十馀件，写沅、季信一件。夜，接寄谕二道：一，四月十九所发；一，廿日随批摺发者。

廿一日（至黄石矶水师营次）

早，开船，四十里至东流县，小泊二时许，又行六十里，至黄石矶水师营次。见客甚多，皆水师营哨各官及各委员。沅、季二弟自安庆陆营来至此，候四日矣，兄弟谈至三更二点。夜不成寐。是日写胡中丞信、张小浦信。习字一叶。夜，清理文件。

附记

朱瑚枝廪生，保训导

杨起予举人，保知县。乐平人

何元炳南琴，拔贡、知县。乐平

方雪昌浮梁人

黄以棉廪生，保训〈导〉加五品衔，浮梁

刘嗣向浮梁人，秀才

以湘军营制行之，招乐平勇一千，浮梁勇五百人

裁丁峻勇、文瑞勇、康国器勇、俞昌会勇

饬道、府、州、县，函答现办何事，地方利弊何如，要隘何如，人才何如凡贺信来，于复信末添一叶。讲求树畜。严札武营。自爱（以上沅浦条陈）

○密札江西藩臬两司举劾州县,举劾军营各员
○札总局将江西现发营饷人数、银数开单具呈
廿二日(由建德至祁门一路险峻,嘱人细察)
　　是日在黄石矶住泊,见客约十馀次,与沅、季两弟及雪琴邕谈一切。申刻至厚庵处邕叙一时有馀。未刻写胡中丞信一件,添冯树堂信二叶。夜清理文件。是日南风,大雨,未申间雨歇。由建德至祁门一路;路极险峻,或谓其极难行走者,因嘱彭山屺派人细心察看。
廿三日
　　是日,在黄石矶住泊。见客数次。饭后,厚庵来,邕谈二时许。申刻处[处字衍]中饭。饭后至渠坐船上小憩。归后,厚庵又来,邕谈至二更。午后清理文件,写郭意城信一件。夜又清理文件。与九弟、季弟邕谈。睡不甚成寐。
　　附记
　　成名标赴广东
○添派李长青、黎登照
○开复札一
○买炮札一　　○劳公咨一
○筱泉信一
○辅堂札一买炮银　　○会典装钉法
○仙屏信一请钉会典
○送私银
廿四日
　　是日,在黄石矶停泊。早饭后见客数次。写家信,澄侯一件,专强中营人送去。写郭云仙信,派船去接。写对联八对。中饭后,又写十馀副,挂屏一副、匾二方。清理各文件。大南风而甚热。与厚庵邕谈。
廿五日(余教九弟须静虚涵泳,萧然物外)
　　是日,仍在黄石矶停泊。因南风太大,不能上行,改为起早回东流。派人去东流,令夫马来接,定廿七日起行。饭后与厚庵邕谈。旋写对联十馀付,意境似董香光。旋小睡。中饭后写李小泉、许仙屏信各一件。申刻拜水师各营官。至厚庵处便饭,戌刻归。夜与九弟及雪琴邕谈。九弟谏余数事,余亦教九弟静虚涵泳,萧然物外。
　　附记
　　重统领之权,进止不制,骚扰禁而不苛细
○约法三章,并以自约
　　无信细言,挫人朝气
廿六日(写朱谕,谕巡捕、门印、签押"三不许")
　　早起,与九弟邕谈。饭后送九弟回安庆陆营。旋小睡时许。起,写朱谕,谕巡捕、门印、签押,凡三条:第一,不许凌辱州县,第二,不许收受银礼;第三,不许荐引私人。约六百字。旋写对联、挂屏。中饭在雪琴船上吃。与雪琴、申夫久谈。见客六次,皆水营送行者。申刻,闻朱云崖病,大汗不止,为之忧虑,因请焦听堂为之诊视。酉刻,与季弟久谈。夜与厚庵久谈,劝其暗派二统领,又劝其戒营中吸食洋烟。夜不成寐。
廿七日
　　早,见客五次,饭后李镇军德麟自大通来见,嘱其拔营,速赴镇江、扬州一带。辰刻起行,由陆路至东流,约五十里,巳正即到。水师各勇出早队送二十里,厚庵送十馀里,雪琴送至东流。东流县令周彦增　获香、池州府徐本璇仙崖、建德县令耿机海樵来迎。入城,住湘新后营周万晫营内。倦甚。是日入伏,身体困乏。清理文件。夜写程尚斋信一件。
廿八日(至建德县,住城外公馆)

早饭后起行，由东流至建德。雪琴送至城外，府、县约送五里许。湘新后营队伍送二十餘里。宝勇九营自建德来迎十餘里。在乡村小憩三刻许。午刻，至建德县，住城外公馆，见客十餘次，皆宝勇驻建德之各营哨也。下半日倦甚，不能久坐，因小睡约二时之久。夜接家信，九弟安庆一件、四弟衡州一件、纪泽家中一件。灯后，清理文件。

廿九日

是日驻建德。见客六、七次，清理文件，写信，九弟一件、胡中丞一件。倦甚，小睡。中饭后，小睡时许。旋温《曲礼》下。傍夕清理文件。夜仍小睡。日内，自二十二日起，大南风不止，虽顺风亦难行船。而暑气郁蒸，又易困倦，故竟日小睡，不克多治事。

六月

初一日

早起，各员弁贺朔。见客十餘次。饭后清理文件。旋小睡二时许。午刻写胡中丞信、张小浦信。温《檀弓》十二叶。申刻又小睡。夜改摺稿一件，清理文卷五十餘件，内多藩司详地方官之事。夜，睡不成寐。

初二日

早起，在竹床上假寐。饭后清理文件。旋出外看普承尧营垒。普镇之中营在北，朱步青之左营在南，以御东流来路。曾德胜、金殿安之营在东，以御张家滩来路。河水在西，县城在东。余至普镇中营小坐，又至县城拜府、县二公。又出城东门，至曾德胜所修卡上阅视，嘱其于卡之两头山上更扎墙子，以保此卡。午正归，清理文件。中饭后小睡。热极，殊不可耐。改片稿四件。夜写胡中丞信一件。旋温古文，读《下系》十一爻，若有所会。

初三日（闻建德县耿令因病暴死。为之骇然）

早，清理文件。饭后写左季高信一件、郭云仙信一件。未刻发报一摺、四片。中饭后写沈幼丹信三叶，又核稿数件，见客四次。天热异常。闻建德县耿令因病暴死，为骇异者久之。身后不名一钱，殊可悯念，因以百金赙之。写家信，澄侯一件、七十侄女一件。夜，清理文件颇多。复九弟信一件。料理诸事，明日拔营。

初四日（出门瞻眺，兵燹之后，民苦之至）

黎明早饭，饭后起行。行三十五里，至秧田畈驻扎，巳刻初即到。天热异常，有流金铄石之苦，不能作一事，仅有竹床上小睡，令人挥扇而已。中饭后写毛寄云信，清理文件颇多。戌刻至外瞻眺。兵燹之后，民间疲苦之至。夜二更后，即不甚热，差能成寐。是日周军门天受派人来接，告其弟天孚尚在金坛围城之中，亦将才中之坚忍者也。

初五日

早饭后拔营，行四十里至沙滩扎营。是日所行之处，皆两山中夹一溪，居民极少，竹木极多，巳初即到。天气清凉，不觉六月行师之苦。旋清理文件。温《檀弓》上毕。酉刻至公馆外林下溪边小坐。与少荃席地而谈，约二时许，月上方归。多竹生寒，忘乎其为初伏天气也。初更即睡。是日写信与九弟。

初六日

早未明，拔营。行二十五里，至桃树铺驻扎。中过一岭，名桃树岭，上下约五里，颇陡峻，高不如桐梁山，而窄斗过之，略有似乎栈道也。辰初即到。饶州知府张衍重子威、浮梁知县刘道衡鉴堂、景德镇同知任嘉培△△道旁迎接。到公馆后，接见詻谈。是日早，接胡中丞信，知左季高愿与余共事皖南，不愿独入蜀中。午刻复胡中丞信，又与左季高信。中饭后添黄莘农信二叶，清理文件，旋小睡。温《檀弓下》，未毕。至唐桂生营内乘凉，灯后归。见客一次，祁门县令来迎，与之詻谈。

初七日（至潘疃，最可骇异即人皆以梯登厕！）

早未明，拔营。行三十里，至潘疃驻扎。潘疃亦浮梁境。县令鉴堂送至潘疃，张子威太守及任司马归去矣。两日行万山之中，泉冽竹茂，与吾乡风景相似。特一事最可骇异，大便粪桶高至五尺，人皆以梯登厕，上盖瓦屋，街市道旁，处处有之，鳞次栉比，令人难耐。日中温《王制》，至申刻毕。天气酷热。傍夕，支帐房于树下，即在帐内住宿，竟夕不成寐。是日，接毓中丞二十五日信，嫌驲递太迟，札江西皋司详参。

初八日

早，黎明，拔营。行三十五里至闪上，辰刻到。道旁绅民团练迎接者甚多。午刻，写雪琴信一封、筱浦信一封。再阅《王制》一过。天热异常，不能作一事，竟日在竹床小睡。申刻，王壬秋来，与之邕谈约二时许。天雨，惜不久。夜，凉甚。温所钞《古文简编》。

初九日

是日恭逢万寿圣节，未明起，行礼。以王氏宗祠为万寿宫，黎明礼毕。饭后行二十里，至箬坑驻扎。箬坑四面皆山，中央有河，泉甘林茂，实山谷之佳境也。清理文件。中饭后，热甚，小睡。旋与壬秋、申甫邕谈。酉正至门外河堤上游眺。夜，清理文件。是日接胡中丞信一件、沅弟季弟初五信一件、意城及纪泽儿信一件。夜见题名录，知吾乡黎培敬传胪、欧寿耘翰林，又二人主事，又一人罚停。是日接奉朱批，系五月十七所发之摺。

初十日

黎明拔营。行四十里，至历口驻扎。历口者，历山之口也。祁门万峰丛叠，惟历山最高，为一县之主峰。辰正到。天雨不息，下半日雨弥大。写沅弟季弟信一件、胡帅信一件，申甫、壬秋来久谈。小睡片刻。夜温《平准书》。睡后不成寐。

十一日（闻宁国府饷项极缺，凑银解去）

黎明拔营，冒雨行十五里，至武陵岭，加牵夫八名。过山又十五里，至石谷里打尖，雨少息。尖后，再行三十里，至祁门县。见客十馀次，傍夕应酬毕。清理文件。夜接各信中有陈作梅信，知已到英山大营。清文件，至二更四点始毕。闻宁国府饷项极缺，因凑银五千两交徽州府刘守带回解去。夜，接张小浦咨函，请派兵往援宁国，情词极迫。余因霆营未到，鲍镇未来，朱镇病体未痊，未之允许。

十二日（是日，思居高位之道有三端）

是日，为先太夫人忌辰，不见一客，斋戒一日。饭后清理文件。旋写沅弟信、胡中丞信、陈作梅信，又写郭意城信。中饭后清理文件极多。傍夕养素来久谈，约一时许。夜又清理文件。旋温《平准书》。是日，思居高位之道，约有三端：一曰不与，《论语》所谓"巍巍乎，舜禹之有天下〈也〉，而不与焉"者，谓若于己豪无交涉也；二曰不终，古人所谓"日慎一日，而恐其不终"，盖居高履危而能善其终者鲜矣；三曰不胜，古人所谓"懔乎若朽索之驭六马，栗栗危惧，若将殒于深渊"，盖唯恐其不胜任也。鼎折足，覆公餗，其形渥凶，言不胜其任也。方望溪言汉文帝之为君，时时有谦让。若不克居之意，其有得于不胜之义者乎！孟子谓周公有不合者，仰而思之，夜以继日，其有得于惟恐不终之义者乎！

十三日（拟派专人管理文件）

早，会客二次。饭后清理文件。旋写霞仙信一件，见客三次。中饭后温《月令》，酉初

曾国藩书法

句裹江山随指顾
堂前水木湛清华

毕。旋摹帖一张。戌刻，清理文件，直至二更二点止，近日文件多于往时矣。因派一员专管衙门公事，分别吏、户、礼、兵、刑、工六科，以六箱贮之。将来在于安庆水次，以船为官署，将文卷概置其中，派司道大员管理。目下小委员，即立定规模。

十四日

早，清理文件。饭后写家信，澄侯一件、邓寅皆一件，寄《拟岘台记》十分。小睡。中饭，请王壬秋便饭。申刻温《曾子问》。旋至客厅楼上小睡时半。夜阅各处文件，接季高、润帅各信，二更清理毕。温《平准书》。是日核改摺稿二件，一留季高人皖，一报到祁日期。

十五日

黎明出城，巡视营墙。饭后，各员弁来见、贺朔[朔字衍]望。旋写季高信一件、胡宫保信一件、李希庵信一件。清理文件。中饭后改摺稿一件、片稿一件，清理文件。雨后新热，小睡。酉刻，孙省斋观察自浙来，久谈约一时许。夜温《平准书》。目蒙殊甚，以日间写字太多之故。

十六日（清理文件，皆地方升迁调补等事）早，出城，巡视至北门外强中营，约七里许。大雾迷漫，咫尺不辨。卯正归。早饭后写雪琴信、九弟信。清理文件。小睡。眼蒙殊甚。王壬秋来，久谈约二时许。中饭后清理文件，皆地方升迁调补等事。习字一张。夜温《平准书》毕。日内目光殊昏，照之前数月又加甚焉，岂以写字太多故耶？是日发报，到祁日期一摺、复奏左季高不人蜀一摺、调遣水师一摺，又密片一件。

十七日

早，至外看黑龙江营盘基趾。饭后见客二次，写官制军信、胡中丞信。未刻习字一张。请孙省斋吃便中饭。饭后觉肚腹太饱，在室中散步、扪腹，不甚舒畅。夜间即不吃饭。是日接家信，澄侯一件、夫人一件、纪泽在彭泽途次发来一件。

十八日（看襄阳勇五千人操演矛杆）

黎明吃饭。看襄阳勇五千人操演矛杆，辰初毕。旋写邵位西信一件、胡宫保信一件、张小浦信一件。中饭后习字一纸，见客二次。因肚腹不好，在室中散步良久，尚作闷胀。王壬秋来，久谈二时许。夜清理文件。二更三点睡，四更醒，五更泻肚，略觉松畅。是日申刻，与尚斋围棋一局。

十九日

早，至黑龙江马队营盘，见马极瘦，心甚焦灼。饭后清理文件，写九弟信。小睡。又写次青信。再睡。中饭后申夫来邕谈，约时半之久，习帖一张。天热甚，几乎无地可以歇息者，仍在竹床小睡。温《文王世子》。戌刻，与少荃邕谈。夜清理文件至三更止。热极，不能成寐。

廿日

黎明出城，至沈宝成营盘。因大雾迷漫，一无所见而归。饭后见客一次。旋见杨朴庵同年，久谈一时许。又见客二次。午刻，儿子纪泽自家来，欧阳牧云送之同来，陈岱珊亦来，久谈一切。中饭后，刘养素来，与之久谈。旋写胡中丞信一件，清理文件，习字一张。傍夕，问纪泽以家事。是日酷热异常，酉刻吃西瓜颇多。夜不能作一事。接张小浦信，宁国告急甚迫，心为忧灼。

廿一日

黎明，点湘前右营名，凡五百人，系在安庆及建德新招者，辰初毕。旋写胡中丞信、李希庵信。出门拜客二家，刘养素、杨朴庵两处坐颇久。见客二次。中饭请刘、杨二君小叙，皆同年也。清理文件。倦甚，小睡。又见客四次。傍夕与申夫、壬秋谈颇久。更后与牧云在楼上闲谈。夜清理文件。本日酷热异常，今年以此日为最。

廿二日（夜教儿子读书之法，须分类记事）

黎明，至城外湘前营巡查、小坐。饭后见客二次，清理文件，写九弟信、胡中丞信。酷热，酣睡一时许。中饭后，杨朴庵来久谈，清理文件，核改信稿五件，习字一张。酉刻刘养素来萐谈,约一时半。夜教儿子读书之法,须分类记事。又清理文件。是日,奇热异常。申正微洒小雨,而热气未除。二更尽,服辽参一钱六分,胡中丞所送也。

廿三日

黎明,至城外河溪营阅视濠墙,均不如意。旋至奎星楼上看辰州营。归,早饭后见客三次,清理文件。小睡二时许。中饭请郭三亲家便饭,牧云、壬秋、陈代三与焉。饭后,酷热异常,与尚斋围棋二局。旋清理文件,热极,几若不克终者。傍夕与冯卓渔谈。夜,又与少荃、牧云在楼上邑谈。二更清理文件,三更睡:热甚,不能成寐。

廿四日(接寄谕,饬余斟酌赴浙)

黎明,出城至黄惠清前右营查视。饭后见客三次,写家信一件、张小浦信一件、李小泉信一件,清理文件。酷热异常。习字一张,温《礼运》一过。夜至楼上小坐乘凉,与牧云久谈。是日接寄谕一道,系因瑞将军之奏,而饬余斟酌赴浙。

附记

请简放皖南道一摺

派员赴淮扬造船一摺

徽宁事件一摺

参进贤县一片

复奏各寄谕一摺

平江昭忠祠一摺

汇案请恤旌一片

廿五日(张小浦颇责余未救援宁国)

黎明,至黑龙江马队营查阅。饭后写九弟信,清理文件。倦甚,睡二时许。中饭后复胡中丞信,习字一张,温《礼器》,与陈代三谈乡间琐事。眼蒙颇甚。夜接张小浦信,颇责余不能救援宁国,作书复之,凡五叶。是夜接毓中丞咨张凯章军至袁州。因广东股匪,吉赣大震,截留张军暂驻袁州。

廿六日

黎明,点礼前营名,辰正毕。旋写郭意城信、胡中丞信。见客三次。小睡片时。中饭后见客二次,习字一张,温《郊特牲》,清理文件。傍夕与王壬秋久谈。夜温《古文简本》。睡,不甚成寐。五更一点,接奉批摺,系六月初三日所发者。

廿七日(偶与马营官言"英雄"之义)

黎明起,阅胡中丞所寄京信各件。饭后至花桥查阅顺字营马队营盘,偶与营官马得顺言及盛世创业垂统之英雄,以襟怀豁达为第一义;末世扶危救难之英雄,以心力劳苦为第一义。巳刻归,往返近二十里。旋清理文件。写季弟信一件。中饭后,因头痛目蒙,不作一事,在室中优游安逸。酉刻,申夫来,久谈,教之留心人才,从气象上用功。夜清理文件。倦甚,甫交二更即睡。

廿八日

早起,演周良才之大炮、周光正之劈山炮。饭后清理文件。旋写胡中丞信、骆中丞信。午正小睡。旋与牧云谈。中饭后热极,小睡。申刻习字一张,写九弟信一封,阅韩文志铭,选钞。傍夕与牧云久谈。夜阅古文。睡不成寐。接张小浦复信,深自引咎。

廿九日(本日思求人、治事皆有四类)

早起,至沈宝成营内一查,辰刻归。饭后清理文件。旋小睡。写杨厚庵信一件。阅韩文。中饭后热极,小睡。习字一张,清理各文件。酉刻与王壬秋久谈,又与牧云谈。夜与牧云、少荃在楼上乘凉。早睡。本日思求人约有四类,求之之道约有三端。治事约有四类,治之之道约有三端。求人之四类,曰官也,绅也,绿营之兵也,招募之勇也。其求之之道三端,曰访察,曰教化,曰督责。采访如鸷鸟猛兽之求食,如商贾之求财;访之既得,又辨其贤否,察

其真伪。教者，诲人以善而导之，以其所不能也；化者，率之以躬，而使其相从于不自知也。督责者，商鞅立木之法，孙子斩美人之意，所谓千金在前，猛虎在后也。治事之四类，曰兵事也，饷事也，吏事也，交际之事也。其治之之道三端，曰剖晰，曰简要，曰综核。剖晰者，如治骨角者之切，如治玉石者之琢。每一事来，先须剖成两片，由两片而剖成四片，由四片而剖成八片，愈剖愈悬绝，愈剖愈细密，如纪昌之视虮如轮，如庖丁之批隙导窾，总不使有一处之颟顸，一丝之含混。简要者，事虽千端万绪，而其要处不过一、二语可了。如人身虽大，而脉络针穴不过数处，万卷虽多，而提要钩元不过数句。凡御众之道，教下之法，易则易知，简则易从，稍繁难则人不信不从矣。综核者，如为学之道，既日知所亡，又须月无忘其所能。每日所治之事，至一月两月，又当综核一次。军事、吏事，则月有课，岁有考；饷事，则平日有流水之数，数月有总汇之账。总以后胜于前者为进境。此二者，日日究心，早作夜思，其于为督抚之道，思过半矣。

卅日

早，出城，至朱云崖营内小坐。饭后清理文件。旋写张小浦信、胡中丞信、毓中丞信。午刻小睡。中饭后清理文件颇多，至申正毕。见客三次。天气郁热，欲雨而未雨，至楼上小坐。旋与少荃、牧云鬯谈。夜改摺稿，未毕。竟夕不能成寐。

七月

初一日（夜与李少荃商改摺稿事）

早，接见各员弁贺朔者。饭后见客三次，旋写毓中丞信一件、李辅堂、小泉信一件，清理各文件。改摺稿，中饭后改毕。申刻起，清理文件颇多，戌初毕。与王壬秋久谈。夜与李少荃商改摺稿事，以此摺甚有关系也。倦甚，二更即睡，不甚成寐。

附记　作梅条陈

宗法族团

东堤抽厘

固城湖水师攻芜湖

守宣不守歙

行简

初二日

早，出城，至唐义训营，往返约十四里。饭后见客三次。旋写胡中丞信、陈作梅信、方子白信。小睡时许。中饭后写彭雪琴信，核改摺稿二件，片稿二件。夜又核片稿一件，拟于初三日拜发。倦甚，二更即睡。

初三日（祁门县章日起当是佳士）

早，未出城。饭后清理文件。旋写郭意城信一件、黄南坡信一件，见客三次。祁门县廪生章日起面有正气，当是佳士。午正小睡片刻。中饭后清理文件甚多，中有江西大计册正印六人、教杂三人、六法六人，举者殊不惬意，申正毕。钞《古文·传志类》，选文数首。夜，写沅弟信一件。睡不甚成寐。是日未刻发报三摺、二片。

附记

徽州营参将所辖：兵马四十一名，战兵九十九名，守兵五百三十二名，守备二员，千把六员，外委十三员。官马二十八匹，兵马五十四匹。

初四日（接寄谕一道，饬保苏藩司）

早，出城，至南门外查视。大雾迷漫，无所见而归。饭后清理文件。旋写澄侯信一件，邵位西信一件，李辅堂、张德甫信各一件。午正小睡。中饭后清理文件，将《古文·传志类》目录清厘一过,阅《淮南子·览冥训》,习字一叶,申甫来久谈,云岩来久谈,王壬秋来谈片刻。夜倦甚,若不克少坐者,目亦作疼,老境日臻,可惧也。二更睡。四更三点,接寄谕一道,饬保苏藩司。

附记

莲花厅城工:城高一丈五尺,面宽一丈二尺,底宽一丈六尺,长一千二百八十三丈,脚深九尺,垛口二千一百廿三个,城门五座。用银十四万七千二百卅六。

初五日(欣闻宁国大获胜仗, 日内可望解围)

早,未出城,因病不甚爽快也。饭后清理文件。旋写胡中丞信、彭雪琴信,见客二次。午正小睡。中饭后清理文件,公牍至多,申正方毕。与少荃酣谈时许。夜又接公文多件,清理至二更三点毕,倦甚。闻宁国大获胜仗,日内可望解围,为之欣慰。

初六日

早起,点亲兵之名。饭后清理文件。旋写骆中丞信、左季高信,又核改信稿四件。午刻小睡。中饭后清理各公牍。摹帖一张。傍夕,摺差何寿田、梁宝田二人自京归,奉朱批报销摺及万寿批摺。夜阅京信五件,及五月分一月京报。又清理公牍,及二更三点止。日来公事略多,渐有精力不给。嗣后定每日早起,或点名,或看操,或查墙子,三者必居其一。饭后,写亲笔信,多或三封,少或二封。又核幕友信稿三件。午刻小睡。中饭后打到核稿。酉刻,杂记应用之人、应办之事。夜涵咏熟书,不办公事。二更三点登床。

初七日

早,出城,至黄惠清营内,见哨官张爕,有似刘笔客,哨官隆德元,有似张石匠。饭后,清理文件。旋写毓右坪信、李筱泉信、张小浦信。见客三次。小睡一时许。中饭后核改信稿三件。旋清理文件。不甚爽快,与程尚斋围棋,局未终,接奉谕旨,补授两江总督兼放钦差大臣。权位太尊,名望太隆,实深悚惧。终局后,道喜之客纷纷,至夜不止。清理文件,二更毕。

初八日

早,出城,至朱云崖营小坐。饭后清理文件。旋写幼丹信一叶、胡中丞信一件、九弟信一件,核信稿二件。小睡时许。中饭后清理各件,围棋一局。旋阅《周礼》,将钞入古文之"典志"一门。酉刻后清理文件,至二更三点毕。

初九日(接奉寄谕,饬保皖南办团之人)

早出,看操大炮、劈山炮。饭后见客三次。内胡宝铎十八岁,程国安廿二岁,皆汪梅村之弟子,美才也。旋写左季高信一件、许仙屏信一件,又核改信稿三件。午刻小睡。中饭后习字一张,清理文件约二百馀件。夜温《古文简本》。四更三点,接奉寄谕,饬保皖南办团之人。

初十日(置桶门外,以备军民有所言即投桶内)

早,出城,至沈宝成营。饭后清理文件。旋写白绫二幅。置桶门外,以备军民人等欲有所言,即投桶内。写胡中丞信一件、张小浦信一件、彭雪琴信一件。倦甚,小睡。中饭请客,张伴山、余龙光、王敬恩及绩溪之胡、程二生。饭后改信稿二件,因惫不能事事。夜改谢恩摺稿一件。

十一日

早起,点顺字营马队之名。饭后清理文件,写张小浦信、袁午桥信,改摺稿一件,未毕。小睡时许。中饭后将摺改毕。困乏殊甚,不能作它事矣,与牧云久谈。夜,又改摺稿一件。早睡,不甚成寐。二更四点,奉到批摺,系六月十六日所发者。

附记

金树本丽生,钱塘人,在杜文澜署中

褚 均伯平,金之表内侄,亦在杜处

王问姓褚之友人,山东人

魏文彬柳衫，卫千总

吴复诚伟堂，保浙江县丞

马寿龄鹤船

十二日

早起，至城西门外，大雾迷漫，饭后清理文件。写胡中丞信、李希庵信。见客三次。小睡片刻。午初拜发谢恩摺，望阙行九叩礼。中饭后写九弟信一件。旋清理文件。见客二次。清文件至申正毕。申夫来，久谈约一时许。夜温《古文简编》。是日发报，共摺三件。

十三日

早，看顺字营操演。饭后清理文件。旋写张廉卿信一件、金竺虔信一件，改信稿五件。小睡片时。中饭后习字一张，画稿打到一百件，见客三次，写对联七付，写胡中丞信一件。夜温《无逸篇》，清理文件。二更三点睡。五更一点，接寄谕一道，系七月初一日所发。因周天寿奏宁国被围，饬余拨兵救援。

十四日（接奉廷寄，命余救援浙江）

早，未出城。饭后清理文件。旋写毓中丞信一件、澄侯信一件、夫人信一件，又改信稿一件。小睡片刻。中饭后见客三次，习字一张，打到百件。酉刻至城内山上看营盘地基。夜温《古文简编》。二更即睡。五更接奉廷寄一道，系因王有龄之奏，命余救援浙江。

十五日

早，各员弁贺朔［望］，至辰正止。旋清理文件。写胡中丞信一件、九弟信一件、宫中堂信一件。旋小睡。李申夫来久谈。中饭后清理文件，习字一张，打到百件。头闷殊甚，当由日内服黄耆膏之咎。夜阅《仪礼》，钞古文"典志类"。二更即睡，尚能成寐。

十六日（奉命拨兵急救苏州）

早饭后，点华字营之名。旋见客二次，写单学台信，加二叶，写意城信，写张小浦信。见李申夫，与定倒湖雇舟转运事宜。小睡。中饭后清理文件。旋习字一张，打到一百件，写对联三付。傍夕与王壬秋久谈。夜不成寐。四更二点，接寄谕一道，因庞宝生之奏，饬余拨兵急救苏州。

十七日（接信必欲余派勇三千）

早，出城，至朱云崖营小坐。饭后见客二次。写次青一信，极长，约千馀字。旋小睡。写李辅堂、小泉二人信一件。中饭后改信稿二件，小睡片刻。打到七十件。写沅弟、季弟信一件。傍夕接次青信三件、南屏信一件，必欲余派吴退庵带勇三千。夜，头闷颇甚，服熟地、枸杞，与黄耆膏和服之，夜始成寐。至五更，头疼稍愈。

十八日

早饭后，看华字营马队操演。旋与申夫久谈，写胡宫保信一件、彭雪琴信一件。作梅自英山来，与之久谈。中饭因房东送席，请作梅与陈虎臣便饭。饭未毕，学使邵汴生自徽州来，与之久谈。中饭后，与作梅久谈。头闷不作一事。夜清理文件。

十九日

早，大雨，未能出门。饭后雨尤大。辰正出门，拜邵汴生学使。巳刻归，倦甚。旋写左季高信、李次青信。小睡。中饭请邵汴生便饭，申初毕。见客三次。礼前营新招一营，是日到祁。又札吴退庵新招二千五百人。清理文件。接庞宝生、季君梅信，知苏人望我之切有如云霓，愧无以应之。夜涵咏古文之熟者数篇。清理文件。

廿日（桶内得黟县生员王以宽禀）

早，大雨，未能出门。饭后清理文件。旋写胡中丞信一件、张小浦信一件。倦甚，小睡。中饭后，邵汴生来久谈，约一时许。旋与作梅谈。日内头疼头闷，不耐做事，清理应钞之古文，习字一张。夜与作梅谈，清理文件。桶内得黟县生员王以宽禀，深识治体，语有本原。夜，不甚成寐。四更接奉寄谕一道，以瑞昌奏浙中事之危，饬令派兵赴浙。

廿一日

早,出城,至黄惠清营。饭后清理文件。见客二次。旋写毓右坪信一件、李小泉信一件、李雨亭信一件。小睡。中饭请邵汸生学使,久谈。饭后又与作梅邬谈,习字一张,见客三次。傍夕与作梅久谈。夜改摺稿一件。二更三点睡,不能成寐。

附记

皖南筑碉　办族团

廿二日

早,至彭山屺营内,大雾,无所见而归。饭后清理文件。旋写胡宫保信、沅弟信、张小浦信,改饶放臣信,改保苏藩片。小睡片刻。中饭后,邵汸生来辞行,久谈。旋改保团练片稿。酉刻,出门拜邵学使,送行。夜与作梅、少荃邬谈一切。二更二点即睡,不能成寐。

廿三日(接奉寄谕命余救松江、上海)

早,至城外沈宝成营。饭后清理文件,见客二次,写毓、骆中丞信一件,郭去仙昆仲信一件,申夫来一叙,改片稿一件。午刻发报一摺三片。未刻接奉寄渝,因松江复失、上海危急,饬令设法救援也。中饭后写九弟、季弟信,约近千字。傍夕与作梅邬谈。夜,眼蒙殊甚,不敢做事。

清代春帖子

廿四日(因纪泽儿体气甚弱,心为不怡)

早,未出城。饭后写毓右坪信一件、李辅堂、筱泉信一件、次青信一件。午刻写家信,澄侯一件,专人带去。小睡,约三刻许。中饭后清理文件。天气郁热,闷甚不适。申刻与陈作梅围棋一局。大雨。雨后,热不止,头昏不作一事。夜清理文件。因纪泽儿体气甚弱,心为不怡

附记

早　　点名、看操、查墙子

饭后　写亲笔信,改信稿,见客,改奏稿

午正　小睡

中饭后　核咨札稿,打到,查核各章程、各名单

酉正　传训候差、委员、绅士之属。

灯下　温熟书,涵泳夷怿

二更三点　睡

廿五日

早,未出城。饭后至城外拜张凯章。归,见客二次。旋写胡宫保信、张小浦信,改信稿一件。午正小睡。中饭请凯章便饭,舒墨林在坐。申刻清理文件,见客三次。酉刻与作梅邬

谈。夜清理文件。二更三点睡，竟夕不能成寐。日内肚腹不清，常常作泻，上焦仍多火也。

廿六日（裁南河各官一案办理甚精）

早，未出外。饭后清理文件，见客三次，写季高信一件、胡宫保信一件，改信稿二件。中饭后见客，张凯章久谈。旋清理文件，内有裁南河各官一案，细看二遍，办理甚为斩截精细。计裁去河督一缺，河厅二十缺，佐杂六十四缺，武员七十六缺。新添总兵一缺。改廿四营为十营，留旧操防兵二千七百馀人，以修防改为操防兵五千九百馀人。每年省工程银一百三、四十万，省廉俸银三万馀两。近来大政，此事最有条理。傍夕与作梅久谈。夜与作梅久谈，言余身旁须有一胸襟恬淡者，时时伺余之短，以相箴规，不使矜心生于不自觉。读古文《尔雅图赞》、陶渊明《史记赞》，若有所会。

廿七日

早，未。饭后清理文件，见客二次。旋写毓中丞信一件、杨厚庵信一件，又改信稿三件。中饭后习字一张，写宋国承信一件、凯章信一件，见客四次，清理名单。与尚斋围棋一局，与作梅久谈。夜阅古文柳子厚各志。二更三点睡，不能成寐。四更四点，接奉批摺。以后，即不成寐矣。

廿八日

早，凯章来辞行，与之言宝营等事。饭后至凯章处送行，归来倦甚。写胡宫保信、张小浦信，清理文件。小睡片时。中饭后改信稿三件，见客二次，与少荃久谈，与壬秋、申夫久谈，清理文件。夜又清桶中文件。温《古文·传志类》上。

廿九日

早，写二信，告将至渔亭一行。饭后见客一次。旋出城，行四十里，至社景地方左田黄氏宗祠。中饭（后）又行二十里，至渔亭小驻。在霆字副中营住，见客颇多。申正遍走十营一看，惟冯标营内办理不整齐。余大胜有沉雄之气。傍夕归。夜，写二信，一与张凯章，一与纪泽，告明日将在此停住，侯凯章，并因便游齐云山。是夜竟夕不寐。

八月

初一日

早起，接浙抚王中丞信，知嘉兴官军败溃，杭城戒严，因无志游齐云山，定计速归祁门，在渔亭少候凯章。巳初起行，午正至双溪流地方许氏村内小住。中饭系祁门县所备。未正，至黑龙江营盘马队查阅，病者十馀人，一甲喇病甚重。申刻至礼字三营查阅，拗马桩及营内下帐房不甚合法。酉刻还公馆，见客四次。夜清理文件颇多，至二更四点尚未毕。是日，接奉廷寄，系因薛焕奏上海吃紧而发者。

初二日（夜闻石门官军溃散，浙事益危）

早起，未出门。饭后见客二次，写张小浦信、胡中丞信、张凯章信、李次青信。见客，王以宽，石埭增生，曾随俞理初讲学者，久谈。中饭后见客二次，写九弟信。清理文件甚多，瞑时始毕。夜与少荃久谈，改摺稿一件，清理文件，二更三点毕。是日，朱长彪自浙江回，五日赶到。接邵位西信、王雪轩信，知杭州惊慌万分，请援迫切。夜又接一咨，石门官军溃散，浙事益急矣。

初三日（悉饶州有打破厘卡之案）

早，骑马至朱副将营内一查。饭后清理文件，见客四次。旋写左季高信，改片稿二件。未刻发报。旋改信稿四件。中饭后又改信稿三件。清理文件极多，至瞑时始毕，倦甚。夜，不愿做事，来文十馀件，不敢多看，盖心劳而目又疼也。是日两接张小浦信，催余赴徽，余以祁门空虚，不克遽往。又闻饶州有打破厘卡之案，心为郁闷。

初四日

早，至河溪营一查。饭后清理文件。旋写毓中丞信、次青信，添刘星房信、袁午桥信，见客二次。小睡。倦甚。中饭后改庞宝生信稿。旋写对联七付。王壬秋来，与之久谈。夜，极倦，阅《古文选·杂记类》，未毕。二更二点睡，疲乏已极，略能成寐。

初五日（接奉批摺戒余之师心自用）

早起，至河溪营查阅。饭后，清理文件。旋写胡中丞信、张小浦信、沅弟信、小睡。中饭后见客四次，清理文件，改信稿二件：接奉批摺，系七月十二日所发之谢摺。朱批称卿，而戒余之师心自用。念昔己亥年进京，临别求祖父教训，祖父以一"傲"字戒我。今皇上又以师心戒我，当刻图书一方，记此二端。旋清理文件甚多，酉刻毕。倦甚，遂不作一事。夜与少荃谈。服人参一钱。

初六日

早，未出城。饭后清理文件。旋写骆中丞信、李希庵信，清理文件。午正小睡。中饭后核改信稿三件，内在夏敉甫一信，将渠所著书略翻数种，乃能核改。渠言"朱子之学得之艰苦，所以为百世之师"二语，深有感于余心。天下事未有不自艰苦得来而可久可大者也。旋清理文件。傍夕写挂屏四付。夜阅夏敉甫著书。眼蒙颇甚。

初七日（闻夷人占据天津，读之惊心焦愤）

早，出城，至强中营一查。往返十六里。饭后见客三次。旋写毓中丞信、张凯章信，又改信稿四件。小睡。中饭时，次青到，饭后与之畅谈。旋见客三次。将古文之"杂志类"编成目录，写九弟信一件。夜接胡宫保信，知天津于七月初五日战败，僧邸退至通州。夷人占据天津，读之惊心动魄，焦愤难名。与次青、少荃久谈。二更，清理文件至四点毕。睡不甚成寐，不图时事决裂至此。

初八日（邓弥之自浙江来请援）

早饭后，出城，看戈什哈操弓箭。归，见客三次，与次青久谈。旋写胡中丞信一件、张小浦信一件，清理文件。午刻邓弥之自浙江来请援，久谈。小睡片刻。中饭后清理文件。核改信稿二件。将《古文·词赋》下编选出付钞。与次青、少荃久谈，夜又畅谈。二更三点睡，不成寐。

初九日

早，未出城。饭后见客三次，写郭意城信、张小浦信、娄云庆信，清理文件。午正小睡。中饭后改信稿八件，与邓弥之等畅谈。因是日请弥之、壬秋、申夫中饭也。天热异常，与诸君子久谈。傍夕清理文件。夜亦清理数十件。近日，公牍渐多矣。

初十日

早，出城，至震字营查阅。饭后见客四次，清理文件，写胡中丞信、九弟信。午刻小睡。中饭后，出门拜邓弥之。归来，邵位西到，与之畅谈二时许。王心牧来畅谈。傍夕清理文件。夜与位西、弥之久谈。二更复清理文件。夜不甚成寐。

十一日

早，未出城，清理文件。饭后与位西久谈，见客三次。清理文件，写张筱浦信、张凯章信。午正小睡。中饭请邵位西、王心牧等吃饭，饭后久谈。旋清理文件，申正毕。至位西处谈。夜又谈。写幼丹信一件。竟夕不成寐。接沅弟信，知纪泽儿于七月二十四日生女。是日又接沅弟信，极论文士之涉于空虚，劝余远之，其言颇切当。

十二日（论文人好为大言，毫无实用者戒其勿近）

早，出城，至黄惠清营一看。饭后与邵位西久谈。旋见客二次，写胡宫保信一件、沅弟信一件，凡五叶，清理文件较多，又写雪琴信一件。小睡片刻。中饭后清理文件，见客二次。孙省斋自徽州来，与之久谈。夜复清理文件。与次青谈到任事宜。文人好为大言，毫无实用者，戒其勿近，与沅弟意略同。又戒待属员不可太谦，恐启宠而纳侮也。夜颇能成寐。

十三日

早，未出城。饭后清理文件。写张凯章、李小泉信七叶，颇长。见客四次。小睡。中饭后写季高信。清理文件。天热异常。见客二次。夜，选《古文·词赋类》下编。睡，颇能成寐。

十四日

早，出城，至震字营查阅。饭后清理文件。写毓中丞信、家信，寄澄侯一件、张凯章信一件。天气热甚，小睡。中饭后见客三次。清理文件颇多。写挂屏六幅，白板绫的又写二幅。因天热，不克写完。酉刻，与邵位西邕谈。灯时大雨，而热气未息。夜阅《古文·书牍》。是日次青赴徽州，余与之约法五章：曰戒浮，谓不用文人之好大言者；曰戒过谦，谓次青好为逾恒之谦，启宠纳侮也；曰戒滥，谓银钱、保举宜有限制也；曰戒反复，谓次青好朝令夕改也；曰戒私，谓用人当为官择人，不为人择官也。

十五日（改昭忠祠、东皋书院图）

早，各员弁贺节，至巳刻止，见二十馀起。旋清理文件。至位西处久谈。午刻小睡。中饭请客，孙省斋、邓弥之、李雨亭等，共二席。散后，热极。改昭忠祠、东皋书院图，改至二更四点止，尚未改妥。傍夕闻位西讲经，言《诗序》系孟子与万章之徒所作，"大序"与"小序"不当分而为二，所以记次第，非所以明章旨也。犹《史》《汉》《法言》之有后序尔。其言奇而颇确。

十六日

早，未出城。饭后见客四次，清理文件。改东皋书院、昭忠祠图，久而未毕。写张小浦信，清理文件。中饭后将书院图改毕，写信与沅弟，并寄银四百两，为修昭忠祠之费。旋写次青信、周百禄信。因是日辰刻接周信，初九、十一被贼扑，陷城外各垒，飞书请援，故手缄答之。清理文件甚多，至二更毕。倦极，不复能作事。日内出汗极多，本日尤甚。

十七日（接信言宁国失守）

早，出城，至朱云岩营。饭后清理文件，改毓中丞、王中丞等信稿六件，又写季高信一件、次青信一件、凯章信一件、宋国永信一件、胡宫保信一件。因本日巳刻接邵学使信，言宁国失守，故各处发十馀信。申刻清理文件极多。傍夕，与位西邕谈。夜又清理文件，作告示稿一、护票稿一。二更五点睡，竟夕不能成寐。

十八日

早，未出城。饭后清理文件。旋写次青信、张小浦信、张凯章信、李希庵信，又改信稿二件。中饭后，清理文件颇多。傍夕，与邵位西、王壬秋久谈。夜仍清理文件，写次青信一件。选"词赋类"，下编粗毕。

十九日

早，未出城。饭后清理文件。旋写骆中丞信、张凯章信、彭雪琴信、陈俊臣信，见客四次。中饭后围棋一局。旋清理文件颇多。与位西邕谈至夕。渠作《魏默深墓表》，取阅，不甚惬吾意。夜将《古文·词赋类》下编目录核定。日内因宁国失守，焦灼之至。本日札李希庵带二千人来江南岸一助。夜，竟夕不成寐。二更末，接次青信，逐条批发。

廿日

早，未出城。饭后清理文件。与位西围棋一局。寄胡宫保信、次青信、张小浦信、张凯章信。午正移营至北门外湘前营。中饭后改复刘詹岩信稿。见客十馀次，皆各员弁道喜。夜改各信稿，写杨镇魁信。二更三点接信，知次青所派防丛山关之两营于十九日失利，为之竟夕不寐。

廿一日（柳子厚山水记有冲淡之趣，文境高）

早起，写次青信。饭后清理文件，写左季高信一件、凯章信一件，改毓中丞信一件，添辅堂、筱泉信一件。小睡片时。中饭后又复次青信一件、凯章信一件、作梅信一件、雪琴信一

件,改椒云信一件。是日辰刻,接次青信,言丛山关之败,伤亡甚多。巳刻,又接〈信〉言二营在丛山关者败,在楼下者胜,为之稍慰。傍夕在营散步。剃头一次。夜读《古文·杂记类》,微若有所得者;柳子厚山水记,似有得于陶渊明冲淡之趣,文境最高,不易及。

廿二日

早,阴雨,未出巡查。饭后清理文件,写九弟信、胡宫保信,见客四次,复次青信。作告示稿,谕徽防兵勇。中饭后改宁国失守折稿、历陈军情片稿。夜改请江西、陕西饷片稿。二更五点睡,不甚成寐。

廿三日

早,未出营。饭后写次青信,写李申夫二人信,又写次青信,见客四次。改片稿一件,谢朱批训饬之词。倦甚,午正小睡。中饭后出城迎接张小浦。渠因同来营盘,久谈,酉初去。见客二次。宽十来。夜清理文件颇多。目蒙殊甚。写信,与希庵一件、沅弟一件。

廿四日

早,未出门。饭后清理文件,写凯章信、次青信、申夫信、春霆信。出门拜张小浦、杨利叔,久谈,午正始归。清理文件。未刻请张小浦吃饭,酉初散。写凯章信、作梅信、小浦信、次青信。夜,清文件颇多,倦极。

廿五日(京中军机处言夷氛直至通州)

早,未出营。饭后清理文件。闻夏戈什哈自徽州来言,河溪礼字等四营及平江六营,廿四日大败。贼围徽州,危急之至,不胜焦灼。寄鲍镇信,嘱其入岭救援。寄凯章信,嘱其退扎太平。是日,凡去一信四札,皆如此。又改邵位西信与宋子久信。寄次青信五次,接次青围城中信二次。致左季高信、九弟信。张小浦来久谈,又见客四次。夜不能成寐。四更接廷寄一道,系京中军机处所发,言夷氛直至通州也。

廿六日(闻徽州不守,次青不知下落)

早,未出营,写信与次青。饭后清理文件。又寄次青信。张小浦来,久谈。见客三次。出门送张小浦之行。归途接次青信,方谓城中坚守[旁有"辨余责躁字之非"句],可无恙也。是日,催鲍公赴援,凡四次。复胡中丞信、毓中丞信。又寄次青信,张椒云信,凯章、作梅信,复位西信、次青信。夜二更,闻徽州于廿五日申刻不守,次青不知下落,为这竟夕不寐。办各事颇多,约计二时之久。

廿七日(思次青之败由于自是)

早饭后,清理文件,见客三次。旋至花桥看营盘,颇为得地,往返二十七里,未正三刻归。中饭后,见客四次。是日,平江各营败勇俱至祁门。未得次青实在下落,殊为凄咽。与朱品隆言修垒之事。傍夕倦甚。夜极凉,睡颇成寐。是日思次青之败,由于自是,而余之方寸亦不免自是之根,总由器小易盈故耳。

廿八日

早饭后见客四次,清理文件,写沅弟信、胡宫保信。中饭后清理文件。倦甚。傍夕见徽防将官杨名声,人甚明白,微嫌其滑。夜与少荃久谈。

廿九日

早饭后写希庵信。旋写凯章信、胡中丞信、沅弟信,清理各文件。中饭后清理徽防各军领饷事件。傍夕在营外散步,纪泽从行,教之以读书之法,因泽儿明日将归去也。日内因徽防败兵、宁防败兵、楚军败兵,共不下二万人,纷纷多事,日不暇给。目力大坏,不能不加花矣。

九月

初一日

早，各员弁贺朔，至巳刻，见客始毕。旋写左季高信，清理文件。中饭后清理文件。写凯章信、希庵信。是日，外间浮言稍息，人心稍定，余亦稍稍休养。夜阅《古文·书牍类》。是日纪泽泽与牧云同赴安庆，宽十与陈代山亦去。

初二日

早饭后见客四次。旋写鲍军门信、张凯章信、李希庵信。中饭后批鲍镇禀，见客六次，阅《淮南子·地形训》。傍夕呕吐作痛；起更即睡。近日，凡吃茶水太多，继以饱食，即呕吐，盖阳气不能运化也。

初三日（知夷氛逼近京城，为之悲泣）

早饭后见客三次。旋写凯章信、九弟信、张小浦信。中饭后见客四次，写凯章信。接恭亲王咨文，敬悉銮舆已出巡热河，夷氛逼近京城仅二十里，为之悲泣，不知所以为计。营盘对面有高山，试派人用绳量之。夜清理文件，写希庵信。

初四日

早饭后清理文件。旋见客三次，写家信一件与沅弟，又写一件与澄侯。巳正希庵来，与之𪩘谈。中饭后清理文件甚多。申刻，与希庵久谈，夜又𪩘谈。通夕不能成寐。

初五日

早饭后见客四次。旋清理文件，与希庵𪩘谈，批鲍超二禀，写凯章一信。中饭后作摺一件，复奏征鲍超入援之旨，至灯时始毕。夜接胡宫保信六件，清理文件极多，仍竟夕不能成寐。

初六日（接次青之信，犹多饰非之辞）

早饭后见客二次，旋改徽州失守一摺，写胡宫保信、毓中丞信，作复咨呈恭亲王文。小睡。中饭后发摺二件，又恭亲王咨呈亦用夹板。旋至朱云崖处小坐。与希庵久谈。清理文件颇多。夜与希庵久谈，清理文件。竟夕不能成寐。是夕接次青廿六日在街口所发之信，犹多怙过饰非之辞。咸丰六年，平江勇焚杀辰勇二百馀人，次青信中亦多怙过饰非之语，此人殆不足与为善矣。

初七日

早饭后见客四次。旋清理文件，写沅弟信、季高信、鲍春霆信。作梅自凯章处归，与之久谈。中饭后清理文件，与李申夫久谈。傍夕接胡中丞信四件，又接文件甚多。夜清理，未能完毕。

初八自（吾近于静字欠工夫）

早饭后见客三次，清理文件，写胡中丞信、宫中堂信、张椒云信。中饭后清理文件颇多，复雪琴信，与希庵久谈。下半日休息颇久，与作梅围棋一局。夜阅扬子《法言》，较往时所见略深。与希庵论勤王事宜。睡后，思八年所定"敬、恕、诚、静、勤、润"六字课心课身之法，实为至要至该。吾近于静字欠工夫耳。

初九日

早饭后清理文件。旋见客四次，皆各营将官，写郭云仙、意诚信，未毕。欧阳正墉、彭炳武自历口来见，希庵带来援祁之四营也。天雨，连绵不止。中饭后始将郭信写毕。旋与希庵论北援之事，清理文件。傍夕接沅弟信，词意妄谬，大不以为然，且虑其骄矜致败。夜又与希庵久谈，阅古文三篇。睡不能成寐。

附记

左李姻事

平江六营并营务处，亲兵、功德哨、马队，共点名发途费者，二千八百五十九名。除清字营阵亡未到者，摺内未经开载外，摺内共载阵亡二百二十四名。

初十日

早饭后清理文件。是早请欧阳正墉、彭炳武早饭。巳刻写沅弟信，责其初五日午刻一信

之非。旋写胡宫保信。中饭后与希庵久谈，希欲请陈作梅至渠营，以咨切磋琢磨之益，求之甚坚，即在余坐次鬯谈。九弟遣人送家信十馀件。旋又清理文件。夜温《古文·传志类》下编。是日，因九弟之骄矜，并箴规希庵，恐其流于骄而不自觉。申刻写对联五付。

十一日

早饭后清理文件。旋见客三次，与希庵鬯谈北援事宜。旋写胡中丞信，作《北援议八条》。中饭后见客三次，与希庵论北援事。酉刻与作梅围棋，未毕而凯章至，谈至三更尽，颇有意见不能化之处。申刻写对联四付。

十二日（与希庵谈北援事，意见不合）

早饭后清理文件。与希庵谈调成大吉随同北援事，意见不合，心中为之郁郁。辰刻送希庵归。旋与张凯章鬯谈。巳刻送凯章归去。见客三次。日内因徽州之败，深恶次青，而又见同人多不明大义，不达事理，抑郁不平，遂不能作一事。午刻小睡半时。中饭后，与作梅围棋二局。旋写季高信、毓中丞信。清理文件。申夫来，久谈至夕。夜批叶光岳一禀，甚长。又批杨名声禀。胡中丞寄示严渭春等信，其言夷氛犯阙，圣驾北巡，不如西狩等语，甚辨，然要归亦无可取，但言余与胡帅断不可北行而已。

十三日（论次青在徽误事之情心中恼怒）

早饭后清理文件。旋写凯章信、胡宫保信、彭雪琴信。小睡。中饭后作周天受请恤摺，至夜方毕。灯下，与作梅围棋一局，鬯论次青在徽误事之情。日内，心中恼怒殊甚，又天雨连绵，气象甚不好，为之愀然不乐。

十四日

早饭后清理文件。旋写澄侯信一件、凯章信一件、希庵信一件、黄南坡信一件，见客三次。中饭后写沅甫信一件，作军情夹片一件。夜清理文件颇多，写邓寅皆信一件。是日，本家竹斋来，鬯谈甚久。

十五日（与友谈人情之厚薄，读书人多虚浮）

早，各员弁贺朔[望]，巳刻早饭。饭后又见客数次，作夹片一件，调蒋芗泉来皖南。清理文件。写李希庵信。中饭后，作梅写一说帖，极言劾次青摺不宜太重。旋请之面谈，渠复再三婉陈，因将奏稿中删去数句。旋清理文件颇多，榜夕毕。夜与作梅围棋一局。复鬯谈人情之厚薄，读书人之多涉于虚浮。作梅所陈，多见道之言，余所发多有激之词。

十六日

早饭后清理文件。旋写凯章信、胡宫保信、左京堂信。辰刻发报摺一件、片二件，见客二次。中饭后清理文件，申夫来，久谈约二时许。夜闻初四日淳安失守之信。批锺仲甫禀，写季高信、凯章信，与作梅围棋一局。接九弟信，知贼目四眼狗由六安州至霍山，贼目李寿成、杨雄清将由池州上犯东、建等处，贼目李世贤将由徽州窜江西、浙江。各路悍贼纷集，皆以谋解安庆之围云云。竟夕不寐。

十七日

早饭后清理文件。旋作普镇、鲍镇、吴道公文三件，又屈道一批。宋子久侍讲来久谈。中饭后写胡信一件、左信一件、毓中丞信一件，与作梅围棋一局。夜阅《古文·哀祭类》。傍夕，次青自广信来，至营一见，尚无悔过之意，恐难长进。

十八日

早饭后清理文件，见客二次，写凯章信、雪琴信、胡宫保信。与作梅围棋二局。午正，申夫来，鬯谈时许。未正请吕昼堂、宋子久便饭。旋写杨厚庵信一件，清理文件。大雨如注，天气愁惨异常。与作梅久谈，又与易昀菱久谈，谋所以添亲兵一营之法。傍夕与作梅鬯谈古文之法，及人心并无悔祸之意，难以挽回天意云云。作梅深以为然，相与歔歍久之。

十九日

早饭后清理文件，见客三次。旋写九弟信一件，约五百馀字，与作梅围棋一局。中饭后

核楚军营制,至夜二更核毕,以左季高、王璞山、胡宫保、李希庵诸人所定之制参考之。夜,又与作梅嗣棋一局。睡不甚成寐。

廿日(作梅言余须存一番熏陶玉成之心)

早饭后清理文件,见客二次:旋写毓右坪信一件,与作梅围棋一局,刘幼蟠来久谈。中饭后写季高信一件,核楚军营规,傍夕与作梅久谈。作梅言,见得天下皆是坏人,不如见得天下皆是好人,存一番熏陶玉成之心,使人乐于为善云云。盖讽余近日好言人之短,见得人多不是也。夜温《古文简编》,高声读之。睡,略成寐。

廿一日(思做人之道,惟"骄、惰"最误事)

早饭后清理文件,见客三次。旋写季高信一件、沅弟信一件,围棋一局。目甚昏,神甚倦。中饭后核营规三条。天雨连绵,阴曀不开,令人愁闷无聊,心血亦亏损,若仓皇不克自主者。申酉间,与作梅论文。夜围棋一局。旋写零字。眼蒙殊甚。日内思傲为凶德,凡当大任者,皆以此字致于颠覆。用兵者,最戒骄气、惰气。做人之道,亦惟"骄、惰"两字误事最甚。夜睡,略能成寐。

廿二日

早饭后清理文件。旋见客三次,写凯章信一件、李辅堂信一件,围棋一局,清文件颇多。中饭后,将盐务浙盐运西充饷一案各详细阅一遍,至酉初阅毕。剃头一次。夜温《古文·序跋类》,微有所会。

廿三日

早饭后清理文件。旋见客三次,与作梅围棋一局,复希庵信一件,致张小浦信一件、胡宫保信一件。中饭后见客二次,天气放晴,久雨愁闷,睹此为之一快。申刻,季弟专人送画来。接九弟有[有字衍]信,言余责其初五午刻一信之失,自知悔悟云云。或者不至长傲遂非,是余家之幸也。傍夕,作梅与余邕谈。夜冯竹儒来,邕谈夷务,言夷人炸炮最有准,断不可以守营云云。

廿四日(闻京城已被逆夷侵,伤痛之至)

早饭后清理文件。旋与作梅邕谈当今之世,富贵固无可图,功名亦断难就,惟有自正其心以维风俗,或可辅救于万一。所谓正心者,曰厚,曰实。厚者,仁恕也。己欲立而立人,己欲达而达人,己所不欲勿施于人,存心之厚,如此可以少正天下浇薄之风。实者,不说大话,不好虚名,不行架空之事。不谈过高之理。如此可以少正天下浮伪之习。因引顾亭林所称匹夫之贱与有责焉者以勉。作梅是日将由吴城以至宿松,巳刻别去。旋写家信,夫人一件、澄侯一件,又写张凯章一件、胡宫保一件。见客四次,鲍春霆来久谈,因留之中饭。饭后写沅、季信一件,小字,甚长,戒"骄"字、"惰"字。夫人信内亦戒此二字。与尚斋围棋一局。申刻,接胡宫保信,知京城业被逆夷阑人,淀园亦被焚,伤痛之至,无可与语。旋清理文件甚

青铜器

多,至夜二更始毕。占二卦:一问前疏请带兵入卫,是否奉旨派出北上,一问鲍、张进攻休宁,能否得手。

廿五日

早饭后清理文件。旋见客三次,中见罗、瞿、江三县令,因语言不合理,余怒斥之甚厉,颇失为人上者泰而不骄、威而不猛之义。写凯章信、季高信、右坪信。与尚斋围棋一局。中饭后清理文件。旋将营规作毕,拟即发刻。夜,温《古文·传志类》,于太史公用笔之势,若有所得。

廿六日(思东坡"守骏莫如跛"之意)

早饭后清理文件。旋见客三次,内周瀚、刘兆璜坐颇久。写九弟信一件、胡宫保一件。与尚斋围棋一局。旋将九弟手卷写毕。中饭后,见客四次,内黎世兄坐颇久。酉刻,李申夫来久谈,停晚散去。夜清理文件,寸心郁闷异常。与尚斋围棋一局,目蒙殊甚。是日因写手卷,思东坡"守骏莫如跛"五字,凡枝皆当知之。若一叶骏快奔放,必有颠踬之时;一向贪图美名,必有大汗辱之时。余之以"求阙"名斋,即求自有缺陷不满之处,亦"守骏莫如跛"之意也。

廿七日(知圆明园被焚,但已和议,夷兵退至津)

早起,接胡宫保信,内有恩秋舫观察祥八月廿八日专人自京寄至湖北之家信一件。知逆夷在京城德胜门外;圆明园虽被焚毁,京城尚未大伤,和议已成;夷兵退回天津;京城九门,前闭其八,今已全开,买卖将次照常;銮舆渐可还京云云。阅之差为忭慰。早饭后清理文件。旋写季高信一件、毓右坪信一件。午刻倦甚,小睡。中饭后写雪琴信一件。清理文件颇多。黎寿民送手卷,系刘石庵、翁覃溪二公乾隆四十八年在顺天闱中所写,各临《兰亭》一本,又书诗跋甚多。余以其物尤,可珍贵璧之。又出其先人樾乔侍御诗稿,请为订定。阅至傍夕,不忍释手。夜与尚斋围棋一局,阅《五宗世家》等篇。

廿八日

早饭后清理文件。旋接胡宫保信,内有与陈作梅密信,因作梅已赴江西,余拆阅。中言沅甫乡里之评,如此大非乱世所宜,公可密告涤丈箴规之云云。余因作梅在此数月,并未提及一字,不知所指何事。因问少荃曾闻作梅说及我家事否。少荃育曾闻作梅说及沅甫乡评不好。余细叩何事,渠言洪家猫面脑葬地,未经说明,洪家甚为不服。洪秋浦有信寄余,其中言语憨直,因隐藏未经寄营。本县绅士亦多见此信稿者,并劝余设法改坟,消息无形等语。又言沅甫起新屋,规模壮丽,有似会馆。所伐人家坟山大木,多有未经说明者。又言家中子弟荡佚,习于吹弹歌唱之风云云。余闻之甚为忧惧。旋写胡宫保信,写凯章信。中饭后,倦甚,眼蒙不敢作事,仅阅《穀梁传》廿馀叶。傍夕亦倦。夜清理文件颇多。眼蒙殊甚。睡后,细思余德薄能鲜,忝窃高位,又窃虚名,已干造物之忌,而家中老少习于"骄、奢、佚"三字,实深悚惧。

廿九日(闻夷逆进京事,愧愤不能自己)

早饭后清理文件。旋与尚斋围棋一局,写沅甫信一件、宋子久信一件。接胡中丞信,内有长新店探报一纸,言夷逆进京之事,至为悲痛。又有吴竹如与严渭春信。又严渭春、张仲远与胡宫保信,皆深痛不忍读,为之竟日不怡。中饭后写左季高信,阅《穀梁传》。夜,天昏黑,殊甚念本日鲍、张二军打仗,不知胜负何如,又念唐皇幸蜀、金宗迁蔡之事,不幸身亲见之。身为大臣,愧愤不能自已。

卅日(闻横店地方有贼,派人打探)

早饭后清理文件。有文书数件,由步拨递东流者,中途折回。闻横店地方有贼,去祁门百五十里,去建德百三十里,派人数起往探,旋见客四次。写左季高信,令其扎三营于景德镇。又写毓中丞信。与尚斋围棋一局。中饭后清理文件颇多。是日请杨朴庵、黎寿民便饭。写宋子久信一件。夜温古文"传志类"、"序跋类",见古人文笔有云属、波委、官止、神行之

象，实从熟后生出。古人谓"文人妙来无过熟"者，此也。夜，竟夕不能成寐。

十月

初一日

早，各员弁贺朔，见客甚多，至巳正毕。清理文件，复吴竹庄信，将所钞古文检交书店装钉，又将所定营制、营规核改发刻。夜阅韩文《送高闲上人序》。所谓机应于心，不挫于物者，姚氏以为韩公自道作文之旨。余谓机应于心，熟极之候也，《庄子·养生主》之说也。不挫于物，自慊之候也，《孟子》养气章之说也。不挫于物者，体也、道也、本也。机应于心者，用也，技也，末也。韩公之于文，技也进乎道矣。

初二日（夜思作古文之道宜讲求布局）

早饭后清理文件。旋写凯章信一件、罗少村信一件。见客六次。中饭后核改摺稿一件。傍夕，至杨朴庵处久谈，灯后归。与尚斋围棋一局，旋写伴山信一件。胡晖堂查各岭归，极言赵廷贵之可恃。是夜思作古文之道，布局须有千岩万壑，重峦复嶂之观，不可一览而尽，又不可杂乱无纪。

初三日

早饭后与尚斋围棋一局，旋清理文件。巳刻至礼前、礼后两营查阅墙子。连日，因池州之贼在榉根岭外游奕，祁门与江北文报不通，因派唐义训带干馀人至榉根岭一带巡哨。午刻，写胡宫保信。中饭后写左季高信，见客三次。改摺稿、片稿四件。杨朴庵来久谈。清理文件颇多。夜诵《书经》，清理文件。是日睡颇安甜。

初四日（日接三道奉旨，可专心办南服之事矣）

早饭后清理文件。见客五次，内陈虎臣来，与论用功读书须当下动手，不可稍有等待。写家信，澄侯一件、夫人一件，均言家中不可置买田产。中饭后清理文件。是日发报二摺：一报金坛失守惧恤人员，一复奏两次廷寄，言拨兵赴苏、常，救镇江，刻下力尚不能。三片一单。是日接奉廷寄谕，系因王有龄奏请左京堂赴浙剿办。夜间，又接廷寄一道，系言鲍超一军可不北上京师，逆夷就抚业有成议。又奉旨，希庵放皖臬司，寄云放苏藩司。夜写凯章信一件、沅甫信一件。清理文件极多。旬日，寸心扰扰无定，因恐须带兵北上入卫，又须进规皖吴，兵力难分也：今接奉此旨，可专心办南服之事矣。本日，姚石甫之子来见，亦有志之士，不愧世家子弟，邕谈甚久。

初五日

早饭后与尚斋围棋一局。旋清理文件，写胡宫保信一件、李希庵信一件、沅弟信一件。见客四次，徽州府刘守谈颇久。中饭后清理文件颇多。旋写张仲远信一件，至夜方毕。温《书经·君奭篇》。夜睡颇美，未及五更即醒，盖老态日增矣。

初六日

早饭后清理文件。旋与尚斋围棋一局，写左京堂信一件、毓中丞信一件、雪琴信一件。中饭后清理文件，写宋子久信一件，再与尚斋围棋一局，清理文件。剃头一次。夜温《洪范》数遍。

初七日（圣意仍令余以南服为重）

早饭后清理文件，与尚斋围棋一局。旋写胡官保信一件、毛寄云信一件。中饭后写宋子久信一件，清理文件颇多，见客四次。傍夕，接奉朱批，系九月初六日奏请派余与胡帅北上入卫之疏，未蒙见准，圣意仍以南服为重也。夜，与尚斋围棋一局。是日接家信，九月廿日所发，澄弟尚在衡州也。温古文三篇。

初八日

早饭后清理文件。旋将昨日廷寄无庸北上,写信遍告各处:左季高一信、胡宫保一信、彭雪琴一信、九弟一信、凯章一信、李小泉一信。左信内请其进扎屯溪,并自粘签于图寄之,清理文件甚多。中饭后写告示一件,见客三次,清理文件。夜又清理一切。因明日当出门赴黟县查岭,故本日须逐一料理。夜,与唐义训定守赤岭,榉根岭之法:以湘勇千人守之,以一哨扎箬坑,以二哨上赤岭,而大队借居程村,照顾二岭之事。

初九日(出门至黟县查岭)

是日恭遇先君七十一冥寿。余出门至黟县查岭。早饭后姚秋浦来,邕谈。旋出门三十里,至石岭地方中饭。饭后过西武岭。出岭后,地势开旷,绝不似祁门局促之状。行廿里至古筑孙村,小坐。又行十里至黟县,住考棚之内。大雨不止。夜写王霞轩信一封,校《古文·序跋类》六篇。

初十日

早饭后略清文件。旋出门行二十里,至宏村,在汪姓一书院居住。大雨如注,竟日未尝少息。清理文件,写九弟信一、张伴山信一件。日暮倦甚。与申夫言,李西沤先生论《中庸》言太高深,与余之意相合。夜,校对《古文·序跋类》之《太史公自序》。

十一日(是日为余五十生日,余颓然状如老人)

是日为余五十生日,马齿虚度,颓然遂成老人,从此德业恐不能有所长进,但求不日见其退,斯幸耳。早饭后清理文件。辰正出门看岭。行二十里,至羊栈岭。云雾封山,不能望远,怅然而返。归途遇卢村绅耆,请至卢氏祠内中饭。饭后仍回宏村。申刻,至门外散步游览。夜与申夫邕谈。校对《古文·序跋类》中之《艺文志》。

十二日

早饭后由宏村往桐林岭,查看岭防。行十里,至尚梓岭、尚梓坑。又行十里,至石灰岭、石灰坑。山路陡仄,天寒雪大,竟不能往。遂令李申夫、唐桂生二人往桐林岭,而余先归矣。申初回宏村,清理文件,榜夕毕。夜校"序跋类"中《汉书·自叙》等篇。

十三日

早饭后,写左季高信一件。旋由宏村至三都。行二十里,又十里,至砚溪。又十里,至漳岭查卡。又步行十里,看各卡。旋下岭,行二十里,至三都。汪村汪氏宗祠极大,有似殿廷规模,门对霭山,后倚碧石。即在祠内住宿。夜,校欧公诸序。

十四日

早,在三都汪祠饭后,即起行回祁门老营。已刻至石岭地方打尖。未刻至祁门城外,邵学使在外迎接。申刻到家。见客甚多,直至日暮方毕。灯下,清理文件。旋校"序跋类"中曾子固各文。日内,在轿中温《书经》《盘庚》《君奭》等篇。本日温《召诰》,于古人"周情孔思"四字,若有所会。

十五日

早,文武各员弁贺朔[朔字衍]望,及至巳正始毕。旋写胡宫保信、彭雪琴信。中饭后写沅甫弟信,清理文件。旋出门拜客,至邵学使处一谈,粮台、忠义局各小叙片时,灯上时归。与尚斋围棋一局。旋清理文件颇多。

十六日(校《古文·序跋类》)

早饭后清理文件,与尚斋棋一局。旋写家信一封,与纪泽,纪鸿,又一信与左季高。清理文件。中饭后清理文件甚多。夜与尚斋围棋一局,校对《古文·序跋类》中之《文献通考序》,未毕。二更后又接文件极多。

十七日

早饭后清理文件。旋写胡宫保信、沅甫信,见客四次,清理文件颇多。中饭,请邵学使、姚秋浦、岑藟舫诸君便饭。饭后见客三次。夜与尚斋围棋一局。校《文献通考序》,"序跋类"校毕。

十八日

早饭后清理文件。旋写胡宫保信一件、九弟信一件，见客四次，清理文件颇多。中饭。清理文件百馀起。夜与尚斋围棋一局。写毓中丞信。

十九日（骇闻贼破羊栈岭而入）

早饭后清理文件。旋与尚斋围棋一局。写左季高信、张凯章信。中饭后清理文件，积牍为之一清。傍夕闻贼破羊栈岭而入，为之忧骇异常。余于十一日看羊栈岭，大雾迷漫，目无所睹。十二日看桐林岭，为雪所阻，今果疏失，天也。是夜札饬鲍、张等。竟夕不能成寐。

廿日

是日，因昨日竟夕不寐，神气昏倦。督各营将茅蓬拆去，概搭布棚。大兴工作，料理守营之事。清理文件。与尚斋围棋一局。写左季高信、沅甫信。中饭后见客数次。清理文件。傍夕，闻黟县失守，张凯章派二旗与袁国祥之勇攻剿失利。凯章二旗虽小挫，而军械未失。与尚斋围棋一局。是日傍夕，误闻凯章老营被贼攻陷四营，忧愤之至。至二更四点闻的信，始知是派二旗攻黟县之失。

廿一日（知霆军进攻黟县大胜）

早起，接鲍镇军信，知廿日派霆字三营进攻黟县，大获胜仗，当将县城克复。礼字二营及老湘营之三旗、张应超营，一同接仗，杀贼无算，人心少定。饭后清理文件，写杨军门信、左季高信、胡帅信、沅弟信，见客四次。中饭后清理文件。与尚斋围棋一局。旋回拜邵学使。渠欲回籍寻觅眷属，咨请代奏告病，将关防交存余处，故往送行也。夜，清理文件。校对所钞古文之"论著类"《庄子》四篇。

廿二日

早，接鲍镇信，知廿一日再战大胜，杀贼千馀，将贼逐出羊栈岭外，人心为之大定。余恐昨日贼未打退，派祁门老营二千人去黟县打行仗。黎明起行，旋接信，知贼已退出岭外矣。见客四次。清理文件，写胡宫保信、左季高信、沅弟信。中饭请邵学使便饭，邕谈甚久，申刻散。见客三次，写希庵信，整理文件。夜写凯章信，清理文件，校对《庄子》二篇。

廿三日

昨日，派唐桂生等去黟县打行仗，四更归来。早起见诸将，知贼于廿一夜出羊栈岭矣。饭后清理文件，见客甚多，写左季高信，并贼情战守条议，围棋一局。中饭后写凯章信、厚庵信、润帅信、沅弟信。清理文件。剃头一次。夜围棋一局，写春霆信。校对《庄子》二篇。

廿四日（古人以用兵之道通于声律，余不通故不知兵）

早饭后清理文件。旋见客四次，写澄侯信、沅甫信、左季高信。中饭后清理文件甚多，至傍夕方毕。改信稿二二[衍一二字]件。校对钞本古文《荀子·议兵篇》。是夜读《史记·律书》，古人以用兵之道通于声律，故听音乐而知兵之胜败、国之存亡。余生平于音律、算法二者一无所解，故不能知兵耳。

廿五日

早饭后清理文件。旋见客三次，围棋一局，写季高信。中饭后，邵学使来久谈，鲍春霆来久谈。是日改摺稿三件：一、报仗，一、萧启江建祠，一、黄翼升谢恩；片三件。夜，写九弟信一件，嘱前后二哨暂缓渡江，并言猫面脑先茔之事。

廿六日（日内思作字之道）

早饭后清理文件。旋出南门送邵学使，又看营盘地基，午初归。见客二次。旋请鲍镇军便饭，饭后鲍归。拜发三摺、三片，清理文件甚多。处决各营送来生擒之贼，分别斩释。接左季翁信，知廿二日渠部在贵溪获大胜仗。夜，又清理文件。日内思作字之道，用笔贵勒贵努，而不可过露勒努之迹；精心运之，以和柔之力，斯善于用勒用努者。

廿七日

早饭后清理文件，见客三次，写九弟信一件。早间接九弟信，知多都护于廿三日打仗大胜，为之欣慰。午刻出城迎接左季高京堂，未正回营。季翁同来，至更初始去。清理文件，校对古文五篇。睡颇酣甜。四更末醒，不复能睡矣。

廿八日

早，清理文件。饭后见客二次。巳正左季翁来，久谈，至申刻去。旋又清理文件。写胡宫保信、彭雪琴信、沅弟信。夜改各信稿。校《古文·论著类》中韩文六篇。夜思古文之道通于音律，用兵之道亦通于音律，吾不知音律，终不能得二者之深处。

廿九日

早，清理文件。饭后至左营小坐，鬯谈，巳正归。见客二次，清理文件。中饭后清理文件约二百馀件，写宋子久信。夜校《古文·论著〈类〉》柳文、欧文。

十一月

初一日

早，各员弁贺朔，见客多次，至巳正始毕，颇嫌纷扰。左季高来，鬯谈二时许。中饭后清理文件，围棋一局，见客五次，改信稿二件。夜，改信稿六件，皆京信。又添胡莲舫、周子佩、王子怀信各二叶。校对《古文·论著类》中之《通书》。

初二日（居高位者，何人不败于自是！）

早，拜发万寿摺。饭后围棋一局，见客三次。与张伴山、刘幼蟠议薪水之事，裁减一番。旋清理文件。中饭，请左季翁及李青培便饭。夜清理文件。旋校《古文·论著类》中之老泉诸文。日内，荒于奕棋，精力弥惫。早，接九弟信，言古称君有诤臣，今兄有诤弟。余近以居位太高，虚名太大，不得闻规谏之言为虑。若九弟果能随事规谏，又得一二严惮之友，时以正言相劝勖，内有直弟，外有畏友，庶几其免于大戾乎！居高位者，何人不败于自是！何人不败于恶闻正言哉！夜，睡至四更末即醒，不复能更睡。古人言，昼课妻子夜课梦寐。吾于睡中梦中总乏一种好意味，盖犹未免为乡人也。

初三日（忧闻建德普军危急）

是日恭逢先太夫人生日，在营未设祭席，默祷志哀而已。饭后与尚斋围棋一局。旋清理文件，见客三次，写沅弟信一。中饭后写厚庵信、希庵信、小岑信。旋至季高营内鬯谈，灯后始归。清理文件，校《古文·论著类》毕。是日因闻建德普军危急，心以为忧。

初四日（欣闻桐城大捷）

早饭后，季高来叙别，将仍回景德镇。余旋送之出南门，巳正归。见客二次，写家信，沅弟一封、纪泽一封。因建德普军中消息不佳，又以左军在德兴无信，桐城日内大战无信，心摇摇如悬旌。旋阅《汉学商兑》。中饭后写毓中丞信，与尚斋围棋一局，清理文件颇多。酉刻闻桐城廿八日大捷之信，为之欣慰。夜再阅《汉学商兑》，校《古文·辞赋类》。

初五日

早饭后接信，知左军初一日克复德兴。旋于午刻得信，知左军于初三日克复婺源。清理文件：上半天见客三次。中饭后见吴竹庄，谈极久。申刻宝营勇来告急，言初二、三贼来扑营，甚为危急，余心以为忧。因商定派沈宝成带老营勇一千馀人，前往救援。又写信与左季翁，请其暂扎景镇。又令竹庄二营速扎湖口，恐建德有失，则湖口、饶州吃紧也。

初六日

早起，沈宝成带十一牌亲兵九哨去救建德。饭后清理文件。旋与尚斋围棋一局，阅《汉学商兑》，见客三次，写左季高信。中饭，请吴竹庄、夏谦甫便饭。饭后见客二次。出门拜吴竹庄、刘幼蟠。夜改摺一件，改信稿六件，清理文件甚多。本日因建德危急，极不放心。

初七日（知建德初四失守，大为不怡）

清朝铠甲

早饭后与尚斋围棋一局。旋胡晖堂、张鼎峰两哨去助沈宝成,见客三次。清理文件。中饭后清理文件。又至南门看营盘地基。申正接吴巡检禀,知建德初四失守,心怦怦,大为不怡,竟夕不能成寐。是日写九弟信、胡宫保信、左京堂信。

初八日

早饭后见客三次,围棋一局。办咨稿、札稿三件,口授,令人写之。写沅弟信一件、凯章信二件、季高信一件。中饭后又写季高信一、凯章信。作片稿一,报近日军情。灯后发报一件,即复奏夷务二事者。见客四次。夜,校赋篇及《离骚》,阅《汉学商兑》,清理文件颇多。

附记本日据申报

二十六次厘金:一十六万三千七百两;六万二千串文。

九次茶捐:九万六千两。

十一次厘税:四万七千五百六十两。

初九日

是日因建德失守,军务棘手,焦灼之至,竟日不能办一事。申刻闻东流失守,弥增郁郁。与尚斋围棋二局,写季高信一件、凯章批一件。日中接廷寄,系因浙江之奏,饬缓调彭斯举平江营回江西省。初四日过建德时,建城尚未失也。余昨日饬鲍超退扎渔亭、黟县两处,张凯章移扎休宁之南。本日鲍回信,不愿轻退,张禀复欲由祁门绕赴婺源,余皆饬责之。

初十日(是日定计派唐桂生带剿建德)

是日,冬至令节。五更起,自营入城,至万寿宫拜牌。礼毕,恰值黎明。归营时,文武员弁前来贺冬,见客十馀次。已刻与尚斋围棋。两夜睡不成寐,又以建德无确信,焦灼万分,昏倦之至。未初又围棋一局。中饭后清理文件极多,又亲批沈宝成、鲍超等禀。是日定计以老营护卫之勇,派唐桂生带剿建德,而令鲍超派千馀人来祁护卫。夜颇成寐,然亦于四更二点即醒。

十一日

是日派唐义训带千馀人去剿建德。面谕朱声隆一切。饭后与尚斋围棋一局。午刻见客三次。未刻写信一件,批数件,清理文件。中饭后,又围棋一局,清理文件。调霆字营千八百人来护卫老营,行百一十里,午正已到,信可慰也。令两副营扎于花桥,正前、正左、副中三营扎于祁城外。清理文件颇多。夜写唐桂生信、左季高信,又清文件。自占一卦,问江北有兵

来南岸否。遇"坎"之"观",见者以为佳。是夜,二更四点睡,五更三点始醒,在近日为美睡,可贺者矣。

十二日(夜占卦问左军利钝,卦象不吉)

早饭后与尚斋围棋一局。旋清理文件,写沈副将等之批。中饭后清理文件,批江西省税房租不如减漕一案。申刻剃(头)一次。习字一页。夜占卦问左军利钝,卦象不吉,焦灼之至。三更又专人去左处,嘱其不可分支。校《离骚》《九歌》。近日,围棋不止,一缘心绪焦灼,二由勤劳之心不甚坚定,故遇有事变,仍不能不怠荒散漫也。

十三日

早饭后写左季高信。旋与尚斋围棋一局,至午正,又一局。见客五次。中饭后清理文件。心绪恶劣,不能作一事。傍夕闻浮梁县失守,大营之粮路已断绝,尤为焦灼。因调鲍镇全军回剿浮梁、景德镇,令张军回扎黟县。是夜,竟夕不能成寐。

十四日(思近日军势不振,可愧可愤)

是日阴雨竟日,余心绪恶劣,不能办一事。盖因景德镇一路闭塞,文报不通,恐左军疏失,不胜焦灼也。写季高信一封、沅弟信一封、厚庵信一封、澄侯信一封,专人送去。与尚斋围棋三局。与申甫熟商调度机宜。夜四更醒,细思余所统之兵,可用之劲兵近二万人,其次尚有万馀人,而水师及安庆陆兵尚不在内,乃近日军势不振如此,实属调度乖方,可愧可愤。

十五日

早,各员弁贺朔[朔字衍]望,至巳刻始毕。见客四次,写鲍镇信,左公信,杨、彭信,与尚斋围棋一局。午正冯树堂来。七年不见,相对怅然,与之久谈一切。中饭,请树堂及同来之章价人、鲁茂才,又武宁之汪孝廉瀚、午珊、郑奠域恬同坐。饭后仍与树堂晤谈。傍夕鲍春霆来,江良臣军门来,均久谈,至初更始去。旋又与树堂晤谈。三更睡,竟夕不能成寐。一则说话太多,二则左军久不通消息,焦灼之至。三更后接文书,有自江西来者,景德镇之文报路通,可放心矣。

十六日

早饭后与树堂晤谈。盛四自景德镇回,接左季高信,知十三四日获小胜仗,老营平安,为之一慰。致宋侍讲信、张凯章信。见客四次,江军门来久谈,与尚斋围棋一局。请鲍镇中饭。饭后,清理文件。与树堂晤谈。灯初,闻江湾营盘被围,不胜焦灼。夜又与树堂晤谈。睡,略成寐。至五更二点,得尚溪口营垒被陷之信,焦灼殊甚。皖南大局,殆不可为矣。因起坐,以待天明。

十七日(闻贼破羊栈岭)

早,与各员商保全渔亭之策。鲍镇清晨即来,因留与宋副将同饭。饭后见客三次,围棋二局,写凯章信、季高信、厚庵信。中饭后闻贼破羊栈岭而人,尤为焦灼。出门回拜江军门、鲍镇台。又至南门看春字营、裕字营墙壕。夜,接左季翁十六夜信,知浮梁、景德镇之贼业已退净,且坚嘱鲍公之军不必赴镇,为之一慰。

十八日

早饭后见客三次。旋写凯章信、左季翁信、沅弟信,围棋一局。闻羊栈岭之贼昨日被官军击退,尚未出岭,心为悬悬。中饭后,再围棋一局。见客四次。与树堂晤谈。西戌间倦甚,因昨夜全未成寐,本日又焦灼异常。阅《汉学商兑》。初更,得唐义训信,知十七日大获胜仗,克复建德,为之一慰。复唐副将信,致鲍公信,季高、凯章处各致一信。与诸友熟商大局。又接一信,知本日贼再破羊栈岭而人,围杨镇魁等之营,寸心忧灼,夜不成寐。

附记

临川马令,武宁杨前令,都昌富令,广昌赵令,广信光守,赣州阿镇,彰奇丁守,吉安参将陆长龄,崇仁沈令曦,南康颜守。

十九日(贼已合围两礼字营盘,寸心如焚)

早饭后，口占复毓右坪信、官制军信、左季高信，与尚斋围棋一局，见客四次。中饭后再围棋一局。是日，因闻贼入羊栈岭内，竟日盘踞，围住两礼字营盘，寸心如焚。又值淫雨，竟日不息，霆字各营赴黟县救援，辛苦异常，无米可炊，寒风刮面，恻然不安。至二更，闻礼字二营尚足自立，心稍安贴。写宋子久复信一件。

廿日

早饭后清理文件。有怀宁廪生来徽考岁贡，而学政已去，关防在余处收存，余因代考之，令在祁门县署作文二首、诗一首，给予贡单。写季高信一、凯章信一。是日北风苦寒，念霆、湘各营赴羊栈岭开仗，不知胜负何如，为之竟日悬悬，忧灼实深。申刻，微闻胜仗之信。灯后，闻大获全胜，杀贼三、四千之多，为之欣慰。又接沅、季两弟十六日专人来信，始识江北近事，为之畅然。申刻，闷郁之至，与尚斋围棋一局，至夜，怀抱少开矣。

廿一日（至城下观吴德水所制木龙）

是日天气晴明，人心为之一定。早饭后清理文件甚多，写九弟信，见客四次。未刻，鲍春霆来久谈，留吃中饭，宋国永亦在坐。鲍请添招成一万人，词气不逊，余心为之郁郁，下半日不怡久之。盖见镇将大员骄蹇，有致败之机，无载福之道也。傍夕至城下观吴德水所制木龙。其法以长木三节，约高三丈馀，依城外架立，用火包，以绳引上，燃线后，火坠城内，实不足以制贼也。夜与申夫、树堂论霆营添募之事，语多不合。是夕接九弟初十之信，论日记册事，盖犹不知南岸危险万状也。

廿二日

早饭后清理文件。旋见客三次，围棋一局，写季高信、雪琴信、胡宫保信。中饭后，唐桂生等在建德归来。见客六次，围棋一局。夜与李申夫及树堂咝谈。临睡，作咨稿一件。令杨名声、王梦麟等败仗之勇至安仁、万年等处归队。披衣口占，令人代书。倦极，乃将胡宫保所送辽参干嚼少许。

廿三日（定计鲍军赴景镇）

早饭后清理文件。旋见客四次，围棋一局，与树堂咝谈一切。中饭后写九弟信、季高信。鲍春霆来辞行，明日将往景德镇会剿。本日，斟酌于唐桂生剿景德镇霆营留祁护卫，及鲍春霆剿景德镇湘营留祁护卫，众论纷纷，意见不定，余亦几经踌躇。申刻，始定鲍军明日启行，赴景镇也。夜添袁午帅信四页。与树堂咝谈。说话过多，倦甚。睡后，噩梦，闻九弟恶耗，放声大哭。树堂惊起，来敲门唤醒，良久乃寤，尚惊悸不已，盖余近日体气亏弱之至耳。是日，派人至羊栈岭数尸者归。据报，实数得贼尸六百四十五具，水淹者、已埋者、屋内者，尚不在此数。

廿四日

早饭后清理文件。旋见客三次，写四弟家信一件、九弟信一件、季高信一件。是日因鲍镇军率马步六千人进剿景德镇之贼，传各营官面商守御之法。中饭后清理文件甚多，至傍夕始毕。夜与尚斋围棋一局，与树堂熟商近事。倦极，不能作一事，因煮燕窝少许食之。

廿五日（凯章报假仗为余所破）

早饭后清理文件。旋见客三次，写厚庵信一件、九弟信一件、季高信一件。中饭后拟作摺稿，又以懒慢不耐烦，未及作就。申刻后清理文件颇多，至二更毕。日内思作摺，而心绪不甚安帖，又不耐烦，如往年将作诗古文时，往往因心不耐烦，操笔中辍之状。是日，凯章报廿四日获一胜仗，余有探卒在彼目击，实未开仗。凯章近来以战阵之事尽委之各旗长，自己从不临阵，又好报假仗，此军恐不能振矣。夜，倦甚，乃食燕窝少许。是日午刻围棋一局，酉正又一局。

廿六日

早饭后清理文件，批沈宝成禀，写胡宫保信，写九弟信，见客二次，围棋一局。中饭后因思作奏折，又不果执笔，寸心慌乱，若不克自主者，与在京时作诗文同一艰窘之状，特此因贼势浩大，心绪不宁耳。夜作摺一件，又口占作片一件。睡后，接左公信，景镇贼甚猖獗，竟夕不能成寐。

廿七日（恐渔亭有贼犯，寸心摇摇）

早饭后作摺稿一件，午初毕。与尚斋围棋一局。中饭后清理文件甚多，至夜始毕。夜写沅弟信一件、胡宫保信一件。日中写季高信一件、春霆信一件。是日，恐渔亭有大股贼来犯，寸心摇摇。又本日治事颇多，疲乏极矣。因三日内连服燕窝，精神稍长，当能勉强支持。是夕四更，接奉批摺，系十月廿六日所发者。

廿八日

是日小雨竟日不止。早饭后清理文件，与尚斋围棋一局。中饭后清文件，又围棋一局，复左季高信，复宋子久信、彭雪琴信。夜复胡宫保信、沅弟信。本日因系念左、鲍二军在景德镇不知战事何如，寸心惴惴，无片刻少安。夜，四更末醒，尤为警惕。是日早发报摺二件、片一件。

廿九日

是日仍竟日小雨不止。心忧景德镇左、鲍两军，为之竟日惴惴不宁。与尚斋围棋一局，中饭后又一局。清理文件甚多。夜写毓右坪信、左季高信、江军门信。是日寸心忧危，尤甚于昨日，至酉刻，满万元自景德镇归，见鲍军已到，左军亦足自立，此心始安。见客共六次。张镇湘值宿。余竟夕不能成寐。

卅日（接和约条款不觉呜咽）

早饭后清理文件。旋与尚斋围棋一局。写希庵信一件。接江西总局新刻英吉利、法郎西、米利坚三国和约条款，阅之，不觉呜咽，比之五胡乱华，气象更为难堪。中饭后，又与尚斋围棋一局。与树堂眢谈最久。树堂因时事日非，愤懑异常，阅看《红楼梦》，以资排遣。余亦阅之。下半日闻贼匪破大洪岭下之湘源地方，心为悬悬。夜复江军门信一件。亥正闻湘源之贼已退，为之少慰。

十二月

初一日（与树堂谈人情世态）

早，各文武员弁贺朔，至巳正始毕。午刻，清理文件。与尚斋围棋一局。写左季高信。吴子序来，送寿屏一幅，因请渠中饭，杨朴庵亦在坐。饭后与子序围棋一局。是日大雪，继以风雨，念将士之辛苦，与景镇官军不知胜负何如，心为悬悬。夜与树堂眢谈人情世态，言送人银钱，随人用情之厚薄，一言之轻重，父不能以代子谋，兄不能以代弟谋，譬如饮水，冷暖自知而已。是日接九弟信，枞阳之贼已退，为之大慰。

初二日

早饭后，清理文件。旋与尚斋围棋一局，写沅弟信、胡宫保信、希庵信。中饭后写江军门信，又与尚斋围棋一局。接季高信，知景镇之贼远退九十里、百里不等，饷道大通，为之少慰。日内，因军务棘手，诸事废驰，外间来信多不复者，又似昔年懒慢之态。位高而名重，其能免于人之谤责乎！夜，拟以苏诗七绝情人钞出。盖余往年在京所钞诗，未钞绝句也。是日将图章各石清理一次，交委员张璲，以渠善镌刻也。计已刻者三十四方，未刻者三十七方。

初三日

早饭后清理文件。旋写翁中丞信，与尚斋围棋一局，与树堂久谈。中饭，与子序围棋一局，因眢谈至二更。清理文件，见官制军咨骆中丞参孙坦、邹寿璋之摺，不甚平允。夜，竟夕不寐，寒冷异常。

初四日

早饭后清理文件。旋与树堂眢谈，见客三次。写左季高信、沅弟信，并寄十一月日记册，

寄各国通商条款。澄弟信，并寄家中邓师束修百金，又寄各亲戚家银六十二两。中饭后，与子序围棋一局。旋清理文件。夜温"词赋类"，恬吟十馀篇。是夕，二更三点睡，至五更方醒，为近日所仅见，或是每日服燕窝之功。

附记　霆营

正中，陈由立。营中，娄云庆。新中，颜绍荣。

正左，郑阳和。

正右，陈得胜。

副左，刘顺隆。新左，段大贵

副右，余大胜。新右，易昌焕。

正前，黄庆。副前，苏文彪。新前，吴腾芳。

正后，张玉田。副后，熊铁生。

初五日（拟拆祁门城，修碉十八座）

早饭后，清理文件。旋见客三次，与子序围棋二局。中饭后改信稿四件，内张仲远一信颇长。写凯章信。作咨与左季高，请其在景德镇作碉十八座，以千人守之。每五百人一营者，营官守一座，四哨各守二座。又拟拆祁门城，修碉十八座。傍夕清理文件颇多，夜二更始毕。是日写沅弟信一件。

初六日

早饭后清理文件。与尚斋、子序各围棋一局。心绪不宁，惘惘若有所失者。中饭后见客二次，与树堂罄谈。旋清理文件。夜与子序久谈。清理文件极多，约百馀件。伪忠王李秀成率贼数万，前由婺源东窜。本日，接玉山禀报，知贼于廿八日已围玉山城。

初七日（久不看书，满腔逸惰之气不能帅之耳）

早起，接家信，澄弟一件，系十六日在洙津渡所发，言纪泽十三日夜宿万福亭，十四午刻可到家。鸿儿一件，系十八日发，言纪泽尚未到家，合之上次牧云一信，系十一日在湘潭所发，言纪泽先入湘河口。三信支离参差不符，疑纪泽或有它变，忧虑焦灼。树堂因私问走家信之人，据称一无所闻，稍为释然。与子序围棋一局。清理文件。中饭后写沅弟信、季高信，见客四次，清理文件颇多。傍夕与子序罄谈，渠明日将归也。夜又与子序围棋一局。日内心绪虽恶，而吃燕菜已十馀日，精神颇旺。夜，张戈什哈值宿。梦见劳辛皆与余同在长沙署拜客。日内久不看书，满腔逸惰之气，实志不能帅之耳。

初八日（念鲍镇在景镇能否得手）

早，请子序便饭。饭后围棋一局，旋送渠归家。罄谈颇久。清理文件，写左季高信，李小泉、少泉信。中饭后清理文件，至酉刻方毕。梳辫子一回。倦甚。天雨泥泞，念鲍镇在景镇不知能得手否。夜，清理文件，得伪文数纸，内有黄文金与胡鼎文之件，叙贼情颇详。夜，睡不甚安帖。

初九日

早，清理文件。饭后与尚斋围棋一局。拟作各摺片稿，心绪郁闷，久不得就。中饭后又围棋一局。日内，因不得景德镇开仗之信，心中忽忽如有所失。清理文件。见客四次。江军门自柏溪来见。是日，刘彤皆、姚慕庭回家过年。夜，倦甚，读书不能终卷。因读《淮南子·精神训》，至"大禹竭力以劳万民"句，若有所感。王梦龙值日。夜，初睡即梦魇，盖近日精神极疲乏，几不克自振。

初十日

早饭后清理文件。旋与尚斋围棋一局，见客四次，清理文件，写胡宫保信、雪琴信、季高信。中饭后核摺稿二件，至二更毕。一、湖口守城摺；二、南陵拔出陈镇一军摺。阅《淮南子·主术训》。睡至四更三点即醒。

十一日

早饭后清理文件。旋送树堂进城，寓公馆之内，改官军剿洋栈、小溪、渔亭各仗摺稿。中饭后改上溪口、江湾各仗摺稿。又口占一片稿。旋清理文件，至更初毕。上午，围棋一局；下午，围棋一局。写扁字十余个。夜阅《文中子》十余叶。是日添盖屋一间，黄副将惠清代为经理。沈副将宝成喉痛，心甚系念。张戈什哈值日。夜，三更不成寐。

十二日（细思古人修身治人之道）

早饭后清理文件。旋写左季高信、郭云仙兄弟信。中饭后骑马至城内树堂处闿谈。树堂近来好作隶书，笔力劲健，但乏名贵之气，傍夕归。夜，清理文件颇多，以本日未甚料检也。将各案应行请恤者，汇为一清单。阅杨子《法言》，究不如《文中子》之平实，盖子云文学中人，非道德中人也。细思古人修身、治人之道，不外乎前此所见之"勤、大、谦"。勤若文王之不遑；大若舜、禹之不与；谦若汉文之不胜。而"勤、谦"二字，尤为彻始彻终，须臾不可离之道。勤所以儆惰也，谦所以儆傲也。勤能且谦，则大字在其中矣。千古之圣贤豪杰，即奸雄欲有立于世者，不外一"勤"字；千古有道自得之士，不外一"谦"字。吾将守此二字以终身。倘所谓"朝闻道、夕死可矣"者乎！夜睡颇熟，四更即醒。

十三日（阅《韩非子》）

早饭后清理文件。旋写张廉卿信、汪梅村信、胡宫保信，围棋一局。中饭后将东坡七言绝句圈出发钞，盖余在京时所选《十八家诗钞》，未选绝句，将补钞之也。申刻发报摺四件：一、杨厚安拔出南陵一军；一、湖口守城；一、江湾、上溪口之失；一、羊栈岭、渔亭之战。又请恤单一件、附片一件。旋阅《韩非子》。夜，围棋一局。阅《韩非子》至亥刻。四更，接奉批摺，系十一月初八日所发者。

十四日

早饭后清理文件，围棋一局，写澄侯弟信。午后写陈徐庵信、沅弟信。树堂来此久谈。黄副将日内经理起屋事件，留之便饭。申刻再围棋一局。旋阅《淮南子·泛论训》。夜，倦甚，看书不能入。阅诸子中，惟《老》《庄》《荀子》《孙子》自成一家之言，徐皆不免于剿袭。

附记

牙厘局十二月初六日报，连前共解过各项银数：厘金共三十三次，银十八万八千七百两；钱十一万二千七百串；茶捐共十一次，十万零三千五百两；盐税共十四次，五万三千四百两；牙捐共六次，一万六千九百九十两；洋药共五次，八千两。

十五日（思写字之道，如修脚匠之修脚）

早饭后清理文件。旋与尚斋围棋一局，清理文件颇多。中饭后与申夫闿谈，再围棋一局，阅《淮南子·说林训》。夜又阅《淮南子》约廿余页，清理文件。接沅弟信，知枞阳又甚危急，寸心为之怦怦。偶思写字之道，如修脚匠之修脚。古人所谓"拨灯法"，较空灵，余所谓"修脚法"，较平稳。二更睡，不能成寐。张戈什哈值日。是日，雨而微雪，雪竟日不止。昨数日起屋，本日停工。又念左、鲍等不能开仗，为之焦灼。是日，文武员弁贺望，应酬极久。与黄云海、杨在纲等谈明岁移营出岭，聚语甚多。

十六日

早饭后清理文件。旋围棋一局，复清文件甚多，写沅弟信、陈徐庵信。中饭后再清理文件，围棋一局，阅《淮南子》。夜又阅《淮南子·精神训》，若有所会。是日接家信，澄弟一件、纪泽一件。久不接泽儿信，心颇疑之，至是一慰。夜，睡稍成寐。潘戈什值日。此二日霖雨不歇，念景德镇士卒之苦，则为之忧，念枞阳河水不遽干涸，则为之慰。

十七日（近日虽老态，然胸襟豁达）

早饭后，清理文件。旋与尚斋围棋一局。阅《淮南子》，用朱笔画段。阅《览冥训》《时则训》《精神训》《本经训》，至傍夕始毕。是日见客六次，陈虎臣、姚秋浦谈极久。写季高信一件。夜清理文件颇多，倦甚。近日老态愈增，说话稍多，便若不克自持。幸胸襟豁达，于成败死生无甚计较，故不生烦恼耳。

附记

黄胜林四川尽先干总，袁营

张占鳌四川尽先守备，尚营

又附记

丁日昌庐陵　章　澂玉山

丛点鳌前赣县　隋藏珠

十八日（论天下大局，似若无转机）

早，清理文件。饭后与尚斋围棋一局。旋阅《淮南子》《道应训》《汜论训》。中饭后阅《诠言训》，至初更毕。清理文件，倦甚。与申夫邕谈天下大局，似若无转机之可图者。旋入房小坐。夜，睡不甚成寐。前在营起屋一间，未毕，十五、六、七三日雨雪，停工，本日重修砌。午后又小雨。夜来见天气阴黑，气象愁暗，为之忧闷久之。不知大乱何日可平，又不知安庆、枞阳日内支得住否，寸心悬悬不已。又思"劳、谦"二字受用无穷，劳所以戒惰也，谦所以戒傲也。有此二者，何恶不去？何善不臻？当多写几分，遍示诸弟及子侄。

十九日

早饭后清理文件。旋阅《淮南子·兵略训》。午后阅《说山训》。中饭后清理文件甚多，至傍夕始毕。是日阴雨泥泞，气象殊不佳。与尚斋围棋二局。夜，阅《说林训》。接九弟信，初七所发。季弟亦有一信，并寄观风名单。又接胡宫保、左季翁信。夜坐，意思萧索。睡颇成寐。潘戈什值日。

廿日（函戒诸弟谨记"三不信"）

早饭后与尚斋围棋一局。旋写沅、季信一件，胡宫保信一件，季高信一件，雪琴信一件。见客二次，树堂来久谈。中饭后围棋一局，与树堂邕谈，阅《淮南子·人间训》，傍夕毕。夜阅《泰族训》，未毕。是日天气阴寒，朱墨皆冻。营中起屋一间，粗毕。夜寒异常，为今年所仅见。邓差官值日，颇能成寐。默念吾祖父星冈公在时，不信医药，不信僧巫，不信地仙，卓识定志，确乎不可摇夺，实为子孙者所当遵守。近年，家中兄弟子侄于此三者，皆不免相反。余之不信僧巫，不信地仙，颇能谨遵祖训、父训，而不能不信药。自八年秋起，常服鹿茸丸，是亦不能继志之一端也。以后当渐渐戒止，并函诫诸弟，戒信僧巫、地仙等事，以绍家风。

廿一日

早饭后围棋一局。旋清理文件，阅《淮南子·泰旋训》。中饭后写大字数纸，阅《修务训》，清理文件。夜阅《要略》，二更毕，读《修务训》中"功可强成，名可强立"，若有所会。《淮南子》本道家者流，而此篇之旨，与《荀子》相近，大抵理之足以见极者，百家未尝不相合也。

廿二日

早饭后围棋一局。旋清理文件，阅《淮南子·主术训》。是日因移入新屋之内，料理诸琐事。姚秋浦、金世兄来久谈。中饭后又围棋一局，阅《主术训》，至夜始毕。清理文件，二更四点尚未毕。夜睡颇酣，近日所仅见也。公牍内有建德把总李元文书一通，面用移封，余戏于封上题十七字令云："团练把总李，行个平等礼，云何用移封敌体？见者无不绝倒。"

廿三日

早饭后与尚斋围棋一局。旋写左季翁信一件，清理文件颇多，至未初稍毕。请唐桂生、黄惠清等中饭。饭后再围棋一局。申刻阅《淮南子·缪称训》。夜阅《齐俗训》，未毕。清理文件，眼蒙，尚未能毕。与申夫邕谈。久不接安庆信，心为悬悬。本日，嘉字营自安庆来，知十八日以前平安，为之一慰。

廿四日（岁除春至，营中有吹笛等一概不禁）

早饭后与尚斋围棋一局。旋写澄侯信一件、纪泽信一件。树堂来久谈。又写唐镜海先生信一件、郭意城一件、沅弟——[衍一一字]件。中饭后围棋一局，清理文件甚多。是夜丑刻立春。因廿五日系忌辰，县令即于本日行迎春礼。夜，文武贺春者纷纷。阅《淮南子·齐俗训》，至二更毕。岁除春至，营中有吹笛等乐，一概不禁。睡不甚成寐。

廿五日

早饭后围棋一局。旋见客甚多，皆本日立春贺节者。巳正客散，清理文件。剃头一次。中饭后，核忠义局第二案摺稿一件，第三案片稿一件，请简放九江镇片稿一件，请饬钞谕旨，随朱批发下片稿一件，杜滋柴世霖改教片稿一件。夜，将作东征局筹饷一摺，久未得空。清理文件数十起。

廿六日（作东征筹饷局摺稿）

早饭后围棋一局。旋清理文件，写左季高信一件，见客三次。拟作摺稿，未成。中饭，请树堂、伴山、秋浦、馨室中饭。饭后与树堂㲲谈。又与尚斋围棋一局。作东征筹饷局摺稿，至夜始毕。二更又作复奏浙调刘调元、金囤琛一摺，近日军情一片，二更四点睡，五更二点醒。近日办事颇多，作两摺后，尚能成寐。身体较往年略健。

廿七日（夜选李、杜二家七绝及放翁诗）

早饭后围棋一局。旋清理文件，作借运粤盐片稿一件，见客三次，清理文件。中饭后又围棋一局，清理文件极多。夜选李、杜二家七绝发钞，又选放翁诗二卷。是日苦雨一日，天气甚暖，不似冬间气象。夜，竟夕不能成寐。张戈什值日。久未接沅弟信，寸心怦怦。

廿八日

早饭后围棋一局。旋清理文件，核改信稿十馀件，阅《淮南子·原道训》。午刻发报摺三件、片六件、清单一件。接九弟信，系十三日专人来者，为之稍慰，然犹恨其到营太迟也。中言余下棋太多，劝我月攘一鸡。未初至城内，张伴山、姚秋浦、刘馨室、李申夫请吃中饭，申初散。拜客二家，至杨扑庵处久坐，归营已天黑矣。夜阅《淮南·俶真训》，未毕。接家信，澄弟一件、纪泽一件。夜，二更四点睡，至五更二点方醒，亦近日难得之事。

廿九日（《淮南》言有道之士亦须遇时，为之增感）

早饭后围棋一局。旋清理文件。接沅弟十九日信，酉刻又接沅弟廿一日信，为之大慰。见客四次。中饭后又围棋一局，清理文件甚多，写沅弟信、雪琴信。夜阅《淮南·俶真训》，言有道之士亦须遇时，为之增感。又阅《天文训》，未毕。九弟信中附有澄弟及纪泽儿信，知霞仙之令弟爵七已死，王钦牧亦死，为之感叹！

卅日

早饭后清理文件。旋围棋一局，写沅弟信一件、胡宫保信一件、左季翁一件，见客甚多，写对扁四件。中饭后围棋一局，见客尤多，树堂来㲲谈。阅《淮南子》《天文训》《地形训》，粗圈一过，至是日完毕。傍夕清理文件，至更初毕。见客甚多，皆本营文武行辞岁礼。夜二更，看申夫与鲁秋航下棋。四点睡，竟夕不能成寐。是日接鲍春霆信，以贼太多，请调渔亭四营赴洋塘，阅之大为不怡。

卷十一　咸丰十一年

正月

初一日（细思立身之道在于"勤俭""静虚"）

五更三点起，至城内万寿宫拜牌行礼，黎明还营。各文武员弁来贺新年，巳正始毕。清理文件，写告示一张。旋观申夫与鲁秋航下棋，余亦与尚斋围棋一局。中饭后，阅《陆放翁诗选》。七言绝句发钞，兼选七律。余在京时，曾将放翁七律选钞一编。七绝则选而未钞。今因钞七绝，又将七律再选一编，恐与在京时所选多不符矣。傍夕，又观申夫与人下棋。写沅弟信。夜再阅陆诗。二更三点睡，至五更三点始醒，为近日所仅见。是日细思立身之道，以禹、墨之"勤俭"，兼老庄之"静虚"，庶于修己、治人之术，两得之矣。

初二日

早饭后清理文件。旋与尚斋围棋一局，写左季高信一件。出门拜年数家，至树堂处小坐，忠义局小坐，午初归。写雪琴信一件。中饭后又围棋一局。选放翁七绝至夜，选第七册毕。申刻清理文书百馀件。眼蒙特甚，殆因近日下棋太多之故。夜，睡颇成寐。放翁每以美睡为乐，盖必心无愧怍而后睡梦皆恬。故古人每以此自课也。

初三日

早饭后清理文件，与尚斋围棋一局，阅选放翁诗，习字一张。中饭后再围棋一局，阅选放翁诗。是日共选八本，清理文件颇多。夜因鲍镇请调渔亭四营会剿，心为不怡。又因夜饭时，各内丁呼唤不应，心为悲怒。复看放翁诗，已不能入矣。睡不甚成寐。

初四日（写纪泽信，言文章之雄奇以行气为上）

早，接奉廷寄，即前复奏英夷助剿运漕一案。饭后清理文件。写澄弟信一件，言戒"骄"字以不轻非笑人为第一义；戒"惰"字以不晏起为第一义。写纪泽信一件，言文章之雄奇，以行气为上，造句次之，选字又次之。旋阅选放翁七绝。中饭后又选陆诗，夜又选之，共八本。放翁胸次广大，盖与陶渊明、自乐天、邵尧夫、苏子瞻等同其旷逸。其于灭虏之意，养生之道，千言万语，造次不离，真可谓有道之士。惜余备员兵间，不获于闲静中探讨道昧。夜，睡颇成寐，当由玩索陆诗，少得禆补乎！

初五日（忍"忿"少欲便不伤生乃名言）

早饭后围棋一局。旋阅陆放翁诗，清理文件，见客三次。中饭后又阅放翁诗，将七言绝句选毕。又阅七律一本，写雪琴信一封，习字一叶。夜习零字。余坐三十以前作字未能尽心，间架不稳，手腕不稳。四十以后虽略有长进，而手腕时灵时钝，钝则如古人所谓姜芽、冻痴蝇者，可自笑也。阅《唐宋诗醇》中所选陆诗一过毕。务观言养生之道，以目光为验；又言"忿""欲"二字，圣贤亦有之，特能少忍须臾，便不伤生，可谓名言至论。

初六日

早饭后围棋一局。旋清理文件，习字一张。温《易经》二十叶，《乾卦》毕。系浙中新刻本，程子传，朱子本义，吕东莱音训。未初，进城至粮台，张伴山、姚秋浦等请吃中饭。饭未毕，接信，贼破大洪岭而入。旋又接信，贼破大赤岭而入。副将黄惠清守卡，未能堵住，死伤百馀人。余归营经理一切，写信与左季高。夜写信与凯章、子久及娄副将等，调渔亭霆字四营各带三哨来祁门救援。二更三点睡，竟夕不能成寐。苦雨达旦，风声亦恶，起看天色二次，黑暗愁惨，向所罕见。张戈什值日，令其起问讯两次。

初七日

早饭后围棋一局。旋写季高信、凯章信。见客四次，皆唐桂生等诸营官，来议剿赤岭之贼者，令其至西门外熟看打仗之地。午刻查得前右营在赤岭仅死伤二十八人，陆续回营。中饭后闻得张军门带队，将大洪岭之贼逐出，略为宽慰。围棋一局。口占写信三封。夜写零字数十。睡颇成寐，以便多梦魇耳。是日酉刻闻大赤岭之贼业经退出。二更又闻其复入。

初八日（虽获胜仗，然日黯民慌而不成寐）

是日恭值先光禄大夫星冈公冥诞，营中未及设祭。早饭后围棋一局。旋商出队之事。唐桂生定计于本日出队，赴历口剿贼，余许之。巳正出队，仅行十八里，至石门桥地方即遇贼匪前来扑犯老营，因与接仗，幸获大胜。追杀三十馀里，直至历口方始收队，回扎小路口一带。午刻闻贼踪甚近，满城惊慌逃奔。余写胡宫保信一件，九弟信一件，左季高、鲍春霆信一件，凯章信一件。下半日，闻胜仗信。又写唐桂生信二件，左、鲍信一件，凯章及娄云庆各信一件。是日天色愁惨，人民惊慌，忧心如焚。虽获胜仗，而终夜未尝成寐。

初九日（傍夕闻贼已全出赤岭）

早饭后清理文件。旋见客四次。闻唐桂生等今日进剿历口，不知得手否，心甚悬悬。写胡宫保信、九弟信、唐桂生信、左鲍信各一件。中饭后，围棋一局，习字一纸，写凯章信。清理文件。夜阅《易经》《坤卦》，《屯》《蒙》二卦。傍夕闻贼已全出赤岭，为之少慰。

初十日

早饭后清理文件。旋与尚斋围棋一局。派人至历口等处验数贼尸，闻实杀贼一百八十六人。写唐桂生信、左季高信。温《易经》《需》《讼》《师》《比》《小畜》《履》六卦，至申刻毕。与尚斋围棋一局，写凯章信一件。傍夕阅李芋仙所送唐宋四大家文中之欧文。清理文件。

十一日

早饭后围棋一局。旋清理文件。温《易经》《泰》《否》《同人》《大有》《谦》《豫》六卦，至申刻毕。写胡宫保信，李希庵信，九弟、季弟信，唐桂生信。是日未刻，请营务处各委员吃新年酒。又与尚斋围棋一局。日暮时，心郁郁不乐。左、鲍在石门街等处与贼相持，久未开仗，恐有他变也。夜将《易经》《象辞》《爻辞》中相同者分类编出，以资互证。夜，睡不成寐。张弁值日。灯时，接九弟信，系初八日所发，知北岸军事平稳，为之大慰。

十二日（洋塘之战大胜，贼已全数溃遁）

早饭后围棋一局。旋清理文件，习字一叶。出外看豫字营操演，约一个半时辰。阅毕归，见客二次。中饭请忠义局委员、粮台委员，凡两席便饭。饭后又与尚斋围棋一局。唐桂生等自历口凯归，与之谈战事。是日又闻鲍镇在洋塘大获胜仗，贼已全数溃遁。夜，树堂与余闲谈，意气颇盛，语次大相龃龉，为之不欢者久之。睡，不甚成寐，五更初即醒。

十三日

早饭后清理文件，与尚斋围棋一局。旋见客四次。接左季高信，知鲍军果已获胜，鄱阳之贼悉退。清理文件。写九弟信、陈作梅信。中饭，请夏谦甫等便饭。饭后，添陈俊臣、李筱泉信各一片。清理来文百馀件，贺年之禀居多。夜与尚斋围棋一局。倦甚思睡，尚能成寐。日内闻各处胜仗之信，心为开爽。闻胡宫保病势颇重，大为忧灼。

十四日（闻圣驾有西迁之议，怆然不已）

是日值宣宗成皇帝忌辰。念庚戌年龙驭上宾，国藩承乏礼部，典治大丧，今满十一年矣。而英夷之变，淀园被毁，圣驾出狩滦阳，现闻有西迁之议，沧桑之大感，臣子之至痛，怆然不知

所以为怀。饭后写家信二件,纪泽一、澄弟一。又写胡宫保信一件、左季高信一件。清理文件。中饭后围棋一局,习字一纸,温《易经》《随卦》《蛊卦》《临卦》《观卦》《噬嗑卦》《贲卦》,至更初毕。温古文论著、杂记两类。是日辰刻,树堂将派作碉卡提调之札缴还。傍夕,鲍公报初九日胜仗之禀。夜,竟夕不能成寐。念养生家之法,莫大于惩忿、窒欲、少食、多动八字。

十五日

早,各员弁贺节。饭后来贺者亦多。心中不爽快,与尚斋围棋一局,旋觉不快之至,大作呕吐,吐向外厅、内房皆满。因出外稍为闲行,各客皆不能见。小睡片时。午正起,清理文件。中饭禁食油荤。饭后温《易经》《剥》《复》《无妄》《大畜》四卦,至日落毕。营中各哨官玩龙灯,酉刻起,二更四点散。余以去冬以来危险万状,今甫得安稳,以此宣郁导滞,亦不之禁。夜,睡颇成寐。五更二点始醒,写少荃信一件。

十六日(古来史传不足凭信,同是局中人亦不足凭信)

早,出外巡墙子。饭后围棋一局,清理文件,见客三次,伴山及隋龙渊、江良臣畅谈颇久。余身体不安,竟日禁荤油,并不吃茶,以水饮停滞胃膈之间,时时作呕吐也。小睡时许。中饭后习字一纸,温《易经》《颐》《大过》《坎》《离》四卦。傍夕剃头一次。闻渔亭官军是日进攻上溪口,心为悬悬。夜清理公文百馀件。与申夫、尚斋谈军中战状,虽同见同闻,同在局中之人而言人人殊,不足凭信。古来史传之不足凭信,亦如是矣。睡,不甚成寐。潘弁值日。三更后,北风大雨并作。

十七日(渔亭官军进攻上溪口获胜)

早,大雨,出外查墙子。饭后清理文件。写左季高信,旋写胡宫保信,习字一张。身体不好,仍禁油荤。见客三次。中饭后清理文件,温《易经》《咸》《恒》《遁》《大壮》四卦。傍夕清理文件,至二更止,约百馀件。是日雨雪交加,营中寒冷异常,四顾茫然,未知大乱何日可平。二更翻阅放翁七言绝句,实能道得空旷胸怀出。睡,不能成寐。张弁值日。是日闻渔亭官军于十六日进攻上溪口获胜。早饭后与尚斋围棋一局。

十八日

早,出外查墙子。饭后与尚斋围棋一局。旋清理文件,写裕时卿信,陈季牧信,王人树信,沅、季弟信,雪琴信,鲍春霆信。中饭后再围棋一局,清理文件,习字一纸,温《易经》《晋》《明夷》《家人》《睽》四卦。夜,清理文件数十件。续有到者,遂不理矣。晡时,接澄弟信、泽儿信,知家中五宅平安。本日仍禁食油荤。夜,因家中寄腊鸡肉丸之类,略食少许。服药一帖,皆伏苓、半夏、厚朴、炮姜之类。睡,尚成寐。是日牙痛数次,老境日增,深知饮食清淡之妙,浓厚者断非老年所宜。

十九日(夜因杨、郑之案,颇为郁倔不平)

早出,查阅墙子。饭后围棋一局,写季高信一封,见客数次,清理文件。中饭后见客二次。朱云崖自家中来,与谈颇久。习字一纸,温《易经》《蹇》《解》《损》《益》四卦。至朱云崖帐内久谈。傍夕倦甚,与申夫谈。夜,清理文件。是日仍禁油荤。接九弟十三日信及各处探报,知贼分两股,一股由建德下窜青阳,一股在彭泽者,鲍公追之至牯牛岭,日内或可出建德而下窜,为之少慰。夜因武宁杨令与郑奠互讦之案,颇为郁倔不平。继思谦抑之道,小事须力戒争胜之心,痛自惩艾。

廿日

早出,巡查墙子。饭后围棋一局,清理文件,写毓中丞信,见客四次。中饭后围棋一局,清理文件,习字一纸。凯章自渔亭来,与之罄谈至傍夕。夜清理文件百馀件,又与凯章久谈。夜,不能成寐。张弁值日,是日仍禁油荤。

廿一日

早出,巡查墙子。饭后围棋一局,清理文件,写沅弟信、雪琴信,习字一纸。旋出门至城内开碉卡局,午正归。与凯章叙谈。小睡片刻。中饭请凯章、云崖、桂生便饭。饭后与尚斋围棋一局。天雨淋漓不止，颇为愁闷。晡时，清理公文。夜核改信稿十八件。与凯章叙谈颇久。睡，不甚成寐。邓弁值日。大雨彻夜不止。是日，闻广信解围之信，为之喜慰。又恐逆匪李秀成等从婺源入犯乐平等处，为之忧虑。

廿二日（见得唐刻右军帖一本，可为眼福）

早饭后清理文件，与尚斋围棋一局，写左季高信、鲍春霆信。清理公牍甚多，至未初毕。中饭后，核改坚守景德镇及洋塘胜仗摺稿，晡时毕。至朱云崖等处小坐，谈添亲兵之事。夜改大赤岭胜仗摺稿，至二更毕，倦甚。是日，霖雨竟日，夜间雨弥大，气象殊不佳。接沅、季两弟十八日信，亦以南岸为虑。是日，休宁瞿令福田送右军帖一本，王梦楼跋，断为淳化祖本，且定为唐刻，考核未必确凿，而神采奕奕，如神龙矫变，不可方物，实为稀世至宝。余行年五十有一，得见此奇，可为眼福。瞿令又送赵侍制仲穆所画飞白竹，上有施愚山、沈绎堂诸先生题跋，亦可宝也。余以世间尤物不敢妄取，审玩片刻，仍亦璧还。去年，黎令福畴送刘石庵、翁覃溪二公在闱中所书手卷，余亦璧却。此三件可称祁门三宝。

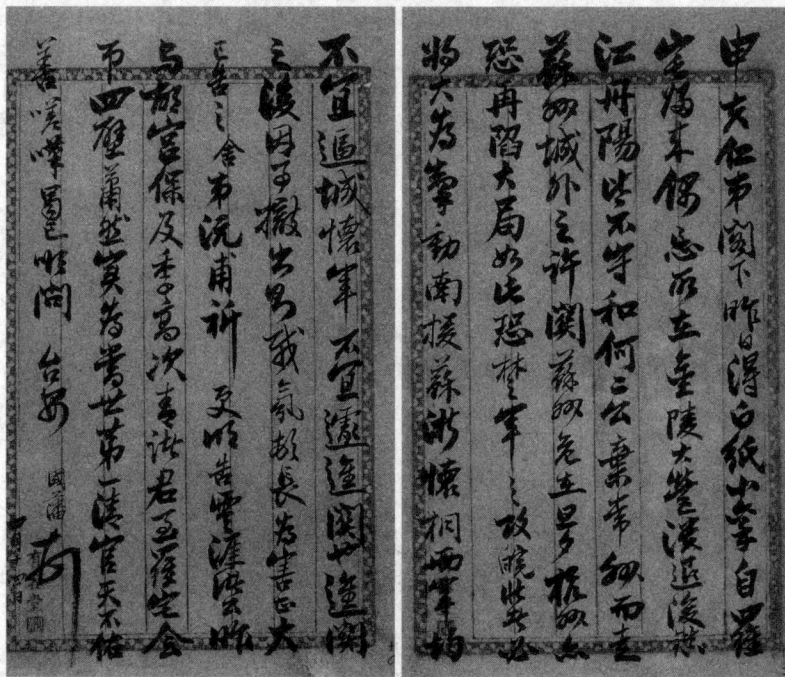

曾国藩书法

廿三日（所赏之物竟被驲站偷窃）

早饭后清理文件，与尚斋围棋一局。旋写沅弟信一件、胡宫保一件，作片稿一件，清理文件颇多。中饭后，加方子白信一片，复左季高信一件，宋子久来久谈。夜，寄毓中丞信一件，又作摺片一件。夜，睡颇成寐。张弁值日。是日巳刻，接奉由内交出年赏福字荷包之类，其南枣、挂面、奶饼之类，驲站竟将包拆开，偷窃十分之七八矣。此向来所未有，亦足见纪纲废弛，下无忌惮，日甚一日也。本日阴雨竟日，气象愁惨，念鲍军在牯牛岭，不知无疏失否，为之悬悬。

廿四日

早饭后清理文件。旋下象棋一局，见客三次。与隋龙渊太守谈颇久。闻广信之贼窜至铅山之吴坊、湖坊。该处可直入抚州、建昌，亦恐其径犯省城，忧灼之至。因写信与李辅堂，嘱其以省城防务自任。又札催魏喻义至江省协防会城。又札雪琴派水师一二营协防省河。

皆口占作稿。写家信一件示泽儿，将福字寄归。写左季高信一件。中饭请宋子久、隋龙渊、胡文甫、程可山便饭。胡名绍勋，绩溪拔贡，宿学之士，年七十三矣。申刻发报二摺、二片、一单。清理文件，至傍夕毕。习字一纸。夜寒颇甚。近四日阴雨不止，本夜见星光，为之豁然一慰。夜睡颇熟。念苏子由谓东坡晚年以文章为鼓吹，真知文章中之乐境。余亦微知之，惜无宽闲岁月竟其所学耳。

廿五日

早，出外巡查墙子。饭后因贼窜江西腹地，谋以重兵一支回援抚、建，拟以左季高一军回剿，写信与左商之，又写信与鲍、张二公商之。又写胡宫保信一件、毓中丞信二件。见客三次。下棋一局。清理文件。至营门外踩看修碉地基。接家信，澄弟一件、纪泽一件。中饭后见客二次，清理公文百馀件，至朱云崖处小坐。夜，偶阅梁茞林中丞所作《归田琐记》。睡，不甚成寐。张弁值日。梁公言养生之道，不特食宜少，眠亦宜少，可谓名言。

夏朗斋，谦甫之父。

舒　谦、葆　谦，皆秀，楚翘先生之弟。

廿六日（此后官事虽烦，仍当笃志古文以卒吾业）

早，出巡视营墙。饭后围棋一局。旋写左季高信一件，清理文件，习字一张，温《易经》《夬》《姤》《萃》《升》四卦。中饭后又围棋一局，写挂屏八幅。至朱云崖处小坐。清理文件。夜改信稿六件，温《古文·辞赋类》。夜，睡颇熟。邓弁值日。念余于古文一道，十分已得六七，而不能竭智毕力于此，匪特世务相扰，时有未闲，亦实志有未专也。此后精力虽衰，官事虽烦，仍当笃志斯文，以卒吾业。

廿七日

早，出巡视营墙。饭后清理文件，围棋一局，见客三次。午刻至外看亲兵营操演，未初归来。中饭后习字一张，清理公文百馀件。接九弟信、鲍春霆信，知建德现尚有贼。奉到朱批，系十二月十三日所发之摺，外附一箱，赏杨军门荷包四对、白玉扳指一个、白玉翎管一枝、小刀一把，系摺中所请者。傍夕至朱云崖处小坐。夜温《困》《井》《革》《鼎》四卦，习零字数纸。睡，略成寐。夜写胡宫保信一件。

廿八日（作《解散胁从歌》）

早，出巡视营墙，由北门外进冲，行二三里许。饭后，围棋一局。旋清理文件。作《解散胁从歌》，未毕。中饭后再围棋一局。作歌至二更始毕，共六十八句，于被掳难民久陷贼中者，足以达其心中之苦情。旋清理文件颇多。睡，不甚成寐，以用心稍过也。

廿九日（接鲍信知已杀贼五、六千）

早，出巡视营墙。饭后围棋一局，清理文件。旋写胡宫保信一件，并送祁术六两、燕菜一斤，又将渠去冬所送人参一两璧还，专人送去。写厚庵信一件，将御赐厚庵之荷包四对及小刀、搬指、翎管等件专人送去。又写九弟信一件。接鲍春霆禀，知廿六日大胜，杀贼五、六千人，追奔四十里，立将建德克复，为之大慰。自十一月初至今，风波为之稍平，人心为之一定。中饭后清理文件颇多，约二百件，围棋一局。夜温《易经》《震》《艮》二卦。睡，亦不成寐。邓弁值日。

二月

初一日（古人所以贵，及时力学也）

早，各员弁贺朔，至辰刻毕。饭后见客三次，围棋一局，清理文件，写季高信一件。接澄弟信，系正月十四日所发者。中饭后围棋一局，神思困倦。将陆放翁诗中可为对联者圈出付钞。晡时，写对联二付。夜习零字百许。日内于作字之道，若有所会。惜精神疲乏，目光眵花，老境日臻，不克竟其所学。古人所以贵，及时力学也。温《易经》《渐》《归妹》二卦，意思昏懵，毫无所得。夜思作书之法，刘石庵善用偃笔，郑板桥善用蹲笔，王梦楼善用缩笔，惟努笔近人无善用者，古人惟米元章最擅胜场。吾当如此自极其思耳。

初二日

早，出城外看碉座地基。饭后清理文件。旋写《解散歌》，字约一寸大。围棋一局，中饭后再一局。见客二次，隋龙渊来，言各营口粮仅发至九月止，而委员薪水已发至正月，不足以昭公允。余深韪其言。写《解散歌》，至申正毕。口占作修碉告示，凡四条。夜写左信一件、凯章信一件。本日闻贼破大洪岭而入，悬系之至。又闻伪侍王已至休宁，有二路来攻祁门之说。又接建昌府黄守禀，极危极险，竟日皇皇不安。夜，倦乏已极，不甚成寐。

附记　榉根岭外贼目

禳天福何良寿　猷天安周化熔

文天燕张永寿

武天燕黄永福

嶒天燕蔡加意

　　　休宁城内贼目

裨天义李△△

遴天安陈△△

骏天安△△△

禄天安△△△

初三日（与唐桂生定保举单）

早，至北门外看修碉地基。饭后清理文件，写鲍春霆信。将放翁诗句可为对联者圈出付钞。中饭后围棋一局。旋清理文件，陈虎臣来久谈，写对联、条幅数件，清理公文。夜又清理数十件。日内公牍甚多，虽逐日清厘，而积压尚有二百余件。精神疲困殊甚。本日雨泥春寒，身体若重滞不自胜者。夜二更后，眼痛，腰痛，幸时时以苏诗、陆诗讽咏自娱。睡，稍成寐。潘弁值日。是日，与唐桂生定保举之多少：湘前强中、前左营，皆保二成；前右营，一成七分；亲兵营，一成四分；震字、春字营，八分。拟分作两次开单，三月出奏一次，五月一次。

初四日（用兵之难，莫大于见危不能救）

早，出外巡视，相度修碉基趾。饭后清理文件，写家信，澄弟一件、沅、季一件，见客三次。旋写季高信一件、毓中丞信一件。中饭后清理文件，围棋一局，至朱云崖处小坐邕谈，写对联三付、挂屏四张。出外看投效人徐东海所为发石机。旋至西门外观修碉基趾，傍夕归。接建昌府黄印山太守请兵之禀，有云尽此一禀，涕泣求救等语，目不忍睹，耳不忍闻。又闻休歙之贼已窜婺源，将续犯江西腹地，忧灼之至。思所以抽兵回救江西，绕室彷徨，不知所以为计。与朱云崖商拟将黟县渔亭弃而不守，令凯章守祁门，抽出朱、唐一军援剿江西之抚、建等处。寸心忧焦，不能复治一事。用兵之难，莫大于见人危急而不能救。

附记

霆营续报阵亡请恤

曹有馀花翎守备，益阳人

初五日（内念家多故，外顾贼氛环绕，殊忧）

早出，看修碉工程。饭后清理文件，围棋一局。念建昌被围穷困，彷徨忧灼，寸心如焚。昨日系先大父[旁又有"夫"字]忌辰，本日系去年闻先叔父讣音之辰，内念家中频年之多故，外顾贼氛四路之环绕，殊深忧虑。见客三次。隋龙渊曾为建昌知府，闻余将派人赴建救援，涕泣请随营支应，血性人也。是日清理积压文件，至夜方毕，共二百余件。午刻，写黄印山太守信一件。申刻凯章来，亦系闻建昌之危，思所以救之。未刻写对联五付。夜选陆诗可为对联者。西刻接养素禀，渠军救援建昌，于廿七日大获胜仗，为之一慰。

初六日

早，至城外修碉处勘视。饭后围棋一局。旋清理文件，凯章来畅谈，习字一纸，选陆诗可为对联者。见余祖述，婺源举人，工部司员，奉旨回籍办团，久谈近二时许。接胡宫保信，知霍山余际昌军败溃，英山吃紧，调鲍军北渡救援。中饭后清理文件。旋写挂屏四幅。旋写胡宫保信、鲍春霆信，言霆军不可北渡。定派老湘营及湘前强中等营攻剿上溪口。与朱云岩、唐桂生等畅谈。夜，围棋一局。接左季高信，言近日进攻婺源，清华街之贼比即覆之。选陆诗可为对联者。眼蒙殊甚，殆欲枯矣。近日老态，眼蒙齿痛二事，最为著验。

初七日（希庵放安徽巡抚，为之喜慰）

早，因下雨，未出查营。朱、唐等至渔亭，将进剿上溪口也。饭后围棋一局，清理文件，写沅弟信、左季翁信，见客二次。中饭后再围棋一局，写郭云仙、意城信，写对联、条幅数件，清理文件。日来因建昌被围，紧急万分，又因贼窜婺源，左军之势颇孤，又因北岸霍山师溃，恐桐城、安庆各军难当大敌，忧灼之至，意思无聊，精神亦倦，不能办一事。夜，改黄麦铺大获胜仗摺稿，又改谢赏福字恩摺，又自作一片。接胡宫保信，闻希庵放安徽巡抚，为之喜慰，惟皖事太坏，殊不易办耳。

附记

王光东王际田所保

屈楚轩湘乡廿四都人，住白泥，已保外委

张复益桂东人，住江西。二人皆沅弟亲兵，极善走。初六酉刻自安庆动身，初八日二更到祁门。已保蓝翎外委

初八日（接信知英山失守，甚忧灼）

早，至城外修碉处查阅。饭后围棋一局。旋写胡宫保信、沅弟信、雪琴信、鲍春霆信、刘印渠信。中饭后又围棋一局，写李辅堂信，见客数次，清理文件。剃头一次。夜清理文件颇多，倦甚。接胡宫保信，知英山失守，为之忧灼，不复知所以为计。申刻写对联四付，发报摺二件、片一件。

初九日

早，至城外碉卡处。饭后清理文件。旋写左季翁信、胡宫保信、张凯章信、沅弟信、春霆信、申夫信。中饭后围棋一局，写毓中丞信、黄印山信。摺弁黄廷贵自京中归，阅京信及邸报各件，又询热河情形甚悉。夜清理文件。颇觉困倦，二更四点睡。三更四点接信，知凯章、云岩、桂生本日在上溪口大获胜仗，为之喜慰，以后即不能成寐。是日未刻，请任星元、彭山屺中饭。

初十日

早饭后围棋一局。旋至城上周历，相度修碉地势，登陟颇劳，午初归。写左季高信一件、朱云岩信一件，清理文件。中饭后曹荣、张镇湘自安庆归，问明一切。围棋一局，写对联三付、挂屏四幅，清理文件，温《易经》《丰》《旅》《巽》《兑》四卦。接胡宫保信，知希庵全军回救英山、蕲水等处，楚疆应可保全。阅《经义述闻》，如"弗过遇之，弗过防之"等"过"字，深有所会。余于本朝经学、小学诸家，独服膺王怀祖先生父子之精核，盖以其于经文之虚神实训，体味曲尽也。

十一日（贼纷出动，处处可危，大局难）

早，至修碉处巡阅一切。饭后围棋一局。旋清理文件，写左季高信一件、张凯章信一件、胡宫保信一件、沅季两弟信一件、雪琴信一件、申夫信一件。少息片刻。旋接左季翁初九夜信，又写复信一件。写陈馀庵信一件，催之赴景德镇。中饭后围棋一局，清理文件。温《易经》《涣》《节》《中孚》《小过》《既济》《未济》六卦，至更初毕。申刻写对联七付。一更四点至二更四点，清理文件。续有到者，遂不复清矣。本日，各营进攻休宁县城，心为悬系。睡，不甚成寐。屡次遣人出问信息，至四更四点醒后，尤为焦灼。近日，伪主将洪国宗，伪辅王、

伪侍王、干王等,麇集于休宁、上溪口及思口、清华街、婺源等处。左军御之于婺源、清华,极嫌单薄,而祁门,渔亭之兵亦殊单弱,不敷调派也。此外,又有伪忠王围攻建昌,伪英王上窜湖北之蕲水,处处可危。大局之能否稍有转机,在此一月卜之矣。

十二日

早,至修碉局查阅。饭后围棋一局。旋写左京堂信一封、沅弟信一件、胡宫保信一件,凯章信一件,倦甚小睡。中饭后围棋一局。旋清理文件,写对联、条幅十馀件。闻休宁之贼于十一夜遁逃,县城克复。外间纷传说,因与朱云岩等商定大局。致陈馀庵信、鲍春霆信。见客四、五次,皆道喜者。夜清理文件颇多。二更四点〈睡〉,三更成寐,四更一点即醒,不复能成寐。日来,曾无美睡。前此二月,不服鹿茸丸,反得安睡。或近日服药太燥,转碍于酣寝耶! 未正,习字一纸。

十三日(悟董香光之法专用"渴笔")

早,至修碉局查阅。饭后围棋一局。旋写左京堂信一件、凯章信一件、唐桂生信一件、宋滋九信一件。见客五、六次,皆因休宁克复道喜者。中饭后围棋一局,写沅弟信一件,清理文件颇多。至朱云岩处邕谈。夜,写零字甚多。悟董香光之法专用渴笔,以极其纵横使转之力,但少雄直之气。余当以渴笔写吾雄直之气耳。是夜又写凯章信一件、陈馀庵信一件。睡,略成寐。是夜初更时,阅《系辞》上传。

十四日(营盘被贼围,虑粮路将断)

早,出城至碉局。饭后围棋一局。旋清理文件。写家信,澄弟一件、两儿一件、沅弟一件、左季翁一件。定拔营日期,部署一单,口占作稿,通行各处。旋写凯章一信、娄云庆一信。中饭后再围棋一局,又写信二封,与朱云岩等商计大局。是日早,戈什哈解劈山炮至王毅卿处者云,营盘被贼围住,寸心悬悬。是夕,有顺字营马勇亲见王毅卿处挫退之勇,尤觉忧灼之至。是夜不能治一事,通宵不寐。盖景镇为大营后路,被贼占踞,则粮路立断,可虑之至。

十五日

早,各员弁贺朔[望],见客颇多,至巳正毕。黎明,接左季高信,知王毅卿等挫退之实情。又接湖北信,知黄州失守,悲愤之至。旋围棋一局。写左季高信一件、胡宫保信一件、毓中丞信一件、凯章信一件、沅甫信一件。中饭后围棋一局,改克复休宁摺稿,见客三次,清理文件颇多。念各路大局决裂,寸心忧灼之至。夜清理文件,写春霆信一件、申夫信一件。睡尚成寐。

十六日

早,至黄惠清营内看病。饭后围棋一局。旋写胡宫保信一件、鲍春霆信一件、左季高信一件,清理文件,见客三次。中饭后围棋一局,习字一张,写毓中丞信、李辅堂信一件,清理文件。是日,定计以鲍春霆进援江西省城,先同根本,次援抚、建。闻抚州、建昌危急之信,实深忧灼。夜,清理文件。

十七日(因左军受挫,本日未移营)

早,至湘前新营查阅。饭后围棋一局,清理文件。旋写李少荃信一封、鲍春霆信一件、宋滋久信一件。中饭后,天雨纷纷,不胜郁闷。旋与隋龙渊太守围棋二局。夜闻甲路之贼未跟踪追犯景镇,心略舒畅。写信与张凯章、唐桂生,嘱其妥为预备,恐婺源之贼回保徽州,并犯休宁、渔亭。温《易经·系辞》下传至《杂卦传》毕。是夕,睡颇成寐。前拟于十七日拔营,至东流、建德,业已通札各处。因左军有甲路之挫,恐军心惊慌,故本日未移营。发摺一件,报克复休宁片一件,报暂缓移营。

十八日

早,至碉局查阅。饭后围棋一局。旋写左京堂信、毓中丞信、胡宫保信、沅弟信、彭雪琴信,见客二次。中饭后围棋一局,见客三次,写免死牌一张,习字一纸,写挂屏四幅。是日闻景德镇等处无贼,心为少舒。夜间闻李军至巴河,无船可渡。又闻狗逆直上汉口,不为少停,

尤以为虑。

十九日

早，至碉局。饭后围棋一局，旋写江西省司道公信一件、鲍春霆信一件、唐桂生信一件，清理文件，习字一张。中饭后，围棋一局，写左季高信一件，清理文件，倦甚。竟日雨不止，寸心郁郁。夜清理文件。日来，因黄州失守后，武汉无信，又抚、建危急，忧灼万分，坐卧不安。公牍尚照常清厘，信件除亲笔外，皆积压不复矣。

廿日（武汉尚安，寸心为之少舒）

早，出查修碉。饭后围棋一局。旋写胡中丞信、毓中丞信、李希庵中丞信、张凯章信、唐桂生信、沅季二弟信。中饭后再围棋一局。旋清理文件，写挂屏一幅、扁字数个，倦乏颇甚。二日写字太多，神若为之竭，可见精力之不足。习字一纸。酉刻打辫子。新换一剃头者。旧者在此三年，告假回家也。夜习零字颇多，温《古文·词赋类》，将《西征赋》《秋兴赋》《芜城赋》《哀江南赋》等篇，恬吟一遍。是日接胡宫保信，闻贼在上巴河、孙家嘴、黄州一带，武汉十二、三日尚无事，寸心为之少舒。

廿一日（闻宫军不肯守鄂，为之郁郁）

早雨，未及出外巡查。饭后清理文件，围棋一局。旋写左季高信，约千馀字，写鲍春霆信、凯章信，写扁字数个。中饭后围棋一局，写沅弟信、胡帅信，习字一张，清理文件颇多。夜复清理文件，尘牍为之一空。阅《古文·传志类》。睡颇成寐。是日阴雨泥泞，气象愁惨。又闻宫秀峰制军不肯守湖北省城，带兵出防要隘，又临警招勇，恐有贼匪溷迹其中，为之郁郁不乐。

廿二日

早，出外至修碉局。饭后围棋一局，旋写胡宫保信一件、沅弟信一件、鲍春霆信一件。中饭后围棋一局，写挂屏四幅。倦甚，不愿治事。连日案上积牍颇少，唯信稿多未核改。每日除亲笔信稿数件而外，馀俱停，积不复之信多矣。阅《戴东原文集》。夜阅《古文·传志类》。

廿三日（禾戌岭、桦根岭被贼破卡而入）

早出，至碉局查阅。饭后围棋一局，旋写九弟信、鲍春霆信、左季高信、张凯章信，清理文件。与朱云岩等议移营与否。中饭后围棋一局，清理文件。旋闻禾戌岭被贼破卡而入，桦根岭亦被贼破卡而入，寸心忧灼。习字一张，写挂屏四幅。申刻，欧阳小岑来畅谈，至五更初始去。写申夫复信一件。阅《古文·词赋类》下编。

廿四日

早，至朱春田营查墙子。饭后围棋一局。旋写澄弟信一件，言星冈公有八个字，余有八本之说，嘱家中子侄谨记。沅弟信一件、厚庵信一件，清理文件，习字一张。中饭请小岑便饭。饭后围棋一局，与小岑畅谈至夜。是夕闻桦根岭之贼由箬坑窜至历口，朱云岩定于次日出队助剿。写江军门信一、唐桂生信一、娄峻山信一、鲍信一、胡信一、杨豫庵信一。是日，闻建昌府有解围之说，为之少慰。

廿五日

早，朱云岩出队往援历口。饭后围棋一局。旋写左季高信、毓中丞信、李辅堂信，清理文件。中饭时，小岑来，批春霆禀一件。饭后与尚斋围棋一局。天雨不止，与小岑畅谈甚久。傍夕，又与小岑围棋一局。夜温《古文简本》。念韩公"周情孔思"四字，非李汉知之极深，焉能道得出！为文者要须窥得此四字，乃为知本，外此皆枝叶耳。习字一张。余往年在京深以学书为意，苦思力索，几于困心横虑，但胸中有字，手下无字。近岁在军，不甚思索，但每日笔不停挥，除写字及办公事外，尚习字一张，不甚间断，专从间架上用心，而笔意笔力与之俱进，十年前胸中之字，今竟能达之捥[腕]下，可见思与学不可偏废

廿六日（戈什哈言贼怯懦，不禁打）

早，出营，至修碉处。饭后围棋一局，旋写沅弟信、胡宫保信、朱云岩信、王霞轩信，习字

一纸。中饭后围棋一局,清理文件。接信,知云岩本日在历口获一胜仗,写信告知唐桂生。见客数次。夜写零字甚多。日来,于书法若有所会,故每好写零字,动至数百之多。戈什哈曹广泽自历口打仗回,据称手刃十馀贼,言贼实怯懦无能,不禁打也。睡不甚成寐。

廿七日(早出外看碉,午与杨朴庵久谈)

早,出外看碉。饭后围棋二局,写左季高信、鲍春霆信、江军门信、朱云岩信二次。清理文件。未初,小岑来邑谈,至夜始去。中饭后见客二次,杨朴庵来久谈。大雨如注,自午至夜,未曾片刻少停。夜温《古文·杂记类》。清理文件甚多。睡不甚成寐。

附记

一王,二主将,佐将,总提,义,安,福,燕,豫,侯,丞相,捡点,指挥,将军,总制。

伪英王陈玉成四眼狗

伪辅王杨雄清七麻子

伪忠王李秀成

伪侍王李世贤

伪奸王洪仁奸

伪赞王蒙德恩

伪定南主将、整天义黄文金

　　正总提胡鼎文

　　綮天义李继远

权天义林世发

伪右军主将、通天义刘官方

　　正总提赖△△

　　聪天安刘胜起

　　佐将、金天义古隆贤

　　麟天豫古得金

　　提天福古福贤

伪陞卫、主将许茂才

伪前军、主将吴如孝

伪中军主将林绍璋亦加封璋王

伪征计军主将陈学礼宏天义

伪主将洪春元

伪征北主将张洛行即捻子头

伪讨逆主将范汝增

廿八日(因愁困不已,案牍已尘积数日)

早,出门至修碉处。饭后围棋一局。旋清理文件。大雨如注,不止。习字一张,旋写零字甚多。写杜诗五律十馀首。中饭后见客数次。朱云岩、易昀荄等在历口打仗归来,与之久谈。雨大,愁闷,不愿作事,案牍尘积数日矣。夜,仍写零字。余往岁好黄鲁直书,近日未尝厝意。山谷深得晋人真意,而逸趣横生,当更致力。温《古文·序跋类》。倦甚。每日至灯下,辄困乏,故人古不能精深。

廿九日(思作字之法,险字、和字缺一不可)

早,出外查阅右营。饭后围棋一局。旋写沅弟信一、胡帅信一、春霆信一,清理文件。中饭后习字一张,写零字甚多,皆寸大楷书。会客三次,陈虎臣邑谈甚久。隋龙渊围棋一局。至朱云岩处久谈。夜温《古文·传志类》。是日,因说话太多,神思倦乏。睡多梦魇。余少时每遇困乏,即梦魇。道光十二、三年,先大夫数数呼唤不醒,每以为忧。今三十年矣。而此病如昔,精神亦似未甚衰减者。日内,思作字之法,险字、和字二者缺一不可。本日阅王箸林

二品文官锦鸡补服

清朝文官服饰

《誉语》，亦于此二字三致意焉。

卅日（思作书之道，做人、治军亦然）

早，出外查阅修碉工程。饭后清理文件。定进兵攻徽路径，办一札稿。旋习字一纸，写零字甚多，写凯章信一。中饭后写九弟信、季高信一件。与欧阳小岑围棋一局，又与之邕谈甚久。清理文件，积牍一清，惟未核各信稿耳。夜又写零字甚多。日内颇好作字，皆寸大字，每日皆写三、四百不等。温《古文·传志类》。思作书之道：寓沉雄于静穆之中，乃有深味。雄字须有长剑快戟，龙拿虎踞之象，锋铓森森，不可逼视者为正宗；不得以剑拔弩张四字相鄙，作一种乡愿字，名为含蓄深厚，举之无举，刺之无刺，终身无入处也。作古文、古诗亦然，做人之道亦然，治军亦然。

三月

初一日

早，未出外，各员弁来贺朔，应酬甚久。饭后写左季高信。鲍春霆两禀，先后自批。清理文件，见客三次。中饭后与小岑围棋一局，写九弟信、胡宫保信、雪琴信，习字一张，写零字甚多，清理文件。夜又清文件，因明日将至渔亭齐云山一看，故将积牍一清。睡不成寐。张弁值日。天气燥热殊甚。

初二日（知景德镇已失，左军败挫）

是日，派祁门、渔亭各营进攻徽州。余以其离祁门太远，亦亲赴渔亭、休宁等处，俾各营文报易通。早饭后启行，行六十里，午正至渔亭。见客三次，即各营官也。写零字百馀。中馀[饭]后清理文件。旋至唐桂生营小坐。归，又写零字甚多。与各营论进兵之路径。夜，倦甚。睡颇成寐。四更初接信，知景德镇已失，左军于三十日败挫，焦灼之至，不复能成寐。

初三日

早饭后，自渔亭起行六十里，年初至休宁城见凯章，即在凯章公馆内停驻，与之久谈。卯刻，在渔亭写云岩信一件、江军门信一件。未刻，又写云岩信一件。中饭后，倦甚。因闻景德镇失守，心绪烦乱之至。小睡。写零字百馀个。灯下，又写百馀个。早睡。至四更，接云岩、申夫信，请余撤攻徽之兵，回顾祁门。心事瞀乱，几不能自主。天雨又作，方寸如焚，展转以待。天明，乃与凯章及唐桂生商，仍以攻徽为是。

初四日

早，各营出队进攻徽州。饭后写家信一封，与澄、沅、洪三弟。又写朱云岩信、凯章信一、桂生信一。旋写对联九付。中饭后，倦甚。寸心忧闷之至。傍夕闻凯章进兵，破一贼卡。夜写云岩信一、桂生信一。是日巳刻至午正，出外查城。由休宁东门登城，至南门下城，约骑马行十一、二里，周围实有十五、六里馀，尚未能走东南隅也。夜来，忧灼殊甚，睡不成寐。至四更，接左季高三十日信，知渠军廿九日获一胜仗。三十日因陈馀庵军败，景德镇失守，渠亦退至乐平矣。

初五日（忧灼如焚，殆不知生之乐。死之悲）

早饭后写信，左季高一件、鲍春霆一件、朱云岩一件，清理文件。与舒墨林下象棋，竟日至八局之多。又写对联十馀付。因本日各营进徽州，寸心悬系之至，频登楼看天色。至午刻，忽下大雨，心绪焚灼不安。傍夕接信，唐桂生等系以午刻因雨致败，尤用忧愤。盖此举关系最大，能克徽州，则祁、黟、休三县军民有米粮可通济，不能克徽州，则三县亦不能保，是以忧灼特甚。夜，竟夕不成寐，口枯舌燥，心如火炙，殆不知生之可乐，死之可悲矣。是日接纪泽儿信，将《通鉴》寄来。夜，黄弁值宿。

初六日（定即日再攻徽州）

早饭后,写朱云岩信,并酌定近日局势变更三策。旋与舒墨林下象棋六局。凯章自徽州出队归来,与之閟谈。目下舍进攻徽州,别无生路。渠与余意见相同,因定即日再攻徽州。下午见唐桂生各营官。天气略为开霁,寸心亦稍舒閟。夜,睡稍得成寐。张弁值宿。

初七日

早饭后清理文件。旋写左季高信一件、沅弟信一件、胡宫保信一件、鲍春霆信一件、朱云岩信一件。旋下象棋二局。中饭后,清理文件甚多,又写对联七付。夜与舒墨林下象棋二局,写零字百馀。是日天气清明,晴光可爱,寸心为之舒畅。二更睡,甚酣,将明始醒,为近日所仅见之事。邓弁值宿。

初八日

早饭后清理文件。旋口占作一公文,令鲍镇由鄱阳进攻景[德]镇。又写鲍信一件、朱云岩等四人信一件、毓中丞信一件,与舒墨林下棋三局。中饭后写零字甚多。接左季翁自乐平专足来信,系初四日所发,复信一件。接鲍春霆初五自下隅坂来信,当即批发。与墨林下棋二局,夜又二局。写零字数十个。睡颇成寐。罗弁值宿。

初九日(夜温苏子瞻各策)

早饭后清理文件。旋批云岩小禀,与墨林下棋三局。中饭后清理文件颇多。旋又下棋一局,夜又二局。是日定派各营于初十日再攻徽城。屡见各营官,再三丁宁。夜温苏子瞻各策。姚公以谓苏氏学《庄子·外篇》之文,实则诙诡处不逮远甚。睡颇成寐。王弁值宿。

初十日

早饭后,各营出队,再攻徽州。清理文件。旋写四信:云岩一、季高一、粮台一、春霆一。与墨林下棋,是日共九局之多,盖天气甚长,心绪郁闷,故为此戏。午刻至南门登城一看。中饭后,清理文件颇多。夜温古文苏子瞻制策。睡颇成寐。黄弁值宿。

十一日(戈什哈自乐平归,言左军获一胜仗)

早饭后清理文件。旋写左季高信,胡宫保信,九弟信,朱、李、刘信,凯章信。与墨林下棋二局。又写春霆信一件、李少荃信一件。午刻移寓公馆,系汪氏宅,在休宁小东门内后街。中饭后,写许仙屏信,与之论古文之道。酉刻又与墨林下棋二局,夜写九弟信、胡宫保信。九弟派二勇于初九日自安庆来,十一日申刻已到休宁,可谓神速之至。温《古文·书说类》。睡不甚成寐。张弁值宿。是日未刻,戈什哈徐兆熊自乐平归,言左军于初六日获一胜仗,为之少慰。

附记 江北贼情

伪英王统下,有五大队、五小队

五大队:前大队,则天义梁成富

左大队,吁天安卜占魁

右大队,量天安唐正才

中大队,格天义陈时永

后大队已散。

五小队:前队,裁天福黄△△

左队,监天安马△△

右队,浩天安刘玱林,即精

忠主将

中队,涵天安罗正举

后小队已散

守安庆:张潮爵、陈时永、叶芸来

守庐州:宏天义陈学礼、功天义陈得才

守庐江:永天豫邹林保

守桐城:宣天安张仕才

守三河:亮天义兰成春

守无为州:闻天义兰天义

南岸守太平府:顾天义黄盛爵、庇天安李长青,似皆黄文金之统下

十二日

早饭后清理文件。旋写左京堂信,批朱云岩禀。与墨林下棋二局,中饭后又二局。写零字颇多。夜温《古文·序跋类》,心颇静细。睡至四更,闻攻徽官兵于二更时被贼放火偷营,官军惊溃,已奔回休宁城下。忧灼之至。即披衣起,坐达旦,四处问信,竟无确耗。浩然长叹,不知天意如何。情绪似四年十二月十二日闻湖口水师之败,而老怀尤觉难遣。

十三日(写信与儿,略似写遗嘱之式)

早起,频问徽州败挫情状,泊无确信。至辰正,闻老湘营一、二、三旗及左、右翼完好无恙,侍壮勇亦无恙,霆字、礼字、峰字、及亲兵营亦无恙,凡完好归来者十四营。惊溃挫损者八营,谓强中三营、湘前一营,震字一营及老湘之四、五、六旗也。各营陆续归来禀见,至午正渐毕。大约伤亡不满百人。惟八营军械间有遗失,锅、碗、被铺则全失。士气日耗,贼氛日长耳。未刻后,写信与纪泽儿兄弟,略似写遗嘱之式。盖军势不振,且夕恐蹈不测,故将格言预先训诫也,至夜写毕。凯章来,久谈。睡稍成寐。

十四日

早饭后清理文件。旋写朱云岩信、王霞仙信、吴竹庄信、沅弟信、鲍春霆信、李申夫信。天大雨,约三时之久。中饭后写凯章信、张伴山信,作札稿二件,写下隅坂转运事。傍夕至凯章公馆畅谈。夜又写云岩、申夫信。渠二人函请余回祁门,词意肫切。余令其修一坚垒,乃归也。凯章来久谈。睡颇成寐,将明始醒。王弁值日。

十五日(因贼势环逼,余四顾茫然不能治一事)

早,各员弁贺望。饭后与舒墨林下棋三局,清理文件。凯章来久谈。午刻,徽州贼匪来城外窥伺,约马六、七十匹、步队一、二百而而[衍一而字]已。在万安街之北山上窥探至未刻始去,大约来探官军之动静,无扑城之志也。中饭后清理文件。因贼势环逼,四顾茫然,寸心忧灼之至,不能治一事。夜写左季高信一件、刘馨室信一件、渔亭各营谕单一件。睡颇梦魇,以心绪不宁之故。黄弁值日。

十六日(夜闻武穴失守、九江戒严,为之不宁)

早饭后清理文件。旋写吴南屏信。陈虎臣自祁门来,接余回祁,与之畅谈极久。中饭后与墨林下棋二局。写鲍春霆信、吴竹庄信。又与虎臣罄谈。夜闻武穴失守、九江戒严,心绪为之不宁。温《古文·序跋类》。是日将南屏寄到之毛西垣诗翻读一过,信为朋辈中所不可多得,宜南屏之亟称之也。夜,睡不甚成寐。张弁值日。

十七日

早饭后清理文件。旋写沅弟信、胡宫保信、鲍春霆信、左季高信。是日接左君十二夜信,知于初六、初十大获胜仗,为之少慰。未刻,朱云岩至休宁,接余回祁门,与之久谈。中饭后,与陈虎臣久谈,与舒墨林下棋二局。旋凯章来送行,又与久谈。傍夕至凯章处辞行。夜归,与虎臣罄谈一壁静之理。虎臣所论,多与余相合者。睡不甚成寐。邓弁值日。

十八日

早饭后,起行回祁门。行三十里,至岩脚,因便游齐云山。肩舆行六里许,至"洞天福地",中有石岩,相传张邋遢修炼之所,年百八十岁羽化登仙。步行里许至一天门、罗汉洞、二天门、三天门及正殿等处。又步行二里许至紫霄岩。齐云山即白岳也,结构甚小,而罗汉洞实为奇特。正殿后有五峰,前有香炉峰,亦秀拔天成,名山固不虚传矣。在道院吃饭一碗,下山。至申刻,抵渔亭,与刘馨室、陈虎臣罄谈。闻景德镇有克复之信,似不甚确。

十九日(深虑九弟处贼逼之时,倍难防御)

早饭后，雨甚大，少停。由渔亭起行三十五里，至双溪楼许家，小坐约半时之久。陈虎臣来，同吃中饭。饭后，行三十里，至祁门老营。约申刻，与文武各员弁相见。再吃饭一次。接鲍春霆信，知将赴乐平与左军会剿李世贤股匪。又接九弟信，知贼已破黄梅、宿松，日内即可至集贤关。弟因南岸转运事，派彭盛南表弟来东流、建德经理。余以盛南系弟营得力之员，作缄止之。又批鲍禀一件，写左信一件。倦甚，睡颇成寐。潘弁值日。是夜阴黑殊甚，深虑九弟处正值贼来围逼之时，倍难防御。

附记

○景〈德〉镇陈军失利一摺张秉钧禀，胡风鸣票，廿二日核稿，廿四发
○左军甲路涌山各仗一摺渠咨，廿二日核稿，廿四日发
○两次攻徽一摺自摺无底廿四发
○榉根岭打仗一摺廿一日核稿，廿四日发
○参王令一片，申经历附三月廿四日发

保建昌守城一片

○左军保举一摺四月初二发

廿日（是日大雾，虑安庆守壕之不易）

早饭后见客四次。旋清理文件，写九弟信、彭盛南信，催其回安庆。是早大雾迷漫，深虑安庆守壕之不易。围棋一局，清理文件甚多。中饭后又清理文件，并写九弟信，围棋一局，习字一纸。申正二刻，出门看所修碉，一曰敦仁碉，一曰敦艮碉，又至西门看新修石垒，又至南门看余之新墙子，灯后归。清理文件，至三更始睡，不能成寐。王弁值日。是夜接霞仙信，不接渠信年馀矣。

廿一日（遂速移营东流以慰两弟）

早饭后，写沅、季弟〈信〉。沅弟于十九早专二人送信，劝我速移东流、建德，情词恳侧，令人不忍卒读。余复信云：读《出师表》而不动心者，其人必不忠；读《陈情表》而不动心者，其人必不孝；读弟此信而不动心者，其人必不友。遂定于廿四日移营东流，以慰两弟之心。旋写毓中丞信。甚长。清理文件，围棋一局，中饭又一局。再写一信，交九弟专卒带去。清理文件甚多。改摺稿一件，系报二月二十六历口胜仗。习字一纸。小岑自历口归，与之邕谈一切。是日招抚局信，言景德镇之贼实已于十八日退净，为之一慰，以未得左、鲍信，不敢深信。睡颇成寐。黄弁值日。

附记

葛兴陶五年四月九日保蓝翎，六品
曾祥麟六品　此二人十九早在安庆起行，廿夜至祁门，各赏翎一支、银一两，将来归此保举
张茂林六品
谭明山六品　此二人廿早在安庆起行，廿一日夜至祁门，各赏银四两、钱一千，将来归此保举
罗新太五品军功
谢集林六品
刘芳庭六品
右三人叶光岳所开，附人亲兵营保举

廿二日

早饭后接九弟信，知十九日贼未出队。旋写沅弟信。是日共写三信，与九弟一次，交弟来人，二次专亲兵送去。又写凯章信二次，清理文件，围棋一局，习字一张，改摺稿一件。中饭后，围棋一局，改摺稿一件，与小岑久谈。夜作摺稿一件，口占令人缮写。睡不甚成寐。张弁值日。

廿三日（定计以鲍军渡江救援安庆）

早，接九弟信，知廿日四眼狗已在菱湖中段扎营，将九弟与季弟营盘东西隔为两截，而援贼与城贼通为一气，不胜忧灼。适辰刻闻景德镇及鄱、乐、浮梁一律肃清，因定计以鲍军渡江救援安庆。写左季翁信、鲍春霆信一、九弟信二、胡宫保信一。余定计以廿六日拔营。作片稿一件、札稿一件，均口占令人写之。中饭后，见客三次，清理文件甚多。申刻，朱云岩自请至安庆救援，因令带五百人往援。又写一信，令云岩专人送去。倦甚。夜清理文件颇多。睡尚成寐。邓弁值日。

廿四日（季弟派队出壕剿贼，为贼窥破技俩）

早饭后，围棋一局。旋写九弟信、杨军门信、彭雪琴信、陈季牧信、吴竹庄信、吴子序信。又改片稿一件，清理文件。中饭后清理文件尤多。围棋一局，写九弟信一件，鲍公批一件。本日辰刻，派朱云岩带五百人前往帮同守壕，又请鲍公带八千人渡江救援。往日，沅弟每日一信，本日未接来信，忧灼之至。申刻，接厚庵廿二日信，得知沅、季等廿一日平安也。酉刻后，望信甚切，寸心如焚，夜间独在庭中往来。又写一信，专二人送去。睡不成寐。至三更四点，忽接沅弟廿三日信，为之一慰。惟嫌季弟派队出壕剿贼，廿二日小挫，被贼窥破技俩耳。是夕，彻〈夜〉睡不寐，但将安庆之事辗转萦思。是日，发报四摺二片。又发家信，仅澄弟一件。夫人一件，写成未寄，忘封入也。

廿五日

早饭后，写沅弟信，责沅与季之阅历太浅。见客十馀次，皆来送行者。清理文件甚多。中饭后，见客数次，清理文件，写左季翁信、凯章信。料理一切，次日将拔营也。酉刻剃头一次。倦甚，不愿见客，因谢绝一切。核保举单，不耐烦碎，鲍营略加核定，左营单则不核矣。又改左营三月各仗摺稿，困倦不能毕。睡颇成寐，五更始醒。问沅弟处有信否，无人来，为之悬悬。

廿六日

是日，由祁门拔营赴江滨。饭后清理各文件。旋写信一件，与官、胡、李、毓四人。辰刻起行，行三十里至小路口，少坐，吃饭一顿。又行三十里至历口，住沈宝成营内。沈与杨、张三营深沟高垒，山环水抱，良可慰也。饭后，写左季翁信一、沅弟信一、春霆信一，添胡宫保信三叶，添希庵信一叶。夜，倦甚。睡颇成寐。是日，接沅弟廿四日信，营内平稳，为之一慰。

廿七日（忧瑞州失守）

早饭后，在沈营内改摺稿一件，约一时之久。旋即起行，行三十里，至大桥头小停。又行五里，至石壁下。因大雨，歇息片刻。又行十五里，至闪上驻宿，去年六月初八日亦宿此处。接九弟信，知多公于廿三日打仗大胜。写鲍春霆信一件、吴竹庄信一件。夜，睡颇成寐，五更即醒。是日，接竹庄信，知瑞州于二十日失守，忧灼之至。

廿八日

早，自闪上起行，行四十里，至潘村小驻，中饭。旋又行三十里，至桃树店驻宿。写鲍春

清朝银票

霆信、九弟信、吴竹庄信。与姚秋浦久谈。是日，阴雨竟日，午刻雨颇大，夜三更，大雨如注。私念安庆军事，菱湖水涨，我水军之利也。夜，与小岑围棋一局。得沅弟廿六、七日二函，知安庆防守平安。

廿九日（定计安庆与九江互援）

早饭后起行，行三十里路，至沙滩地方小坐。春霆来会，与之畅谈极久。旋又行三十里，至利步口住宿。春霆亦来共饭共宿。写毓中丞信、官制军信、胡宫保信、沅弟信、李少荃信。夜，与尚斋围棋一局。倦甚，睡颇成寐。是日，接沅弟二信，安庆军事平稳，因与春霆面订：安庆急，则援安；九江急，则援九。维舟以待，听初二确信。

附记

刘见武、游玉林二十五日午刻，在祁门领文。廿七日巳刻到安庆。记名蓝翎

卅日

早饭后，与春霆畅谈一切。旋起行四十里至建德县。因雨大而船未到，即在建德驻扎。写沅弟信一、胡宫保信一、春霆信一，与小岑围棋一局。见客六次，皆水旱至东流来迎接者。倦甚，傍夕久睡；夜，睡亦成寐。

四月

初一日（令鲍速渡江北，救援安庆）

早，各员弁贺朔。饭后行五十里，至东流县。雨密泥深，行人甚以为苦。卯初成行，未初始到。中饭后写胡宫保信、沅弟信，批鲍公禀。夜与小岑围棋一局。本日接沅弟信，安庆尚平安。夜又批鲍禀，令其速渡江北，救援安庆。

初二日

早饭后，与小岑围棋一局。旋写左季高信一、吴竹庄信一、易昀荄信一、姚秋浦信一、鲍春霆信一。中饭后复李希庵信一、吴竹庄信一、九弟信二封。又批丁义方禀，万泰禀各一。夜与小岑再围棋一局。是日见客颇多。风雨竟日，援兵不克渡江，为之不怡。

附记

○劾郑阳和一片以鲍详文为底，五月廿八日发。

○劾张菉云一片六月初八发

○陈金鳌到任一片五月廿八发

○徽案湘勇请恤一单朱云岩禀（六月初八发）。又彭禀湖口案，内守城各员。又彭雪琴禀黄国尧、欧阳静。又左营拟保把总任维高、守备衔蓝翎千总黄体灵

○张、朱、唐礼峰保举一摺，亲兵及各员六月初八发。又彭、吴保湖口守城。又建德克复案

劾惠镇一片以六安州禀为底

保黄荫山等一片以建昌绅士黄家驹等公禀为底

○代奏唐镜海先生遗摺一件以唐奏及其世兄信为底。五月十八发

初三日（各路军音耗不佳，寸心惘惘）

早饭后围棋一局。旋写胡宫保信一、九弟信一、雪琴信一、春霆信一。中饭后，写凯章信一，围棋一局。是日雨大风渐小，念霆营援皖之兵不能渡江，为之悬悬。东流公馆极小，余与幕客四人各住一间，才足容膝。而各路音耗不佳，寸心惘惘，若有所失。夜。睡不甚成寐。曾弁值宿。九弟将余所选《古文简本》另钞一遍寄来，请余圈点校对。是夜，约看二十馀篇，但未过笔。

初四日

早饭后围棋一局。旋写九弟信，又写泽儿信、春霆信一、胡宫保信一。午正又围棋一局，中饭后又一局。写九弟信。清理文件颇多，至夜二更始毕。又写九弟信、多都护信。睡不甚成寐。张弁值日。近日因安庆官军被贼围扑后路，又湖北、江西之腹地各有大股贼匪蹂躏，寸心忧灼。初一、二、三、四等日，风雨阴寒气象，尤觉愁郁，未知天意竟何如耳！

初五日

早饭后，与小岑围棋一局。旋写鲍春霆信、胡宫保信、左京堂信，清理文件。中饭后与尚斋围棋一局，习字一纸。本日天气黯淡阴森，念狗酉至桐城与多礼堂开仗，不知胜负何如，心为悬悬，坐卧不宁。傍夕，写唐桂生信，批鲍、谢记名提督之禀。夜又写九弟信。因本日辰刻、午刻已发两信，此信遂未发。阅古文数篇，求余校对圈点者。心绪不定，仅圈两篇。睡颇成寐。邓弁值宿。

初六日（知初五日多公未开仗，稍为开怀）

早饭后，与小岑围棋一局。旋写胡宫保信一件、吴竹庄信一件、毓中丞信一件，颇长，左季高信一件、沅弟信一件。因天气雨泥阴森，寸心为之忧灼。接沅弟信，知初五日多公未与狗贼开仗，稍为开怀。中饭后再写沅弟信，习字一纸，与尚斋围棋一局，清理文件。夜核各禀批。二更五点睡，不甚成寐。

初七日（是日开用钦差大臣关防，各文武来贺）

是日，开用钦差大臣关防。早起拜印，接见各文武来贺者。饭后围棋一局。旋写左信一、胡信一、沅弟信一、凯章信一、云岩信一，清理文件。中饭后，倦甚。围棋一局。清理文件。日内，意思愁闷，天气阴寒，殊乏意绪。本日天初开霁，稍觉轩豁。而公事积阁太多，亦乏闲静之趣。习字一纸。夜，早睡，尚能成寐。黄弁值宿。

初八日（余信言带队看地及约仗最易误事）

早饭后见客三次。旋写九弟信一、胡官保信一、刘霞仙信一，清理文件。中饭后与尚斋围棋一局。申刻闻九弟昨日察看地势、贼情，杨镇南马队小挫，为之不怡。旋写信专人送去，言带队看地势及约期打仗二者最易误事，宜切戒之。习字一纸，清理文件颇多。夜，写一谕单谕文案。上半日核稿，分为三束，一曰奏咨札稿，二曰信稿，三曰拟批稿，于早饭后送上，未初领下归卷。下半日打到，分为三束，一曰军务新到文书，二曰地方新到文书，三曰信函，于中饭后送上，灯初领下归卷。核稿者，办前数日之旧事也；打到者，阅本日之新事也。各有一定时刻，庶逐日清理，有条不紊。夜又清理文件，至二更三点毕。洗擦上身。睡不甚成寐。罗弁值宿。

初九日

早饭后，与小岑围棋一局。旋清理文件甚多，写沅弟信、胡宫保信、厚庵信。中饭后又围棋一局，清理旧文件。自三月在休宁住十七日，及移营在途六日，诸文牍积压颇多。自此心绪稍定，补行清厘。傍夕，登城眺览。夜间，盛四自安庆归，查问一切。接各路信数件。睡不甚成寐。潘弁值日。

初十日

早饭后与小岑围棋一局。旋清理文件，写沅弟信一、易昀荄信一、竹庄信。是日核批甚多，至午正毕。中饭后，清理文件，打到颇多，至酉初毕。登城一望。夜复沅弟信一，清理文件，圈古文数首。睡不成寐。曾弁值宿。是日悬念鲍公与贼开仗，不知胜负何如，心中耿耿，不能少安。

十一日

早饭后，移寓舟上。旋清理文件，见客十馀次。写九弟信、胡宫保信、竹庄信、凯章信，习字一纸。因安庆本日开大仗，悬系之至。中饭后，清理各处文件，打到甚多。傍夕，未接安庆信，寸心焦灼。夜温古文一首。又打到十馀件。睡不甚成寐。张弁值日。竟夕不接安庆开仗之信，实深忧惶。

十二日（知鲍军伤亡甚众，为之惨然）

早饭后，围棋一局，旋清理文件。因久不接安庆信，忧灼之至，绕屋旁皇。又围棋一局，写九弟信一件。中饭围棋一局。是日巳刻，天雨，午未间大雨如注。不知安庆战况何如，弥深忧惶。清理文件颇多。写竹庄信一件。酉刻，接沅弟十一夜二更信，知十一日攻菱湖九垒，受伤至三百馀人，阵亡三十馀人，未能得手。雨歇，在船后亭子小坐。写九弟信颇长。夜，阅古文数首。二更末，潘文质自安庆归。接九弟信，知鲍军十一日攻赤关岭四垒，阵亡百馀人，受伤至七、八百人，为之惨然久之，未知天意竟何如耳！

十三日（定计包围菱湖贼垒）

早饭后，围棋一局。旋写九弟信，清理文件，写吴竹庄信。中饭后又写沅弟信、胡宫保信。申刻，写杨厚庵信。定计以鲍、成进扎高桥岭，扎定后一、二日，又以成军进扎菱湖四贼垒之后。是日反复筹思，总无妥善之策，惟此信略觉平稳。若不进一步，则将来必退；不将菱湖贼垒一并以大围包之，则九弟之围师将来必受困于中也。傍夕写刘馨室信。夜阅古文一、二首，以眼蒙不敢多看。

附记

柴时霖号雨村

陈△△号黑谷，行三

十四日

早饭后，写信与沅弟。旋围棋一局，写厚庵信、胡宫保信一件、左季高信一件、澄弟信一件、夫人信一件，清理文卷。辰正接沅弟信，知弟十三日绕道至东路，一会季弟，又腾出六营扎于菱湖贼梁之后，并城外之贼垒十二座皆以大围包之，计速而气壮，为之欣慰。中饭后围棋一局，旋清理文件颇多。傍夕登亭上眺望。念九弟处移六营于菱湖贼垒之后，地段太长，兵力太单，因催公牍，催成大吉七营进关。夜，倦甚，盖天热而日长故也。写厚庵信一件。睡不甚成寐。黄弁值日。

十五日（酷热加以手足生疮令余郁闷）

早，各员弁贺望。饭后，写沅弟信一件、朱云岩信一件。旋将船移于城根，湖浅而泓窄，仅移四五箭之远，而处处搁浅，行至未刻始到。天热异常。请岑藕舫、魏荫亭、王待聘、石世兄、周志圃便饭。移船时，写胡宫保信一、毓中丞信一、李少荃信一。申刻，荣副将化林自建德归，知该县本日失守。余船泊城根，太嫌逼窄，因复再移江滨，至日人始泊定。夜作书告九弟。是日，天气暴热，余本畏热，加以手足生疮作痒，郁闷异常，在船顶睡久，尚不能解烦。夜，通夕不成寐。罗弁值日。自二更四点起，大雨如注，及至次早未停。

十六日

是日狂风大雨，竟日不休，傍夕风尤大。早饭后，围棋一局。旋写九弟信、左季高信、吴竹庄信、张凯章信、刘馨室信。中饭后，又围棋一局。雨太大，风飘入舱，船亦播荡不定。清理文件，习字一纸。申刻即困眠，不能治事。灯下，杂写零字甚多。是日午刻，接九弟信，知十五日菱湖六新垒皆平安，用以为慰。是日接奉廷寄谕旨，三月卅日所发，系因王雪轩中丞奏防婺源，谕令酌筹办理。

十七日

是日，仍风大不止。饭后围棋一局。旋写毓中丞信，清理文件。午刻又围棋一局，写九弟信，批鲍公禀，写胡宫保信。中饭后，又围棋一局，清理文件，习字一纸。阅《经义述闻·尔雅》。夜又写左京堂信、杨厚庵信。眼蒙殊甚，不能久治事。曾弁值日。

附记

蔡东祥都司，赴都昌，后营、口圆

王东华游击，赴盐河，新左营、口扁

十八日（知安庆平安，为之欣慰）

早饭后围棋一局。旋写鲍春霆信、胡宫〈保〉信、沅弟信、李小泉信,清理文件甚多。中饭后清理新到文件,习字一纸,写对联数付、屏一幅。夜又清新到文件。是日阅《经义述闻》中《尔雅》一册。夜温《古文·论辨类》。竟夕不甚成寐。张弇值日。三更接九弟信,知安庆平安,为之欣慰。

十九日(余老年始略攻书法仍一无所成)

早饭后,围棋一局。旋写沅弟信、江军门信、厚庵信、易昀荄信,批胡宫保信,清理文件。遍身疮痒异常,不能多办事。中饭后大雨,至夜间,雨如倾盆。清理文件颇多。写对联七付。夜因疮痒,困卧不起。日内习零字颇多,念余老年始略攻书法,而无一定规矩、态度,仍归于一无所成。今定以问架师欧阳率更,而辅之以李北海,丰神师虞永兴,而辅之以黄山谷,用墨之松秀,师徐季海所书之《朱巨川告身》,而辅之以赵子昂《天冠山》诸种,庶乎其为成体之书。

廿日

早饭后,围棋一局。旋写沅弟信、胡宫保书〈信〉、李少荃信、左季高信、杨厚庵信。中饭后围棋一局,清理文件甚多。傍夕,登船后亭子眺望良久。疮痒异常,意趣萧索,盖体气衰颓,日少欢悰也。夜写姚秋浦信一件。仍在亭上独坐。睡颇成寐。王弇值宿。

廿一日(闻忽有洋船济贼,可叹可恨)

早饭后,围棋一局。旋清理文件,写官中堂信、胡宫保信、九弟信。因疮痒闷甚,昼睡甚久。中饭后,围棋一局,习字一纸,写竹庄信一件。在船顶亭子上久坐。夜写九弟信、希庵信一、雪琴信一。睡不甚成寐。二更末,大风起,巨浪撼船,声如雷霆。梦孙兰检病重垂危、家人惶恐之状。是日,亲兵营各哨官周良才、曹仁美诉其营官陈玉恒办事不公,又哨官段清和、何映文亦来陈诉。傍夕接九弟公牍,洋船送米盐接济安庆城贼。费尽移山气力,围困安庆城贼,始令粮尽援绝,今忽有洋船代为接济,九仞功亏,前劳尽弃,可叹可恨!天意茫茫,殊不可知,扼腕久之。

廿二日

早饭后,围棋一局。旋写沅弟信、胡宫保信。风浪甚大,内银钱所船只损沉。辰巳间,南风至,午刻勿转大北风,天地黯惨,气象可怖,且大雨如注,船上震撼不宁。中饭后,再围棋一局,写周子佩信、何敬之信,清理文件。因风雨太大,又遍身疮痒,意趣萧索,竟日高卧。夜,又与小岑围棋一局,写李篁仙信一件。习零字数纸。睡不成寐,以日间睡太久也。日内因洋船接济城贼,安庆无复克之期,忧愤之至。又以狂风苦雨,气象阴森,四月之季而寒甚,可着重绵。东南大局殆无可挽回之理,此心茫茫,不克自持,大任在身,丝毫无所补益,愧叹而已!

附记

〇候补知府胡镛开复原官,免缴捐复银两,仍留湖南补用,曾捐抬枪一百杆,鸟枪一千杆。保时却叙功。不叙捐,六月初八发

廿三日(日内连雨不止,江涨丈馀)

早饭后,围棋一局,清理文件,是日公牍甚少。写九弟信、胡宫保信、官帅信。大风苦雨,黑云密布,气象惨澹。习字一纸。又围棋一局。中饭后与尚斋围棋一局,写毛寄云信颇长,温苏诗至暮。夜又温放翁七绝诗。日内连雨不止,江涨丈馀,咫尺黯淡,寸心忧灼之至。睡颇成寐。遍身疮痒,寂然寡欢。

廿四日

黎明,拜发万寿摺。早饭后,与尚斋围棋一局。旋写梅小岩信,写澄侯信、丹阁叔信、邓寅皆信、胡宫保信。中饭后写沅弟信,清理文件颇多。写朱云岩信,调其回祁门。傍夕与申夫久谈。夜写零字甚多。睡不成寐。张弇值日。

廿五日(世变难辨其孰是孰非、孰顺孰逆)

早饭后,围棋一局。旋写左季高信、胡润帅信、沅弟信,清理文件。中饭后又围棋一局,

清理文件。是日阴寒微雨，气象愁惨，全不似首夏天气。胡中丞信，请自行督队，回上游剿贼，词意忧愤，余以书劝慰之。又见六安州邹牧筒禀，言苗沛霖与绅士孙家泰、练总徐立壮仇杀之案，徐请助于捻匪孙葵心之党黄体元、郭明洞等，苗请助于发逆卢州贼党；又有袁帅营中运米之船，张臬司亲自护送至抹河口，为徐立壮及其邀请之黄体元等所搁阻，互相攻斗；又有黄镇台鸣铎所带之炮船，亦从中攻斗云云。苗沛霖本文生员，为练首者也，放川北道加布政使衔，阴怀叛志，遂至围寿州城，攻孙家泰、徐立壮等，而并攻翁中丞，此天下之大变也。孙家泰，本寿州富绅，刑部主事吕鹤田侍郎奏带出京。徐立壮为寿州练总，以善守著名。乃因与苗沛霖仇杀之故，反引捻匪孙葵心之党黄、郭等匪，以为同类，遂至搁阻袁帅营中米船，公然与张臬司开仗，此变中之变也。黄镇台鸣铎所带炮船，本奉袁帅之令，至寿州、正阳一带助孙绅、徐练以攻苗沛霖者，乃孙、徐攻阻米船之时，黄鸣铎之部下亦不免助阵，与张臬司开仗，此变中之又一变也。李世忠本捻匪之最无赖、最殃民者，其罪恶百倍于苗沛霖，二人皆为胜帅所招抚。李世忠于投诚之后，荐升江南提督。苗沛霖于叛迹未露之先，简授川北道，其居心则皆不可问。闻此次苗沛霖攻围寿州，袁帅奏奉谕旨，令李世忠密函招至，设法歼除，此变中之又一变也。为官兵、为团练、为捻匪、为发逆、为先叛后官之捻、为先叛后官之捻，互相厮杀，竟莫辨其孰是孰非，孰顺孰逆！世变至此，如何收拾？余以遍体疮痒，两手作疼，不能作一事，终日愁闷而已。夜，睡略成寐。邓弁值宿。

廿六日（阴雨绵延满月，不知天意竟何如）

早饭后，围棋一局。旋坐三[舢]板至湖内端看地势，因移船至东流县城之东南隅。清理文件，写胡中丞信、沅弟信、吴竹庄信、姚秋浦信。中饭后，又复沅弟信，畅言祁、休、黟三县不可弃去。清理文件颇多。剃头一次。夜复胡中丞一信甚[甚字衍]，又围棋一局。阴雨竟日，淋漓不止，自廿廿七日至今，已满一月，中无二日晴霁者。气象愁惨，不知天意竟何如也。睡颇成寐。是日接奉批摺，系三月廿四日所发者。

廿七日（近军事无利，诸务废弛，惟书法略进）

早饭后，围棋一局。旋写胡中丞信、左京堂信、沅弟信，清理文件。与筱岑畅谈，即在渠船上写零字甚多。中饭后围棋一局。天气阴森，竟日淫雨不止。余遍身疮痒，坐卧不安。写挂屏四幅、对联三付，清理文件。傍夕在船尾亭上与申夫觅谈。苦雨十日，是夕微有霁色。夜写零字甚多。近来军事无利，诸务废弛，惟书法略有长进。大约书法不外羲献父子。余以师羲不可遽几，则先师欧阳信本；师欧阳不可遽几，则先师李北海。师献不可遽几，则先师虞永兴；师虞不可遽几，则先师黄山谷。二路并进，必有合处。杜陵言"书贵硬瘦"，乃千古不刊之论，东坡驳之，非也。夜，通夕疮痒，不能成寐，手不停爬。

附记　傅彩风搜获伪文

廪天福袁富财与灵天安刘振福一件四月廿六日自冯村发

懋天侯伍庭玉与滩天福秦△△一件四月十四日自顺安发

刘永忠与其父刘振福一件四月十九日自池州发

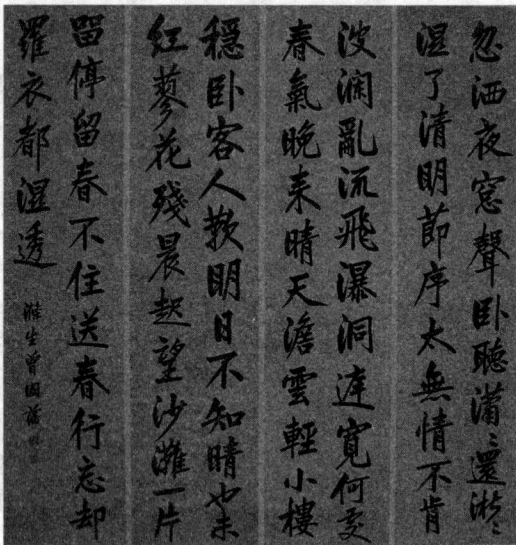

曾国藩书法

杠天燕林胜福与其弟林发等一件四月十八日报病危,自池州发

勉天侯张乐启与庄天燕黄△△一件四月十七日自青阳发

秦成玉与其侄滩天福一件四月十二日自顺安发

孟德意与刘振福一件四月十九日自池州发

掬天安赵金福与甫天安杨△△一件四月十七日自殷家汇发

以上皆不要紧者

淞天安刘兴才与刘官方文一件此刘官方,派授皖者。四月十二日自桐城发

刘官禄与其侄刘成福文一件成福现守建德。四月十二日自池州发

赵金福与刘官方文一件四月十七日言阻水难渡,自殷家汇发

刘官禄与其兄官方文三件二首池州危困难守,一言江北军情。四月二十二自池州发

林绍璋与刘官方文一件四月初七自桐城发

杨辅清即七麻子、辅王与刘官方文一件四月十一自宁郡发,饬释放承宜曾发年

以上皆要紧者

廿八日

早饭后围棋一局,旋清理文件。乡间生员傅彩凤搜获伪文十六件,细看一遍。写沅弟信、李少荃信、李辅堂信。中饭后围棋一局,写雪琴信一、厚庵信、黄昌岐信一,清理文件,习字一纸朱云岩自安庆回,与之久谈。又与申夫久谈。夜写胡宫保信一件,写零字颇多。是日得信,知雪琴新授广东按察使,为之喜慰。

附记

左哨什长曾玉成保都司衔,守备

前哨什长彭先绪保蓝翎千总

廿九日(念鄂、赣腹地不可收拾,为之悒悒)

早饭后围棋一局,旋清理文件,写沅弟信一件、张小浦信一件、刘印渠信一件,见客二次,习字一纸。中饭后围棋一局,写对联五付、挂屏一付。请云岩便饭。遍身疮痒,意思萧索。念湖北、江西腹地糜烂如此,不可收拾,为之悒悒。又以久不奏事,寸心内疚,欲执笔改奏稿而又懒于从事。屡写零字,以寄其抑郁无憀之概。灯后,又写零字数张。近日书法略有长进者,亦以写零字多,手腕稍熟耳。二更后,与诸友邑谈。睡颇成寐。潘弁值宿。

五月

初一日(安庆杳无克复之期,悒然)

早,各员弁贺朔。饭后围棋一局。旋清理文件,写沅弟信、胡中丞信。意思倦怠,即在船上小睡。不作一事,但习字一张,写零字多纸而已。中饭后围棋一局,写零字多张。傍夕,厚庵来久谈,二更去。日内疮痒异常,又以安庆之事杳无克复之期,而腹地糜烂,寸心悒悒。虽应奏之事亦延阁,久未出奏。夜,睡不成寐。张弁值宿。

初二日(久未奏事,疮痒难忍,仍不自在)

早饭后围棋一局。旋至厚庵船上小坐。清理文件,写沅弟信一件,未刻又一件。写胡中丞信一件,申刻又一。辰刻闻赤岗岭四贼垒被鲍、成苦攻,已有一垒投降。至巳刻,接沅弟信,已有三垒投降,仅刘玱林一垒未降,想亦难以独立矣。天气燥热,遍身疮痒,不能作字,竟日高卧。中饭,请厚庵便饭。申刻,写对联五付。旋清理文件,见客四次,吴贞阶等来谈颇久,习字一纸,又写零字甚多,清理文件。夜,厚庵来久谈,二更后清理文件颇多。身上奇痒异常,睡不成寐,因改于外间舱面睡,开船舱以引凉风。本日,闻赤岗岭四贼垒已破其三,又闻建德之贼[此处疑脱字],心绪略舒。惟久未奏事,疮痒难忍,此中仍不自在。

初三日

早饭后,至城内看修新屋。旋清理文件,写九弟信。江西委员解张光照至。光照系李金旸之营官,四月初二日瑞州太阳垆之败,光照未战先逃,逃至临江、省城等处告李金旸降贼,李金旸亦经夏委员解到。余筹思久之。未刻,派程尚斋、彭九峰审讯,自写手谕定谳:张光照未战先逃,不服主将,又诬陷主将,于大辟情罪尤重,李金旸前在建昌,见贼即败,在吉安不能坚守一日,以致府城失陷,在瑞州,全军溃败,不能殉节,屡次失律,偷生贼中,厥咎甚重,应即正法。均于酉刻处决。清理文件颇多。是日午前,睡良久。傍夕,写毓中丞信。夜,写胡宫保信。申刻,与尚斋围棋一局。夜清理文件颇多。睡尚成寐。黄弁值日。

初四日

早饭后围棋一局。旋清理文件,写沅弟信一、厚庵信一。疮痒,久睡。写澄弟信一。中饭后围棋一局,清理文件甚多,写沅弟信一件,阅《法言》。因疮痒,假寐良久。习字一纸。夜围棋一局。写季弟信一、黄南坡信一。睡颇成寐。

初五日(疮痒异常,治事深以为苦)

早,各文武员弁贺节。饭后围棋一局。旋写沅弟信一件,清理文件,写季弟信。中饭后围棋一局。黄翼升自湖南来,与之久谈。写叶介唐信。清理文件甚多。夜,又清理文件。傍夕,写挂屏四幅。日内疮痒异常,几与道光二十光癣盛时同一苦况,治官事深以为苦。二更在船后亭子久坐。

初六日(陈舫仙提带亲兵二营新自长沙来)

早饭后清理文件,围棋一局。旋写九弟信。开一清单至南坡处兑银。倦甚,屡次小睡。习字一纸。中饭后,接厚庵信,知刘玱林果已被擒肢解,而后喜可知也。清理文件甚多。疮痒异常,至船后亭子小坐良久。夜写复厚庵信、润帅信。睡,通夕不能成寐。张弁值日。天气渐热。本日,陈舫仙提带亲兵二营新自长沙来。接祁门各信,饷米俱缺,悬系之至。

初七日

早,请黄翼升便饭,陈舫仙恰到,一同吃饭。饭后围棋一局,清理文件,写沅弟信一,又写休、祁、江、张、朱、唐等八人公缄,甚长。中饭后,围棋一局,写雪琴信、毓右坪信。接江军门、唐桂生等〈信〉,知漳岭失利,黟县被陷,忧灼之至。用药水洗疮,稍净。夜,写凯章信一、云岩信一、胡宫保信一。夜,睡不成寐,疮痒异常,与道光二十六年之癣痒相似而又过之。彻夜雨声不止。又念休、祁、黟三县自去岁以来用费百万以外,今将失之,深为忧虑。

初八日

早饭后围棋一局。旋清理文件,写九弟信、胡宫保信。疮痒异常,竟日在床上小睡。看苏、陆二家诗以自遣。中饭后围棋一局,写鲍春霆信一,习字一张。天气阴雨,水大倍于常年。李雨苍来,言多礼堂收队之法甚详,因令以棋子摆列作阵式。疮生脚上,不便行走,至船后亭子小坐。夜,接家信,系四月廿二日所发。清理文件。睡略成寐。黄弁值日。

初九日

早饭后清理文件。接祁门信,知黟县业经克复,为之喜慰。写姚秋浦信、朱云岩信、沅弟信。疮痒不能作字,但小睡。阅苏、白二公诗。中饭后,围棋一局,习字一纸,清理文件,与筱泉略谈古文,写挂屏五幅、对五付。疮痒,爬搔不能少停。酉刻至新到之陆营一为巡视,约步行二里馀。夜至船后亭子歇凉。写厚庵信一件。是夜,通夕不成眠,疮痒,迥异寻常。罗弁值宿。

初十日(忧下半年难筹饷项)

早饭后清理文件。旋写沅弟信一件、胡宫保信一、姚秋浦信一、李少荃信一。疮痒,小睡。中饭后,围棋一局,写李辅堂信一。疮多,烦燥异常,在船后亭子乘凉。夜写郭云仙兄弟信,眼蒙,未写毕。睡不成寐,疮痒异常。自四月初十至今共一月,水长[涨]一丈七尺三寸,已成灾矣。四月一日,久雨未晴,麦收歉薄,不知下半年饷项更从何出,深为忧灼。

附记

○克复黟县一摺廿八发

○厚庵请假一片廿八发

○保皖南镇道一片唐张姚，廿八发

李金旸正法一片五月十八发

保水师总兵二、三人一摺

保道府一摺

十一日

早，王临三外甥自安庆来，身边久无亲属，甥来为之一慰，与之久谈。旋写沅弟信、胡帅信，习字一纸。将云仙兄弟信写毕。倦甚，睡一时许。清理文件。中饭后写仙屏信，清理文件极多，与临三久谈。夜同至船后亭子乘凉，即在亭中夜宴。至三更后，略清文件。睡不成寐。张弁值日。本日炎热异常，今年初热之日也。

十二日（与胡宫保约至香口相会）

早饭后围棋一局。旋写沅弟信、胡宫保信，清理文件。炎热殊甚，午初小睡。中饭后，疮痒不能做事，剃头一次。清理文件甚多。日内来下江文六百除件，料检颇不易易。口占信稿，复左季高京堂，令临三写之。傍夕写胡宫保信一，夜又写一信，言明日至香口与之相会也。写九弟信。本日天热，疮痒异〈常〉，爬破之处作疼。夜，不能成寐。王弁值日。

十三日（水大异常，市店水皆半檐不止）

早饭后写厚庵信一、胡帅信一。旋因天大北风，坐大船上至香口，将候胡帅来此面议一切也。已刻即到，行五十里，泊于港内。今年水大异常，市店水皆半檐不止，半扉而已。倦甚，小睡良久。中饭后清理文件。又睡一时许。写胡宫保信、沅弟信。阅杜诗。夜间，疮痒异常，不作一事。睡后亦手不停爬，愁闷之至。午正、未正与小岑围棋二局，申刻习字一纸。是日，又竟日阴雨，夏至日寒可着绵，不知是何祥也。

十四日

早饭后围棋一局。旋写家信，澄弟一件、夫人一件。又写胡中丞信一。疮痒异常，愁闷，小睡。习字一纸。中饭后，又围棋一局。改摺稿四件：一、代朱云岩谢恩；一、代鲍春霆谢恩；一、破赤冈岭四垒报仗；一、代唐鉴呈递遗摺。傍夕，春霆来久谈，穆正春来久谈。向来在京，稍一用心，则癣痒愈甚。本日略用心，又与鲍、穆久谈，遂觉痒不可耐。二日因北风甚大，胡中丞之船不能出湖至华阳镇，余在香口候之未到，彼此焦灼。

十五日（知近日已踏贼营五座）

早饭后写沅弟信一，见客数次，皆贺望之员弁。清理文件，习字一纸。午正，胡润之宫保之船到香口，与之相会久。至未正，往拜卫静澜、张仲远、邢星搓、文任吾、周寿珊，皆随胡帅来者。旋又与胡公久谈，至更初散。阅本日本文，知祁、休各军于初六日获一胜仗，初九日获大胜仗，踏贼营五座，驱贼出岭，为之一慰。夜不成寐。张弁值宿。疮痒异常。近日吃熟地蒸肉二、三次，略觉热气平减。

十六日

早饭后清理文件。旋写刘馨室、姚秋浦信，江军门信。至胡帅船上久谈。渠昨夜吐血甚多，委顿之至，为之忧惧。旋小睡时许。未初，请刑星搓、张仲远、卫静澜等便饭。天热异常。申刻，与胡帅久谈。旋清理文件甚多。天热异常，遍身奇痒，因以药水洗之，在船后亭子纳凉。夜，约张、邢、卫、文等同来纳凉，至二更客散，余仍在亭子爬搔不已。夜，稍成寐。王弁值日。

十七日（胡中丞日内吐血极多，余亦狼狈）

早饭后清理文件，作摺片一件。旋写九弟信一封，令临三甥带至安庆。与小岑围棋一局。安徽新学政马君来，久谈。至胡中丞船上久谈。天热异常，在船上久睡，遍身奇痒。中

饭后围棋一局，至胡中丞船上久坐，写左季翁信一。又在船板上久睡。余向来怕热，近年尤甚，今年遍身生疮癣热毒。本日酷热，几若无以自存活者。胡中丞日内吐血极多，而余之狼狈反更甚焉。夜在船后亭子久睡，竟夕手不停爬，郁闷殊甚。

附记

左军新添楚军两旗、老湘两翼

左旗　睦金城副将衔

右旗章荣先都司

左翼罗瑞山参将衔

右翼郭德馨参将

十八日（至胡宫保船上久谈）

早饭后清理文件，对摺子。午刻拜发，计三摺、一片、一单，内赤岗岭破贼四垒摺一、江南不能举行乡试摺一、代递唐鉴遗奏摺一、杀李金旸张光照片一、外鲍超朱品隆各谢恩摺一、唐鉴遗摺一。与小岑围棋一局。写李少荃信一。热甚。久睡，命人扇凉。至胡宫保船上久谈。未刻，转北风，送胡帅开船。余与小岑围棋一局。至船后亭子久坐乘凉。酉正清理文件，至二更止。睡稍成寐。罗弁值日。

附记

军务人员　军事

地方文武　吏治

委员绅士　饷项

见闻贤材　文艺

采访　惠爱　教化　察督

条理　纲要　敏作　考成

十九日（念凡人用之笔，未有合手者）

早，自香口开船，回东流老营，巳刻到。见客六、七次。午刻至营内看新修之屋，不甚合意。中饭后热甚，小睡，令人扇凉。习字一纸。阅杜诗及《文选》诗。遍身奇痒，登船后亭子小坐。与小岑围棋一局。夜，清理文件。念凡用之笔，未有十分合手者，往往有小毛病，不称人意。善书者，于每用一笔，先识其病，即因其病势而用之。或笔之病次日又有小变，又因其变症而<？>之或者因病成妍，则善于用笔矣。

廿日

早饭后清理文件。旋至营盘看起新屋，约半时归。与小岑围棋一局，习字一纸。接唐桂生十四夜〈信〉，知徽州之贼果已遁去，张凯章至徽收复郡城，为之喜慰。天气奇热，遍身疮痒，不能做事，因久睡不起，令人扇凉。中饭后复睡。将杜诗七古阅一过毕。申刻写对联三付。忽大风暴，天色晦冥。酉正，王昆八外甥生来，与之久谈。夜，口占写姚秋浦信一、张伴山信、江良臣信一。睡不甚成寐。张弁值日。五更，疮痒殊甚。

廿一日

早饭后清理文件。旋写左季高信一件。移至陆营内新屋居住。见客五、六次，清理文件。中饭后清理文件极多。写沅弟信一、胡润帅一。疮痒异常。天气寒冷，迥不似盛夏光景。习字一纸，习零字数纸。遍身痛痒，几无完肤，意思萧瑟，若有不自得者。彻夜不能成寐。王弁值宿。三更痒甚，思起坐，强忍耐之。

廿二日（皮肤之疾似入膏肓，深以为苦）

早饭后清理文件，与尚斋围棋一局。疮痒异常，行坐不安，竟不能作一事。中饭后清理文件，写湖口谕旨碑文一通。小睡。阅《古文·词赋类》。疮痒不复可耐，与道光初年生风单子、道光廿六、七年生癣，苦况相似。皮肤之疾，乃似更甚于膏肓者。公事积压，深以为愧。夜，以荆芥、银花熬水洗澡。彻夜不能成寐，焦燥之至。

廿三日（夜骤雨致通屋漏湿）

早饭后口占写凯章信一、桂生信一、秋浦信一，自写九弟信一。再写湖口碑文一通。燥热殊甚。中饭后，清理文件，与尚斋围棋一局，遍身皆汗。申初，疾风骤雨，渐有凉意。清理文件颇多，习字一纸。夜写零字。二更，用药水洗澡，旋就寝，疮痒为之少愈。瞿弁值宿。睡不甚成寐。至五更末，疾风骤雨，通屋漏湿，几无立足之地，盖新屋太高，檐太平，北风太大故也。是日闻建德之贼于廿二早退净。

廿四日

早饭后围棋一局。旋写澄侯信一、王枚村信一。疮痒。屋湿，满屋几无可坐之处，不能做事。鲍春霆禀来，请便打黄梅、宿松，余因批准。中饭后写九弟信一、姚秋浦信一，温苏诗，高声朗诵，习字一纸，习零字数纸。夜温古文，朗诵甚久。写凯章信一。二更末，不脱衣而睡，却能成寐。黄弁值日。

廿五日

早饭后与尚斋围棋一局，辰刻又与小岑围棋一局。习字一纸，清理文件。小睡甚久。天雨极大，竟日不止。今年大水，恐成奇灾，实深忧灼。中饭后，又围棋一局。清理文件颇多。写九弟信一、毓中丞信一。温《古文·序跋类》《杂记类》。夜，睡不成寐。半夜，在床爬搔不止。日内因遍身疮痒，诸事废阁。又因苦雨大水，天气阴寒，寸心忧灼之至。天意茫茫，不知今年下半年作何变态，为之喟然。

廿六日（本日乞得京师万应膏，痒不少减）

早饭后围棋一局。旋清理文件，陈虎臣来谈甚久，写胡宫保信一。淫雨不止。倦甚，在床久睡。中饭后围棋一局。作杨军门请假摺一，保皖南镇道摺一。夜与申夫久淡。改克复黟县、收复徽郡一摺，未毕。睡不成寐，竟夜作痒。本日乞得京师万应膏，于手上、臀上贴用，而痒不少减。

廿七日

早饭后围棋一局。旋将克复徽州一摺改毕，又改左京堂谢恩摺，又作陈金鳌到任一片。又口占作贼势军情一片，巳正毕。旋在床上久睡，疮痒异常。中饭后，疮痒不克做事。天雨不止，深为愁闷，围棋一局。作劾郑阳和等四员片一。是日到文件极多，愁甚，不能多看，仅将要紧者翻阅，尚未画到。夜，彻晓不成寐。张弁值日。

廿八日

早饭后围棋一局。旋清理文件，写九弟信一、希庵信一，校对各摺片。倦甚，小睡。头晕，因曲肱在案上小睡。中饭后，再围棋一局。发报四摺三片。来公牍甚久，粗观大意，不能妥办。写对联五付。疮痒异常。写[写字衍]习字一纸。剃头一次。夜，疮痒，手不停爬。睡，彻晓不能成寐。王弁值宿。

廿九日

早饭后清理文件。旋写九弟信一，口占左季高信、姚秋浦信一，写凯章信一，清理文件。中饭后，又清文件极多，见客四次。疮痛且痒，深以为苦。幸天多西南风，房中不甚热耳。夜，在外厅歇凉，不能作字。睡不成寐。邓弁值宿。四更，起坐乘凉。

卅日（疮致两手两臀皆烂而痛）

早饭后围棋一局。旋清理文件，写九弟信一件。马学使送药一包，谓坐于药上，可医坐板疮。因关门坐于药上，约一时半之久，午初出。梅小岩移入营内，与之谈片时。清理文件。中饭后，因疮痛不能治事，即在厅上歇凉，心绪烦闷之至。傍夕在后院久坐，与梅小岩邕谈。夜，睡不成寐。瞿弁值宿。四更，起坐中厅片时，手不停爬，两手两臀皆烂而痛。

六月

初一日

早，各文武来贺朔，因疮痒止之。饭后在厅上久睡，令人摇扇。手上疮烂，不能做事。写九弟信一。竟日倦睡至未刻。请马学使与孙省斋中饭，申正散。下半日仍在厅上久睡。所在公牍，仅一阅其事由而已。傍夕至后院乘凉，二更尽散。睡不成寐，以终日睡故也。巳刻围棋一局。

初二日（知踏平菱湖两岸贼垒）

早饭后，出外至马学使处道喜，以渠本日接印也。归时辰正，天气正热甚，有流金烁石之象，因在竹床上竟日久睡，令人摇扇。是早接沅弟信，知菱湖两岸贼垒十八座，于三十、初一日一律踏平，杀贼近八千人，城外已无一贼矣。未刻，复沅弟信一。仍在竹床上睡卧，盖臀痛不能坐，手痒不能动，故诸事废阁。偶写对联数付。傍夕在外坐，与梅小岩久谈。睡不成寐，臀疮奇痒。

初三日

早饭后，因疮痒不作一事，即在厅上困卧，直至未刻末起。中饭后，复睡。旋写对联五付，即在外厅上欹坐，默诵苏诗至傍夕。时杨名声来，以药搽两手，愈不能治事矣。二更末就寝，用药搽两臀尚颇成寐。

初四日

早饭后，因手上搽药不能作字。旋勉强写澄弟家信一件、沅弟一件。与小岑围棋一局。在厅上久睡。中饭后再与小岑围棋一局。在厅上温苏诗，高声朗诵，至二更末。睡不能成寐。张弁值日。疮痒异常，四更起，搽药一次。

附记

二月初五至九江

三月十二至白鹿洞

四月初七回省

初五日

早饭后，口占答信三函：一、胡润帅，一、凯章、桂生，一、江良臣。旋与小岑围棋一局。疮痛不能做事，即在厅上醋睡。中饭后，又围棋一局。天大南风，燥热之气着身，疮痒弥甚。傍夕写信与沅弟。夜因疮痒不能作字。

初六日（李少荃自江西来，与之久谈）

早饭后，将本营委员应行保举者，分作两次，交尚斋拟定后，自核一过。手上涂药，烦闷之至，竟日睡卧不起。中饭后，与小岑围棋一局。申刻，李少荃自江西来，与之久谈。傍夕将手上药洗去。夜与少荃谈至二更末。睡不甚成寐。瞿弁值宿。

初七日

早饭后清理文件。旋与小岑围棋一局。作夹片一件，改摺稿、片稿三件。午后久睡时许。中饭后改复奏折稿，至二更始毕。是日天气奇热。余因病疮，两手搽药，久未作字。本日洗手，始能为各摺稿。申刻李芋仙来营，与之圝谈良久。夜，遍身痒甚，不甚成寐。黄弁值

素三彩碗　清康熙

宿。

初八日

早饭后与小岑围棋一局。旋清理文件。疮痒甚不耐烦，在竹床久睡二时许。中饭后，再与小岑围棋一局。写左季翁信一、杨厚庵信一，皆口占代缮。料理厅屋，为明早朝贺万寿之所。与少荃、芋仙等久谈。清理摺件，亥刻发报，计三摺、二片、二单，外雪琴谢恩一摺。夜用药水洗脚、洗澡各一次。睡颇成寐。罗弁值宿。五更即醒，来营贺万寿者已到矣。

初九日（是日恭逢皇上三十一岁万寿）

是日恭逢皇上三十一岁万寿，五更二点起，朝贺礼毕，即黎明矣。留马雨农学使吃面。饭后与小岑围棋一局。热甚，久睡。中饭后尤为炎热，有流金铄石之象。余近年畏热异常，今年生疮，尤觉遍身如火之炙。围棋一局。写信与沅弟，命盛四送去，并送银壹万五千两。与少荃久谈。是日，李芋仙所送书，有《元遗山诗集》，因翻阅七律数十首。夜，在床复搽疮药。四更时大风雨。

初十日（风雨致屋瓦皆飞，几无地可避）

早饭后清理文件。旋写九弟信。天气郁热，疮痒略愈。见客二次。旋在竹床上久睡，自午至未始起。中饭后习字一纸。天大风雨，屋瓦皆飞，处处漏坏，几乎无地可避。申刻，与小岑围棋一局。写姚秋浦信一。夜写厚庵信一。阅古文四首，即沅弟所钞者。夜，不甚成寐。张弁值日。

十一日

早饭后清理文件。旋写九弟信、万簏轩信、毓中丞信。在竹床上久睡。叶介唐来久谈，魏荫亭来久谈。中饭后，魏名亭之子云卿来谈，各送对一首。与少荃久谈。酉刻写对联数付。傍夕极热，即在外久坐乘凉，至二更三点始入室。睡尚成寐。王弁值宿。五更，以疮痒醒。

十二日

是日恭逢先妣江太夫人忌辰，未及设祭。饭后清理文件。旋写厚庵信一、沅弟信一、胡润帅信一。在竹床上久睡。辰刻，出外拜孙省斋观察，又拜马学使，拜李申夫。中饭后，天气郁热，遍身作痒。旋与小岑围棋一局，习字一纸，又写零字数纸。傍夕，大风，稍凉。夜温《霍光传》。睡不成寐。瞿弁值日。至四更，奇痒异常，与道光二十六、七年之癣疾相似。

十三日（钦缚黄胜林正法，并将罪状示营）

早饭后清理文件，写鲍春霆信一件、吴竹庄信一件、沅弟信一件。中饭后，袁国祥来，其部下千总黄胜林去年八月在徽州闹饷，张小浦临行开单，请挐黄弁正法，余未遽拿办。昨五月初三日在漳岭不战自退，又纵勇抢掠。袁国祥奏请以黄弁补把总缺，余批令来东流。本日申刻，袁国祥带黄弁来辕，因自数袁国祥之罪而令吉后营缚黄胜林正法，并将罪状榜示营门。见客四次。旋写对联数付。傍夕观各勇夫种菜。夜与少荃呰谈。睡不甚成寐。黄弁值宿。四更，疮痒殊甚。是日，习字二纸，一摹书谱，乃知艺之精，其致力全在微妙处。若人人共见、共闻之处，必无通微合莫之诣。若一向在浮名时誉上措意，岂有是处！

十四日（石榘生先生避难来此）

早饭后清理文件。旋围棋一局，写厚庵信一件、沅弟信一件。石榘生先生避难来此，与之呰谈。中饭后清理文件颇多。因半月以来疮疾，手上敷药，公牍积阁，本日稍一清厘。酉刻，写对联四付、扁一。傍夕，再清理文件。天气奇热。灯上时，温背苏诗。更初，复清理文件，案上冗杂为之一清。睡不成寐。潘弁值日。起至竹床上睡，令人摇扇，亦不甚凉快。遍身疮痒异常，竟夕手不停爬。

附记 阅汀贼目

朱衣点　黄秀成　李加胜　黄益先

董蓉海

汪学春　吉梦元　杜大祥　汪花班

十五日

早，各员弁贺望，见客七、八次，至辰正毕。旋清理文件。写凯章信、江军门信、九弟信。小睡。中饭后，围棋一局，旋清理文件颇多。天气亢热异常。温苏诗数十首，朗诵一过。复清理文件。傍夕，申夫来，刍谈至二更二点。夜，睡不成寐。张弁值日。至四更始得酣睡。

附记

计南寿差杀死，东乡，五月初二

张经畲举人，局绅吕不和　杨希颜遇樵顺德人

十六日（日内领苏诗冲淡之趣、洒落之机）

早饭后清理文件。旋写沅弟信一、希庵信一，见客四次，围棋一局。午刻，睡一时许。中饭后清理文件，旋又清理初一、初二等日旧事未了者。习字一纸。天气亢燥，颇有旱象。遍身疮痒。傍夕，与少荃在外乘凉。旋温苏诗，朗诵三、四十首。日内于苏诗似有新得，领其冲淡之趣、洒落之机。二更三点睡，稍能成寐。四更醒，疮痒不复能睡。

十七日

早饭后改摺稿一件，至午初方毕。旋写沅弟信。小睡约二时许。中饭后改片稿一件，清理文件颇多。旋写对联一付，再清理文件。傍夕，温韩诗、苏诗。夜写零字。是日大西风暴。学使马雨农来，久坐。看刘文清公《清爱堂帖》，略得其冲淡自然之趣，方悟文人技艺佳境有二：曰雄奇，曰淡远。作文然，作诗然，作字亦然。若能合雄奇于淡远之中，尤为可贵。睡，不甚成寐。瞿弁值日。

十八日（香口一带竟家家皆有饿殍僵尸）

早饭后，作各路军情片稿一件，围棋一局。写胡中丞信一，清理文件。午刻，睡一时许。中饭后，发报一摺二片，围棋一局。清理文件，至戌初方毕。陈舫仙来，言探座至香口一带，经行之处，并未栽种，乱草没人；家家皆有饿殍僵尸，或舌吐数寸，或口含草根而死；经行百里，无贼匪，亦无百姓，一片荒凉之景，积尸臭秽之气。盖大乱之世，凋丧如此，真耳不忍闻也。夜，与申夫刍谈。二更，阅《文选》杂诗杂拟。睡尚成寐。天气新凉。

十九日

早饭后，围棋一局。旋写沅弟信一件、左季高信一，清理文件。午刻，小睡时许。中饭后围棋一局，清理文件甚多，系初四五之陈件。习字一纸，又习零字若干，写扇一柄。傍夕，至茶园散步。夜温《平准书》，未毕。睡不甚成寐。久未作小楷，下笔辄重而不入。是日，笔轻稍能人纸，乃悟轮扁甘苦疾徐之说。

廿日（积文牍大多此心歉然）

早饭后围棋一局。旋清理文件，见客三次，复清理文件颇多。午刻，小睡，添李小泉信一片。中饭后围棋一局。旋清理文件，写沅弟信一、胡宫保信一。神气昏倦，若不克自振者。傍夕，至菜园散步。夜温陶诗。二更三点睡，不甚成寐。张弁值日。四更后，略能酣睡。是日，身体若有病者，奄奄思睡，或以积阁文牍太多，此心歉然，若有所负疚者而然与？

附记

○复牧云信　○阅科三纂

○要百三家　○写科三九扁

○寄《说文逸字》　○褚圣教二、王一

廿一日（三伏天寒冷如此，节候反常）

早饭后清理文件。旋写季弟信，核改信稿数件，写鲍春霆信。中饭后习字一纸，见客四次。清理文件，皆初七日之陈禀未阅过者，酉正毕。是日大雨如注，所住之屋，到处漏湿，几无可坐之处。夜与小岑久谈。旋默诵苏诗二十馀首。睡颇成寐。王弁值日。大雨，微凉，遂有秋意，而伏天寒冷如此，节候反常，又不能不以为虑。

附记

黄印山,以知府遇缺即补,加道衔。

武乡试展缓一摺。

大美国钦命驻扎中华水师提督,统理军务,署理便宜行事全权大臣印务司拜四月十二过九江

大美国前署驻扎宁波,管理本国提刑按察事宜。兼摄通商事务领事府暂充翻译官麦士别缔拜

廿二日

早饭后围棋一局。旋清理文件,写雪琴信一,习字一纸。大雨如注,竟日不歇,已有秋凉气象,不似伏天也。午刻小睡。中饭后围棋一局,写纨扇一柄,清理文件,前初旬所积阁者,至是逐日补行清检,酉刻毕。癣痒异常,手不停爬,左腿已爬搔糜烂,皮热作疼。夜用水晶界[戒]尺熨帖,取其寒而润也。登床后,又细意拊摩之,至三更,疼略止。四更后,睡梦中又将该处爬破,疼痛尤甚。近日,疮微痊而癣又作,悉身无完肤,意绪涠疏。灯后,圈点古文数首,即沅弟所钞《简本》,请余雠校者。日来,阅刘石庵《清爱堂帖》,其起笔多师晋贤及智永《千字文》,用逆蹴之法,故能藏锋。张得天之起笔,多师褚、颜两家,用直来横受之法,故不藏锋。而联丝萦带,以发其机趣。二者其理本一贯,特逆蹴与直来横受,形迹判然,难合而为一耳。

附记

艮峰先生回信　莫子偲信　君梅信

廿三日(《吕刑》于后世古文家蹊径最近,惜不能尽读)

早饭后下棋一局。旋写沅弟信一、毓右坪信一,清理文件。午刻,小睡。阅《经传释词》。中饭后,清理文件。写对联二付、扁一、纨扇一。核改信稿二。夜温《吕刑》。《吕刑》篇于后世古文家蹊径最近,惜不能尽通其读。睡后梦魇,不甚成寐。

廿四日

早饭后,写牧云信,纪泽儿信,甚长。作信喧唐尔藻,将其父竟海先生奉旨予谥之处札知其家,又寄奠仪祭幛与李笏生。午后,小睡时许。清理文件。中饭后清理本日文件,补阅初九日文件,至戌初始毕。本日,因疮癣作痒,用竹去浮筠磨光揩痒,取其滑而不流,凉而不寒。常用手轻轻揩拭,胜于指爪爬搔远矣。傍夕至茶园小步。旋与马锺山、王子云论诗。夜温《治安策》,未毕。用药水洗澡。睡后不甚爬,亦不甚成寐。潘弁值日。

廿五日(闻鲍军全来,实属不知缓急)

早饭后清理文件。旋写左季翁信一、沅弟信一,清理各稿。午刻,小睡片时。中饭后打到颇多,约计三百件,见客二次。酉刻剃头一次。闻鲍春霆由九江坐船来东流,全军俱来,实属不知缓急。江西、建昌、安义之贼,无兵往剿,可虑之至。前癣痒不能办事。睡后,彻夜不成寐。张弁值日。四更,癣痒特甚,遂爬至天明。

廿六日(鲍居心可敬而其形迹实可恶)

早饭后清理文件。旋写胡宫保信一。午刻,作《箴言书院记》,久疏文字,机轴太生,至二更,文尚未成。酉刻,鲍春霆来,余因其违余信中之指,不剿建昌而反来东流,未与相见,嘱其与少荃叙议一切,而余散步菜园以避之。渠系奉胡帅之函,扎集贤关,恐沅甫一军吃亏也。其居心可敬,而其形迹实可恶,故余责之而不深拒之。夜,睡颇成寐。王弁值日。

廿七日

早饭后清理文件,围棋一局。旋作《箴言书院记》毕。中饭后写胡宫保信一,将渠所写书院条约酌核一过。傍夕至菜园闲步。夜,因癣痒用竹摩挲。二更洗脚一次。是日酷热异常,余本畏热,而又癣痒,如黄鲁直所云"火云蒸肉山"者,实苦恼也。春霆于卯刻来见,与之久谈。渠意恐安庆官军吃亏,故尔冒昧来此。余嘱其速回九江,即日率全部掫桉西矣。风逆、水逆，来易而去难，人马坐小船之中，盛暑如火，深为可悯。渠言私款甚不敷用，余许每月以二百金济之。

廿八日（少荃论及余之短处在"儒缓"）

早饭后见客三次，学使来久坐。旋围棋一局。自巳初至午，小睡。清理文件时许。中饭后，天气酷热，遍身奇痒，用竹揩磨。旋清理文件颇多，至戌初毕。在后院乘凉，与少荃久谈，至二更三点始散。论及余之短处，总是儒缓，与往年周弢甫所论略同。睡，不甚成寐。黄弁值日。

附记

秋浦信

屯溪茶厘五钱一引，太少，宜酌增，可就近问左

铺捐可缓办

烟土原已开禁，每百两抽税三十两

前吉水县知县张仁法进士

卸任高安县知县刘奎光举人，干练有为，颇知自爱

候补知县：郭椿龄举人；李蔚新班，寒苦朴实

希庵信，催《箴言书院记》。

廿九日

早饭后围棋一局。旋写沅弟信、刘印渠信、李希庵信，清理文件。小睡时许。中饭后，奇热异常，清坐房中，手不停爬，不能治事：申刻清理文件，傍夕毕。西南风大，酷热少解。夜清理文件。睡稍成寐。罗弁值日。五更，梦魇。天气凉甚。

七月

初一日

早，各员弁贺朔，见客六、七次，至巳初毕。旋写信与沅弟，言方望溪从祀事。复姚秋浦信。小睡时许。午刻清理文件。中饭后清理文件甚多。至戌初毕。夜阅《望溪文集》二卷。二更四点睡。潘弁值日。梦刘石庵先生，与之之［衍一之字］邑叙数日。四更因疮痒手不停爬，五更复成寐。又梦刘石庵，仿佛若同在行役者，说话颇多，但未及作字之法。是日天气，新转东北风，已有凉意。

初二日

早饭后清理文件。旋将《箴言书院记》删改数行。小睡片时。午刻核稿。中饭后写杨厚庵信一。旋清理文件，至酉至毕。夜温古文数首。癣痒不止，心绪作恶，二更，吃西瓜半个。睡不成寐。张弁值日。天气新凉，颇宜于睡，而吾彻夜不眠，盖半由血亏，半由心不静耳。二日内翻阅望溪文数十首，盖因沅弟请以方公从祀而细审之。

初三日（与子偲一别十五年，今相会）

早饭后清理文件。旋与小岑围棋一局。在竹床上久睡。午刻清理文件。莫子偲来，久谈二时许，即在此便饭。子偲名友芝，贵州独山人，道光二十七年在京城相遇于书肆，旋与刘菽云相友善。自此一别十五年，中间通书问一、二次而已。因其弟祥芝在此，渠来省视，因得再晤。学问淹博，操行不苟，畏友也。清理文件，至戌初毕。六月初间积阁公牍，至是厘剔一清。夜阅《望溪集》，写零字数纸。奇横之趣与自然之致，缺一不可。睡尚成寐。

初四日（古文亦须有奇横之趣、自然之致）

早饭后围棋一局。旋写沅弟信一、胡宫保信一。出外拜客四家。写澄弟信、左季高信一。午刻少睡。中饭后清理文件，至酉刻毕。史怿悠、潘梁柱自扬州接总督印及盐政印回

营,细问下游淮、徐一带情形,日趋于乱,毫无转机,良可忧悸。夜,在后院乘凉,与少荃邕谈至二更末。袁帅屡保李世忠之忠勇奋发,出于至诚;又不明正苗沛霖叛逆之罪;又以秦荣护理安徽布政使。此数事者,皆颠倒是非,大拂人心,言之慨然!睡,不甚成寐。瞿弁值日。念古文之道,亦须有奇横之趣、自然之致,二者并进,乃为成体之文。

初五日(因困横之馀而悟作字之道)

早饭后写《箴言书院记》,行书,约径寸大。旋因房中盖瓦不能坐,遂至小岑房,与围棋一局。旋又写《书院记》,至未正写毕,专一戈什哈送去。写胡中丞信一,又送祁门野术二两四钱,以渠有书来索取也。旋清理文件,至酉正毕。是日天气亢热,甚不耐烦。写《箴言书院记》甚不称意,本拟于下半日另写一通,因亢热烦躁,汗流不止,遂不复写。因困横之馀而悟作字之道:点如珠,画如玉,体如鹰,势如龙,四者缺一不可。体者,一字之结构也;势者,数字数行之机势也。夜热甚,意绪少佳,与小岑久谈。睡不成寐。黄弁值日。民间失火,起视二次。

初六日

黎明,早饭后,接印。印到后,望阙谢恩。旋即拜印,各三跪九叩礼。文武谒贺,辰正毕。旋小睡片时。清理文件,写沅弟信一。中饭后清理文件,至酉初毕。接省城信,知生米、万寿宫等处有贼,省垣危急,心以为忧。万寿摺差自京城归,接京信数件。莫子偲交出何愿船二信,内有张石洲《蒙古游牧记》四本,又《朔方备乘·凡例》数页,信为当世积学之士。夜,亢热殊甚,在外乘凉,犹嫌其郁,不复能做事,仅写毓中丞、吴竹庄信二件。睡颇成寐。

初七日

早饭后围棋一局。旋莫子偲来,与之邕谈,写沅弟信一、杨厚庵信一,清理文件,写吴竹庄信一。渠告奋勇,请回救省城,以信速之也。中饭后清理文件。观莫子偲作字,晓岑请渠写《欧阳功甫墓志》也。习字一纸。天气亢燥殊甚,不能做事。性本畏热,又加遍身癣痒,自酉刻以后,不复办事,在后院及城上乘凉。二更洗澡一次。睡颇成寐。潘弁值日。

初八日(写李芋仙小挂屏四幅)

早饭后清理文件,旋写沅弟信一。倦甚,久睡。午刻,清理文件。中饭后亢热非常,幸后厅有北风,因移案就彼。清理文件,至酉正毕。午刻,写李芋仙小挂屏四幅。渠求写格言,一幅写"八本",一幅写"五到",皆余上年日记册中语也。一幅言:"人不可以才自足,以能自矜,既为小人所忌,亦为君子所薄。"一幅言:"为诗古文者,工夫全在诗文之外。"傍夕至后园小步,因乘凉至二更尽。睡不甚成寐。张弁值日。三更三点后乃酣睡。是日,梅小岩回江西省城。夜写厚庵信一。

初九日(知胡宫保奉谕,准渠在署养病)

早饭后清理文件。旋习字一纸。倦甚,因在竹床上久睡,直至中饭时始起。饭后清理文件,打到约二百馀件,至酉正毕。闲步菜园。夜,温《古文·序跋类》,于《文献通考》各序,若有所会。三更睡,尚成寐。王弁值日。是日辰刻,围棋一局。日内未接胡宫保信,深以为虑,不知其病体略愈否。本日接其初二日公牍,知于六月二十五日奉到谕旨,准渠在署养病,告假两月,奉批俞允。初十日早饭后清理文件。旋习字一纸,核改信稿六件,在竹床上久睡。中饭后,得胡宫保初三日信,知渠病略有起色,廿六后六日未甚吐血,为之欣慰。与黎寿民围

寿星坐鹿　清

棋一局。旋清理文件，至酉刻毕。夜，温《治安策》《出师表》等篇。写胡宫保信一、沅弟信一。《会典》号书脚，吏缮目录，余一一核正。又写对联二付。夜，三更就寝，四更成寐。瞿弁值日。连日东北风大，微有凉意，癣亦略愈。

十一日（闻四川军事不甚顺手）

早饭后清理文件，写沅弟信一件，见客三次。马学使来，久谈。在竹床上久睡。午刻清理文件，至未正毕。写对联五付。酉刻又接公文数十件，翻阅一过，即不办理矣。接九弟信并伪文，知安庆城贼慌乱之至，似可期其克复。夜复沅弟信一。温《九歌》及《田窦传》。是日，写凯章信一。闻黄子春淳熙殉节，四川军事不甚顺手。夜极热，已睡之后，三更复起坐，令人摇扇，至四更始睡，不甚成寐。黄弁值日。日内，癣疾略愈。本日夜间看书，颇有静意，无烦闷之象。不料三更后，仍复亢燥，不知天气之为之欤？抑方寸自欠静境也？

附记

送欧建吾五十金

傅泽鸿三十金

十二日

早饭后清理文件。旋写沅弟信，习字一纸，核改信稿四件。在竹床上久睡二时许。午刻，清理文件。旋阅《会典·书院义学事例》一卷，《风教》四卷，至未正毕。天气亢热异常，遍身癣痒，手不停爬。清理文件，至酉正未毕，热燥殊甚，遂不清矣。傍夕，至后园行菜［至后菜园行］。灯后，热甚，因吹灭，令人摇扇，至三更三点始登床。睡不甚成寐。罗弁值宿。

十三日（接信知章门无恙，为之少慰）

早饭后围棋一局。旋清理文件，写胡宫保信一、九弟信一，习字一纸。午后，在竹床上小睡。接筠仙信。热甚，遍身作痒，不能办事。接吴竹庄在吴城所发信，知章门无恙，为之少慰。未正清理文件，打到，至酉刻毕。日内酷热。本日自午刻大风，满室飞沙扬尘，申刻得雨，稍解燥热之气，惜太小耳。夜，阅邓小芸所寄《双梧山馆文钞》，渠所作古文也，共八册二十四卷，杂阅计三分之一。睡颇成寐。至四四［衍一四字］更，癣痒殊甚。潘弁值日。

十四日

早饭后清理文件。旋习字一纸，写九弟信。久睡竹床，约一时半许。午刻清理文件，写毛寄云信，写澄侯弟信。中饭，请莫子偲便饭。饭后，微雨大风，一解郁蒸之气。清理文件，至酉刻毕。默诵苏诗。夜温《田窦传》毕。一更三点睡，竟夕不能成寐。张弁值日。

附记

大通厘金应添凤凰颈一卡

十五日（思置余当猛省于寸衷而取验于颜）

早间，各文武员弁贺朔［朔字衍］望，约三刻许。饭后清理文件，写沅弟信一、胡中丞信一。在竹床上睡时许。习字一纸，清理文件。中饭后寸心郁闷，天气虽不甚热，而亢燥难堪，遍身癣痒。阅《会典》事例《礼部·风教》二卷，又阅《户部·钱法》二卷。至菜园闲步。夜，烦燥弥甚，遍身奇痒，因在后院久坐，三更入室。登床后，仍用竹遍身揩摩。五更醒，复揩摩。日来思诚中形外，根心生色。古来有道之士，其淡雅和润，无不达于面貌。余气象未稍进，岂者欲有未淡耶？机心有未消耶？当猛省于寸衷，而取验于颜面。

十六日

早饭后围棋一局。旋清理文件，写左季高信一件、姚秋浦信一件。热甚，小睡。午刻核改摺稿一件，见客二次。中饭后作复奏购买外洋船炮、酌配兵勇一摺，申刻毕。天热殊甚，余本怕热，加以癣痒，遂不复能办一事，将本日公事积阁未办。习字一纸，阅戴存庄《书传补商》。夜阅古文数首。

十七日

早饭后围棋一局。旋写沅弟信、彭雪琴信一，清理文件。午刻与客莫子偲、高碧湄久谈。

小睡片时。中饭后，因亢热郁蒸，心绪烦闷，不能做事。早间即作恶，有欲呕逆之象，因禁食腥荤，三餐皆仅食罗卜菜少许。阅《书传补商·吕刑篇》。余好读《吕刑》，而苦不能尽通其读。兹阅戴氏之说，有惬余心者，如"制百姓于刑之中""天齐于民，俾我一日"暨"非从惟从"等句，皆犁然有当于人心，欣赏无已。酉正，至马学使处贺渠新移公馆。夜，因久亢不雨，郁闷尤甚，胸膈间常思作呕，因嚼厚朴少许。至小岑处久谈。二更四点睡。三更后，大风大雨，一解烦郁。是日接奉朱批，系六月初八日所发者。本日定片稿四件，将以明日拜发。

十八日（劝李芋仙居官以勤补拙等话）

早饭后围棋一局。旋清理文件，写姚秋浦信一，见客三次，习字一纸。阅《书传补商·顾命》。写纨扇二柄。与李芋仙久谈，劝其不可开口叹贫叹卑，不可开口能诗能文，居官以勤补拙，以俭养廉等语。是日，请高碧湄、周志甫等中饭。饭后，观莫子偲作大篆，有笔力，有法度。旋清理文件，至酉初毕。读《顾命》《康王之诰》毕。戴氏治经，与余所见多同，惜其生前未与邑谈。夜温古文二首。天气新凉，睡颇成寐。罗弁值宿。

十九日（谈及何圆溪家变故，闻之酸鼻）

早饭后围棋一局。旋清理文件，写沅弟信一、希庵信一。学使来会，谈及何圆溪于六月十八日物故，其兄弟三人璜溪太守、丹溪观察俱不幸早世，其母八十馀岁，尚在堂，云南大乱，无家可归。闻之酸鼻。习字一纸。小睡片刻。接鲍春霆信，知江西瑞州、奉新之贼皆已遁逃，因批令在临江少停，听候调度。中饭后，清理文件，至酉初毕，有继至者，遂不阅矣。温《盘庚上》《盘庚中》，因戴存庄两探宋、元及本朝治汉学者之说，每多当人意处，故乐观之。夜温古文二首。

廿日

早饭后围棋一局。旋写九弟信，清理文件，写毓中丞信。阅《书传补商》《盘庚下》《微子》，在竹床上小睡。午刻，赵烈文惠甫坐火轮船自上海来见，携有薛中丞信、金眉生信，言以夷船拖带民船，运淮盐至汉口上游、皖、鄂等处，只许抽厘一次云云，与之久谈。中饭后再围棋一局，习字一纸，阅《书传》《金縢》《大诰》，于"予翼""考翼"等字终不能通其读。天气亢热。酉刻清理文件，至灯后止。二更三点睡，不能成寐。张弁值日。四更始成寐，又以癣痒，五更即醒，爬搔不止。

廿一日（作挽联挽刘詹岩之母）

早饭后围棋一局。旋写九弟信一，清理文件，阅《书传补商·康诰》，习字一纸。陈虎臣来，久坐。小睡时许。中饭后，阅《酒诰》毕。作挽联一副，挽刘詹岩之母云："七州团练使，八座太夫人，爱月忽沉，乡里哀荣天下叹；哲嗣名状元，曾孙新进士，文星环绕，高堂福寿古来稀。"目睹曾孙成进士者，本世所罕闻，而其寿九十四岁，五世同堂，余联中尚未能尽及也。旋将联及挽幛写就。酉正清理文件，至黄昏毕。夜阅《考工记》数则，洗澡一次。睡稍成寐。王弁值日。

廿二日

早饭后清理文件，围棋一局，旋写沅弟信一、鲍春霆信一，与赵惠甫久谈。小睡片刻。中饭后，天气亢燥之至，余癣痒，极为郁闷，不能治一事。杨达庭配癣药来搽，搽后更不耐烦，幸巳刻阅《酒诰》《梓材》，申刻阅《召诰》，所言多惬余心，少解烦闷。写对联四付。戌刻，至后园散步。夜在厂外乘凉，与少荃久谈。癣痒殊甚，睡后痒不止，至四更始成寐。瞿弁值日。

廿三日

早饭后围棋一局，清理文件。旋写郭云仙兄弟信一、黄南坡信。莫子偲来，与之久谈，习字一纸。中饭后，亢热殊甚，郁闷之至。阅《书传补商·洛诰篇》，不甚惬心。申正清理文件，打到，至傍夕未毕，灯后始毕。灭灯，令人摇扇，以清亢燥之气。二更四点睡，不甚成寐。四更癣痒，久爬不止。

廿四日（闻贼凶悍异常，思之心悸）

早饭时，阅沅弟信，知廿二日贼扑后濠，自巳刻至五更凶悍异常，虽经竭力击退，思之心悸。旋写沅弟信、纪泽儿信、鲍春霆信。阅《书传补商·多士篇》。天气亢燥异常，小睡时许。中饭，请赵惠甫便饭，觞谈二时许。与小岑围棋一局。阅《君奭篇》。天气亢热蒸郁，不能治事，遂将本日公牍停搁不理。傍夕，至后园闲游。夜复季弟信一件。令人以竹揩摩痒处。二更四点睡，颇能成寐。

廿五日（是日丈东北风，心以安庆守濠者为虑）
早饭后写九弟信一件。旋写毓中丞信、胡宫保信。见客三次，与陈虎臣久谈，清理文件。午刻小睡片时。未初请赵惠甫便饭，因请莫子偲、谭荔仙同饭，谈至申刻散。是日大东北风，心以安庆守濠者为虑。天气亢热，郁蒸之气未解。阅《书传补商》《多方》《立政》，凡十卷，读毕。傍夕，至茶园散步。夜，因亢燥未办事。二更三点不能成寐。张弁值日。至四更二点，稍成寐。

廿六日
早饭后围棋一局。旋清理文件，写沅弟信、左季高信，见客四次。倦甚，小睡时许。中饭后，围棋一局，改信稿六件。旋清理文件，至申刻毕。温《书》十七篇，即戴氏所著者，昨日阅看毕，今日讽诵一遍。傍夕至后园散步。本日，天东北风，大异常，而热气旋绕，仍尔亢燥。夜睡竹床，令人以竹揩摩痒处。二更四点睡，颇成寐。潘弁值日。

廿七日（阅《山海经》一半）
早饭后清理文件。旋围棋一局，见客三次。东北风，大异常，亢热亦异常。小睡时许。午刻，写何愿船信一、王子怀信一、周子佩信一、何镜芝李篁仙各信一，至未刻毕。阅《山海经》，至酉刻阅一半。旋至后园小步。亢热之气上逆欲呕，殊不可耐。夜，再阅《山海经》一半毕。二更三点上床，热甚，起至院后厂内久睡，旋至后厅小睡，三更二点入内室。是夜，写零字颇多。

廿八日
早饭后，遣摺差进京。旋围棋一局，见客三次，写沅弟信一件。阅《管子》《牧民篇》《形势篇》《权修篇》《立政篇》《乘马篇》。午刻小睡。中饭后阅《《七法篇》《版法篇》《幼官篇》《幼官图》《五辅篇》。申正清理文件，至傍夕毕。夜写左季高信一件，又写零字甚多。三更接沅弟信，知廿五、六、七连三夜贼扑后濠，均经击退，为之少慰。自廿六日大风断渡，三日不接信矣。本日亢燥之气仍不少减。东流望雨甚切，安庆军营却不望雨，恐贼扑濠时火器难施也。

廿九日
早饭后围棋一局。旋清理文件，为牍调鲍军回援安庆，见客四次，习字一纸，写摺扇一柄。再阅昨日所阅《管子》，观王怀祖先生《读书杂志》所校《管子》各条，似不如校他书之精实。中饭后，围棋一局。再阅《管子》至申正。天气亢热殊甚，有流金烁石之象。写对联五付。夜在厂外乘凉，不作一事。三更睡，颇，成寐。至四更末，凉甚。夜冷日热，秋旱之象也。

卅日（丰城之河西一仗获胜）
早饭后围棋一局。旋清理文件，写鲍春霆信、沅弟信。午刻小睡。中饭后围棋一局。接春霆公牍，知廿四日在丰城之河西大获胜仗，杀贼七、八千人。而营务处宋国永与李申夫信，言杀贼实有万二、三千人，以鲍镇所报之数过少，军士愤愤不平，特另行专信声明云云。有此一仗，忠逆一股必胆寒矣。清理文件。阅《管子·宙合篇》，酉正毕。剃头一次。天气亢热，久不下雨，后园之菜，皆被虫伤。夜在厂外乘凉。是日，阅钦天监奏折，知八月初一日日月及水、火、土、木四星俱在张宿五、六、八、九度之内，金星在轸，亦尚在三十度之内，可谓日月合璧，五星联珠，祥瑞也。惜土、火、水、火[木]四星俱不见，故余五更未起视耳。

八月

初一日（核奏批，见原奏红纸被裁，大怒）

早，各员弁贺朔。饭后围棋一局，写沅弟信，清理文件，见客四次。小睡时许。午刻改信稿十馀件。所核奏批，不知何人将原奏红纸裁去，大为怒斥追究。中饭后，围棋一局，写李辅堂、王霞轩各信一。申刻，沅弟专弁来，知安庆于昨日卯刻克复。贺客纷纷，至灯后始毕。写九弟信一，改鲍军丰城胜仗摺稿一、安庆克复片稿一。清理各事，定以明日赴安庆一行。三更睡，不甚成寐。

初二日

早饭后见贺客数次。旋写沅弟信一、季弟信。本拟即赴安庆，因逆风太大，不能开船。写官、胡、李公信一件，又各写私信一件，清理文件，写毓中丞信一件。中饭后围棋一局，清理文件，写左季高信一。又清文件，至酉刻毕。竟日大风，不克开船。今年自七月以来，东北风发至弥月之久，枯旱亢燥，余常作呕吐，胸胃间似有浮热，不能多做事。夜在厂乘凉。早睡，颇能成寐，五更即醒。是日辰刻发报摺一、片一。

初三日（拟赴安庆犒师，因东北风大未果）

早饭后围棋一局。旋写沅弟信一，清理文件，习字一纸。阅《管子·枢言篇》。中饭后围棋一局，阅《管子》《八观篇》《法禁篇》《重令篇》《法法篇》《兵法篇》，写对联六付。傍夕，天气渐凉。夜阅《管子·大匡篇》。二更倦甚，假寐至二更三点，睡反不成寐。瞿弁值日。至四更，遍身痒甚，手不停爬。是日，本拟赴安庆犒师，因东北风大，不果。

初四日（至河下送厚庵之行）

早饭后围棋一局。旋添写赵五班信一、金眉生信一，张小浦、邵汴生各添一片，写澄侯弟信一，添姚秋浦信一。清理文件。申夫来，久谈。午刻，厚庵来，久谈。渠奉旨准假四月，回籍省亲，本日启程也，因留之中饭，袁铁庵亦同席一饭，申刻散。清理文件。与申夫久谈。又围棋一局。写毓中丞信，为刘小粤事。夜与少荃、申夫久谈，清理文件。二更三点睡。天气已凉，而疮痒不止，不能成寐，殊以为苦。是日申刻至河下送厚庵之行。旋至马雨农处一谈。

初五日

早饭后下河将赴安庆，先写季君梅信一、薛中丞信一，令袁委员回上海带去。旋即登舟，行六、七里，东风大作，浪大不能下驶，因复折回，泊小南门外长龙船中，兀坐无一事。前为九弟校对《古文简本》，因作一跋，中饭后写毕。少荃来谈。小岑、子偲来，围棋一局。酉刻，余至少荃船久坐，灯后归。夜温古文三首。早睡，疮疥作痒，不能成寐。四、五更，爬搔不停。巳刻写九弟信一。

初六日

早饭后起早，至[行]四十里，至朱家村小住，吃中饭。饭后，行八里，登船。又行四里至黄石矶，在护卫营营官罗宏裕船中寝食。而胡友胜之长龙船亦由大江中冒风赶到。因风太大，李少荃仍自中途折回矣。阅《管子》《中匡篇》《小匡篇》《霸形篇》《问篇》《戒篇》《地图篇》《参患篇》《制分篇》。灯后，阅《君臣上篇》《君臣下篇》《小称篇》《四称篇》。二更三点睡，颇能成寐。四更接九弟信，知桐城于初三日申刻克复。大风尚未息，用以为虑。

初七日（观地势，思援贼，知成功不易）

早饭后，风浪稍平，即由黄石矶开船至安庆。巳刻至营，与沅弟、季弟相见。旋接见各营官及委员等。兄弟久谈至申刻。出外，周历西北，看后濠、前濠，约往返十里许。壕沟之深，地段之广，援贼之悍，知成功良不易易也。傍夕归。夜间，兄弟邕谈至三更四点始睡，不能成寐。四更三点醒，疮疥遍痒，手不停爬。是早在船阅《管子》五篇。

初八日

早饭后，兄弟畅谈。旋入安庆省城，队伍排列整齐。兄弟联舆入城，备极尊荣，自问何修得此，用为愧悚。午刻回营，倦极小睡。中饭后，与沅弟久谈。申刻出外阅西北长濠，酉刻归。写鲍春霆信一。夜与沅弟久谈，定派人进剿庐江、无为等处。三更三点睡，不甚成寐。五更疮痒，爬搔至明。是日午刻，闻池州府克复之信。遣人回东流取摺件，将在安庆发报。

初九日

早饭后清理文件，写左季高信一。旋至季弟东路营盘看，风雨泥泞，行走颇难，巳刻到。兄弟畅谈。中饭后，仍回九弟营盘，写挂屏三幅。夜，兄弟久谈。疮涨[胀]痛殊甚，季弟以为肺有燥热，另主一方服之。三更睡，稍能成寐。四五更，爬搔不停，幸不甚涨[胀]。

初十日（痛悉咸丰圣主龙驭上宾，攀号莫及）

黎明起。接京城递回夹板，面上系用蓝印，内系六月十八日所发一摺二片。其复奏鲍超救援江西一摺后，墨笔批云："赞襄政务王大臣奉旨：览奏，均悉。"其附奏近日军情一片批云："赞襄政务王大臣奉旨：知道了。"又黄胜林正法一片批，与近日军情片批同。外吏部蓝印咨文二件，一件载："七月十六日奉朱笔，皇长子现已立为皇太子，着派载垣、端华、景寿、肃顺、穆荫、匡源、杜翰、焦祐瀛尽心辅弼，赞襄一切政务，钦此。"一件载："准赞襄政务王大臣咨，嗣后各督、抚、将、帅、将军、都统、提镇等奏事，备随摺印文一件，载朋共摺几封，片几件、单几件，交捷报处备查等因。"痛悉我咸丰圣主已于七月十六日龙驭上宾，天崩地坼，攀号莫及！多难之秋，四海无主，此中外臣民无福，膺此大变也。余以哀诏未到，不克遽为位，成服哭临，须回东流，乃克设次行礼。巳刻改克复池州一摺、提江西漕折五万一片，未刻发报，仍用红印。清理文件甚多，与沅弟蒐谈。申刻，写挂屏、对联数件。夜写零字，写扇一柄。二更三点睡，不甚成寐。伏念新主年仅六岁，敌国外患，纷至迭乘，实不知所以善其后。又思我大行皇帝即位至今，十有二年，无日不在忧危之中。今安庆克复，长发始衰，大局似有转机，而大行皇帝竟不及闻此捷报，郁悒终古，为臣子者尤深感痛！

十一日（与少荃谈大丧典礼事）

早饭后清理文件。旋写刘馨室、李申夫信一。巳正登舟，九弟送至舟次，恰李少荃到，谈及大丧典礼，宜在安庆省城举行，一面设立帐殿，以便百官行礼，一面打扫公馆，以便余近日移居。未刻，阅《管子》《势篇》《正篇》《九变篇》《任法篇》《明法篇》《正世篇》《治国篇》《内业篇》《封禅篇》《小问篇》《七臣七主篇》《禁藏篇》《人国篇》《九守篇》《桓公问篇》《地员篇》《弟子职篇》《形势解》《立政九败解》《版法解》《明法解》《臣乘马篇》《乘马数》《问乘马篇》《事语篇》《海王篇》《国蓄篇》《山国轨篇》《山权数篇》《山至数篇》。夜，与少荃畅谈时事。二更三点睡，疮痒如故。

十二日（鲍已肃清抚州，将援安庆）

早饭后与少荃久谈。旋清理文件，阅《管子》《地数篇》《揆度篇》《国准篇》，写希庵信一、雪琴信一。午刻小睡。中饭后阅《管子》《轻重甲》等篇。申刻，沅弟来久谈。酉刻借厚庵红船，自长龙船上移居之。接鲍春霆信，知渠接廿九日调赴北岸之檄，业将抚州肃清，定于初六日拔营来援安庆矣。酉正，九弟归去。余将《管子》阅毕，写各目于书面。夜与少荃畅谈，眼蒙殊甚。接湖北官、胡、李信，鄂省于初六日始闻安庆克复之信。胡帅病尚无起色，为之忧闷。

十三日

早饭后与少荃久谈。旋清理文件。九弟来。写家信一，写鲍春霆信一，专人送去。九弟久谈。午刻小睡。旋清理文件，至申刻毕。与黎寿民围棋一局。阅方宗诚存之寄来之《桐城殉节诸传志》，至日入毕。与少荃畅谈至二更，又围棋一局。日内胸胃不开，常作呕逆。又以根本之地，变故频仍，寸心忧闷，不知所以为计，行坐不安。令人在城内打扫公馆，将设次哭临。仓促不能成礼，心为悚歉。

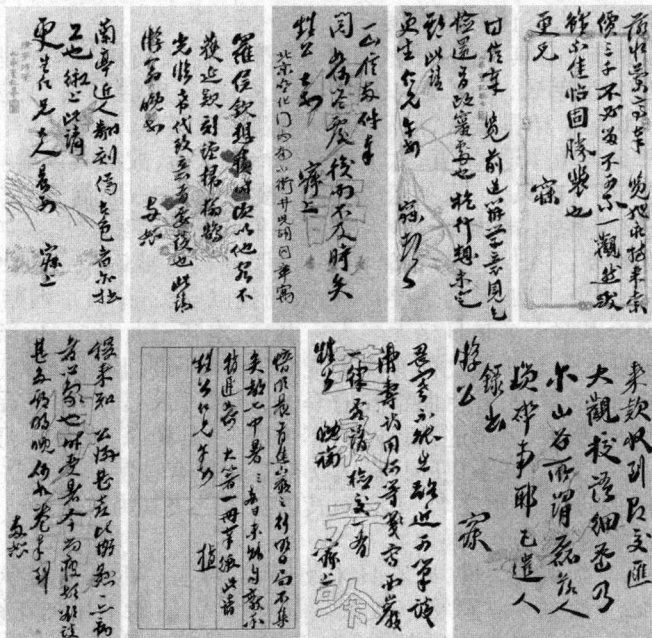

曾国藩书法

十四日（以国恤大故，忧悒无极）

早饭后与少荃久谈。九弟来。与黎寿民围棋一局，见客二次。再阅《管子·侈靡篇》，殊不能通其读。中饭后清理文件，温《古文·奏议类》，围棋一局。写毛寄云信一，习字一纸。傍夕与少荃久谈。夜仍邑谈时事。二更，写零字甚多。睡不成寐，疮痒甚剧，深以为苦。日内，本以国恤大故，忧悒无极，而疮疥作恶，竟日愁闷异常。

附记

派署司道一件江宁布政司管江苏到省之员，现兼署漕督十府粮道，本管皖八府、苏二府，实缺者未到，江宁巡道实缺者未到。安徽按察司应驻安庆省城，布政司驻颍州等处。

十五日

是日因大丧，禁止文武员弁贺节。饭后，与少荃邑谈，渠因新有妻丧，将回江西料理葬事也。清理文件，与黎寿民围棋二局。阅《管子》《枢言篇》《八观篇》《法禁篇》《重令篇》《法法篇》，将王怀祖先生各条录于上方。中饭后阅《兵法篇》。围棋一局。九弟来，与之久谈。日内北风甚大，上游船只不能下来，故公牍来至安庆者甚少。东流老营各委员皆阻风不能来，关防亦未来。大丧应办供帐各具，皆不能办，心为焦灼。申刻大雨。夜阅《大匡篇》，未毕。睡后，竟夕疮痒，不能成寐。近口眼蒙殊甚，皆因屡夜不得佳眠，而看书作字颇费目力耳。午刻习字一纸。瞿弁值宿。

十六日（念周末诸子各有极至之诣）

早饭后清理文件。旋与黎寿民围棋二局。旋阅《管子》《大匡》《中匡》《小匡》篇。沅弟来，竟日久谈。弟办菜数碗，在此同饭，申刻去。阅《管子·霸形篇》，习字一纸。傍夕再围棋一局。疮痒，愁闷殊甚。夜温《古文·词赋类》，又写零字甚多。睡颇成寐。疮痒，醒时爬搔数次。是日与沅弟言，欲得家运绵长，第一禁止奢侈享用。念周末诸子各有极至之诣，其所以不及仲尼者，此有所偏至，即彼有所独缺，亦犹夷、惠之不及孔子耳。若游心能如老、庄之虚静，治身能如墨翟之勤俭，齐民能以管、商之严整，而又持之以不自是之心，偏者裁之，缺者补之，则诸子皆可师也，不可弃也。

十七日（本日接无名人奏何有保一案）

早饭后清理文件。旋围棋一局。阅《管子》《霸言篇》《问篇》。清理文件。中饭后阅《管子·戒篇》，未毕。沅弟来，久谈，教以胸襟宜淡远，游心虚静之域，独立万物之表。又每日宜读书少许，以扩识见。弟围安庆，前后皆有强寇，人数甚单，地段甚广，昼夜辛勤，事事躬亲，虽酷暑大雨而每日奔驰往返，常五、六十里。余怜其太劳，故欲其以虚静养心也。清理文件甚多。至更初止。近日因风大，未接公文，本日接百馀件，眼蒙尚未看毕。温《古文·序跋类》。三更睡，疮痒殊甚，不能成寐。罗弁值日。午间习字一纸，夜写零字一纸。傍夕，思州县之道，以四者为最要：一曰整躬以治署内，一曰明刑以清狱讼，一曰课农以尽地力，一曰崇俭以兴廉让。将领之道，以四者为最要：一曰戒骚扰以安民，一曰禁烟赌以儆惰，一曰勤训练以御寇，一曰尚廉俭以率下。是日接无名人一奏，云本年三月廿二日，新授陕西巡抚邓尔恒，在曲靖府行辕被带练保至协镇之何有保杀毙。先是，邓被何有保劫抢一空，今又勒索银二万，胆敢持刀凶杀，掳抢罄净，并将曲靖知府孥去，以致邓三日未殓，身受二十八伤。何有保与其养子何自清久有叛谋，云南巡抚徐之铭亦主谋，令其擅杀，现在转行捏禀系邓抚自带之练丁戕杀云云。世变至此，诚不堪问！而滇抚徐之铭前有唆使练丁抢劫张石卿制军之名，兹又有唆使练丁劫杀邓子久中丞之名，不必问其虚实而已决其为败类矣。

十八日（思委员之道有四道为最要）

早饭后围棋一局。旋清理文件，即昨日未阅毕者，习字一纸。午间小睡。中饭〈后〉清理文件，九弟来邑谈，至酉刻去。写零字数纸。眼蒙殊甚，不能不用加花镜矣。夜温《古文·传志类下》，又朗诵《九辩》数遍。睡甚成寐。夜接七月廿八日寄谕一道，系因毓中丞之奏江西省城危急，令派兵救援。又接礼部文，奉到新主哀诏。日内北风不止，东流文武皆不能来，不克行齐集哭临之礼，深为忧灼。又思委员之道，以四道为最要：一曰习劳苦以尽职，一曰崇俭约以养廉，一曰勤学问以广才，一曰戒傲惰以正俗。绅士之道以四者为最要：一曰保愚懦以庇乡，一曰崇廉让以奉公，一曰禁大言以务实，一曰扩才识以待用。

十九日（已接奉哀诏，定于廿一日成服哭临）

早饭后清理文件，围棋一局。旋写字一纸。北风愈大，东流老营各船不能下来，心以为虑。幸已将城内帐殿收拾整齐，尽可设次成礼。又昨夜业已接奉哀诏，因定于廿一日成服哭临。午正小睡。中饭后，沅弟来久谈。弟于廿日三十八生辰，因在营恐庆贺者纷纷，即来船小住二日，邑谈甚久。又与黎寿民围棋一局。夜间，彭盛南表弟、王临三、昆八两甥均来邑谈，说话略多，彻夜不能成寐。

廿日

早，九弟生日，有数客来贺。早饭后，彭盛南、易晴苍回湘。清理文件，围棋一局，与九弟邑谈。中饭后，黄昌岐在此久谈，习字一纸，阅《管子·戒篇》，与九弟久谈。旋清理文件。傍夕，九弟仍回本营。夜将所定州县最要四条，每条系以百馀字，将以劝诫属员，至二更末毕。睡颇成寐。瞿弁值日。连日大北风不止，本日卯辰间风稍息，巳刻复大作，至晡时少息。

廿一日

早饭后清理文件。旋开船至南门登岸，移寓公馆，即伪英王陈玉成之府也。一连三所，其东一所为就天燕陈时安之伪宅。连日修整帐殿，为举行大丧礼之所，昨日毕工。余进城后，即率府县文武齐集哭临，巳刻早集，午刻中集，申刻晚集。署庆府知府孙树人带病来临，势颇沉重。九弟在新公馆叙谈甚久。弟本日亦自城外营盘移进城内。克城之后，房屋完好，器具足用，亦从来所未有也。申刻写左季高信。阅《管子》二篇；《地图》《参患》。夜将所定营官最要四条，每条系以百馀字，二更尽未毕。洗脚、洗身。睡，不甚成寐。曾弁值宿。至五更稍成寐。

廿二日（与沅弟谈自修之道、涉世之法等）

早饭后哭临一次。沅弟赴城外看季弟之病，午刻回，知季弟已痊愈矣。围棋一局，见客

三次,阅《管子》《制分篇》《君臣上》。中饭后齐集一次。旋习字一纸。与沅弟邕谈自修之道、涉世之法及毁誉之不可尽信。申刻,晚祭齐集。灯时,申夫来,久谈。二更后,倦甚,说话稍多,便似伤神,盖老境侵寻耳。夜不甚成寐,三更时,疮痒殊甚。五更熟睡。

廿三日(家中寄《汉魏六朝百三家》)

早饭后哭临一次。清理文件,围棋一局,见客五六次,皆东流委员新到者。马学使来,久谈。午正中祭。中饭,与小岑久谈。旋围棋一局。沅弟来,邕谈。是日阅《管子》《君臣下》《小称》《四称》《侈靡》篇。夜翻阅《会典·大丧仪》。家中寄《汉魏六朝百三家》来,偶阅徐陵,刘向两集。睡不甚成寐,亦以说话太多之故。四更疮痒殊甚。五更略成寐。

附记

熊焰南蓉仙

廿四日

早,至帐殿行礼。昨日已满三日之制,因学使及东流各委员甫临一日,故未将帐殿遽撤,俟七日满再撤也。余每早去照料,行三叩首,不举哀,中祭、晚祭则不与耳。沅弟来,久谈。写家信一件,寄银百两为嫁女之用。午刻,围棋一局。中饭后与筱岑围棋一局。阅《管子》《心术上》《心术下》篇,倦甚。傍夕小睡。夜,沅弟复来共饭。阅《百三家》内《潘岳集》。二更四点睡,不甚成寐。三、四更疮痒,爬搔不止。五更,眠略熟。

廿五日(作恭慰圣孝一摺,拟专差进京)

早饭后至帐殿行礼。旋清理文件,九弟来久谈,午刻去。习字一纸,与小岑围棋一局。中饭后见客三次,清理文件。与莫子偲、赵惠甫久谈。夜温《古文·辞赋类》。旋作恭慰圣孝一摺,拟于廿七日专差进京。

廿六日

早饭后,至帐殿行礼。旋与小岑围棋一局,见客三次,清理文件,习字一纸。午刻小睡。中饭后与黎寿民围棋一局,清理文件甚多,至申正未毕。写对联六付。九弟来久谈,更初去。习零字二纸,添厉伯苻信一纸,温《古文·奏议类》刘向诸篇。睡不甚成寐。四更醒后,更不能闭目,殆阴气不能敛藏耶?

廿七日

早饭后至帐殿行礼。旋将幕次撤去,盖定例止哭临三日,此次因学使及委员在东流未到,故齐集之期,先后参差,本日已届七日,遂撤去也。旋见客四次,写倭艮峰、吴竹如两信。午正,小睡片刻。因说话太多,困倦殊甚。于平日吃点心之外,略饮药酒。九弟来谈刻许即去。拜发恭慰圣孝一摺。中饭后习字一纸。清理文件甚多,至申末尚未毕。旋写对联三付、寿字四个。九弟来,在此写季弟信件。夜打到百馀件,皆各处贺节、贺捷之信,二更毕。旋阅江文通、鲍明远二家集。睡后,三更甫成寐。接奉批摺,系七月十八日所发者。四更略能熟睡,馀俱不甚成寐。

廿八日(与九弟谈与人为善、取人为善之道)

早饭后围棋一局,清理文件。九弟来久谈,与之言与人为善、取人为善之道,如大河水盛,足以浸灌小河,小河水盛,亦足以浸灌大河,无论为上、为下、为师、为弟、为长、为幼,彼此以善相浸灌,则日见其益而不自知矣。九弟深以为然。午正小睡。中饭后清理文件颇多。酉刻写对联数付。午刻习字一纸。是日,大雨至四时之久。灯后清理文件,二更毕。温杜诗七古。睡略成寐。雨淋漓不息。申刻写胡宫保信一、雪琴信一、李筱泉信一件。

廿九日(战事稍顺,江西可全省肃清)

早饭后围棋一局,习字一纸。旋清理文件。雨大如注。九弟来久谈。弟去后,余出门至学台处拜会。又至九弟营中,即在弟处中饭,饭后归寓。见客六次,陈虎臣、王明山、赵惠甫三人谈甚久。惠甫上条陈一篇,识解闳远,文辞通雅,逸才也。接鲍春霆信,廿二、三日大获胜仗,将贵溪、弋阳、湖坊、河口、双港之贼悉数剿败,广信府城立即解围,为之欢慰。江西可

全省肃清矣。夜清理文件，至二更毕。写零字、小挂屏一张。洗脚一次。九弟劝余煎土茯苓汤洗脚，宜洗至膝以上，乃能去湿，因依其法行之。曾弁值宿。三更稍成寐，

　　随记赵惠甫所开

　　同知左枢湘乡人，英伟俊特，刚决能断，有胆有识，读书通雅。诗文笔皆雄劲。

　　县丞汪汝桂江宁人，武猛缜密，廉介不苟。现在苏抚营务处听差，至江北募勇。

　　又附记

　　○肃清江西一摺

　　○鲍补缺一片

　　○代张凯章作谢恩一摺

　　○奏留一片

　　○派委安徽司道一摺

　　陈史易署缺一片

　　徽州报销一片查出陈泰来禀再办

　　○孙润正法一片

　　刘锡绶捐务一片候万箓轩来，请渠一核再办

九月

　　初一日（派兵五千攻无为州）

　　早，因国制，禁止员弁贺朔。饭后围棋一局。筱岑将以本日成行赴湖北，诊治胡帅之病，因便还家。九弟来。见客三次，习字一纸，清理文件。午正小睡。中饭后，清理文件。与黎寿民围棋一局。李芋仙自江西为我买书数种寄来，逐一翻阅。陈心泉太守来久谈。是日派兵五千人进攻无为州，防守庐江，明日，又三千馀人继发。天气晴明，为之一慰。夜温杜诗七古，写希庵信一件。

　　初二日

　　早饭后清理文件，见客数次。已刻，九弟来久谈。弟本日将拔营赴下游打无为州也。午后至未申，迭次见客不停。申正清理文件。酉正习字一纸。疮痒不止。夜阅《山谷集》。因李芋仙送大字本《黄集》，将其题跋再看一遍。是日接家信，泽儿所开日课单颇为勤密，但恐不能有常耳。接罗研生信，寄诗词一本。毛中丞信，言所以去裕廉舫之由，甚有道理，有力量，可佩也。午刻围棋一局。

　　初三日（痛悉胡宫保去世）

　　早饭后清理文件。旋见客三次，写对联三付。已正接信，知胡宫保于八月廿六日亥时去世，哀痛不已。赤心以忧国家，小心以事友生，苦心以护诸将，天下宁复有似斯人者哉！写左季高信一、沅弟信一。午刻小睡。旋习字一纸。中饭请刘馨室、陈心泉、魏柳南诸君便饭，申初散。接李少荃、辅堂办江西减丁漕一案，甚为详晰。清理文件，围棋一局。疮痒殊甚，手不停爬。夜改扎稿、告示稿，清理各文件，二更后温《古文·传志类》。睡后，不甚成寐，彻夜疮痒。

　　初四日（疮痒殊甚，手不停爬，至以为苦）

　　早饭后清理文件。旋围棋一局，见客甚多。写纪泽信，论钞纂分类之法，因客多，未写毕。中饭后乃毕。围棋一局。清理文件甚多，至曛黑乃毕。夜写沅弟信一，文任吾、周寿山信一，二更后温《李广苏武传》。睡后，疮痒殊甚，手不停爬，至以为苦。

　　初五日

　　早饭后清理文件，围棋一局，写李少荃信一、辅堂信一，见客三次。午正，少睡片刻。中

饭后,清理文件,写希庵信一。申夫来谈最久,酉初去。写雪琴信一。夜写零〈字〉最多。二更后温古文三篇。睡后疮痒,不能成寐。曾弁值日。

初六日

早饭后围棋一局。旋清理文件,写毓中丞信一、江西司道信一、张凯章信一。中饭后,写沅弟信一,围棋一局。清理文件极多,酉正尚〈未〉毕,留待明日再办矣。夜写挂屏一帧。未初习字一纸。二更后温古文三篇,读《九歌》《九辩》,服昭明选择之精。睡后,疮痒殊甚,四更时成寐。

初七日

早饭后围棋一局,见客四次,陈心泉虎臣谈最久。是日拟作奏折,遂不及清理文件,乃自辰至申未将摺稿作成。徘徊庭院之间,久不下笔,仅仅习字一纸,写挂屏二幅而已。盖早年属文艰难,竟日不能脱稿之故态复萌耳。夜始将鲍超在湖坊大获胜仗一摺作就,二更后温《诗经》十馀篇。

初八日(悟日后当从"俭"上用功)

早饭后围棋一局,清理文件。旋与隋龙渊邕谈。渠亟称称[衍一称字]周悦让之贤,简朴俭约,极耐劳苦,山东登州府莱阳县人,丁未翰林,改官户部,与龙渊同官,又同至山西办铁钱局,故知之深也。因龙渊极称其简,始悟余平日有志崇俭而不能俭者,以其不简耳,嗣后当从俭字上用功。旋代张凯章作谢恩摺,又作奏留一片,又改鲍超请补实缺一片,又作安庆酌派司道大员以专简成一摺。中饭后清文件,打到百馀件,尚未完毕。夜写零字颇多。温《报任安书》。二更后,接部文等件。三更睡,尚稍成寐。

初九日

早饭后围棋一局,清理文件。旋见客三次,写官帅信一、希庵信一、王霞轩信一、沅弟信、汪瀚信一。未刻发摺[报]二摺、三片,又代凯章发谢恩摺。中饭后见客四次。清理文件,核稿百馀件,打到百馀件,尚未完毕。夜温《报任安书》。日中习字一纸,夜写零字数纸。罗弁值日。

初十日

早饭后围棋一局,清理文件,习字一纸。旋出外拜客五家:一、马学使,一、申夫,一、龙渊,一、孙澍人,一、忠义局。归时,已未初矣。中饭后写零字甚多,清理文件,写对联六付。复清理文件,至灯时止,皆本日军务事件。其地方文件,已停积两日未阅。夜温钞本古文《孟子》数章。二更三点睡,不甚成寐。日内于作字之道,若有所会。本日用狼毫笔写寸以外字,以足发撼心中迈往之气,为之神怡。

十一日(孟子之气惟庄子与韩退之得其仿佛)

早饭后,与龙渊围棋一局。旋清理文件,写毛寄云信一、郭氏兄弟信一、柯筱泉信一,习字一纸,见客四次。未刻中饭后,清理文件,围棋一局,打到百馀件,将两日公牍一清。傍夕,莫子偲来谈,写挂屏一幅。夜倦甚,不能做事。睡略成寐。黄弁值日。日内,细玩孟子光明俊伟之气,惟庄子与韩退之得其仿佛,近世如王阳明亦殊磊落,但文辞不如三子者之跌宕耳。

十二日(作字及诗文胸中须有跌宕之气)

早饭后围棋二局,写沅弟信一封,见客三次。令李少山山[衍一山字]等解米粮、子药赴王家套、罗昌河,接济庐江一军。习字一纸,清理文件,写毓中丞信一。中饭后,围棋一局,写单地山信一。清理文件甚多,本日地方新到之件,尚未阅毕。酉刻,写阎丹初挂屏四帧,约四百字。夜温赵广汉、尹翁归、韩延寿传,写沅弟信一。睡后,三、四更不成寐,五更颇成寐。本日作行书,能撼写胸中跌宕俊伟之气,稍为快意。大抵作字及作诗古文,胸中须有一段奇气盘结于中,而达之笔墨者却须遏抑掩蔽,不令过露,乃为深至。若存丝毫求知见好之心则真气漓泄,无足观矣。不特技艺为然,即道德、事功,亦须将求知见好之心洗涤净尽,乃有合处。

故曰七均师无声,五和常主谈也。本日,接奉批谕旨,系八月初二日所发一摺一片。

十三日(接阜廷寄,饬楚师拨兵援寿州)

早饭后围棋一局,清理文件,习字一纸,写多礼堂信一,见客四次,陈虎臣来邕谈最久。中饭后围棋一局,清理文件,打到百馀件,申正毕。旋接雪琴信,寄示胡润帅挽联二付。余因作一联,傍夕始成。刘、彤皆来,邕谈良久。灯后,写联与申夫一阅,申夫言对句未妥,因又改二句云:"通寇在吴中,是先帝与荩臣临终憾事;荐贤满天下,愿后人补我公未竟勋名。"温《张敞传》,未毕。睡后三更醒,旋复成寐。五更疮痒异常。是日接奉廷寄,是因翁中丞奏寿州被苗练围城,且夕将破,饬楚师拨兵往援。八月廿八日,自行在发,到皖尚不迟缓。

十四日

早饭后围棋一局。季弟自枞阳来,与之邕谈。旋写澄侯信一、沅弟信一,清理文件。中饭后围棋一局,与季弟邕谈,写雪琴信一、张凯章信一,清理文件。傍夕,与季弟谈。夜写零字颇多,温《王尊传》,未毕。夜睡三更后,疮痒殊甚,四更稍成寐。罗弇值日。近来夜睡,常常不能成寐。往年每日大便一次,近或二、三日一次,且甚干涩,殆阴亏之故耶?

十五日

早饭后围棋一局,清理文件,见客三次。午刻,赵国香克彰来,谈甚久。季弟大呕吐,前此疟疾,日内又再发矣。余因弟呕,胸膈间亦作恶,若不克自持者。小睡片刻。中饭后围棋一局,写挽联一副,写阎丹初信一、多礼堂信一。清理文件。打到二百馀件。夜屡视季弟病,写九弟信一。本日午刻接官帅信,知余蒙恩赏加太子少保;九弟蒙恩,赏穿黄马褂。一门沐非常之宠,惶悚之至。旋诵苏诗数首。写扇一柄。二更闻城外炮声,派人出城查询,寸心惊疑。睡不甚成寐,疮痒殊甚。

十六日(出城吊唁张伴山)

早饭后,与隋龙渊谈,围棋一局,清理文件,写官中堂信、毓中丞信。与季弟久谈,写九弟信一,习字一张。中饭后围棋一局,清理文件。申夫来,言张伴山于九月初三日巳刻没于彭泽舟次。其次子与其婿护灵柩来安庆,余出城吊唁之。申刻出外,晡时归。清理文件,打到百馀件,接李希庵及梅生各信,二更三点毕。睡不成寐。曾弇值日。四更后,大雨如注。

十七日早饭后围棋一局。旋写九弟信一件。剃头一次。自闻大行皇帝之丧,至今始剃头。从二十一日成服起〈至〉本日释服,已满二十七日矣。本拟登城周视,因雨大而止。写希庵信一件。中饭后与季弟谈。季弟疟疾今日微发,幸不甚剧。围棋一局,清理文件,习字一纸,作《劝诫营官》一条、《劝诫绅士》一条。夜闻人吹笛,约半时许。在季弟处写零字十叶。二更后阅《说文》数叶。睡略能成寐,疮痒亦甚。

十八日(泥汊贼垒已攻克)

早饭后围棋一局,清理文件,见客三次。旋出门看城,从小南门绕至西门、北门、东门,出东门外,至宝塔,登塔顶一看,旋归寓。九弟布置之法,城内分段。守垛者,李祥和一营,由东门而南,至西门止。萧开印管中军,由西门至北门止。李臣典一营,由北门至东门止。城外扼要扎营者,熊登武一营扎西门外石垒,程学启一营扎北门外三垒,张诗日一营扎东门外宝塔石垒,尚为周密。午正归。接九弟十七日早信,知泥汊贼垒于十六夜攻克。小睡片刻。中饭请曾柏九、曾莘田便饭。饭后,围棋一局,写九弟信一,见客四次,清理文件,习字一纸,写对联六付。与季弟邕谈。接毓中丞函牍,知丁漕减价之件已会稿、会印办理矣。夜温王尊、王章传,杨、胡、朱、梅、云传。睡略成寐,疮痒亦不少止。

十九日(作《劝诫委员》《箴言》)

早饭后围棋一局,旋清理文件。道喜之客极多,以余蒙恩加宫保,昨日已接官帅咨文也。至巳刻,客去毕。与季弟邕谈,清理文件。中饭后围棋一局,莫子偲来久谈,学使来同叙。申刻,季弟来久谈。清理文件,写左季高信一件。夜又与季弟邕谈,二更后温《汉兴以来诸侯年表·序》。睡略成寐。是日作《劝诫委员》第一条、《箴言》百馀字。

廿日

早饭后围棋一局。旋与申夫、龙渊、心泉一谈。本日系上衙门之期也。旋至季弟处晤谈。季以是日三十四初度，疟疾新瘥，为之欣慰。清理文件，写九弟信一，习字一纸，见客三次。中饭后，写多礼堂信一，见客二次，清理文件，写对联十付，写官相信一。夜，季弟来晤谈，写零字五张。旋温《汉书·叙传》。睡颇成寐，四更末醒。

廿一日

早饭后围棋一局。旋清理文〈件〉，撰《劝诫委员》三条。中饭后围棋一局，习字一纸，撰《劝诫绅士》二条。夜又撰一条。十六条俱毕。是是［衍一是字］日除见客五次外，未作他事。专作六条，每条约百三、四十字，多者至百八十字而止，名曰《劝诫浅语十六条》。用心稍过，遍身血热，疮痒异常。往年在京血热，癣痒不能作诗文，其苦态亦类此。二更四点睡，屡醒屡寐。日内未接沅弟信，颇以为虑。

廿二日（核改不准洋船拖带民船咨船咨稿）

早，上城查站垛诸勇丁，并看新作更棚合法与否。辨色，即至城上，较常日略早。归，早饭。旋围棋一局，见客三次，写九弟信一。午初，接九弟信，知无为州业经克复。写李与吾等信一、写多礼堂信一，清理文件。中饭后，围棋一局，写左季高信一，甚长。见客五次，清理文件，习字一纸，将昨日所作《劝诫浅语》细细修改，发刻。夜清理文件极多。核改不准洋船拖带民船咨船咨［衍船咨二字］稿。二更四点睡，不能成寐。曾弁值宿。

廿三日（代弟撰挽胡宫保一联）

早饭后，将亲兵营点名一次。旋围棋一局，清理文件，习字一纸，见客甚多。午刻，方欲小睡，学使来，又久谈。中饭后清理文件，围棋一局。城外所拘未完厘金之船中有洋人二名，一名郭思屏，一名伟里斯。通事一名倪均成求一见，余因见之，谕以现行文京中总理通商衙门，与各国公使核议，如民船不应完厘，虽此时业已交银，将来亦必退还，如民船仍应完厘，虽此时将船驰放，将来亦必补交。旋清理文件甚多，至曛时毕。夜倦甚。

姑苏繁华图 山塘春色

温陶诗数十首。睡后，三更略成寐，至四更醒后，彻晓不复成寐。遍身疮痒，愁闷异常。是日接信，知无为州于廿日克复，九弟于廿一日未刻进城。此城一克，可富可强，北岸最为扼要之区，可喜也。夜写沅弟信一，又代弟撰挽胡宫保一联云："少壮剧豪雄，到暮年折节谦虚，但思尽忠补过；东南名将帅，赖先生苦心调护，联为骨肉弟昆。"

廿四日

早饭后围棋一局。旋清理文件，习字一纸，见客三次。将纪泽所纂《说文分韵解字凡例》批数条。写澄侯信一、纪泽信一。张凯章与李少荃来，久谈。许仙屏来，复久谈。中饭后后［衍一后字］，清理文件，围棋一局，仍与仙屏久谈。申酉间清理文件。夜与少荃久谈。二更四点睡，颇成寐。四更醒，五更复成寐。

廿五日

早饭后见客。现以五、十为上衙门之堂期也。旋围棋一局，清理文件，与仙屏晤谈，习字一纸，写九弟信一。中饭后与仙屏晤谈，清理文件，围棋一局，写李辅堂信一，打到百馀件。傍夕，与季弟晤谈。夜与少荃、仙屏晤谈，写李希庵信一，温陶诗一卷。夜睡不甚成寐，四更

廿六日（水陆克复贼之脏腑运漕镇）

早饭后围棋一局。旋清理文件，见客三次，习字一纸。中饭后围棋一局，与仙屏邕谈，见客二次，清理文件，写沅弟信一。疮痒殊甚，愁闷之至。日来天气亢热，疮痒自意中事。本日，风雨作凉，乃亦痛痒不止，颇烦恼也。灯后，得九弟信，知水陆克复运漕镇。此地为南北之枢纽，贼中之脏腑，得之不易，守之尤难，因作信与多礼堂，又写九弟信一，又调淮扬水师赖荣光、阳利见二营，前赴运漕，又调张迁春一陆营前往。睡后，彻夜疮痒，不甚成寐。

廿七日

早饭后围棋一局。旋清理文件，出门至河下拜张凯章。归寓，见客三次，习字一纸。中饭后清理文件，与季弟久谈、仙屏久谈，打到百馀件。傍夕，疮痒殊甚。灯下，与季弟谈至二更三点，余一面写零字百馀个。睡后，三更未成寐，四更成寐，至五更三点始醒，在近日为仅见去。本日，李少荃赠以姚惜抱先生所书草字手卷，书苏公《登径山》诗，中有缺脱。姚君学怀素书，不甚沉着，特字以人重耳。

廿八日（出北门看亲兵营操演）

早饭后，出北门看亲兵营操演，巳刻归。见客二次，清理文件，罔棋一局，习字一纸。中饭后，又围棋一局，清理文件，打到数十件。傍夕温苏诗。夜温古文，高声朗诵。旋季弟来邕谈。日内服百岁酒方，每日三饭，各饮一小杯，凡月馀于兹，而疮痒弥甚。季弟劝余戒服此酒，从明日始断酒矣。夜睡，二、三更不成寐。曾弁值日。四更后颇成寐。

廿九日

早饭后围棋一局。旋清理文件，见客二次，习字一纸。姚秋浦来，久谈。写九弟信一、希庵信。中饭，请秋浦、仙屏等便饭，申初毕。与尚斋围棋一局。旋清理文件，曛黑时毕。温陆诗七绝。夜温《古文·序跋类》。二更三点睡，三、四更均能成寐，殊可喜慰。

卅日（作字悟古人顿挫之法、扑笔之法）

早饭后围棋一局。旋清理文件，见客二次。善后局各员来见。写多礼堂信一。接九弟信，定以四千人守运漕，三千人守无为州，一千五百人守仓头。弟即二十七日出神塘河，将回皖城矣。中饭后围棋一局，清理文件。申正写对联二付、挂屏四幅。因用狼笔写新宣纸，悟古人顿挫之法、扑笔之法，只是笔不入纸，使劲扑下耳。疮痒殊甚，寸心郁闷。与季弟象棋一局。夜温太白诗。旋与仙屏邕谈。睡，三更不成寐，四更略好，五更复醒。瞿弁值日。

附记

志甫回籍，送三十金　要台历

十月

初一日

早饭后，文武员弁贺朔，至辰正始毕。围棋一局，清理文件，习字一纸。万簇轩来，久谈。中饭后围棋一局，未毕，史士良、勒少仲来，久谈。旋九弟自无为州归来，与之邕谈，至二更始散。弟此以九月初二自安庆赴下游，甫一月归来，经历庐江、盛家桥、无为州、运漕等处，水陆程途将两千里，克复一州、一镇、两隘，又布置防守之方，筹饷之法，颇为周详。二更后写零字甚多。睡，自三更至四更五点俱能成寐，盖近日所仅见者。日内应办奏折，应复信件，皆懒于料理。又久未看书，盖天气过短，又不免怠忽耳。作字时，悟京中翰林善写白摺者，相传中有一丝牵贯于行间，作大字亦当知此意味。

初二日（念夷人纵横中原，无以御之，为之忧悸）

早饭后，至九弟寓一叙。旋至西门外熊登武墙子一看。进城，由西门至北门下城，回公

馆。陈虎臣来久谈,九弟来谈,习字一张。是日请客中饭,姚秋浦早来等候,至未正上席,申正散。围棋一局。清理文件甚多,至晡时毕。夜核改告示稿一。守城委员来告,洋人有兵船至小南门外,云要进城面投文书。派戈什哈刘德大去查,知洋船自金陵上来,有英吉利水师提督顾致书于余,言英国商船自汉口赴上海,行至安庆,被此间员弁扰闹,特书通知,速将该商船交来师船署提督亲领交还云云。余令九弟与少荃至梅小岩寓馆查商。据梅言,此是英国带兵官。余因写信复之:前此扣留之民船,既称确系英商船只,准即交还,派委员送出城外河下。睡时,已三更二点矣,四更成寐,五更复醒。念夷人纵横中原,无以御之,为之忧悸。

初三日(闻昨夜英国所来之兵船头目为署提督)

早饭后,将亲兵营点名一次,前哨病假者,至十七人之多,殊不成事。旋九弟来邕谈。昨夜英国所来之兵船,其头目为署提督,名葛肋西。又有一通事,名李华达,即李泰国之弟也,欲进城来求一见,余许之,派巡捕去与之说明。已刻来见,葛肋西坐见,李华达立侍,渠以免冠为礼,以握手为亲。余拱手答之,已正去。旋九弟与李少荃、梅小岩三人至洋船上回拜,未初归。中饭后围棋一局。旋清理文件,至傍夕毕。写官制军信,至二更毕。与季弟邕谈。二更温《古文·诏令类》。四点睡,颇能成寐,四更三点醒,五更复成寐。王弁值日。

附记 秋浦呈数事

颁发捐章,以便填给官阶、实收已办

通饬水师查挐游勇已办

办抚恤员绅注册奖励已详批准

豫字营归朱统领已照办

朱、唐合军出岭朱出唐不出

岑丞加札,提厘买米已办

建字营由山内给饷余告以山内一千,江外二千,建德本县二千

初四日(闻沪有绅民愿助饷项)

早饭后围棋一局。旋习字一纸,清理文件,写澄侯信一件,见客三次。九弟来谈,至中饭后去。围棋一局,见客二次,写毓中丞信一件。清理文件,至晡时毕。夜写零字颇多,与少荃谈公事数件,温杜诗七律。睡不甚成寐。疮痒异常。是日,金匮有知县华翼纶等三人自上海来,言下游望余大兵,情甚迫切,又上海每月可筹饷六十万两之多,并言绅民愿助此间饷项,冀上游之兵早赴江东。

初五日

早饭后围棋一局。旋出门拜客三家,先至万篯轩处,与同至河下拜史士良、勒少仲,又拜马学使,午正归。与九弟邕谈。中饭后,围棋一局,习字一纸,清理文件,至晡时毕。夜接信,知东关之贼已遁。与九弟、少荃批黄翼升禀,令其稳守不战。二更后写零字颇多。是日申刻写对联六付。日内因有应作摺件未了,寸心耿耿,若有所负疚者,遂至诸事不克料理,深有愧于"敏则有功"一语。睡颇成寐。黄弁值日。明日迎接哀诏。夜定一礼节单。

初六日(知寿州为苗沛霖所陷)

早饭后,至寓内北边所设皇殿内迎接遗诏,跪迎于门外。安诏后,行九叩礼;宣读毕,复行九叩礼。礼毕,与学使及司道等叙谈。旋围棋一局,清理文件。出门至河下送九弟回湘,已正归。习字一纸,见客二次,中饭后围棋一局,清理文件颇多。夜又清理文件。二更后,温古赋数篇。睡不能成寐,遍身奇痒异常,实为苦境。是日,九弟临别,深言驭下宜严,治军宜速。余亦深知驭军、驭吏皆莫先于严,特恐明不傍烛,则严不中礼耳。是日接多都护信,知寿州为苗沛霖所陷。

初七日

早饭后围棋一局。旋会客三次,习字一纸,写希庵信一件。接希信,知雪琴已放安徽巡抚,为之欣慰。清理文件。中饭后清理文件极多,至二更始毕,约打到三百件,核稿核批各数

十件。二更温古赋数篇。洗澡一次。睡后,疮痒异常,久不成寐。

初八日(表弟龙三来谈甚久)

早饭后见客一次。旋围棋一局,习字一纸,清理文件。因昨夕疮痒不寐,本日倦甚,不能做事。中饭后围棋一局,清理文件。见客三次,表弟江佑启即龙三来谈甚久,万簏轩、勒少仲先后邕谈甚久,天已曛黑矣。夜清理文件,打到数十件,核稿数件。二更后温陶诗,若有所会。柯小泉钺来,将令其办理书启事件。

初九日(鲍春廷以贵礼贺余生日)

是日恭遇先太夫七十二冥寿,寓中未办祭祀。早饭后围棋一局。旋清理文件,见客三次,习字一纸。中饭后,围棋一局。清理〈文件〉。华翼纶,号笛秋,前自上海来请兵,本日令其作画六幅。写雪琴信一件,专人至上游迎接。鲍春廷来,带礼物十六包,以余生日也。多珍贵之件,将受小帽一顶,馀则全璧耳。夜与仙屏久谈。二更后,温《古文·奏议类》。二更四点睡,颇能成寐,但疮痒异常,殊以为苦。

附记

○报无为州、运漕胜仗一摺

○胡润帅莅绩一摺

○陈心泉署安庆一摺

○宋子久、张伴山父子请恤一摺

○徽州请免办报销一片

○自谢宫衔恩一摺

○代鲍军门谢赐物恩一摺

○沅甫谢黄马褂恩一摺

○代沅、季谢升官恩一摺

○代温弟谢予谥恩一摺

○张、朱、唐等徽州保案一摺

○外江水师及成大吉保案一摺

○鲍军保案一摺

○程迪昌革职一片

○内湖水师、淮扬水师保案一摺

○沅甫回籍招勇一片

○左军保案一摺

初十日(思作字之道,刚健、婀娜缺一不可)

早饭后围棋一局,见客三次,清理文件。闻雪琴昨夜宿黄石矶,本日将到安庆,余出城迎接,至盐河座船等候,数刻不到。前季弟代余买一婢,在座船之傍,因往一看视,体貌颇重厚,特近痴肥。戈什哈杨龙章回言,雪琴尚须下半日乃可到。余仍进城回公馆,习字一纸。探马报雪琴将至矣。余再出城迎接。至中途,则雪琴已登岸,轻装徒步入城,城外迎候者皆不知也。余回公馆,雪琴已在座久矣,与之邕谈。旋同中饭,邀鲍春霆、李申夫、隋龙渊等便饭。饭后,邕谈片刻,围棋一局。写季弟信一件,清理文件,写挂屏三幅、对联一首。夜与雪琴邕谈,又观渠画梅兰二幅。二更尽睡,不成寐,因本日说话太多也。疮痒异常。日内思作字之道,刚健、婀娜二者缺一不可。余既奉欧阳率更、李北海、黄山谷三家,以为刚健之宗,又当参以褚河南、董思向婀娜之致,庶为成体之书。是夜接六安州牧邹笥禀,言苗沛霖破寿州后,不杀翁中丞,且请翁奏明朝廷,表苗党并非叛逆云云。天下事真愈出愈奇矣。

十一日

是日为余五十一生日,因国制未满百日,谢绝诸客。早饭后围棋一局。旋习字一纸,写挂屏十二幅,后六幅写杜诗,颇为称意。余近时作书,以此为合作。因仙屏亟称余书,即以赠

之。中饭后围棋一局，写零字极多。晡时，与柯小泉一谈。接左季高信，内寄祭胡润帅文稿一，情文并茂，殊为杰构。夜与少荃久谈。旋改水陆各军克复无为、运漕等处摺一件，陈心泉补安庆府摺一件，又片二件。三更睡，四更梦澄侯弟大病呕血，惊醒后，旋又梦，如此忧悸异常。是日上半日，阴云晦黯。申酉间，天气开朗。

十二日

早饭后围棋一局。旋清理文件，见客四次。中饭后，围棋一局，又见客四次，杨扑庵、陈虎臣皆谈论甚久。是日本拟为胡润帅茂绩最著另作一摺，因人客不断，终日未尝动手，至夜始起草，作八百馀字，尚未完毕，已三更矣。登床后，因摺稿未成，不能成寐，辗转遂至天明。

十三日（进城至忠义局，归来已曛黑）

早饭后围棋一局。旋将胡润帅茂绩一摺撰毕。巳正改片稿二件。午正改信稿二件。中饭后围棋一局。旋出城拜彭雪琴、史士良二处。进城至忠义局一叙，归来已曛黑矣。夜清理文件颇多。二更末睡，不甚成寐，疮痒异常，竟夕不克安枕，殊以为苦。

附记

湘乡县张令号紫莲，一号少伯

十四日（四更后稍能成寐，在近日为难得者）

早饭后围棋一局，清理文件。旋发报摺三件、片四件，见客四次。写家信，澄侯一件，邓寅皆一件。中饭后围棋一局，清理文件。写挂屏一付。与莫子偲久谈。夜写零字颇多，清理文件。二更后，温《古文·书牍类》。三更睡，四更后稍能成寐，在近日为难得者。

十五日

早饭后见客十馀次，皆文武贺朔［朔字衍］望者。旋习字一纸，清理文件。午正小睡片刻。未正请客便饭，在坐者马学使、吴竹庄、许仙屏、梅小岩、莫子偲，申初散。见客三次，围棋一局。与仙屏邕谈，渠将以明日起行进京也。夜清理文件，二更后温《平原君虞卿传》。仙屏来叙，三更始去。睡不甚成寐。近日之疮，手上渐愈，惟身上未好。

十六日（世之祸变愈大，我之虚誉愈隆，责任愈重）

早饭后围棋一局。旋送仙屏归去，习字一纸，清理文件，见客三次。午刻，江苏上海庞宝生派户部主事钱鼎铭来请兵，携有书函，系庞宝生钟璐、殷谱经兆镛、潘季玉曾玮、顾子山文彬暨杨庆麟潘馥公函。书辞深婉切至，大略谓吴中有可乘之机，而不能持久者三：曰乡团，曰枪船，曰内应是也；有仅完之地，而不能持久者三：曰镇江，曰湖州，曰上海是也；问之，系冯桂芬敬亭手笔。钱君在坐次哭泣，真不异包胥秦庭之请矣。薛中丞亦派厉委员来，皆与久谈。中饭后，围棋一一［衍一一字］局，见客四次，吴竹庄谈最久。写信，希庵一件、季弟一件、黄兰坡一件。写对联五付。与少荃久谈。夜清理文件颇多。日内公事压阁不少。因十一、二日作奏稿未尝治事也。二更，温《古文·词赋类》。睡稍能成寐。是日闻浙江萧山、诸暨、绍兴皆已失定，为之愤惋，杭州殆亦可危。世之祸变愈大，我之虚誉愈隆，责任愈重，实深忧愧。

十七日

早饭后，围棋一局，见客数次，习字一纸，清理文件。中饭后又围棋一局。因公事积阁太多，谢不见客，清理数时，差有头绪。是日辰巳两时，登城查阅一切。灯下，仍阅公文。至二更，诵东坡及温、李七律。三更睡，稍能成寐，五更醒。

十八日（与少荃议运漕防守之法）

早饭后见客七次，李少山、陈心泉、马雨农、梅小岩、李申夫、王柱堂、程太翁。又雪琴来久谈，及至午正方散，已倦甚矣。围棋一局。中饭，请钱君便饭。旋围棋一局，清理文件。申正与少荃议运漕防守之法。夜清理文件，自批陈湜一禀，写多礼堂信一件。连日疮痒，如有芒刺者。本日，开方服归芍地黄汤，而参以吉林参一钱。夜，痒略好，而彻夜仍不成寐。

十九日（见李少荃之门生刘仲良，乃美才也）

早饭后围棋一局，写左季高信、李辅堂信，清理文件，见客六次，鲍春霆、王柱堂、吴竹庄

坐谈颇久。中饭后围棋一局，习字一纸，清理文件，见客一次。刘仲良庶常秉璋，庐江人，李少荃之门生，气象峥嵘，志意沉着，美才也。将进京散馆，来此辞行。清理文件，至酉初止。〈与〉少荃商救援江苏之法，因钱苕甫鼎铭来此请兵，情词深痛，不得不思有以应之也。夜清理文件，至二更毕。前十二、三、四数日积压之件，清厘已完，而本日新事，尚有未了者。二更后温《古文·传志类下》。睡后，颇能成寐，或服地黄之故耶？

廿日（吴竹庄来请募兵六千，余未许）

早饭后围棋一局，旋见客二次，清理文件。吴竹庄来久谈，渠请募兵六千，赴江苏上海一带救援，盖因钱苕甫求兵甚切也。余以新兵恐难得力，未许。午刻，雪琴来，嘱代改摺稿，因即为核改定。习字一纸。中饭后，围棋一局。接陈舫仙禀，知运漕于十三、十四、十五水陆接仗获胜，即将来禀批发，又加派淮扬水师阳见利一营，雪琴亦派陈发翔一营前往。清理文件颇多。酉正写对联三付。酉初，陈虎臣来，久坐。夜清理文件。二更后，阅《古文·奏议类》。睡颇成寐，四更末醒。身上虽痒，而不似前此之若有芒刺者，殆服药有验耳。是日巳刻，出外拜刘仲良一次。

附记

遵保道府一摺

○保留李粮道一片

改安庆仍为省城一摺

○调周笏甫六人一片

○覆奏朱镇不能赴衢一摺

○柯小泉之母请旌一片

○派万、李署司道一摺

○刘芳贵讼案一片

○左寺堂自行奏事一摺会江西抚衔

廿一日（钱苕甫来声泪俱下，叩头乞师）

早饭后清理文件，围棋一局，习字一纸。钱苕甫来，久谈，语次声泪俱下，叩头乞师，情词哀迫，余愧无以应之。见客数次。清理文件。黄麓西将湘潭东征局自去年八月起至本年七月止收支数目开清册，细心查阅一遍，中饭后查毕。作信稿复麓西，言渠清册与省城清摺不符，黄南坡五月一禀与八月一禀又不符云云，申刻毕。清理文件，写对联数付。傍夕至少荃处一谈。夜清理文件，二更毕。温古文董仲舒《贤良策》。睡不甚成寐，疮痒殊甚。

廿二日

早饭后围棋一局，清理文件，习字一纸，见客四次，雪琴坐颇久。中饭后，周笏甫来，坐极久。清理文件，至傍夕毕。至少荃处。与钱苕甫久谈，渠请兵甚切，余以非二月不能筹出一支兵速赴上海。夜改谢恩摺稿二件。又代九弟作谢摺，尚未完毕。睡稍成寐，四更末醒。

廿三日

早饭后，作温弟予谥谢摺一件，代九弟作谢摺毕，围棋一局，见客四次，代作鲍春霆谢赏搬指等物恩一摺，未毕。中饭后，周笏甫来畅谈甚久。旋将春霆摺作毕。久不作四六，兹连改五摺，遂觉劳甚。写对联六对，颇为称意。笏甫移入公馆来住，因与久谈。夜清理文件。二更后，温苏诗。睡不成寐。连日服药，身上奇痒略愈，而不能安寝如故。

廿四日（韩正国为余订一女为妾）

早饭后清理文件。写家信，澄沅一件、夫人一件。前季弟买一詹姓女子，初十日在船一见，未有成议。旋韩正国在外访一陈姓女子，湖北人，订纳为余妾，约本日接入公馆。申刻接人。貌尚庄重。习字一纸。中饭后，陈妾入室行礼。旋清理文件甚多。酉刻，与锼甫畅谈。笏甫颇习夷务，所言亦晓畅事理。核改信稿数件。夜清理文件，写零字颇多，写扇一柄。

附记

刘昭文号琴肪　谢宝缪号立夫
谭钟麟号文卿　黄锡彤号晓岱
龚显章号云浦

廿五日（悟《书谱》稍得王大令之法）

早饭后见客三次，衙门堂期也。旋与黎寿民围棋一局，雪琴来久谈。文又石新授江西臬司，将赴江西，自湖北来，久谈。中饭后，写周子佩信一件，又核改信稿五件，清理文件。曹西垣自长沙来，久坐。至发甫处，与之罳谈。习字一纸。夜写零字颇多。悟孙过庭《书谱》稍得王大令之法。二更三点睡，稍能成寐。近日常彻夜不寐，本夜犹心气凝定耳。

廿六日（刘霞仙以三品顶戴署理四川布政使）

早饭后见客二次。李眉生、穆海航自湖北来，罳谈。巳正出城，拜文又石、廉舫、雪琴中丞，午正归。江南五母舅来，年六十八岁，越两千里来此，喜精神尚健。中饭后见客四次，清理文件，习字一纸。阅京报，知刘霞仙以三品顶戴署理四川布政使。至李少荃、周发甫二处罳谈。夜清理文件。又至发甫处一谈。二更三点锤，稍得成寐。

廿七日早饭后清理文件，围棋一局。午刻雪琴来，与之久谈。旋在位假寐片刻。是日，请文又石中饭，雪琴、少荃、篪轩同饭。饭后清理文件，见客二次。酉刻，与发甫暨华世兄久谈，略论乐律之不可不通，以其与文章、兵事相为表里。夜习零字颇多。温《诗》《七月》《鸱鸮》《东山》《文王》《大明》《绵》等篇。二更三点睡，略能成寐，或二日服生地之效。

廿八日

早饭后与黎寿民围棋一局，清理文件，见客一次，至发甫处叙谈。巳刻莫子偲来，又与[至]发甫处久谈。又见客二次，黄家驹、陈虎臣。中饭后见客二次，洪琴西坐最久。申正清理文件，写挂屏六幅、扁四付。夜清理文件极多。二更三点睡，略能成寐。是日午正，习字一纸。坐次确睡。即有成寐之意。或日内服生地之功耶？

廿九日

早饭后围棋一局。旋见客二次，清理文件。至罳[发]甫处罳谈。中饭请客，发甫及李眉生、曹西垣等，申正散。清理文件，至夜二更方毕。傍夕写挂屏三幅，与少荃一叙，二更后温《古文·奏议类》。

十一月

初一日（温《贤良策》）

早饭后，见客甚多，坐见者五起，立见者二十馀起，皆贺望[望字衍]朔者，巳刻毕。清理文件，习字一纸。中饭后，围棋一局，与周发甫久谈，洪琴西来罳谈，申正去。清理文件，至傍夕毕。夜与发甫谈。旋温《贤良策》第三首《尚德缓刑书》。二更三点睡，颇能成寐，至五更醒。

初二日（余意欲令分闱考试）

早饭后清理文件。旋出门拜李眉生、穆海航、曹西垣，又至子弹局、火药局一看，又至北城看贡院基址。向来安徽与江苏合闱乡试，既有长江之险，难于远行，又以号舍之少，难于录遗，故上江深以乡试为苦。余意欲令上下分闱考试，故于五月奏折内略一及之。本日，看定北门、东门之间可为贡院基址，惜高下不甚平耳。午刻三刻归。雪琴来，久坐。未刻中饭后，围棋一局，清理文件，见客一次。申刻后，陈心泉、李芋仙来久谈。傍夕清理文件，至二更止。温《诗经》《正月》《十月之交》等篇。三点睡，颇能成寐。或是发甫开方，服生地之效。四更末醒，不复成寐矣。

初三日

是日恭逢先妣江太夫人冥诞，办祭席，黎明行礼。余向在营中从未办家中祭祀，此次因江南五舅母言，特叩冥寿，故治具行九叩礼，旋母舅行礼，敬答拜而已。早饭后清理文件，写希庵信一件，见客四次，雪琴在此久坐，习字一纸。中饭时，请黄冠伯、李芋仙、洪琴西便饭。饭后，清理文件。吴竹庄来，久谈。申正，写挂屏三幅。傍夕，与少荃久谈。夜至勷甫处久谈，清理文件，二更二点温《孟子》数章。睡略成寐，四更末醒。

清代起居注

初四日

早饭后见客二次，清理文件。旋出门至城外送雪琴之行，雪琴则已移营，先赴下游矣。已正归。方子白、张廉卿来，久坐。中饭后清理文件，见客二次。写家信，季洪一件，澄、沅一件，夫人一件。写对联十付，中有娄云庆求书二付，粗为称意。傍夕，至洪琴西处一坐，方子白处一坐。夜清理文件，至勷甫处一坐。二更四点睡，不甚成寐。

初五日（余癣疾多年，故在血热）

早饭后见客三次，以衙门堂期也。旋又见客二次，吴竹庄坐颇久。毕保厘，湖北蕲水人，庚申庶常，将进京散馆，来此一见。清理文件。午刻至勷甫处一谈，莫子偲、李眉生、穆海航均在坐。中饭后围棋一局。旋清理文件。写扁对数事、挂屏二幅，每幅百馀字。夜再至勷甫处一谈。勷甫为余看脉，言癣疾多年，其故在血热，其风邪入气化之中，不宜服温补之品，宜服滋阴凉血之剂，参茸俱不宜服，惟珍珠当有效验云云。温《孟子》数章。二更三点睡，三、四更颇成寐，五更醒。是日接家信，十月十六所发，澄弟一件、纪泽一件、夫人一件。

初六日

早饭后围棋一局，清理文件，见客二次，至勷甫处一坐，习字一纸。阅《瀛寰志略》中南洋、越南、暹罗、缅甸、南掌诸国，南洋诸岛。中饭后，清理文件。陈虎臣来，久坐。因约洪琴西亦来晤谈，申正三刻去。写挂屏二幅，未毕，已曛黑矣。至少荃处一叙。夜清理文件，二更毕。温《诗经》《正月》《十月之交》《雨无正》《小旻》《小宛》《小弁》《巧言》诸篇，若有所会者。日内作书，思偃笔多用之于横，抽笔多用之于竖。竖法宜努、抽并用，横法宜勒、偃并用；又首贵有俊拔之气，后贵有自然之势。又养生之道，当于"眠、食"二字悉心体验。食即平日饭菜，但食之甘美，即胜于珍药矣。眠亦不在多寝，但实得神凝梦甜，即片刻，亦足摄生矣。又思治世之道，专以致贤养民为本。其风气之正与否，则丝豪皆推本于一己之身与心，一举一动，一语一默，人皆化之，以成风气。故为人上者，专重修养，以下之效之者速而且广也。

初七日（闻三河之贼已遁，为之欣慰）

早饭后围棋一局。旋请李眉生来晤谈，又见客三次。午刻，洪琴西来晤谈。未刻，请毕东屏、程伯敷、方子白、张廉卿等便饭。习字一纸。饭后，清理文件，至勷甫处久谈。写挂屏一幅。傍夕，与少荃谈，闻三河之贼已遁，为之欣慰。夜清理文件甚多，至二更二点毕。写零字数纸。下身痒甚，愁恼之至。睡后，尤奇痒异常，几至通夕不能成寐。

初八日（与友论古文之法全在"气"字）

早饭后与勷甫围棋一局。因遍身作痒，不耐治事，又观勷甫与程颖芝围棋三局，尚斋之父也。张廉卿来，与之论古文之法，全在气字上用工夫。陈心泉来谈贡院事，廉卿未初去。中饭后与勷甫围棋一局，写毛寄云信一件，毕东屏来久坐。傍夕清理文件，至夜二更毕。朗诵七律诗数十首。睡后，痒不止。因本日未甚用心，不至如昨日之奇痒耳。

初九日（谈修己治人之道）

早饭后,曹西垣来久坐。陈虎臣来,吴竹庄来,并有事商谈。清理文件,习字一纸,核改摺稿二件。中饭,将左季高援浙摺改毕。与㳅甫围棋一局,写对联数付。傍夕至少荃处邑谈。午刻,写雪琴信一件。夜清理文件颇多,至二更二点毕。三点后睡,不甚成寐。而遍身之痒略愈,盖本日服㳅甫之方药,皆生地、连翘、防风等苦凉之品,或足以医血热之症也。是日与虎臣谈修己治人之道,止勤于邦,俭于家,言忠信,行笃敬四语,终身用之,有不能尽,不在多,亦不在深。二更后,与㳅甫邑谈近世贤者,如林文忠、周文忠、邓嶰筠之属,平日学行、襟怀甚悉。日内作书,常有长进,盖以每日临摹不间断之故。接季弟信,知沅弟于廿八日自长沙起行归矣。

初十日

早饭后见客三次,衙门堂期也。旋又见客二次。出门拜客二家,午初归。见客二次。中饭后,习字一纸,见客二次,写挂屏四幅,与张廉卿谈古文,围棋一局。傍夕至少荃处久谈。夜清理文件。二更三点睡,三更四点颇能成寐,至五更始醒,在近日为甘寝矣。㳅甫所开方中,有黄连,或清心热也。本日写季弟信二件、姚秋浦信一件。

十一日

早饭后见客三次,围棋一局,清理文件。午刻,洪琴西来,因留此便饭,至申初去。清理文件,傍夕毕。夜改信稿八件。二更后,温《孟子》,熟读"孔子登东山章",若有所会。睡会,稍能成寐。是日写多礼堂信一件。夜写零字甚多。

十二日(㳅甫为余制丸药治癣)

早饭后围棋一局。旋见客三次,清理文件,习字一纸。至㳅甫处邑谈。中饭后,清理文件,写扁对数件。傍夕,写左季高信一件。夜核摺稿一件、信稿二件,将营委员应保者略定一单。二更后,温《诗经》《小雅》、"变雅"诸篇。睡不甚成寐。遍身奇痒,深以为苦,较之道光二十五、六年初起癣疾之时,其苦似倍。㳅甫为余制丸药,方有珍珠、麝香等物,本夜服十丸。南五舅父自枞阳归,本日至公馆。

十三日(夜闻王福波物故)

早饭后与㳅甫围棋一局。旋清理文件。见客一次,与陈心泉言,目下以稽查奸细为第一义,免致贼警之日,周章失措;又言一省风气系于督抚、司道及首府数人,此外官绅皆随风气为转移者也。㳅甫将赴上海催饷,禀辞邑谈,余勉之以维持风教,勿自菲薄,引顾亭林《日知录》"匹夫之贱,与有责焉"一节以勖之。方子白、张廉卿来,谈文甚久。中饭后清理文件,与黎寿民围棋一局。核改信稿八件,至更初毕。清理文件颇多,二更二点毕。写陈舫仙信一件,因渠丁艰,请假回籍,强慰留之。睡后,颇能成寐,四更二点方醒,五更又成寐,在近日为甘寝矣。夜闻王福波物故。王名敬恩,丁酉举人,祁门训导,在余幕办书启年徐矣。是日未刻习字一纸。

十四日

早饭后清理文件,与黎寿民围棋一局。旋习字一纸,至方子白、张廉卿处久坐。接奉廷寄四件,皆十月十六、十八、廿日在京所发者。中有谕旨一道,饬余兼办浙江军务,江苏、安徽、江西、浙江四省巡抚,皆归节制。权太重,位太高,虚望太隆,悚惶之至。又钞示奏片一件,不知何人所奏。中有云,载垣等明正典刑,人心欣悦云云。骇悉赞襄政务怡亲王等俱已正法,不知是何日事,又不知犯何罪,戾罹此大戮也!写家信,澄、沅一件,甚长,季弟一件。中饭后,毕东屏来辞行,久坐。少荃来,道京城政本之地,不知近有他变否,为之悚仄忧皇。写对联数付。傍夕,至少荃、小泉处一谈。夜,清理文件,核改摺稿一件。三更睡,稍稍成寐,四更二点醒。思陆放翁谓得寿如得富贵,初不知其所以然,便跻高年。余近浪得虚名,亦不知其所以然,便获美誉。古之得虚名,而值时艰者,往往不克保其终。思此,不胜大惧。将具奏折,辞谢大权,不敢节制四省,恐蹈覆悚负乘之咎也。

十五日

早,各员弁贺望,至巳刻止。清理文件,与方子白、张廉卿久谈。午刻出门,至王福波处吊丧。渠在余处办书启将近一年,昨一病不起,家无人照料丧事,故往吊之。旋至忠义局一叙,午正三刻归。洪琴西来,久坐至申刻。余写对联挂屏数幅。少荃亦来,余对客挥毫,至晡时毕。夜清理文件,至二更毕,核对所写各摺件,将以明日拜发,昨日,所奉廷寄八件、谕旨二件,事理重大,细绎一遍,另写目录,以备省记。二更四点至上房,温古文一篇。三更一点睡,五更痒甚,不复成寐矣。

十六日(坐视浙事糜烂莫助,愧负之至)

早饭后清理文件,至方子白、张廉卿处一坐。拜发奏报,计摺六件、片四件、保举二案,凡三单。写左季高信一件,习字一纸,会客一次。中饭后围棋一局。写希庵信一件,写挂屏四幅,与少荃邕谈。傍夕又至少荃、尚斋处一谈。灯后清理文件,至二更毕。倦甚,目光眵昏,不能作字看书,走寻方子白一谈。三点睡,不能成寐。彻夜大雨至晓。念鲍军不能拔营进剿宁国,稍分浙贼之势,左军亦难成行。浙事糜烂,外无救援,殆无幸矣。余奉命兼办浙江军务,坐视其阽危而莫之救,愧负之至。日内与张廉卿屡谈,渠学问又已大进,而余志学廿年,至今豪无进步,髦已及矣。是夜,写郭意城信一件。

十七日(服皇太后英断,为自古帝王所仅见)

早饭后围棋一局。旋清理文件,习字一纸,至方子白、张廉卿处邕谈。写官制军信一件,甚长,中饭后毕。又围棋一局,写季高信一件。是日,雨竟日不止,天不甚寒冷,而气象愁惨。念浙江群贼丛集,为之忧灼。清理文件,至酉正毕。少荃来,与之邕谈。因本日见阎丹初与李申夫书,有云赞襄政务王大臣八人中,载垣、端华、肃顺并拿问,馀五人逐出枢垣,服皇太后之英断,为自古帝王所仅见,相与钦悚久之。夜写零字甚多,温刘向"奏议"数篇。二更三点睡,不甚成寐。疮癣奇痒,不可耐,几于身无完肤,良以为苦。

十八日(闻宁波未失,杭州已解围)

早饭后围棋一局。旋清理文件。方子白、张廉卿来,久谈。习字一纸,曹光汉、陈虎臣先后便衣来,坐颇久。中饭,写左季高信一件、多礼堂信一件。清理文件,至酉初毕。旋至方子白、张廉卿处一坐。夜核改信稿数件,温"奏议类"四篇。《邹阳狱中上梁王书》,千古传诵,余究不知其深处。太史公以邹阳与鲁仲连并列,余亦不知其所以相合之故。是日接左季高信,言浙江宁波未失,杭州解围,为之少慰。巳午间下雪,夜寒甚。自三更至五更初,颇能成寐。旋梦魇,醒后不复成寐。

十九日

早饭后围棋一局。旋清理文件,习字一纸。见客二次,莫子偲久坐。自写改无谕旨一道发刻,又写功牌发刻。中饭后,清理文件,写扁一、对联数付。酉刻至少荃处久谈。夜写零楷字颇多,二更温《奏议类》三篇。三点睡,不甚成寐。癣痒殊甚,搔落白发极多,五更二点醒。是夜,作函谕纪泽儿,即交潘文质带去,派潘送江五母舅归家也。

廿日

早饭后见客三次。旋清理文件,习字一纸。出城送江母舅上船,归,至中丞公馆。明日冬至,拜牌设幄次于此也。巳正归。钱调甫来,久坐,至方子白、张廉卿处一叙。中饭后,清理文件。倦极,思睡。阅《说文斠诠》"马部""鹿部""犬部"。至床上小睡。灯后,写雪琴信一件,因本日奉到廷寄二件、谕旨一件,廷寄中言苗沛霖事,饬恭录知照雪琴也。二更后,温《古文·奏议类》中三篇。三点后爬痒,至四点即已成寐,至四更末始醒。盖极痒之时强忍之,停手不爬,忍之须臾,即得甘寝矣。是日,瑞雪封瓦,约二寸许。

廿一日

早,五更三点起,至公馆拜牌,学政及善后局诸君先到,礼毕,即黎明矣。归寓后,文稿,久而不就。写家信与澄、沅二弟。午正,武员弁来贺冬者极多。巳正应酬毕,至少荃处少叙。又见客三次。中饭后清理文件,习字一纸,至廉卿处少叙。夜温《治安策》。二更三点睡,不甚成寐。本日冬至，天气晴明，或主明年贼氛少减。

廿二日

早饭后清理文件。接廷寄一道，仍为苗沛霖事，末及金安清事，因至少荃处，请其作复奏查王薛金一摺。与黎寿民围棋一局。接九弟在长沙所发信，及郭意城、黄南坡等信。张仲远寄周发甫一信，余拆阅，内言京师近事，皇太后垂帘听政，以恭亲王为议政王，拏问载垣、端华、肃顺等三人，肃顺斩决，载垣、端华赐自尽，穆荫发军台，景寿、杜翰、匡源、祜瀛革职。另用桂良、周祖培、宝鋆、曹毓瑛为军机大臣，始知前日廷寄中所钞摺片中语之端末矣，因与幕中诸人邂论时事。旋请莫子偲、方子白、张廉卿、洪琴西、李眉仙、穆海杭等中饭，至申初散。申正清理文件。傍夕，少荃来，邂谈。夜写零字颇多，温《古文·奏议类》二篇。二更三点睡，三更三点尚未成寐，爬搔不止，四更稍成寐。

廿三日（余复奏不能兼统浙江军务）

早饭后清理文件，曹西垣来久坐。至张廉卿处久坐，渠将以今日回家也。旋见客三次。核改摺稿一件，复奏余不能兼统浙江军务，请饬左京堂专办浙事，至酉刻改毕。夜，核改查办江浙各大员劣迹一摺，未及改毕。睡后，颇能甘寝，仅搔痒一次，五更二点始醒。

廿四日

早饭后清理文件，见客四次。核改摺洪琴西来久谈，未正去。改摺稿，至傍夕始毕。夜作一片稿，约五百馀字，二更三点毕。四点睡，不甚成寐，三更三点后酣寝，五更醒。二日因作摺，将公事抛荒未断。古人有兼人之材，余不特不能兼人，亦一日兼治数事，尚有未逮甚矣，余之钝也。

廿五日（鼎湖龙去，遗剑依然，昌胜感怆）

早饭后见客二次，清理文件。兵部火票递到恭理丧仪五大臣咨文，大行皇帝颁赏遗念衣物。木箱一个，内冠一顶，系红丝结顶，青狐腋袍一件，表一件，玉搬指一件，中镂空，止刻"嘉庆御用"四字。木箱外用牛皮包一层，毡包一层，内用毡一层。犹记道光三十年二月初十日在出入贤良门外颁赏宣宗成皇帝遗念衣物，诸王、大臣皆得赏件，余得春绸大衫一件、玉佩一件。当时群臣在桥南叩头谢恩，或言遗念衣物，大内赐出者，太监多以赝物易之，真御用之物，不可多得。此次所赐衣冠殆真为文宗显皇帝御用之件，不似太监所易赝物。鼎湖龙去，遗剑依然，昌胜感怆！设

清乾隆　紫砂双螭福寿水丞

案恭陈，望阙叩谢。旋与程尚斋、柯小泉等议参奏江浙一案是否平允，斟酌久之。又作片稿，调常州六人。又细核昨夜片稿，令洪琴西缮写，以其宜密也。与少荃久谈。中饭后习字一纸，清理文件颇多。傍夕发报摺二件、片三件。夜清理文件，至二更一点毕，皆三日内所积阁者也。旋温《古文·论著类》。阅胜克斋奏请皇太后垂帘听政，请于近支宗室王中派人辅政，皆识时之至言。

廿六日

早饭后围棋一局。旋清理文件，见客三次，习字一纸。至少荃处久谈。李眉生新搬来寓，与之邂叙。剃头一次。中饭后，清理文件。酉初，李眉生来久谈，至更初去。温《古〈文〉

·奏议类》数首。二更三点睡。是夜不甚作痒,略能成寐。接希庵信,寄奏稿一件、告示一件,皆气盛言宜,可佩可喜。

廿七日

早饭后围棋一局。旋清理文件,见客二次。写信,希庵一件,颇长。习字一纸。未初,请眉生与少荃、尚斋、小泉诸君便饭,申初散。清理文件。酉初,贺宏勋带浏阳精于古乐者邱庆籥等六人来。邱系谷士先生之子;六人者,皆承谷士之教,讲求古乐。带来乐器,琴一、瑟一、凤箫一、洞箫一、匏一、埙一、篪一、笙一。因令奏乐,以鼓节之。音节清雅,穆然令人想三代之盛。古昔圣王修己治人之术,其精者全存乎乐,而后世之独缺者,乃首在乐。余因古人治宾之道,作诗之法,皆与音乐相通,而懵然不知,深以为耻。思寻访谷士先生之徒党,相与讲求一二。故招集六人者自浏阳来皖。儿子纪泽粗晓音律,明年当令其承营,究心兹事。更初散去。清理文件颇多。二更后,温古文《贾山》《赵充国》数首。三更睡,三点成寐,五更醒。

廿八日(沅甫言鼎三侄面上有青筋,颇悬系)

早饭后清理文件。旋核改信稿十馀件,习字一纸。陈心泉来久坐,马学使来,任星元来,并久谈。中饭后,洪琴西来久谈,写对联、挂屏十饭件。傍夕至少荃处一谈。夜清理文件。二更,温《古文·奏议类》,苏东坡《上皇帝书》。三更二点成寐,五更醒。是日接家信,十一月初六所发,澄弟一件、沅弟一件、夫人一件、纪泽一件。沅甫信言鼎三侄面上有青筋,殊为悬系。午刻,阅九江寄来探报,知宁波于十一月初九日失守,浙事殆不可为。又寄至京钞,知载垣、端华、肃顺孥问之案,许彭寿奏请查办党援。谕旨将陈孚恩、黄宗汉革职,永不叙用,刘昆、成琦、德克津泰、富绩革职,阅之悚畏。

廿九日(商调带勇赴江苏事件)

早饭后围棋一局。旋清理文件。万篪轩来,久坐。又见客二次,习字一纸。中饭后围棋一局,清理文件,写雪琴信一件,至少荃处久谈。遍身奇痒,甚不耐烦。傍夕,洪琴西来。灯后,少荃来谈,商调陈俊臣带勇赴江苏事件。二更倦甚,不能做事。因鲍春霆为转运事,寸心为之郁屈。

十二月

初一日

早,各文武员弁贺朔,凡见客十馀次,已初毕。出外拜客,至甘子大、马雨农处,午初归。雪琴自下游芜湖等处归来,邕叙。旋习字一纸。中饭,请子大与杨朴庵、高蕙生、李师实便饭,申正方散。已倦甚,不能做事矣。与少荃、眉生等邕谈。夜清理文件颇多。二更三点,与少荃议江苏添兵事宜。五点睡,不能成寐。腿上癣痒殊甚,用竹搔摩,少愈。是日接沅弟信,不愿往上海,恐归他人调遣,不能尽合机宜,从违两难。

初二日

早饭后清理文件,围棋一局。旋见客六次,雪琴与陈心泉谈最久。中饭后又屡见客,应酬甚疲。朱定藩自上海回,细问沪上情形。阅上海各信件,内有季君梅信,寄《仙九先生年谱》一本、《感遇录》一本、《外集》二本,律赋与试帖也。请余为墓志铭,系季师临终遗嘱。咸丰九年,季师寄余信,亦以墓志为托。阅各书,倦甚。傍夕至少荃处一谈。夜,清理文件。二更后,疮痒殊甚,深以为苦。三更睡、四更后又极痒,不可耐。夜写左寄高信一件、汪瀚信一件。

初三日(夜闻上海解银数万,殊慰)

早饭后清理文件。出门至河下拜雪琴。旋至西门看厘卡,并周视卡外长壕。归寓,已午初矣。见客二次。中饭后清理文件。雪琴来,久谈。申刻,又清理新到文件,灯后始毕。旋

写陈舫仙信一件。二更后，温《书·无逸》及《古文·奏议类》数篇。是日午正改信稿数件。傍夕接信，严州另股贼偷越，忽窜入屯溪，恐直犯婺源、景德镇，忧灼无已。夜闻上海抚藩解来银六万两，团练局搭解银一万，殊为可感。

初四日（与琴西言风俗移人）

早饭后会客三次。旋清理文件，写家信，澄、沅两弟一件，沅弟密信一件。写未毕，雪琴来，久谈。中饭后，洪琴西来谈。旋将沅信写毕。又写夫人信一件，是日寄家信，件数极多，另开一单，亲自检点包封，申刻发。与程颖芝太翁围棋二局。旋清理文件。莫子偲、洪琴西来谈。夜，灯后，琴西复来，与之言风俗移人，凡人才皆随风气而转移，虽贤者不能自拔于风尚之外。因言余老，无能有所树立，但不欲开坏风气，导天下以恶习耳。旋清理文件颇多，至二更四点毕。睡后，四更成寐。是日接奉廷寄二道，一因陈玉章、王履谦奏绍兴失守，饬催左宗棠进兵，一因宋晋奏，饬筹五省会剿。

初五日

早饭后见客二次，衙门期也。接廷寄一件，因王履谦奏绍兴失守，革职拏问，交余查办。出门至城外看六营合操，巳正归。清理文件。雪琴来久谈，因与至少荃处一叙。中饭后，甘子大、隋龙渊来，观渠二人围棋一局，叙又与甘一局。申刻阅各外来信甚多。酉刻，代雪琴核改摺稿。夜清理文件极多。三更睡。不甚成寐。

初六日（日内思家运太隆，恐物极必衰）

早饭后清理文件，见客二次，核改信稿。与程颖芝围棋二局，又见甘子大与程二局，写信与雪琴。中饭后，见客一次。清理文件，至傍夕毕。与少荃、眉生诸人畅谈。夜再清文件，中有批护九江关蔡道之案，沉吟久之而后下笔，二更后毕。倦甚。温陶诗，似有所得。三更睡，癣痒殊甚，爬落白皮极多。日内思家运太隆，虚名太大，物极必衰，理有固然，为之悚皇无已。读陶诗《饮酒》诸篇，为之心折。

初七日（夜念万民困杭州，弥深愧负）

早饭后清理文件。旋见客四次。有翰林院庶吉士范鸿谟，杭州人，自上海来此，为浙请兵，述及杭城被围四十馀日，与各路水息不通。十一月初七日，王雪轩中丞有信出城，言杭城六十万人无米可食，已饿毙三万人，请薛中丞代为陈奏，一日有米，一日坚守，米尽则亡云云，实为耳不忍闻。习字一纸。中饭后，写信与左季高，催其进兵援浙。见客二次，申正清理文件。傍夕，洪琴西来，久谈。清理文件，至二更毕。温陶诗《饮酒》诸篇。夜念浙中浩劫，去年死人十三万之多，今年围困杭城中者多至六十万人，生灵何辜，降此大戾？天欲杀之，则如勿生。忧伤之至，弥深愧负！

初八日

早饭后清理文件，见客一次。旋与甘子大围棋一局，又观甘与程颖芝围棋一局。见客二次。核改信稿。复江苏绅士庞宝生等公函。请范庶常、钱调甫等便饭。饭后，再改信稿三件。傍夕与少荃等畅谈。夜清理文件，二更毕。阅《津逮秘书》中东坡题跋一种。三点睡，颇能成寐。癣不甚痒，在近日为仅见者。

初九日

早饭后清理文件。旋见客二次，又甘子大来畅谈。习字一纸。核改乔鹤侪信稿，至未刻毕。中饭后清理文件。接袁午桥、毛寄云等信，均极有关系者。傍夕至少荃处畅谈。夜清理文件，二更毕。温苏诗。倦甚，早睡，颇能成寐。戈什哈自徽州回，闻老湘营不甚得力，为之焦灼。幸已借民间之米二千石，搬入城内，或足以资固守。

初十日

早饭后见客三次。旋清理文件，汤小秋世兄来，马学使来久坐，习字一纸。中饭后写作梅信，又写郭意城信，灯上始毕。接江军门书，中有浙江告急帛书二封：一、王中丞十一月廿二日所发，但有"鹄俟大援"数字，盖用关防；一、水师参将黄忠十一月廿五日所发。余将原

帛书寄左帅处，自写一信催之，二更尽发。又接唐桂生信，徽州三面被围，独西门尚可通接济云云，为之忧灼无已。清理文件，至二更四点毕。念浙江、徽州事急如此，而鲍春霆在青阳，闻来拒之赃亦复不少，实深焦虑。

十一日（徽州危急，南城差已为贼占据）

早饭后清理文件。旋至少荃、眉生处一叙。与程颖芝围棋一局，又观程与甘子大围棋一局。雪琴来久叙，首县来少叙。习字一纸。请雪琴便中饭。饭后，送之至少荃处久坐。清理文件，至更初始毕，写阎丹初信一。温杜诗五律数十首，若有所会。是日观姚秋浦与李少荃信，知徽州郡城危急，南城差已为贼占据，忧危之至，绕室彷徨，恐皖南、江西自此多故矣。

十二日（闻浙省饿死三万馀人）

早饭后清理文件。旋见客二次，罗少村来，久坐，谈李希庵在湖北颇多掣肘。上海委员张德解银三万来。接周弢甫信，知杭州省城于十一月廿八日失守，王中丞殉节。浙省自九月廿六日被围，王中丞即登陴固守。城中兵民六十万人，十一月初已饿死三万馀人，乃效死弗去，内变不生，延至廿八日，乃以食尽而破。坚守之功，浩劫之惨，闻之伤心酸鼻。旋至少荃处邕谈。写信与左季翁。中饭后清理文件，至夜二更三点方毕。早睡，不甚成寐。念浙中贼多如故，徽州又危急如此，天意茫茫，莫知所届，忧皇无已！是夕，接廷寄二件，十一月十二日所发。又系[接]廷寄一件、谕旨三道，系十一月十一日所发，因余十月十四日发摺批回也。

十三日

早饭后清理文件。至眉生处，请渠与申夫写信，邀尹杏农来此作奏。旋见客三次，清理文件。午刻，万簏轩、罗少村来，先后久坐。洪琴西久坐。申刻，核改毛寄云信稿，又自写三叶。傍夕至少荃处一谈。夜清理文件颇多，二更三点毕。读杜诗五言律，若有所得。左腿癣痒，抓烂后又痛甚，行坐不便，至以为苦。睡不甚成寐，时有呻吟之声。

十四日（将皇帝遗件寄家）

早饭后清理文件。旋见客二次，写家信，澄、沅一件，纪泽一件。将所分文宗显皇帝遗念衣冠、扳指、表四件，用黄木箱盛寄家，派赵清益以东征局提饷之便送至家。改信稿三件。午正与甘子大围棋一局。中饭后闻徽州老湘营于初八日获一胜仗，为之少慰。清理文件，至傍夕毕。夜写季弟信一，写李希庵信一。倦甚。又以癣痒之故，寸心郁郁。十一月廿四日送信回家，至今未还营，甚为悬系。

十五日

早饭后，文武员弁贺望者十馀起，至巳正方毕。旋清理文件，核改摺稿。午初倦甚，小睡。摺差张镇湘、余长贵自京回，七月廿八遣去者也。李芋仙写信至宝名堂买廿四史，该贾仅寄《唐书》一套作样书，将银四百扣留，而全书却未带来，可恶可恨。又赍回坐名救书一道，即设香案望阙叩头祗领。申夫来，久谈。中饭后，核改摺稿二件，至二更毕。清理文件。二更四点睡。本日腹泻二次，因服周弢甫所寄丸药中有牛黄也。巳刻接九弟家信一次，未刻又接家信一次，内澄弟一、沅弟一、夫人一件，附黄纸刻疏式，纪泽一件。是日大雪，约四寸许。

十六日（与友论皖南军事）

早饭后清理文件。旋改浙江失守自请议处摺稿。见客四次。中饭后，洪琴西来邕谈。写周弢甫信、彭雪琴信。中饭后，核改信稿，写对联五付。与少荃、尚斋等论皖南军情。夜清理文件，二更毕。温杜公五律。接家信，澄侯二件，纪泽一件。睡，三更登床，不成寐，四更稍成寐，五更腹泻。

十七日（今接登极喜诏）

早饭后清理文件。隋龙渊来商放饷事，余议以五万发无为、运漕各营，以三万发鲍军各营，以一万发内江水师，以一万发淮扬水师，下留三万馀，分发城内务及徽、休买米之用。今冬过年，竟不甚艰窘，亦初念所不料者也。见客四次。派张葆至上海押解何根云。前督进

京,面嘱一切。午刻倦甚,小睡。请勒少仲、甘子大、魏召亭、罗少村便饭,申初散。围棋一局,清理文件。夜清理文件,二更毕。写雪琴信。是日申刻发报摺二件、片一件,附雪琴摺一件。酉刻接廷寄二件,又接登极喜诏。睡,颇能成寐。四更腹泻。

十八日

早饭后清理文件。旋见客三次,写官帅信一,至少荃处久谈,寄雪琴零信二次,洪琴西来邲谈。中饭后发报二摺、三片,清理文件,至万寿宫一阅,将以明早行接诏礼。雪琴来,与之邲谈至夜。清理文件,至二更毕。睡后,三更成寐,四更起腹泻,五更不成寐。因明早行礼,常常思念也。

十九日

清康熙　青花花卉纹碟

黎明,与雪琴同至万寿宫迎接喜诏,辰初归寓。饭后,与雪琴、少荃等邲谈,巳初,雪琴归去。旋见客二次,写左季高信。中饭后清理文件。阅章学诚《校雠通义》,深惬余心。申正与李眉生、洪琴西邲谈至曛黑。夜阅《文史通义》,清理文件。三更睡,三点起腹泻一次,四更成寐,五更起腹泻一次。是日天气寒甚,若不胜者。接左季高信,渠派四千人救援徽州,约二十四、五可到,为之少慰。

廿日(受腹泄之苦)

早饭后清理文件。因腹泻,困甚。见客三次。午初封印行礼。又见客二次。陈雪庐与洪琴西坐颇久。中饭后,腹中坠重如常,欲泄,及就厕则又不能痛快,不知丸药中有牛黄而致此与?抑腹中自有积滞,须一宣泄与?将公事停搁,置之不办。至少荃、眉生处邲谈。傍夕见客二次。夜阅《文史通义》。腹中重坠,因与尚斋围棋一局。二更四点睡,三更三点腹泻一次,四更成寐,五更二点醒。

廿一日

早饭后,因腹胀有病,不见客,亦不治事。与程颖芝围棋二局,与少荃、眉生等蒐谈,王明山来少叙。冯竹渔自广东购寄千里镜二具,在楼上试验,果为精绝,看半里许之人物如在户庭咫尺之间。其铜铁、树木等,一经洋人琢磨成器,遂亦精曜夺目。因思天下凡物加倍磨治,皆能变换本质,别生精彩,何况人之于学?但能日新又新,百倍其功,一何患不变化气质,超凡入圣?余志学有年,而因循悠忽,回思十五年前之志识,今依然故我也,为之悚惕无已。中饭后腹胀,仍不能治事。与李眉生、莫子偲、洪琴西等邲谈。申刻清理文件。酉刻见客,吴贞阶久谈。夜清理文件,至二更毕。三点睡,三、四更皆得酣睡,在近日最为难得者。是日早间腹泄二次,有血,有似痢疾。未刻一次,无之。灯初一次,更好。五更一次,水泄极多,幸不甚困惫耳。是日接奉廷寄二件、谕旨一件,系余十一月十六日发报奉到批回同来者。

廿二日(交谈中因语出讥讽过激,退而悔之)

早饭后清理文件。旋至眉生处邲谈。见客四次,李笔峰改名龙璋,周荇农均来久谈。中饭后,勒少仲、杨朴庵来,谈颇(久)。清理文件约六刻许。莫子偲、穆海航来看病,邲谈,语次有讥讽祁春浦,过于激励,退而悔之。夜,清理文件甚多,二更毕。腹胀,不复能作事。三更睡,即成寐,至五更一点方睡[醒],在近年未尝得此甘寝也。腹泻之病已止,癣痒亦略愈。是日接家信,澄、沅各一件,纪泽一件,系在县城所发。

廿三日

早饭后清理文件,见客二次,写左季高信一件。旋出门拜客四家,午正归。与少荃、尚斋等邲谈。中饭后见客一次,清理文件颇多。傍夕与程伯敷等谈。夜清理文件,核改信稿八件。二更后,温《老子》上经。

廿四日（温诵苏诗有声出金石之乐）

早饭后清理文件。写家信，澄、沅一件，夫人一件。见客三次。中饭后清理文件，核改信稿八件。夜清理文件，打到甚多，至二更二点毕。温《古文·奏议类》陆宣公二首。是日酉刻温苏诗，朗诵颇久，有声出金石之乐。因思古人文章，所以与天地不敝者，实赖气以昌之，声以永之，故读书不能求之声气二者之间，徒糟魄耳。

廿五日（周荇农买字画皆赝物）

早饭后，堂期见客三次。旋清理文件，写希庵信一件。申夫来久坐，罄谈，午正去。徐子苓毅甫来外坐，未初去。调周荇农、陶仲瑜便饭，申末方散，倦甚。夜至眉生处，阅周荇农所买赵松雪字三种、画一种，皆赝物也，审视久之，未见其可。清理文件至二更四点毕，而本日所到之文，尚未打到。夜写李芋仙信一件。

廿六日

早饭后清理文件，写左季高信一。接朱云岩信。知十九日潜口获一胜仗。廿二日万安街一仗，几濒于危，唐桂生不往救应，尤为可恶。因与少荃、尚斋等久论徽事，深以为虑。核改信稿二件。出门至河干拜周荇农，并看盐河横濠，午正归。中饭后清理文件，改信稿三件。傍夕，至梅生处一谈。夜清理文件颇多，至二更四点毕。睡颇成寐。

廿七日

早饭后清理文件，批唐桂生禀，严责之。至李眉生处罄叙。写刘印渠、蒋芗泉信。见客二次。中饭后，至少荃、眉生〈处〉罄谈。清理文件。接奉廷寄一道、谕旨一道，系因十一月廿五日之摺奉到批回同来者。与少荃罄叙下游事宜。雪大异常，手寒墨冻，不能做事。因背诵苏诗数十首，声调铿锵，自以为适。夜清理文件毕。复诵各家七律。睡后癣痒，不能成寐。

廿八日

早饭后，拟赴黄皮夹彭雪琴水营，两月前所约定也。因雪大深，竟不能去，一面写信告知，一面与少荃、眉生约定，派人至城外踩看路径。申夫来，毅然不顾单骑，冒雪独去。余与少荃等遂不能成行也。写鲍春霆信一件、王柱堂信一件。清理文件。雪大手寒，竟日围炉。中饭后清理文件约一时许。至少荃、眉生处罄谈。雪大迥异寻常，成丰五年腊尾在南康舟次，雪厚类此，而不如今年之骤满也。房中炉火太大，两眼皆红，癣亦奇痒。夜间不能做事，因小睡片时。二更后，风弥紧，雪弥盛，念徽州军营之苦，忧灼无已。

廿九日（闻外饥民甚多，思所以赈之）

早起出房，雪封，无路可出。饭后至少荃、眉生处，亦无路可行。清理文件。已刻至眉生处久谈。与柯小泉围棋一局。午初，申夫自黄皮夹归，匹马驰骤于雪深三尺之中，殊不可及。陈虎臣来，久谈。言外间饥民甚多，思所以赈之。因令各营煮饭，从除日起放赈。徐毅甫子苓来，议庐州内应之事，谈甚久。中饭后，清理文件。隋龙渊来小坐。傍夕，至眉生处久〈谈〉。夜清理文件，更初毕。雪亦止矣。凡三日两夜，至是始停。平地深逾三尺，山阿及人家天井则四、五尺不等，十年来所未见也。阅《文选·杂拟》。古人措辞之深秀，实非唐以后人所可及。特气有骞骞骏迈者，亦有不尽然者，或不免为辞所累耳。若以颜、谢、鲍、谢之辞而运之以子云、退之之气，岂不更可贵哉！癣痒殊甚，彻夜不甚成寐，深以为苦。

卅日（商定放赈之法）

早饭后，雪止开霁。见客三次。传团总七人、忠义局七人、营官六人，商定放赈之法。分作城内七团、城外三团，除日每人一碗饭，元日每人一碗饭、一百钱，初二日每人一碗饭。派人分投放散。与柯小泉围棋一局。午刻剃头一次。雪琴来，与之罄叙。旋小睡片刻。请幕府诸君中饭，申正散。旋见客七、八次，皆辞岁者。傍夕与雪琴罄谈，批朱云岩小禀，又与雪琴谈。二更三点睡，不甚成寐。

卷十二　同治元年

正月

初一日（养生之要莫大于眠与食）

早起，赴万寿宫拜牌，辰初行礼毕，归公馆，各文武来贺。辰正早饭。饭毕，又见客数次。早间大雾，辰刻放晴，巳初阴，巳正定晴。出外贺年，未初归公馆。天寒，至各处小坐。酉刻清理文件，雪琴来久谈。夜核改信稿，复江军门信一件。二更温《古文·奏议类》。三更睡，癣痒，竟夕爬搔，不能成寐。念养生之道莫大于眠食，眠不必甘寝鼾睡而后为佳，但能淡然无欲，旷然无累，闭目存神，虽不成寐，亦尚足以摄生。余多年不获美睡。当于此加之意而已。

初二日

早请客，先吃饭一碗。旋至眉生处小坐。辰正客来，即雪琴、少荃、子偲、海航、梅生诸人，巳正散。与柯小泉围棋一局，周荇农来久谈，清理文件。午旋与李眉生谈诗，极佩杜牧之之俊伟。未正至万籁轩处赴席。籁轩已病，少荃、申夫代为东家。筵宴过盛，灯后方散，归来倦甚。方子白来久谈。写零字颇多。二更后温《古文·奏议类》。傍夕，摺差王廷贵归来，即八月廿七日遣递恭慰大孝一摺者也。夜登床，癣痒殊甚，三更后成寐。是日为酒食所困。余向来每日三饭，皆有一定时刻，本日失时，便尔大不适矣。

附记

李朝斌　喻俊明　任星元　丁泗滨

初三日（是日拟赴黄陂夹为雪琴贺年）

是日拟赴黄陂夹为雪琴贺年。早饭后，雪琴来面订，渠即先归。余约少荃、申夫、眉生同去。辰正起行，至东门外，积雪甚厚，无路可行，轿夫苦之。行五里许，即有大堤，堤上雪为风扫去，易于行，走二十里至黄陂夹。雪琴款接殷勤，供张甚盛。未初中饭。饭后，雪琴与申夫、少荃等出外拜各营官，余在家少睡，与眉生晤叙。傍夕与雪琴诸人谈，夜亦晤谈。二更后阅《古文·奏议类》。睡后，左腿爬破，痛甚，彻夜不甚成寐。

初四日（徽休两军已在岩寺街获胜）

早起，与雪琴谈。旋少荃、申夫等皆起。早饭后至雪琴幕府，与诸友谈。从舢板拜各营官，换坐长龙回家。午初至安庆公馆，见客三次。写家信一封。中饭后清理文件，接信，知徽休两军于廿六日在岩寺街获胜，粮路已通，为之欣慰。清理文件。申正，季弟自枞阳来贺年。渠于初二启程，中途搁浅，风雪苦寒，三日始到，谈至一更四点，二更清理文件。三点毕。睡后，彻夜不能成寐，而癣不甚痒。

初五日

早饭后见客三次，衙门期也。旋至眉生处谈，与少荃、虎臣等晤谈。午初清理文件。中饭办席，与季弟同饮。与柯小泉围棋一局。见客数次。与季弟晤谈。申正清理文件。傍夕少荃来晤谈。一更四点后，清理文件。二更三点睡。癣痒，不甚成寐。是日接奉廷寄二道、

谕旨一道,沈幼丹放江西巡抚,李辅堂放江西藩司。

初六日

早饭后清理文件。勒少仲来小叙,洪琴西来久谈,陈虎臣、徐毅甫来,均久坐。改信稿三件。中饭后与少荃,眉生邕谈,清理文件。外出拜客数家,酉刻归。寒冷异常,懒于治事。夜清理文件,至二更二点未毕。温《古文·奏议类》。日来癣痒异常,遍身若有芒刺者然,数夜不能成寐。本日尤不耐烦,因服脾汤一帖,睡后竟能酣睡,至五更方醒,近数月所未尝有也。傍夕接左季高信,知刘克庵廿六日大获胜仗,在济岭、大鱅岭一带。

初七日

早饭后清理文件。旋至眉生处小坐,与筱泉围棋一局。见客四次,又洪琴西来谈一次,并带其友人吴绍烈缵先等来见。写文任吾、周寿山信,又写左季高信,申正写毕。清理文件。见客二次。傍夕至眉生处久谈。夜清理文件,至二更三点止,尚未完毕。睡后,三更癣痒殊甚,四理乃得甘寝。

初八日(与眉生论看地图之法)

是日为先祖星冈公冥诞,与季弟同备祭席行礼。饭后清理文件。与柯小泉围棋一局。与眉生论看地图之法。旋见客二次,又坐见者十馀起。午正出城,至河下拜客,在周荇农处久坐。未初至马学使处赴席,申正归。改摺稿一件,未毕。夜改一摺一片,三更毕。睡颇成寐,五更醒,癣不甚痒。

初九日

早饭后核改一摺二片,又自作近日军情片稿一件。见客五次。午正至李眉生处小坐。与程颖芝围棋一局,又观程与柯竹泉围棋一局,中饭,请程柯二君及杨朴庵、吴缵先、洪琴西便饭,申初散。写对联、挂屏七件。李芋仙来久谈。傍夕接廷寄三件、谕旨一件,知彭雪琴开皖抚缺,以兵部侍郎候补,希庵调皖抚,严渭春调鄂抚,郑元善升河南抚。夜改摺稿一件,二更毕。清理文件,至三更止,尚未完毕。睡后,久不成寐。四更略成寐,五更复醒。

初十日(接部文,颁到令箭等物)

早饭后见客三次,衙门五十堂期也,旋又见他客四次,义观察泰暨洪琴西谈稍久。午正发报三摺、四片。中饭后阅看公牍,渴睡昏昏。至眉生处,与莫子偲久谈。旋与季弟一谈。文件甚多,懒于清理。身若有病,不甚耐烦。傍夕与少荃一谈。夜不愿治事,与季站闲谈,写零字太多,倒床小睡。二更三点睡,三更成寐。本日文件概未清理。前二日因办摺奏,亦尚有未毕者,合之三日,积压不少矣。是日申刻接部文,颁到令箭十二支、令旗十二面、箭壶一个,架子一个、王命旗十道,缨杆俱全,牌十面,旗牌均有令字。清汉文旗,以蓝缯为之,方二尺许,缯粗与夏布无异。旗杆用小竹、油殊为之,下有铁脚,上有油纸帽缀缨,均极草减,盖近来官物类偷窳矣。令箭长五尺许,令旗黄缎为之,上用泥金写"江南钦差大臣、兵部尚书衔、两江总督"字样,上有黄绸方套一个、画龙黄油布套一个,略精整,不似王命旗之偷减。

十一日(批江西布政详停止摊捐一案)

辰起作恶,急欲呕吐,强忍得止,因不食早饭,亦不治事。饭后,季弟归去。绕室散步逍遥。辰正至眉生处一谈,与小泉围棋一局。旋清理文件,见客四次,写郭筠仙、意诚信。中饭吃素饭,全不吃菜,幸不果呕。饭后散步良久。申刻清理文件,至傍夕尚未毕。灯后,写零字数十。旋批江西布政详停止摊捐一案,头绪繁多,悉心研核,至三更批毕。余欲办戒州县不可取民财,须令州县有为善之乐,故必尽革摊捐之款,使州县旷然无累,而后可与之更新。此案到已一月,迟回审慎,今始批定。

十二日(阅上海地图,水道太多,殊难清晰)

早饭后清理文件,见客四次。旋至眉生处小坐,与柯筱泉围棋一局。写左季高信一件。中饭后见客甚多,立见者七八次,坐见者二次。清理文件。毛寄云中丞所寄筠仙拟内江洋税章程摺稿,细阅数遍,不甚了了。傍夕又与少荃、尚斋等邕谈。夜清理文件,至一更四点粗

毕。倦甚,小睡。二更后阅上海地图,水道太多,殊难清晰。三点睡,不甚成寐,三更三点渐得甘寝。是日仍未食油荤。酉刻,接沅弟腊月十五日来信。

十三日

早饭后见客五次,申夫与吴缵先谈较久。旋清理文件,至眉生处,与筱泉围棋一局。中饭后见客三次,清理文件。傍夕至少荃处久谈。夜饭后又作呕吐,吐出清水数十口,作恶久之。惟在室中散步,逍遥至一更五点。清理文件,二更四点止,尚未完毕。睡不甚成寐。

十四日

早饭后见客三次。清理文件,写家信、沅甫一件、纪泽一件。泽儿寄会合诗一首来,颇有意境,因批圈寄回。信中属其熟读魏晋六朝中曹、阮、陶、谢、鲍、谢六家暨唐宋金朝李、杜、韩、白、苏、黄、陆、元八家之诗。与柯小泉围棋一局。中饭后写季弟信一,又写希庵信一。见客一次,与少荃等谈。清理文件。酉正,任祖父自京回,阅京报四十四本,多新政,颇慰人望。又至少荃、尚斋处晤谈。夜清理文件至二更二点止,温杜诗数十首,三点睡,颇成寐。五更后醒,不复成寐矣。

十五日(自省余近日颇安逸,恐晚辈效之)

早,各员弁贺望贺节,见客纷纷,至巳正未毕。雪琴亦自黄陵夹前来应酬,至午初止。倦甚,不复能见客,小睡片刻。清理文件。中饭后又见客二次。新到公牍甚多,略一翻阅,不能竟理。旋写扁、对联、条幅,至傍夕毕。浏阳诸生邱庆籀等来此,令吹笙笛等为乐,余与莫子偲、李申夫、眉生、穆海航等听之。月色如昼,万里无云,与客细论时事,不知今年果有转机否,二更散。阅《说文》虫部,蚰、蟲等部。四点睡,颇能成寐,五更醒。日内,思余近颇安逸,未尝点名、看操、查墙子,尽心于训练之事,又未尝阅生书,温经史,即书牍公文亦积压不少,深用自愧。又有室家之乐,不似往岁之躬尝艰苦,恐上行下效。风气日坏矣。

十六日

早饭后见客五次。有新任宁国府知府刘传棋自京来,庚戌庶常散馆,为刑部秋审处提调,坐谈稍久。至李眉生处久谈。与柯小泉围棋一局。清理文件。中饭后核改信稿约三十件,至傍夕毕。与尚斋论人才,条理清晰者,往往心地不甚质实。夜清理文件,至二更四点止,日内积压之件减去少一半。睡颇能成寐。近来每三四更得甘寝,五更乃醒,癣痒亦略愈。

十七日(余蒙恩任两江总督协办大学士)

早饭后清理文件。辰正至李眉生处晤谈。巳初接奉谕旨九道、廷寄一件。余以正月初一蒙恩,以两江总督协办大学士。沅弟以正月初四日蒙恩,补授浙江按察使。无功无能,忝窃至此,实深渐惧。道喜之客甚多,直至未初,应酬粗毕。中饭后出城送周荇农之行,旋至东门看新葺之敬敷书院,酉初归寓。清理文件。傍夕与李眉生、方子白晤谈。夜清理文件,至三更止。睡不甚成寐。日内盼望上海信息殷忧迫切,不知何以久无确音。

十八日(沪绅函问洋人与长毛交战事)

早饭后清理文件。旋至眉生处晤谈。与筱与筱泉围棋一局。见客十余次。潘馥自上海来,携有吴晓帆、潘季玉信函,问及洋人与长毛交战事,叙谈良久。赵惠甫自湖北来,亦与久谈。中饭后写左季高信一件,核改信稿数件。见客七八次,周荇农、李勉亭谈颇久。写沅弟信一件。傍夕与少荃、眉生等一淡。夜清理文件。李辅堂信中手摺十余条,逐一批发,三更尚未完毕。睡后,三更三点成寐,五更初醒,癣痒少愈。

十九日

早饭后清理文件。旋加信四处,各一二片。辰初三刻开印行礼。礼毕,寓内文武来贺,外客皆辞谢。旋至眉生处晤谈,与小泉围棋一局。出门拜客一家。归,雪琴来久叙。午正小睡。未初请客,学使与司道数人便饭,雪琴亦在坐,申正散。倦甚,不能做事。酉正,与眉生、伯符、尚斋、小泉诸人议余得协办应否辞让,商酌良久。夜清理文件。旋改复奏江浙军务摺稿,至三更毕。是日申正西初,写对联条幅八件、扁二付。夜不能成寐,似因用心太过之故。

廿日

早饭后见客三次，衙门期也。旋清理文件，改徽州战事摺稿，又青阳战事片稿。午正，洪琴西来鬯谈，观余午饭。饭后，改信稿三个。申刻少荃来，鬯谈一时许。余亦至眉生等处，详论应否疏辞协办之命，众议以为宜受协办，而坚辞节制四省之权，不可同时并辞，近于矫情钓誉，灯时定计。夜作谢恩一件，又作密片一件，三更毕。睡不成寐，似因用心太过之故。

廿一日（定夺买洋船一只）

早饭后清理文件。旋至眉生处，与筱泉围棋，尚未终局，接周弢甫信，买洋船一只，湾泊城下，欲余登船阅看定夺。其价已议定五万五千金。

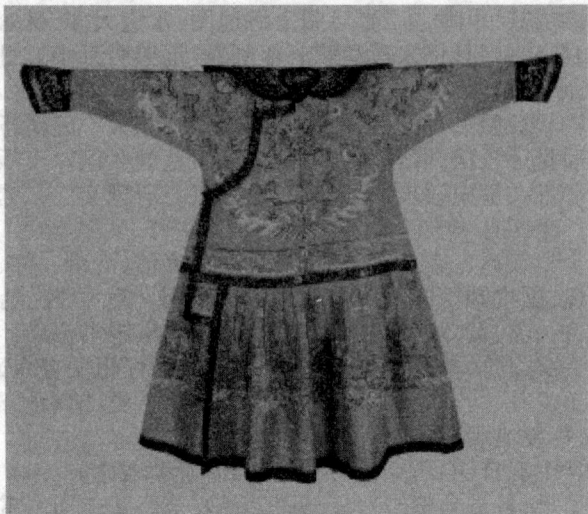

清黄纱纳彩云龙男朝袍

一委员朱筱山别驾押坐来皖，因与朱同登舟一看，无一物不工致。其用火激水转轮之处，仓促不能得其要领。少荃、申夫、眉生等亦均往阅看。午初归，倦甚，小睡。未初请客，潘馥、刘传祺等便饭，申初三刻散去。摺弁杨龙章自京师回，查阅京信。清理文件。与眉生、小泉等鬯谈一次，又与尚斋论徽州平籴米一次。夜清理文件，至二更三点粗毕，而连日所到地方公牍，多未打到。睡颇能成寐。

廿二日（闻沪借洋兵助守事）

早饭后清理文件。旋至眉生处小坐，与筱泉围棋一局。作夹片，言上海借洋兵助守事。见客二次，刘养素自江西来，坐颇久。中饭后见客二次，蒋嘉械，号纯卿，系余请来作摺奏者，坐颇久。清理文件。剃头一次。倦甚，傍夕小睡。夜阅杜牧之诗，写零字颇多。积压之件懒漫不欲清厘。是日西刻发报三摺、三片、一清单，中有谢恩摺，行九叩首礼拜发。夜接奉廷寄一件。

廿三日

早饭后清理文件。见客三次。写倭艮峰信一件、吴竹如信一件。与柯小泉围棋一局。中饭后清理文件，见客二次，陈虎臣谈稍久，改信稿二件。傍夕与柯小泉、李眉生等商明日出题试书院甄别，因令幕府各拟一题，余择其一。写挂屏八幅。夜温《庄子》《胠箧》《达生》等篇。二更三点睡，甚能成寐，亦可喜也。

廿四日

早饭后写家信，澄弟一件、夫人一件。因报喜者索钱甚多，寄银百两。旋出门至杨朴庵处小坐。旋至忠义局观考试。敬敷书院举贡生监均准予考，四书题《古之贤士，何独不然，乐其道而忘人之势》，诗题《翰墨场中老伏波》。与首府陈心泉约点名后，在彼少候，而余到时，渠不少候，殊为恼怒。旋出城至李少荃处道喜，渠本日新移居营盘也。又至河下拜刘养素、蒋纯卿，午初归。至李眉生处小坐。清理文件，雪琴来久谈。中饭后习字一纸，见客二次。莫邵亭来，因同至眉生处，鬯谈约一时许，灯后归。程伯敷出示洪稚存《上成亲王书》，即嘉庆己未获咎发遣新疆者。当时直声震于天下，今观之，亦无甚触忌讳之处。夜清理文件，至二更四点毕。是日早，接奉廷寄，催令迅速奏事，知两宫皇太后盼望奏报，殷拳迫切，读之且感且悚。

廿五日

　　早饭后见客三次，衙门期也。首府陈心泉，恶其失信，未与相见。旋至眉生处小叙。陈虎臣、洪琴西、钱调甫、杨朴庵等四次会晤，皆叙谈良久，已未初矣。请刘养素、蒋莼卿等便饭，申正散。倦甚，不能做事，复至眉生处。天气北风严寒。夜清理文件，写零字甚多。阅长江通商章程十二条，通共章程五条，不甚了了。清理文件。温元遗山诗。三更睡，颇能成寐。陈妾日内患病，本日服药略愈。

　　廿六日（作书复毛寄云论夷税事件）

　　早饭后清理文件。旋见客四次，万簏轩坐颇久。与柯小泉围棋一局。中饭后作书复毛寄云，论夷税事件。写扁二件。将毛信稿细酌，至三更始行作毕，共约二千字。是日午刻，定刻门牌之式、团册之式，颇为用心。下半日稽核夷务，尤费钻索之功。用心太过，夜睡不能成寐。是日接奉廷寄一件。

　　廿七日（谕令余进攻金陵）

　　早饭后清理文件。因昨日用心太过，不敢办事。少荃来久谈，旋与同至柯小泉处一谈。会客二次。旋与尚斋围棋一局。午刻写希庵信一，核改信稿二件。中饭后倦甚，小睡。旋写对联八付。傍夕阅工匠修葺屋宇。夜清理文件，二更后温杜牧之律诗。三点后睡，酣眠至五更方醒，深以为慰。近日积压公牍甚多，又各处请代作谢恩摺者，至八起之多，未能核改。又应行复奏之摺数件，未能起草。昨日偶尔用心太过，本日已昏倦，不能治事。精神之疲弱如此，责任之艰大如彼，殆无不颠踬之理，实深焦灼，不知何术可补救一二也。是日接奉廷寄一件，系因江浦、浦口克复，饬令进攻金陵。

　　廿八日（观长夫所修葺之客馆）

　　早饭后清理文件。旋至眉生处小坐，与柯小泉围棋一局。见客五次。将日内所到部文打到。中饭后又打到百馀件，夜又打到百馀件，尚未完毕。下半日见客三次，习字一纸。二更倦甚，即在位次小睡。三点后至上房。疥癣殊甚，手上诸疮作疼，颇以为苦。睡后，尚能成寐。是日酉刻至外一行，观长夫所修葺之客馆。傍夕接家信，系正月初五六澄弟等寄来者。

　　廿九日

　　早饭后清理文件。旋至眉生处，与筱泉围棋一局。习字一纸，见客五次，刘养素坐颇久。午正程颖芝来，与围棋〈一〉局。中饭后见客三次，丁日昌坐稍久。手上诸疮作疼，懒于治事。清理文件，至傍夕毕。夜倦甚，倒床小睡。二更后阅白香山诗。旋清理文件，三点毕。睡颇能成寐。是日接奉廷寄一件，系正月十八日所发者。

　　卅日

　　早饭后清理文件。旋见客四次。写左季高信一件。与眉生邕谈。与筱泉围棋一局。作复奏折，至灯初毕，约千七百字。旋清理文件，朗吟韩诗数十首。二更三点睡，因本日用心太过，彻夜不能成寐。

二月

　　初一日（季弟请余准其立大营）

　　早间，各文武贺朔，至巳正方毕。与柯筱泉围棋一局。蒋莼卿搬入公馆。少荃来，邕叙一切。午正因说话太多，倦甚。清理文件，清理文件［衍清理文件］。午饭后，又见客三次。寓内修葺东北厅屋三间，余签押房将移于此，频往看视，亦因神怠不能治事。故聊尔消摇也。责任艰大，才智不称，精力日疲，可忧之至。夜清理文件。季弟信，言收降卒三千，请立大营，踌躇久之，不敢定计。公牍中所刻余官衔，字数太多，因删去十四字，令其另刻。戏题一绝云："官儿尽大有何荣？字数太多看不清。删去几条重刻过，留将他日写铭旌。"温韩诗十馀首。二更三点睡，酣眠至五更方醒，美睡也。

初二日

早饭后清理文件。至眉生处邕谈。与筱泉围棋一局。写官制军信一件。万簌轩来久谈，与之面定厘卡坐支章程。中饭后清理文件，写季弟信一件。旋写扁一方，写对联八付，戏仿近人陈曼生笔意。写毕，与眉生论古人作字之法，至灯时散。夜清理文件，二更毕。喉痛似有微热，因高声诵《诗经》各篇。三点睡，至四更三点方醒。近日每得美睡，虽两臂两手疮痛，而亦忘之，岂身体日佳耶？

初三日

早饭后清理文件。旋至眉生处谈。与筱泉围棋一局。见客一次，万簌轩、李申夫本日始履任，来谢也。巳正杨朴庵来。前考书院卷，请朴庵代为阅看，至是始阅毕送来，因与同阅数卷，评定甲乙，令人写榜，未初写毕。留朴庵在此便饭。饭后，喉痛殊甚。至眉生处小叙，仍尔不怿。申正登床竟睡，至暝方起，喉痛略愈。夜清理文件。写姚秋浦信一件。二更后喉痛，不能做事。三点睡，颇能成寐，至五更一点方醒。是日辰刻，行接诏礼，三跪九叩，因昨夜接奉十二月初八日上文宗显皇帝尊谥诏书也。午刻接奉廷寄一件。

初四日（鲍春霆放浙江提督）

早饭后清理文件。旋写家信一封。与柯小泉围棋一局。出门拜客，万簌轩、李申夫两处道贺，至城外李少荃营，又至韩正国营、程学启营、李济元营、滕嗣林营，归寓已未初矣。中饭后喉痛，请潘姓医视。旋至上房小睡，喉痛不止。见客一次，赵惠甫坐颇久。酉刻后静坐，不作一事，喉痛略愈。夜清理文件，至二更二点毕。温杜诗五律，久读"用拙存吾道"二章。三点睡，甚能成寐。是日接信，鲍春霆放浙江提督，又知沅弟正月廿三日已至省城矣。

初五日（得谕旨屡次褒嘉，读之悚惧）

早饭后清理文件。见客二次，衙门期也。旋至眉生处，与筱泉围棋一局。接奉廷寄一件、谕旨六件，系因余正月十日发报批回，而原摺竟未接到，殊不可解。谕旨屡次褒嘉，读之悚惧异常。写许仙屏信一件，约千馀字。中饭后核改摺稿三件，检点明日摺差进京应备诸物，清理文件，至晡时毕。夜核改信稿四件，清理文件，至二更毕。温杜诗五律。上床时，右脚疮疼殊甚，呻吟不止。三更成寐，黎明方醒。本日喉痛已愈，服归脾汤一帖。

初六日（闻刘军已拔营，遂手批止之）

早饭后拜发题本，即登极贺表也。旋清理文件，写周子佩信一封，派曹恒德进京。接奉廷寄一件、谕旨二件，即昨日应接之批摺，乃知军机处分作两日发还矣。与筱泉围棋一局。见客三次。清理文件。中饭后接张胜禄禀，言望城冈地太敞，河太窄，不便扎营。闻刘连捷已于初四日拔营，心以为忧，因手批止之，不知赶得及否，焦灼之至，恐沅弟将到未到之际而营中疏失也。清理文件，皆地方事，连日积压未画到者，至二更三点止，尚未完毕。夜写季弟信一件。是日巳刻核改谢恩摺二件。

初七日

早饭后清理文件。右脚偶尔疼痛，屈伸不能自由。至李眉生处久坐。旋见客四次。陈庆长系江苏候补知府，由浙江省城贼中逃出来，谈最久。写左季高信一件。中饭后，闻左左[衍一左字]调张樨园军，分二千人扎马金街，心以为虑。又写张凯章信一件。洪琴西来久坐。至眉生处久坐，与筱泉围棋一局。旋清理文件。夜复清理良久，至二更毕。接奉廷寄一件，催沅甫弟赴上海。睡甚能成寐。上床至四更方醒，五更又酣寝矣。老境中忽多美睡，岂顽健耶？抑昏惰耶？

初八日

早饭后清理文件。旋见客四次，雪琴来谈颇久。与柯筱泉围棋一局。凯章自湘乡来，与之久谈，即留在公馆住。清理各谢恩摺共八件，校对一过，初十日将专差进京。清理文件，习字一纸。中饭后，与眉生、莼卿等一谈。与凯章久谈。清理文件。夜写信，沈幼丹一件、李辅堂一件，写零字颇多，温古文二首。睡后，三更成寐，将明乃醒。接季弟信，知李与吾陆兵于

初二日获一胜仗。

初九日（出城至厘金局接李希庵）

早饭后清理文件。旋见客五次，周寿山来久坐，罗少村、陈虎臣、刘养素坐亦久。午初出城接李希庵中丞，在厘金局等候甚久，申初始到。旋进城同至余寓，因与凯章、少荃同席，傍夕散。夜与希庵谈至三更，希即在余公馆内住宿。睡后，不甚成寐，似因说话太多之故。

初十日

早饭后拜发万寿摺。希庵与我同行三跪九叩礼。此次摺差共赍谢恩摺八个，又万寿摺六个，余一、希庵一、雪琴一、马学使一、鲍军门江军门各一也。旋见客二次。巳刻出门拜希庵，午刻归。见客二次。中饭后至李眉生处谈，与筱泉围棋一局。略清文件，不暇细看，盖将改摺稿也。写零字颇多。倦甚，小睡。天气转寒，大风震瓦。夜改摺稿二件，二更三点毕。清理文件，三更睡。

十一日（清理积压公事）

早饭后清理文件。旋改摺稿一、片稿一。与柯小泉围棋一局。巳正，希庵来闳谈，至酉初方止。余因说话太多，倦甚，因在室中散步逍遥。夜清理文件。三日之内积压之事已多，至二更四点尚未完毕。睡不甚成寐。

十二日

早饭后清理文件。旋以忠义局第六案一摺，请陈虎臣来帮同校对。校毕，发报二摺、三片、一单。见客五次，又立见者六次。至李眉生处小坐。习字一纸。倦甚小睡。中饭，请养素、张凯章。饭后，至眉生处坐。陈作梅来，旋希庵来久坐，至夜二更始去。清理文件。三更睡。昨日春雪，本日阴寒，至未刻始晴霁矣。

十三日（悟作字之道，全以笔阵为主）

早饭后清理文件。习字一纸。与柯小泉围棋一局。见客五次。阅《文献通考·兵考》一卷。雪琴来久谈，未初来，申初去。希庵来闳谈。申正，雪琴复来，共谈至一更四点始散。清理文件，温苏诗数首。本日渴睡殊甚，午正昏昏睡去，二更复思睡，倒床乃不甚成寐。前日写一篇，本日悬挂，乃甚不称意，盖三字中，两字作竖势，一字作横势，不能自成一律也。因悟作字之道，全以笔阵为主，若直以取势，横以出力，当少胜矣。

十四日

早饭后写家信一件、官中堂信一件。旋出门拜客，至希庵处久坐，又至马学使、李少荃处，至谷米局看湖北协济之谷，每石掀簸，得八斗八七升不等，午正归。见客二次。中饭后，与筱泉围棋一局，清理文件。申刻写对联十馀付。傍夕，陈作梅来谈，至二更方散。写袁午桥信一件，约八百字。三更睡，不甚成寐。日内应复之信，经幕友具稿者，久未核定，废阁甚多，殊以为愧。

十五日

黎明，九弟自家来营。各文武贺望，兼九弟初到，应酬纷纷，直到午刻少息。核改信稿四件。中饭后，与九弟久谈。写左季高信。见客二次，赵惠甫坐颇久，希庵来久坐。写唐义渠、阎丹初信一。陪希庵谈至二更方散，又与沅弟谈至二更四点。睡不甚成寐。近日疮癣少愈，不甚痛痒，不知何故，岂湿气已尽除耶？

十六日

早起，与九弟闳谈。饭后见客七次，围棋一局，核改信稿三件。中饭后清理文件。写信，季弟一、雪琴一、多礼堂一片。剃头一次。王甥冠圭兴韶来久坐。灯后，九弟归，闳炎至三更止。睡不甚成寐。日内因希庵、沅弟新到，应酬较繁，说话甚多，公事多废阁不办。

十七日（与九弟言老庄自然之趣）

早起，与九弟谈。饭后，朱铁桥来，陈作梅来，与之闳谈。希庵旋来，久谈竟日，直至灯后方去，沅弟陪之久坐，余亦时陪时未陪。上半日见客四次，内少荃坐较久，留之便饭。下半日，小睡半时许。灯上，希庵去后，与九弟呾谈至二更五点方散。因几弟有事求可、功求成之念，不免代天主张，与之言老庄自然之趣，嘱其游心虚静之域。

十八日（与九弟谈圣贤成己成物、立人达人之道）

早饭后，与九弟呾谈圣贤成己成物、立人达人之道，言统带兵勇，不可存沽恩市德之意。旋见客三次，清理文件。巳刻与筱泉围棋一局。又与蒋莼卿等论次青之非。小睡片时。午初清理文件。中饭后又略为清理。沅弟申初来，希庵申正来谈，至二更方散。清理文件。三更睡。日内积压事件甚多，几不可爬疏矣。本日接家信，泽儿颇以年长学浅为惧，或进善之机耶？

十九日

早饭后，江苏委员厉学潮来，解饷八万两。少荃启行之途费有着，快慰之至。旋见客六次。清理文件。与筱泉围棋一局。午初，九弟来呾谈，至灯后方散。清理文件，二更四点尚未完毕。睡颇成寐。是日，风大作寒，俗所谓观音暴者。莫子偲自大通归，赠余以武英殿聚珍板《水经注》一部，亦余所购求而不得者。

廿日

是日堂期，早饭后见客四次。旋出门拜客。至九弟处，午初归。与柯小泉围棋一局。口唇微烂作痛。清理文件。中饭后，代希庵改摺稿一件，又自改摺稿一件。灯后，改谢恩摺稿二件，二更三点毕。用心太过，睡不甚成寐。

廿一日

早饭后清理文件。旋接家信，季弟妇邓宜人于初七日弃世。又接郭云仙、意城等信，言之甚详。九弟来，论季弟家事。旋见客三次。写季弟信一件。接奉廷寄二件。接沈幼丹信，言事甚详。中饭后，九弟仍呾谈一切，至申初始去。略清文件。杨朴庵送书院课卷来，一谈。傍夕希庵来，谈至二更散。清理文件。三更睡，甚能成寐。

廿二日

早饭后清理文件。旋作参李次青片奏一件。巳初，与沅弟同出东门城外，看新到之七营，午初二刻归。与柯小泉等一谈，清理文件，见客一次。中饭，请陈作梅、吴彤云、周寿山便饭。饭后，写沈幼丹信。九弟与少荃来蘐谈，至二更方散。清理文件。二更三点睡，颇能成寐。四更后，忽患头痛，起坐片时。是日拜发三摺、一片。

廿三日（误传前敌统领败溃到此令余虚惊）

早饭后清理文件。旋与柯小泉围棋一局。见客三次，内见隋观察时，词色太厉，令人难堪，退而悔之。写左季高信一件，阅《文献通考》。渴睡殊甚。巳正三刻，希庵来久谈，午正沅弟来，两人皆作竟日之谈，希庵至傍晚方去，沅弟至二更方去。沅弟极服眉生卓识迈伦，余平日见其大雅不群，亦料其必有过人之识，特未深谈耳。清理文件。说话太多，疲倦殊甚，治事片刻，已不耐烦矣。城门人来，误传陈湜、萧孚泗皆来，余以其为前敌统领，恐其因败溃而到此，寸心怦怦不宁。后闻其派哨官来此，惊悚始定。廿四日〈九弟欲进兵巢县〉早饭后清理文件，写家信一件。旋围棋一局，沅弟来久谈。写季弟信一，又写澄弟信一，张仲远来久谈。午初出城，至九弟舟次送行。弟将至下游，进兵攻巢县也。未初归。中饭后，见客二次。倦甚小睡。清理文件。赵惠甫来久谈。傍夕至李眉生处一谈。夜核改信稿五件。二更后，温元遗山诗。三点，渴睡殊甚，倒床熟睡，此近来之佳状也。

附记

宋阶和，唐萍州荐

章寿麟

首府县查街太密

廿五日（累年不能成寐之病，今春忽得痊愈）

早饭后，堂期见客二次。旋清理文件。见客五次，张仲远、彭杏南坐最久，与柯小泉围棋

一局。中饭后清理文件，因积压太多，稍一廓清，尚未完毕。徐毅甫来久谈。希庵于酉正来，二更后始去，所言多正论。旋又清厘文件少许。四点睡，又得酣寝。累年不能成寐之病，今春忽得痊愈，连宵多得美睡，殊不可解，岂俗所谓时好运好、百病皆除耶？抑忧勤变为逸豫，清是变为昏浊，为衰耗之征耶？

廿六日

早饭后清理文件，写刘印渠信一封。旋出门拜张仲远，又至希庵处久坐二时，午正始归。见客四次。中饭后围棋一局，清理文件，习字一纸。倦甚，不能多治事。见客二次。接奉谕旨一件、廷寄一件，系因余二月初二日一摺批还附发者。傍夕清理文件，至夜二更止。温《古文·辞赋类》，二更四点睡。

廿七日

早饭后清理文件。旋至城外看亲兵营操演，巳正归。见客四次，吴桐云与杨利叔、蒋寅时坐最久。未初请张曜、孙仲远中饭，申刻散。甫送客后，希庵来久谈，更初去。清理文件。二更四点睡。日内公事多积压未清，而书籍久未入目，纷纷应酬，日不暇给，实可愧耻。本日，吴桐云送诗古文三册，殷殷请教，殊渐无以答其意。

廿八日（江苏有绅士来请兵援上海，余未决）

早饭后清理文件。旋见客二次。希庵约余同至黄溢夹拜雪琴，辰刻起行，巳刻到。与雪、希圉谈。午正小睡。中饭后又圉谈。申刻，代雪琴改摺稿二件。傍夕小睡。腹胀，腹泻。二更后，江苏有绅士钱鼎铭、潘馥复来请援，带火轮船，将潜载少荃之兵直赴上海。随后更有轮船六号续至。每次七船，计可载三千人，将分作三次迎接少荃之兵。余以少荃之兵，日内已订定由巢县、和、含陆路东下，今若遽改为舟行，则大拂兵勇之心；若不由舟行，则大拂江苏绅民之心，踌躇久之，不能自决。二更五点睡，腹痛，不甚能寐。

廿九日

早饭，与希庵及江苏绅士钱鼎铭、潘馥、委员厉学潮同饭。饭后，自雪琴处归，巳刻到家。与幕友程尚斋、柯小泉等圉谈。旋围棋一局。少荃来，与之言江苏官绅殷殷请援之意，有甚于蹈水火者之求救。其雇洋船来接官兵，用银至十八万之多，万不可辜其望，拂其情，决计由水路东下，径赴上海。旋见客四次，张仲远坐颇久。未刻请少荃便饭，作梅与其弟继苓、幼苓陪之。饭后，见客二次，洪琴西谈颇久。本日因吃菜略多，疲困殊甚，腹胀不止，将两日公事略一翻阅，不能清理。阅何子贞《峨眉瓦屋游诗草》。傍夕，希庵来，少荃亦来，谈及少荃所部诸将优劣，一更四点散。余倦甚，不能治事。又阅何子贞诗毕。阅魏默深所著《道德经注》。二更三点睡，甚能成寐。

三月

初一日（闻太平军围遂安）

早起，因腹胀，谢不见客。饮后接左季高信，知大股贼围遂安，将由婺源、由沙关以犯江西，因札调张凯章军扼防婺源、白沙关。复左季高信一信[信字衍]，写凯章信一。与小泉围棋一局。雪琴来久谈，即在余寓拜发谢恩摺，申初去。少荃来久坐。清理文件。酉正与幕友久谈。夜温《项羽本纪》，未毕。

初二日（忧贼破历口又至榉根岭）

早饭后清理文件。旋与幕客久谈。因李次青来一贺禀，文辞极工，言及前此参揾不少留情，寸心怦怦，觉有不安。与筱泉围棋一局。至方子白房中一坐。渠近来日夜读书，观其功课单，系今文《尚书》《庄子》《史记》、韩文、杜诗数种，甚得要领，心窃韪之。旋见客三次，又见各营官。昨日闻贼破历口，本日又闻至榉根岭，心以为忧。中饭后清理文件。李少荃来谈二时许。酉初希庵来，一更四点去。清理文件，二更四点毕。睡后，至三更四点始能成寐。

初三日（思督抚之道与师道无异）

早饭后，清理文件。旋见客四次，与柯小泉围棋一局，与眉生等久谈，写对联二付。又见客二次。写沅、季信，并地图专人送去。中饭后清理文件，有厘金局详文二件，到已月馀，亲批发之。见客二次。洋船之来接少荃一军者，本日又到二只。汤寿铭来解盐院衙门公费银万五千两，余拟以一万协济袁午帅。何根云制军信来，并附寄亲供。一朝迷误，万事瓦裂，亦可悯也。清理文卷积阁之件，至傍夕粗毕。夜打到数十件。温《项羽本纪》，二更四点毕。是日思为督抚之道，即与师道无异。其训饬属员殷殷之意，即与人为善之意，孔子所谓"诲人不倦"也；其广咨忠益，以身作则，即取人为善之意，孔子所谓"为之不厌"也。为将帅者之于偏裨亦如此，为父兄者之于子弟亦如此，为帝王者之于臣工亦如此，皆以君道而兼师道，故曰"作之君，作之师"，又曰"民生于三事之如一"，皆此义尔。

初四日

早饭后写澄弟信一封。旋出门拜客，至少荃处久谈，至希庵处久谈，午正归。见客二次。中饭后见客四次。写左季高信一。清理文件。申正，少荃来久谈。傍夕，希庵来谈，至一更三点去。清理文件。温《项羽本纪》。日来纷纷见客，不能悉心治事，又不能温读熟书，气浮而神浊，殊为愧厉。

初五日

早饭后清理文件。见客三次，衙门期也。旋与柯筱泉围棋一局，又见客三次，习字一纸。午后见客二次。洪琴西、李申夫坐皆久。中饭后见客，皆立谈，未坐。作复奏御史朱潮一摺，请钦派大员至广东抽厘完饷，至二更三点作毕。

初六日（闻成大吉援颖之师小挫）

早饭后清理文件，核改摺片共五件。辰刻点林字营千人之名，约半时许毕。下棋一局。中饭后清理文件，见客二次，坐[作]对四付。希庵来，少荃亦来，同坐至二更方去。清理文件，至二更四点粗毕。接信，闻成大吉援颖之师初二日小挫一次，为之焦灼。

初七日

早饭后，出城至洋船一看。亲兵营韩正国八百人坐一船，周良才五百人坐一船，开字营程学启千三百人坐一船。看毕，吩咐一番。渠等即于辰刻、巳刻开行。归，至希庵公馆一叙。巳正归，清理文件，核改摺稿一件。见客六次。雪琴自黄皮夹来一谈。未刻请徐毅甫、方存之等便饭，申正散。少荃来辞行，邕谈一切。旋至眉生处，遇吴肜云、周寿山，一叙。倦甚，梳头小睡。夜清理文件，温杜诗五律，朗诵数十首。

初八日

早饭后清理文件，写季弟信一件、九弟信一件，与筱泉围棋一局，与陈虎臣等久谈。发报摺三件、片四件，又代人递谢恩摺三件。写左季高信一件。中饭后清理文件，核改信稿五件。申刻剃头。希庵来久谈，至二更去。清理文件，温《项羽本纪》。渴睡殊甚。

初九日（欣闻颖州解围）

曾国藩铜像

早饭后清理文件。旋与筱泉围棋一局。习字一纸。见各四次,潘鼎新谈较久。阅丛书《今世说》《宋四六话》。中饭后,添李辅堂信三页,阅丛书《中广名将传》。见客二次,杨利叔、张仲远谈最久。复雪琴信,清理文件。夜清理各咨札稿,温《项羽本纪》《萧相国世家》。渴睡殊甚。睡后,竟夕不醒。是夕闻颍州解围,欢慰无已。从此,安徽吏治军政渐可统于一尊,不至两路梗塞,政出多门矣。本年春晴已久,咋今两日,风雨严寒,本日雨尤大,不知少荃一军附洋船赴上海者,途次平安否?

初十日

早饭后见客二次,衙门期也。陈虎臣来谈。与筱泉围棋一局。与眉生久谈。闻方子白读书之声甚勤,至其房少坐。陈作梅来久谈。写沈幼丹信,未毕。申甫来久谈。中饭后见客二次。将幼丹信写毕,约千馀字。清理文件。申刻希庵来久炎,至二更二点方去。余说话太多,困倦殊甚,倒床即已成寐,至黎明方醒。自以每日为应酬所困,公私废阁,深以为愧。

十一日(闻上海洋税宜归汉口)

早饭后清理文件,陈艾虎臣来久坐。旋至眉生处一谈,与筱泉围棋一局,习字一纸,写左季高信一件,见客一次,写郭云仙信一件。云仙信来已二十日,其言甚长,一论长沙编纂《忠义录》之体例,一论上海洋税宜归汉口。余倩赵惠甫作稿复之,又自添数叶。中饭后清理文件,见客二次。莫子偲赠余《元和郡县志》一部,余答以陈刻《通鉴》。夜清理文件,核改信稿,至二更止。温《曹参世家》。是日申刻倦甚,小睡。傍夕又小睡。说话较少,夜间治事尚不疲乏。

十二日(出城阅林字营操)

早饭后清理文件。出城阅林字营操,巳刻至希庵处久谈,午刻归。方存之、洪琴西来久谈。未初请吴竹庄、黄昌岐、王柱堂来便饭,申刻散。与赵惠甫谈。清理文件。夜核改信稿四件,二更后温杜诗五律,倦甚。至尚斋、眉生等处一谈。

十三日(出城至洋船送营)

早饭后清理文件。接家信,二月廿四日所发,澄侯一件、纪泽一个。见客三次。下棋一局。改抵征详文一批。巳正二刻,希庵来久谈。中饭后,渠即在余处坐睡片晌。申初写对联一付。见客二次。酉刻出城至洋船送淮勇树字、铭字两营之行,傍夕归。写沅、季二弟信一件,清理文件,夜初更毕。温杜诗五律。渴睡殊甚,二更三点睡,倒床即已成寐。是日派吴竹庄至江阴,看常、阴、沙洲可办团否,又令黄镇翼升附轮舟先至上海一行,察看下游情形。

附记

趋王　襄王

沃王张洛刑捻首　导王陈仕荣四眼狗部下

遵王赖文光狗都扶王陈学礼狗部

启王梁成富狗部祐王蓝△△

敬王林大居刑部,又正秋僚,遂千岁

畏王秦日南刑部,副秋,昌千岁

章王林绍璋　干王洪仁玕

对王洪春元猛千岁　辅王杨辅清威千岁

侍王李世贤

保王童容海石达开部下,由广西、江西至汀州,铅山,浙江至上海

爱王黄崇发吉千岁,刑部,又副秋僚

奉王古隆贤

护王陈坤书元年二月,救援江北

勇王洪仁达王次元

匡王赖文河

顾王吴汝孝前在巢县，副千岁

卫王杨雄清威［旁有好字］千岁

赞王蒙得恩

△王何　雅秀十一年守桐城，开禀奏作雅林，元年二月二十三日战戮

直王△△△

十四日（接奉廷寄三道）

早饭后清理文件。旋写一信与纪泽儿。与筱泉围棋一局。见客七次，内雪琴与吴子序坐稍久。午正至希庵处送行，即在渠处中饭，申刻归。见客三次，张仲远坐最久。旋清理文件。接奉廷寄三道。与眉生少叙。傍夕，作梅与希庵先后来，二更二点去。略清文件。睡后，颇能成寐。

十五日（送希庵之行）

早饭后，出城送希庵之行，辰刻归。见客 三次。与筱泉围棋一局。写沈幼丹信一件。中饭后写沅弟信一、毛寄云信一。吴子序来久坐，约二时许。清理文件。傍夕与眉生久谈。夜清理文件，二更后温苏诗七律。睡后，不甚成寐。

附记

○送张仲远

○拜吴子序

○写少荃信，银二万

○送周世兄银

○上洋船看

十六日

早饭后清理文件。旋见客六次，与筱泉围棋一局，写摺扇一柄。接少荃上海来信，知渠于初十日到上海；沪上中外各军，于初六、七日，大获胜仗，为之少慰。温《古文·传志类》《楚元王世家》《梁孝王世家》《五宗世家》，中饭后，未正温毕。见客二次，写左季高信一件，写对联十馀副，倦甚。傍夕，至眉生处一谈，万篪轩、勒少仲在坐。夜清理文件，二更三点毕。渴睡殊甚，三、四更成寐，五更仍醒。

十七日（久不作篆，生涩殊甚，乃知万事贵"熟"）

早饭后清理文件。写杨节母碑额，久不作篆，生涩殊甚，乃知天下万事贵熟也。见客三次，写李少荃信，围棋一局，习字一纸。中饭后写沅甫信。前闻洋船过芜湖来者，言十三日三山夹火光烛天，心以季弟营盘为忧。本日，沅弟寄到季十三日一信，乃为之慰喜。申初出外拜客。又至河下看洋船，送春字营、鼎子营赴沪，酉初二刻归。清理文件。傍夕高吟黄山谷七律。夜将科房所呈批稿簿清厘一过，稍清月馀积阁文件。余既抄选十八家之诗，虽存他乐不请之怀，未免足己自封之陋。乃近日意思尤为简约，五古拟专读陶潜、谢朓［朓］两家，七古拟专读韩愈、苏轼两家，五律专读杜甫，七律专读黄庭坚，七绝专读陆游。以一二家为主，而他家则参观互证，庶几用志不纷。然老境侵寻，亦只能长吟以自娱，不能抗乎以人古矣。

十八日

早饭后清理文件。旋见客二次。与柯小泉围棋一局。核改信稿十馀件，习字一纸。洪琴西来，久坐时许，戏言余有扑面相法，谓初次一见，即略知其人之梗概也。中饭后见客三次，子序谈最久。又与子序围棋一局，申末去。写对联十付。篆一联赠方存之云："敛气乃宏才学识，高文待续方刘姚。"傍夕高吟山谷七律。夜清理文件，二更三点毕。昨数日疲倦殊甚，昨夜服归脾汤一帖，本日神气较正，然则药物不可尽信，亦不可尽不信也。

十九日

早饭后清理文件。旋见客四次。与眉生等豳谈。核改信稿八件。中饭，请吴子序、蔡芥舟、甘子大、曾祺便饭，申初毕。清理文件，写沅甫信未毕。存之、琴西来久谈。旋写沅信毕，

又写雪琴信。昨闻青阳克复之信,尚未深信,果已克复,为之一慰。夜清理文件,二更三点毕。睡颇成寐。

二十日(知望城冈十五日获一胜仗)

早饭后见客二次,衙门期也。旋马学使来会。清理文件。围棋一局。写季弟信一、左季高信一、沈幼丹信一。与眉生等久谈,困倦殊甚。拟作奏疏,困倦不克执笔。中饭后,温《古文·传志类》中廉蔺、平原、信陵诸篇。欧阳定果来。接沅弟信,知望城冈十五日获一胜仗。与邓守之论篆隶之法。夜清理文件,二更后温七古诗二十馀首。

廿一日(少荃来信详言上海事)

早饭后清理文件。旋围棋一局。见客一次,与李眉生、穆海航等鬯谈。温"传志类"中《刺客传》《田窦传》,习字一纸。中饭后清理文件。接少荃信,言上海事颇详。写沅弟信一件。夜清理文件,眉生来少谈,二更三点清理毕。睡颇成寐。是日,接奉廷寄二件、谕旨三件,是因余二月廿二日之摺批回者。

廿二日

早饭后清理文件。旋与小泉围棋一局。见客四次,万籁轩坐最久。将作摺稿而久未下笔,写澄侯信一件、毛寄云信一件。中饭后作奏摺,至二更始毕。中至眉生处,与子偲、受山等鬯谈。作希庵信一件。二更后清理文件,至四点毕。腹痛,不甚成寐,亦因用心太过之故。是日构思之际,写零字甚多。二更,接奉廷寄一件。

廿三日(知雍家镇于十九日攻破)

早饭后清理文件。旋与柯小泉围棋一局。出门拜各三家,在周寿山处坐甚久,午初归。见客三次,杨畏斋谈颇久。中饭后与吴子序围棋一局。雪琴来久谈。申正后核改摺稿二件。灯后作片稿一件,核改片稿一件,清理文件,二更三点毕。是日接奉廷寄一件,催杨军门回营。又接禀报,知雍家镇于十九日攻破矣。

廿四日

早饭后清理文件。旋写李少荃信一件、沅甫弟信一件。围棋一局。见客三次。写澄弟信一件。午刻与甘子大围棋一局。大雨如注,自辰至午未息。中〈饭〉后见客三次。至城外洋船上一看,庆字营淮勇赴上海,又有鼎字一哨、林字二哨。酉刻归,写左季高信一件。夜清理文件,倦甚,二更三点毕。是日接沅弟信,于二十日克复巢县、含山两处。夜接季弟信,克复繁昌县城。酉刻发报摺三件、片一件、清单一件。夜接奉廷寄二件。

廿五日

早起,至万寿宫行礼,是日为今上万寿圣诞也。卯正归寓。饭后见客三次,旋又见客二次,吴竹庄自上海回,与之久谈。竹庄十四日自皖赴沪,昨日归来,去来各仅二日,在沪尚住六七日,甚矣,洋船之神速也!与筱泉围棋一局。清理文件,颇形困倦。闻石埭克复,下半日又闻太平克复。写季弟信一件。与邓守之、洪琴西、方存之等谈。倦甚,不能做事,因写对联八付以寄兴。午刻习字一纸。傍夕小睡。夜清理文件,二更毕。温杜公五律,倦甚,岂以昨二日用心稍过之故耶?

廿六日

早饭后清理文件,与筱泉围棋一局。旋见客五次,申夫坐较久。习字一纸,写沅甫信一件。中饭后倦甚,小睡。坐见之客五次,内子序谈最久。围棋一局,写左季高信一件。夜写零字甚多,清理文件,至二更三点毕。睡至三更后成寐,四更腹泻。

廿七日(愧不能速派劲旅救湖州)

早饭后清理文件。旋见客二次。与筱泉围棋一局。接信,闻和州克复。与眉生等鬯谈。写沅甫信一件、季洪信一件。中饭,请程钰廷曙、吴炳昆、李朝斌便饭,申初三刻毕,倦甚。略清文件,习字一纸。杨畏斋来久谈,傍夕方去。接信,知赵景贤守湖州,三月三日尚坚守无恙,可钦可怜,愧不能速派劲旅往救,绕室傍皇,不知所以为计。夜清理文件,二更四点毕。

廿八日（闻盐河有抢劫盐船之案，拿获四人）

早饭后点升字前、左两营之名千人，辰正毕。清理文件。旋接九弟信，知玉溪口、西梁山俱已攻克。与筱泉围棋一局。与眉生等久谈。见客三次，倦甚。习字一纸。手疮臀疮殊增烦恼，遂不能多做事。写希庵信一件。中饭后，意思萧索。申刻，至眉生处邕谈。傍夕小睡。夜清理文件，二更毕。旋闻盐河有抢劫盐船之案，拿获四人。首县来见。本日身体不轻爽，懒于治事。酉初写对联六付。睡时闷甚，幸尚能成寐耳。

廿九日

早饭后清理文件。旋与筱泉围棋一局。写沅弟信一件。与眉生等久谈。见客三次。读《墨子》数篇。疮痛不能多做事。中饭后习字一纸。接奉廷寄二件、谕旨一件。清理文件，至申正毕。程伯敷以旬日连克七州县四要隘为诗称贺，余作七绝四首答之。写对联六首。夜选元遗山七绝。清理文件。二更四点，不甚成寐。夜写沅信又一件。是日接澄弟三月初八、十二两信。

卅日

早饭后清理文件。旋与筱泉围棋一局。旋写少荃信一件。见客六次。写季高信。中饭后又写少荃信一件。见客数次。出外拜客数家。至洋船送林字营之行。夜清理文件，二更四点毕，劳倦殊甚。是日未正剃头一次。陈氏妾吐血二三十口，病颇重。

四月

初一日

早起，各文武贺朔，至巳初方毕。旋与筱泉围棋一局。见客二次，申甫坐颇久。倦甚，小睡不成寐。阅施愚山诗。中饭后复小睡，成寐。写季弟信一件。遍身疮癣，且痛且痒，又与去年秋冬相类，至以为苦。至蒋纯卿处一谈。旋与周寿山邕谈。夜改摺稿二件，阅李太白七言。是日接纪泽廿二日长沙信。傍夕清理本日文件。

初二日（悟作书之道亦须先有惊心动魄之处）

黎明饭后，点熊字、恒字二营之名，至辰正毕。清理文件，见客三次，黄翼升坐颇久。与筱泉围棋一局。旋清理文件。倦甚，小睡片刻。中饭后见客四次，吴子序坐最久，与之围棋一局。申正后写对联六付。因读李太白、杜子美各六篇，悟作书之道亦须先有惊心动魄之处，乃能渐入证果，若一向由灵妙处着意，终不免描头画角伎俩。酉正清理文件。傍夕至眉生处一叙。夜改克复巢、和、含山摺稿一件。二更后温李诗，二点清理文件，四点毕。三更睡，倦极。是日晡时，写沅弟信一。夜写希庵信一。

初三日（接信闻洋人助剿事）

早饭后清理文件，写季弟信一件，与筱泉围棋一局。见客四次，周寿山谈颇久。写李筱泉信一件。中饭后见客三次。习字一纸，清理文件。疮疾大作，痛痒交加。晡时，与尚斋、筱泉、伯敷邕谈。夜作片稿一件，核改摺稿一件，二更三点毕。清理文件。三更睡，不甚成寐。是日接奉廷寄一件、谕旨一件，又总理各国事务衙门夹板一片，内恭亲王暨军机公信一封，言洋人助剿事。

附记　桐城匪人

疏长庚东　王鸾旂南

潘寿春西　姚廷弼北

初四日（知伪侍王一股业经击退）

早饭后清理文件。旋与纪泽儿信一件。与筱泉围棋一局。雪，琴来久坐，又见客二次。雪琴午正归去。中饭后写沅甫信一件，言由采石南渡，妙处四端，险处二端。清理文件。发

报四摺、一片、一清单，又代人递谢恩摺二件。接左季高信，知伪侍王一股业经击退。夜核信稿十件，温东坡七古二十首。三更睡，颇能成寐。是日酉刻亦假寐半时许。

初五日

早饭后见客二次。旋与筱泉围棋一局。写沅甫信一件。又与程颖芝围棋一局。孙庆恒来久坐。中饭后写沈幼丹信一件，清理文件。申正将科房呈稿呈批清厘一番，积阁又十日矣。傍夕至尚斋等处邕谈。夜清理文件，三更毕。倦甚，不能治事，假寐少歇。三更睡，颇能成寐。

初六日

早饭后清理文件。旋出西门观杨占彪、阳华坤两营操演。其收队之法，系学多将军隆阿者，极为稳快。其法仍用四方阵，面均向外。前者向敌，且战且退；后者面向归路，防贼抄尾；左者排列枪炮，防贼包左；右者排列枪炮，防贼抄右；收归者皆在方阵之中空处行走。如左前隅之第一排打枪甫毕，即缩入中空处走归；左后隅之末排站队，左前隅第二排打枪毕，又缩入中空处走归；左后隅之末排站队，第三排亦然，第四五等排亦然，右前隅之一、二、三、四等排亦然。行走一二十里始终有四方阵，排列不乱，实收队时，万全无弊之良法也。

巳正归，与筱泉围棋一局。子序来久谈，午正去。小睡片刻。中饭后写沅弟信，又写袁午桥密信，清理文件。至眉生处邕谈。旋写对联七付。傍夕小睡。夜清理文件，温太白七古。睡甚成寐。是日接廷寄一件。

初七日（至谷米局、火药局）

早饭后清理文件，旋出门至谷米局、火药局一看。旋至忠义局邕谈。归与筱泉围棋一局。见客二次，又立见者四次。小睡片刻。请吴子序、杨畏斋便饭。饭毕，与子序围棋一局，畏斋仍留久谈。申刻清理文件，酉正毕。至幕府程尚斋等处一谈。小睡片刻。夜温杜公七律。三更睡。是日住房铺地板，糊墙壁，终日未得安生。接澄侯三月十九信，知祖父母墓已修成矣。

初八日

早饭后清理文件，写扇一柄，围棋一局。见客三次，吴竹庄坐较久，谈及刘幼蟠于本日病故，怅惜久之。复沅弟信一。午初倦甚，小睡。中饭后见客二次，陈舫仙坐颇久。本日风雨阴寒，殊不似四月气象，余近日渴睡甚多，不似往年之竟夕不寐。每逢节气，辄服归脾汤三帖。本日值立夏节，渴睡尤甚。接澄弟信，谓脾胃甚好之故，岂果服药之功耶？抑昏倦颓放，暮景不能自振耶？清理文件。傍夕小睡。夜阅《苕溪渔隐丛话》。二更后复小睡，三更入上房，倒床酣卧，黎明方醒。是日申刻写挽联一副、对联四付。

初九日（核改复恭亲王信稿）

早饭后清理文件。旋写季弟信一，与筱泉围棋一局，潘伊卿来久坐。午刻核改复恭亲王信稿，至申初改毕。见客一次。至李眉生处久坐邕谈。写对联六付，清理文件。傍夕小睡。夜清理文件，温阮、陶二家诗。三更睡，甚能成寐。

初十日（出城看熊字营操演）

早饭后接见司道。旋出城看熊字营操演，巳刻归。与筱泉围棋一局。习字一纸，写希庵信，未毕。约陈湜、潘鸿焘来吃便饭，未正散。将希庵信写毕。摺差曾恒德自京归来，阅京信及各报本。清理文件。接少荃上海来信，言夷务事颇详。旋阅护军抬枪、小枪两队将发往熊字营为教师者。酉初写扁子及对联，再阅京报，略知近事。傍夕，眉生来久谈。夜清理文件，至二更三点毕。

本日见许仙屏与沅弟信中多见到语，如云为治首务爱民，爱民必先察吏，察吏要在知人，知人必慎于听言。魏叔予以孟子所言"仁术"，"术"字最有道理。爱而知其恶，恶而知其美，即"术"字之的解也。又言蹈道则为君子，违之则为小人。观人当就行事上勘察，不在虚声与言论；当以精己识为先，访人言为后。皆阅历有得之语。

十一日（思当除自私自满之见）

早饭后清理文件。旋与柯筱泉围棋一局。吴竹庄来，坐颇久。写沅弟信。涉阅广东新刻丛书两种，一曰《海山仙馆丛书》，凡五十六种，潘仕成辑刻。一曰《粤雅堂丛书》，凡一百廿一种，伍崇曜辑刻。二者皆冯竹渔新赠也。又涉阅《正谊堂丛书》，凡五十六种，张清恪公辑刻，吴竹庄所赠也。因取《正谊堂》中清恪公所辑《程子》二十篇读之，至晡时读毕。凡十卷，取《论语》二十篇之意，编采二程粹言，略分门类，颇为精当。写沅弟信一件。申刻调恒字营八队来此操演枪炮，约一时许毕。夜阅张清恪公所辑《朱子》七篇，每篇各分上下，仿《孟子》七篇之意。张公盖以程配孔，以朱配孟也。读一卷，未毕。倦甚，因阅陶诗。三更睡，倒床即成寐矣。是日又写扁字二十馀个。静中，细思古今亿万年无有穷期，人生其间，数十寒暑仅须臾耳。大地数万里不可纪极，人于其中寝处游息，昼仅一室耳，夜仅一榻耳。古人书籍，近人著述，浩如烟海，人生目光之所能及者不过九牛之一毛耳。事变万端，美名百途，人生力才之所能办者，不过太仓之一粒耳。知天之长而吾所历者短，则遇忧患横逆之来，当少忍以待其定；知地之大而吾所居者小，则遇荣利争夺之境，当退让以守其雌；知书籍之多而吾所见者寡，则不敢以一得自喜，而当思择善而约守之；知事变之多而吾所办者少，则不敢以功名自矜，而当思举贤而共图之，夫如是，则自私自满之见可渐渐蠲除矣。

十二日

早饭后清理文件。旋与柯小泉围棋一局。见客四次。写沅弟信一件，习字一纸。中饭后核改信稿，清理文件。与洪琴西论《易经》有圣人之道四，而朱子专重"以卜筮者尚其占"一句，似未的当。因言古人说经，多断章取义，以意逆志，不必定符本义。傍夕小睡。夜清理文件。三更后温《古文·辞赋类》。三更睡。是日接奉廷寄二件。

十三日（细思为政之道须得人、治事并重）

早饭后清理文件。旋与柯小泉围棋一局，见客五次，写幼丹信一件、季高一件，阅冯焞诗稿。焞，代州人，字稚华。其七世祖如京官广东左布政使，六世祖雍玉以进士官至同知，五世祖光裕以举人官至湖南巡抚，四世祖祁官编修，曾祖均弼以举人荫生，官至湖北按察使，祖宬以举人官浙江知县。焞为潜山县天堂巡检，又署屯溪巡检。刻诗四卷，清稳不俗。昨和余诗八首，今日问之程伯敷，始知其人。因取其诗披阅数十首，兼阅其曾祖及祖刻诗，乃知其世家渊源有自也。午正睡半时许。中饭后清理文件，习字一纸。申刻与琴西少谈。旋温《霍光传》，至二更毕。核改摺稿二件、片稿一件，清理文件。三更睡，甚能成寐。

曾国藩小妾

细思为政之道，得人、治事二者并重。得人不外四事，曰广收、慎用、勤教、严绳。治事不外四端，曰经分、纶合、详思、约守。操斯八术以往，其无所失矣。

十四日（皖南道程琢堂送诗四册）

早饭后清理文件。旋写澄侯弟信一件，又写季洪弟信一件，与柯小泉围棋一局。徐毅甫来久谈。渠善医，因请为余诊脉。据称，六脉虚弱，宜服补剂。又因陈氏妾吐血，不能吃饭，请其诊视，午初去。寓西一厅，稍为修葺。前往看视，遂与洪琴西久谈。中饭后清理文件，习字一纸，改摺稿一件。杨畏斋来久谈。皖南道程琢堂送诗四册，略翻阅数十首。傍夕与李眉生、程尚斋等闲谈。夜清理文件，二更毕。温《古文简本》，三更睡，倦极，却不甚成寐。是日接奉廷寄一件。

十五日

早饭后见客十馀次,皆文武贺望者,已刻毕。施与柯小泉围棋一局。写陈季牧信一件、沅弟信一件,倦甚。阅《余忠宣公文集》。午刻小睡。摺差王宏升自京师回,即二月初十日派去送谢恩摺八件暨万寿摺各件者。中饭后见客二次,清理文件。至李眉生处小坐畅谈。改信稿十馀件。傍夕眉生来,又久谈。夜清理文件,二更毕。温《古文简本》,倦甚。三更睡,幸能成寐。是日已刻习字一纸。

十六日

早饭后清理文件。旋与筱泉围棋一局。写沅弟信一件、雪琴信一件。见客二次,周发甫坐最久,备述上海各事。旋清理文件,即上海带来者。习字一纸。午刻小睡半时许。中饭后见客五次,周缦云侍御学浚来谈最久。写对联六付,清理文件颇多,写《余忠宣公传》百馀字。雪琴处砻石一方,其幕友胡湘林数催余写字发刻。余因写宋文宪所撰《余忠宣公传》,将刻之以广流传,劝忠义也。灯下,又写数十字,清理文件,至二更毕。温《李广传》。三更睡。

十七日(定城内城外发赈章程)

早饭后清理文件。旋见客四次,周发甫、邓弥之坐最久。与筱泉围棋一局。写李希庵信,未毕。午刻小睡。中饭后将希信写毕,旋赵惠甫来久坐。接家信,澄弟一件、泽儿一件,寄有《耐庵文存》,系贺耦庚先生所著,略一翻阅。清理文件,习字一纸。

定城内城外发赈章程。因冒滥者多,十六日发至四万四千人之众,后此断难为继,乃定为每人发小票一纸。十九日察看真正饥民,给与一票,廿日持票领米。廿二日再加察看,约廿五日之米票,廿五日再加甄别,给廿八日之米票。每三日一发,上次给下次之票,庶渐渐免于冒滥。又定告示一纸,发京信十馀件,皆同乡复信。夜清理文件,倦甚。温杜诗五律。接希庵信,知庐州于十五日克复。二更三点睡。

十八日

早饭后,出城看熊字营操演。雨大异常,火绳不燃,竟不克操毕。旋又进东门,出北门。看华蘅芳所作炸弹,放十馀炮,皆无所见,已刻归。与筱泉围棋一局。清理文件。陈虎臣来久坐。午正小睡。中饭后写希庵信一件,清理文件。发甫来久谈。接汪梅村信,寄所为《水经注图》一卷、附录一卷,粗阅一过。夜清理文件,二更后温《李陵传》。睡甚能成寐。日内手上之疮全愈,惟尚红痒,或虞再翻耳。脚上之癣亦稍薄。又接家信,知夫人之病已愈,或果如星命家所称运气好时耶?

十九日(知纪鸿县试第一)

早饭后清理文件,写左季高信一件,与柯小泉围棋一局,见客三次。接家信,澄弟一件、纪泽一件,系三月廿九日所发。知纪鸿县试第一,并将五场诗文付来。旋又写季高信一件、凯章信一件。午正小睡。中饭后见客二次。清理文件甚多,习字一纸。夜温李陵、苏武传,二更后清理文件。接奉廷寄二件、谕旨六件,系因余三月廿四日奏摺批回者。

二十日(三更烛落失火,惊起扑救)

早饭后见司道一次。出城看垣字营操演,约二时许,已刻毕。拜周缦云、李壬叔、邓弥之,已正归。与筱泉围棋一局。见客三次。午正小睡片刻。中饭后写少荃信,约千馀字。见客一次。至李眉生处小坐。申夫来久谈。旋清理文件,写扇一柄。夜清理文件,一更四点毕。温杜、苏七古诗。二更四点睡。三更尽,烛花落,延烧衣物,几及房屋,惊起扑救,房中烟焰不熄。良久更睡。

廿一日

早饭后清理文件。旋见客三次,周缦云坐甚久。写沅弟信一件,旋接沅弟信,又添一叶。改信稿四件。与筱泉围棋一局。午正小睡。中饭后清理文件,写晏彤甫信。见客一次。严仙舫信来,荐其内侄向师棣,果令器也,谈论甚久。旋写对联挽幛等。与幕友论进兵之方。

清理文件,傍夕毕。夜写春霆信一件,甚长。清理文批各件,二更三点毕。

廿二日(收得米票竟多假票二千馀张)

早饭后清理文件。旋与筱泉围棋一局,见客二次,写沅弟信一件。劳倦殊甚。阅《韩非子》五篇。午刻小睡。中饭后见客二次,周犮甫坐甚久。清理文件。出城至河干送垣字营坐洋船至上海,归。傍夕与蒋莼卿等一谈。夜清理文件,二更后温谢朓诗。是日上午习字一纸,下午写《余忠宣公传》二百馀字。申刻收回十九日所发米票,竟多假票二千三百馀张,人心之坏,殊可痛恨。睡后,不甚成寐。

廿三日

早饭后,出城看熊字营操演,巳正归。与筱泉围棋一局,见客二次。午正小睡。略清厘文件。中饭后写《余忠宣公传》,约六百馀字。旋清理文件,写对联三付、扁二方,并挽幛之类。傍夕与洪琴西谈假米票之事,设法禁止,又与莼卿、尚斋等久谈。夜清理文件甚多,二更毕。温杜诗五律。是日午刻略阅《韩非子》。本日写字过多,眼蒙殊甚。三更后睡,尚能成寐。

附记

牧云卿封典

严瀛清,饬知入邑志,交欧阳利

萧可卿,奠仪、挽联,交欧阳利

朱风台生日补礼

寅皆师谢百金

澄弟、金权皆谢

京中问封荫事

廿四日(与幕府诸君畅谈)

早饭后清理文件。写澄弟信一件。围棋一局。写黄南坡信一件。见客二次。写欧阳牧云信一件。与幕府诸君邕谈。午正倦甚,小睡。中饭后习字一纸。犮甫来久谈。围棋一局。旋清理文件。接家信,系四月初十所发者。因季弟回信,早间偶忘寄去,又写信与纪泽,将季弟〈信〉由驲寄去。杨畏斋来久谈。傍夕向师棣来公馆住。又与洪琴西谈。夜清理文件,二更后温《古文简本》。三更睡,不甚成寐。

廿五日(知芜湖、东梁山已克复)

早饭后清理文件。旋见客二次,衙门期也。与筱泉围棋一局。接雪琴信,知金柱关于廿一日酉刻克复。写雪琴信一件、沅弟信一件,写《余忠宣公传》,约六百馀字。午刻小睡。中饭后见客二次。又写《余忠宣公传》,习字一纸,清理文件。接雪琴信,知芜湖、东梁山皆于廿一夜克复。与幕中诸客久谈。傍夕小睡。夜清理文件,温《萧望之传》。二更三点睡。倦甚,是日,接袁帅复信,备述与胜帅构衅始末。又按希庵复信,系余十八日专差去者。

廿六日

早饭后清理文件,与筱泉围棋一局,写袁午桥信五叶、希庵信四叶。见客四次,内有彭定澜,号恬舫,乙酉举人,乙未大挑,为弋阳教官八年。咸丰辛亥奉召进京,看万年吉地,今文宗之定陵。即彭所择也,在京前后三年馀,又在徽军二年馀。面貌类有道之士。今来安徽,为候补州县,与之久谈。午旋,阅江郑堂《汉学师承记》。中饭后见客二次。琴西来谈甚久。清理文件。赵惠甫送曲阜孔氏所刻戴东原各种,又借阅庄方耕宗伯《存与遗书》,因涉猎久之。旋写雪琴信一件。天气渐热,倦甚。傍夕思睡,已为蚊所苦矣。夜清理文件,二更温《萧望之传》毕。

廿七日(看《泰吉文稿》)

早饭后清理文件。见客三次。与筱泉围棋一局。写季弟信一件。与眉生等久谈。写凯章信一件。中饭后见客二次。钱子密来久谈,送其尊甫钱警石先生《泰吉文稿》。泰吉为香

树先生之曾孙，衍石先生之弟，为海宁教官二十七年，又在海宁为山长九年，现避乱寓江西新建乡间，生平最喜校书，所校各本题识名曰《曝书杂记》，因粗为涉猎数十页。清理文件。酉刻与洪琴西谈。傍夕小睡。夜因新得戴氏《水经注》，将汪梅村《水经注图》校勘澧水、沅水、延江水、资水。二更后清理文件。是日已刻习字一纸。

附记

〇梅村修金

〇廉卿馆地

〇雨亭来皖

廿八日

早饭后，至东城外看熊字营操演，已初归。清理文件。与筱泉围棋一局。习字一纸。见客二次。阅戴氏《水经》中湘水、涟水、深水、钟水、耒水、洣水、漉水、浏水、惯水，与汪氏图一校。午刻与眉生等一叙。中饭后写沅弟信一件，清理文件，癸甫、惠甫来久谈。旋写扁对。傍夕与尚斋等唔谈。夜温《班超传》，二更后清理文件，写册叶五纸，洗澡一次。近日手上疮已大愈，下身癣亦薄，竟能洗澡，不甚痛痒，自去年四月以来未有如此佳境也。

廿九日

早饭后清理文件。旋与筱泉围棋一局，见客二次，写季弟信一件、沅弟信一件、雪琴信一件。阅《水经注》溱水、漓水、涯水，与汪图校对一过。中饭请客便饭。李壬叔、周缦云、钱子密、周镜甫、向伯常五人在座，未正散。清理文件甚多，内有李少泉咨到奏折数件。酉刻与幕府诸公唔变。夜写零字甚多，改信稿数件，清理文件，温《班超传》毕。天气渐热，睡不甚成寐。

五月

初一日（是日接谕旨）

早间，各文武员弁贺朔，至已初应酬始毕。与柯筱泉围棋一局。清理文件。旋又见客三次。阅《水经·江水》，与汪图校对未毕，午正小睡。中饭后，写郭云仙信一件。见客三次。清理文件甚多，傍夕来毕。夜清理文件，改片稿一件，又改一摺，未毕。是日接奉批摺，系四月初四日所发者。计廷寄一件、明发谕旨一件，又谕旨一件，曾国荃众优议叙，曾贞翰赏迅勇巴图鲁名号。

初二日（出城至洋船送熊字营赴上海）

早饭后清理文件。旋作摺数行。与筱泉围棋一局。见客一次。改摺至午初毕。写少荃信一件。出城至洋船送熊字营赴上海。未正中饭后，见客一次，改片稿一件，清理文件甚多。与李眉生等唔谈，旋又与洪琴西久谈。傍夕小睡。夜改克复芜湖摺稿，至二更四点毕。睡不甚成寐。是日接筠仙、寄云、幼丹、希庵各信。

初三日（知陈玉成被槛送进京）

早饭后清理文件。旋写沅弟信一。与筱泉围棋一局。见客四次。写左季高信一件。午正改片稿一件。中饭，留杨畏斋便饭。饭后，将本日应发之二摺三片细校一过。清理文件，习字一纸，与李眉生等唔谈，将昨日积阁之件清理一过。傍夕发报。与洪琴西唔谈。夜温放翁七绝。是日接多将军信，知四眼狗被苗党捆送胜帅大营，已槛送进京矣。

初四日

早饭后清理文件。旋见客，先后六次。与柯小泉围棋一局。写家信一件、希庵信一件。午正少睡片刻。中饭后习字一纸，见客二次，清理文件。至幕府与诸位唔谈。清理文件，酉正粗毕。剃头一次。夜写零字颇多，写沅弟信一件，清理文件，洗澡一次。睡不甚成寐。陈

氏妾本日吐血甚多，自午至夜，所吐以数碗计。夜间呻吟不止，病势殊甚。

初五日

早起，各员弁贺节，止见公馆以内者，馀俱不见。旋饭后见客数次。与筱泉围棋一局。写雪琴信一件，清理文件，写幼丹信一件，长约千馀字。习字一纸。中饭，请吴彤云便饭，与之鬯谈，申初散。阅《水经·江水》，与汪图校对一过。酉初又与吴彤云、洪琴西鬯谈。清理文件。夜将江西所详丁漕、所详永章细阅一过。二更后温古文数首。陈氏妾病日增，余虽倦，不得酣寝。

附片

派黄翼升署江南提督

初六日（阅《水经注·江水》毕）

早饭后清理文件。与筱泉围棋一局。见客甚多，坐见者七次，立见者六次，殊困乏也。习字一纸。中饭后阅《水经注·江水》毕，与汪图校对，又校夷水、夏水约二时许。阅本文百馀件，与鲍春霆信一件。夜倦甚。将温古文，而渴睡不止，即在座侧小睡，二更三点入内室。妾病未少愈。是日接家信，澄弟一件，纪泽儿一件。

初七日（与幕府诸君谈夷务）

早饭后，出城看升字右、后两营操演。旋拜客二家，巳正二刻归。见客二次，与筱泉围棋一局，与幕府诸君鬯谈。眉生言及夷务，余以欲制夷人，不宜在关税之多寡、礼节之恭倨上着眼。即内地民人处处媚夷、艳夷而鄙华，借夷而压华，虽极可恨可恶，而远识者尚不宜在此等着眼。吾辈着眼之地，前乎此者，洋人十年八月入京，不伤毁我宗庙社稷，目下在上海、宁波等处助我攻剿发匪，二者皆有德于我。我中国不宜忘其大者而怨其小者。欲求自强之道，总以修政事、求贤才为急务，以学做炸炮、学造轮舟等具为下手工夫。但使彼之所长，我皆有之，顺则报德有其具，逆则报怨亦有其具。若在我者，挟持无具，则曲固罪也，直亦罪也，怨之罪也，德之亦罪也。内地之民，人人媚夷，吾固无能制之；人人仇夷，吾亦不能用之也。中饭后，写沅、季信一件。阅《水经》，与汪图校对潜水、涪水、梓潼水、阻水、南漳水、青衣水、延江水、油水、蕲水。清理文件，倦甚小睡。见客一次。接雪琴信，知九洑洲于初三日克复。向师棣作策对甚佳，与之久谈。夜清理文件。温《古文·序跋类》。

初八日

早饭后清理文件。旋见客一次，与筱泉围棋一局，写雪琴信一件。雪琴又有信来，言初三夜之所克者，非九洑洲也。又见客二次。将《水经》校对汪图，看沔水十五叶。中饭后又看十叶。旋清理文件。酉初，谷甫来久谈。旋接少泉上海来信及公牍各件，细看一遍。傍夕与幕府诸公鬯谈。夜接课卷廿馀篇，盖初六日余出策题一道，拟告示一道，令忠义局及各员应课，至是始交卷也。粗阅一过。二更后清理文件，旋温《太史公自序》。倦甚，睡尚能成寐。

初九日

早饭后清理文件。旋见客六次。围棋一局。习字一纸。与眉生等鬯谈。午正小睡。阅《范文正公集·近名论》，与余之所见相符。中饭后阅《水经》，校汪图，凡十二叶。清理文件甚多。见客二次。与洪琴西鬯谈。夜写沅、季信一件，温《臧洪传》，二更后清理文件。

三点睡。是日接奉廷寄一件。

初十日（使皖南茶务定一章程）

早饭后清理文件。旋见客五次。围棋一局。写沅季信一件、李少泉信一件。午正小睡片刻。中饭后写雪琴信一件，见客四次，清理文件，改信稿六件。与幕府诸公鬯谈。将茶引、茶捐、茶厘三票细核一过，将使皖南茶务定一画一章程，庶使官商两便，薄暮核毕。与万篑轩一谈。夜温《诸葛亮传》，清理文件。二更三点睡。是日接奉谕旨二件、廷寄二件，盖因余四月十五日之摺秕回者。

十一日

早饭后,出城送洋船之行,熊字营尚有两哨在此未去也,卯正归。见客二次。与甘子大围棋一局。旋又见客二次,申夫坐颇久。倦甚,会客时不免渴睡,傲漫之气积于中,不克自强如此,深用自愧。旋阅《水经注》,校汪图沔水毕,又校浵水、丹水、均水、漻水。倦甚,小睡半时许。中饭后至眉生处𫝅谈。旋清理文件,至申正毕。酉刻核改告示稿、札稿,即昨日所定茶引章程也。傍夕与彤云、琴西𫝅谈。夜改信稿四件,二更三点毕。三更睡。

附记 韦营之饷

鄂省三成,每月解四千两,约馀二百金。

皖省七成,每月约须九千两。内安庆厘四千串;大通厘二成,约二千八百串;获港厘二成,约二千四百串;枞阳五家套,约二千串。

十二日(痛闻赵景贤苦守孤城至城陷身亡)

早饭后清理文件。旋与筱泉围棋一局,写季高信一件、希庵信一件,与眉生𫝅谈。午正小睡片刻。中饭,请蔡少彭、赵炳麟、范次典便饭。饭后习字一纸。天热,倦甚。清理文件,申正毕,存竹床小睡片刻。将《余忠宣公传》〈写〉毕,约共千八百字。傍夕闻湖州矢守。赵景贤竹生以一在籍绅士,苦守孤城,四面援绝,至半年之久,城陷身殉,良可痛悯。拟为一疏,历叙其贤行勋绩,而自请不能赴援之咎。与幕府诸友谈湖州事,因议增芜湖防兵。夜清理文件,至二更三点毕。睡,竟夕不寐,或因日间小睡及天热之咎。

十三日(知郭云仙放苏、松粮道)

早饭后清理文件。旋见客一次。围棋一局。写毛寄云信一件,写沅弟信一件。请莫子偲、吴彤云阅卷,即余初六日出题课委员者,共卷六十九本。见客三次。写黄南坡、赵玉班信一件。午刻小睡。未初,请子偲、彤云便饭。中饭后,倦甚,未能治事。申刻清理文件。旋写勒少仲挂屏四幅、对四付,与幕府李眉生等𫝅谈。傍夕,与子偲、彤云久谈。夜写零子甚多,天热不愿治事。二更后温杜诗五律。洗澡一次。是日接奉廷寄二件,知郭云仙放苏松粮道。

十四日

早饭后清理文件。旋见客三次,与筱泉围棋一局,与子偲、彤云商取各卷。写纪泽信一件,改信稿十馀件,清理文件。午正小睡片刻。中饭后,将各卷加批,取定八卷发出。清理本日文件。酉正与幕府诸公𫝅谈。夜热甚,在院中露坐乘凉。二更后清理文件。三更睡,甚能成寐。

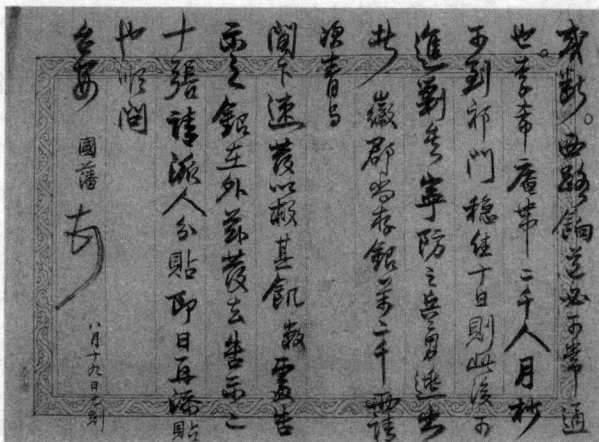

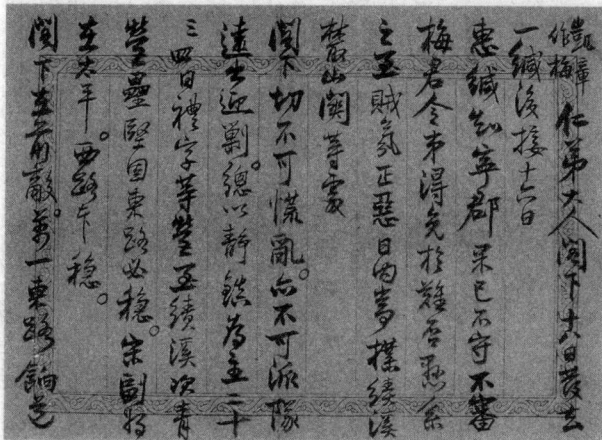

曾国藩信札

十五日（写沅弟信论人满天概之道）

早饭前后，各文武贺朔，至巳初毕。前围棋一局。又见客二次。至李眉生处邕谈。写沅弟信一件，论人满天概之道甚详。写雪琴信一件。中饭后倦甚，小睡。申刻阅本日新到文件，改信稿四件，写挽联一、挽幛一、对联六付。傍夕与幕府邕谈。夜热甚，在院中露坐小睡。二更后清理文件，至三点毕。是日阅官帅咨到摺稿，欲令多礼堂援秦。核改摺稿一件。

十六日

早饭后清理文件，与筱泉围棋一局。旋见客三次。热甚，在竹床久睡时许。巳正后，改摺二片、片一件。中饭后作一密片，清理本日新到文件。见客三次。傍夕与幕府邕谈。夜作密片，至三更毕。热极，不甚成寐。

十七日

早饭后清理文件。旋与筱泉围棋一局。与幕府诸君商本日应发摺件，太多，改为两次拜发。又改摺片一件。接奉廷寄一件。至别院小睡乘凉，热甚，懒于治事。中饭后，见客一次。小睡片刻。旋清理文件。核改江西所定丁漕减征永章，作一告示稿，至二更作毕。清理文件，二更四点毕。是日辰刻，出外拜客三家，巳刻归。申刻发报二摺、三片。

十八日（阅《古文尚书疏证》）

早饭后至城隍庙烧香求雨。归寓，清理文件，与筱泉围棋一局。天气亢热，深以为苦。写官中堂信一件、雪琴信一件。在竹床上久睡。阅《古文尚书疏证》，至十四条止。中饭后又阅十五、十六条。旋清理文件，核改谢恩摺四件、片稿三件。傍夕与幕府邕谈。夜核对各摺单，阅《疏证》第十七条。

十九日（与陈虎臣论老庄自然之道）

早饭后清理文件，旋与筱泉围棋一局。天气热甚，不能办事，即在竹床久睡。阅《古文尚书疏证》十七、十八、十九、二十、廿一、二、三等条，申正阅毕。午刻写少泉信、雪琴信。见客四次，与陈虎臣论老庄自然之道。申刻清理文件颇多，至酉正方毕。热极，与幕府诸公久谈。写陈作梅信一件。夜大雨。亢旱之雨［日］，得此甘霖，人心大快。改札稿一件，即定江西丁漕永章之札也，未毕。二更三点睡，雨后新凉，稍能成寐。是日发报二摺、三片、一恤单、二保单。

廿日

早饭后见客二次。旋围棋一局。阅《古文尚书疏证》，二十四、五、六、七条，三十一、二条。写希庵信一件。见客四次。写沅弟信一件、郭云仙信一件。中饭后见客二次，阅《尚书疏证》中四十九、五十、五十一、二条。清理文件，至酉初毕。核改信稿、札稿。夜清理文件，再改札稿，即江西丁漕永章一案也。是日，接家信，澄侯一件，极道纪鸿儿之佳；纪泽一件，言袁婿之劣，颇为可虑。

廿一日（阅《书传补商》）

早饭后清理文件。旋围棋一局。改丁漕永章之批二件，改信稿一件。见客五次。午刻出一策题，问老、庄、淮南、管、商、申、韩诸子，约三百馀字。中饭后小睡。阅《书传补商》。旋清理文件。天气郁热。接澄侯在衡州发信一件。写毛寄去信一件。傍夕与幕府诸公邕谈。夜清理文件。洗澡一次。是日阅《尚书疏证》，中五十三、四、五、六、七等条。

廿二日

早饭后清理文件，万篪轩来久谈。旋围棋一局。写沈幼丹信一件，约近千字。将丁漕永章一一核定，封发。阅《古文尚书疏证》五十八条至六十四条止，陆续看至更初毕。申刻清理文件。至幕府与陈伯敷久谈。酉刻写左季高信。傍夕与洪琴西邕谈。夜清理文件，温古文一首。是日大雨倾盆，竟日不息。久旱之后，得此膏泽，农民其少苏乎？

附记　回信速复

○李小泉　○严渭春

○姚秋浦　○严仙舫

廿三日

早饭后清理文件,与筱泉围棋一局,写沅甫信一件、姚秋浦信一件。与幕府诸公久谈。午刻,出城接厚庵,渠新自家中来也,旋与同至余公馆。客去,中饭。饭后写希庵信一件、雪琴信一件,核改信稿二件,清理本日文件。出外拜杨厚庵,酉初归。见客一次。温杜诗七古,若有所会。夜写李筱泉信一件。是日眼蒙,右眼微红,不欲多办事。阅《古文尚书疏证》六十五、六两条。午刻接奉廷寄一件。

二十四日

早饭后清理文件。旋围棋一局,见客一次,周念慈来谈颇久。写家信与纪泽儿,写严渭春信一件。阅《古文尚书疏证》中六十八、九条。见客二次。与幕府诸君邕谈。午刻小睡。未刻清客,杨厚庵、周念慈、马学使三人同席,申刻散。清理文件。阅《尚书疏证》。傍夕与幕府邕谈。夜温《古文·序跋类》。

二十五日(是日接奉密寄谕旨一件)

早饭后,见客一次,旋清理文件,与筱泉围棋一局。又见客三次,许雪门坐最久。写沅弟信一件,阅《尚书疏证》中六十九,七十,七十一、二、三、四条。倦甚,屡在竹床酣睡,中饭后,再阅《疏证》。与幕府久谈。清理文件。傍夕温杜、韩七古,高声朗诵。夜温《太史公门序》,是日接密寄谕旨一件,抄一分专人送希庵处。

附记

○复意诚信
○寄鸿儿信,并银四百两,为印卷等用

二十六日(出城拜周念慈观察)

早饭后清理文件。旋围棋一局,见客先后五次,内李申夫坐最久。写沈幼丹信一件。接奉廷寄四件,内因余奏克复太平、芜湖批摺寄谕一件,另有密谕三件。与幕府诸公邕谈良久。中饭后阅《古文尚书疏证》中七十五、六条。清理文件,至傍夕方毕。二十一日出一策题,连日有交卷者,随到随看。夜阅希庵信,并渠二十三日密摺稿,立言甚为得体。二更后,洗澡一次。是日夏至节。巳刻出城,拜周念慈观察。

二十七日(日内因人才缺乏,思造就人才之法)

早饭后清理文件。旋围棋一局,见客二次。写纪鸿儿信一件、郭云仙意城一件、邓寅皆一件。午刻,陈虎臣来久谈。阅《古文尚书疏证》七十七、八、九条。中饭后,至李眉生处一谈。旋清理文件,写希庵信一件、厚庵信一件。本日公文甚多,酉正毕。傍夕温杜诗七古。夜,洪琴西来久谈。二更后清理文件。三点睡,倦甚。是日未刻,拜发疏件题本一,系七月十二日慈安皇太后之万寿贺表;奏匣一,系谢沅弟优叙、季弟勇号之恩;又鲍超营中谢摺四件。日内因人才缺乏,印委各务,往往悬缺待人,思所以造就之法,拟每日接见州县佐杂三人,与之坐淡而教诲之。

二十八日

早饭后写小行书挂屏四幅,与筱泉阳棋一局。旋见客数次。写沅圃信一件,阅《古文尚书疏证》中八十条。午刻与黎寿民久谈。旋小睡片刻。中饭后,至幕府邕淡,吴彤云亦来谈。旋清理文件。倦甚,若不克自振者。接官帅等信,知山、陕事甚忙乱,多军断不能东,为之忧然。见客二次。改信稿三件。傍夕温杜涛。夜写零字稍多,倦极,不能治事。二更后,奄奄欲卧,不知何以疲困若此,殆老境侵寻耶?

二十九日

早饭后清理文件。旋围棋一局。写袁午桥密信一。见客二次,许瑶光坐甚久。雪琴自铜陵夹来久谈,午正去。写左季高信一。中饭后阅洪稚存《诗话》。接廷寄二件、谕旨一件,系因余行文户部,误将三月廿七日廷寄录去,中有交涉外国事须秘密者。奉旨将余交部议

三十日

早饭后清理文件。旋围棋一局。陈虎臣来久坐。阅洪稚存《诗话》。倦甚,在竹床久睡。午旋,至眉生处郒淡。未初,请许雪门便饭,申初散。再阅《北江诗话》,清理文件。阅课卷,即二十一日所出之课题,阅至二更三点止,尚未完毕。夜,睡不甚成寐。

六月

初一日(与蒋莼卿论复奏夷务事)

早间,各文武员弁贺朔,至巳刻方毕。围棋一局。与黎寿民久谈。小睡。雪琴来郒谈。至蒋莼卿处,与之论复奏夷务事件。清理文件。见客三次。因久不接上海信,焦灼之至。午正小睡。中饭后清理文件,写希庵信一件,将各卷阅毕,请程伯敷帮同一阅。写对联十付。傍夕温七古,夜温古文。困倦异常,竟不能作一事,竹床零睡,动辄成寐。二更三点至内室,亦彻夜酣眠,不知果心肾之易交与?抑颓散不能自振与?

初二日(欣闻上海大获胜仗)

早饭后清理文件,与筱泉围棋一局。旋见客四次。久不接上海信,悬系之至。本日辰刻,接少荃十一、十六日二次信,但知青浦再为贼占,而又无实在打仗信息,尤为焦灼,坐卧不安。写沅甫信一,计七叶。本日传候补人员言南、金茹晋、周甫文三人,令其手写履历,久候不能写毕,俟至中饭以后,始传人,与三人坐谈良久,申初散。清理文件甚多。续到少荃一信、韩正国一禀,知上海于廿一日大获胜仗,为之喜慰。见客一次。清理文件,至酉正毕。与幕府诸君郒谈时事。夜清理文件,写册页二开。是日,部文中见蒋琦龄所陈时政十二事,约计万馀言,多可见之施行,文笔亦雅健畅达。末条请崇宋学而抑汉学,似与各条不类。

初三日(奉旨查办浙江败将贵廷芳)

早饭后清理文件,见客一次。出城拜彭雪琴,值渠新修余忠宣公墓告成致祭,余适过其地,因与同行二跪六叩礼。旋至雪琴船上久坐。归寓,清理文件。雪琴旋来郒谈。传见候补班杨明顺、桂中行及江苏知县赵秉镕三人。午刻至幕府小叙。午正三刻小睡,中饭后见客一次。旋清理文件,写册页四开,见客二次。因上海解来浙江败将贵廷芳等二人,奉旨查办,无处收押,与臬司商,另置房屋,以作监禁。傍夕剃头一次。夜清理文件。二更后温《艺文志》毕。

初四日

早饭后见客三次。旋围棋一局。清理文件,写澄侯信一件,作安徽署缺各员摺稿。见候补班刘星炳、赵光缙、陈泳三人,旋又见客一次。至幕友处一谈。中饭后作江督不能兼办夷务复奏摺稿,至二更四点毕。申刻见客一次。酉初至幕府一谈。清理本日新到文件。是日所作二摺,觉用心太过,神情昏倦,行路若畏颠坠者然。

初五日

早饭后见司道一次。旋见客三次。清理文件。围棋一局。传见州县刘兆彭、沈懋德、宋尧金三人。改片稿二件。至幕府一谈。中饭后清理文件,将二日积压之件清厘一次,酉正毕。与李眉生郒谈。夜将江西丁漕减征告示再改一次,因沈中丞言宜专收银不可收钱也,写沈信一件。二更二点,睡后倦甚,天气溽暑,殊困人耳。

初六日(传见州县三人)

早饭后清理文件。旋见客五次,写李少荃信一件。已刻传见州县龙舜臣、陈德明、王寿

祺三人。写希庵信一件。中饭后，加少荃信三叶，阅本日新到文件，旋核改信稿约二十件。至幕府一谈。夜又改信稿四件。温《古文·序跋类》。倦极，早睡。是日发报军务二摺、三片、一清单，地方二摺、一片、一清单。辰刻，围棋一局。

初七日

早饭后清理文件。旋围棋一局，见客一次。倦甚思睡，因取《渔隐丛话》，阅杜工部二卷、韩退之二卷。写九弟信一。传见州县禄廉、冯元澋、徐树钊三人。午刻见客一次。小睡半时。中饭后清理文件，习字一纸。接上海各信。清理文件，至傍夕未毕。夜又检点核改，至二更三点始毕。

初八日（阅《渔隐丛话》）

早饭后清理文件。旋见客三次。围棋一局，阅《渔隐丛话》，倦甚。传见储赓芸、程燠、胡锦三人。午刻，陈虎臣来久坐，习字一纸。中饭后写沅弟信一、希庵信一。阅《渔隐丛话》。倦甚，若不克自持者。与莫子偲、李眉生啜谈。傍夕与马昂谈相去，清理本日文件。夜阅《渔隐丛话》，二更后洗澡一次。日间，溽暑困人，余向畏暑，故日内精力不克自振。

初九日

早饭后清理文件。旋见客三次，围棋一局。写沅弟信一封，专人送去，左季高信一件。习字一纸，传见佐杂董海清、王焜、杨光祖三人。至幕府一叙。午刻小睡。中饭后清理文件，写严仙舫信。酉刻写对联十付。戌刻温东坡七古，眉生来谈。夜写零字颇多，清理文件。

附记

渭春信添一叶，言四事

初十日（洋人贪带茶叶竟不肯船装火药）

早饭后见客二次，衙门期也。旋围棋一局。吴竹庄来久淡。清理文件，写沅弟信一件。传见佐杂陈正常、周溶、谢持谷三人。至幕府一叙。阅《文献通考·职官考》。中饭后清理文件，赵惠甫来久坐，习字一纸。天热异常，竹床乘凉，不能多做事。余所买威林密轮船在汉口下来，言明装火药五千斤赴沪，乃洋人贪带茶叶，不肯装药，竟将委员逐出，不准在船，凶猛如此，殊可虑也。傍夕接廷寄一件、恭亲王信一件。夜热甚，不能办事，洗澡一次。温古文二首。

十一日

早饭后清理文件，见客二次，围棋一局。出门拜客，一吊刘幼蟠之丧，一至马雨农学使处，并拜莫子偲，借其案头之《辛稼轩集》。归，写杨军门信一件，见客一次，传见佐杂周庆熊、吴墱、杨葆翼三人，阅稼轩词。中饭后阅《稼轩集》，清理文件，至李眉生处小坐。天热非常，有销金烁石之象。酉刻以后，徘徊庭院，少却暑气，竟不能作一事，甚矣，余之惫也。夜洗澡一次。三更后，始略成寐。

十二日（是日为先太夫人忌日；余已别母二十馀年）

是日，为先太夫人忌日，至是见背十年，余之别母则二十馀年矣。饭后，写沅弟信一件，清理文件，见客二次。围棋一局。写季高信一件、李少荃信一件。巳刻，传见佐杂金大荣、胡绍文、朱云龙三人。至幕府与诸君一谈，吴彤云在坐。午正小睡五刻许。中饭后见客二次。阅本日新到文件，阅《文献通考·官数三公》至酉初止，清理文件。傍夕高吟"大江东去"数过。热甚，夜间不做事，二更四点睡。

十三日

早饭后清理文件，见客四次。围棋一局。写希庵信一件。至幕府啜谈。午刻小睡。中饭后阅《文献通考》《职官》《三公》《官属宰相》篇。清理文件，核改复恭亲王信稿。傍夕，身体不爽，有似伤暑者然，至二更尽未愈。

十四日（左季高论夷务甚为有见）

早饭后清理文件。腹泻数次。写澄侯信一件，围棋一局，写沅甫信一件。接奉廷寄一件、谕旨四件。写恭亲王信四叶。阅《文献通考·门下省》。传见宋阶和、袁鸣璠、邓瑞品三人。中饭后至幕府闲谈，莫子偲在坐。清理本日文件甚多，又核批等件，戌初未毕。夜又清理文件，至二更毕。洗澡一次。接左季高信，论夷务甚为有见。

十五日

早饭后，见客十馀次，盖文武员弁贺朔[朔字衍]，望者，巳初毕。旋围棋一局。至幕府一谈。传见佐杂贺宏勋、张更新、庞怀典三人。阅《文献通考·门下省》。渴睡殊甚。写希庵信一件。中饭后清理文件。申正阅《门下省》篇，至灯初阅毕。清理文件。受署渐病，身不爽快。是口接奉批摺，是五月十九所发者。

十六日（应奏事甚多，因畏热不能举笔）

早饭后清理文件，见客一次。围棋一局。写沈幼丹信二、彭雪琴信一，阅《文献通考·中书省》篇。传见高列三、查宝信、廖字庆三人。午刻小睡。中饭后与吴彤云久谈。旋至幕府与尚斋、伯敷等久谈。清理文件。酉初再阅《尚书省》篇，未毕。晡时剃头一次。夜在院乘凉。清理文件。日内天气奇热。余每令人摇扇，终日不停。而二日以来，傍夕至二更，大不爽快，岂老年腠理已疏，为扇风所伤耶？二更四点睡，久不成寐。日内应奏之事甚多，因畏热不能举笔起草。

十七日

早饭后清理文件。围棋一局。见客一次。写左季高信一件。传见姚光国、邵钧、陈珂三人。赵惠甫来久坐。阅《尚书省》篇。中饭后，至幕府闲谈。清理本日文件。酉刻再阅《尚书省》篇。史士良来久坐，戌刻莫子偲来坐，夜，琴西来久坐。是日暑热异常，二更后，身体不爽快，至三更未愈。积阁事件甚多，不能清厘，至以为愧。

十八日

早饭后清理文件。史士良来久谈，围棋一局，见客一次。写沅甫信一件。传见张燧、许景隆、曾秀莹三人。午初，阅《文献通考，尚书省门》，至未初毕。至幕府闲谈，吴彤云等来闲谈。申刻清理文件，至酉初毕。热甚，在庭院乘凉。夜温《古文·序跋类》二首。洗澡一次。奇热，久不能睡，至四更始成寐。

十九日

早饭后清理文件，围棋一局，见客三次。阅《通考·御史台门》。巳刻传见吴振声、韦运煌、程远三人。午止阅《御史台门》毕。中饭后至幕府闲谈。清理本日文件。阅《学士院门》，至傍夕止。是日炎热异常，竟日几不能治事，勉阅《通考》，汗下如雨。竟夜未能登床，即在竹床上睡，不甚成寐。

廿日（拜史士良）

早饭后见司道一次，旋出门拜史士良。归，清理文件。围棋一局。写沅甫信一件，阅《通考·学士院门》末附"诸阁职"。传见倪人在、靳学洙、沈道万三人。小睡片刻。中饭后至幕府闲谈，见客一次，清理本日文件，赵惠甫来久坐。酉刻阅《通考·诸卿门》。傍夕与眉生闲谈。夜核改信稿四件。天气稍凉，为之小纾。

二十一日（欣闻宁国府城已克复）

早饭后清理文件。见客一次。围棋一局。至幕府一谈。拟作一摺，因琐事关白者多，未能动笔。传见张锺澍、郝同变、刘溶三人。午刻少睡。中饭后见客一次，候补道许厚如自李世忠处而来，与之久谈。清理本日文件。申正作摺。傍夕，洪琴西、莫子偲来谈。摺件至二更四点脱稿。夜，不甚成寐。是日闻宁国府城于十四夜克复，为之欣慰。

附记

发二摺、三片

○官信　○彭信

○沅信

二十二日

早饭后清理文件。见客一次。围棋一局。史士良、马学使来久坐。改片稿一件,作片稿一件,传见张葆、黄丽中、延龄三人。午刻清理文件。中饭〈后〉,与吴彤云、洪琴西一谈。阅本日文件,见客一次。写信,沅甫一件、雪琴一件、希庵一件。判科房稿件。傍夕改片稿一件,至幕府与尚斋等聚谈。夜阅各文件,至二更三点毕。日内积阁之文,本日稍为廓清。

二十三日(陈氏妾久病不愈)

早饭后清理文件。旋见客一次。围棋一局。写沅弟信,约千馀字,中言盐务颇详。传见忠义局陈艾、汪瀚、柯华辅三人。罗少村来久谈。中饭后见客一次。阅本日文件,阅《通考》《卫慰卿》《太仆》《宗正》,酉初毕。至幕府聚谈。陈氏妾久病不愈,两日内全不吃饭。其父知医理,请之诊视。病已沉笃,据云非药力所能痊。夜阅批稿数十件。二更三点至上房,竟夕不能成寐,室中呻吟声不止。

廿四日

早饭后清理文件。旋见客一次。围棋一局。写澄弟信一件。传见方觐宸、徐子苓、曹翰田三人。赵惠甫来聚谈。巳正阅《通考》《鸿胪卿》《司农卿》《太府卿》《秘书监》。未初请客便饭,史士良、罗少村等数人,申初毕。至幕府聚谈。阅本日文件。热甚,汗下不止。清改批稿各件,酉正毕。温读杜诗七古。傍夕,隋龙渊来久谈。夜阅文数件。洗澡一次。温《宦者传论》。

廿五日

早饭后见客二次,衙门期也。旋围棋一局。又见客三次,传见王恩锡、赵世遹、周成三人。写左季高信。午刻见客一次。炎暑异常,劳倦殊甚。午刻小睡。中饭后,至幕府聚谈。清理本日文件,酉初毕。阅批稿各件,戌初毕。诵东坡词。夜,倦极思睡。洪琴西来聚谈。旋在竹床久睡,委顿不克自强,殊以为愧。

廿六日

早饭后清理文件。围棋一局。见客二次。写李少泉信。传见许恩培、江有兰,杨文粹三人。见客又二次。阅《通考》《殿中监》《少府监》《将作监》《国子监》《军器监》《都水使者》。午正少睡。中饭后至幕府聚谈。清理本日文件,又阅各批件。酉正见客一次。傍夕,散步庭除,未能治事。夜改信稿三件,二更后,温《古文·序跋类》四首。

紫砂描金堆绘打枣图大笔筒 清雍正

廿七日

早饭后见客一次。旋围棋一局。写郭舜民信一,专人至东台,一为省视。又见客二次,传见查贵辅、章邦元、汪士珍三人。阅《通考》《内侍省》《枢密院》。中饭后,至幕府聚叙,阅《通考·将军总叙》,清理文件,核各批稿。傍夕入内室一坐。夜温"序跋类"欧阳公各篇。洗澡一次。

廿八日(纪鸿院试取第五名入学)

早饭后清理文件。旋见客一次。围棋一局。写左季高信一件。见客二次。传见程煜、陈达、吴彬三人。阅《通考》《十六卫》《三衙》。中饭后至幕府久谈。阅本日文件,申正毕。阅《通考》《大将军》《都督》等篇。是日接家信,知纪鸿见于六月十五日院试,十八日取第五名入学。傍夕在庭院乘凉,念家国之事,不胜郁郁。夜核改信稿数件。温古文欧文"序跋

类"。

廿九日（接牍知伪保王带众六万投诚事）

早饭后清理文件。旋围棋一局，写沅弟信一件。阅《通考》《中郎将》《节度使》等篇。传见程光国、戴鸿恩、章遇鸿三人。自六月初二日传见州、县、佐杂、教官、绅士，本日见毕。旋又见客一次，阅《通考·东宫官》篇未毕。中饭后至幕府閒谈。旋清理本日文件，见客一次。接鲍春霆克复宁国之牍，并言伪保王童容海带众六万投诚之事。料理各事，傍夕粗毕。吴彤云来久坐，至一更四点去。改信稿数件。洗澡一次。

卅日

早，清理文件。饭后，料理杂务。旋围棋一局。作复奏查办江西蠲缓摺，至未初作毕。中饭后，至幕府閒谈。作请豁江西奏摊各款一片，至二更四点毕。颇觉用心太苦。天热殊甚，是夜不入内室，即在书房就寝，竟夕不能成寐。

七月

初一日

早，因昨日辛苦，本日事又极多，谢不见客。饭后清理文件，旋作密片一件，围棋一局，写沅甫弟信一件。已正，改克复宁国摺稿一件，未刻毕。核各清单。中饭后至幕府閒谈，阅本日新到文件。申刻作片稿一件。傍夕清理文件。剃头一次。接廷寄一件，系六月六日发摺之批回。夜热甚，久在庭院乘凉。清理文件。二更二点，洗澡一次。睡至四更，尚不成寐。

初二日（至舟上吊祭张胜禄镇军）

早饭后清理文件。旋围棋一局。见客三次，改摺稿一件，写沅信一件，改片稿一件。午刻出外，至舟上吊祭张胜禄镇军，未刻归。中饭后至幕府閒谈。旋核对各摺各片各单，清理本日文件。申正封摺，因有密片，当面守封。酉刻发报，共计摺四件、片七件、清单三件。又清理科房各批稿。傍夕倦甚，至上房小睡。夜核改批件，温曾子固序跋三首。

初三日

早饭后清理文件。旋围棋一局，见客三次，阅《通考》《东宫官属》《六院四辖》《宫观使》。中饭后，至幕府閒谈，阅本日新到文件。阅《通考·司隶校尉》篇。酉刻清理文件。夜又清数件。温曾、王序跋四首。

初四日（观火轮船之机试演）

早饭后清理文件。史士良来久坐。旋围棋一局。写岳父信一件。莫子偲、吴彤云来，帮看经解各卷，未刻毕。写澄侯信一件。陈虎臣来久座。中饭后，华衡芳、徐寿所作火轮船之机来此试演。其法以火蒸水，气贯人筒，筒中三窍，闭前二窍，则气入前窍，其机自退，而轮行上弦；闭后二窍，则气入后窍，其机自进，而轮行下弦。火愈大，则气愈盛，机之进退如飞，轮行亦如飞。约试演一时。窃喜洋人之智巧，我中国人亦能为之，彼不能傲我以其所不知矣。申正写希庵信一件。闻希〈庵〉近日病颇重，至扶杖出入，深以为虑。倦甚，小睡。清理文件。夜又清文件，温《文献通考》各序。是日接奉廷寄一件。

初五日（天寒可减蝗害而恐于秋收有伤）

早饭后见客二次，衙门期也。旋围棋一局，阅《通考》《转运使》以下，至《州佑》止，未初毕。中饭后，至幕府閒谈。旋阅本日文件。酉刻，批阅课卷，至二更批毕。清理文件。是日阴雨，凉冷异常，有似八月风景，虽于蝗虫之害少可减除，而亦恐于秋收有伤。已刻写沅弟信一件。

初六日

早饭后清理文件。旋见客二次，围棋一局，阅《通考》《京尹》《郡守》《县令》等卷。中饭

后至幕府小坐，万篪轩来久谈，清理本日文件，出一策题，约三百字。天气甚凉，可着厚棉。意思散漫，精神不振，申酉间不能作一事。戌初，定信成官银号清单之式。夜，理清文件，倦怠尤甚，风雨作寒亦尤甚，未至二更三点即已睡矣。

初七日

早饭后清理文件。旋围棋一局。见客一次，史士良久谈。写季弟信一件，希庵信一件。陈虎臣来久坐。清理文件。中饭后至幕府，遇申夫，久谈。申刻阅本日文件，核改信稿四件。酉刻阅《通考·文散官》。夜阅《武散官》。复清检新到文件，温"序跋类"二首。

初八日

早饭后清理文件。旋围棋一局，甘子大来，又与之围棋一局。阅《通考·散官禄秩》。天气阴雨，久不开霁，二伏着凉，深恐有碍秋收，焦灼之至。写少荃信一件中饭后，至幕府罾谈。见客二次，皆久谈。阅本日文件甚多。傍夕又清理信件。夜核改批札，二更后温《古文·序跋类》。

初九日（李希庵奔丧回籍）

早饭后清理文件。与程朴生围棋一局，又观其与柯筱泉围棋一局。见客一次。阅《通考》《禄秩》《官品》。中饭后至幕府久谈。旋阅本日文件，极少，倦甚，至上房歇息。酉刻接信，知希庵中丞之母萧太夫人于六月十六日病故，希庵于七月初六日闻讣，咨请代奏开缺，奔丧加籍，并请派员接办抚署公事。余因定仿照胡文忠八年丁忧，官督师兼署抚篆之例，咨令启程，以后派员赍篆赶省兼署。灯后，写信一件唁之。旋又清理文件，二更三点毕。腹胀不能安眠。

初十日（深虑飞蝗蔽天）

早饭后清理文件。与程石洲围棋一局，又观程杨柯——［衍一一字］局。旋改摺稿二件，阅《通考·官品》。见客二次。中饭后，至幕府罾谈。作片稿一件，阅《明史·职官志》。傍夕小睡。戌正，发报三摺、二片，正摺系报李中丞丁忧也。灯下，写希庵信一件。旋查本月饷银出入，手自登记。二更后，温"序跋类"一首。阴雨十日，本日晴霁，方以为喜，而飞蝗蔽天，深以为虑。

十一日（公馆内将倾高亭，可怜万雀失所栖）

早饭后清理文件。旋与筱泉围棋一局。见客一次。阅《明史·职官志》"六部""都察院"，写沅、季信一件。午刻，刘南二来久坐。中饭后至幕府一叙，阅本日文件，将七月各稿、批清厘一次。傍夕出门，至万寿宫一阅，以明日系慈安皇太后万寿，须行礼也，夜清理文件。温"序跋类"三首。洗澡一次。公馆内有一高亭，将倾圮矣，本日拆去，万雀失所依柄，覆巢毁卵纷纷，可怜。接家信二次，系泽儿六月廿四、六两次发者。

十二日

黎明，至万寿宫拜牌。是日为慈安皇太后圣节，学使及万臬司皆因病未到。初毕回寓。饭后围棋一局。见客二次，阅《明史·职官志》三十叶。中饭后至幕府罾谈。阅本日文件，习字一纸，又清理积阁文件，写欧阳定果信一件。傍夕，隋龙渊来久谈。灯后，温"序跋类"三首。

十三日

早饭后，点湘后左有两营之名。至辰正毕。旋清理文件，与柯小泉围棋一局。阅《明史·职官志》，直至未初，中惟见客一次。中饭后至幕府罾谈，习字一纸，再与程石洲围棋一局。阅本日文件颇多，戌初始毕。夜清理批札稿。二更后温《古文·序跋类》，是日毕。申刻以后，北风细雨，有似深秋。入夜，风尤大，殊有碍于秋收，为之大惧。

十四日（近来寸心郁塞足见余器量不闳）

早饭后清理文件，写沅弟信一封。与筱泉围棋一局。见客二次，写纪泽信一件，史士良来久坐。午刻，因纪泽儿问《吴都赋》有"殷坻颓于前"等句，详细答之，又将其诗批点示之。

中饭后,至幕府咆谈。料理寄家谢澄弟及朱金权等件,鹿茸、衣料等物,申刻派人回家。清理本日文件。天寒大雨,心忧秋成之不可恃,闷闷久之。阅《明史》数叶。至内室小坐。夜消理文件,阅《叫史·职官志》毕。本日自酉亥,因近来事有不如意者,方寸郁塞殊甚,亦足见器量之不闳,养气之不深也。

十五日

早,见各文武贺朔[朔字衍]望者,至巳刻毕。与柯筱泉围棋一局,又观筱泉与程石洲一局。阅《皇朝文献通考·职官类》,倦甚。见客二次。中饭后,至幕府咆谈。旋阅本日文件颇多。接郭云仙信,内有示稿、奏稿等。倦甚,在庭院散步逍遥。剃头一次。夜清理文件,二更后温江式《文字表》。四更后,凉冷异常,深以秋成为忧。

十六日

早饭后清理文件,写沅弟信。与程石洲围棋一局,又观渠与筱泉一局。写郭意诚信一、左季高信一。阅《皇朝通考·职官类》三卷。中饭后,至幕府咆谈。习字一纸,写少荃信一封,清理本日文件甚多。酉初,李筱泉来谈,至曛黑始去。灯后,将本日文件阅毕。二更后,倦甚,不能作字,诵谢朓诗数首。

十七日(吴彤云疟病垂危,书托余理后事)

早饭后清理文件。旋接吴彤云信,系十六夜四更所写,因疟病垂危,以书托余照料后事,大约刻其诗文集及周恤妻子,及衣棺不必丰美等语。余览之大骇,即至其寓诊视,其病虽重,尚不至遽有它变,神气尚完,心力亦足,因再三劝慰静养。归,见客四次,与程朴生围棋一局。阅《皇朝通考·职官》。中饭后至幕府咆谈,阅本日文件,习字一纸,清理批札各稿件。傍夕温阮步兵诗。莫子偲、洪琴西来淡。夜改鲍春霆来文、各批。温《古文·奏议类》三首

十八日

早饭后,见客一次,清理文件。旋与程石洲围棋一局。陈虎臣、李筱泉来久坐。阅《皇朝通考·职官》毕。中饭后至幕府久谈。习宁一纸,阅本日文件极少,见客三次。倦甚,懒于治事。写希庵信一件。眼红不敢多看字。傍夕,李筱泉来谈,至二更一点去。日内,闻吴彤云大廷之病日增沉重,深以为虑。

十九日

早饭后,点护军营勇之名,辰正毕。旋见客三次。与程朴生石洲围棋一局。阅《通典·兵类》。午正又见客一次。中饭,请李筱泉便饭,至申正散,清理本日新到文件。至幕府一叙。傍夕困甚,盖天气甚热,而又陪客太久,饮食太过之咎。夜清理文件。二更后极倦,竟不能作一事。

二十日(希庵补授钦差大臣)

早饭后清理文件。司道来见一次,雪琴来久叙,马学使来晤叙一次。与程石洲围棋一局。阅《通典·兵》一卷,写沅弟信一封。中饭后又阅《通典·兵类》,清理本日文件,阅批札各稿。奇热异常,殊为难耐,至眉生处小坐。大雨如注,约一时许,夜间稍凉。翻阅《武备志》之《战略考》。洗澡一次。是日接希庵咨,知渠已补授钦差大臣,请余代奏谢恩,并请辞谢,另简大员接受关防。未刻,袁午桥派游击邱荣解送金安清前来,听候讯办。

二十一日

早饭后清理文件,见客二次,改摺一件。旋出门拜客,勒少仲、李筱泉、段镜湖三家,巳刻归。与筱泉围棋一局。作片一件。雪琴来久谈。饭后,同至幕府一叙。旋清理本日文件,阅《通典·兵类》二十叶。酉刻发报三摺、二片、一清单。热甚,汗出不止,至内室小坐。傍夕,莫子偲来小叙。夜改批札各稿,阅陈秋舫《诗比兴笺》。

廿二日

早饭后清理文件,见客二次,勒少仲、万篪轩坐谈片刻。与柯筱泉围棋一局。阅《通典·兵类》。午刻,杨朴庵来久谈。热极,不能治事。写希庵信一件、作梅信一件。中饭后,阅

本日文件。极热，汗出不止。再阅《通典》数叶。赵惠甫来久坐。至各处闲行，而暑气难避，应办之事俱置不能办。灯后，在庭院露卧，令人挥扇。二更后，清理批札各稿。是日接奉廷寄一件。

附记

三营制　五计谋料敌　间谍　向导　诡诈

四营规爱民　一始计规画大局　七攻战

二选将　八防守　守城　守垒　守险　安营

六教练　九器械　十粮饷

十一水师　十二马队

廿三日（悟作字之法亦有"节"）

早饭后见客一次。旋清理文件，与筱泉围棋一局，又观筱泉与石洲围棋一局。雪琴来久谈，阅《通典·兵类》十五叶，写沈幼丹信九叶，申刻始毕。清理本日文件，再阅《通典》数叶。奇热异常，汗下如雨。傍夕至幕府久谈。灯后，在庭院小睡，令人摇扇。二更后，清理批札各稿。读《孙子》"鸷鸟之疾，至于毁折者，节也"句，悟作字之法，亦有所谓节者，无势则节不紧，无节则势不长。

廿四日（闻何根云已被正法）

早饭后清理文件。李筱泉来久坐。出城拜彭雪琴，巳刻归。写澄弟信一件。表弟彭毓橘来久谈，雪琴来久谈。写欧阳筱岑信一件，中饭后写毕。阅《通典·兵类》。奇热，汗下如雨。申刻，大雨倾盆，至内室小坐。夜与彭腾七久谈，在幕府坐良久。接少荃信。月馀不接上海信，方以为虑，兹得信，幸尚平安。阅新闻纸，知何根云于六月初七日正法，不知确否？为惆怅悚惧久之。

廿五日

早饭后见客二次，衙门期也。旋勒少仲来久谈。清理文件，与筱泉围棋一局，写沅弟信一件、左季高信一件，阅《通典·兵类》数叶。中饭后习字一纸。旋摆列棋势片刻。阅本日文件，未毕。陈虎臣来久谈。又阅文件，毕。傍夕至幕府一谈。李筱泉来，谈至二更二点始去。阅批札各稿。四点睡。

廿六日

早饭后清理文件。旋见客二次，与程石洲围棋一局，清理文件。巳刻，首县来久坐。阅陈秋肪《诗比兴笺》。午正小睡。中饭后核改晏同甫信稿，旋改各信，至下馀件，阅本日文件。傍夕至幕府偶谈。夜，阅改批札各稿，二更三点毕。睡不甚成寐。

廿七日（送史士良赴宁波道之任）

早饭后清理文件。旋出门拜客三家。史士良本日起行，赴宁波道之任，前往送行，因过马雨农、吴彤云两处。巳刻与程朴生围棋一局。旋又见客三次，申甫坐甚久。阅《通典》十馀叶。中饭后阅本日文件，改劳辛皆信稿，至傍夕方毕。至幕府偶谈。夜核改批札各稿，劳倦殊甚。二更后朗诵李义山、杜牧之七律诗。本日凉冷殊甚，可着棉衣，大有碍于收成。宿松县有禀报水灾、虫灾，将恐各县相继而至，忧灼之至。军士无米可食，非细故也。

廿八日（至庭院观星，见彗星光芒渐大）

早饭后见客二次，写许仙屏信一件。与程石洲围棋一局，又观其与筱泉一局。见客二次，唐鹤九自庐州来，谈甚久。写九弟信一件，阅《通典》数叶。中饭后清理文件，改信稿数件。傍夕至幕府一谈。夜，李筱泉来久谈，至二更去。至庭院观星，有彗星见于前星右枢之前，心以为忧。前廿四夜，见一小星逼近北极，微有光芒，心窃骇之。廿六夜，见此星移动数尺，距帝星仅尺许，光芒渐大，直射帝星，因呼洪琴西来同看。廿七夜阴云，不见。本夜见之，又移数尺，已过前星之外矣。因请周志甫来同看，志甫以为彗也。幸光芒尚小，或不为灾。三更睡，不能成寐。

廿九日

早起，清理文件。旋与程石洲围棋一局，写晏彤甫信一件。摺弁自京归，系贺七月十二日万寿者。初六日自京启程，由宿迁、临淮一路行走，故到皖尚不甚迟。阅京报多本，清理文件。见客二次，唐鹤九谈甚久。改摺稿一件、黄翼升谢恩摺、信稿数件。中饭后阅本日文件，未毕。赵惠甫来久谈，旋叶介唐与唐鹤九来，马谷山方伯来，谈尤久。将本日文件阅毕，改信稿数件，改批札各稿。傍夕至幕府闼谈。夜加京信四叶，皆托以事。将批札各稿阅毕。是日，因明日摺弁进京，料事各琐事。傍夕，袁午桥专人来，信中言其病断难支持。接纪泽儿信，寄所作《拟庄》三首，颇能善谈名理，亦略通训诂奇字之学。

八月

初一日（拜贺两宫皇太后徽号）

早起，各文武员弁贺朔，见客十馀次，辰正毕。旋拜发贺表，贺两宫皇太后徽号，礼成，行三跪九叩礼。又见客二次，与程石洲围棋一局。写沅弟信一件，阅五、六两个月京报，将谕旨中有交余查办事件，一一钞出，以部文有到有不到也。阅金眉生条陈两淮农田水利事宜。中饭后阅本日文件。旋清理科房批稿各簿，未毕。傍夕至幕府闼谈。夜清理批札各件，未毕。眼蒙殊甚，似太劳苦，因不复治事而朗吟杜牧之诗数章。是日大雨，竟日阴寒异常，大有碍于收获，实切隐忧。

初二日（作告示令四乡捕蝗）

早饭后见客三次，方伯坐甚久。旋围棋一局。又见客三次。说话太多，倦甚，阅《通典》，不甚耐烦，不能人矣。中饭后，陈作梅、陈虎臣来，各久谈时许。阅本日文件，傍夕方毕。申刻作告示，令四乡捕蝗，自行写刻。晡时，至幕府与眉生久谈。夜阅批札各稿。眼蒙殊甚，不敢多治事。读《诗比兴笺》中庾信、江淹各篇。希庵中丞昨日已到集贤关，本日因雨泥尚未进城。余与城中各官，皆预备往吊也。阴雨作寒，有似秋末气象，大有碍于收获，忧灼之至。

附记

○赵寄筱岑信
○要谢秋水集
○批泽《拟庄》

初三日（哀伤周弢甫在沪沦逝）

早饭后清理文件，见客三次。与柯小泉围棋一局。阅《通典·兵类》八叶。巳正，希庵进城。即至其寓吊之，闼谈二时许，未刻归。请唐鹤九、叶介唐便饭，申刻散。清理文件，接少荃上海信，知周弢甫在沪沦逝。老年一膺荐牍，遽被参劾，抑郁潦倒以死。悠悠毁誉，竟足杀人，良可怜伤。办公至晡，未毕。与幕府诸君闼谈。夜略清文件，眼蒙不能作字。连日阴雨作寒，大损收获。是日微雨，二更后，霖淫竟夕，至睡不断，实堪忧焦。

初四日

早饭后清理文件。旋写纪泽信，批改其《拟庄》三首。见客三次，与柯小泉围棋一局。写沅弟信。午初至希庵处，因留便饭。渠于是早接奉廷寄，不准回籍，赏银八百两治丧，饬地方官妥为照料。君恩极隆，而希庵迫思奔丧，拟具摺自行陈情，观其病势，亦须回家静养，乃可痊愈。申刻归。见客四次，清理文件，至晡未毕。莫子偲来，同在幕府闼谈。夜阅批札各稿，二更三点未毕。因眼蒙早睡。是日卯辰间，大雨如注，巳刻放晴，为之稍慰，幸秋收之或无损也。夜观彗星，已出紫微垣外十馀丈，光芒甚小，远射织女。是日接奉廷寄一件。

附记

周国凯与李文才争斗

初五日

早饭后见客二次，衙门堂期也。旋又见客二次。至内室小坐。写李少荃信一件。午刻出门，拜马谷山署方伯。至希庵处久坐，未刻归。饭后，李筱泉来久坐，清理文件。申刻，莫子偲来久坐。改咨札各稿。傍夕至幕府闲谈。夜阅科房各稿件，未毕。是日天气大晴。夜见彗星在贯索之北三尺许，光芒甚小，不及二尺。辰刻与柯小泉围棋一局。申刻接奉廷寄一件。

青花云鹤纹爵托　清乾隆

附记

○多隆阿一军，不必赴江南，宜驻南阳，一、保鄂，一、清豫之西路，一、使粤捻不得续入奏[秦]，一、京驼所关。

七月十九日旨：多归曾调派。二十四日旨：多归曾调度。

○里下河宜防，六月十八寄旨，潘片奏

十九日旨又饬保里下河　少荃一奏一咨　红丹船不能来，李奏劳咨　僧预防清江浦六月十四日，因都兴阿奏寄谕

不防忠侍洪而防辅古陈

○镇江暂不可战　沪上不可离李

○派员接陈由立事，郑已函止

○李世忠事　六月初四日密奇

七月初八日廷寄，因兼及粤厘事

○奏拨江西漕摺

初六日（是夜，彗星光尤小，渐次南行）

早饭后清理文件。旋见客二次，围棋一局。辰刻见客二次，阅《通典》数叶，写对联六付。已正见客一次，申夫来久坐。午初马方伯来，亦久坐。又阅《通典》数叶。中饭后，清理本日文件，阅《通典》。申刻阅批札各稿。酉刻剃头一次。至希庵处小坐时许，夜清理文件。温《古文·讯令类》。是夜，彗星光尤小，已入贯索之内，渐次南行，再一二日，当抵天市垣矣。

初七日（因云密不见彗星）

早饭后见客二次，清理文件。与程石洲围棋一局。旋又见客二次。阅《通典》数页。午刻，至幕府闲谈。又阅《通典》。中饭后清理文件，又改批札信稿各件。赵惠甫来久坐。天气甚热，蚊虫亦多，不胜其扰，即不复治事。傍夕至内室小坐。夜仍改各批稿，二更后阅谢朓诗，渴睡殊甚。是日巳刻写沅弟信一件。夜，阴云密布，彗星不见。

初八日

早饭后，点义从营之名。旋见客二次，与程石洲围棋一局。阅《通典》。已刻见客二次。午初，至幕府闲谈时许。中饭后至内室小坐。清理本日文件。天气热甚，欲料理诸务，而郁蒸为患，又蚊虫极多，不耐久坐。酉初下雨。至希庵处一坐，与商定渠陈情一疏，灯后归。清理文件，写厚信一件。二更后温陶诗。四更后，阴寒殊甚。时晴时雨，乍热乍寒，既有伤于秋收，而军行多病，尤以为苦，深以为忧。是夜，因云不见彗星。

初九日

早饭后见客二次,旋验看文武官二员。与程石洲围棋一局,又观渠与柯筱泉一局。见客二次。拟作复奏军务摺稿,构思未就,罗伯宜来,久谈一时许。中饭后至幕府呓谈,清理本日文件。申刻作摺稿,至二更三点止,未毕。傍夕至程伯敷处小叙。是夜腹痛,体中不快。

初十日(夜见彗星在天市垣内巴蜀二星之上)

早饭后见客二次,衙门堂期也。旋与程石洲围棋一局。作昨日之摺,午正未毕。中饭后清理本日文件甚多。旋又作摺,至西初始毕。见客一次,至幕府呓谈。夜清理两日内批札各件。是日体中不快。又右手背上酸疼,至夜尤甚,不能握笔矣。是夜,彗星在天市垣内巴蜀二星之上。

十一日

早饭后见客一次。围棋一局。清理文件。改摺稿一件、片稿二件。出门拜客二家。在希庵处中饭。下半日见客三次,清理本日文件。傍夕至幕府呓谈。夜核批札稿,手疼殊甚。

十二日(彗星微茫不甚可辨)

早饭后,手疼不能作字,医者以为风湿,非肿毒也。与程石洲围棋一局。旋至幕府久坐,与李筱泉围棋二局。午初,手贴膏药。阅《通典》。中饭后见客一次。清理本日文件,至西初止。至幕府呓谈。夜核批札稿。手疼略愈,尚不能作字。是夜,在天市垣梁楚二星之西,巴蜀二星之东,微茫,不甚可辨。

十三日

早饭后清理文件,与柯小泉围棋一局。见客五次。写沅弟信一件、少荃信一件,又见客三次。中饭后,李筱泉来,坐颇久,吴子登来。阅本日文件甚多,至西初毕。罗伯宜来久谈。夜核批札各稿,二更四点毕。是日手疼已愈,因手背贴膏药,尚不甚能写字。

十四日(邵世兄家自沪逃难居于余署旁)

早饭后清理文件。旋见客数次,未坐,又见马学使等四次,皆坐谈也。与柯筱泉围棋一局。写沅弟信一件、左季高信一件。至幕府一谈。中饭后热甚,阅本日文件甚多。申正出门,至邵世兄家,即蕙西之子,自上海逃难来此,奉其母与其弟妹共四人来此相依,因于署傍觅屋数间居之。旋至李筱泉、希庵二处,西正归。郭云仙亲家来,与之呓谈,至二更止。清理批札各稿。四点睡,不甚成寐。

十五日

早饭后清理文件。是日,贺节者多,皆谢不见。云仙来呓谈。辰刻写沅甫信一件,阅《通典·兵类》。巳正核科房批札各稿。未刻,请郭云仙、黄鹤汀、罗伯宜、左孟莘中饭,申正毕。清本日新到文件,阅《通典,兵类》毕。天气燥热,心绪烦闷。夜核批札各稿。二更后,筠仙自外归,呓谈至四点。睡不甚成寐。

附记

○专札粮道,每月提解四万

○批西藩司五千串以上之卡,初一通报

十六日

早饭后见客三次,与程石洲围棋一局。巳刻又见客一次。倦甚,若有病者。天势郁燥异常,不能做事。中饭后至幕府久谈。又与柯小泉围棋一局,又自作棋势。竟日不愿作字,与疟疾之象相似。夜与云仙呓谈,二更四点散。略清文件,以本日公事极少也。

十七日(闻沅弟左手酸疼,殆亦风湿之咎)

早饭后见客二次,旋与程石洲围棋一局 与云仙久谈二时许。见客二次。写沅甫信一件、凯章信一件。中饭后阅本日文件。申刻至幕府呓谈。旋阅批札各稿,未毕。傍夕至希庵处呓谈,一更四点归。核批札稿。是日闻沅弟左手酸疼,殆亦风湿之咎,心为虑之。

十八日

早饭后见客一次,清理文件。旋出门考验武职游击蓝教,江西送来,例应送部引见者也。

下河拜客黄鹤汀,与之久谈。云仙尚在船上,本日即将搬至岸上。巳正归。围棋二局。见客三次。中饭后清理本日文件,至幕府邕谈半时许。改信稿数件,尚有二稿未改毕。傍夕,云仙归,与之邕谈至二更四点。本日应了之事,遂未完毕。

十九日(自省一日无进境则日日渐退矣)

早饭后清理文件。旋围棋二局。见客二次,与筠仙邕谈。写左季高信一件,核改信稿数件。中饭后至幕府邕谈,清理本日文件。李竹屋来久谈,核改各批札稿。傍夕至幕府,与竹屋邕谈。夜核批札稿及科房各稿。二更后,温阮嗣宗诗。是日奇热异常,郁蒸难耐。夜,大雨倾盆,稍散烦襟。近日公事不甚认真,人客颇多,志趣较前散漫。大约吏事、军事、饷事、文事,每日须以精心果力,独造幽奥,直凑单微,以求进境。一日无进境,则日日渐退矣。以后每日留心吏事,须从勤见僚属、多问外事下手;留心军事,须从教训将领、屡阅操练下手;留心饷事,须从慎择卡员、比较人数下手;留心文事,须从恬吟声调、广徵古训下手。每日午前于吏事、军事加意;午后于饷事加意;灯后,于文事加意。以一缕精心,运用于幽微之境,纵不日进,或可免于退乎?

附记上半日:见客,审豹听言 作摺核保单

点名看操 写亲笔信 看书习字

下半日:阅本日文件 改信稿

核批札稿查记银钱账目

夜间:温诗、古文 核批札稿

查应奏事目

廿日(傍夕至幕府李竹屋处谈)

早饭后见客二次。旋与黄荷汀、程石洲围棋二局。见客又两次,写挂屏二付。中饭后见客一次,清理本日文件。天气奇热,因入内室久睡。酉刻核信稿。傍夕至幕府李竹屋处邕谈。夜核批札稿信稿,二更三点粗毕。

廿一日

早饭后清理文件。旋见客二次,写沅甫信一封,围棋一局。午正在竹床小睡。未正请吴子登等中饭。奇热不可耐,满坐汗下如雨。中饭后,清理本日文件。申刻与竹屋笔谈良久。傍夕至希庵处谈。夜与云仙久谈。

附记

胡宝善三十八岁,江苏吴县人,辛亥举人,取教习,学正,取内阁中书,由助教截取同知,分发浙江,委在宁绍办捐。失守后,道台张札令至闽请兵,措资与粤东。晏札留粤办厘。

江承绪湖北江夏人,三十二岁,捐从九,分发浙江,屡保知县,加同知衔。在宁绍办捐。失守后,措资至广东。晏札留粤办厘。

廿二日(特旨允准豁江西摊捐款二百馀万)

早饭后,出门至西门外点马队之名。归后,见客一次,围棋一局,又观柯小泉与程石洲一局。又见客二次,与云仙久谈。中饭后至幕府,与李竹屋邕谈。清理本日文件。傍夕,云仙归,久谈。夜接廷寄四件,系七月廿四、廿六、七、八等日所发。其件系余六月廿二、七月初二、初十三次摺件批回。又一件,因官帅奏多军入陕而谕及也。七月初二日所奏请豁江西摊捐款二百馀万,不交部议,而特旨允准,读之感激无已。自古以来,孰有似我朝之宽仁者?二更四点睡。是日凉冷殊甚,萧然有秋意矣。

廿三日

早饭后清理文件。旋见客二次,与程石洲围棋一局,写信三件。未初至希庵处中饭,与云仙、铁桥同席,申刻归。清理文件,至戌初毕。与李竹屋邕谈。夜清理批札各稿,二更三点毕。是日接奉七月廿五日廷寄一件,又接谕旨,僧王节制直隶、山东、山西、河南四省督抚提镇,并调度苏皖之徐、宿、蒙、亳各军。

廿四日（闻韩正国在上海伤亡）

早饭后清理文件。旋围棋一局。见客二次，写澄侯信一件、沅甫信一件、鲍春霆信一件。午刻见客二次。中饭后见客一次。与李竹屋邕谈。见客一次。阅本日新到文件极多，傍夕始毕。夜核批札稿，与云仙久谈。是日闻韩正国于八月十四日在上海伤亡，锐志自立，可悯可惜。

廿五日（廷谕希庵假满后任钦差大臣关防）

早饭后见客二次，衙门期也。旋围棋一局，写李少荃信一件。中饭后见客二次，清理本日文件。申正至李竹屋处邕谈，傍夕始散。夜作一摺稿，至二更三点未毕。核改批札各稿。是夕接廷寄一件，希庵赏假百日，俟唐训方到皖署理抚篆，再行启程；义饬俟李续宜假满旋皖，接受钦差大臣关防，袁甲三再行回籍。

廿六日

早饭后清理文件。旋与程朴生围棋一局，又观人一局。见客一次。作摺稿数行与云仙午刻至希庵处一谈。未刻请客便饭。申刻清理本日文件。傍夕至幕府一谈。夜将摺稿作毕。二更后核批札稿，朗吟《九辩》。

廿十日

早饭后，与程朴生围棋二局。旋见客，郭雨三之胞弟用中与其子阶自东台来，谈最〈久〉。阶字慕徐，其业师为扬州刘孟瞻文淇之子，经学已有师法矣。旋见客二次，清理文件。中饭后，与云仙邕谈，阅本日新到文件，阅郭阶所著《周易汉读考》及丁拓唐寄来说经各种。至幕府与李眉生等邕谈。因接舒墨林禀，知凯章即思回湘，深为忧虑。旋作摺稿一件，至二更三点毕。核批札各稿。

廿八日

早饭后清理文件，写挽幛字二幅，与程朴生围棋一局，见客二次，作摺片一件。中饭后见客二次。出门吊周军门天培、福观察咸之丧，新自宁国捡寻忠骨，扶榇来此。旋至希庵署内一谈。申正清理本日文件。傍夕与云仙、竹屋等邕谈。夜作夹片一件，二更后核咨札各稿，疲乏殊甚。老境已至，不耐劳苦久思矣。

廿几日（与沈贤绍言抽厘之法）

早饭后围棋一局。旋清理文件，作片稿一件，见客二次。与沈贤绍言抽厘之法，勤公防偷漏，和以安商旅。牛刻闻姚秋浦之丧，深以为忧。姚自去年五月署皖南道，至今年馀，无日不在艰危困苦之中，兹心疫病，四月不起，可胜悲惋。中饭后至幕府邕谈，旋与竹屋久谈。清理本日文件。酉旋催写各摺片，至二更始写毕拜发。夜核批札各稿。与云仙久谈。日内共作二摺三片，用心较多，不胜其矣。甚矣，吾衰矣！是日发报，共三摺、四片。

卅日

早饭后，与柯小泉围棋一局。旋清理文件，见客一次，写沅弟信一件、左季高信一件。中饭后至幕府邕谈，清理本日文件，见客二次，写对联二付。傍夕，接奉廷寄二件，一系因余八月十二日之摺批回，一系抄示御史吴焯之奏。夜与云仙邕谈，阅严秋农《先器识而后文艺论》。严名咸，仙舫通政之子，乐园廉访之孙，年十八中咸丰丁巳举人，今仅二十三岁，而史事烂熟，识见远大，洵吾乡英俊也。夜清理文件。二更后，跟蒙不能做事。

附记

○写旬账
○送吴行，送礼
○写官信
○添杨信

闰八月

初一日(至程伯敷处坐)

早起。因昨夜不甚爽快,未见各贺朔之客。饭后围棋一局。旋见客三次。加杨厚庵密信三叶,写官帅信六叶。中饭后清理文件,阅本日新到各文。出门拜客二家,至希庵处久坐。归,至程伯敷房中久坐,与莫子偲谈。夜核批札各稿,二更四点毕。

附记

○阅各清供

○亲审刘青云案

○左信

○李信

○派杨光祖住焦山接各文书

○清核科房积件

初二日(思每日应办事当本日开件,日内了之)

早饭后清理文件,与柯小泉围棋一局。旋见客六次,颇觉疲乏。中饭后与李竹屋饫谈,约一时半之久,一面阅本日文件,至申正毕。核批札各稿,傍夕未毕。夜再核办,二更毕。温《古文·诏令类》。二更四点睡。思每日应办之事,积阁甚多,当于清早单开本日应了之件,日内了之,如农家早起分派本日之事,无本日不了者,庶积压较少。

初三日(审讯刘青云案)

早饭后清理文件。旋围棋一局,与云仙久谈,见客三次,吴彤云坐最久。阅刘青云一案各卷。中饭后,再阅是卷。申刻传集人证,亲自审讯,至酉正止,未审得端倪。瑞州营外委两次当堂装作疯癫,殊属可疑。旋传委员刘兆彭来商论此事。阅本日文件。傍夕至竹屋处一谈。夜清理文件。二更后与云仙饫谈。是日因说话太多,神气疲乏。余自三十时即不能多说话,说至数十句便气不接续,神尤困倦。今已二十馀年,故态不改,亦不加甚,故知身体之强弱,千态万变,未可以一事之偶强而遽信为寿征,一事之偶弱而遽信为败征也。

附记

○家信

○沅信

○袁信

初四日

早饭后围棋一局。旋见客五次,写澄侯信一件、沅甫信一件。未刻请客吃便饭。申刻清理本日文件,核改各信稿及批札稿,核科房各件。与云仙谈,莫子偲在坐。傍夕至竹屋处饫谈。夜核科房各件,二更后温《孟子》《庄子》。四更四点睡。

初五日

早饭后见客二次,衙门期也。巳刻与郭舜民等谈,送渠叔侄二人赴定远寻雨三尸骸。围棋一局。写季高信一、少泉信一。午刻见客一次。中饭后见客一次。清理文件,核批札稿,核科房各稿。闻伍华瀚大病,误服大黄至斤馀之多,殆必不起,可伤可惜。又闻希庵本口吐血数口,尤以为虑。因即命驾至希庵公馆看视。初更归,核办各批札。蒋之纯有一信与张铼渠,商议苗沛霖事,因逐条为之批复。二更后,云仙来久谈。三点倦甚,早睡。是日申初至尚斋处坐谈,又与竹屋一谈。接家信,八月初所发。

附记

○送左题本

○送甘信
○定江西厘局章程
○派吴绍刚充湘后左营帮办
阅蒋光焴送三书
核鲍营保单
初六日（右肩酸痛，恐从此右手长有此病）
　　早饭后清理文件。旋与柯竹泉围棋二局，见客二次，写左季高信一件。接上海李少荃信及各文件，又接澄、沅二弟两处信。中饭后至幕府邕谈。旋清理本日文件，未毕。酉刻写挂屏对联颇多。灯后，再阅本日文件，核批札各稿。是日翻阅《衍石斋记事续稿》。二更三点睡。右肩酸疼，贴一膏药，恐从此右手长有病痛矣。
初七日（忧患纷扰令余竟日彷徨）
　　早饭后见客三次，旋与柯竹泉围棋一局，又观渠与程世兄一局。尚斋之子，名锦和也。写对联、挂屏十馀件。又见客二次，李申夫坐颇久。中饭后见客二次，阅本日文件。接左季高信二件，言林福祥、米兴朝已正法矣。核批札各稿。至幕府一谈。夜阅郝兰皋《尔雅义疏》。傍夕闻鲍春霆病重，深以为虑。夜清理文件。二更后，意思困倦。日内因各军患病，忧心如惔。又因江西厘金全无起包，至为焦虑　竟日绕屋彷徨，不能做事。
　　附记
○写少荃信
○云敷本职
○添营头
○吴助绅接兵有功
○寄定果信
○写沅信
○抄左信二
报霆病，令寄药
曾有升都司　王载驷　刘步瀛守备
○○彭星占现带溥字三营，在毛有铭统下
○○何忠才都司
黄家△守备　李达聪守备
初八日
　　早饭后清理文件。旋见客四次，围棋二局。已正又见客三次，倦甚，不能说话。午旋小睡。阅王而农《庄子解》。未刻至希庵处便饭，申刻归。阅本日文件。酉刻至幕府一谈。傍夕与云仙邕谈。夜添晏彤甫信一叶，清理文件，二更四点毕。
　　附记
吴清如，崇明书院
札宋国永办谷二万担
初九日（送云仙至沪）
　　早饭后清理文件。旋围棋一局。朱铁桥来拜云仙，即在此早饭。见客四次，又立见者五次。写挂屏二付、对联三付，纂联赠郭云信云："好人半自苦中来，莫图便益；世事多因忙里错，且更从容。"未刻请客，莫子偲、李申夫等，送郭云仙往上海之行，申刻散。写少荃信一封。酉刻，出城送云仙至上海，存舟次一谈，归寓已灯初矣。清理本日新到文件甚多，至二更四点始毕。
初十日
　　早饭后见客二次，衙门期也。旋写沅浦信一件，围棋一局。午刻，申夫、虎臣来久坐。已

刻至甘子大处看病,渠自宁国染疫疾而归,途次发狂,已七日不食。余与久谈,尚清楚也。旋拜学政一次。午正,又见客一次。中饭后阅本日文件。申刻至竹屋处邕谈。日旰,因各处疫病大多,忧灼之至,绕室彷徨,意绪无憀。夜改摺稿一件,约改三百馀字,二更三点毕。核批札稿。

十一日(因皖南疾疫太多,心胆俱碎)

早饭后清理文件。旋见客二次。围棋一局。写对联颇多。桐城方植之、戴存在、苏厚子、文钟甫诸贤六人,乱后渴葬,余于五月出钱,令桐人甘绍盘玉亭买地葬之,顷已葬毕。本日写碑六纸,将镌六坟上。又藏牧庵忠壮营将士在桐殉难,亦写一碑,识其葬处。午正写毕。中饭后至幕府一谈。旋清理文件。酉刻作夹片一件。傍夕至幕府邕谈。因皖南疾疫太多,心胆俱碎。拟切实奏明,请简派在京大臣来南,与余会办诸务,以挽厄运而分责任。夜作夹片一件,约六百字,二更三点毕。旋核批札各稿。接少荃信,知苏贼十余万来攻鲍军,寸心如焚,终夜不能成寐。

十二日(写殉难碑之款)

早饭后清理文件。旋见客二次,又立见者四次,与筱泉围棋一局,写昨日碑之款。午刻发报一摺、二片。本日因忧念皖南各军之病者,尚不能治事。中饭后至竹屋处一谈,阅本日文件甚多,见客二次。傍夕至希庵处一叙,灯后归。核批札各稿。二更后温《古文简编》。是夜睡稍成寐。

附记

阅金安清卷

○写凯章信

○写左信,抄少泉信

○催咨回刘青云案

○写意诚信

○写寄云信

十三日(思作书之法古今可师者)

早饭后清理文件。围棋一局,见客四次。写凯章信一、季高信一。中饭后,申夫来,言刘青云案略已定矣。阅本日文件,酉初毕。至幕府一叙。核批札稿,未毕。夜核至二更三点始毕,科房各积件亦粗了矣。温《孟子》数章。数日未接宁国信,不知春霆病势何如,深以为虑。思作书之法,古人师欧、李、柳、黄,今人师邓、郑、刘、王。

附记

○写官帅信,言吴干臣事

写马起升扁对

○写家信

十四日

早饭后清理文件。旋见客二次,围棋一局。写澄弟信。魏荄人来久坐。阅金安清卷。中饭后,闻甘子大之病甚重病[病字衍],心以为忧。又阅本日文件,至幕府一叙。王少岩来久谈,言隋龙渊丁父忧。写官帅信一件。傍夕,风雨凄其,意绪无聊,自至内室摆棋势以自遣。夜闻甘子大已逝,殊为伤感。作书与少仲处分后事。清理文件,核刘青云一案咨稿、江西局务申饬札稿。三更睡,竟夕不甚成寐。天气渐寒矣。

十五日(闻许世兄病故)

早起。文武员弁贺望,辰刻毕。出门吊甘子大之丧。又至粮台隋龙渊处,渠于昨日闻讣,丁外艰也。又至希庵处久谈,已上正归。围棋一局,见客二次。写毛寄云信。中饭后清理本日文件,写郭意臣信。至幕府一谈。闻许世兄病危,旋报已故。世兄名敬身,吉斋座师之子,由杭州避乱移寓泰州,顷来皖相访者也。意绪甚劣,不复能做事。夜核批札各稿,二更三点毕。

附记

○十九日摺差　赵清益　李长年

○廿四日摺差　李鼎荣　满万元

参义宁州局杜前令林

吴仲仙说龚耀伦事

十六日（至万簏轩家贺子完婚）

早饭后清理文件。见客二次，围棋一局。写少泉信一、云仙信一。中饭后写沅甫信一。至万簏轩家道喜，渠第三子完婚，取夏憩亭之女。归，清理本日文件。至幕府閟谈。请程伯敷诊脉。夜核批札稿，二更后温古文《解嘲》《进学解》等篇。是日未刻，写扇一柄、横披一幅。

附记

复季君梅信

○复吴竹如信

复蒋寅昉信

复欧凌云信

十七日

早饭后清理文件，与筱泉围棋一局。出门吊许世兄，吊甘子大，又至希庵处久坐。已刻归。见客三次，核改信稿数件。中饭后至幕府一叙，莫子偲来久变。清理文件，核咨札批稿。夜阅程春海侍郎遗集《南雷文定》。久不闻鲍春霆病状，寸心歉而且惧。

十八日

早饭后清理文件。旋出门，至北城外送许世兄出殡。归，围棋一局，见客二次。阅惠定宁《易汉学》，习字一纸。接奉初九日廷寄，系余八月廿九所发之报批回者。中饭后写挂屏七幅，清理本日文件。至幕府一谈。夜写零字颇多。撰联挽希庵之母，久而未成。二更四点睡。

十九日（黑龙江西丹兵病亡颇多）

早饭后清理文件。旋围棋一局，见客五次，马学政坐颇久。作就李母挽联，写之。又写祭帐大字四幅并款。写鲍春霆信，习字一纸。中饭后至幕府一谈。清理本日文件，写沅弟信，约六百字。见客一次。副都统明兴极陈黑龙江西丹兵病亡之多，因定遣之回旗。傍夕又至幕府閟谈。夜核批札稿。二更二点后，温苏诗七古。

附记

黄鸣铎寿州人

朱宗鼎寿州人，扬州左军守备

廿日（见守备朱家鼎，状极魁梧可爱）

早饭后清理文件。旋见客二次，衙门期也。又见客四次，有扬州营守备朱家鼎，状极魁梧可爱。写左季高信一件。中饭后清理本日文件，写挂屏三幅。陈作梅来久坐，至幕府久谈。傍夕至希庵处一叙，更初归。温《古文·传志类》。是日已刻围棋一局，习字一纸，写团扇一柄。

贾全《十六罗汉图》（之一、二）　清乾隆

附记

○李鼎荣至倭宅送信

○程迪昌咨回江西

○司道薪水定单

○颍州全守到任

○希庵与余请封事

○查覃恩诏条

廿一日（奉谕言会剿亳州捻巢及苗沛霖事）

早饭后清理文件，旋见客一次，围棋一局。接奉廷寄，言会剿亳州捻巢及苗沛霖事。绎读良久，作函与希庵一商，见客二次，罗伯宜坐最久。中饭后写沅弟信一件，清阅本日文件，至幕府邕谈。开余兄弟及希庵请封清单。傍夕写告示一张。夜核批札各稿，二更后温李义山七律。眼蒙殊甚，戴老花镜二层。从此老境侵寻，殆不复能于灯下读书矣。

附记

五河县知县沈汝椿报：

参将李奎

游击时发成

都司郑秉忠

三队共约千名，原驻五河

总兵朱元兴，带队一千数百名，八月底驻五河

队官马金枝、许方平，共带降众七、八百名，前驻双沟镇，现移五河

以上皆李世忠豫胜营之部下

廿二日

早饭后清理文件。旋见客二次，围棋二局。巳刻见客一次，习字一纸。午刻申夫来谈片刻。旋至希庵处便饭，申刻归。见客二次，阅本日新到文件，核批札各稿。傍夕至幕府邕谈。夜温《古文·论著类》，因读《洪范》。阅吴子序所著《今文尚书说》中《洪范》《召诰》《微子》《盘庚》诸篇。近日癣疾大发，颇为难耐。本夜尚能成寐，至四更未即醒，或以夜太长之故耶。

廿三日（拟送希庵未成）

早饭后清理文件。拟出门送希庵，而渠已于五更下河矣。围棋一局。旋出城接唐中丞，巳正到，在城外公所叙谈。午旋，渠同来余公馆邕谈，即在此中饭，约万桌司等来陪，申刻散。阅本日新到文件，写晏同甫信、吴竹如信。傍夕至幕府邕谈。夜核批札各稿。二更四点睡。眼蒙殊甚。五更睡，不复成寐，盖老境不耐长夜也。

附记　廿四日来文

杨庆琛禀三月十日洋船洗枪毙命一案

镇江关详洋人于五月十七日在仪徵老虎头地方枪伤船户任启顺，至十九日身死，另是一案。廿五日据薛咨

周家圩港洋人，与广勇起衅，六月十一、十四等日洋人捉去广勇三名，烧船三只，另是一案。李于八月卅日会奏

姚浚昌禀泗源沟接济贼匪一案

丹徒令田祚禀附近并无开设洋行一案

廿四日（拜发题本，系慈禧皇太后万寿贺本）

早饭后清理文件。拜发题本，系十月初十慈禧皇太后万寿贺本也。旋写周子佩信一件，开单遣摺差李鼎荣进京。出门拜唐中丞。归，写纪泽信一件、沅甫信一件，见客四次。中饭后至幕府一谈。旋阅本日文件。申刻写挂屏二付八幅，约四百字。傍夕写云仙信一片。

是日巳刻围棋一局。夜,唐中丞来久谈,二更二点去。核批札各稿。三更睡,五更醒,睡味殊未足也。

廿五日
早饭后清理文件。见司道、府县二次旋围棋一局,写左季高信一件一。接上海李少荃信。摺差自京回,接京信各件。见客一次。甲午顺天同年徐渭生,名维城,将之官贵州,过此一晤,呈所为诗集,略一翻阅。未刻,请马方伯等中饭,申刻散,莫子偲来久坐,赠诗二章。阅本日文件,未毕。傍夕至幕府一坐。夜,阅七月下旬、八月京报,清阅本日文件,核批札各稿。二更三点后,温《孟子·梁惠王上》。三更醒[睡],不甚成寐。

附记
○批朱云岩奏
○写少荃信
○先将摺稿前半发缮
○至唐中丞署道喜
○作摺
○遣发黑龙江马队回旗一片

廿六日(危逼宁国府令余忧心如焚)
早饭后清理文件。旋见客四次,围棋一局,写李少荃信。午刻至唐中丞署,贺渠本日接印,未刻归。中饭后至幕府邕谈,阅本日新到文件,作复奏折。酉刻,义渠来久谈。灯后作摺,至二更四点毕。接鲍春霆信,知霆字四副营与峰字营于二十日在新河庄小挫,宁国府仅隔五十里,可危之至。竟夕不能成寐,忧心如焚。

附记
马方伯交三名,寿合阜
○胡玉坦运同衔,候补同知
○沈镰同知衔,候补知县
○谢永泰知州衔,候补知县
○写信与厚庵,留李质堂,并调淮杨两营上来
○写信复沅弟
○石清吉不能去
铅小枪子,抬枪子　大炮群子　帐棚

廿七日(知伪忠王大股援贼扑金陵)
早饭后清理文件。接沅甫弟信,知伪忠王大股援贼扑金陵营垒。廿日已扑一次,趋重季弟江边一路。粮道所关,新集之营恐难坚守,深以为忧,寸心如焚。旋作近日军情一片,围棋一局,见客二次。念金陵、宁国两处危急,焦灼不可言状。因占二卦:金陵卦,遇否之涣;宁国卦,遇屯之益。与幕友邕谈。行坐不安。午后写沅弟信一件、厚庵信一件。中饭后见客三次,清理本日文件。酉刻发报二摺四片。至幕府邕谈,核批札各稿。夜,因忧劳过甚,不复办事,仅写沅弟一片、竹庄一片。令喻吉三派百人至江滨,助季弟守垒。阅辛稼轩词。二更三点睡,颇成寐,惟常醒耳。

附记　抄寄希庵
○廿七日一摺
○僧王一信一咨
○僧王与蒋札
○喻李守池州
○万守湖口
○孙守景饶

○刘守吴城、都昌

○如果宁国失，则朱退守徽，唐守祁门

廿八日（虑粮道可危，寸心如割）

早饭后见客三次。接九弟廿一夜信、廿三日巳刻信，尚属支持得住，为之少慰。未刻，又接廿三夜一信，粮道可危，寸心如割。因派护军二百人去助守江滨之垒，湘后营二百人去助守雨花台之垒。写沅弟信二件，见客四次，围棋一局。中饭后至幕府一叙，清理本日文件甚多。彷徨绕屋，焦灼万状。再与筱泉围棋一局，以纾其无聊之绪。见客五次。夜接雪琴、春霆信，宁国愈形危急。改僧王信稿，写左季高信。竟夕不克成寐，四更末即披衣起坐。

廿九日（至城外试验炸弹、炸炮）

早饭后，写李济清信一件，朱云岩、唐桂生信一件，核咨札稿二件，见客二次。因心中惦念金陵大营，故多谢客不见。与希庵信一件。至幕府小叙。中饭后清理本日文件。巳刻围棋一局。未刻见客一次。申刻写座有铭一通。俞鹤皋寄陈宣纸，画三寸格，求作擘窠书。因心绪恶劣，百字之中，错字两行。西刻至城外试验炸弹、炸炮，冯竹渔新自广东买来者。将寄至金陵一用，故亲往一试，果能落地炸裂，火光大然。灯时归。本日不接沅弟信，恐文报已断，粮路已梗，忧灼之至，不能作字。请竹屋来邕谈。二更三点睡，三四更成寐。

九月

初一日（宁国之城守已固）

早饭后，因心绪不佳，停止各文武贺朔。辰正，接奉廷寄二件，一言马方伯暂统临淮之军。一言余前奏请派亲信大臣，温旨慰劳。言疾疫流行，非余一人之咎，或者朝政阙失，上干天怒，君臣当痛自刻责云云。读之感激涕零。旋见客三次，围棋一局，又立见之客多次。写少荃信一件、沅弟信一件。午刻接沅弟廿四夜信，尚能固守。中饭后，接凯章信，知宁国之城守已固，为之稍慰。见客二次。清理本日文件，核批札各稿，写挂屏四幅。剃头一次。傍夕，至幕府一谈。夜改信稿二件，约四百字。二更三点阅陈硕甫《诗疏》。

初二日

早饭后清理文件。旋与筱泉围棋一局，见客四次。接沅弟廿六日信，金陵已稳守七日夜，为之少慰。又闻贼以炸炮炸弹打入营内，为之惊心动魄。接厚庵信，渠力疾至金柱关，而兵船太单，深以为忧，心绪作恶。午刻又与柯竹泉围棋一局，写九弟信一件。中饭后，至幕府邕谈，见客二次，清理本日文件。念及水师如挫，全局决裂，忧心如焚，绕室旁皇，不能自主。改信札稿数件。至内银钱所一叙。夜，与竹屋笔谈良久。二更后翻阅《诗人徵略》，稍以自遣。二更三点至后院虔祷。睡尚成寐。

初三日

早饭后清理文件。写沅弟信一件、沈幼丹信一件，各五百余字。与柯竹泉围棋二局。出门拜客，送隋龙渊之行，吊勒少仲之母丧，又拜李葆斋。归，中饭后见客一次。清阅本日文件，至幕府久谈。申刻后，接［写］对联十余付。夜写册页，阅《诗人征略》。是日接沅弟之信，金陵大营至廿七日已坚守八日夜，此后应可保全，唯无大枝劲旅从外夹击，终恐不易解围。

初四日（闻伪侍王来援金陵令人忧灼）

早饭后清理文件。旋写澄侯信一件，见客三次，写沅弟信一件，围棋二局。中饭，请李葆斋、钱子密等便饭。阅本日新到文件。因群子解营者太少，与申夫力求另造群子之法。接蒋芗泉公文，知伪侍王于十四日由浙江来援金陵。沅弟现支忠逆一股。竭蹶之至，焉能再支侍逆一股！忧灼莫名。因函商少泉派程学启来助弟坚守；又函商季高派蒋芗泉防剿宁国，腾出鲍军，援救金陵。作季高信一件、芗泉信一件。傍夕至幕府一谈。倦甚，不能做事。三更睡，颇能成寐。是日写五信，每信约五百字。

附记

王可陞号峰臣　周万倬号汉卿

初五日（彻夜候沅弟信竟无音耗）

早饭后见客二次，衙门期也，立见之客又四次。写厚庵、竹庄信各一件，沅弟信一件。围棋二局。近五日，每日接沅弟信，本日午刻不接沅信，悬系之至。中饭后清理本日文件，至幕府邕谈。绕室彷徨，莫知所以为计，不知沅弟所以无信来者，本身受伤乎？抑全军决裂乎？写宣纸对数付。晡时，忧灼万状。夜约竹屋、申夫、眉生来一谈，至二更三点去。睡不能成寐，竟夜候沅弟廿九日信，竟无音耗，寸心如焚。

附记

三河尖九十里，固始县六十里，李家集二十五里，叶家集十五里，开城集分路往右手一百四十里，霍山县。共三百三十里，又二百七十里至英山县。

三河尖九十里，固始县六十里，石婆店，九十里，朱福巷八十里，落儿岭。共三百廿里。又五十里卡防岭八十里，界岭八十里，全家铺四十里，英山县。从落儿岭一路行走，较之从霍山行走近三十里。

初六日（沅弟果受枪伤，足见天伦血脉相通）

早饭后清理文件，写少荃信一件、沅弟信一件，下棋二局。湘后营之勇自金陵归。接沅弟廿九日信，为之少慰。见客二次，唐中丞在此久坐。中饭后至幕府久谈，遇莫子偲，邕叙。渠劝我刻《通鉴》目录，补胡刻之未备，允之。阅本日文件甚多。申正写挂屏六幅。接雪琴〈信〉，言下游金陵大营、宁国大营及芜湖、金柱关，皆已稳固，为之少慰。傍夕至幕府久谈。夜清理文件。二更后，诵东坡七古，一舒忧郁。昨日忧灼之至，恐沅弟身或受伤。本日接信，沅果于廿八日被洋枪子飘入唇上，受有微伤，出血颇多。足见天伦血脉感触，息息相通。

初七日

早饭后清理文件，写沅弟信一件、季高信一件。围棋一局。见客二次。接九弟初一日信，尚属平安。旋又接初二日信，极言吉后营危险之状，阅之忧灼难名。中饭后清理本日文件极多。至幕府与竹屋邕谈。见客二次。酉刻，念沅弟营中危险，忧系莫释。又写一信与沅，派曾恒德送去。左季高言伪侍王并未赴南京，为之少慰，亦由曾恒德往告之。傍夕，又至幕府一谈。至邵世兄处看病。夜，念沅弟处危险万状，忧心如焚，至内室摆列棋势，绕屋彷徨。三更睡，不能成寐，至五更成寐，又得噩梦。不知我澄弟夫妇平安否？

附记

○写左信

○写沅信

○看城，看应添炮之处

○看新到洋炮

○办摺子

初八日（议救援金陵并皖北设防事）

早饭后清理文件。旋出城周遭阅视，惟东北一隅未经履勘，以其外有菱湖，易于置守也。巳刻归，围棋一局，见客二次，写左季高信一件、沅甫信一件。中饭后，唐中丞与吴彤云、叶介唐来久谈，议救援金陵并皖北设防之事。阅本日文件。心绪慌乱，看文书不能仔细矣。因闻金陵大营群子与皮纸缺乏，焦灼之至，绕屋彷徨，不知为计。因寄信一件与沈幼丹，请其由陆路运子药至九江，而雇洋船拖带至金陵。夜又写官中堂信一件，亦请其用洋船拖火药前往金陵。接沅弟初三、四日信，危险之至，忧灼无已。与李眉生议从九江雇洋船至芜湖，载升字营往援金陵。核批札各稿。二更三点出查街道，拿犯夜者二人、门牌与人数不合者五人。

初九日

早饭后清理文件。见客，立见者六次，坐见者三次。围棋二局，写希庵信一件、沅弟信一件。中饭后，至幕府一叙，见客一次，清理文件，写挂屏三幅。傍夕，吴彤云来久谈，夜定始去。疲乏殊甚，因昨夕不能成寐，本日又说话太多也。未刻，周芳明自金陵归，接九弟初六日信，局势稍稳，为之一慰。睡稍成寐，四更五点醒，近日常态如此。

初十日（闻装子药船已附轮拖带东下）

早饭后清理文件。见客二次，衙门期也。旋写沅弟信一件，围棋一局，写挂屏一幅，见客二次。接九弟初五日二信，知初五早大获胜仗，为之一慰。至幕府呣谈。午刻核改摺稿。未刻，请叶介唐、吴彤云、吴缵先便饭，申初散。昨日深虑金陵子药缺乏，本日闻装成之子药已于昨日酉刻附轮船拖带东下矣。阅本日文件。酉刻至幕府一谈。正摺作毕。

至唐中丞处呣叙。夜又核改夹片一件，清核批札各稿，尚有未毕者。二更四点睡，不甚成寐，五更后尤不能安枕，盖老境侵寻然耳。

附记

〇郑玉轩名△△，广东

邓士林虎臣保其带三千人

郑　莫虎臣力称之

刘　煦号筱伯，丁酉拨贡

刘体重梅坪之子　钟秀说

石缵清号襄臣，戊戌进士。贵州。现任顺天府尹

〇王治覃零陵人，孝廉方、正保知县

〇谢肇修东安人，禀生

上二人介唐说

十一日（宁国县城失守）

早饭后清理文件。旋写希庵信一件、沅弟信一件。见客甚多，立见者七次，坐见者六次。至幕府一谈。中饭后清理本日文件。皇皇如不自主，坐卧不安，至竹屋处一叙，寸心慌乱，恐有它变。傍夕接信，知宁国县城于初六日失守，深以徽州、旌德二城为虑。是夜与申夫呣谈，二更一点去。核批札稿。彻夜不能成寐。

十二日

早饭后清理文件。旋作摺片一件，围棋二局。见客，立见者五次，坐见者三次。写沅弟信一件。午刻至善后局看熟铁群子，又至子弹局，新旧二局现皆打造群子。又至抚署拜其幕友，未刻归。中饭后至幕府呣叙，阅本日文件，发报汇奏近日军情，写蒋芗泉信一件，批朱云岩小禀一件，写对联八付。夜写云仙信一件、少泉信一件，核批札各稿。是夜，睡颇酣畅，直至五更方醒，近日所仅见者。本日接朱云岩信，渠守旌德，唐守徽州，似尚略有把握。

清朝龙纹铠甲

十三日（闻沈中丞奏截留江西漕折，焦虑无已）

早饭后清理文件。旋见客，立见者四次，坐见者四次。围棋一局。写季勉林信一件、沅

弟信一件。中饭后至幕府邕谈。旋与陈虎臣谈,清理本日文件,见客一次。本日接左季高信,知伪侍王实已赴金陵,又未接沅弟信,忧灼之至。又因沈中丞奏截留江西漕折,银两每月少此四万,士卒更苦,焦虑无已。写挂屏一付。傍夕,申夫来邕谈,二更二点去。核咨札各稿。睡尚成寐。五更醒,迫思坐起,不能少待。此老态也。

附记
○家信附沅信二件
○专喻勇至鲍处
○专强勇至金陵

止调李世忠

十四日（江西抚、藩二人似处处与我为难）

早饭后清理文件,写鲍春霆信一件。围棋一局。见客二次。巳刻登城,看演放炮位,周围一试,约步行七里,肩舆五里,午刻归。写家信一件,又写沅弟信一件。中饭后至幕府邕谈,清理本日文件。申止写挂屏四付、对联二付。本日早接沅弟初十日信,守事似有把握,为之少慰。然以江西抚、藩二人似有处处与我为难之意,寸心郁郁不自得。因思日内以金陵、宁国危险之状,忧灼过度。又以江西诸事掣肘,闷损不堪。皆由平日于养气上欠工夫,故不能不动心。欲求养气,不外"自反而缩,行慊于心"两句;欲求行慊于心,不外"清、慎、勤"三字。因将此三字多缀数语,为之疏解。"清"字曰名利两淡,寡欲清心,一介不苟,鬼伏神钦;"慎"字曰战战兢兢,死而后已,行有不得,反求诸己;"勤"字曰手眼俱到,心力交瘁。困知勉行,夜以继日。此十二语者,吾当守之终身。遇大忧患、大拂逆之时,庶几免于尤悔耳。夜阅《梅信[伯]言诗文集》,核批札各稿。二更三点将睡,疲困殊甚,幸尚成寐。五更醒,从此为常态矣。

附记
○专送左信并题本,鲍、蒋同打小丹阳

十五日（调营援宁国）

早间,各文武员弁贺朔[望],见客十馀次,至巳刻毕。围棋二局。写左季高信、沅甫信,各五百字。中饭后见客二次,至幕府久谈,阅本日文件。酉刻写对联六付。傍夕再至幕府一谈。夜阅《顾亭林年谱》。倦甚,至内室假寐。二更三点出外。阅沅甫与吴竹庄信,恐贼势趋重宁国,因调梁美材三营、周万倬四营去助鲍军。自写春霆信一缄,又作咨札稿,三更办毕。

十六日

早饭后清理文件,围棋一局。见客二次,唐中丞来谈颇久。写沅弟信、沈幼丹信、李少泉信各一件,约千四百字。中饭后至幕府邕谈。阅本日文件,写对联八付。傍夕至邵世兄处。夜核批札信稿。赵惠甫来一叙。三更睡,颇能成寐,五更醒。是日闻黎寿民病甚重,深为悬虑。

附记　与上海商之件
○李朝三营回,即令赖、陈赴沪
○白齐文宜在上下打,不宜入濠
○竹庄暂不能赴宁波
○借在皖火药

十七日（少荃拟派洋人带常胜军援金陵）

早饭后清理文件。旋见客三次,围棋二局。接李少荃信,知已克复嘉定,不能拨程学启来援金陵,而拟派洋人带常胜军之白齐文来援金陵。旋写沅弟信一件,甚长。接沅弟十二夜信,知十二日未刻贼所掘之地道二处皆穿,幸得保全,欣慰之馀,弥觉忧季,恶贼之多且悍也。接奉九月八日廷寄一件。是夜又接初九日廷寄一件。中饭后至幕府邕谈良久。李昭庆自上

海归,久谈。清理文件未毕。傍夕,罗伯宜自金柱关归,与谈极久。夜再阅本日文件,二更毕。阅咨札稿。冯敬亭,名桂芬,寄投《邠庐初稿》二册,共"议"四十二篇。粗读十数篇,虽多难见之施行,然自是名儒之论。

十八日(自省余天性褊激)

早饭后清理文件。旋见客,立见者十馀次,坐见者两次。写沅弟信一件、左季高信一件。午刻,万簏轩来久坐。中饭后阅本日文件,至幕府趵谈。旋又将本日文件阅毕,写对联七付。夜写杨厚庵信一件,核改咨札信稿。二更三更[点]入内室,阅《梅伯言诗文集》。三更睡,五更醒,辗转不能成寐。盖寸心为金陵、宁国之贼忧悸者十分之八,而因僚属不和顺、恩怨愤懑者亦十之二、三。实则处大乱之世,余所遇之僚属尚不十分傲慢无理,而鄙怀忿患若此。甚矣,余之隘也!余天性褊激、痛自刻责惩治者[衍一者字]有年,而有触即发,仍不可遏,殆将终身不改矣,愧悚何已!是日接沅弟十四日信,尚属平安。

附记
○柳寿田还翎顶
○欧阳定果家信
○筠仙家信

十九日

早饭后清理文件。旋见客一次,围棋一局。写沅弟信一件、希庵信一件。午刻阅《文献通考》汉南北军之制。中饭后至幕府趵谈。旋阅本日文件。见客一次,陈虎臣谈极多。又阅本日文件,至哺未毕,灯后始毕。核批札各稿。二更末温《诗经·周南》。是日接沅弟十三日二信、十四日一信、十五日一信,均尚平安,为之一慰。

附记
○录旬报三纸
○写少荃信
○意城信
○午桥信

二十日(缴贼刻《会议辑略》一书)

早饭后见客二次,衙门堂期也。旋与柯筱泉围棋一局,写少荃信一件、意城信一件、沅弟信一件,三共千馀字。午刻,马学使来,围棋一局。中饭后至幕府趵谈,阅本日新到文件。周芳明自金陵归,接沅弟十六七信,尚属平安。中有伪文数件,知贼之来援金陵,曾于五、六月大会二次,集议全局,并有刊刻《会议辑略》一书,伪忠王亲为之序。乃知贼中处心积虑以求逞于我,而我或轻心深入,率意浪战,其尚未至溃败决裂,实天幸也。酉刻将粮台近三次旬报单清查誊写一过。接廷寄一道、恭亲王信一件。夜核批札信稿,至二更三点毕。入内室,温《古文简本》。三更睡,尚能成寐,五更醒。

附记
○再止调李世忠军

二十一日(阅《梅伯言文集》)

早饭后清理文件。旋改唐鹤九等信稿,与柯小泉围棋二局。见客一次,又立见者数次。写九弟信一件,劝其俟贼放围去后,即以追为退,改由东坝进兵。午刻阅《通考·兵志》。中饭后至幕府趵谈。阅本日文件。晏彤甫寄广东前后参劳辛皆各摺及渠自办一疏,阅之久而未毕。傍夕至内银钱所一谈。夜阅《梅伯言文集》,叹其钻研之久、工力之深。写零字甚多。二更后诵《古文·辞赋类》。三点后入内室,又温《古文·论著类》,三更睡。是日未接沅弟来信,不知十七以后平安否。

附记
○再催湖北用洋船拖火药

○札李昭庆至芜湖一行,照料五营操演筑垒
○令李子真抄冯敬亭议、苏辛词
○逢三阅各局军实
写信与邓寅皆

周成南游击,蒋之纯请	甘　晋
沈宝成总兵,朱云岩请	姚体备
郭明鳌提督,杨厚庵请	黎福畴
张运桂总兵,张凯章请	
黄　庆提督,尚未报来	

伍华瀚知府

廿二日(欣闻金柱关大胜)

早饭后清理文件。旋围棋一局,见客三次,写沅弟信一件、云仙信一件,添少荃信一叶,写竹庄信一件。唐中丞、李申夫先后来久谈。中饭后至幕府一叙。接吴竹庄信,知十八日水陆于金柱关大获胜仗,夺贼炮船、马匹,为之欣慰。阅本日文件,核二日批札各稿。夜改信稿四件,将各处芜湖图一对。本日所收吴竹庄、周万倬报仗之禀,地名俱不可寻。与幕府诸人邑谈。二更三点入内室。温《古文·论著类》,读《原毁》《伯夷颂》《获麟解》《龙杂说》诸首,岸然想见古人独立千古,确乎不拔之象。本日与昨日皆未接金陵沅弟来信,心为悬悬,行坐不安。三更睡,颇能成寐。五更后辗转忧灼,莫知天意竟复何如,

附记
○札鹤九办团止
○函官公调吴廷华
○杨、葛与沅信

廿三日(闻风雨声虑营中危苦)

早饭后清理文件,见客二次。旋出外阅看炮车,广东所解来者。围棋一局,写季高信一、沅弟信一。左孟辛来久坐。中饭后至幕府邑谈,清理本日文件。罗伯宜来坐极久。晡时,核批札稿数件。夜核江西藩司厘务一批,约四百字。本日风雨甚大,念军中将士之苦与金陵危险之状,寸心如焚。二更三点入内室,阅《出师表》诸篇。三更睡,颇成寐。四更末醒,闻风雨之声,深虑营中之危苦,难于持久。

附记
○澄　○寅　○沅寄　○定寄

廿四日(苗沛霖与僧王竟禀稿诋毁余)

早饭后清理文件。旋拜发长至贺表。见客二次。围棋一局。写邓寅皆信一件、澄侯信一件、沅甫信一件。见客一次。中饭后至幕府邑谈,阅本日文件。申刻至城外登威林密洋船一阅。归,写挂屏二幅。傍夕至李竹屋处谈。夜核批札稿,至二更四点毕。入内室,温《古文简本》数首。三更睡,不甚成寐。本日接沅弟十九日二信、二十日一信,为之少慰。然风雨交加,夜黑如磐,深以防守为虑。本日接袁午桥信,内寄苗沛霖与僧王各禀稿,于余及希庵楚军各事痛加诋毁,阅之诧叹!

廿五日

早饭后清理文件,见客二次。旋围棋一局。写沈幼丹信一件、沅甫信一件,作摺稿二百字。至冯竹渔寓吊丧,其父于三月死于伊犁,其庶母、弟妹均在伊犁,茕茕无依。渠又无资可挟以奔丧,万里迎接眷属,哀痛迥异寻常。中饭后再作摺,阅本日文件,见客一次。酉刻将摺作毕,约千馀字。写挂屏四幅。傍夕至幕府邑谈。夜核批札稿,至二更三点毕。四点入内室,倦甚,不复能温书矣。是日未接沅弟信,寸心悬悬。午刻,天稍开霁,为之少慰。晡时阴雨如故,念金陵将士昼夜苦守,忧系无已。日内因江西藩司有意掣肘,心为忿患。然细思古

人办事,掣肘之处,拂逆之端,世世有之。人人不免恶其拂逆,而必欲顺从,没法以诛锄异己者,权臣之行径也;听其拂逆而动心忍性,委曲求全,且以无敌国外患而亡为虑者,圣贤之用心也。吾正可借人之拂逆以磨励我之德性,其庶几乎!

廿六日(惜黎寿民早逝)

早饭后清理文件。旋闻黎寿民福畴死于泾县,怆恻之至。围棋一局。写官秀相信一件,写沅弟信一件,又写李少泉信一件。午刻,罗伯宜来谈极久,深叹黎寿民之敦厚而早逝为可惜。中饭后至幕府与李眉生畅谈,清理本日文件极多。酉刻写挂屏二幅。夜阅《梅伯言诗文集》。略核批札稿,二更三点即睡。是日接沅弟廿一日信,尚属平安。惟廿三、四、五、六等日连夜风雨深黑,不知能坚守无恙否,心为悬悬。

廿七日(叹余平生好文而不能达其志)

早饭后清理文件,见客三次,写沅弟信,围棋一局。因念金陵大营被围已久,总不放心,绕室彷徨。接奉廷寄一件,将江西漕折淮本省悉数留用,心为不怿。中饭后至幕府畅谈,清理本日文件。申刻,寸心焦灼,皇皇如有所失,因再与柯筱泉围棋一局。酉刻盛四自金陵归,具言守御严密,实可放心,为之大慰。夜写零字甚多,核批札稿。阅《梅伯言集》《姚惜抱集》,叹其读书之多,火候之熟,良不可及。吾年已老,精力已衰,平生好文之癖殆不复能自达其志矣。

廿八日

早饭后清理文件,见客二次,围棋一局,写沅甫弟信一件。天气骤冷,苦不可耐。午刻,陈虎臣来畅谈。将沅弟芜太保案删核。中饭后,唐中丞来畅谈,阅本日文件,至幕府久谈。〈本〉日未接沅弟信,忧系无已,摆列棋势,以自排遣。晡时,接沅甫廿四日〈信〉,守局平稳,为之一慰。又接周万倬禀,知廿五日攻剿太平府,大获胜仗。从此,中段稍松,或亦可为金陵抽釜底之薪。夜写零字颇多,核改保案一单,二更三点毕。核改批札稿。三更睡,尚能成寐。是日午刻接奉廷寄一件。霏微风雪数点。

附记

○莫　○罗　○陈　○周　○曹

廿九日

早饭后清理文件,写黄南坡信一件。围棋一局。写沅弟信一件,见客二次。午刻,罗伯宜来久坐,写希庵信一件。中饭后,至幕府一叙。旋出外至黎寿民家吊丧,又至唐中丞处一坐,申刻归。清理本日文件,核科房批札各稿。夜又核批札稿,至二更始毕,倦甚。朗诵东坡七古诗。二更三点入内室。早睡。是日未接沅弟信,心为悬悬。接雪琴及吴竹庄等信,报廿一日官围等处胜仗,为之少慰。接张凯章信,病势甚重,为之大感,因批令速来安庆,回籍养病。

卅日(嘱春霆不必速战)

早饭后清理文件。旋见客二次,李质堂坐甚久。写沅弟信一件,接奉廷寄一件。寸心忧闷异常,不解何故。中饭后至幕府一谈。旋见客二次,阅本日文件。傍夕接鲍春霆信,知二十一日似有小挫之象,焦灼万状,绕室旁皇。夜写一信与义渠中丞,商拨何绍彩一军赴皖南,又写一信与春霆,嘱其不必速战。唐义渠来,谈至二更四点始去。是夕忧心殷殷,不能成寐。

十月

初一日

早起,因心绪不佳,停止各文武贺朔。又昨夕腹泻,早饭时呕吐,亦不能应酬也。旋清理文件,写鲍春霆信一件、沅甫信一件。围棋一局。见客二次。中饭后又见客二次。谭信渠谈甚久。清本日文件。至幕府酙谈。旋写对联五付。本日未接沅甫信,悬系之至。夜核批札稿,至二更毕。李竹屋来久谈。二更三点睡,尚能成寐。

附记
○厚庵信
○提漕咨
○官帅信

初二日(至盐河看黄南坡所铸大炮)

早饭后清理文件。旋见客二次,围棋一局,立见之客又七次。写沅甫弟信一件,改信稿三件。中饭后,至幕府一叙,见客一次,阅本日文件。出城至盐河看黄南坡所铸大炮者[者字衍],解金陵者共五尊,内万三千斤者一尊、万斤者二尊、六千斤者二尊。又至韩正国船上一看,悯其志盛而殉难也。申刻归。因两日不接沅甫信,彷徨忧灼,若无所措,摆列棋势以自遣。傍夕接沅弟廿三、廿六、七日三信,为之少慰。夜核批札各稿,倦甚。是日未刻习字一纸,久不摹帖,手又生矣。

初三日(念前敌于大风雪中防守之苦,寸心欲碎)

早饭后清理文件。旋见客二次,围棋一局。写沅甫信一件,改江西提漕咨稿一件,改信稿数件。中饭后,至幕府酙谈。旋见客二次,陈虎臣谈最久。阅本日文件颇多。傍夕,惦念宁国军事,忧灼殊甚。夜阅孙观察长绂与眉生一信,心绪为之郁抑。阅《梅信[伯]言文集》,核批札各稿。大风雨雪,念前敌防守之苦,寸心欲碎。是日辰刻接奉廷寄一件。接沅弟廿八日信,尚属平安,为之一慰。

附记
○复左信
○与鲍信
○澄信
○沅信
○核保单

初四日(知上海获胜仗杀贼万馀)

早饭后清理文件。旋写信,沅弟一件、纪泽一件、左季帅一件、鲍春霆一件。围棋一局,见客一次,又立见者四次。至幕府酙谈。午正至马学使处赴宴,酉初散。归,接上海信,知九月廿三日大获胜仗,杀毙淹毙之贼实有万馀,听王授首,为之一慰。清理本日文件,核批札各稿。二更三点入内室,温古文数首。三更睡,二点成寐,四更二点即醒,盖本日闻江西抚藩于此间大形龃龉,心为不怿。又因军事忧灼太久,心血亏损,故辗转不能成寐。

初五日

早饭后清理文件。旋见客二次,衙门堂期也,又见客三次。围棋一局。写沅弟信一件,又写少荃信,未毕。请客便饭,唐中丞、马学使、周缦云、朱星槎四人,申初散。清理本日文件,至黄昏毕。与幕府诸公酙谈。灯后,将少荃信写毕,核批札各稿,核季洪芜湖保单,核春霆青阳保单,未毕。三更睡,五更醒。是日接沅弟信,金陵守局稳固,为之欣慰。闻春霆廿一日之仗伤亡千人,又为之忧灼无已。

附记 十二日奏事单
○金柱关战守情形一摺
○颖西剿捻一摺
○鲍青阳保案一摺 一单
○沅芜太保案一摺 一单
○谕旨饬奖励,并言病故者未扣一片
厘金不可归地方一片

○近日军情一片

初六日(日内江西官场于余处有烦言)

早饭后清理文件。旋写沅弟信一件,围棋一局。见客,立见者五次,坐见者三次,陈心泉、吴光霁坐甚久。写少荃信一件、鲍春霆信一件。中饭后至幕府闼谈。剃头一次。阅本日文件,至酉刻毕。日内因江西官场于余处啧有烦言,甚为忿恚,或竟日纠缠于心,未能稍释。甚矣,褊衷之难化也!心火上炎,右牙疼痛不可忍,深以为苦。又因宁国鲍军不稳,尤增忧灼,寸心憧憧不宁。夜改颍西剿捻摺一件,核鲍营保单毕。

初七日(温谢宣城诗)

早饭后清理文件。旋围棋二局,写沅弟信一件。牙疼殊甚。改信稿二件,添夏古彝信三叶。午刻见客一次,小睡半时。未初至幕府一谈。旋至唐中丞处中饭,酉初归。接阅本日文件,未毕,灯后阅毕。核批札各稿,二更三点粗毕。入内室,温谢宣城诗。是日接沅弟初三日信,尚属平安。惟久未接鲍春霆信,心甚悬悬。

初八日

早饭后清理文件。旋见客三次,围棋一局。写沅弟信一件,核改信稿二件。午刻见客一次。中饭后至幕府一叙,阅本日文件极少。入内室小睡片刻。酉刻至竹屋处闼谈。阅吴彤云所为古文,渠欲我批改也。夜又阅十馀篇。是日未接沅弟信。夜接春霆信,大致似尚平稳。

附记

○沅信

○希信

○二片

○彤集

○星联

○金汪案

○陈贵吴案

初九日(公私事积扰令余郁闷)

早饭后清理文件。旋见客一次,又立见者四次。围棋一局。写沅甫信一件、希庵信一件。接家信,系九月廿日所发。中饭后,至幕府闼谈,旋与陈虎臣、汪澄溪闼叙。阅本日文件,写对联六付。阅《吴彤云文集》,加批数处。夜又为之写扇一柄,核批札各稿。二更四点睡,竟夕不能成寐,盖因江西抚藩有意掣肘,褊衷为之不平,又因本日接吴竹庄信,宁国之贼有上犯三山南陵之意,而沅弟两日无来信,尤为郁郁也。

初十日

早饭。黎明至怀宁县学宫庆贺万寿。是日为慈禧皇太后圣节也,卯正礼毕。早饭后见客二次,围棋二局,又立见之客三次。写沅甫信一件,核批札稿数件。天雨淋漓,深以金陵、宁国军事为虑。午正小睡片刻。请吴月溪、潘伊卿便饭,未正散。旋核改金柱关胜仗摺,阅本日文件,改信稿三件。傍夕,宾客以余明日生日或来庆贺,因入内室避之。灯后作奏片二件,各三百馀字,又改摺稿二件。二更后写信一封,与吴竹庄信一件。四点入内室,阅王而农所注张子《正蒙》,于尽性知命之旨,略有所会。盖尽其所司知者,于己,性也;听其不可知者,于天,命也。《易·系辞》"尺蠖之屈"八句,尽性也;"过此以往"四句,知命也。农夫之服田力穑,勤者有秋,隋[惰]者歉收,性也;为稼汤世,终归憔烂,命也。爱人、治人、礼人,性也;爱之而不亲,治之而不治,礼之而不答,命也。圣人之不可及处,在尽性以至于命。尽性犹下学之事,至于命则上达矣。当尽性之时,功力已至十分,而效验或有应有不应,圣人于此淡然泊然。若知之若不知之,若着力若不着力,此中消息最难体验。若于性分当尽之事,百倍其功以赴之,而俟命之学,则以淡如泊如为宗,庶几其近道乎!

十一日（知贼断我饷道深为可虑）

是日为余五十二生日，谢不见客，本署之人一概谢却。唐中丞于是日启程赴临淮，亦未出城送行。再核改摺稿，写沅甫信，围棋二局，写左季高信。接吴竹庄初八夜信、鲍春霆初六七信，知湾沚之贼窜过清弋江之西岸，将据西河，断我饷道，鲍军孤悬贼中，深为可虑，焦灼万分。幸接沅弟信，初五日获大胜仗，伪忠王等已退，金陵将解围矣，为之一慰。中饭后，寸心忧灼更甚。阅本日文件，阅郝兰皋《尔雅义疏》。酉刻写祭帐四幅。夜阅郝疏《尔雅》，温杜牧之、苏子瞻七律。二更三点入内室，早睡，尚能成寐。是日竟日未见一客。夜间，向伯常来谈极久。接奉廷寄一件。

十二日（闻清弋江西岸之贼已退）

早饭后清理文件。旋见客，会见者六次，立见者七次。写沅弟信一件，发报，共四摺二片二清单。中饭后改信稿三件。旋叶城至河干吊沈宝成、伍华瀚之丧，又拜客二处，酉旋归寓。吴彤云来久谈，灯后去。李竹屋来久谈，二更三点去。是日未见宁国信，而水师王朝治自三山来，闻清弋江西岸之贼已退，为之少慰。

十三日

早饭后清理文件。旋见客，坐见者三次，立见者四次。写沅甫信一件，约五百字。围棋一局。中饭后清理本日文件，至幕府闲谈。江西咨文中有不惬于余心者，阅之愤郁不平，至内室摆列棋势以自遣。写郭意城信一件。夜，李竹屋来久坐。客去，愤郁弥甚。二更后，申夫来久谈，五点去。是日巳刻写对联三付，下款十馀付，皆送竹屋者。近日心绪之恶，襟怀之隘，可耻可鄙其矣！变化气质之难也！

十四日（江西掣肘之一事令余辗转愤郁）

早饭后清理文件，旋见客，坐见者三次，立见者二次。写沅弟信一件、纪泽儿信一件，添晏彤甫信一片，写李少荃信件。中饭，请李竹屋、李申夫、眉生便饭。巳刻围棋一局。中饭后阅本日文件。接鲍春霆初十日二信，一专差来，一发驲递，极言粮路将断，军情紧急，为之忧灼无已。又以江西掣肘之一事萦绕心中，辗转愤郁，至内室摆列棋势。夜，岁伯宜来闲谈，二更二点去。旋阅段《说文》。四点睡，尚能成寐，五更醒。近日五更无不醒者。

十五日

是日因心绪恶劣，停止各文武贺朔[朔字衍]望。早饭后清理文件。旋围棋一局。旋见客二次，写沅甫信一件、季高信一件，午刻又见客一次。中饭后接李少荃、郭云仙等信。阅本日文件甚多，添陈季牧信一叶。酉刻至幕府闲谈。夜阅批札稿。申夫来久谈，二更四点去。入内室，阅段氏《说文》。三更睡，尚能成寐。是日未接沅弟信，接吴竹庄信，知鲍军甚危急也。

十六日

早饭后，全丹阶太守来，闲谈时许。旋清理文件，围棋一局。陈心泉来久谈。写沅弟信一件、季弟信一件。又见客二次。中饭后至幕府一谈，旋阅本日文件。不接宁国信息，心中忧闷。又江西诸事掣肘，方寸萦绕不释。见客二次。傍夕写李少荃信，灯后写毕。又写欧阳定果信。阅段氏《说文》。三更睡，四更三点即醒。褊衷，犹自郁愤不已。

十七日（与柳星桥久谈）

早饭后清理文件。旋写沅弟信一件，见客二次，围棋一局。阅段氏《说文》。午刻，柳星桥庶吉士来，久谈时许。柳名熙春，长沙人，闰八月初一日出京，由山东、河南、颍州而来，将回湘一行，再入京散馆也。中饭后至幕府闲谈，阅本日文件，核批札各稿。傍夕至内室摆列棋势以自遣。夜阅段氏《说文》。二更三点睡，四更五点醒，颇能成寐。是是[衍一是字]日早饭呕吐，胃气不和，盖因日内肝郁之故。接春霆信，言清弋江营垒业经扎定，为之少慰。

十八日（至河干送甘子大灵柩）

早饭后清理文件。旋见客二次。凯章自宁国来，言府城必可固守。余观其病亦尚非不

起之症,为之少慰。写沅弟信一件,又见客二次。午刻至河干送甘子大灵柩,又至柳庶常处一坐。中饭后至幕府一叙,徐石泉来久坐,阅本日文件,又见客二次,核批札各稿。与柯小泉围棋一局。因幕客说及江西掣肘之端,寸心郁郁久之。写对联五付。夜接沈幼丹信,有思挽回前事之意。将批札各稿核毕。改复恭亲王信,未毕。入内室阅《梅伯言文集》,三更睡。

十九日(沅弟信触余喜怒,又为郁郁久之)

早饭后清理文件。旋见客九次,内坐见者四次,立见者五次。围棋一局。写沅弟信一件、希庵信一件。午正请客吃中饭,申初散。阅本日文件。傍夕至幕府一谈。夜与凯章久谈。核批札各稿。二更后接沅弟信,言及江西掣肘之事,触余恚怒,又为郁郁久之,至于耳热心颤,甚矣,余之隘也!二更三点入内室,核改与恭亲王信稿,至三更三点毕。竟夕不能成寐。

廿日

早饭后清理文件。旋见客四次,围棋一局,与凯章久谈,改僧王信稿。中饭后至幕府闲谈。旋又见客二次,阅本日文件,写沅弟信一件。是日大雨倾盆,竟日不息,深以宁国军事为虑。夜写吴翰臣信一件,核批札各稿。二更后,核凯章徽州保单,至三更未毕。睡尚成寐。

廿一日

早饭后清理文件。旋见李朝斌及太湖水师新营官、哨官。核科房批札各稿,至午正二刻核毕。中又见客二次。中饭后至幕府一叙,阅本日文件,写对联五付。作黎寿民挽联,久而不成,灯后始成,秉烛书之。核批札信稿,倦甚。二更温杜牧之诗。三更入内室,阅刘长卿五律。睡不甚成寐。是日大风如吼,夜间大雨如注。接奉廷寄一件、谕旨一件。

廿二日

早饭后清理文件。旋写左季高信。见客,坐见者二次,立见者三次。围棋一局。午刻至黎寿民处吊丧。昨夜纂一挽联,旋又作一联,以其太鲜丽,未书也。联云:"湘妃白眼随愁长,有德配沅道相从,一曲鸾飞,不得见夫婿鞭丝帽影;谢朓青山带病看,叹使君到官遽逝,千年鹤返,可还记宣州城郭人民。"中饭后至幕府闲谈,阅本日文件,核改李藩司批一件,未毕,更初改毕。又核批札稿颇多。二更三点入内室,核张凯章保单毕。是日闻朱云岩于十五日打一败仗,旌德危急,为之忧系无已。夜接廷寄一件。睡后,思"劳、谦"二字之道,精力虽止八分,却要用到十分,权势虽有十分,只可使出五分,庶几近之。

廿三日(闻霆营缺粮,寸心如灼)

早饭后清理文件。旋见客,坐见者三次,立见者四次。写沅弟信一件、官中堂信一件。围棋二局。中饭后至幕府闲谈,阅本日文件,核徽州一案保单,又核水师保单未毕。接滕嗣林禀,言霆营只一二日米粮,又接春霆十九日禀,危急之至,寸心如灼。请申夫来闲谈。夜批唐义训禀。与幕友议唐、王两军出乌泥关以救旌德。写王钤峰信。因宁国、旌德万紧,彷徨不知所为。二更四点睡,幸尚成寐。

廿四日(虑鲍军陆运米粮因雨而阻)

早饭后清理文件,围棋一局。曾莘田、王氏两甥从金陵来,与之久谈,令来公馆小住旬日。午刻见客二次。中饭后至幕府闲谈,写纪泽信一件,写沅弟信一件,阅本日文件。与莘田及两甥久谈。接沅弟两信,知季弟病势甚重,忧系之至。接李世忠三咨,知贼匪北渡九袱洲,十分吃重。又大雨如注,念鲍军陆运米粮,必不能动,寸心如焚。傍夕与两甥等久谈。夜改金陵解围详细战状折稿,又核定奖单、恤单,二更后核批札各稿。四点入内室,三更睡。是日接奉廷寄一件。

廿五日

早饭后清理文件,见司道一次。围棋一局。写沈幼丹信一件,写沅弟信一件。见客,坐见者一次,立见者六次。中饭后至幕府闲谈。旋见客一次,阅本日文件,核杨彭保单。与莘田并两甥闲谈。夜核批札各稿。牙疼殊甚。又与两甥闲谈。是日上半日晴霁。又闻鲍营陆

运尚通,为之少慰。下半日阴霾。接沅弟信,言季病略愈。又派拨千人北渡,守西梁山、玉溪口,亦足慰也。

附记

○近日军情片

○调寿州正阳兵一片

廿六日(幸季弟之病稍愈)

早饭后清理文件。旋围棋一局。写沅弟信一件、吴竹庄信一件、李少荃信一件。见客三次,与莘田及两甥一谈。中饭后作片稿三件,约千六、七百字,直至二更四点方毕。未刻至幕府罄谈。申刻阅本日文件。是日有哨官粟维善廿三日过三山,言霆营陆运之米,每日可运二、三百石,为之少慰。又闻季弟之病稍愈,尤慰幸也。

廿七日

早饭后清理文件,旋至幕府小叙,围棋一局,写沅弟信一件。见客三次,又立见者三次。中饭,薄具酒肴,请莘田与两甥一宴。中饭后见客,刘开生等坐甚久,申夫亦来一叙。阅本日文件,发报五摺、四片、三清单,核咨札各稿,傍夕毕。夜将上三旬银钱清单汇誊一遍,又誊发报摺片单。二更三点入内室,阅王而农先生《通鉴论》数首,论先主、武侯、鲁子敬诸人者。是日接沅弟廿二日信,知季弟病已平稳,为之大慰。夜接朱云岩廿二日禀,知旌德业已解围,尤为欣慰。

廿八日(念前敌陆运艰难,忧灼之至)

早饭后清理文件。旋围棋二局,写官帅信一件、沅甫信一件,见客二次。中饭后又见客二次,至幕府罄谈。阅本日文件,核批札各稿,改信稿数件。天气阴雨,念前敌陆运艰难,忧灼之至。夜温韩诗七古。二更三点入内室,阅王而农《通鉴论》杨仪、孙资诸篇。是日接李世忠咨,九袱洲贼势浩大,深以为虑。

附记

义中　欧阳胜美廿一至安庆

义右　董家祥廿三至安庆

义左　何有能廿一至湖北

以上义渠新招,带赴临淮

襄阳　舒保兰斯明飞虎三营　马队　金国琛营留三

随州兼防小林店　欧阳正墉六营

孝感小河司　穆正春马步八营

花凌河马队

应山兼防三关　周凤山七营

麻城两路口　梁作揖五营

督标　杨朝林六营

抚标　王桐柏六营

赵既发毅健六营

以上共五十二营内马队三营

以上官秀帅十月十六日摺中布置情形其赵既发系严中丞之信,想尚未成军

廿九日(忧灼贼窜江北)

饭后清理文件。旋围棋一局。见客,坐见者三次,立见者三次。写沅弟信一件,核改信稿数件。中饭后接沅弟信,知贼于廿四日渡江,冲过九袱洲、江浦李营,直上犯和州一带,为之骇叹忧愤。写吴竹庄信一件、沅弟一件,办公牍数件。调萧军门庆衍防剿庐州、张树声等守无为州。午刻写希庵信一件。酉旋阅本日文件,至更初始毕。写严中丞信五叶,核批札各稿。二更四点入内室。阅《通鉴论》何晏等篇。是日闻贼窜江北之信,又闻季弟病重、宁国

粮路未通，为之忧灼，不能成寐。

十一月

初一日

早饭后，各员弁贺朔，至巳初毕。写沅、季信，派人送辽参九钱与两弟用，以季弟伤寒病重也。写左季高信一件，写蒋之纯信一件，围棋二局。摺弁李鼎荣等自京师回。中饭后出外拜客二家。归，阅本日文件，至幕府一谈，徐石泉来，又与邕谈。围棋一局。阅京报数十本，夜再阅之，始毕。核批札各稿。二更三点入内室，阅《通鉴论》数首。是日摺弁带回盐政敕书。下游宁国、江浦等处，本日无来信。

初二日（和州、含山两城失守）

是日冬至节，黎明，借圣庙为万寿宫，率属行礼。归后，各方武员弁庆贺，至辰正毕。天寒大雪。清理文件，围棋一局。写沅弟信一件、雪琴信一件，改吴竹庄信一件。闻和州、含山两城失守，焦灼迥异寻常。改公牍数件。调兵分守庐巢。写唐鹤九信一件。中饭后请刘开生、方△△便饭。饭后至幕府一谈，阅本日文件，核批札各稿。傍夕又至幕府邕谈。夜写零字甚多。阅段《说文》数页。是日上半日大雪，下半日大雨，二更未止，焦愤实深。

初三日（巢县失守）

是日恭逢先妣江太夫人七十八冥寿，因心绪恶劣，未办祭祀。早饭后见客三次，清理文件，围棋一局，写沅弟信一件、彭雪琴信一件，至幕府邕谈。上半日晴霁，气象极好，下半日复阴森愁惨。中饭后接沅弟二信、吴竹庄二信，知九袱洲北渡之贼日多，深为焦虑。牙疼殊甚，寸心如煎，因入内室摆列棋势以自娱。批沅弟廿八日一信。傍夕又至幕府邕谈，写吴竹庄信一件。二更，接庐州府庐江县禀，知巢县于廿八巳刻失守，弥增焦灼。亲批庐江来禀。又令解大炮等于吴竹庄，解子药、银两于庐江县。二更四点睡，幸尚成寐，五更醒。

初四日

早饭后清理文件，立见客六次，坐见二次，写沅甫信一件、纪泽信一件，围棋一局，写吴竹庄信一件。中饭后至幕府一谈。由东门登城，周历北门一带，至西门下城，至城外看盐河一带，傍夕归。阅本日文件。灯后，问含山来差，知含、巢实于廿七、八日失守。核批札各稿，倦甚，不能治事。二更四点睡，四更四点醒，五更后，牙疼殊甚。

初五日（知营已渡江守无为州，为之少慰）

早饭后清理文件。是日因牙疼，巳刻方起。旋见客一次，围棋一局，写沅甫信一件、官帅信一件，雪琴信添二片。中饭后至幕府邕谈。阅本日文件。见客，立见者二次，坐见者二次，傍夕又至幕府一谈。夜写毛寄云信一件。接吴竹庄初一夜信，知树字五营业由白茆嘴渡江守无为州，为之少慰。阅《通鉴论》数首。

初六日

是日牙疼，仍晏起。早饭后见客三次，围棋一局，写沅弟信一件、李少荃信一件。中饭后见客一次，至幕府久谈，阅本日文件。牙痛殊甚，不能治事，再围棋一局。夜核批札各稿，温《古文·书牍类》，二更末阅《通〈鉴〉论》。是夜闻无为州有兵入守，为之一慰。

初七日

黎明起，仍照往日之常。早饭后清理文件。旋至幕府议萧、毛两军应驻之地；与张风翥议定，令驻舒城。围棋一局，写沅弟信一件。见信［客］三次，涂阆仙坐最久。核札稿数件。中饭后闻贼窜太平，愁闷之坐［至］。牙疼弥甚，行坐不安，与刘开生围棋一局。傍夕又至幕府邕谈。夜核批札稿颇多。二更三点阅《通鉴论》三首。牙疼异常，登床后，弥觉疼不可忍，至三更四点略愈，成寐更许。

初八日（夜接贼入黟县之信）

早饭后清理文件。旋见客，立见者七次，坐见者三次，李雨亭谈最久。写沅甫信一件、吴竹庄信一件。中饭后见客，坐见者二次，立见者二次，陆光祖谈最〈久〉。添萧衍庆信二叶，阅本日文件。出门看盐河濠沟，酉初归。至幕府邕谈。夜核批札各件。二更写左季高〈信〉一件。三点入内室，阅《通鉴论》。本日未接沅弟信，不知下游事势。又夜接贼入黟县之信，寸心忧灼。

初九日

早饭后清理文件。旋见客，坐见者五次，立见者二次。围棋一局。写沅弟信一件、希庵信一件。中饭后至幕府邕谈，阅本日文件，核信稿数件。傍夕又至幕府邕谈，写扁、对数件。夜核批札稿。二更后，改信稿一件。三点入内室早睡。本日接沅弟信，季弟已大解一次，病势可保平安，为之大慰。

初十日（拟改陈步高等定罪折）

早饭后清理文件，旋见客二次。卯正拜发元旦题本。又见客一次，与柯竹泉围棋二局，又见客二次。写沅甫信一件、吴竹庄信一件。中饭后至幕府邕谈，见客一次，杨朴庵来久谈。阅本日文件，又见客一次。阅本日文件至一更四点毕，改折稿一件。二更三点入内室，拟改陈步高等定罪折，未能下笔。三更睡。

十一日

早饭后清理文件。旋见客一次。接沅弟信，知季弟病势反复。为之忧悸，急占一卦，遇剥之谦，似尚无碍。写沅弟信一件，与柯小泉、程石洲围棋二局。旋闻祁门于初七日失守，实深忧愤。作陈步高等定罪一折。中饭后至幕府邕谈，见客三次。占祁门一卦，遇观之晋。阅本日文件，未毕。江达川方伯来久谈。至夕，又至幕府一谈，核比札各稿。二更后写零字甚多，阅浙江蔡奂璠禀，具详包村义士杀贼始末。

十二日

早饭后清理文件。旋围棋一局，见客四次，江方伯坐最久。写沅弟信一件。邓小芸来久坐。中饭后阅本日文件，至幕府邕谈。阅新制之坐劈山炮，不甚合式。发报三折、三片、二清单，核改各札稿。傍夕与葛亦山久谈。夜核各批稿。二更后写零字颇多，阅《通鉴论》数首，写郭意城信一件。

十三日（闻祁门失守、季弟病重）

早饭后见客二次。旋清理文件，围棋一局。写沅弟信一封。又见客二次。出门拜客，至城外河下一坐，归途看盐河壕沟。中饭后至幕府邕谈，阅本日文件，批朱、唐禀二件。剃头一次。傍夕至幕府又一谈。夜阅本日文件毕，写雪琴信一件，倦甚。阅《通鉴论》数首。三更睡，不甚成寐。昨日闻祁门失守之信，本日闻季弟病重之信，忧灼之至，牙疼殊甚。

十四日

早饭后清理文件。旋见客八次，内坐见者一次。写沅弟信一件。围棋一局。写澄弟信一件。中饭，请客五人，午正三刻入席，申初散。接信，知祁门之贼已退，欣慰之至。至幕府邕谈，阅本日文件。傍夕与葛亦山久谈。夜清核批札各件。已刻核科房批稿。二更再与亦山一谈，写零字甚多。三点入内室，温《古文·论著类》。三更睡，颇能成寐，五更醒。

附记

解无为州子药

解金陵洋枪

四家硝磺定议

十五日（鲍军粮路可通）

早起，各员弁贺望，至辰正毕。清理文件，与柯竹泉、程石舟围棋二局，见客二次。写沅甫信一件。至幕府一谈。中饭后清理本日文件，写对联十一付、扁一悬。傍夕又至幕府一

谈。夜清核批札各稿。二更与葛芈山久谈。四点睡,五更一点睡[醒],尚能成寐。本日未接沅弟信,不知季弟之病何如,心为悬悬。惟闻王可陞已在黄麻渡扎稳,鲍军粮路可通,为之一慰。

十六日

早饭后清理文件。旋见客二次,围棋一局,写沅弟信一件。派人解洋枪二百支并洋药等件至沅弟处。出城看盐河濠沟,又至东门宝塔下看濠。拟将西南隅贼所修月城拆去,改修盐河濠傍之城,用丈量月城,凡一百四十一丈。盐河应修之地,凡一百八十六丈。归,请邓小芸、陈泰初、程鄂南等便饭,申初散。见客三次,清理本日文件,至幕府邕谈。傍夕与葛芈山谈,申夫、雨亭来久谈。核批札各稿,二更三点毕。阅《通鉴论》。三更睡。二日未接沅弟信,忧灼之至。

十七日(将盐河城工算明,赋与各营)

早饭后清理文件。旋见客,坐见者三次,立见者二次。接沅弟十一日三信。知季弟病尚沉重。沅亦愤郁不平,词旨蛮激。写复信一件,甚长。旋见客,坐见者一次,立见者三次。中饭后,万簏轩来一谈,清理本日文件,下对联款十馀付,至幕府一叙。将盐河城工算明,赋与各营。陈舫仙来久谈。夜与葛亦山谈,核批札各稿,二更后倦甚,改信稿二件。三更睡,四更四点醒,牙疼殊甚。

十八日(季弟蒙恩任知府)

早饭后清理文件。接沅弟三信,知季弟之病十分沉重,似已万无转机,不胜感痛。写沅弟信一件。见客六次,坐见者一次。牙疼殊甚,馀客均辞不见。中饭后至幕府邕谈。愁闷无聊,与程石舟围棋一局,合上半日与筱泉对奕,凡三局矣。清理本日文件。写李幼泉信一件,问萧、毛二军进兵应在巢湖以南乎,以北乎。傍夕与幕府共谈此事,灯后传熟于庐、巢之人,细询进兵之路,金谓宜走巢湖之南,因定计办函牍告各处。傍夕又接沅弟十五日信,季弟十四日略轻。写左季高信一件,核改信札稿数件。牙疼殊甚,加以眼蒙,批稿多不能核。是日接奉批摺金陵击退援贼一案,沅弟蒙恩赉黄马卜[卜字衍]褂袍料、翎管、搬指等物,季弟蒙恩以,知府用。

十九日

早饭后清理文件。旋见客,立见者五次,坐见者一次,陆光祖来久谈。添沈幼丹信三叶,写沅弟信一件。午刻见客三次,陈舫仙坐稍久。与筱泉围棋一局。中饭后至幕府一谈,批朱云岩、唐桂生片禀,清理本日文件。傍夕又至幕府久谈。牙疼殊甚,心绪作恶,因命人吹笛心散烦襟。夜核批札各稿,至二更毕。写李希庵信一件。三点入内室,阅《古文·论辩类》。三更睡,颇能成寐。

廿日

早饭后,接见司道。牙疼殊甚。旋又见客二次,清理文件,写沅弟信一件。围棋一局。巳正,英吉利总税务司赫德来见,议安庆、大通、芜湖新添三口之事。午初,余出城至船上回拜。中饭后至幕府邕谈。昨日今日未接沅弟信,不知季弟何如,忧灼之至,彷徨无聊,与徐石泉围棋二局。阅本日文件甚多,晡时未毕。又至幕府一谈。夜将本日文书阅毕。接吴竹庄等信,知芜湖甚为吃重,因为一信复之。牙疼殊甚,不能做事。二更三点睡,尚能成寐。

廿一日

早饭后见客二次,又坐见者一次。清理文件,写沅弟信。出城至西门看修城之法。归,至李雨亭处邕谈。中饭后见客二次,与筱泉围棋一局。清理本日文件,核批札各稿。傍夕至幕府邕谈。夜将三次旬报银钱摺誊清,核批稿。二更后温七言古诗。三更睡。

廿二日(痛悉季弟溘逝)

黎明起,接沅弟信,知季弟于十八日卯刻溘逝,恸哉! 饭后,定计自往金陵一行,一以慰视沅弟,一以接季弟之灵榇。写沅弟信一件、澄弟信一件。见客数次,吊唁之客尚多不能见

者,伤感之至,不能治事。中饭后徐石泉来,勉与围棋。阅本日文件,核改批札各稿。傍夕与葛羊山邕谈。齿疼殊甚。夜不克治事,至内室摆列棋势以自遣。二更后略阅公牍,未毕。是日始闻季弟之讣。斋戒不茹荤,拟斋七日,照温甫弟丧之例。

廿三日(为迎季弟灵柩,决计不赴金陵)

早饭后接沅弟信,知季弟灵柩定于廿四日登舟来皖,余若东去,必在中途错过,遂决计不赴金陵。写沅弟信,专潘文质送去,兼以止刘连捷一军不赴无为州。见客五次,坐见者三次。写澄弟信一件,核改信稿三件。中饭后见客二次,阅本日文件,写少荃信未毕,写对联六付。夜写少荃信,至二更毕。核批札各稿,三点毕。入内室,略阅李诗。三更睡。

廿四日(闻鲍军纷逃寸心如焚)

早饭后写沅甫信一件、纪泽信一件、筠仙信一件,添少泉信一叶。旋与柯筱泉围棋一局。令葛羊山赴金陵一行。见客六次。中饭后阅本日文件,改摺稿一件。接鲍春霆信,知渠丁母艰,正值军心涣散之时,而渠思奔丧回籍,忧灼之至。因调朱云岩出守青阳,保泾县、南陵之后路。又闻鲍军纷纷逃散,寸心如焚。夜坐,无聊之至,与程石舟围棋二局。写朱云岩信一件,清理批札各稿。二更三点入内室,摆列棋势以自遣。三更睡。彻夜不能成寐。

廿五日

早饭后见客二次,衙门期也。清理文件,写沅弟信一封、鲍春霆一封、左季高一封。午刻出城看修西门外新城。旋至湖南会馆一看,将收拾为季弟停柩之所。中饭后与柯筱泉围棋一局,阅本日文件,见客二次,写易开俊、吴廷华信一件,核改批札各稿。夜改摺一件,约千馀字。二更三点入内室,阅太白七古。三更睡,五更醒。

二十六日

早饭后清理文件。旋见客二次,湖北恩施贡生杨炳轩来,谈颇久,呈诗一首,笔尚清超。围棋一局。写沅甫信一件。摺差胡达萼等自京回,阅京报十月各本。中饭后愁闷殊甚,与柯竹泉围棋二局。倪豹岑来久坐。申刻阅本日文件,见左帅报严州克复,则以为喜。又见刘克庵不能来景、婺一带,则以为戚。傍夕以徽、宁两防同危,忧灼之至。夜核改查办金安清之案奏折一件。二更后,核批札各稿,改杨彭信稿。三更睡,尚能成寐。五更醒后,复小睡片刻。

二十七日(思作字之法有阳德、阴德之美)

早饭后清理文件。旋将金安清应赔款项至幕府核算,将摺稿酌改数次乃定。围棋一局,见客一次,写沅弟信一件。中饭后核改信稿,阅本日文件。傍夕发报一次。夜核批札各稿,改信稿数件。三更睡,五更醒。偶思作字之法,亦有所谓阳德之美、阴德之美。余所得之意象为"阳德之美"者四端:曰直,曰辣,曰勒,曰努;为"阴德之美"者四端:曰肍,曰偃,曰绵,曰远。兼此八者,庶几其为成体之书。在我者以八德自勖,又于古人中择八家以为法,曰欧、虞、李、黄、邓、刘、郑、王。

廿八日

早饭后清理文件。旋见客一次。郭远堂前辈柏荫以壬辰翰林,因库案革职,旋赏主事,回籍掌教鳌峰书院近二十年。本年奉召进京引见,奉旨发至余营差委,本日来谈颇久。与柯竹泉、程石舟围棋二局。写沅弟信一件、李勉亭信一件。中饭后牙疼异常,又至幕府与柯竹泉围棋一局,阅本日文件。傍夕又至幕府邕谈。夜写零字甚多。二更三点入内室,阅《通鉴论》汉武、李陵等数篇。是日倦怠颇甚,办事极少。闻季弟之讣,斋戒七日,今已满矣。流光如驶,可惧可伤。

附记

叶凤来案

蔡国祥派充总兵

密考摺

○调隋龙渊片

廿九日（写季弟铭旌竟闻满室檀香）

早饭后清理文件。写沅弟信、沈幼丹信一件、左季高信一件，与柯竹泉围棋二局，写希庵信一件。中饭后至幕府邕谈。旋写季弟铭旌。初回房时，闻满室檀香。意为戈什哈等焚之，备写铭旌时致其诚敬之道，既而问之，并未焚香，亦足异也。旋写对联三付、挂屏一付，阅本日文件。观鲍春霆廿六日自升字营所发之信，知三山、繁昌等处粮路均恐为贼所断，忧灼之至，绕室彷徨。夜核批札各稿。旋与程尚斋围棋一局，又观程与柯一局。日内，公私忧迫，佟焉如不终日。固由治心素欠工夫，亦足见末世当大任，为人生之大不幸也。阅《通鉴论》赵充国、贡禹、匡衡数首。

十二月

初一日（雪盈六寸，念鲍军饷路将断）

早饭后，各文武贺朔者，以新有期服辞之。旋见客二次，围棋二局，写沅弟信一件，毛寄云信一件、杨厚庵信一件。中饭后至幕府邕谈，与屠晋卿围棋二局，阅本日文件。大雪盈六寸许，念鲍营饷路将断，而雪大如此，勇丁恐遂溃散，忧念无已。夜核批札各稿，写零字颇多。潘文质自金陵回，接沅弟廿六日信，语太激励，为之不怿。

初二日

早饭后清理文件。旋见客二次，围棋二局，写沅弟信一封、郭意城信一件。中饭后见客二次。至幕府邕谈，阅本日文件，核科房批稿簿。是日天气晴霁，心为少舒。又闻吴竹庄、周汉卿廿七日有石跪之捷，水师有官圩之捷，易开俊、吴廷华廿六日有泾县、黄村之捷，为之一慰，而终以鲍军为虑。夜阅陈硕甫《诗说》。三更睡。

初三日

早饭后见客二次。旋围棋二局，写沅弟信一件。午刻，陈虎臣兄弟来久坐。天又大雪，念鲍军饷道已绝，为之大虑。中饭后至幕府邕

清朝顶戴花翎

谈，阅本日文件，核改吴城厘稿［稿字衍］局批稿。傍夕与向伯常一谈。闻泾县廿七日败战之信，尤为忧恐。夜清核各稿。二更后阅《古文·哀祭类》。三点入内室，阅古文十馀篇。三更睡。

初四日（观钱子密家藏书画）

早饭后清理文件。旋写澄侯信一件，见客三次。有湖南同知王承顺自金陵归。前于冬月初九日过此，解火药五万斤至沅甫营中，十六日抵金陵，十八日眼见季弟之逝，二十七日自金陵归来。沅弟营中有该员所解之火药，又有十三日轮船拖到之火药五万斤，从此当不患无军火矣。旋出门拜客二家，在善后局倪豹岑处坐颇久，午刻归。与柯筱泉围棋二局。中饭后至幕府邕谈。观钱子密家藏书画二种，一为其高高祖母陈太夫人画册，凡十帧。内一帧画一黑犬，一帧画一蝶未入花丛时，一帧画一蛤、一蟹、二小鱼，一帧花篮、一帧古柏、一帧梅花仙女，一帧修篁茂林，一帧梅、杨梅、枇杷、二桃，一帧喜雀，一帧萝卜、白菜，皆清华名贵，秀

绝人寰。每帧有其夫钱纶光廉江先生题诗二句。乾隆三十一年,其子文端公陈群进呈御览。高宗于每帧题七绝一首并御题一跋于后,发还。文端公及其子侍郎汝诚各作十诗,恭和元韵,而汝诚详跋于后,以志庆幸。逮乾隆四十七年,文端与侍郎皆没,而高宗因阅钱选所画鸟、犬,偶忆陈太夫人原册,遣人回浙取至京师,再呈御览。高宗再题七律一首,长跋一帧,仍归钱氏。信名迹奇遇也!其一种为直庐问寝图,图文端公早朝,先至其母陈太夫人所问安之象,为王肇基所绘,亦非俗笔。旋阅本日文件,核批札各稿。傍夕又至幕府一淡。夜核颍州、霍邱保案。二更三点入内室,温《诗经》。三更睡。

初五日(修西门城濠)

早饭后见客二次,衙门期也。旋清理文件。出门看修西门城濠,午刻归。马学使来久坐。陈白立来,详示一切。与柯小泉围棋一局。中饭后验看群子模一次,验看小劈山炮一次。江达川来久坐。牙疼,再围棋二局。至幕府一谈,阅本日文件。傍夕核批札各稿。夜温《诗经·葛覃》以下五章,三更睡。辰刻写沅弟信一件。

初六日(阅《毛诗疏·兔罝》)

早饭后清理文件。旋与柯小泉围棋二局,见客二次,写对联数首,写沅弟信一件。中饭后,柯竹泉来,又与围棋一局。旋阅本日文件,核改批稿、科呈各稿。傍夕至幕府一淡。夜写零字甚多,倦甚。阅《毛诗疏·兔罝》等五章。

附记

徐　寿号雪村　龚之棠号春海

斯　桂号鲁生

殷家隽号竹坞

吴嘉善号子登

光学　重学　流学　化学　电气学　磁石学　动物学　植物学

○东局保摺　○希部保摺

○李营报仗摺　○复奏派蔡国祥等摺

○病故汇血摺并单　○伍宏鉴片

○隋藏珠片

初七日(闻青阳失守)

早饭后清理文件。旋写沅弟信一件、李少荃信一件。见客二次,又立见者三次,与筱泉围棋一局。中饭后至幕府邕谈,见客一次,阅本日文件,写筠仙信一件,核批札各稿。夜与金陵各员弁商画一九洣洲图。旋核东征局保案单。二更后核批札各稿,温《诗》《鹊巢》《采蘩》二章。三更睡。四日未接金陵信,深为悬系。本日酉刻又接青阳失守之信,心绪作恶,牙疼殊甚。

附记

堵王黄文金　孝王胡鼎文

佑王李远继　跟王蓝仁德

西王洪△△　襄王刘官方

纳王郜△△　慕王谭△△

听王△△△　奉王古隆贤

匡王赖文鸿

初八日

早饭后清理文件。旋见客二次。至江达川处久坐,至东门外看新修之卡,至学使处一谈,午旋归。写沅弟信一件,写对联八付。中饭后至幕府一谈。旋阅本日文件。申正与柯竹泉围棋一局,又观柯与李壬叔一局。夜核批札各稿。二更后温《诗·草虫》等三章,写朱云岩信一件。是夕闻季弟灵榇距省不过二十里。

初九日（至宝塔下接季弟灵榇，抚棺恸哭）

早饭后略清文件。旋出城至宝塔下接季弟之灵榇，登舟抚棺恸哭。舟至盐河，接柩登岸。满城文武官绅皆至河干迎接。用六十四人大举舁入西门，至湖南会馆暂为安置。各官绅皆来行礼。余于申刻行家奠礼。写沅弟信一件，接澄弟及纪泽家信，接廷寄二道，阅本日文件。夜闻朱云岩已弃旌德不守，为之不怡。详批唐桂生小禀。作挽联一副挽季弟。改复奏派人管轮船一摺。三更睡，不甚成寐。

初十日（核改李世忠屡战摺稿）

早饭后清理文件。来吊季榇之客颇多。旋与李壬叔围棋二局。接廷寄一道，见客数次。中饭后见客二次。写沅弟信一件，希庵信一件，阅本日文件，核改李世忠屡战摺稿。夜又改一摺二片。二更三点睡，五更醒。

十一日

早饭后清理文件。旋来上祭之客颇多，先后共八起。写左季高信一件、沅弟信一件，核对各摺稿。与柯竹泉围棋一局。中饭后见客二次，阅本日文件。葛泽山自金陵回，与之剧谈。傍夕疲倦殊甚。夜改东征局保案摺稿。二更四点睡，四更四点睡（醒），五更后又少睡片刻。

十二日

早饭后清理文件。在季弟灵榇公馆内三宿，是日回本署。至西门外一看新城，巳正归。旋至幕府一谈，与柯小泉围棋一局，写沅弟信一件。中饭后见客二次，清阅本日文件。意绪萧瑟，又至幕府一谈。李善兰来，与同围棋一局。夜温《诗·羔羊之皮》等六章，二更三点〈毕〉。是日未刻发报一次，复恭亲王之信，随报发去。

十三日

早饭后清理文件。旋见客，坐见者六次，立见者三次，写沅弟信一件。中饭后至幕府剧谈，阅本日文件，核批札各稿。傍夕又至幕府一谈。夜核改批札稿，二更后温《诗》《何彼秾矣》《驺虞》《柏舟》，三更睡。

十四日

早饭后清理文件。旋见客，立见者四次，写纪泽信一件，与柯竹泉围棋二局。摺弁赵清益等自京归来。见客，坐见者二次，立见者三次。中饭后至幕府剧谈。旋阅本日文件，未毕，李壬叔来，再围棋一局：至夜一更三点，始将本日文件阅毕，阅核批札各稿。二更后温《诗》《绿衣》《燕燕》《日月》。早睡。

十五日

文武贺朔望者，因有弟丧，概谢不见，旋金眉生来见，久谈。写沅弟信一件，与柯筱泉围棋一局，写对联六付。中饭后至幕府剧谈，江达川来久坐，阅本日文件。竟日大雨，心绪作恶，摆列棋势以自遣。傍夕与葛羊山久谈。夜写零字甚多，作季弟墓志，未成。三更睡。是日辰刻至季弟公馆，指示漆棺之法。

十六日（阅龚之棠所作枪炮，机较结实）

早饭后清理文件。旋作季弟墓志。巳刻与柯竹泉围棋二局。阅龚之棠所作枪炮，亦用自来火，而机较结实。中饭后至幕府一谈，阅本日文件。复作墓志，至夜二更作毕。久不作文，机轴极生，句法亦多不合。江方伯申刻来久谈。三更睡，五更醒。

十七日（至季弟公馆看漆棺之当否）

早饭后清理文件。旋至季弟公馆，看漆棺之当否。核改信稿甚多，写沅弟信一件。见客三次，周开铭坐颇久。中饭后至幕府剧谈，阅本日文件，核改科房批稿。酉刻与柯小泉围棋一局，写对联三付。夜核定十九日行礼单。接奉廷寄二件。阅惜抱轩古文。二更三点入内室，阅韩文三首。三更睡。

十八日

早饭后清理文件。旋见客三次，新署合肥桂令、潜山王令谈颇久。围棋一局，核批札稿。万篪轩来久坐。中饭后，徐石泉来久坐。复围棋二局，阅本日文件。武明良来见，谈颇久。至幕府一谈。傍夕至季弟傍椋公馆。夜写沅甫信一件，核批札稿，阅《古文·传志类下》，二更三点睡。

十九日

是日为季弟开吊。黎明行告祭礼。竟日客来纷纷，至酉刻稍息。与程四世兄围棋三局，尚斋之子也。夜写希庵信一件，阅韩文三首，二更四点睡，辛苦太甚，不能成寐。四更少睡，五更复醒。是日黎明行告祭礼，酉刻行祖饯礼及丧事应行之礼，俱未敢忽。

二十日（是日为季弟行遣奠礼）

五更起，行题主礼。礼毕，黎明行遣奠礼。饭后发引出西门。巳刻至盐河安厝船上，奠酒祭江毕。余至厘局更衣，看新修之城。未满一月，业已竣工，登城周历一遍。归时方午初，倦甚。清理文件。中饭后至幕府畅谈。旋清阅昨今两日文件，傍夕毕。表弟江龙三病势甚重，派盛四送之归。夜将季弟墓志删改一过。温《古文·传志类下》，写沅弟信一件。三更睡。是日因朱品隆不应来此，愠怒良久，然后与之一见。

廿一日

早饭后清理文件。巳刻封印行礼。旋见客三次，坐见者一次，写左季高信一件，核改批信稿、各谢恩摺稿。中饭后至幕府畅谈。旋见客四次，又立见者三次。温《诗》《终风》《击鼓》《凯风》。夜温《古文·传志类下》。将所作季弟墓志，请钱警石先生一阅，渠指出数处，有是处，亦有不尽是处。三更睡，尚能成寐。

廿二日

早饭后清理文件。旋见客一次。出门拜客，谢十九日来吊之客，满城及城外走遍，午刻归。钱警石先生来久谈。又见客，坐见者二次，立见者二次。中饭后清理文件，至幕府畅谈，阅本日文件，写澄弟信未毕，与程世兄围棋三局。夜将澄信写毕，核批札各稿。二更后核定摺稿二件，温《诗经》二章。

廿三日

早饭后清理文件。旋见客九次，内坐见者三次。写澄侯信，添二叶。与柯小泉围棋一局。中饭后柯竹泉来，又围棋二局，阅本日文件，酉刻毕。至幕府畅谈。夜核改京信稿，温《诗经》五章。三更睡，不甚成寐。

廿四日（闻毛竹丹东关之挫，心为悬系）

早饭后清理文件。旋见客八次，程朴生坐颇久，围棋二局，写纪泽信一件。中饭后见客四次，姚浚昌、莫子偲二人谈颇久。清理本日文件。日内因服熟肉蒸肉，倦甚思睡。又因本日闻毛竹丹东关之挫，心为悬系，意绪作恶，小睡时许。巳刻写京信，添许仙屏三叶、周子佩二叶。夜，心绪无聊，入内室摆棋势以自遣。核批札各稿，阅严可均《说文校议》。

廿五日（请修城有功者宴）

早饭后见客二次，衙门期也。旋清理文件，与程朴生围棋二局，写沅弟信一件。陈虎臣来久坐，又见客二次。中饭请喻吉三、郑阳和等便饭，以其修城有功而甚速也。中饭后阅本日文件颇多。旋至幕府畅谈。徐石泉来久叙，渠将以明日归湘，因与围棋一局，傍夕归去。夜，张练渠来久谈，核批札各稿，核改信稿五件，核东征局保单。二更四点入内室，阅惜抱文数首。三更睡，甚能成寐。

廿六日

早饭后清理文件。旋见客一次，与程石洲围棋二局，写李少荃信一件，见客二次。中饭后至幕府畅淡，李勉亭来久谈。阅本日文件。核改摺稿一件，约改千五百字，至三更毕。接奉廷寄一件。

附记

誊旬报单三

誊发摺单二

参王金鼎曹贵

廿七日（莫子偲作季弟哀词一首）

早饭后清理文件，见客一次，方元徵等坐颇久。旋改摺片稿二件。午旋写沅弟信一件，见客三次。中饭后至幕府一叙。莫子偲作季弟哀词一首。旋与李壬叔围棋二局，见客二次，阅本日文件甚多。傍夕小睡，夜核对摺片，共七摺、四片、三清单，核批札各稿，二更三点毕。倦甚，早睡，不甚成寐。

廿八日

早饭后清理文件。旋习字一纸。出门拜客三家，钱警石、杨朴庵两君处皆久坐，午正归。中饭后至幕府一叙。旋警石先生来觇谈，李勉亭来久坐。阅本日文件，核科房各稿，未毕，至夜方毕。又核批札稿。二更四点睡，尚未成寐。

附记　勉亭商事

高、史、袁　婺杨尚好

散卡均送景镇转运局

山内设厘金局，派缵先　唐撤

廿九日

早饭后清理文件。旋出城吊彭星占之丧。归后，见客二次。写沅弟信，未毕。柯竹泉来，围棋一局。马学使来久谈，赵岵存来久谈。中饭后至幕府一叙，阅本日文件，写沅弟信毕，写希庵信一件。夜核批札稿未毕，温《诗·泉水》三篇。二更三点睡，四更五点醒。

卅日（愧光景似箭而余在高位德业不进）

早饭后清理文件。旋见客三次，写沅弟信一件，与程四世兄围棋三局。中饭，请赵岵存便饭，坐无他客，与之觇〈谈〉，未正散。申刻至幕府一叙。阅本日文件，写毛寄云信一封。傍夕入内室一坐。夜写澄侯信一封，核批札各稿，誊十一月下旬、十二月上旬银钱所报单。温《诗经·静女》以下三篇。三更睡。光景似箭，冉冉又过一年，念德业之不进，愧位名之久窃。此后，当于"勤、俭、谨、信"四字之外，加以"忍"字、"浑"字，痛自箴砭，以求益炳烛之明作补牢之计。

卷十三　同治二年

正月

初一日

黎明至学宫,借作万寿官,望阙行礼。归后,文武员弁来贺,至巳刻方毕。清理文件,李壬叔来,围棋二局。将十二月中旬银钱摺誊写。至幕府一谈,旋请幕府五人与李勉亭中饭。饭后,出外拜客数家,藩桌二处少坐。归后,写彭杏南表弟信一件,阅本日文件颇多,灯后方毕。写沅弟信一件,写零字甚多,温《诗·柏舟》以下三章。三更睡。

附记

李营捆盐之事应参

东台之案应参,并参新淦旧案,江阴杀陆、常州杀赵二案

初二日(朝廷赏钱物及"寿"字)

早饭后清理文件。旋见客二次。出门拜客,惟杨朴庵、赵岵存处久坐,馀俱亲拜。午初归,见客二次。中饭后习字二纸。旋与方元徵、刘开生围棋二局。阅本日文件甚多,夜始阅毕。旋写零字颇多,温《诗·桑中》篇以下三篇。二更三点睡。是日巳刻接奉廷寄一件。申刻接军机咨,由内颁年终赏福字、荷包、银钱、钱镪、食物,又加赏寿字一个。

初三日

早饭后清理文件。见五局两所各委员,又见客二次。与柯竹泉围棋二局,写沅弟信一件,习字一纸。中饭后至幕府幽谈。旋见客一次,阅本日文件,写对联六付、挂屏四幅。傍夕倦甚,小睡。夜温《诗·蝃蝀》以下四篇,又写沅弟信一件。二更后又小睡,三点入内室。日内牙疼,或用心太过,酣睡太少之故。本日小睡二次,牙疼略愈。

初四日(近总明于责人暗于责己)

早饭后清理文件。旋习字一纸,写挂屏四幅、对联二付,写澄侯信一件,与柯竹泉围棋二局。午刻后又见客二次。中饭后至幕府幽谈。旋见客,兵部郎中朱允成久坐。阅本日文件甚多。夜核改批札稿。二更后温《诗·淇奥》下三篇。三更睡,倦甚。近日常见得人多不是,郁郁不平,毋乃明于责人,而暗于责己乎?

初五日

早饭后清理文件。旋习字一纸,写对联五付,写霞仙信一件。见客三次,又立见者二次。中饭后至幕府畅谈。旋见客一次,与刘开生、方元徵等围棋二局,又见诸客。围棋一局,牙疼殊甚,借此消遣。阅本日文件,傍夕毕。夜核批札稿,温《诗经·氓》以下五篇。牙疼殊甚,不能安枕,盖牵掣右边头疼也。三更三点始略成寐,而晒时疼痛不止,至次早犹不少息。

初六日(马学使教"盐水锭"法治余牙疼)

因牙疼晏起,辰刻始早饭。饭后见客五次,又立见者二次。写李少荃信一件,习字一纸,写对联五付。出门拜客数家。午刻至万簇轩家赴宴,申刻散。归,阅本日文件极少。至幕府

邕谈。傍夕略核批札稿。是日牙疼尚剧,不能治事,在万宅亦不能多食。酉刻,马学使送一方,日盐水锭。灯后,口含一锭,噙之良久,吐出津液甚多,良得少愈。写严谓春、官秀峰信,共六叶。温《诗·有孤》以下四篇。二更三点入内室,牙疼已愈,遂得酣睡。

初七日

早起微晏。饭后清理文件,习字一纸。见客三次,又立见者一次,与柯竹泉围棋一局,又见竹泉与开生一局,见客二次。王璪鲁园,怀宁人,由进士、户部出为衡州知府,退居数年,今八十矣,新自河南避乱归。来此久谈。中饭后又见客一次,至幕府邕谈。阅本日文件,核改批札各稿。傍夕又至幕府一谈。夜改信稿数件,写沅弟信一件。二更后阅《孙琴西诗集》,温《诗经·君子阳阳》下二章。是日牙疼已愈,身觉轻捷。

初八日(至东城外看丁道杰演炸炮)

早饭后清理文件。旋习字一纸,见客二次。浙江有蔡兔璠者,自称在萧山之包村曾立大功,杀贼数十万,呈节略一纸,近万言,去〈年〉十一月投入,未即批,旋去湖北。余批令有知之者送信,令其来见。本日来谒,语言虽多荒唐而颇有智略。渠曾陷贼中两月,因与谈及贼中消息。已刻至东城外看丁道杰演炸炮:大小五炮,其弹在半空炸裂,不待落地而已开花矣。午刻归,见客三次。未刻至马学使处赴宴,申正归。阅本日文件,至幕府邕谈。夜核改信稿数件并批札稿,二更温《诗经·中谷有蓷》下四篇。是日阴雨竟日。

初九日

早饭后清理文件。旋见客二次,又立见者二次。习字一纸,与柯竹泉围棋二局,核批札各稿。中饭后至幕府邕谈,阅本日文件,申夫来久谈,写希庵信一件,温《诗经·大车》至《缁衣》三章。夜写沅弟信一件,改信稿十馀件,阅黄委员所拟江西厘务批稿各件,未能阅毕。二更四点入内室。

初十日

早饭后见客二次,衙门期也。旋又见客二次,清理文件,又见客周德亶等三次,均久谈。习字一纸。午刻又见客陈虎臣等三次。午正至江方伯处赴宴,申刻散。归,阅本日文件,至幕府邕谈。旋核批札稿,未毕,至夜核毕。作谢季弟追赠按察使恩摺,未毕。是日早间闻鲍春霆于初六日在泾县大获胜仗,为之一慰。

附记

伪慕王谭绍光闻十　　一月在常熟打死

伪昕王陈炳文

伪主将钱桂仁

伪相王陈清武

伪泗王高△△

伪曹王黄金锐

伪朝将邓光明

伪主将张大洲待天义

伪天将黄良善　伪首王范汝增

伪对王洪春元子洪亨福、亨我、亨穆

伪梯王练业坤

伪戴王黄呈忠侍王令其守金坛。求于江北赐一县之地安置家属,对王令其勿允。黄与侍王亦不和。

十一日(作谢恩摺稿)

早饭后清理文件。旋见客二次,又立见者二次。习字一纸,写澄侯弟信一封,将谢恩摺稿作毕。午刻与方元徵、刘开生围棋二局。中饭后见客三次,邓伯昭、徐毅甫坐甚久。旋写沅弟信一封,又见蒋之纯一次,蔡兔璠来久坐。阅本日文件,傍夕毕。至幕府一叙。灯时,至

邵世兄处一叙。夜核批札稿,改片稿二件。二更四点入内室。

十二日(夜温《诗·清人》)

早饭后清理文件。旋见客五次,又立见者二次,习字一纸。莫子偲来,在眉生处与之郐谈。午正请司道便饭,申刻散。阅本日文件极多,傍夕未毕。再至幕府一谈。酉刻与柯筱泉围棋一局。夜将本日文件阅毕,核批札各稿,温《诗·清人》篇。二更四点入内室,三更睡。是日发报一次,接奉朱批谕旨,即十二月廿七所发之摺,奉到批回。

十三日(至谷米局、火药库)

早饭后清理文件。旋见客三次,习字一纸。又见客一次,倪豹岑坐颇久。与柯竹泉围棋一局。写沅甫信一件。湖南知县汤煊来久坐。午正请客马学使等便饭,申刻散。阅本日文件。申正至谷米局阅周围新做墙垣,将为晒谷场。又至火药库阅附近新修之屋,酉正归。至幕府郐谈。夜温《诗经·郑·羔裘》以下四章。二更三点后,阅《国史》《儒林》《文苑》二传。

十四日

早饭后清理文件。旋习字一纸,写澄侯信一件、沅甫信一件。围棋一局。午刻写沈幼丹信一件。中饭后见客三次,至幕府郐谈,倪豹岑在李眉生处谈颇久。阅本日文件颇多。傍夕核判科房各稿。夜温《诗经·狡童》以下六篇,二更四点入内室。

十五日

早起,文武贺望者纷集,巳初毕。清理文件,习字一纸,写沅弟信一件,与程尚斋围棋一局、柯竹泉围棋一局。午刻阅《国史·循吏传》。中饭后至幕府一叙。旋见客二次,阅本日文件,写左季高信,约七百字。是日大雨如注,竟日不息,愁闷殊甚。傍夕至内室小睡。夜核批札各稿。温《诗经·扬之水》以下四篇,《郑风》温毕。

十六日

早饭后清理文件。旋见客二次,习字一纸,写李少荃信未毕。倦甚,不愿治事,因阅钱莘楣先生《声类》一书。此书分《释诂》《释言》《释训》《释语》《释天》《释地》《名号之异》等目,皆因声得义者,足见古人先有声音,后有文字。余前有意为是书而未果。钱氏此书亦未成之书,故未编入《潜研堂丛书》中。又阅江氏《古韵标准》,黄氏《南雷文定》,皆《粤雅丛书》中本也。午正请客莫子偲等便饭,申旋散。阅本日文件,将少荃信写毕。夜核批札稿至二更毕。温《诗经·鸡鸣》以下四篇。四点睡。傍夕至幕府郐叙片时。

清朝道光青铜面盆

十七日(核江西厘务)

早饭后清理文件。旋见客三次。倦于治事,与柯小泉围棋二局。又见客二次,江方伯坐颇久。中饭后至幕府一叙,清理文件,见客一次。核改江西厘务长札一件,至夜二更三点尚未改毕。自十四日下午即雨,十五、十六二日竟日大雨如注,本日雨雪交霏,气象阴森,寒气侵人,不知今年岁事如何,军事如何,为之惘然。夜接沅弟信,左臂疼痛,尤为悬系。

十八日

早饭后清理文件。旋见客三次,又立见者二次,与柯竹泉围棋二局。写沅弟信一封,共五叶。午刻倪豹岑来久谈。中饭后至幕府郐谈。旋阅本日文件,核批札各稿。傍夕诵苏诗。

夜将清查江西厘务长札改毕。二更后朗诵古文数首。本日左眼微红,早睡,幸能成寐。

十九日(因眼红不欲治事)

早饭后清理文件。旋见客,坐见者一次,立见者二次。写毛寄云信一件、郭意臣信一件、李希庵信一件,温《诗·东方未明》以下三章。中饭后至幕府䜩谈,清理本日文件。倦甚,不耐治事,温《诗》至"载驱薄薄"章止。眼红微疼。傍夕诵杜诗七古。夜因眼红不欲治事,而寸心歉甚,以积阁之事尚多也。略读《古文·传志类上》。二更三点入内室早睡。

附记

四家　五左　六李沪　七　八

九李湘　十　一　二　三

曹屋冲送邓与否,听澄

马公塘必须葬季

罗家致赙四十金　元初姻伯

廿日(沅弟来信极言忿怒与倔强之分)

早饭后清理文件。旋见客二次,衙门期也,又见客四次。写沅弟信一件,极言愤怒与倔强之分。与柯竹泉围棋二局。旋与李少山等谈颇久,写对联六付。中饭后至幕府一谈,阅本日文件,核批札各稿。傍夕剃头一次。夜定江西厘卡月报略单、月报详摺二式,至二更三点止,尚未完毕。眼红且蒙,不敢久治事。是日天气阴黯,气象愁惨,殊以为虑。家中人来,去腊每谷一石已买至两千馀文,今年不知如何饥荒,尤为忧悸。

附记

谢恩四折

○王赣道案批

○江西厘金全案并信

○安徽驲站三案

○李世忠代奏摺

东台新淦二案摺

○叶凤来案摺

○密考全案带出

○忠义十二、十三两案摺

廿一日(思古圣人之道莫大乎与人为善)

早饭后清理文件,写澄侯信一件。巳初行开印礼。旋出门拜客五家,均会晤。在轿中,思古圣人之道莫大乎与人为善。以言诲人,是以善教人也;以德薰人,是以善养人也;皆与人为善之事也。然徒与人则我之善有限,故又贵取诸人以为善。人有善,则取以益我;我有善,则与以益人。连环相生,故善端无穷;彼此挹注,故善源不竭。君相之道,莫大乎此;师儒之道,亦莫大乎此。仲尼之学无常师,即取人为善也;无行不与,即与人为善也。为之不厌,即取人为善也;诲人不倦,即与人为善也。念吾忝窃高位,剧寇方张,大难莫平,惟有就吾之所见多教数人,因取人之所长还攻吾短,或者鼓荡斯世之善机,因以挽回天地之生机乎!适访晤石埭杨德亨仲谦,因其誉我太过,遂与谈及一、二。午正归。中饭后至幕府䜩谈。旋阅本日文件,写沅弟信一件,核批札各稿。傍夕又至幕府一谈。夜,定江西厘务月报单毕。因眼红作疼,不敢多治事,二更三点睡。

廿二日

早饭后清理文件。旋见客二次。阅《诗经·魏·葛屦》以下二章。与柯竹泉围棋一局,见客三次,江方伯、江澄溪二人坐甚久。中饭后至幕府一叙,见客三次,内坐见者一次,李壬叔来谈,围棋一局,方存之来久谈。申刻核改李辅堂复信稿,灯后始毕。核批札各稿,二更四点毕。三更睡。眼又加红。

廿三日（赏玩陈香泉法帖）

早饭后清理文件。旋见客二次，又立见者三次。核批札稿，写对联六付。午刻出门拜客两家。中饭后至幕府一谈。长沙黄晓岱锡彤来，皮筱舫宷瀚来，皆己未进士，黄编修，皮主事也，畅谈甚久。阅本日文件，核批札稿，陈虎臣来久谈。夜再清理各批稿。二更三点入内室。日内料简各务，将赴金陵一行。本日应清之事甚多，因见客耽搁。夜又以眼红，不敢多治事。在李壬叔处见陈香泉法帖，见其草书题画一首，飞舞变化，赏玩无已。惜余老年学书，不复能副吾意之所至耳。

廿四日（至忠义局考试书院）

早饭后见客一次，旋至忠义局考试书院。大雨如注。试题《愿无伐善无施劳》《赋得疑义相与析》，得"陶"字。辰刻归。见客二次，陈纬文坐颇久，虎臣之世兄也。写纪泽儿信一件、沅弟信一件。马学使来畅谈。陈子奉来见。中饭后至幕府一叙，江方伯来畅谈，阅本日文件，赵惠甫来久谈，核批札各稿。夜又核札稿，改摺稿数件，核安徽驿站批稿。三更睡。

廿五日

早饭后清理文件。旋见客二次，衙门期也，又见客二次。请陈心泉、邓小芸及幕府诸公阅书院课卷。出门拜客二家，黄晓岱、江达川二处谈皆久。归与屠晋卿围棋二局。中饭后见客二次，阅本日文件，核批札稿。夜核摺稿三件。是日疲倦殊甚，一因昨日治事略繁，一因本日说话稍多，遂觉困乏不支，盖老境渐臻矣。竟日大雨如注，风亦最烈，忧思交集。二更三点〈睡〉，尚能成寐。

廿六日

早饭后清理文件。旋改摺稿一件，接奉十九日廷寄。午刻围棋一局，刘开生等来一谈。中饭请黄晓岱、皮筱舫便饭。阅本日文件。江方伯来一叙，旋又见客二次，莫子偲来一谈。傍夕至幕府一叙。是日觉说话太多，困倦殊甚。夜核批札各稿，至二更四点，困乏极矣。比来每以说话微多，遂觉神气疲恭不支。甚矣，吾衰！身膺重任，大惧陨越，实深惴惴。

廿七日

早饭后清理文件。旋见客二次，莫缮徵、赵惠甫谈颇久，虎臣来一谈。旋与陈纬文围棋二局，写沅甫信一件。中饭后至幕府一谈，与屠晋卿围棋一局。阅本日文件，写李少荃信一件、郭云仙信一件。万篪轩来久坐。眼红疼顿甚，夜间不能多治事。将明日出外应行料理之事略一清检。是日发报三摺、三片。

廿八日（启程赴金陵）

早饭后清理文件。旋见司道一次、学使一次，因余启程赴金陵，僚属皆来送行也。检点一切。巳刻出城，由西门登舟。摺差黄齐昂、赵青云自京归，十二月廿三日出京，在山东沂州府郯县境内被捻匪杀伤，身带十馀伤。胡心庠蔚之自吴城来见，谈颇久，是日即留在舟次共饭二顿。午初开船。将京信十馀件、京报四十馀本阅一过。中饭后核批札各稿。未正至黄皮夹湾泊，共行二十五里。天气晴明，风不甚逆。钱子密、柯小泉来小叙。旋核批札稿甚多。酉刻与筱泉围棋一局，写左季高信件，眼蒙未毕。酉正登岸小步，与筱泉、子密一叙，傍夕归舟。夜与胡蔚之谈吴城厘务，旋将左信写毕。眼红而疼，不敢多治事。

廿九日（至青溪口观坝）

早饭后清理文件。开船，天气放晴，东北风不甚大，折戗行走，凡行百一十里，未正即至池州。上半日因眼红不敢治事，默诵古诗，温《汉书·艺文志》。中饭后核批札稿，写叶介唐信一件。申刻换舢板至池州内河，约十里许，至青溪口。登高瞭望池郡，东北自塞坝后，一片皆水，惟西路有旱路，贼或来可。又观青溪坝，工不甚坚实，恐湖水溃决，嘱各营少为减泄，以免溢决。灯时回大船。夜写尚斋信一件，与程石舟围棋二局，核改批札稿，发包封回省。

二月

初一日（细思待人处事不当皆因知之不明）

早起，文武贺朔。施即开船，行五十里，巳刻至大通湾泊时许。至厘金局少坐。又至裴人杰营阅视形势。午刻仍登舟开行，又五十里，至土桥对岸之虾鱼夹湾泊。雪琴新立船厂在此。上半日温《诗经·园有桃》，至《伐檀》止。午后又温至《椒聊》止。未刻写沅弟信一件，清理文件。申刻与屠晋卿围棋二局。酉刻至船厂周视一过。夜核批札各稿，与幕府柯、钱二人久谈。夜，细思处人处事之所以不当者，以其知之不明也。若巨细周知，表里洞澈，则处之自有方术矣。吾之所以不能周知者，以不好问，不善问耳。

初二日

早起开船，行近二十里。东北风大，少为停泊。旋又行十里许，至无为州之大兴洲湾泊。申初即已住宿。早饭后温《诗经》"绸缪束薪"至《驷驖》止。写沅弟信一件、马学使信一件，与屠晋卿围棋二局。《诗经》温至申正毕。清理文件，核批札各稿。傍夕与筱泉、子密在岸上闲步。夜写零字甚多，写江方伯信一件，温《古文简本》。

初三日

早起开船，行三十里至荻港。旋又行六十里，至三山湾泊片刻。又行三十里，至芜湖住宿。早饭后清理文件，核批札各稿。至荻港见客三次。与柯小泉围棋一局，温《诗经》《小戎》《蒹葭》《终南》。午初雪琴来接，邕谈二时许，同行至三山。闻小淮窑奎潭之贼已为王可升击退，又闻西河之贼亦退，春霆已派人跟追三山以下。屡次见客。至芜湖，见客二十馀次。傍夕登岸，至吴竹庄营内筵宴，至二更二点始毕。回船阅本日文件，内有恭亲王信，关系极大。三更睡。是日应酬太多，倦甚。

初四日（过西梁山时有难民远跪求恤）

早饭后至芜湖县看城，遍历南北东三门。南以河为池，又有吴竹庄扎在南岸，不虑贼来扑攻。西以湖为池，又有周万倬扎在湖之西，亦易守御。惟东、北二门难守，共长四百五十三丈，非多添千馀人难于设守。辰初回船。开行二、三十馀里，至裕溪口雪琴老营，应酬纷繁。巳刻在舟次写家信，澄弟一件由驲排递，泽儿一片由专丁送。在雪琴处中饭。未正开船。与屠晋卿围棋二局。过西梁山时，陈桥洲之难民远跪求恤，自愧无以赈之。杨军门来迎接，与之久谈。灯后始至金柱关，杨军门辞归乌江老营。夜核批札各稿。自廿八日由省起行，连日天气放晴，本日太热，东北风稍劲，恐将变矣。

初五日（闻李世忠各营被贼攻陷）

早起，因东北风起，恐大船难行，改坐长龙。开船后，风平浪静，行六十里，至乌江，在杨厚庵军门处中饭。未正复开船，行六十里至大胜关泊宿。是日在舟中写沅弟信二封、雪琴信一封。至大胜关，应酬甚繁。沅弟亦来，兄弟邕谈至二更后睡，幸能成寐。是日闻李世忠九洑洲各营及浦口营均被贼攻陷。北岸贼多，为之忧悸。

初六日

早饭后，由大胜关至沅弟雨花台营盘，凡行三十里。余坐亮轿，沅弟骑马，途次尚可共语。巳刻至营，接见各营哨官，应酬颇久。兄弟邕谈。午刻，柯小泉、钱子密来。中饭后，兄弟久谈。念各营官去年辛苦异常，无以劳之，思每人给对联一副，下半日共写十七对。傍夕与柯小泉围棋一局。夜，兄弟对谈，至三更睡。昨日温《诗经·黄鸟》至《衡门》止，本日未温书。"

初七日（闻王氏伯姊仙逝）

早饭后清理文件。旋与沅弟出外拜各营官，凡拜七营。因杨厚庵来，遂与沅同归，与厚

庵等久谈。与屠楷围棋一局。午初中饭。饭后写对联二十付,又围棋一局。夜与沅弟畅论执两用中之义。核批,核各稿,阅本日新到文件。连日天气燥热,本日酉刻转大北风,飞扬屋瓦,恐遂将久变矣。是日午刻接澄弟正月十七所发信,知王氏伯姊于十四日仙逝。姊生以嘉庆十三年戊寅十二月十三日,今五十六矣。道光十年于归王氏。姊婿王国九,号万程,即于十二年病疯痰,三十馀年不省人事,伯姊备历艰苦,贫穷抑郁。近年沅弟稍周济之,困而渐亨,不意遽尔沦逝。两月之内,连遭同气之戚,吾兄弟五人,姊妹四人,从此仅存其四。抚今追昔,触绪生悲。

初八日

早起,大风怒号,竟日不止。营内棚席皆坏,不能治事。饭后写对联七付。旋与柯小泉围棋二局,又观柯与薛君围棋二局,余亦与薛再一局。中饭后与沅弟邕谈。申刻又围棋二局。夜与沅弟论观人之法,核批札各稿。二更睡。三更风息。

初九日

早饭后至各营拜访一次,巳刻归。围棋二局。陈舫仙、易晴苍来久谈,彭盛南自金柱关归,邕谈。中饭后将对联四十馀付下欵,送各营官。又观薛君与人围棋一局。傍夕,萧信卿备席来同食。夜与沅弟邕谈一切,二更后核批札各稿。说话太多,疲乏殊极。沅弟以高丽参少许嚼之即睡,幸能成寐,五更醒。

初十日

早饭后清理文件。旋与薛君围棋三局,又观其与人围棋二局。与彭盛南久谈。午刻至盛南营中赴席,渠与易晴苍、陈舫仙三人公请也,未正归。接省城三次包封,公牍甚多。写司道信一封、雪琴一封。再围棋一局。阅各公文。夜核改摺稿一件,与沅弟、盛南表弟邕谈,三更睡。是日接信,知陕西军务极紧,心以为忧。

十一日(拜会江滨各营)

早饭后,各营官送行,余于辰刻辞九弟营,拜会江滨各营,巳刻至舟次。在陈舫仙营中小饮片刻。各营官走送江干。会客四次。接奉廷寄一件。中饭后与沅弟邕谈。旋与屠晋卿围棋二局。傍夕又与沅弟邕谈。夜,办年终密考一单,三更睡,尚未办毕。

附记

北海碑　油纸　江西五经

十二日

早饭后清理文件。旋写尚斋、眉生信一件,希庵信一件,阅新到包封文件,与屠晋卿围棋二局,与沅弟邕谈。中饭后办江西年终密考单,写零字甚多,与沅弟常常邕谈。傍夕至幕府邕谈。夜再办江西密考单,至二更粗毕。接奉廷寄一件。夜睡不能成寐。

十三日(将江西密考清单办毕)

早饭后清理文件,与沅弟邕谈,将江西密考清单办毕,与屠晋卿围棋二局,写司道信一件。李少山来久谈。中饭后与沅弟邕谈,与薛炳炜围棋一局,又观薛与屠晋卿一局。作年终密考摺,灯后始毕。又作一片,又各镇一单,三更毕。睡尚成寐。五更二点醒。本日拟去看九洑洲,因大风雨土,咫尺不辨,未能前往。

十四日

早饭后清理文件。旋写雪琴信一件、春霆信一件、澄侯家信一件。与屠晋卿、薛炳炜各围棋二局,又观渠二人一局。将密考摺片及清单三件细核一过,写左季高信一件。中饭后与沅弟邕谈。旋又围棋二局。看书吏包封密摺并万寿摺,改批札稿。夜与沅弟邕谈。二更后写周子佩信一件,核改信稿二件。酉刻剃头一次。

十五日(行途见道弯难民数万,睹之伤心)

早饭后清理文件。旋坐舢板至九洑洲一看。因天晴而风霾,全看不清,立于大胜关中洲之尾,仅见九洑洲贼垒之影而已。午刻归。往返凡三十馀里。与薛炳炜围棋二局。旋即开

船。行十里，至大胜关厘卡以上湾泊。遣摺差杨长贵进京。中饭后与沅弟同去看三汊河各垒，酉刻归。往返亦三十馀里。见道旁难民数万。本日被火焚烧芦席棚，数千家化为焦土，睹之伤心。又与薛炳炜围棋二局。接包封公牍颇多，阅至更初毕。与沅弟豁谈一切。夜未治事，二更三点睡。

十六日

早饭后，与沅弟作别。旋坐长龙船长行，行六十里，未刻至乌江杨军门营盘。在舟中办公事颇多。与杨军门久谈时许。旋写对联十付。酉刻筵宴，宴未毕，闻金柱关危急，贼由渣家桥渡河，势极浩大。因催吴竹庄、周汉卿迅回芜湖。饭后回船，与薛炳炜围棋一局。接奉廷寄四件，写信一片与沅弟。念金柱关兵单贼众，竟夕忧悸，不克成寐。

十七日（闻金柱关转败为胜）

早饭后，杨军门来，渠将赴金柱关料理战守事宜，余亦开船。南风颇甚，逆风逆水，竟日扯纤，仅行四十里，酉刻停泊于采石矶。在舟中写少荃信一封、云仙信一封、安庆司道信一封。午刻与屠晋卿围棋二局。未刻鲍春霆来，久谈一时许。申刻，温《诗·东门之池》以下四篇。夜改信稿五件，温《古文·序跋类》。昨日闻金柱关败仗之信，忧系无已。本日卯刻闻其转败为胜，为之少慰。午刻又闻渡渣家湾小河之贼业经败退，窜回河外矣。

十八日

黎明开船，行二十里至金柱关。写沅弟信一件。旋坐小船至金柱关小河之内，行六里至三汊河，入罗逢元、朱宽义陆营之内，又十里至龙山桥。因舟行甚迟，杨军门人梅塘嘴等处，余即在龙山桥返棹。旋登岸，至长胜营一看，见其濠墙草率，不甚坚固，又营内茅草丛杂，心为不怿。旋登山一望，见东西梁山、四合山等处历历在目，惜雾暗不见渣家湾。申刻至和字营便饭。饭后，至三汊河看对岸小墙。酉刻至金柱关宝塔一看，归船已曛黑矣。夜写朱南桂、罗逢元信一件。围棋二局。倦甚，不复能多治事。二更三点睡。

十九日（至东梁山察看营濠）

早饭时开船，北风吹雨，行廿里至东梁山。登岸一看，嘉字营濠墙草率之至，深以为虑。至西梁山一看，制字、严字两营，布置极好，因议拨熊登武移守东梁山。吴竹庄、彭雪琴来久谈。旋与屠晋卿围棋三局。至裕溪口，应酬极多，与雪琴豁谈。夜与春霆豁谈，至三更未睡，倦甚。是日接省城包封三件，又接摺差回，阅京信、京报等甚〈多〉，疲倦殊甚。睡不甚成寐。

廿日（英吉利提督士迪佛立来见）

早饭后清理文件。旋写沅弟信一封，见客数次，鲍春霆、萧为则谈颇久。写李梅生信一封，与屠晋卿围棋一局，又观屠与薛一局，写吴竹庄信一件。中饭后写对联十付。英吉利提督士迪佛立来见。士在上海已年馀，将换班回国，特来相见。先至汉口，次至安庆，闻余巡阅沿江，又来芜湖等候。本日又自芜湖至裕溪口一晤也。接谈约一时许，呈出一单，言愿以英国之将领带中国之兵勇，剿灭发逆。单开：用中国兵勇万二百人，用英国头目提督一人、中军一人、副中军一人、总兵二人、帮办总兵二人、总理扎营、造炮台等事兵官一人、帮办一人、把总四人、官医一人、总管军火局兵官一人、帮办一人。其所管中国兵勇万二百名中分为十七队，每队六百人，用英国头目参将一人、游击一人、都司六人、千总一人、把总十二人。十七队皆如此。又每二队公用官医一人。通共外国头目带兵官每月支年俸银五万八千一百八十两，中国兵勇口粮在外。言如此，即包管克复金陵、苏、浙。余答以须函商总理衙门定夺。语次，又出地图，令余指出长毛贼蔓延之处。申刻仍归芜湖，略赠以茶叶、火腿之类。旋与薛炳炜围棋二局，写对联十付。傍夕，雪琴言请恤事，词气过激，心为不怿。夜清理文件，写沈幼丹信五叶，倦甚，二更三点睡。是日早间大雨，午后放晴。

附记

○南岸大调度一札

○北岸进兵法告沅

○李世忠事详奏
○士提督事缄商恭王
○保堪胜、谭胜达、王吉、彭楚汉、李承典
○金逸亭事

廿一日（至雍家镇登岸看地势）

早饭后见客多次。旋自裕溪口起行，入内河行十五里至雍家镇，登岸一看地势，又行二十五里至三汊河，登岸一看。毛竹丹自石涧埠前来迎接，因令毛坐余船同至运漕。申刻登岸，行十里〈至〉黄墩萧为则军门庆衍营内，望对岸铜城闸贼垒，相隔五里许。萧军门留陪酒席。酉刻回至运漕已灯初矣。毛竹丹又来久谈。是日在舟中略清文件。夜与杏南一谈、雪琴久谈。二更三点睡，不甚成寐。

附记

○澄辞封

团山嘴修桥

廿二日（行至无为州）

早与彭杏南别。自运漕开船，行二十五里至黄落河。由右而上，至蟹子口东关以达巢县，由左而人，则至无为州。因令长龙船进无为州，而余改坐舢板，由黄落河之上半里许入一小河，将至石涧埠毛竹丹营内一看。雪琴与毛竹丹同坐一舟人小河。行八里许，即芙蓉岭等处，发源下人黄落河，以归并于裕溪口者也。旋登陆行十里许，至毛竹丹营盘，周历阅视。王载驷元中营孤悬稍远，因令缩入近处。在毛观察处中饭后，与雪琴作别。陆行四十里，至无为州。是日共行八十馀里。灯后清理公事，接正月廿四、二月初三等日家信。二更后与薛炳炜围棋二局，写沅弟信一件，三更睡。初更，风雨交作，人三更，雨尤大。

廿三日

早饭后人无为州城，由东门登城，周历北门，至西门下城，穿大街过，仍出东门。州城四面皆有护城河，河内又有壕沟。余看三面，似可放心，即不复至南门矣。旋出城登舟，开行四十里，出神塘河口，水道湾环，河窄岸高，水师不能施展。又行三十里，至泥汊河湾泊。在小舟上清理文件颇多。至泥汊回大船，见客数次。围棋二局。旋登岸至乡村散步二里许，灯初归。夜又清理文件，围棋二局。二更后与柯小泉、钱子密谈金宝圩练勇事，定为发七十天口粮，至三月底止，遣散归农。日内下棋太多，志荒而神困矣。

附记

问养素土工事

百岁酒

○万篪轩留一片

○保穆海航一片

○曾爱堂　○蔡家馨　○邓小芸

廿四日

早饭后拟开船，因东风太大，泥汊小河之内不能出口，多人邪许约半时许，终不能开行出江，遂停泊守风一日。与薛炳炜、屠楷各围棋一局，又观渠二人一局。阅《龙威秘书》中数种，写家信一件、吴竹庄信一件、司道信一件。中饭后清理文件甚多。酉刻，黑暗不能治事，背诵杜牧之律诗。夜改摺稿一件、信稿数件，倦甚，睡不成寐。出入大数久未清誊，本夜始将腊月下旬誊毕。

廿五日（舟行至丁家州宿）

早饭后，风微息，开船，顺风行十五里，至获港。旋又拉纤行五十里，酉刻至丁家洲宿。在船共围棋六局，每局约二刻许。写左季高信一件、沈幼丹信一件、沅弟信一件，改摺稿一件、片稿一件，清理文件颇多。傍夕登岸散步，与钱子密、柯小泉邑谈。夜写晏彤甫信三叶，

旋温古文数首，二更三点睡。公牍有略费手者，多未清厘。此次拟趁在舟闲暇，悉数厘定，回省则应酬日繁，不能精心料理矣。

廿六日

早饭后清理文件。旋围棋二局。拟作一夹片，久未下笔。舟行风顺而小，行四十馀里，中饭后至大通。刘养素来畅谈。在大通湾泊一时许，见客甚多。申刻又开船，行三十里至王家套住宿，已更初矣。至幕府船一谈。未初起作夹片，至三更毕，约近千字。本日应酬颇多，疲乏殊甚。然三更后尚能成寐，较之昔年，每草一奏，数夕不眠，今似稍胜矣。

廿七日（夜诵陶诗以自怡）

卯刻开船，顺风共行百一十五里，灯时至黄溢夹住宿。上半日在柁楼上观览。旋清理文件，与薛炳炜围棋三局。中饭后发报三摺、五片、三清单。本日接公牍甚多，又接二月初五、初十日两次家信，核批札各稿。夜，倦甚，诵陶诗以自怡，二更三点睡。昨日应酬及办事稍多，本日倘若不克支持。甚矣，吾老矣！

廿八日（纪泽稍窥汉魏门径令余欣慰）

卯刻开船时顺风，船行三、四里许，雨大风止，船小停泊。派人回省接轿，将登陆也。旋又转大顺风，行四十里，午刻即到省城。大雨如注。见客极多，申刻方毕。酉刻至幕府畅谈。夜与外甥王迪来谈家中琐事。是日辰刻、巳刻，在舟中将未了之事清厘完毕，到署后即不复治事。二更始将本日公牍略一翻阅，接家信，纪泽寄《闻人赋》一首，稍窥汉魏门径，欣慰之至。余尝以本朝诸儒精于训诂小学，而不解古人缀文之法，意欲以戴、钱、段、王之训诂为扬、马、班、张之文章。人事驰驱，有志未逮。若儿辈能成吾未竟之志，则幸矣。

廿九日（法国传教士来见）

早饭后清理文件。旋见〈客〉廿一次，内坐见者九次，孙琴西谈最久。又大法国传教士罗安当等持恭亲王文一件来见，欲余寄信与江西沈中丞，言去年打毁天主教堂一案，请早为办结。倦甚，不愿再多见客，谢去数起。中饭后阅本日文件，并正月廿八日出门后未经送阅之件略一翻阅。与薛炳炜围棋二局。酉刻又见客二次，因池州之贼上窜至张家滩等处，江方伯来商派兵渡江堵剿。傍夕又至幕府一谈。夜核改信稿数件，添李竹屋信三叶。

卅日

早饭后清理文件，见客二次，写沅弟信一件、幼丹信一件。出门拜客三家，至河下回拜养素，午正归。见客三次。陈俊臣搬入公馆来住，与之畅谈。中饭后至幕府一叙，围棋二局，见客三次。清理文件甚多，皆出门以后存署未经送阅之件，至更初粗毕。旋核批札各稿。二更后温《古文简本》。日内应酬繁多，神昏气乏，若不克支持者，然后知高官巨职足以损人之智而长人之傲也。

清朝服饰

三月

初一日

各文武贺朔,见客甚多,至巳刻始毕。旋至幕府一叙,核批札各稿,写少荃信四叶,未毕。请养素、俊臣、琴西等中饭,未正毕。旋与屠晋卿围棋一局,又观屠与薛炳炜芳亭一局。写少荃信毕,又写云仙信一件,写沅弟信一件,阅本日新到文件。夜与陈俊臣谈良久,倦甚,温古文三、四首。送刘养素一联四屏。

初二日

早饭后清理文件。旋见客十一次,内坐见者五次。写养素信一封,写对联六付、横幅"温恭朝夕"四字与申夫,缀以跋语。中饭后至幕府闲谈。旋与薛炳炜围棋二局,又观薛与屠一局。阅本日文件,又补阅二月初间未经送阅之件,至晡时未毕。傍夕至邵宅一看,见其书馆请一洪姓先生教位西二子、志甫一子、吴缵先一子。夜与俊臣闲谈,写沅弟信一件,温《古文·论著类》。倦甚,奄奄欲睡,二更三点睡。连日天气阴雨,各路警信纷至,心为悬系不已。

附记

长沙高脚牌告示

○沅自请封

○送燕菜

廉善子松峻

初三日(闻贼已窜至江西彭泽县)

早饭后见客五次,申夫及五局委员坐颇久。清理文件,写左季高信一封、沈幼丹信一件。钱警石先生来闲谈。中饭后至幕府一叙,黄晓岱来闲谈。写对联七付,阅本日文件颇多,核批札各稿。傍夕至陈俊臣久谈。夜,倦甚,小睡。二更后核批札稿。是日闻贼已窜至江西彭泽县里,忧系无已。

初四日(看新修晒谷场、火药库)

早饭后见客四次。旋出门拜客三家,又至谷米局看新修之晒谷场,并看新修火药库五处,午刻归。与屠晋卿围棋二局。中饭后至幕府一叙,写纪泽儿信七叶,教以作文之道。阅本日文件。傍夕改咨鲍春霆稿,至更初改毕。阅王少鹤《龙壁山房诗草》,至二更四点睡,尚未阅毕,本日从孙琴西处借得本也。连日阴雨晦黯。南岸贼犯湖口、饶、景,北岸贼犯庐江等处,均极危急,愁闷无已。

初五日

早饭后清理文件。见客三次,衙门期也。写郭意城信一件、李申夫信一件,与屠楷围棋一局,写对联十付。中饭后至幕府一叙,见客一次。阅本日文件,核批札各稿。傍夕至求阙斋散步良久,与向伯华闲谈。夜核科房批稿,二更后温《庄子》《马蹄》《胠箧》《骈拇》三篇。二更三点倦甚,早睡。

初六日

早饭后清理文件。旋见客二次,添毛寄云信五叶,写沅弟信四叶,赵惠甫来闲谈,写李少荃信一件,与屠楷围棋一局。中饭后至邵宅一坐,见世宗宪皇帝所录《圣祖庭训格言》,近河督臣吴棠新刻者,借回阅看。阅本日文件,核批札各稿、科房批稿,阅《圣祖庭训》。傍夕至幕府一谈。夜阅《圣祖庭训》,核批札各稿。二更三点〈睡〉。连日阴雨泥泞,本日略见晴霁。闻南岸湖口守具已稳,北岸惟石涧埠尚不放心,馀则渐臻稳固。夜写鲍春霆信一件。

附记

上海牙厘局解金陵银二万,交来员沈桂

初七日(忧惶石涧埠营盘危急)

早饭后清理文件。旋见客四次,方元徵、刘开生二人来,围棋二局。午初写对联五付、屏幅三件。中饭后见客三次,庐州府同知叶济川来,极言石清吉与诸营官不和,常坐绿呢大轿,危时将其家眷送至桐城山中,缓急殊不可恃等语,闻之不胜忧系。至幕府一叙。送吉林参五

钱与杨朴庵同年，其子来谢，一叙。阅本日文件，又阅二月间积阁之件，盖在途时未经送阅者也。傍夕闻石涧埠营盘十分危急，忧惶无措。至幕府一谈。夜核批札各稿。二更四点入内室，彷徨辗转，自愧调度之多乖也。是日将《圣祖庭训格言》，读毕，恰吴仲仙送有十册，为之快慰。二月十二日所发之摺，本日奉到朱批。

初八日（飞调鲍军授石涧埠）

早饭后清理文件。旋见客三次，将二月间未经送阅之公事一概阅毕，约三百件。旋围棋二局，见客三次。午刻写对联五付。中饭后至幕府邕谈，阅本日文件。申刻写挂屏二幅，约百六十字。傍夕至俊臣处，与之邕谈。夜写沅弟信一件，鲍春霆、李济清信各一件，温《古文·论著类》《庄子》三首。昨又闻石涧埠危急之信，即飞调鲍军往援。本日接毛竹丹信，营中尚不慌乱。又加一信、一咨，催调鲍军。

附记

铨字全军统领周宽世

中营营官:周宽众同知

哨官:谢吉堂游

李胜时守

周秀万守

熊惠堂都

左营营官:羊瀛游革击

哨官:周永松都

颜连玉都

周锡福守

蔡凤升都

右营营官:周贵濂守备

哨官:李盛惰守

周胜发千

康长青千

黄仲翼千

前营营官:邓吉升参将

哨官:萧胜发参

刘玉衡参

刘鼎富都

谢廷瑞游

后营营官:杨复成副将

哨官:徐百钧都

彭胜德副

龙桂林参

龙玉堂都

老后营营官:周东益参将

哨官:谢德隆游

李尚宾都

周才成都

周文正都

新后营营官:洪良辉都司

哨官:周桂成都

谢风元都

李瑞四守

周文正都

初九日 （看西门崩坍之城）

早饭后清理文件。旋见客二次，写希庵信一件，与屠晋卿围棋一局。出城看新到船只，又看西门崩坍之城。旋拜万篪轩，一叙。午刻看挂屏三幅。中饭后至幕府邕谈，阅本日文件，核批札各稿。傍夕温杜诗。夜清理文件，与陈俊臣久谈。天气寒冷，风雨不止，气象颇似咸丰十年春间，心以为忧。

附记

○复恭王信

○誊七次旬报

初十日

早饭后见客二次，衙门期也。旋又见客三次，与屠晋卿围棋二局，改摺稿二件。午刻核房批〈稿〉，写对联四付、挂屏八幅，至未刻毕。中饭后至幕府邕谈。旋阅本日文件，核批札各稿，清理琐事。夜与俊臣邕谈，核批札各稿，二更后阅《王右军集》。是日淫雨竟日，天气愁暗阴寒。石涧埠营盘被围，初六以后并无信来，忧灼之至。接二月廿四日家信。专足甚快，二月初四在乌江发信，至是仅三十十[衍一十字]六日，往返五千馀里。

十一日

早饭后清理文件，与屠楷围棋二局。旋见客四次，黄晓岱坐颇久。午刻改复恭王信稿。中饭后至幕府一谈，写对联二付、挂屏四幅，改摺稿二件、信稿五件，阅本日文件，见客一次。夜改片稿一件，二更四点毕。是日接各信，知石涧埠营盘十分危急，幸沅弟派人来援，十一日可到，或可以救援。又得宿松县信，知湖北麻城之捻窜至蕲水，势将归并皖境，尤为忧灼。

十二日（至周军门营盘送行）

早饭后清理文件。旋改昨夜一片，作为[为字衍]二片，见客五次，立见者三次。写沅弟信一件，料理本日发报五摺、三片，又代人发谢恩摺二片，又料理复恭亲王信，均于申刻拜发。与屠晋卿围棋一局。午刻写对联数付。中饭后至幕府邕谈。旋见客四次，阅本日文件，再围棋一局。出城至周军门营盘送行。归，清理批札各稿，倦甚。连日阴雨泥泞，气象愁暗，本日早间云开日朗，以为心晴霁矣，不料已午间小雨，旋即大雨连绵。愁闷之至，百事皆废。天意茫茫，不知浩劫何时始有转机。夜疲倦渴睡，竟不能作一事。二更二点即入内室，较常日略早。

十三日（悬念毛营火药极缺）

早饭后清理文件，见客二次。旋围棋二局，又立见之客六次，写竺虔信三叶、幼丹信五叶。午刻写对联四付、挂屏四幅。中饭为陈俊臣、黄晓岱饯行，申初散席。阅本日文件，至幕中与眉生、筱泉畅谈，核批札各稿。夜为陈俊臣阅其《半解文稿》，略加评点，二更后温《庄子·达生》篇。是日淫雨如注，至午正少息，而天气愁黯，寸心忧灼。接九弟初九日信，知毛道初九日尚未失事。又接萧为则初八日信，知毛营火药极缺，殊为悬悬。

十四日

早饭后清理文件。旋出城至河下送陈俊臣。归，围棋二局，写沅弟信一件，见客二次。批纪泽《闻人赋》一首。午旋写家信一件。中饭后至内银钱所一坐，核批札各稿，阅本日文件。傍夕至幕府畅谈。夜清改信稿及各文件，二更后温《庄子》《山木》《外物》二篇。是日天气阴暗，北风微雨。竟日不闻石涧埠消息，心为悬悬。

十五日

早饭后见客一次，衙门期也。其本日文武贺望者，概行谢绝不见。旋又立见者三次。清理文件，围棋二局，温《诗经·桧·羔裘》至《侯人》。午刻核批札各稿，写对联五首。中饭后

至幕府闲谈。旋出城看西门新坍缺口,由北门归。阅本日文件,穆海航寄到刘南云十一夜信,为之少慰。沅弟亦寄到南云初八夜红绸信。写王吉信一件,写申夫信一件。夜眷正月粮台三次旬报。渴睡沉沉,不知以日长而疲倦乎?抑精神昏惰首?至内室小睡。二更二点出外,温《荀子·议兵》篇。是日阴暗寒森,与前数日相似。立夏只隔三日,而阴寒如此,气象与十年苏常失守时相等,思之惴栗。

十六日(闻上游捻匪尚在广济一带)

早饭后清理文件。旋见客三次,围棋二局。旋又见客三次,写沅弟信一封,凡八叶,写雪琴、杏南信一封,将沅弟〈信〉抄与二彭一阅。午刻见客一次,核批札各稿,写扁字二十馀字。中饭后至幕府闲谈。旋写挂屏三幅,每幅百馀字。阅本日文件,温《鸤鸠》篇,眷二月分粮台三旬摺报。傍夕又至幕府一谈。夜温《庄子·秋水》篇,又诵《古文·论著类》各篇,阅王阳明《告谕》《五种遗规》中所选者。是日闻上游捻匪尚在广济一带,石涧埠各营亦尚平稳,芜湖水师已在黄池,贼垒打破,三里埂之贼亦退,南岸大致已稳。惟徽、祁尚无来信,不知初五以后情形何如。天气阴寒如故,今年岁事可虑。

十七日(日内深以饷绌为虑)

早起稍晏。近日好瞑,或日长体疲之故。早饭后清理文件,见客二次。旋与刘开生围棋一局,又观人一局,见客二次。写少荃信一件、云仙信一叶。午刻核批札稿,写挂屏一幅。中饭后至幕府闲谈,阅本日文件颇多。旋又阅批札各稿。倦甚,至邵世兄学堂小坐,又至内银钱所与幕府等处一坐。夜温古文《荀子·荣辱》篇。渴睡殊甚。日内深以饷绌为虑。本日闻九江新关可解六万,广东、赣州共解八万,为之一慰。

十八日

早饭后清理文件,见客四次,写沅弟信一件,围棋二局。写雪琴、杏南信一件,写郭意诚信一件,见客四次。午刻核批札各稿,写对联五付。中饭,请吴月溪、熊礼园等便饭,未正散。至幕府闲谈,阅本日文件。见客五次,内申甫与幼荃坐颇久。傍夕改批札稿,至邵家一坐。灯后又改批稿。旋写零字甚多。二更后温《说难》篇,以《韩非子》与《史记》所删改对勘。是日应酬太繁,疲困殊甚。石涧埠等处俱无信息,心为悬悬。

十九日(读圣祖仁皇帝《庭训》)

早饭后清理文件。旋见客七次,围棋二局,写幼丹信一件。应酬太多,深以为苦。午刻写挂屏四幅、对一付。中饭后,孙琴西来久坐,阅本日文件。申正,倦甚。天气郁热,再与程石洲围棋二局。傍夕至幕府闲谈。夜核批札各稿,阅人所上条呈军务,再读圣祖仁皇帝《庭训》。

附记

〇李秉苑　〇邓士林　〇赵少魁

〇汪国英　〇王恩锡

旋　照　刘彤皆

萍乡湘东卡　萍乡芦溪卡

分宜昌山卡　义宁州卡

上顿渡卡　宜黄城卡

抚州分局　饶州分局

樟树分局　上高灰埠卡

廿日(朱式云挺拔沉着似有可为)

早饭后见客三次,衙门期也。清理文件,申夫来久坐,写左季高信一件,写希庵信一件,围棋二次,见客二次。午刻核批札各稿,写对联五付、单条一幅。中饭后至幕府闲谈。旋阅本日文件,温《诗经》《七月》《鸱鸮》。傍夕至邵世兄处久坐。夜眷三月上旬、中旬报单。朱式云来,久谈至二更三点,即留此住宿。式云,啸山之子,曾心斋之甥也,挺拔沉着,似可大有造就者。

廿一日

早饭后清理文件,见客四次,写沅弟信一封,围棋二局。旋又见客五次,皆坐见者。午刻核科房批稿,写对联五付。中饭后至幕府邕谈。旋阅本日文件,又与李壬叔围棋二局,核改批札各稿。本日辰刻闻石涧埠于十七夜解围。申刻又闻大股上窜,围攻庐江。再至幕府,商鲍军究竟应援北岸,应援南岸。众意皆以为宜救北岸。旋又改咨札稿。夜核批稿颇多。

附记

尧阶信　对联

云亭信　对联　风台一　云亭一　子式尧

竹房一　挂屏六幅

高丽参一斤　袍褂　料银

临三信　○寄银二百

云仙信　○托买摹本缎　燕菜

孔彰对　刘三爷奠银三十两

○筱龄程仪八十金

○家信。允吉书,只求先生点毕经书

○事恒二品恤

○挽联本未见

廿二日(闻庐江之贼有窜桐城之意)

早饭后清理文件。旋见客三次。温《诗经·东山》以下五篇,与屠晋卿围棋二局。午刻见客二次。写对联六付。中饭后见客二次。旋阅本日文件。申刻至幕府邕谈。旋阅家信及外信多件,写沅弟信一件。傍夕又至幕府一谈。夜写零字甚多,写杏南信二页,二更后温《过秦论》。是日闻庐江之贼有窜桐城之意,为之焦灼。

廿三日

早饭后清理文件。旋见客二次。巳刻见客三次,围棋二局,写李少荃信一封。午刻见客二次。中饭后至幕府邕谈,欧阳凌云来久坐。阅本日文件,写江味根信三叶,又与程朴生围棋二局,核批札各稿。夜又核各批稿。清厘积阅文件,至二更三点方毕。是日午刻写挂屏四幅。

廿四日(闻苗沛霖复叛,为之忧悸)

早饭后清理文件。旋写沅弟信一封,与程朴生围棋二局,见客三次,写澄弟信一封。温《诗经》《皇华》,《常棣》。午刻,王柏理来久坐,子寿之弟也。中饭后见客三次,阅本日文件,至幕府一叙,核批札各稿。欧阳凌云搬入公馆,与之邕谈。夜核批札稿。阅段氏《六书音均表》,写严渭春信一件。是日闻苗沛霖复叛,为之忧悸。又阅李秀成伪文,知贼将由舒城、六安上窜黄、霍、汉、黄,愈增焦灼。改摺稿一半,未毕。

廿五日

是日恭逢万寿圣节,黎明至怀宁学宫拜牌。早饭后见客二次,衙门期也。旋写彭杏南信一封,与屠晋卿围棋二局,见客五次。午刻改摺稿,未刻改毕。至幕府邕谈,阅本日文件,见客二次。闻莫子偲说,得唐人写本《说文》,凡木部一百八十字,系硬黄藏经纸所写,亦书籍所仅见也。再改摺稿一件,酉正毕。倦甚,与欧阳凌云邕谈家常事。夜阅段氏《音韵表》。疲乏已极,奄奄欲睡。是日接春霆信,仍未在王家套登岸。梗令如此,可恶之至!

廿六日

早饭后清理文件,见客一次,写沅弟信一封。与屠晋卿围棋一局、程太翁围棋二局。核改信稿并咨札稿。午刻核科房批稿,写对联九付。中饭后至幕府邕谈,见客二次,阅本日文件,核改恭王咨稿,改近日军情片稿。傍夕至幕府邕谈。夜再改片稿,二更毕。核批札各稿,

疲乏殊甚。

廿七日（闻伪忠王锐意上犯湖北）

早饭后清理文件。旋见客三次，与屠晋卿围棋二局，温《诗经·伐木》篇。午刻核科房批稿，写挂屏四幅、对联一副。中饭后至幕府邕谈，写彭杏南信一件，阅本日文件颇多。酉刻至邵、洪二家一谈。夜写官、严信一件。闻伪忠王于廿一日已至舒城，锐意上犯湖北，忧灼之至。是日发报三摺、三片。

廿八日（沅弟蒙恩新授浙江巡抚）

早饭后清理文件。旋见客四次，写申夫信一件，与屠晋卿围棋一局。拟调霆军攻打南岸，萧、毛救援湖北，与幕府及司道一商，多不以为然。午刻，司道首府来见，定计鲍仍留北岸。写对联五付，颇为称意。中饭后见客一次，至幕府邕谈。观警石先生所藏刘文正、梁文庄、于文襄诸人尺牍册页。旋阅本日文件，核批札各稿。傍夕又至幕府一谈。灯后，江方伯来一叙，核批札各件甚多，殊以为苦。是日接奉两次廷寄、沅弟蒙恩新授浙江巡抚，左季高升闽浙总督，兼署浙抚。

廿九日

早饭后写沅弟信一件，专人送谕旨前去。旋见客十馀次，皆因沅弟开府道喜者。与程太翁围棋二局，写澄弟信一件。午后核科房批札稿，写对联九付。中饭后至幕府邕谈，阅本日文件颇多，批朱云崖小禀。夜倦极，小睡。旋温《古文·词赋类》《九辨》等篇。是日接奉廷寄二件。淫雨竟日不息，恐鲍春霆赴援六安，行军不便，忧灼无已。

三十日（郭云仙新授两淮运使）

早饭后清理文件。旋见客七次，又坐见者两次，阅朱兰坡所选《古文汇抄》，阅庄方耕宗伯《存与经说》。午刻核科房批札稿，写挂屏四幅。中饭后至幕府一谈。旋又见客二次，阅本日文件。申刻见客二次，莫子偲来久坐。渠新得唐人写本《说文》，仅木部下半一百八十义，自作《校勘记》，经较孙刻大徐本、祁刻小徐本，异同甚多，佳处不可胜数，大喜，以为天下之至宝也。核批札各稿。傍夕至邵宅一坐。夜与欧阳凌云久谈，清理文件。接奉廷寄一件、谕旨一件，知郭云仙新授两淮运使。

四月

初一日

早饭后清理文件。旋骑马出城，出西门，入北门。本日贺朔各官，概谢不见。巳刻见客二次，围棋二局。阅莫子偲所为《说文木部校勘记》，阅黎庶昌所陈时务策。午刻核批札各稿，写挂屏四幅。请客吃便饭，钱警石太翁、莫子偲、孙琴西、徐毅甫、方存之、邓小芸，绵有行谊文学者也。未正阅本日文件。申刻至幕府邕谈，写沅甫弟信一件。傍夕核阅新到文件。夜批唐桂生二禀，唐有专丁来，知廿五日徽州又获大胜仗，黟县一律肃清，为之少慰。核批札稿数件。是日闻六安州守兵于廿五、六、七等日坚守无恙，要地不至疏失，欣幸无已。又闻希庵启程后复病，心为忧系。情人占六壬课，言无虞也。

初二日（余身当重任而衰惫若此，实深悚惧）

早饭后清理文件。旋写左季高信一件，围棋二局，又观人一局。见客二次，又坐见者六次。巳初二刻温《诗经·天保》篇。午初核批札稿，写对联九付。中饭后至幕府邕谈，温《采薇》篇。倦甚，小睡。阅本日文件甚多。酉刻见客三次。旋核批札各稿。二更后极倦，勉温古文二首，二更三点睡。日内因早起太早，寅正即兴，夜间至亥正二刻始睡，日中又未得少息，精神疲困，不克振作。天气稍热，本日汗透衣者三次，愈困惫难支。身当重任而衰惫若此，实深悚惧。

初三日

早饭后见五局委员。旋清理文件。见客三次，围棋二局。写沅弟信一封，见客二次。小睡片刻。巳初二刻温《诗经》《出车》《杕杜》。午初核科批，写挂屏四幅、对联四付。中饭后至幕府闲谈，阅本日文件，核批札各稿，改信稿数件。傍夕小睡。夜闻贼围六安甚急，全无退志，忧灼无已。批春霆一禀，又调彭、毛、刘至六安。二更后温《古文·论著类》。

初四日（念年荒谷贵加水灾，抚然长叹）

早饭后写澄弟信一件，写沅弟信一件，与屠晋卿围棋二局，清理文件，见客二次。旋小睡片刻。巳初二刻温《诗经》《鱼丽》《南有嘉鱼》《南山有台》。午刻核科房批稿，写挂屏四幅。中饭后至幕府闲谈。旋阅本日文件，核批札各稿，写沈幼丹信一件。夜又添幼丹信四叶，核各批稿，二更后温《古文·论著类》。是日大雨倾盆，竟日不息，念六安城墙恐有坍塌，又以鲍军不能速援，为之忧灼傍徨。又念年荒谷贵，加以水灾，不知天意如何，直恐人类尽矣，怃然长叹！

初五日

早饭后见客二次，衙门期也。旋清理文件。出门拜客，拜会者五处，亲拜者六处，巳正归。围棋二局。午刻核科房批稿，写对联六付。中饭后至幕府闲谈。旋阅本日文件，核批札各稿。傍夕小睡片刻。灯后接信。六安业已解围，伪忠王窜往庐州，未上犯鄂境，为之一慰。核信稿批稿多件。二更后温《徙戎论》。夜接沅弟信，欲力辞浙抚一席，愿改武职云云。

初六日（欣闻六安解围、贼匪下窜）

早饭后清理文件，写沅弟信一封，见客二次，与屠晋卿围棋三局。巳正温《诗·蓼萧》篇。午刻见客二次。庄思永带来法帖多种，中有《三希堂帖》，又有宋拓《皇甫碑》，王虚舟跋，非真迹也。又有《大观帖》，王梦楼、姚姬传手迹，赏玩片时许。写对联十付。中饭后至幕府闲谈，阅本日文件，写李少荃信一件、申夫信一件，调度诸军，办一长咨，又核批札各稿。傍夕小睡。灯后再核批札稿，二更温《原道》《原性》《原毁》等篇。自二月中旬后，日日愁闷。本日天气晴明，新闻六安解围、贼匪下窜之言，心中为之旷快。

初七日

早饭后清理文件。旋见客三次，围棋二局。温《诗》《蓼萧》《湛露》《彤弓》《菁莪》。陈虎臣来久坐，旋与同至杨朴庵处看病。午正归，阅《三希堂帖》。中饭后至幕府闲谈，阅《三希堂帖》，阅本日文件。申正写沈弟信一件，阅戴东原《与彭尺木书》《孟子字义疏证》理十三条。灯后批朱云崖小禀，核批札各稿，二更后温《古文·论著类》韩文四首。

初八日

早饭后清理文件。旋见客二次，与程太翁、刘开生各围棋一局，又观渠二人一局，见客二次，温《诗经·六月》篇。午刻核科房各稿，写对联十一付。中饭后至幕府闲谈，见客三次。写沅弟信一封，阅本日文件颇多，看《孟子字义疏证》。傍夕小睡。夜批唐桂生小禀，又核各批，温"论著类"中柳文、欧文各二首。余少时读书，见先君子于日入之后灯上之前小睡片刻，夜即精神百倍。余近日亦思法之，日入后于竹床小睡，灯后治事，果觉清爽。余于起居饮食按时按刻，各有常度，一一皆法吾祖吾父之所为，庶冀不坠家风。

初九日（因鹤九轻离汛地故未与相见）

早饭后清理文件。旋见客二次，围棋二局，写希庵信一封，温《诗》《采芑》《车攻》。午刻核科房批稿，写对联七付、大"寿"字五个。中饭后至幕府闲谈，阅《孟子字义疏证》，阅本日文件。酉刻倦甚，不愿做事。王香倬来久谈，又与程石洲围棋二局。夜写零字甚多，核批稿各件。二更后与李眉生、洪琴西谈唐鹤九事。鹤九以本日到省，余以庐州正在十分吃紧之际，咎其不应轻离汛地，故未与相见。是日接奉廷寄二件。

初十日

早饭后见客二次，衙门期也。围棋二局，清理文件，见客二次，温《诗》《吉日》《鸿雁》

"夜如何其"《沔水》。午刻核科房批稿,写对联七付。中饭后至幕府邕谈,欧阳小岑来久坐。申刻阅本日文件,核改摺稿并各批稿,至二更毕。旋批唐桂生小禀。是日巳刻写沅弟信一件。

十一日(改禁止掳船之示稿)

早饭后清理文件。旋见客二次,改摺稿一件,与屠晋卿围棋二局,邓伯昭来久坐,温《诗经》《鹤鸣》《祈父》《白驹》。欧阳小岑搬至寓中,与之同饮久谈。邓伯昭又来一坐。阅本日文件,核批札各稿。酉刻改片稿一件。灯后与小岑一谈,核批札各稿,改禁止掳船之示稿。二更后倦甚,不愿做事,写零字颇多。是日未刻与小岑围棋一局。

十二日(郭远堂新授江苏五府粮道,来见)

早饭后清理文件,与小岑围棋一局。旋见客二次,与小岑久谈。巳刻温

清朝琥珀

《诗》《黄鸟》《我行其野》。午刻写对联七付。中饭后至幕府邕谈。旋陪医人至内室看病,又与程石洲围棋二局。阅本日文件甚多,内有严渭春中丞信,中抄寄渠与司道论湖北军务一函,地势之熟,词气之谦,均不可及。又范伯崇长言一函,言川东买米,爨、万不必设局。酉刻核批札各稿,发报六摺、四片、一清单。郭远堂新授江苏五府粮道,来见,久坐。傍夕写告示百馀〈字〉,灯下写毕。二更后温《通书》。三点睡。是夜未洗脚。

十三日

早饭后清理文件。旋见客三次,围棋二局,写沅弟信一件,又见客三次,内有举人陈锡周、贡生王榭仁、生员陈守和,皆杨得亨之所荐也。温《诗经·斯干》篇。中饭后至幕府邕谈。旋见客,陈虎臣、赵惠甫均谈甚久。阅本日文件。申正申夫来久坐,酉正去。核批札各稿。戌刻莫子偲来,偶谈及转注一事。夜核各批稿,二更温《通书》毕。渴睡,不复能支,殆因日长未能小睡之故。

附记

筠仙托容式甫买器物

十四日(惭愧余在高位而不能力挽颓风)

早饭后清理文件。旋写澄弟信一件,围棋二局,见客四次,杜文澜小舫坐甚久,万簏轩坐亦久。午刻写扁一幅,写横幅一首,约二百字。中饭后至幕府邕谈,阅本日文件。申正阅批札各稿。傍夕写彭杏南信。在竹床小睡。灯后与小岑一叙。旋温《诗》《无羊》《节南山》篇。偶思大君以生杀予夺之权授之督抚将帅,犹东家以银钱货物授之店中众伙,若保举太滥,视大君之名器不甚爱惜,犹之贱售浪费,视东家之货财不甚爱惜也。介子推曰:窃人之财,犹谓之盗,况贪天之功以为己力乎!余则略改之曰:窃人之财,犹谓之盗,况假大君之名器以市一己之私恩乎!余忝居高位,唯此事不能力挽颓风,深为惭愧。天气渐热,余最畏热,不能多治事矣。

附记

○左信　沅保单

○○○三谢摺　三旬报单　黄彬案供摺等

十五日(杜小舫来久谈)

各文武员弁贺朔[望],见客十馀次,至辰正毕。清理文件。旋杜小舫来谈颇久。巳初

二刻,小睡约半时许。旋写左季高〈信〉,时至午正二刻毕。请客吃中饭。观刘开生与程颖芝围棋一局,饭后吾与开生一局。阅本日文件。申正至幕府邕谈。酉刻核批札各稿。酉正二刻小睡。灯后与小岑邕谈。旋温《诗·正月》篇。

　　附记
　　○少荃信　○云仙信
　　○沅信　○厘金告示
　　十六日
　　早饭后,申夫来久谈,清理文件,写沅弟信一件,围棋二局。旋写少荃信一封。已正小睡。午初核科房批稿。中饭后至幕府邕谈,写宣纸小横卷子未毕,阅本日文件。申正写云仙信。酉刻,申夫来邕谈一时许。傍夕小睡。夜核批札各稿颇多,至二更二点毕,温《古文·论著类》司马温公、苏老泉各一首。

　　附记
　　○毛　○黄　○江
　　十七日(陈氏妾病势日笃)
　　早饭后清理文件。旋改信稿六件,与屠晋卿围棋二局,见客二次,陈虎臣坐颇久。午刻写对联六付、小手卷百馀字。中饭后至幕府邕谈。陈氏妾病势日笃,心绪作恶。程颖芝太翁来,与之围棋三局,阅本日文件。酉刻写毛寄云信,添四叶。戌刻在竹床小睡。夜核批札稿,温《诗》《十月之交》《雨无正》篇。

　　十八日
　　早饭后清理文件。旋见客二次,与屠晋卿、欧小岑围棋二局。旋又见客三次。午刻写对联七付。中饭后与小岑久谈,阅本日文件。旋至幕府一谈,核批札各稿,写意城信一封。见客一次。核厘金札稿示稿至二更,四稿核毕三件。是日接澄弟初三日自竹山坳发信,知希庵病尚未愈。是夜睡不成寐,为近日所罕见。

　　附记
　　申夫信　沅信　○希信
　　十九日(将江西厘金密札核定)
　　早饭后清理文件。旋写申夫信一封、沅弟信一封。见客,立见者六次,坐见者二次。围棋二局,又观屠晋卿与小岑一局。已正二刻小睡。午刻写对联三付、挂屏二幅。中饭后至幕府一叙,阅本日文件,核批札各稿,将江西厘金密札核定。傍夕与晓岑邕谈。旋小睡片刻。夜接少荃信,知昆山于十四日克复,欣慰无已。改沅弟辞浙抚摺稿,未毕。二更四点睡,不甚成寐。是日早饭时,落门牙一个。十一年十月,因箸触齿动,摇摇已及年馀,自是脱去,翻得相安。

　　附记
　　○万谢摺片　○留黄南坡片
　　运司委李莲于三月十日解万两至雨花台
　　○提九江关每月三万片
　　廿日
　　早饭后见客二次,衙门期也。杜文澜来久坐,与之围棋二局。旋改沅弟谢恩摺毕。已初小睡片刻。午刻作余谢恩摺,代沅弟辞巡抚一席。中饭〈后〉至幕府邕谈。申刻作摺毕,阅本日文件,核批札各稿。傍夕至邵宅看病。邵世兄患疫症。久未愈也。夜核各批稿。本日改沅弟摺,中数句未妥,再四斟酌,迄未甚惬。是夕陈氏妾病甚笃。

　　附记
　　○改万自谢恩摺　○申信
　　○沅信　○京信

湖南委人解银一万、药四万至沅处廿一日咨

廿一日（改季弟赐谥建祠恩一摺）

早饭后清理文件，再将昨夜摺改妥。见客七次，李朝斌来谈颇久。看小岑与屠晋卿围棋一局，旋又自对一局。写沅弟信一封，江方伯来谈片刻。巳刻小睡，不及二刻。午刻写小屏二方，约百馀字。中饭后至幕府邕谈。旋阅本日文件，与子偲、小岑一谈。巳刻，改万簌轩请辞江苏藩司缺一片。酉刻改季弟赐谥建祠恩一摺。灯后与小岑畅谈，改信稿三件，批札稿数十件。二更四点睡，已觉困疲不支矣。

附记

○子佩信温、季谥、唐谥、澄封

廿二日（乱世而当大任为人生之至不幸）

早饭信[后]清理文件，写申夫信一、周子佩信一，与屠晋卿围棋二局。旋见客二次，邓伯昭、罗少村谈颇久，阅《小曼》之诗。午刻拜发谢恩摺，一谢沅弟浙抚之恩，具疏恭辞，一谢季予谥建祠之恩，又附万方伯辞藩藩[司]一片，专曾德麟进京。中饭后至幕府邕谈。与程颖芝围棋三局。申刻阅本日文件甚多，写沅弟信一。傍夕小睡片刻。夜与小岑邕谈，阅何廉防所集苏诗对联，因阅苏诗黄州一卷。是日淫雨竟日，彻夜不息，忧灼之至。皖南到处食人，人肉始买三十文一斤，近闻增至百二十文一斤，句容、二溧八十文一斤。荒乱如此，今年若再凶歉，苍生将无嗟类矣！乱世而当大任，岂非人生之至不幸哉！

附记

○官信 ○沈信 ○苏松漕

廿三日

早饭后清理文件，见五局委员一次，温《诗·小宛》，与屠晋卿围棋二局。又观屠与小岑一局。旋核沅弟保摺，写对联三付。中饭后与小岑对奕二局，至幕府邕谈。申刻阅本日文件。旋又核沅营保单。傍夕小睡。夜接少荃信，知昆新克后，一进江阴、无锡，一进苏州，为之欣慰：复少荃信一件。二更后核批札各稿。三更睡。

廿四日

早饭后清理文件。旋见李镇朝斌，面定一切章程，遣之赴沪。旋见客四次，坐见者二次，写沈中丞信一件，澄弟信一封，与屠晋卿围棋一局。见赵惠甫，邕谈，阅冯景亭所拟减苏松太浮粮摺子。中饭后与筱泉围棋一局，许信臣来，久坐二时许。阅本日文件甚多，至幕府一谈。酉刻核沅弟保单，至二更核毕。核批札各稿。三更睡。

附记

改二摺、三 片

○欧信 ○删竹

廿五日（阅刘克庵在徽劝捐抽茶税一案）

早饭后见客三次，衙门期也。旋清理文件。至城外河干拜许信臣，邕谈良久，巳正归。围棋二局，又观客围棋二局。午刻陈虎臣来久谈，清理文件。中饭后至幕府一谈，阅本日文件，核批札稿甚多，至二更始毕。内有刘克庵在徽劝捐抽茶税一案，江西藩司详一三副米一案，大费经营。二更后，改摺稿一件，未毕。近日为棋所困，本日四局，费光阴至一时之久，妨正务矣，以后戒之。未刻写沅甫信一件。

附记

○云信米事 ○杏南信

○附互 ○清慎

廿六日（改近日军情及请饷摺）

早饭后清理文件。旋见客四次，内工部主事叶毓祥坐稍久。新闻讣而不服衰麻，语涉荒唐可怪也。围棋一局，改摺稿毕，又核定一短摺。午刻核科房批稿，写对联六付。小睡片刻。

中饭后至幕府邕谈。旋改近日军情及请饷一片,至晡时方毕。又在竹床小睡片刻。夜饭后,与小岑围棋一局。旋又核改片稿二件,二更三点毕。申刻写杏南信一件,阅本日文件。是日接奉廷寄二件。

廿七日(忧东南之乱方兴未艾)

早饭后清理文件。旋见客,坐见者二次,立见者三次。与程颖芝围棋二局,又观程与小岑一局。温《诗经·小弁》。见客,坐见者三次,立见者四次。核科房批稿数件。中饭后至幕府邕谈,阅本日文件,写官帅信一封、沅弟信一封,核批札各稿。陈氏妾病笃,医药琐语,入耳烦心。又因刘克庵在徽州办捐抽厘,心绪烦恼,不愿做事。夜与小岑围棋一局。旋写零字甚多。余近日于公事多延搁不办,又忧东南之乱方兴未艾,心绪极恶。本日发报,即请简大臣来南、于钦督两篆中分去一篆,责任稍轻。二更后与小岑邕谈。

附记

○江西十条批　○云二祥批

廿八日

早饭后清理文件。旋见客二次,杜小舫坐甚久。旋围棋二局,见客五次,坐见者二次,刘开生坐颇久。巳正核改黄莘农信稿,至未初毕。又与小岑围棋一局,至幕府一谈。申刻阅本日文件。酉刻核咨札批稿。夜阅老泉《乐论》等篇。二更三点洗澡一次。四点睡,天气甚热,四更尚未成寐。

附记

○沅信　○希信

○意信说江事　○介信说刘事

○吉安卡员　○许湾卡员

廿九日(陈氏妾病逝,年仅廿四)

早饭后清理文件,旋见客三次,核改信稿。巳刻见客二次,杨畏斋坐最久。午刻核科批稿,改沅弟信一件。中饭后与晓岑围棋二局,写沅弟密信,邕论"勤、俭、志、谦、明、强"六字,写未毕。许信臣来,久谈约一时半。旋将沅信写毕,与洪琴西论皖南事,请其写信与缵先。戌刻至幕府一谈。接信,知含山已克,寿州亦有可解围之机。夜又与筱泉围棋一局。本日文件于酉刻阅毕。其批札各稿,则竟未核办,积阁甚多,对之不能了也。二更三点又与洪琴西谈祁门各事。说话太多,倦极,睡不成寐。三更四点稍寐。四更五点闻号哭之声,则陈氏妾病革,其母痛器。余起入内室省视,遂已沦逝,时五月初一日寅初刻也。妾自辛酉十月入门,至是十九阅月矣。谨守规矩,不苟言笑。内室有前院后院,后院曾到过数次,前院则终未一至,足迹至厅堂帘前为止。自壬戌正月初三吐血后,常咳嗽不止,余早知其不久于世矣。料理各事,遂不复就寝。妾生以庚子十二月初四日辰刻,至是年廿四。

附记

○左信

五月

初一日

自五更起至黎明,差倦,辞不见客。饭后与筱岑围棋二局,疲困不能治一事。巳刻写澄弟信一封、郭意城信一封、李希庵信一封。午正在竹床小睡。中饭后又与小岑围棋一局,写郭云仙信一封,阅本日文件,核批札各稿极多,盖昨日应核之件并于一日也,晡时毕。夜又与小岑围棋一局,改信稿三件。睡不甚成寐。是日内室后事皆陈氏之母与兄嫂为之。申刻大敛。竟日闻其母号泣之声,心绪殊劣。

初二日(阅《高僧传》)

早饭后清理文件。旋见客二次,写沅弟信一封,围棋二局。巳刻见客二次。有谭秉钧者,自称新化布衣,献书,言其著作颇多,气象亦尚峥嵘,但欠沉着耳。倦甚,杂取《高僧传》阅之,在竹床小睡。中饭后至幕府鬯谈,阅本日文件,核批札各稿,眷三月下旬报单。夜与小岑围棋一局,疲乏不能治事。何其惫也。

初三日(是日陈氏妾出殡)

早饭后清理文件,见五局委员一次。辰刻陈氏妾出殡,暂于龙王庙停厝。旋围棋二局,写雪琴信一封。李善兰壬叔、杨岘见山来坐,携陈硕甫先生奂片一纸,知已由贼中逃出至沪,言将来皖,来年八十二岁,段茂堂之弟。东南之精于经学、小学者,岿然仅存矣!万篪轩、陈虎臣先后来坐久,写晏彤甫、李小泉信各一件。午正小睡。中饭后至幕府鬯谈,阅本日文件极多,酉刻毕。疲甚,不欲多做事。夜与小岑围棋一局,二更后不复能做事。是日接沅弟信,知雨花台石垒及金陵南门外贼垒一概攻破。

初四日

早饭后清理文件。旋见客一次,又立见者三次。与晓岑围棋二局,写澄弟信一件、沅弟信一件,将江西厘金清查十条批细核,未毕。中饭后至幕府鬯谈。旋阅本日文件。傍夕阅本日文件。夜又核江西厘金十条批稿,二更四点仅核一半。睡后,不甚成寐。

附记

初五日

○抄周诒讣信与云仙

日内,身体疲乏,若有病者然,本日贺节之文武员弁概谢不见。早饭后与小岑围棋二局,写沅弟信一封,将江西局详十条再核一、二条。倦甚,在竹床小睡。中饭后请畏斋过节。旋又与小岑围棋二局,阅本日文件,又核江西厘金十条中之一、二条。夜饭后又与小岑围棋一局,又核批一条。三更睡。日来疲困,不克自振,荒于围棋。余素性畏热,每年初热时,困倦不自持,今年尚不甚热,不知何以惫困若此。

附记

○李信托硕甫事

初六日(季弟得谥靖毅)

早饭后清理文件。旋见客二次,写少荃信一年。巳刻倦甚,在竹床小睡。午刻,摺弁自京归,杂阅京信、京报。中饭后至幕府一叙,阅本日文件,与小岑围棋一局。将江西清查案内十条核毕,又核批札稿颇多。改咨复官帅禁掳米船稿,约三百字。夜又与小岑围棋一局,改摺稿数件。三更睡。是日大雨如注,时作时止,大为岁事之忧。又闻蒋、毛援寿之师不能解围。苗逆之势颇炽,焦灼之至。接京信,季弟得谥靖毅,较温弟谥愍烈似更矜宠,且慰且愧;又接三次诰轴,四轴者两次,专请本身,一轴者一次;又接荫生执照,侄纪瑞一张,雪琴之子永钊一张。

附记

家中诰命九轴　荫生执照一

○希庵诰命　荫生尚未咨请

初七日(莫子偲来将《说文·木部》刊刻)

早饭后清理文件。旋写沅弟信一件、雪琴信一件,见客四次,赵惠甫与邓伯昭坐颇久。中饭后至幕府鬯谈。旋写对联十二付,阅本日文件,核批札各稿。莫子偲来,将所得唐写本《说文·木部》重写一遍,将以刊刻,公诸同好。余与同至内银钱所,嘱为之精刻;其所为《校勘记》,将待陈硕甫先生来订定,而后发刻。又与同至邵家一坐,傍夕归。灯下,与小岑围棋二局,二更后略阅苏诗。倦甚,三点睡。是日接家中十八日信,知纪泽定以四月廿六日,启程来营。

初八日（梅伯言之子绍箕来久谈）

早饭后清理文件。旋见客四次，内坐见者一次。写左季高信，约八百字。罗少村来久坐，与小岑围棋一局。午刻核批札稿，写对联八付。中饭后再围棋一局，至幕府邕谈，梅伯言之子绍箕来久谈。阅本日文件颇多。旋至小岑处邕谈。酉正阅批札稿。傍夕小睡。夜核批札稿颇多，渴睡殊甚。二更后，添左季高信一叶。早睡，倒床即得甘寝。

初九日

早饭后清理文件，见客二次，又立见者四次。将沅弟摺稿批示一切，约三百字，写沅弟信一件。核定厘金江西批稿发去。午刻，莫子偲来久坐。中饭后至幕府邕谈，袁铁庵来久坐。阅本日文件，写希庵信一件，与小岑围棋一局。核批札各稿，灯下核毕。至小岑处一谈。观人有抄册，抄余文颇多，自以无实而享盛名，忸怩不宁。二更四点睡，三更四点始得成寐。

初十日（作卿去世，余愧有负重托）

早饭后见客二次，衙门期也。清理文件。旋见客，立见者五次。蔡燮璠自绍兴招包村之勇百六十馀人来，与之久谈，议论离奇闪烁。然亦有微中者。与小岑围棋一局，王嵩龄来一坐，雪琴之幕友也。午刻，程颖芝来，围棋二局。中饭后至幕府一叙。邓守之之子解，字作卿，于本日寅正在公馆内去世，完白先生之孙也。余派人料理殓殡，未刻异出。其匀曾谆托我教训培植，余以公私繁冗，久未一省视，不知其一病不起，有负重托。殊为歉仄。阅本日文件。酷热疲倦，不愿治事。至小岑处一坐，核批札各稿。傍夕在竹床小睡。灯下写零字甚多，改摺稿二件。二更四点睡，热甚，不能成寐，因至竹床睡。四更后乃登床，仍不以酣寝。老年畏热，衰态侵寻。是日写申夫信一件，令其禁贪抢贼赃。

附记

〇金丙珪银寄湖北

〇许仙屏银寄京

十一日

早饭后清理文件。见客四次，梅世兄坐颇久，又蔡燮璠引其友蔡春园等来见，邕谈一切，殊少实际。与小岑围棋一局。温《诗》《巧言》《何人斯》。热甚，移至求阙斋一坐。核批札稿。中饭后至幕府邕谈，阅《会议题名录》，知许仙屏中第四十名进士，为之欣慰。本日新到文件甚少，顷刻阅毕。温《巷伯》篇。剃头一次。酉刻核批稿甚多。傍夕朗诵七言律诗。夜饭后与小岑围棋一局，二更后改近日军情片稿。

十二日（念世事艰大而吾日衰不免惴惴）

早饭后清理文件。旋见客二次。温《诗经》《谷风》《蓼莪》《大东》三篇。巳刻，万簇轩来久坐。小睡片刻。午刻写对联三付、挂屏三幅。热甚，不复能多写。中饭后，至幕府一叙。旋与小岑围棋一局，阅本日文件甚多，至小岑处一叙。核批札各稿。天热殊甚。余性畏热，遂若无处可以栖身者。傍夕朗诵苏诗，在竹床小睡。夜饭后与小岑围棋一局，二更后清理文件。至庭院小睡，二更三点后尚不愿登床，热气逼人，三更后改在求阙斋一宿，不能成寐。念世事艰大如此，而吾精力衰惫，不能治事，深用惴惴。是日发报二摺、三片。

十三日

早饭后清理文件。旋温《诗经》《四月》《北山》《无将》《大车》《小明》。热甚。见客二次，何小宋坐颇久，杨畏斋来久坐，与小岑围棋一局。午刻热甚，小睡，中饭后尤热。阅本日文件甚多。极热，至内室竹床小睡，核批札稿。傍夕又在庭院小睡。又至幕府一谈，江达川来小叙。灯后，与小岑围棋一局，核改信札各稿。酷热，不能治事。三更始睡，竟夕不甚成寐。

十四日（出城看硼炮）

是日酷热异常。早饭后，候选道丁杰请余与司道出城看硼炮，共放二十馀炮，惟第一炮落地开花，而又恰中植旗之处，馀或不落地而开花，或不中植旗之处。辰刻归，与刘开生围棋

一局,又观刘与小岑一局。写澄弟信一件、沅弟信一件,温《诗·鼓钟》篇。小睡约一时许。中饭后与小岑围棋一局,阅本日文件。热甚,竟日睡于竹床,令人摇扇。见客一次。傍夕核批扎稿。夜睡竹床,竟夕汗不止,亦不甚成寐。始在庭院睡,三更后移入内室。五更后又移出阶外。畏热疲惫如此,岂复堪任艰巨,为之怃然。

十五日(阅家信)

早饭后见司道一次,旋又见客三次,立见者二次。清理文件。奇热异常,竟不能作一字。接家信甚多,澄弟二次,沅弟三次。除阅家信外,几至一无所事。与屠晋卿围棋二局。竟日睡于竹床,令人摇扇。中饭后又与小岑围棋一局。阳凌云自金陵归,王昂六自家乡来,均在此久谈。阅本日文件。酷热,不复能治事,在于竹床久睡而已。傍夕核批札各稿。夜与小岑邕谈。接奉廷寄,系四月廿七日所奏奉到批回者。二更三点洗澡一次,即在庭院露宿,三更三点移入室内。风雨倏至,稍得清凉。为之少快。

附记

〇纪鸿科考

十六日

早饭后清理文件。旋见客,立见者三次,坐见者三次,方存之、孙琴西坐颇久。接杨杏农信,寄诗、古文各一本,略一翻阅。写九弟信一封,与小岑围棋一局。天气热甚,竟日在竹床小睡,令人摇扇。中饭后又围棋一局。申刻阅本日文件。酉刻又围棋一局。是日批稿甚多,竟至积阁不能核阅,傍夕至幕府邕谈。灯后,在竹床小睡甚久,二更三点入内室睡。是夕少得清凉,为之稍快。

十七日(薛令因桐城繁剧难任求卸事)

早饭后清理文件。旋见客二次,刘小钺与郭舜民坐颇久。写沈幼丹信五叶。与程颖芝围棋三局,又观小岑与程二局。午刻薛令来一叙,以桐城繁剧难任,求即卸事。阅欧阳碉东诗。中饭后又与小岑围棋一局,阅本日文件颇多,阅邓湘皋古文。小睡时许。酉刻核各批稿信稿,昨日积阁之件并核毕。傍夕至幕府一谈。夜与小岑邕叙时许,温《古文·论著类》毕,温"词赋类"前数首。

附记

〇意城事说夏令

十七[八]日

早饭后清理文件,见客三次,又坐见者二次。写郭意城信,写纪鸿儿信,与小岑围棋二局。午刻,涂朗轩来久坐。中饭后阅本日文件,温《诗经》《楚辞》《信南山》。倦甚,在于内室小睡。傍夕阅朱子题跋,《津逮秘书》中之一种也。至幕府一叙。夜又与小岑围棋一局,二更后阅朱子题跋。倦甚,奄奄欲睡。

早饭后见客三次,又坐见者三次,写希庵信一件。午刻阅东坡题跋,与程希辕围棋二局,又观程与小岑二局。中饭后见客一次,阅山谷题跋,阅本日文件。与小岑围棋十九日(闻水师攻破鞋夹各贼垒)二局。温《诗经》《甫田》《大田》,核改批札稿。傍夕至幕府一谈。夜温《古文·词赋类》,读《离骚经》未毕。天气甚热,睡不成寐。是日闻水师攻破鞋夹各贼垒。

廿日

早饭后清理文件。旋见客三次,衙门期也。旋见一州温世京,广东嘉应人,己酉举人,气象和厚,由海道解饷七万至上海来皖,良为可感,与之久谈。旋与屠晋卿围棋一局,又观屠与程颖芝一局。又见客四次,内坐见者二次,写雪琴信一件。午刻核霆营保举单。中饭后又与小岑围棋一局。旋核保单约一时许,毕,阅本日文件颇多,约二时许毕,核批札稿。傍夕至幕府一叙。是日闻温世京说轮船过九袱时,见该洲业已克复,不知信否。夜与小岑邕谈。天气酷热,不能多治事也。旋温《离骚经》毕。二更三点洗澡一次。三更睡,热甚,不甚成寐。

附记

〇颍西保案　杂保各案

廿一日（是日将陈氏妾葬于茅岭冲山中）

早饭后清理文件。旋见客三次，蔡奂璠茗斋谈甚久。又李壬叔带来二人，一张斯桂，浙江萧山人，工于制造洋器之法；一张文虎，江苏南汇人，精于算法，兼通经学、小学，为阮文达公所器赏。旋写沅弟信八叶，又见客一次，与小岑围棋一局。热甚，小睡。中饭〈后〉，又与小岑围棋一局。旋阅本日文件，温《诗》《瞻彼洛矣》《裳裳者华》，核批札各稿。接沅弟与雪琴信，报九

清翠嵌宝石耳珰　清

祝洲克复之喜，知我军苦攻六昼五夜，虽杀贼二三万，而官军伤亡二千余人，可敬也。傍夕至幕府一谈。夜热甚，不能治事，即在庭院竹床小睡。三更后登床，不甚成寐。五更仍至竹床一睡。是日将陈氏妾葬于茅岭冲山中，系怀宁西北乡，在安庆城西十五里，命巡捕成天麒经纪其事。

廿二日

早饭后清理文件。旋见客五次，又坐见者四次，蔡利宾坐颇久，即包村之蔡春园，蔡奂璠招之偕来者也。与屠晋卿围棋一局。马学使来久坐，写沅弟信一件，温《诗》《桑扈》《鸳鸯》《頍弁》《车辖》。中饭后与小岑畅谈，阅本日文件，又与晋卿围棋一局。热甚，若无处可以避暑自存者，在于竹床小睡。核批札各稿。傍夕至幕府一叙。夜在庭院睡至二更三点，又在阶上睡至三更一点，始入房就寝。极热，不甚成寐。

廿三日

早饭后清理文件。旋见客三次，又立见者四次。与小岑围棋二局，写沅弟信一封，温《诗经》《青蝇》《宾之初筵》。在竹床久睡。中饭后又围棋一局。热甚，在于竹床久睡。阅本日文件。旋又熟睡，令人摇扇。日入后，清理批札各稿，写少荃信，杨畏斋来，二更后始将李信写毕。温《古文·辞赋类》。二更四点在庭院乘凉，三更后始入内室

廿四日（阅《沅湘耆旧集》）

早饭后清理文件。旋见客四次，又立见者二次。写澄弟信一件，围棋一局。热甚，在竹床久睡。首县来此一谈。中饭后又围棋一局，阅本日文件。天气酷热，不复能治一事，竟日小睡竹床。邓小芸送其叔父湘皋先生书各种，内有《沅湘耆旧集》二百卷。余因取王而农、皆皆庵、陶密庵诸家一阅。傍夕至幕府一叙。夜又围棋一局。二更后阅批札各稿。三更，畏热不敢入内室，即在庭院久睡。四更后登床，犹不敢掩帐也。

廿五日（本日睡贼留之石床）

早饭后见客二次，衙门期也。清理文件。旋与小岑围棋一局，写沅弟信一封。天气奇热。有石床者，系贼首居此时所置，久弃不用。本日在石床久睡。中饭后又围棋一局，阅李文正公诗，阅白香山诗。申刻，天转西北风，稍有凉意，酉刻甚凉。连日郁蒸之气，为之稍解。外间望雨甚殷，犹以不得雨为觖望。酉正至幕府㘭谈。灯下，又在竹床久睡。二更后改摺稿二件、片稿一件，核批札各稿。三更睡，微凉，稍成寐矣。

廿六日

早饭后清理文件。旋见客二次，又立见者三次。畏热殊甚。本日早间稍凉，亦在石床久睡，令人摇扇。巳刻与小岑围棋二局，阅《白香山诗集》。中饭后，改克复几湫洲摺稿。阅本日文件，内有礼部议复从祀圣庙一疏，毛亨、吕楞二人议准，颜芝、杨继盛、刘向、郑众、卢植议

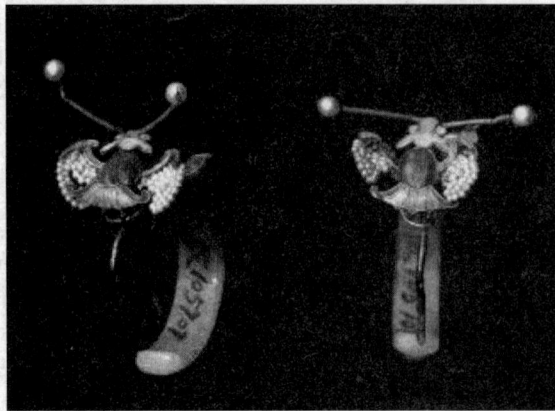

驳,断制谨严。奇热异常。傍夕至幕府闿谈。灯后,与小岑闿谈。二更后改片稿二件,一近日军情,一举劾江西卡员,三更改毕。热甚,即在庭院久睡,三更三点入内室,亦不成寐。是日申刻写信一片,与沅弟寄银一万为犒赏克九袱洲之资,寄洋枪二百杆与鲍营。

廿七日(近日公私废阅,实深惭惧)

早饭后,忽作呕吐。余向有此病,每数月或半年辄发一次,大约浮热滞于上焦,饮食尚未消化,而后之饮食继至,故烦满而作呕。每次禁腥荤,节饮食,即可痊愈。因病不愿见客,不能治事,与程颖芝围棋三局,又观程与小岑一局。竟日在石床上小睡,令人摇扇,阅《津逮秘书》中之《六一诗话》《后山诗话》《彦周诗话》《吕居仁诗话》。中饭后与小岑围棋一局,又阅《津逮秘书》中各零种。发报四摺、四片、二清单。接奉廷寄,即十二日发摺奉到批回者。阅本日文件,核批札各稿。傍夕至幕府一谈。夜,病势未痊,仍在庭院竹床久睡,至三更二点始入内室登床睡,亦不甚成寐,古人云:其为人也多暇日者,其出人也不远矣。余身当大任,而月馀以来竟日暇逸不事事,公私废阅,实深惭惧。惟当迅速投劾去位,冀免愆尤耳!

廿八日(闻鲍春霆在紫金山业合围)

早饭后清理文件。旋见客四次。闻王朝治言鲍春霆在紫金山业合同矣。在竹床上久睡。病尚未痊,疲乏殊甚。阅放翁题跋。与小岑围棋一局。旋温《诗经》《鱼藻》《采菽》《角弓》,至未刻毕。阅本日文件。申刻又围棋一局,将放翁题跋阅毕。核批札稿。傍夕至幕府一谈。夜在庭院久睡,倦甚。又与小岑围棋一局。在庭院睡至三更始入内室。

廿九日(阅魏鹤山题跋)

早饭后清理文件。旋见客三次,写沅弟信一封。呕吐之病虽愈,而上焦若格格不自得者,仍在竹床久卧。阅魏鹤山题跋,与小岑围棋一局。午刻核科房批稿。中饭后,热甚,若不克自持者,旋食西瓜一个。阅本日文件。温《诗》"有菀者柳"、《都人士》《采绿》等篇。吃绿豆粥一碗。天气忽转北风,酷暑少退。剃头一次。围棋一局。至幕府一叙,万簏轩在幕中会晤。夜温《九歌》《九辩》。是日接奉廷寄二件。

卅日

早饭后清理文件。旋见客二次,与屠晋卿围棋一局,又观渠与小岑一局。写左季高信一件。柯竹泉来,小叙片刻,围棋一局。温《诗经》《黍苗》《隰桑》。午刻在竹床久睡。中饭后接奉廷寄一件,阅本日文件,核改信稿。温《诗》《白华》《绵蛮》《瓠叶》《渐渐之石》。热甚,在石床一睡。傍夕至幕府一谈。夜在庭院久睡。二更后核批札各稿,三更毕。是日吃绿豆三次,西瓜一次。胸膈间若微有停滞者,殊不爽快。

六月

初一日(闻纪泽已至九江)

早间,因病谢不见客。早饭后,拜发万寿题本,贺七月十二日慈安皇太后万寿。又有沅弟、雪琴、春霆贺摺,同时拜发。旋将皮小舲、李篁仙、朱久香各京信自添数行,又写许仙屏信一件,添厉伯苻、刘馨室信各数页。温《诗》《苕之华》《何草不黄》,与小岑围棋一局。午刻写希庵信一件,小睡半时许。中饭后阅本日文件,温《诗》《文王》《大明》。旋至石床上小睡。看人在后院种竹约七、八十竿。傍夕,杨畏斋来久谈,二更去。约李眉生来久谈,商派人至许湾办厘事。三点将睡,小岑来谈颇久。是日闻纪泽已于二十八至九江矣。

初二日

早饭后清理文件。旋见客三次,又立见者五次。接奉廷寄谕旨,饬将苏松太仓浮粮折衷议减具奏,读之欢抃感激!与小岑围棋一局。巳刻骤雨,大慰云霓之望。刘开生、方元徵来

久坐。午刻,纪泽到此,女婿袁榆生、外甥王叶亭同来,又有三客同来,应酬说话颇多。中饭后,陈作梅来邕谈,阅本日文件。天气复热,神思昏倦。傍夕至幕府邕谈。灯后,与泽儿闲话。旋核批稿,二更三点后核札稿。睡后,不甚成寐。以本日公私事多,稍疲惫也。

初三日

早饭后清理文件,见五局委员一次。又见客,坐见者一次,立见者三次,写沅弟信一件,与小岑围棋一局。旋在竹床久睡。中饭后温《诗·绵》一篇,阅本日文件。又在竹床久睡,病体迄未痊愈,若不克自持者,疲惫已甚。午饭即不能多食,请陈岱三看脉、开方,亦未服之也。傍夕至幕府一谈。夜与小岑久叙。是日,自申刻以后未治一事,公私废阁,惭悚无已。

初四日(定义宁州茶落地税一案)

早饭后清理文件。旋见客三次,又坐见者一次,写澄弟信一件,与小岑围棋一局、程颍芝围棋一局,温《诗》《棫朴》《旱麓》。在竹床久睡。中饭,粗惫酒席,新到女婿、外甥及诸客同吃。余小坐,即另席吃饭,以尚禁油荤也。阅本日文件。奇热,在于石床久睡。酉正温《思齐》之诗,阅核批札稿。傍夕至幕府邕谈。夜与小岑久谈。在庭院久睡。二更后,与纪泽谈学问大端。三点后,定义宁州茶落地税一案。三更睡,不甚成寐。

初五日

早饭后见客二次,衙门期也。旋清理文件,改信稿数件。与小岑围棋一局。天气奇热,在于竹床小睡极久。午刻,郭慕徐来一谈。中饭后极热,有铄金流石之象。阅本日文件。在于内室石床久睡,至酉正,温《诗·皇矣》篇,未毕。傍夕至幕府一叙。起更后,在庭院露睡,直至二更三点始入室内清理公牍。

初六日(傍夕至幕府一叙)

早饭后清理文件。旋见客二次,写彭杏南信一件、沅弟信一件,改雪琴信一件,与小岑围棋一局。在竹床久睡。午刻核科房批稿。中饭后,酷热异常,汗出如雨。旋阅本日文件。在石床上久睡。酉刻温《诗·皇矣》毕、《灵台》篇。傍夕与纪泽闲话,至幕府一叙。夜与小岑围棋一局,二更后在庭院露睡,三更后入内室,酷热犹未已也。

初七日

早饭后清理文件。旋见客一次,写申夫信一件,与小岑围棋一局。天气奇热,不能治事。巳刻,陈作梅来,邕谈二时许。中饭后热极。阅本日文件。在石床久睡,石亦薰蒸如新被火煅者然。申正又与小岑围棋一局,汗下如雨。酉刻,温《诗》《下武》《文王有声》。傍夕与泽儿闲话。夜热极,在庭院久睡。二更后核批札稿。四点在庭院睡,四更入内室就寝,竟夕不能成寐。盖天气之热,为近数年所无,而余亦年老惫甚矣!

初八日(毛牧维翼殉节,深为愤惋)

早饭后见客二次,清理文件。旋写沅弟信一件,与小岑围棋一局。在竹床久睡,热甚。温《诗·生民》篇。中饭后在石床一睡。阅本日文件极少,温《生民》篇毕、《行苇》篇。酉初出外拜客三家,至城外江干纳凉,傍夕归。在庭院久睡。接信,知寿州于六月初四夜被陷,毛牧维翼殉节,深为愤惋。二更后接廷寄二件,清理文件。三点在庭院露睡,三更移入内室,因亢热不能成寐,四更三点后出庭院露睡,直至天明。

初九日

早饭后清理文件,李壬叔来久坐,围棋二局。张风翥来,与论寿州先后补救各事宜。闻城中纷纷言有虎在西门、金保门外,攫食小孩,并闻在城内市人哗惊。虽未必果为虎,而城市谣传如此,亦必有野兽阑入城关,非佳象也。派滕嗣林、刘士衡至城外一查,云有物如巨狗,初八日四更攫食小孩,未死,城内之连夜哗惊,则尚未查得实据。至幕府一谈。午刻温《诗·既醉》。中饭后阅本日文件,改咨札稿,见客二次。在竹床久睡,温《诗·凫鹥》。酉刻,身体不爽快。夜与小岑围棋一局。二更后,体中不佳弥甚。闻学使马雨农之母于本日未刻病故。

初十日

早饭后清理文件，见客二次，又立见者一次。旋改杨厚庵信稿一件；写沅弟信一件，与程颖芝同棋一局，又观程与小岑一局。在竹床久睡。中饭后，亢热非常，在石床久睡。旋阅本日文件颇多。申刻转北风，欲雨不雨。出外至马学使处吊唁，与莫子但久谈，酉刻归。核批札各稿。灯后，与小岑围棋一局。二更后清理批札各稿，三更毕。天气甚凉憷，亦未得佳睡。

十一日（作梅新丧长子）

早饭后见客二次，又坐见者一次。清理文件，改摺稿一件、片稿二件，与小岑围棋一局，改金陵围城并报寿州失守一摺，未毕。中饭后又围棋一局。作梅来久谈，渠新丧长子，相对黯然。作梅善人，而家运极坏，有人所难堪者。阅本日文件，施又改摺，至日晡毕，约千六、七百字。至幕府一谈。夜又改一摺至二更四更[点]毕，殊形劳乏，幸本日不甚热耳。

十二日（知石达开业已捕获正法）

早饭后清理文件。旋见客二次，写少岑信一件、沅弟信一件。杨畏斋来久坐，嗣棋一局。午刻核科房批稿。中饭后围棋一局，阅本日文件。见四川骆制军公牍，知石达开业已捕获正法。温《诗经》《假乐》《笃公刘》。热甚。申正转北风，作欲雨之势，下雨甫动檐滴而止。傍夕至幕府一谈。夜又围棋一局，核批札稿，至二更三点毕。是日恭遇先妣江太夫人忌辰，营中亦未设祭。亥刻发报四摺、三片。

附记

○沈信　○南岳批

○黄庆案交吴大安　○彭尚安案

左盐咨　七旬报

○何铣案诒朴周　○希信

十三日

早饭后清理文件。旋见客三次，又立见者二次。写沈幼丹信一件，约千馀字。与小岑围棋一局。王明山军门来一叙。午刻核科房批稿，又批修南岳庙禀。中饭后，又围棋一局。接奉廷寄及恭邸信件，阅本日文件。申正温《诗》《洞酌》《巷阿》。傍夕，天气渐凉。夜与小岑围棋一局，核批稿十馀件，温《离骚》《九辩》。夜，甚凉。天气亢旱而夜凉特甚，恐大有碍于岁事矣。

十四日

早饭后清理文件。旋写澄弟信一、希庵信一、王瑞臣甥信一，与小岑围棋一局，核改广信盐厘咨。见客二次。中饭后又围棋一局，阅本日文件，温《诗经》《民劳》《板》，核札稿。至幕府一谈。傍夕请郭舜民叔侄便饭。倦甚，小睡。二更二点出外查夜，三更归。

十五日（与纪泽论古人行文造句用字之法）

早饭后清理文件。文武员弁贺朔[望]者甚多，至辰刻应酬毕。巳刻至马学使处公祭。归，与小岑围棋一局，旋温《诗经·荡》篇，中饭后温毕。阅本日文件。温《诗·抑》篇。酉刻核批札稿未毕，至幕府一谈。夜核批札稿毕，与纪泽论古人行文造句用字之法。二更三点睡。是日大雨竟日，巳午间至申刻时作时止，雨不甚大，清晨及入夜极大，天明后始息。

附记

○印渠信

○俊臣信寄徕银

○晓岱信复　奏次青事　德安卡员

河口卡员

○专差进京○希乡、希荫

○参彭尚安

王治覃送交叶　甄廖

札调甘储张

查贵铺入营

十六日（接家信知蕙妹病体已愈）

早饭后清理文件。旋见客二次，改信稿数件，围棋一局。午刻在竹床小睡。中饭后阅本日文件，温《诗·桑柔》未毕。申正核批札各稿。酉正，莫子偲来久谈。灯后，又与小岑围棋一局，温《诗·桑柔》，二更三点毕。是日接家信，知蕙妹病体已愈。

十七日

早饭后清理文件。旋见客二次，又立见者一次，李壬叔、张啸山、张鲁生来，围棋一局，又观张与李一局。巳刻见客二次。说话稍多，业已倦矣，温《诗·云汉》。午正小睡。中饭后与小岑围棋一局，温《诗·崧高》未毕，阅本日文件甚多。旋核批札稿，至酉正末未毕，至幕府一谈。灯后，与小岑一谈，核批札稿毕，写沅弟信一件，与纪泽论及家事。二更三点睡，目蒙神疲。

附记

○改沅摺并写二日　○办饬知五日

○写少荃信　○筱仙信

王明山到任

十八日（温《诗·烝民》毕）

早饭后清理文件。旋见客二次，又立见者二次，改信稿数件。巳刻见客二次，围棋一局，温《诗·崧高》。巳正小睡。午初改李世忠信稿一件，中饭后温《诗·烝民》，阅本日文件，核批札稿甚多，酉正毕。旋写扁字十馀个，剃头一次。傍夕至幕府一谈。夜又与小岑围棋一局，温《蒸民》篇毕。倦甚，二更三点睡。申刻添刘印渠信三叶。

十九日

早饭后见客十次，内王治覃坐颇久。巳刻，孙琴西、方宗诚先后来邕谈，劳倦甚矣。清理文件，与小岑围棋一局。午刻小睡半时许。中饭后又与小岑围棋一局，为沅弟致一摺稿，阅本日文件。申正核批札各稿。旋又改摺稿。傍夕至幕府一谈。夜又围棋一局，改摺稿至三更始毕。天气甚热，睡不甚成寐。

廿日（阅邵位西古文）

早饭后见客二次，衙门期也。程颖芝来，围棋二局。又观渠与小岑一局。清理文件，写云仙信一封。午刻热甚，小睡。中饭后与小岑围棋一局，温《诗·韩奕》未毕，阅本日文件，核批札稿。傍夕写对联五付。夜写沅弟信一封。阅邵位西古文一册多，道光中年，位西未官京朝以前所为，其道光廿三年及咸丰年间所为，存者十无一、二，盖杭州失守，位西之著述散佚殆尽矣。为沅弟料理摺件，二更始毕。

廿一日

早饭后清理文件。出外拜客二家，送郭远堂之行，至江方伯处一叙。归来，热甚。见客，葛英一次，写少荃信未毕。刘开生来，与之围棋一局，又观刘与程颖芝二局，为时颇久，散时已午初矣。甚矣，棋之废日力荒正务也！在石床小睡。将小荃信写毕。中饭后温《诗·韩奕》毕，阅本日文件，核批札各稿，酉正毕。温《诗·江汉》，至夜温毕。二更三点睡，眼蒙殊甚，几不能视。

廿二日

早饭后清理文件。旋见客二次，又立见者八次。核批稿数件，围棋一局，改信稿四件，温《诗经·常武》篇。中饭后，陈虎臣来久谈，阅本日文件，核批札各稿。傍夕倦甚。夜与小岑围棋一局，旋又至小岑处一叙。倦乏已极，体中又小不适矣。

廿三日（闻贼势浩大而余军不和，为之愤忧）

早饭后清理文件，见客三次，又立见者六次，写希庵信一件，围棋一局。疲倦殊甚，饮食

少减。写沅甫弟信一件。巳正小睡颇久。午初温《诗·瞻卬》。中饭后阅本日文件极少,温《诗·召旻》,又围棋一局。申刻核批札各稿。傍夕至幕府一谈。夜改马学使之母挽联。旋温《古文·词赋类》。二更,困乏尤甚,与纪泽话家常事。是日闻鲍春霆病势不轻,又闻申夫一军十七日小挫,湖口贼势浩大,又闻寿州援师蒋、毛不和,以致无功,为之愤郁忧灼。

廿四日

早饭后清理文件。旋见客二次,写澄弟信一件,围棋一局。改江军门信一件,约四百字。巳正小睡。午初温《诗·清庙》,写挽联一副。中饭后再围棋一局,阅本日文件,核批札各稿,温《诗》《维天之命》《维清》。酉正至幕府一谈。夜,倦甚,考核各字义。二更与纪泽论小学。二点后出外查夜,至三更归。睡不甚成寐。

廿五日(杨朴庵病入膏肓仍安闲淡定)

早饭后见客二次,衙门期也。旋出门至学使处作吊。至杨朴庵处看病,观其安闲淡定、视死如归,不愧学道君子之自然;病则十分沉重,无可挽回矣!至火药局看新造之牛碾,巳正归。与小岑围棋一局,写意城信一件。午初温《诗·烈文》。中饭后再围棋一局,温《诗》《天作》《昊天有成命》《我将》,阅本日文件颇多,核批札各稿,至傍夕未毕,灯后始毕。又围棋一局,温《离骚》《惜诵》。

附记

六月十六,东局派吕懋桓解银三万至沅弟处

曾恒德带邓对

○德安许恩培　项珂保知县

○位置宛立侔　札程鼎芬

廿六日(思天下百病生于懒也)

早饭后清理文件。旋见客三次,又六安州绅士来见一次,首县见一次。与小岑围棋一局,写左季高信一次。午刻温《诗》《时迈》《执竞》《思文》。中饭后围棋一局,阅本日文件。拟作摺稿,遂将本日之应办批札各稿置之不办,徘徊久之。又写介唐信二叶,而下半日遂来作一事。傍夕至幕府一谈。夜懒于作奏,又与客鲁秋航围棋二局。二更后,与纪泽论作字之法。是日应办奏稿,方不误次日发报之期,一念之惰,遂废本日之常课,又愆奏事之定期。乃知天下百病,生于懒也。

附记

萧孚泗请封

撤姚

札丁至江南带开花子

廿七日

早饭后清理文件。旋见客一次,又立见者三次,写沅弟信一封,改摺一件,午初毕。陈虎臣来久谈,又改片稿二件。中饭后围棋一局,阅本日文件,核改信稿二件,添雪琴信二叶,核批札稿甚多,傍夕毕。至幕府一谈。旋发报二摺、二片,又附它人谢恩摺三件。昨日未能作摺,今日赶办,尚未愆期。摺差曾德麟自京城归,阅四、五月京报。二更后温《涉江》《哀郢》。

廿八日(至河干看炮船)

早饭后清理文件。旋见客二次,又立见者三次。出门至河干看炮船,东流绅士领以防民间港汊者。归,写季君梅信一件,围棋一局。午刻温《诗》《臣工》《噫嘻》《振鹭》。中饭〈后〉,阅本日文件,围棋一局,见客一次,温《诗》《丰年》《有瞽》,核批札各稿。疲倦,畏热,体中小有不适,因在竹床久睡,至二更三点登床,未办一事。

廿九日

早饭后清理文件。旋见客二次,写彭盛南信一件。程颖芝来,围棋二局,又观程与小岑一局。巳正小睡半时许。午刻温《诗》《潜》《雍》《载见》《有客》。中饭后温《大武》《闵予小

子》，阅本日文件。天热不可耐，又围棋一局，小睡片刻。核批札各稿。傍夕至幕府一叙。夜，热甚，在庭院小睡。二更后核一长批，至三更一点始毕。

七月

初一日（改桐城抵征批稿）

早间，文武贺朔，酬应纷纷，至巳刻始毕。清理文件，与柯竹泉围棋一局。巳正小睡。午初核科房批稿，温《诗》《访落》《敬之》《小毖》。中饭后阅本日文件。旋与小岑围棋一局。申正核批札稿。酉刻拟改桐城抵征批稿，踌躇许久，未能下笔。傍夕至幕府一谈。夜又围棋一局，温《离骚》二篇。倦甚，睡。

初二日

早饭后见客，坐见者五次，立见者四次，精神已倦矣。清理文件，与小岑围棋一局。年初见客一次，小睡片刻。温《诗·载芟》未毕，中饭后温毕，温《良耜》篇。阅本日文件，核批扎稿，至夕未毕。夜在庭院乘凉。再核批札稿，至二更三点毕。是日公牍甚繁，疲乏若不胜也。

初三日

早饭后见客五次，均坐谈甚久，清理文件。疲倦已甚，在于石床小睡。与小岑围棋一局，杨畏斋来豳谈。温《诗》《丝衣》《酌》。中饭后温《桓》《赉》《般》，阅本日文件。申正核批札各稿，傍夕未毕。至幕府一谈。夜核改桐城抵征章程批，三更未毕。

初四日

早饭后见客五次，坐谈最久，疲乏甚矣。清理文件，写澄弟信一封，围棋一局。小睡片刻。午刻，核科房批稿，温《诗》《駉》《有駜》。中饭后阅本日文件，改批札稿，将桐城抵征章程批毕。傍夕至幕府一谈。夜围棋一局，清理文件未毕。出外查夜，三更睡。

初五日（与小岑、程颖芝下围棋）

早饭后见客三次，衙门期也，旋又立见者二次。清理文件，写沅弟信一封，与小岑、程颖芝各围棋一局，又观程与刘开生一局，已午刻矣。旋又见客一次。温《诗·泮水》，中饭后温毕。阅本日文件，核批札各稿。酉刻与王、金二甥豳谈家中琐事。旋又至幕府一谈。夜略理公牍。温屈、贾骚赋，若有所会。

初六日（自念心计太拙不能筹饷）

早饭后清理文件，旋见客三次，何小宋坐最久，写毛寄云信，颇长。与小岑围棋一局。巳正见客一次。午初温《诗·閟宫》，孙琴西来豳谈。中饭后温《閟宫》，至申刻毕。阅本日文件，核批札稿未毕。与纪泽论作古文之道。夜核批札各稿。至二更四点毕。日来，自念耳目太短，不能察吏，心计太拙，不能筹饷，当此巨任，实不称职，心以为愧。

初七日

早饭后清理文件，旋见客五次，皆立见也。写沅甫信一件、郭意城信一件。巳刻，小睡片刻。午刻见客一次，温《诗》《那》《烈祖》。中饭后温《玄鸟》篇，阅本日文件。申正核批札各稿。剃头一次。傍夕至幕府豳谈。夜饭后与小岑围棋一局。旋温《七发》，二更三点睡。是日天气郁热异常，灯上时，大雨倾盆，竟夜不息，至次早辰刻始住。

附记

○参顺燮和　参吴秉衡

写朱凤台对

初八日

早饭后清理文件。旋见客一次，又立见者二次。写希庵信一件。　巳刻见客二次，陈虎臣坐颇久。午刻温《诗·长发》。中饭〈后〉温《诗·殷武》。申刻阅本日文件，与小岑围棋一局。酉刻见客二次,核批札各稿。傍夕至幕府一谈。夜核批札稿信稿,至二更三点毕。

初九日(云仙昨日奉署广东巡抚之命)

早饭后见客二次,孙承熙、王治覃坐皆甚久。清理文件。旋又见客,立见者四次。写李少荃信一件、郭云仙信一件。因云仙昨日奉署广东巡抚之命,专人去送信也。与屠晋卿围棋一局。午刻见客二次。万簇轩、方存之坐颇久。中饭后阅《周官》《太宰》《小宰》,阅本日文件,略核批札稿未毕。写对联数付。傍夕至幕府一叙。夜温《客难》《子虚赋》。

附记

○左镜和对一付
○葛崇轩对一付
○曾孔彰对一付
○云亭信 ○寿对一
○挂屏六幅 赠联二云亭、竹房
○参一斤 ○呢羽毛各二丈
○银五十两 ○尧阶信
○寿对一 ○挂屏四
○参半斤 ○银三十两
○铁界尺一 ○水晶界尺一
○丹阁信 诰轴二重五、中和
对二付丹阁、任尊 银二封、
各二十,焚△之酒席费
刘三爷 奠 仪三十 诰封九轴 稽生执照一张
○接眷银二百两

初十日(小岑日内有小病)

早饭后清理文件。旋见客一次,衙门期也,又立见者四次。写沅弟信一封、朱云亭信一封,与鲁秋航围棋一局。小睡片刻。温《周官》《宰夫》《宫正》《宫伯》《膳夫》。中饭后杂录《诂训》,阅本日文件极多。至小岑处一谈,渠日内有小病也。核批札各稿。傍夕至幕府一叙。夜温《上林赋》。酉刻写对联七付。

黄玉兽面纹盖尊 清乾隆

十一日

早饭后见客一次,清理文件。旋又见客二次,又坐见者一次,写沅弟信一件,与鲁秋航围棋一局。小睡近半时许。午初核科批稿,温《周礼》《庖人》《外饔》《内饔》《亨人》《甸师》《兽人》《鳖人》《渔人》《腊人》。中饭后杂录《诂训小记》,改摺稿一件,阅本日文件,改片稿一件,核批札各稿。傍夕至幕府久谈。夜又围棋一局,温《上林赋》。

十二日(料理盛四回家所送各礼)

早饭后见客二次,清理文件。旋写丹阁叔信一封,改片稿一件。午刻见客二次,小睡片刻。温《周礼》《医师》《食医》《疾医》《疡医》《兽医》《酒正》《酒人》。中饭后录《诂训小记》,阅本日文件,围棋一局,写尧阶信一件。傍夕至幕府一谈。夜核批札稿各件,未毕,诵《归去来辞》《芜城赋》等篇。是日恭逢慈安皇太后万寿,黎明至万寿宫拜牌。辰刻点名一次,即蔡奂瑤所招之浙勇也。申刻发报二摺、三片。酉刻接奉廷寄一件,料理盛四回家所送各礼。

十三日(杨朴庵本日仙逝)

早饭后见客二次,衙门期也。清理文件。出门拜客,至孙琴西处小坐。旋至杨朴庵处吊丧,渠本日卯刻仙逝,甫经小敛。归寓,与鲁秋航围棋一局,见客一次,又立见者二次。午刻温《周官》《凌人》《笾人》,阅沅弟信中所寄各件,洪琴西所接叶、吴、汪、朱各信件。中饭后

温《醢人》《醯人》《盐人》 《幂人》《宫人》《掌舍》《幕人》，阅本日文件，写扇一柄，核批札稿未毕，至幕府一叙。夜核批札稿毕。二更后与纪泽论古文之法。旋温《蜀都赋》。是夜不能成寐。

十四日

早饭后见客一次，清理文件，又立见各客三次，写沅甫弟信一封，刘开生来久坐，围棋一局。 巳正小睡片刻。午初温《周礼》《大府》《玉府》《内府》《外府》《司会》《司书》《职内》《职岁》《职币》《司裘》《掌皮》《内宰》。中饭后杂录《诂训小记》，阅本日文件，写手卷约二百字，写对联八付，核批札各稿，至幕府一谈，写澄弟信一件。夜倦甚，目不能开视。旋阅《古文·叙记类》。二更后小睡。二点出外查夜，三更归，睡。

十五日

早起，体中不适，辞不见贺望之员弁。饭后见司道一次，又立见之客六次，清理文件。雪琴来此久谈，巳刻去。出门拜客三家，午正归。读《内小臣》《阍人》《寺人》《内竖》《九嫔》《世妇》《女御》《女祝》《女史》《典妇功》《典丝》《典枲》《内司服》。中饭后杂录《诂训小记》，阅本日文件，邓小芸来一叙。申正围棋一局。旋核批札稿，写手卷百馀字。傍夕至幕府一谈。夜，眼蒙倦甚，不能做事，略与纪泽言《音学五书》之精。二更三点睡，颇能成寐。

附记
一帐
五左
九湘
巳信
酉批
二盐
六李
十鄂
午看
戌读
三郭
七沈
卯画
未记
四家
八唐
辰客
申文

十六日（与纪泽谈音学）

早饭后清理文件。旋出门至河干拜彭雪琴，久谈，巳刻归。见客二次，写少荃信一件。巳正小睡。午初温《周礼》《缝人》《染人》《追师》《屦人》《夏采》。请雪琴便饭，陪客为王子敷、邓小芸、方存之，未正末刻散。阅本日文件。酉刻围棋一局。旋核批札稿。傍夕至幕夕〔府〕一谈。夜核批札稿。二更毕。与纪泽谈音学？旋温《古文·传记类》上。

十七日（读袁午桥遗函哀恸不已）

早饭后清理文件。旋与屠晋卿围棋一局，见客，立见者三次，又与小岑围棋一局。午刻温《地官司徒》。中饭后雪琴来嫈谈，录《诂训小记》。旋阅本日文件甚多。酉刻核批札稿，写扇一柄。傍夕又与小岑围棋一局。夜温《古文·词赋类》，写申夫信一件。是日接信，知袁午桥业已仙逝。临终有遗函寄余，中云："勿以苗逆为易翦，勿以长淮为易收"，读之悚动

哀感！天气复热，灯后至庭院歇凉，约半时许。

十八日

早饭后清理文件，见客二次，又立见者三次，写家信与澄侯弟，与鲁秋航围棋一局。写沈幼丹信一件。午刻，杜小舫来久坐。读《周礼·小司徒》。中饭后温《乡师》《乡大夫》，录《诂训小记》，阅本日文件。拟开一清单与幼丹、甫写数行而杨畏斋来，与之小叙。旋与小岑围棋一局。酉刻核批札稿。傍夕至幕府一谈。夜畏热，在竹床小睡。二更后核批札稿，四点睡。因床上过热，在竹床久睡。四更后腹泻，不能成寐。至黎明，凡泄泻三次。

十九日（出门拜钱警石先生）

早饭后见客二次，清理文件。旋写幼丹信，内一清单，未毕。写沅弟信一件，围棋一局，孙琴西来久坐。午刻温《周礼》《州长》《党正》《族师》《闾胥》《比长》《封人》《鼓师[人]》《舞师》《牧人》《牛人》《充人》。午正雪琴一谈。出门拜钱警石先生。未初至万簏轩家赴宴。饮毕，大雨如注，酉刻归。阅本日文件。戌刻核批札稿。夜围棋一局。旋又核批札稿，与纪泽论汉晋文人。二更后倦极思睡，因昨夜未睡之故，本夕酣眠未醒。

廿日

早饭后见客三次，又立见者四次，清理文件，与鲁秋航围棋一局。雪琴来，与谈片刻，渠至幕府修改刻石。写一单与沈幼丹，至午正二刻方毕。未刻至江方伯处赴宴，在坐为江、万、何及李眉生，陪雪琴也。申正归。阅本日文件，未毕。李申夫、范云吉来，共谈良久，傍夕散去。将本日文件阅毕。夜，与小岑围棋一局。二更后核批札信稿，二更四点睡。

附记

旬报 ○核保单

廿一日（作杨朴庵挽联）

早饭后清理文件，见客二次，又立见者四次，写沅弟信一件，与鲁秋航围棋一局。午刻，莫子偲来久坐。旋读《周礼》《载师》《闾师》《县师》《遗人》《均人》《师氏》《保氏》，中饭后温毕。录《诂训小记》，阅本日文件，与小岑围棋一局。倦甚小睡。作杨朴庵挽联一付。傍夕至幕府一谈。夜，小睡，头疼。旋核批札稿。二更后阅杜牧之七律。

附记

○寄云信初四写

无为州一万二千两七月十五解

米六十石

七千五百两五月廿八日解

米六百石

廿二日

早饭后清理文件，见客二次，又立见者一次，核保单片刻。旋与鲁秋航同棋一局，李申夫来谈甚久。江达川来，叶[朱]云岩等俱久谈。中饭后写挽联祭帐，阅本日文件。申正写对联十馀付。酉刻核保单毕，至幕府一谈。灯下，与小岑围棋一局，核批札稿，二更二点毕。温"词赋类"数首。

廿三日（批纪泽联珠）

早饭后清理文件，五局委员来见。旋又见客，坐见者二次，立见者四次。写云仙信一封，陈虎臣来久谈，写沅弟信一封。午刻雪琴来，中饭后始去。与鲁秋航围棋一局。阅本日文件。申正小睡片刻。酉刻核批札稿，改信稿五件。傍夕批纪泽联珠。旋至幕府一叙。夜与小岑围棋一局。二更后与纪泽谈艺。

廿四日（至高蕙甫家吊丧）

早饭后清理文件，写澄弟信一封。至书院月课，出题《好仁不好学，其蔽也愚》，诗题《眼明见此玉花骢》。旋至高蕙甫家吊丧。归，写毛寄云信一封、厉伯符信三叶。巳正小睡片

刻。午初温《周礼》《司谏》《司救》《调人》《媒氏》《司市》《质人》。中饭后杂录《诂训小记》，阅本日文件，与屠晋卿围棋一局。旋至小岑处一坐，核批札信稿，见客一次。傍夕至幕府一谈。夜温《封掸文》。二更二点出外查夜，三更归，颇觉辛苦惫乏。睡不甚成寐，五更早醒。

　　附记
　　○刘节母王她封夫人，定甫之姊，蕺山之后，七十寿，郦砧课读，依妹宁氏
　　○落地税片　参邓万林、吴燮和
　　廿五日
　　早饭后见客三次，衙门期也。清理文件。至杨朴庵处行礼，渠家本日受吊，不收奠仪。旋写左季高信未毕，与小岑围棋一局，龙编修湛霖来久坐。温《周礼》《廛人》《胥师》《贾师》《司虣》《司稽》、胥[胥字衍]、《肆长》《泉府》《司门》《司关》《掌节》《遂人》。雪琴来一谈。中饭后杂录《诂训小记》，阅本日文件，又围棋一局，写左信毕，约七百馀字。接家信及沅弟信，论盐务，内抄金眉生、郭筠帅各件。傍夕至幕府一谈。夜核批札稿甚多。二更三点粗毕，自觉用心稍苦。睡不甚成寐。

　　廿六日（至西门看新修之城）
　　早饭后清理文件。旋见客二次，又立见者四次，改片稿一件，围棋一局，习字一纸。午刻，江方伯来一叙。旋出门拜龙太史湛霖、范户部泰亨。又至西门看新修之城，乃知此城所以屡修屡坍者，以中用瓦石填空，未用细土紧筑故也。此次所修，将来仍不免崩塌。出城至雪琴船上中饭，雪琴因言修城之道贵于土牢中坚四字。甚矣，余之陋也。饭后拜刘南云。申刻归，阅本日文件。酉正改摺稿一件。夜与筱泉围棋一局，改片稿三件。二更四点睡。

　　廿七日
　　早饭后清理文件。旋见客三次，又立见者二次，改片稿二件，与鲁秋航围棋一局。午刻见客一次。温《地官》《遂大夫》《县正》《鄙师》《酇长》《里宰》《邻长》《旅师》《稍（稍）人》《委人》《土均》《草人》《稻人》《土训》《诵训》。午正二刻请龙芝生、范云吉、李申夫等便宴，申刻散。阅本日文件。酉刻发报四摺、五片。旋核批札稿。傍夕至幕府一谈。夜与小岑围棋一局。旋温陶诗。倦甚，眼蒙而疼。

　　廿八日
　　早饭后清理文件。旋见客营官一次。旋又见客，坐见者二次，立见者二次。与小岑围棋一局。冯展云学使自江西进京，过九江时，恰遇轮舟之便，因来一叙，坐谈约一时许。雪琴亦来久谈，申夫来谈。温《周礼》《山虞》《林衡》《川衡》《泽虞》《迹人》《蘴人》《角人》《羽人》《掌葛》《掌染草》《掌炭》《掌荼》《掌蜃》《囿人》《场人》《廪人》《舍人》《仓人》《司稼》《舂人》《饎人》《槁人》。饭后见客一次，阅本日文件，录《诂训小记》。酉刻，写对联五付、挂屏一张，龙芝生来久谈。傍夕至幕府一叙。夜又围棋一局，核批札稿，温《羽猎赋》。是日为客多所困，几不能办一事。

　　附记
　　保华蘅芳　徐寿
　　廿九日（出门拜冯展云学使）
　　早饭后清理文件。旋出门拜冯展云学使，久谈。归，写沅弟信一件，围棋一局，又写毛寄云信一件，见客一次。午刻温《周礼·大宗伯》。中饭后写《诂训小记》，阅本日文件，改复恭亲王信稿，良久未成。傍夕至幕府一谈。夜与小岑围棋一局，又观小岑与人弈。二更后核批札各稿。

　　卅日（蔡芥舟来久谈）
　　早饭后见客二次。旋清理文件，蔡芥舟来久谈。旋又见客二次，谈均甚久。围棋一局。午刻请冯展云、彭雪琴、蔡芥舟、何小宋便饭，坐谈良久，申刻始散。阅本日文件。酉刻写对数付，至幕府一叙。夜与小岑围棋一局，核批杨稿颇多。二更四点睡。

附记

○初三写郭信,寄徐、许银各一百

李莲于六月十日解万金至金陵两淮皖厘

商洛解三万

八月

初一日

是日,停止文武贺朔之员,早间不见一客,清理文件。巳刻见客二次,又立见者二次。围棋一局。誊四月上中旬粮台旬报。午刻见客一次。温《周礼》《小宗伯》《肆师》,未刻温毕。见客一次,又立见者二次,阅本日文件。录《雅训杂记》,核批札稿。因眼蒙不敢治事,在于竹床小睡。傍夕至幕府一谈。夜闻莫子偲近日衰病之状,为之于邑。与小岑围棋一局。旋闭目不治事,因眼红作疼也。是日,杜小舫上淮南盐务十二弊,甚为详晰。

初二日（闻郭舜民已故,为之惘然长叹）

早饭后见客二次。旋又见客三次,清理文件,写沅弟信一件。方存之、周缦云先后来谈。午刻,摺差自京回,接看京信京报等件。旋读《周礼》《郁人》《鬯人》《鸡人》《司尊彝》《司几筵》,中饭后阅毕。录《雅训杂记》,阅本日文件。见客二次,又立见者二次。出门至内军械所观所为火机。再阅京报。傍夕至幕府一谈,与王少岩议金陵进兵事。夜与小岑围棋一局,核批札稿·二更四点睡,不能成寐,三更后略成寐,五更即醒。是日,纪泽儿与袁榆笙、王叶亭等赴金陵大营。闻郭舜民于廿六日物故,怜其家运太坏,为之惘然长叹!接奉廷寄二件,内一件因沅弟保金安清,谕旨肫切训诫。

附记

一万四千八百九十六两另文买米

一万八百九十八两,交副将王源泰解

皖盐厘乔交郭解沅昌懋恒解银四万

初三日

早饭后见客二次,又立见者三次。清理文件,写云仙信一封,围棋一局,添厚庵信二叶,写春霆信一封。又见客三次。午刻读《周礼》《天府》《典瑞》《典命》。中饭后录《雅训杂记》。阅本日文件,见客一次,又与小岑围棋一局,核批札稿。傍夕至幕府一谈。夜又核批札稿。左眼甚疼,不敢再治事,至小岑处邕淡。二更三点睡,五更醒,不甚成寐。

初四日（眼疼不敢治事）

早饭后清理文件。旋见客,立见者二次,又坐见者六次,杨见山孝廉坐次,与围棋一局。写家信一件。疲倦颇甚。刘开生来,与谈经学。中饭后围棋一局。旋阅本日文件。眼疼小睡。酉刻核批札稿。傍夕至幕府一谈,写对联五付。夜又与小岑围棋一局。眼疼殊甚,不敢治事,在竹床久睡。夜登床睡,甚能成寐。

初五日

早饭后清理文件。见客二次,衙门期也。又立见者四次。写少荃信一封,添云仙信二叶,与鲁秋航围棋一局,写沅弟信一件。午刻小睡。温《周礼》《司服》《典祀》《守祧》《世妇》《内宗》《外宗》《冢人》《墓大夫》《职丧》,中饭后温毕。阅本日文件,录《雅训杂记》。酉刻核批札各稿。傍夕小睡。至幕府一谈。夜与小岑围棋一局,二更后朗诵《古文简编》。眼疼殊甚。

初六日（李迁仙送书四部皆佳本）

早饭后见客二次,又立见者四次。清理文件,写江味根信一封,围棋一局。因眼疼全不做事。午刻，雪琴来久谈。李迁仙送书四部，皆佳本也。中饭后阅《续锦机》，襄城刘青芝所作，论文章之法度，仿元遗山《锦机》之作也。阅本日文件，又阅《续锦机》，核批札稿，至幕府一谈。夜围棋一局，又阅《续锦机》。是日天气甚热。余因眼疼，故治事极少。

初七日
早饭后清理文件。旋见客一次，又立见者二次。写左季高信一件，围棋一局。午刻见客二次。温《大司乐》《乐师》。中饭，请范云吉便饭，饭后鬯谈。旋又见客一次，阅本日文件甚多。热甚。再阅《续锦机》，观人围棋一局。酉正核批札稿。傍夕至幕府一谈。夜与小岑围棋一局，二更后再阅批札稿。是日天气极热，夜始转北风。

附记
○恭信　○沅信　○僧信　○希信
○刘吊　○袁吊　○萧吊

初八日
早饭后清理文件。旋见客，坐见者三次。写江味根信一封、李申夫信一封，围棋一局。午刻阅邵位西古文。中饭后见客一次，阅本日文件，阅孙琴西所为古文，核批札各稿。傍夕，至幕府一叙。夜改复恭王信，至二更三点未毕。是日午正习字一纸。

初九日（接青阳城中密信）
早饭后清理文件。旋见客七次，坐皆颇多，说话亦多，神已疲矣。与鲁秋航围棋一局，写沅弟信一件。午正，雪琴来久谈。中饭后见客一次，又立见者二次，阅本日文件，与小岑围棋一局，改恭亲王信稿毕。夜阅《史记》数篇，二更后核批札稿。睡不甚成寐。是日接青阳城中密信，系初五所发，尚不甚慌乱。

初十日
早饭后清理文件。见客二次，衙门期也，旋又立见者二次。因眼疼过甚，不敢做事，与鲁秋航围棋一局，在竹床久睡。中饭后阅本日文件，与小岑围棋一局。见客，立见者三次。在竹床久睡。酉刻核批札稿。傍夕至幕府鬯谈。夜读《古文·诏令类》。是日因左眼疼，不能治事，竟日睡而不寐，夜登床亦不成寐。细思修己治人之道，果能常守"勤、俭、谨、信"四字，而又能取人为善，与人为善，以礼自治，以礼治人，自然寡尤寡梅，鬼伏神钦，特恐信道不笃，间或客气用事耳。

十一日（与莫子偲论刻书之法）
早饭后清理文件。旋见客一次。与杨见山围棋一局。旋又见客一次，写易荩隐语信一件。将改摺稿，仅改数行，而雪琴来久谈。旋改摺一半。中饭后阅本日文件，与鲁秋航围棋一局，将摺稿改毕。傍夕至幕府一谈，灯后，核批札各稿，温《古文·辞赋类》。是日午刻，与莫子偲论刻书之法。近日眼疼不止，本日除改摺之外，不敢多治一事，在竹床小睡数次。夜睡至五更辄醒，不复成寐。

附记
青案　黄案

十二日（写信温书）
早饭后清理文件。旋见客一次，写沅弟信一封、黄南坡信一封、厉伯符信一封、纪鸿儿信一叫，与鲁秋航围棋一局，见客一次。午刻读《大师》《小师》《瞽矇》《眡瞭》《典同》《磬师》《钟师》《笙师》《鎛师》。中饭后录《雅训杂记》，阅本日文件，与小岑围棋一局，核批札各稿颇多。傍夕至幕府一谈。夜温《孟子》数十章，二更后温《羽猎赋》。是日发报二摺、二片。夜，睡不甚成寐。

十三日
早饭后清理文件，见客二次，坐颇久，写陈作梅信一件。旋又见客，坐见者二次，立见者二次，与鲁秋航围棋一局。午刻温《周礼》《铢师》《庑人》《籥师》《籥章》《鞮鞻氏》，《典庸

器》《司干》《太卜》《卜师》《龟人》《董氏》《占人》《筮人》《占梦》。中饭后录《雅训杂记》，阅本日文件，核批札稿，改僧王信稿。傍夕至幕府一谈，写对联五付。夜再围棋一局，温《长杨赋》。是日闻春霆病重，悬系之至。睡不甚成寐。

十四日（陈、郑二将于千里铺扎营被贼围扑）

早饭后见客二次，清理文件。旋又立见者二次，写澄侯信一件，方存之来久坐。旋与鲁秋航、柯小泉各围棋一局。午刻读《眠祲》《大祝》《小祝》《丧祝》。中饭后录《雅训小记》，阅本日文件，接澄侯弟家信二次，核批札稿，见客一次。接柳寿田禀，知申夫派陈、郑二将于十里铺扎营，被贼围扑，郑将充垒登舟，陈将被围数重，焦灼之至。至幕府啺叙，夜与小岑啺谈，温《易·系辞》。睡不甚成寐，五更醒。

附记
〇沅信〇家信数件　〇申信
〇筠信〇　盐批　〇抄意信　〇坡批
王扁对

十五日

是日，停止各文武贺朔［望］，不见一客。早饭后清理文件，写沅甫信一件，写喻吉三批信二叶，写申夫信未毕，雪琴来久谈，旋将申信写毕，与小岑围棋一局。读《周礼》《甸祝》《司巫》《男巫》《女巫》《大史》《小史》《冯相氏》《保章氏》《内史》《外史》《御史》。中饭，请李芋仙便饭。阅本日文件。已正，雪琴来久谈。午刻，万簏轩来久谈。申刻写扁一幅、对联数付。酉刻小睡。阅盐务各牍。倦甚小睡。夜核批札稿颇多。二更后朗诵《诗经》《大明》《文王》《小旻》《东山》诸篇。睡不甚成寐。

十六日（见寿州举人刘本忠）

早饭后清理文件，见客二次。作刘宅挽联一副，写云仙信一封，与鲁秋航围棋一局。写挽联挽幛。出城拜雪琴，旋回拜司道之拜节者，午正二刻归。改信稿一件。中饭后录《雅训杂记》，阅本日文件。见客，刘本忠，寿州举人，札饬至三河尖办团者也。刘言潘垲平日办事尚近情理，不至遽从苗沛霖为叛逆云云。又言潘垲之妹夫名李熔铸，尤晓大义。与小岑围棋一局，核批札稿颇多。傍夕至幕府一谈。夜核改信稿十馀件，二更后至小岑处一谈。疲倦殊甚。不甚成寐。

十七日

早饭后清理文件，见客二次，又立见者六次。写希闇信一件，与鲁秋航围棋一局，杨见山来久坐。专弁自泰州回，接郭云仙各信。邓伯昭来，雪琴来，均久坐。是日请雪琴便饭，司道五人陪，至申刻始散。阅本日文件。酉刻王孝凤来啺谈，核批札稿。傍夕至幕府一谈。夜与小岑围棋一局，温《古文·奏议类》。是夜，睡颇能成寐。

十八日（接毛寄云信，颇具识力）

早饭后清理文件。旋见客极多，坐见者七次，立见者三次，如杜小舫、陈雪庐及雪琴，皆叙谈甚久。写左季高信一件。中饭后阅本日文件。申刻见客一次。已刻与鲁秋航围棋一局。申刻与小岑围棋一局。酉刻核批札各稿。傍夕至幕府一谈。夜核改信稿。二更后温《诗经》《小旻》《正月》等篇。睡不甚成寐。是日接毛寄云信，内一摺、一片稿，俱有识力，文笔亦啺。

附记
〇沅信　〇沈信　〇添员会审

十九日

早饭后清理文件。旋见客一次。出门送彭雪琴之行，渠已开行矣。归，又见客一次，写沅甫信一封，与鲁秋航围棋一局。午刻，周朗山来久坐。旋读《周礼·巾车》未毕。中饭后至小岑处一谈，渠本日有病也。阅旋本日文件，范云吉来久谈。酉刻核批札稿。夜核信稿颇

多，二更后温《史记》。睡不甚成寐。

廿日（马学使母丧未满百日又丧妻）

早饭后见客三次，衙门期也。清理文件。旋至马学使处吊唁，渠新有妻丧，因母丧未满百日，弥增哀恸，再三劝慰。又至一指岩看新修仓廒，喜其工坚料实，无苟简之风。巳正归，围棋一局。范云吉看脉一次，与谈良久。午刻写幼丹信一件。中饭后，与小岑久谈。阅本日文件，又写幼丹密信，写对联九付，核批札稿。傍夕至幕府一谈。夜再核批稿，温《史记·屈贾传》。睡尚能成寐。

廿一日

早饭后清理文件。旋见客二次，写沅弟信一封，与鲁秋航围棋一局，程颖芝、莫子偲来晤谈。誊四月下旬、五月上中旬三次旬报。午刻温《周礼·巾车》，中饭后温毕。阅本日文件。申正，录《雅训杂记》，至酉正毕。温东坡、义山七律诗。傍夕至幕府晤谈。夜温"词赋类"扬雄四篇。睡不甚成寐。

廿二日

早饭后清理文件。见客，坐见者一次，立见者五次。将盐务各案，清理一番。与鲁秋航围棋一局。巳刻见客一次。午刻，周缦云等谈甚久，读《周礼·典路》。中饭后阅本日文件，与小岑围棋一局。酉刻再核盐务各件。傍夕天大雨。夜温古文数首。核批礼各稿，二更后将《史记》目录题识，未毕。是日巳刻写严仙舫先生信一封。

附记

咨李将石埠桥之兵悉撤回江北

咨杨派船扎石埠桥通江关

廿三日

早饭后见客三次。清理文件，写郭云仙信一件、沅弟信一件、李申夫信一件。见客，立见者二次。与鲁秋航围棋一局。午刻读《周礼》《车仆》《司常》《都宗人》《家宗人》《凡以神仕者》，中饭后看毕。录《雅训杂记》，阅本日文件，核批札稿。傍夕至幕府一谈。夜与小岑围棋一局，二更后将《史记》目录题识毕。二更四点睡。是日申刻写对联九付。

附记

○梁葆颐札　孙琴西差　李迁仙差

○张鲁生程仪　○王孝风差

廿四日（庞作人来，其一无所所而好讲学）

早饭后清理文件。旋见客二次。有庞作人者，一无所知，而好讲学，昔在京已厌薄之，本日又来，尤为狼狈恶劣。甚矣，人之不可务实也！与鲁秋航围棋一局，写澄侯弟信一封。午初读《周礼·大司马》。大孝风来谈极久。中饭后，郭三来，雨三之弟也。录《诂训杂记》，阅本日文件，与晓岑围棋一局。酉刻核批札稿未毕，至幕府晤谈。夜再核批札稿，改信稿五件。二更后温《诗》《大明》《谷风》《柏舟》诗篇，高声朗诵。睡颇成寐。是日北风甚劲，萧然深秋，岁行暮矣！

廿五日（核江西交代流滩一案）

早饭后见客二次，衙门期也。旋立见者四次，清理文件，写左季高信一件，与鲁秋航围棋一局。在竹床小睡片刻。午刻，温《周礼》《大司马》《小司马》。请王孝风、张鲁生等中饭，申刻散。阅本日文件，核批札各稿。傍夕至幕府一谈。夜与小岑围棋一局，核江西坐厘一案。二更后核江西交代流滩一案，至三更未毕。睡不甚成寐。

廿六日

早饭后，拜发慈禧皇太后万寿贺本。旋清理文件。见客一次，又立见者三次。写李少荃信一件，与鲁秋航围棋一局。改摺稿一件，中饭后改毕。阅本日文件，改片稿一件，甚长。又核短片三件，与小岑围棋一局，写手卷楷书百馀字，录《诂训杂记》，核批札各稿。傍夕至幕

府一谈。夜写零字甚多,温《西都赋》《东都赋》《幽通赋》。睡尚能成寐。

廿七日

早饭后清理文件。旋见客,立见者二次,坐见者三次。写沅甫弟信一件,颇长。与鲁秋航围棋一局,万篪轩来久坐。改片稿一件,中饭后改毕。阅本日文件,写对联数付,核札稿。傍夕至幕府一谈。夜核批札稿极多。金二外甥自金陵归,与之罄谈琐事。批金眉生所为《说帖》。二更后倦甚,不复能治事。戌刻发报一摺、四片。

附记

都将军缓厘　邵阳王树菜

邓伯昭保举　滕履本任

刊刻试运西盐章程

廿八日

早饭后见客二次,清理文件。巳刻又见客二次,写篪轩信一件,围棋一局。午刻温《夏官》《司士》《诸子》《司右》。江方伯来一叙。中饭后,陈虎臣来久坐。阅本日文件。柯筱泉来说私事,而作为理直气壮之状,心殊不以为然,郁郁久之。与范云吉罄谈。是日批札各件极多。因方寸忿恚,遂阁置不办。夜与小岑围棋一局。旋写孙方伯信一件,写零字甚多。是日接奉廷寄一件,即十二日所发摺件批回者。

廿九日(是日作一严批,申诫程道桓生)

早饭后清理文件,见客二次。写郭意城信一件,与鲁秋航围棋一局。巳正,在竹床小睡片刻。午刻读《周礼》《虎贲(氏)》《旅贲氏》《节服氏》《方相氏》《太仆》《小臣》《祭仆》《御仆》《隶仆》《弁师》《司兵》《司戈盾》《司弓矢》,中饭后看毕。旋录《雅训小记》,阅本日文件。徐毅甫来久坐。酉刻核批札稿极多,夜与小岑围棋一局,又核批札稿信稿,至二更三点毕。颇觉疲乏,睡不成寐。是日作一严批,申诫程道桓生,此心不免忿懥,益信涵养之难。阅万篪轩新作《淮盐运西说帖》,颇为详析。

卅日(是日寓中修造新屋三间)

早饭后清理文件。旋见客三次,万篪轩坐颇久。写沅弟信一件,与鲁秋航围棋一局。温《夏官》《膳人》《塝人》《戎右》《齐右》《道右》《大驭》《戎仆》《齐仆》《田仆》《驭夫》《校人》《趣马》《巫马》《牧师》《庾人》《圉师》《圉人》,中饭后阅毕。录《雅训杂记》,见客一次,核批札各稿,写对联五付,挂屏二张,字颇多。是日寓中修造新屋三间,常往监视。夜与范云吉、李眉生罄谈,二更后料理文件。

附记

抵征案出奏　抄铜城批咨部

西盐案出奏

沅弟谢赏御集恩摺

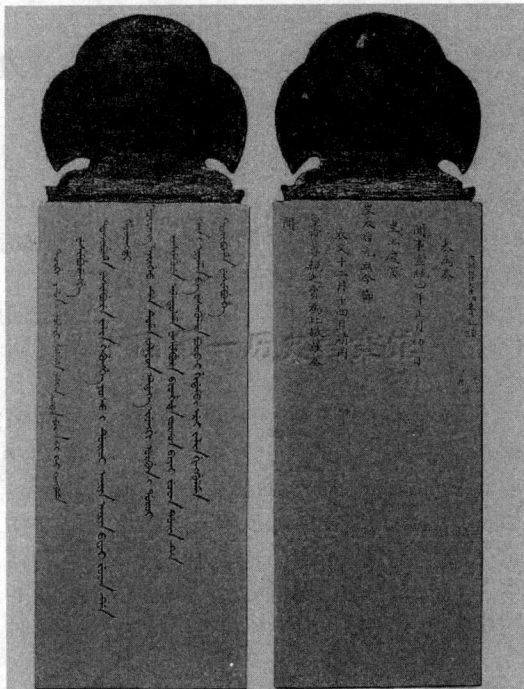

清代请宝牌

九月

初一日（纪泽儿今自金陵归）

早饭后，各文武贺朔，至辰正毕。旋又会客二次，与鲁秋航围棋一局，誊五月下旬、六月上旬粮台报单。午刻温《夏官》《职方氏》《土方氏》《怀方氏》《合方氏》《训方氏》《形方氏》《山师》《川（师）》《邍师》《匡人》《撢人》《都司马》。中饭时，纪泽儿自金陵归。饭后，看工匠修盖房屋，阅本日文件极多，莫子偲来久坐。酉刻写字，挂屏约二百字、对联二付。傍夕与纪泽说琐事。夜与小岑围棋一局，核批札稿甚多。二更四点睡。是日接六月廿二日所发摺件之批旨，系胡达孳进京、刘锡崀在汉口接回者。

初二日

早饭后清理文件。旋见客一次。写沅弟信一件，与秋航围棋一局。湘乡贺潜为坟山事来告状，久谈。午刻读《秋官》《大司寇》《小司寇》《土师》，中饭后读毕。王孝凤来久谈。阅本日文件甚多。洪琴西来久谈，至灯时始去。夜清理批札各稿甚多。二更三点后又改盐务章程。三更始睡，不能成寐，目又红矣。偶忆咸丰十年闰三月十八日欲自名其堂曰"八本堂"：曰读古书，以训诂为本；作诗文，以声调为本；事亲，以得欢心为本；养生，以少恼怒为本；立身，以不妄语为本；居家，以不晏起为本；居官，以不要钱为本；行军，以不扰民为本。兹因眷属将到，拟书扁于中厅，并录此八语于后。

初三日（续核盐务章程）

早饭后见客二次。旋清理文件，写毛寄云信一件。已刻见客一次，与鲁秋航围棋一局。午刻读《周礼·秋官》《乡士》《遂士》《县士》《方士》《讶士》《朝士》《司民》《司刑》《司刺》《司约》，中饭后温毕。录《诂训小记》，阅本日文件颇多，核批札稿。傍夕将盐务章程续核一过。夜围棋一局。旋将盐章核毕。二更后，目蒙不能治事，三点即睡，尚能成寐。五更醒，夜太长耳。是日巳刻，柯小泉来谈颇久。

附记

撤李委王　羁李黄

初四日（涉猎《雪斋唐诗钞》）

早饭后清理文件。旋见客二次，写澄弟信一件，围棋一局。刘开生、方元徵、张啸山，李壬叔四人来谈甚久。午刻温《秋官》《司盟》《职金》《司厉》《犬人》《司圜》《掌囚》《掌戮》《司隶》《罪隶》《蛮隶》《闽隶》《夷隶》《貉隶》，未初读毕。阅本日文件颇多。写扁四方，自写二方：曰"八本堂"，以咸丰十年闰三月自箴八语录于后；曰"肃雍和鸣"。又写对联数付。方存之来久坐。傍夕至幕府一叙。夜核批札件颇多。二更四点睡，尚能成寐。是日得见管韫山所选读《雪斋唐诗钞》，涉猎片时。

初五日（余所写扁为匠人坏之，恼怒殊甚）

早饭后见客二次，衙门期也。旋写沅弟信一件，见客二次。出门拜客三家。归，写左季高信一件，见客一次。温《秋官》《布宪》《禁杀戮》《禁暴氏》《野庐氏》《蜡氏》《雍氏》《萍氏》《司寤氏》《司烜氏》《条狼氏》《修闾氏》《冥氏》《庶氏》《穴氏》《柞氏》《薙氏》《翦氏》《赤发氏》《壶涿氏》《庭氏》《衔枚氏》《伊耆氏》，中饭后温毕。录《雅训小记》。观昨日所写扁为匠人误钩于纸上坏之，恼怒殊甚。阅本日文件，核批札稿，围棋一局。傍夕至幕府一叙。夜核批札稿甚多，二更后与纪泽谈杂事，温陶诗，朗诵十馀篇。

附记

唐若馨德圃，萍洲弟

初六日

　　早饭后见客一次,清理文件。旋又见客,坐见者三次,立见者二次。习字一纸,写陈作梅信一件。午旋见客一次。读《秋官》《大行人》《小行人》,中饭后读毕。录《雅训杂记》,与鲁秋航围棋一局,阅本日文件。见客一次,谈颇久。核批札稿,傍夕至幕府一谈。夜核定盐务新章,二更后核改批札稿,三点后颇疲倦矣。偶思古之书家,字里行间别有一种意态,如美人之眉目可画者也,其精神意态不可画者也。意态超人者,古人谓之韵胜。余近年于书略有长进,以后当更于意态上着些体验功夫,因为四语,日眈属鹰视,拨灯嚼绒,欲落不落,欲行不行。

　　初七日
　　早饭后清理文件。旋见客,立见者三次,坐见者二次。旋写沅弟信一件,与鲁秋航围棋一局。写杨氏族谱序,厚庵所求也,至午正尚未写毕。李眉生来久坐。中饭后再写谱序,与小岑围棋一局,阅本日文件。申刻,黄南坡来,久谈约一时许,灯时去。夜核批札各稿。二更后改史士良信,甚长,言江苏漕减去浮收事。三更睡,不能成寐。

　　初八日(后院新造之屋将毕工)
　　早饭后见客三次,又立见者一次,清理文件,黄南坡来,久坐一时半。午初围棋一局,至后院看新造之屋,将次毕工。又见客四次,均未坐。请黄南坡与江万二君便饭,申刻散。见客一次,黄瑜,即南坡之长子也。阅本日文件,将杨氏谱序写毕,共约八百字。傍夕至幕府一谈。夜核批札信稿,二更三点毕,温《古文·序跋类》。睡尚能成寐,五更醒。是日接沅弟八月廿一日信,又各家信、京信多件。

　　初九日(至河下拜黄南坡、张锡嵘)
　　早饭后清理文件,见客一次。出门至河下拜黄南坡、张锡嵘,巳刻归。围棋一局。午刻见客三次。温《秋官》《司仪》《行夫》《环人》《象胥》《掌客》《掌讶》《掌交》《朝大夫》,中饭后温毕。录《雅训小记》,阅本日文件,核批札稿。酉刻,范云吉来酱谈。夜写零字甚多,与小岑围棋一局。二更后写沅弟信一件,温古文三首,阅公牍疑事数件。

　　附记
　　沅弟前于六月令刘连捷添募四营,朱南桂添募三营,易良虎添募八营。
　　九月初五咨内令黄万友、文恒久、王万友、陈盛世各招一营,吴光春、张玉珂、周运斌、罗景集各招一营。八营共请湖南协银六万两。
　　初五日又一咨内令刘连捷添募湘正后营、湘老后营,朱惟堂添募桂字老后营、桂字新后营。四营共请湖南协银一万二千两。
　　○恽中丞咨到京米价脚措办解皖,应速咨复。
　　○札许惇诗、武祖德,查西坝实存官盐、商盐各若干。
　　河南怀庆府知府张景蕃,号佑之,求调。
　　姚觐光,号彦士,姚秋农之孙,户部员外郎,求调。

　　初十日(至抚署借该处作米盐互市之公局)
　　早饭后清理文件,见客二次,衙门期也。旋又见客,立见者六次,黄南坡来久谈。观其与程颖芝围棋二局,巳午初矣。旋又见客二次。中饭后,钱警石先生来见,久谈。阅本日文件。出门至抚署,借该处作米盐互市之公局,黄南坡每日至其中一行也。申正归。核改各批札稿。傍夕至幕府一叙。夜改青阳解围摺稿,温《易经·系辞》,朗诵似有所得。三更睡,五更醒。因南坡米盐互市之局辗转思维,漕务应行变通之处甚多,拟作一长摺入告,筹思已向明矣。

　　十一日
　　早饭后见客二次,清理文件,又见客一次。杨炳轩为余诊脉。黄南坡来,久坐一时许。写沅弟信一件。午刻温《考上记》,中饭后温毕。见客一次,围棋一局,阅本日文件。至后院新屋登楼一望,耳目为之开朗。录《雅训小记》。傍夕阴雨,又登楼眺望良久。夜核改片稿摺稿六件，又清检各文件。至二更三点，头忽昏晕，因遂早睡，尚能成寐。

十二日

早饭后清理文件，阅看新屋匠工。旋围棋一局，江军门来来（衍一来字）久谈。旋又见客三次。将办江广新漕解京各卷，细阅少许。沈霭亭自家乡来，久谈。中饭后再阅检漕务各卷，赵惠甫来久谈，阅本日文件，又阅漕务各卷。傍夕至幕府一谈。夜核各批稿，二更后检阅漕务各卷。二更四点睡，三更后稍能成寐。是日发报二摺、三片。

十三日

早饭后，见五局两所之人，旋又见客二次。清理文件，写沅弟信一件，围棋一局。巳刻江味根来谈极久，午刻黄南坡来，二客共坐两时许。中饭后，神思困倦，至小岑处一坐。阅本日文件，检查漕务各卷，摘录少许，傍夕未毕。夜与小岑围棋一局，又摘录漕务各卷，核批札稿颇多。二更三点倦甚，早睡。

十四日

早饭后清理文件。旋写澄侯弟信一封，见客二次，围棋一局。拟作漕务一摺，徘徊久之，不果动手。写扁字数个、对联五付。孙琴西来久坐。中饭后见客一次，写手卷约二百字，阅本日文件。申刻后，作摺约五百字。傍夕至幕府一谈。夜核批札稿，又作摺件约五百字。三更睡，因用心太过，不能成寐。

十五日（作漕务摺）

早辞谢各文武贺望者，不见一客。旋见客一次，清理文件，围棋一局。写扁对数件。午刻，易芸陔来久坐。旋清江军门中饭。饭后，阅本日文件，吴彤云来久坐。申刻作漕务摺，至傍夕未毕，夜二更三点始毕，约二千馀字，已觉疲乏。睡尚能成寐。

十六日（至学使马雨农处送其母出殡）

早饭后，至学使马雨农处，送其母出殡，旋至北门外待灵柩出城后始散。旋至钱警石先生处久谈，得见其族兄衍石先生家书数十封，携归一阅，实嘉道间一硕儒也。午刻回寓，见客二次，清理文件。沈霭亭来久谈，因留吃便饭。未刻，周缦云等来，与李壬叔围棋一局。阅本日文件甚多，阅衍石先生家信。至新修房屋内省视。写对联六付。傍夕至幕府一谈。夜核批札各稿。二更三点倦甚，早睡。

十七日（温《易经》《书经》）

早饭后清理文件。旋见客三次，坐皆颇久，又立见者二次，围棋一局，唐鹤九、江达川来坐，皆甚久。写沅弟信一件。中饭后阅本日文件，写郭意城信一件、澄弟信一件。写扁对数件。傍夕至幕府一谈。夜核批札各稿，温《易经》《书经》，朗诵数篇。二更四点睡，五更早醒。

十八日

早饭后清理文件，见客一次，旋又见客，坐见者三次，立见者二次。旋围棋一局。午刻又见客，坐见者二次，立见者三次。甫写信数行，沈霭亭来，因留便饭，饭后久谈。阅本日文件未毕，吴彤云来久坐。见客太多，神思昏倦，申正以后不复能治事，因阅家信，钱衍石先生与其弟警石先生家信，服其学问精博，机趣洋溢。至幕府一谈。夜与小岑一叙，核批札各稿。二更四点睡。

附记

派人至江西随尚斋办事

十九日

早饭后见客一次，又立见者二次。清理文件，写沈幼丹信未毕，围棋一局，又写幼丹信毕。午刻见客三次，黄南坡、罗少村谈甚久。中饭后见客，立见者三次，坐见者二次。阅本日文件极多，又阅京报四十馀本，傍夕至幕府一谈。夜核批札各稿，二更三点温《诗经》数篇。五点睡。

廿日

早饭后见客二次,衙门期也。旋立见者二次。清理文件,写李少荃信一封。午刻,吴彤云来久谈,范云吉来久谈,李眉生来久谈。中饭后与小岑一谈,阅本日文件,与鲁秋航围棋一局。傍夕,李眉生又来久谈。灯后,与小岑围棋一局,核批札各稿。二更后核黄南坡米盐互市之禀,批至五点,未毕。

廿一日(批黄南坡互市禀毕)

早饭后清理文件。旋见客,立见者二次,坐见者二次,金眉生谈甚久。批黄南坡互市禀毕。午正温《考工记》。中饭后围棋一局,改夹片一件,阅本日文件,与袁午桥挽联二付,一付系自作自写,一付系希庵之联,程伯敷代作,余代写。傍夕至幕府一谈。夜写祭帐数幅,核改批札稿信稿。二更五点睡,甚觉疲乏。

廿二日

早饭后见客三次,杜文澜坐颇久。写沅弟信。旋又见客,立见者三次,坐见者二次,赵惠甫坐颇久。昨日与袁午桥挽联,下款错误,本日又改写一次。中饭后,小岑来此一叙,渠昨日搬至湖南会馆也。改片稿一件,阅本日文件,围棋一局,阅阮文达《车制图考》,核批札各稿。傍夕至幕府一谈。夜阅《阮文达文集》。二更四点睡,是日发报一摺、二片,又抄郭云仙详文一件进呈。

廿三日(思文章阳刚、阴柔之美)

早饭后清理文件。见客一次,衙门期也。金眉生来久坐,与鲁秋航围棋一局,写郭云仙信一件,又见客二次。中饭后见客二次。旋阅本日文件,酉刻核批札各稿,阅《阮文达集》。傍夕至新房周视,是日落成矣。夜,阅阮公碑帖及书家南北派诸篇。早年在京,曾经看过,今全忘矣。温《易经·系辞》,因思文章阳刚之美,莫要于“涌、直、怪、丽”四字,阴柔之美,莫要于“忧、茹、远、洁”四字。惜余知其意,而不能竟其学。

廿四日

早饭后清理文件,写澄弟信一件。旋围棋一局。已刻,莫子偲来久谈,阅黄南坡所禀米盐互市之议。午刻,陈虎臣来久坐。中饭后,南坡来久坐,阅本日文件,写对联五付,核批札稿。傍夕至幕府一谈。灯后,写严渭春信一件。二更后温《答宾戏》《西京赋》,四点睡。

廿五日(阅戴东原《考工记图》)

早饭后见客一次,衙门期也。清理文件,写左季高信一件,围棋一局,阅戴东原《考工记图》。中饭后,将戴之《车制图》与阮图一对,阅本日文件,写对联数付。傍夕至新屋内一看。连日风雨甚剧,本日大雨如注,竟日不止。夜改摺稿一件,核批札稿,二更四点毕。

廿六日

早饭后清理文件。旋写沅弟信一件,围棋一局,见客一次。已刻,黄南坡来谈甚久。午刻录《雅训杂记》,将戴、阮《车制图》互校一过,至未正毕。阅本日文件,核改摺稿一件,又改射恩摺一件。傍夕接奉廷寄,系九月十二日之批摺。至幕府一谈。夜改谢恩摺稿一件,代沅弟作也。

廿七日

早饭后清理文件。旋写[写字衍]见客一次,围棋一局。已刻,沈蔼亭来久谈。午刻,黄南坡来久谈。中饭后,陈雪庐来久谈,阅本日文件。天气阴寒,意绪无憀。傍夕至幕府一谈。夜核批札稿,代雪琴改谢恩摺稿。是日发报二摺、三片。

廿八日(闻家眷本日已至华阳镇)

早饭后行礼,拜发长至贺表,并谢赏文宗御制诗文集恩摺。旋见客二次,谈颇久。围棋一局,写沅弟信一件,录《诂训杂记》。中饭后再录一刻许,阅本日文件,方存之来久坐。杨小岑来,与同至新屋楼上一游。核批札各稿。傍夕至幕府一谈。夜改批稿,倦甚,不能毕。旋闻家眷于廿三日至九江,又闻本日已至华阳镇。二更四点睡,五更睡。

廿九日

早饭后清理文件。旋见客，坐见者一次，立见者四次。写沅弟信一件。见客，坐见者二次，立见者三次。已刻，闻家眷船已到河下。旋请客便饭，黄南坡、程颖芝、杜小舫、刘开生，皆善弈者。观黄南（坡）与程一局，刘与程一局。午正。家眷入署，内人率一子、四女、一婿、一儿妇、一孙女，又有送者邓寅皆，阳牧云，次第应酬俱毕。陪客便饭，未正毕。又观程与黄围棋一局。又见客二次，阅本日文件。旋与儿女辈一谈家事。傍夕与小岑一谈。夜与邓寅皆一谈《周易》，二更后又与内室询家常琐事。睡，不甚成寐。

十月

初一日（录《雅训小记》）

早起，辞谢各文武，不贺朔。饭后见客一次。出城拜黄南坡，送行，久谈。旋入城拜客五家，盖司道出城迎接，谢步也。午刻归。清理文件，录《雅训小记》。午正，沈蔼亭来，请吃便饭。饭后阅本日文件，倦甚。申刻核改批札稿。傍夕至幕府一谈。夜倦甚，温义山诗。二更后在床小睡，三点入内室。是日见纪泽儿体气清瘦，系念殊深。或称其读书太勤，用心太过，因教以游心虚静，须有荣观宴处超然之义。

初二日

早饭后清理文件。旋见客，坐见者二次，立见者七次。旋与牧云罄谈。至新屋楼上一看。午刻录《诂训杂记》。中饭后见客一次，阅本日文件，至内室谈家常琐事。申刻录《雅训杂记》。核批札各稿。傍夕，范云吉、李眉生来罄谈。夜温《诗经·小旻》等数篇。倦甚，二更后小睡，三更入内室。

初三日（教袁婿自立之道，训诫良久）

早饭后见客二次，衙门期也。清理文件。旋又见客二次，围棋一局。教袁婿自立之道，训诫良久。中饭后与牧云久谈，阅本日文件。申刻倦甚，在于书房小睡，直至灯初始起。夜核批札各稿。二更三点入内室。

初四日

早饭后清理文件。旋见客三次，又坐见者一次，写澄侯信一件，围棋一局。午刻见客一次，至内室检点琐事，隶《雅训小记》。中饭后又录《小记》，将《车制》录毕，阅本日文件，核批札稿，傍夕至幕府一行，诸友均不在家。与欧阳牧云畅谈。夜核批札稿，二更后温《孟子》数章，四点睡。是日蒋寅昉寄到新刻《陈克家梁叔诗集》，一阅。

初五日

早饭后见客二次，衙门期也。旋写沅弟信一件，围棋一局，至内室一谈琐事，阅《考工记》《筑氏》《冶氏》。中饭后见客三次，勒少仲、徐毅甫、莫子偲谈皆甚久。阅本日文件，核批札各稿，倦甚。范云吉来久谈。傍夕至幕府与诸友一谈，小岑同来夜饭。饭毕，核批札稿。二更后小睡，三点入内室。

初六日

早饭后见客一次，清理文件。围棋一局。旋又见客二次。已刻读《考工记》《桃氏》《凫氏》，录《诂训杂记》。请勒少仲、范云吉等吃便中饭。饭后再录《诂训杂记》，阅本日文件，核批札各稿。傍夕至幕府一谈。夜核批札各稿信稿多件，二更后温《史记》《儒林传》《游侠传》。

初七日（幕中新请陈方坦专管盐务）

早饭后清理文件。旋围棋一局，见客三次，陈虎臣谈颇久。已刻温《考工记》《晷氏》《函人》《鲍人》《人》《画缋之事》《钟氏》《氏》，录《诂训小记》。中饭后又录《小记》，阅本日文

件。申刻核批札各稿。幕中新请一友,专管盐务,名陈方坦,号△△,本日来署,因往一晤谈。又与蒋纯卿等一谈。夜核批札稿,二更后温《史记·儒林传》等篇。

初八日

早饭后清理文件。旋见客三次,刘开生等谈最久,围棋一局,江达川来久坐。午刻温《考工记》《玉人》《磬氏》《矢人》《陶人》《㮚人》,录《雅训小记》。中饭后再录《小记》,阅本日文件,核批札各稿。傍夕至幕府一谈。夜温《易》《大有》《谦》《豫》《随》《蛊》五卦,盖因偶忆《谦》卦而肆业及之也。

初九日(是日恭逢先大夫冥诞)

是日恭逢先大夫冥诞,黎明率眷属行礼。早饭后见客五次,写李少荃信一件。巳刻温《考工记·梓人》。许仙屏来晤谈,因留便饭。又约赵惠甫,刘开生、方元徵便饭。饭后阅本日文件,见客二次,录《雅训杂记》。傍夕与仙屏晤谈。灯后,改批札稿信稿。是日因应酬说话太多,倦甚。

初十日

是日恭逢慈禧皇太后万寿,黎明至万寿宫拜牌。早饭后见客二次。旋围棋一局,与许仙屏久谈,阅《考工记·庐人》。中饭后又与仙屏晤谈,阅本日文件,写对联十馀付、扁数方。傍夕至幕府一谈。夜,家人以余明日生日,行礼预祝。核批札稿(至)二更三点。昨夜,肩为风所射,本日体中小有不适,故废阁之事甚多。

附记

加冯、葛片　核皖、楚盐章

十一日(与仙屏谈气节、文章,二者缺一不可)

是日,余五十三生日,家人行礼称庆,外问之客,一概谢绝。围棋一局,改三摺、二片,自辰刻起至申刻改毕。阅本日文件。傍夕至幕府一谈。夜核批札各稿,添葛羣山信二叶,温《乾》卦未毕。二日内,与仙屏谈气节、文章,二者缺一不可,嘱其勉于此,以与乡人相切磋。

十二日

早饭后清理文件。旋出门拜客十馀家,谢昨日拜寿者也。又拜周缦云,请其来署教书。午初归。见客四次,围棋一局,请杨德亨等吃便饭。饭后阅本日文件,核批札各稿。傍夕至幕府一谈。夜核皖岸盐务新章,二更三点毕。是日发报三摺、二片。

十三日

早饭后见客,坐见者五次,立见者四次。清理文件,写沅弟信一封。午刻,莫子偲来久谈。写对联数付。中饭后与小岑围棋一局,周缦云来久坐。再写对联五付,内有晏彤云之太夫人寿联云:"渡海使星,烛天宝婺;堂前昼锦,陔下斑衣。"又赠邓寅皆云:"清风欲迈戴安道,师范略同胡翼之。"阅本日文件,核批札各稿。傍夕至幕府一谈。夜倦甚,不能做事,诵古文、词、赋数首。

十四日(写蔡荷亭所求横帧)

早饭后清理文件,见客三次,围棋一局。写晏宅寿幛暨对联等,写澄侯弟信一件。见客,立见者四次,坐见者一次,仙屏来久谈。中饭后写蔡荷亭所求横帧,长一丈,高二尺馀,面以描金画龙。背心描金画云,生平所未见之佳笺也,为写《丰乐亭记》,凡四百三十字。阅本日文件,核批札稿。傍夕至幕府一淡。夜核信稿各件,二更三点后阅《东京赋》,未毕。三更睡。

十五日(将《丰乐亭记》填写一跋)

早饭后清理文件。文武员弁贺朔[望]者多,见客十馀次,至辰正始毕。方元徵率其子来一谈,病鸡胸龟背,而学问渊雅,熟于《汉书·地理志》。围棋一局。午刻又见客一次,叶个唐坐颇久。中饭后,将昨写之《丰乐亭记》填写一跋,又写宣纸大横披一帧,约二百六十字。阅本日文件,核改批札各稿。傍夕至幕府一叙。夜核中路安徽票盐章程、楚岸章程。二更四点睡，四更始成寐。

十六日

早饭后清理文件。见客，坐见者三次，立见者二次。写左季高信一件，围棋一局，温《周礼·庐人》。孙琴西来，与许仙屏、朱紫卿共便饭。席间，潘云阁河帅来，谈论颇久。施陪客便饭毕。阅本日文件，写挽幛三幅、对联一副。傍夕至幕府一谈。夜与仙屏久谈，改信稿数件。二更三点后温《东京赋》毕。

十七日

早饭后清理文件。旋见客，立见者三次，坐见者二次。写沅弟信一件，围棋一局。沈霭亭来久谈，留吃中饭。饭后，席砚香来，何镜海来，坐颇久。阅本日文件，核批札稿，写扁字二十馀字、对联数付。傍夕至幕府一谈。夜改信稿二件，温《古文·辞赋类》。是日接雪琴信，溧水之贼已投诚矣。

十八日（夜作东皋书院对联）

早饭后见客一次，衙门期也。旋围棋一局。周缦云来上学，次儿纪鸿、外甥王兴韵、女婿罗兆升三人从之肄业，巳刻行礼。旋见客，坐见者二次，立见者四次。午刻写挂屏六幅。中饭请缦云、寅皆、子密便饭。席砚香来，亦留与共饮。饭后作昭忠祠对一付，阅本日文件，写对联、扁字十馀件。莫子偲来一谈，旋与同至小岑处一谈。傍夕至幕府一谈。夜作东皋书院对联一付云："涟水湘山俱有灵，其秀气必钟英哲；圣贤豪杰都无种，在儒生自识指归。"核批札各稿，未毕。仙屏来久谈，二更三点去。将皖岸、楚岸盐章核定发刻。日内应酬纷繁，不特公牍之应办者多所未了，即私事如看书之课、检身之程亦全未措意，虽欲不为俗吏，不可得已。

十九日

早饭后清理文件。旋见客，立见者三次，坐见者二次，陈虎臣坐颇久，围棋一局，沈霭亭来久坐。至学堂周缦云一谈。午正核批札稿。中饭后见客二次，曾祺、涂觉纲坐颇久。阅本日文件甚多，写对联数付。傍夕至幕府一谈。夜核批札稿，仙屏来久谈，二更三点去。核信稿三件。三点后温《泰》《否》二卦，三更睡。

二十日

早饭后清理文件。见客二次，衙门期也。围棋一局，写郭意城信一件。又见客二次，李壬叔等坐颇久。中饭后，将郭信写毕，阅本日文件，写对联下款等事颇多，写江味根极大挂屏一幅，有半未毕，至幕府一谈。夜核批札各稿，二更后温苏诗，朗诵十馀篇。

二十一日（江达川新授四川布政使）

早饭后清理文件。江达川来久坐，渠新授四川布政使，来此叩谢也。又见客，坐见者一次，立见者二次，围棋一局。闻新学使朱久香前辈已到，出城至盐河迎接。旋又至南门送邓寅皆归里，午初二刻回寓。写沈幼丹信三叶。中饭后，陈虎臣来久谈，阅本日文件。申刻写江味根挂屏甫毕。近日作书，唯此屏最为称意。傍夕至幕府一谈。夜核批札各稿，倦甚，不能做事。温《易》《乾》《坤》《屯》《蒙》四卦，略一涉猎而已。

二十二日

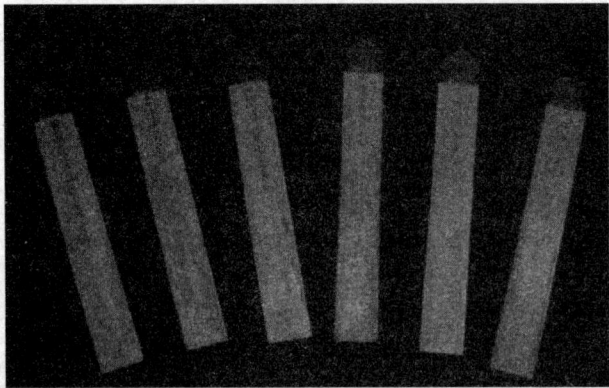

清代红、绿头牌

早饭后清理文件,见客二次,又坐见者三次,围棋一局,写沅弟信一封,席砚香来久坐。旋又见客三次。中饭后,出门拜朱久香前辈,又至江方伯处道喜。归来,李眉生来一谈,久香先生来久谈。阅本日文件未毕,天已黑矣。至幕府一叙。夜阅本日文件,核批札各稿,二更四点毕。核新刻淮盐运楚章程。

附记

○批供摺　朱谕文案房

二十三日(余请客光照至外洋购买制器之器)

早饭后见客二次,衙门期也。清理文件,围棋一局。见客,立见者三次,坐见者三次,李壬叔、容纯甫等坐颇久。容名光照,一名宏,广东人,熟于外洋事,曾大花旗国寓居八年,余请之至外洋购买制器之器,将以二十六日成行也。中饭后,魏西园、王孝凤先后来久坐,阅本日文件,至内室一谈,朱久香来久坐,核批札稿未毕,至幕府一谈。夜核批札稿。接奉廷寄一件。核楚岸章程毕。

附记

○保八人案　保案三单　参案

○请久香先生、涂心畬

二十四日(至河下拜江味根军门)

早饭后清理文件。旋见客,立见者二次,坐见者一次,写澄弟信一件。出门至河下拜江味根军门,以渠病甚重也。又拜钱警石先生,与淡良久。午初三刻归。围棋一局。中饭后见客,坐见者二次,立见者二次,阅本日文件。申正倦甚,至内室一谈。酉刻剃头一次。夜核批札稿,二更后核各供词,三点后朗诵《孟子》,五点睡。

二十五日

早饭后清理文件。见客二次,衙门期也。围棋一局。周世澄来,赵惠甫来,各久坐。李芋仙来坐,吴清如同年来久坐。吴名嘉诠,戊戌进士,小军机,曾任四川主考,好作诗、古文,颓然老矣。中饭后阅本日文件,添毛寄云、李少荃信各一叶,核批札稿信稿颇多。夜复久香先生信一件。将楚岸盐票及税单、水程各刻式细校一过。二更后温孟、荀、儒林、酷吏等传,韩文、郑群、柳子厚等志。三更睡。是日辰刻,将案上未厂之牍、丛残之纸稍一清厘,略觉眼明,然尚多积阅未清之件。

廿六日

早饭后清理文件。旋见客,坐见者三次,立见者二次,陈虎臣、孙琴西谈皆甚久。围棋一局。午刻,徐稼生前辈来畅谈。午正二刻,请朱久香先生便饭,陪客为吴清如、李葆斋、涂心畬。中正始毕。阅本日文件,核批札各稿。酉正,李芋仙来一谈,至幕府一谈。夜改收复高淳、建平、溧水等城,水阳、东堤等隘一摺,又改二片。二更三点睡。日内思韩文志传中有两篇相配偶者,如曹成王、韩宏两篇为偶,柳子厚、郑群两篇为偶,张署、张彻两篇为偶,王适、毛颖两篇为偶,樊宗师、孟郊两篇为偶,推此而全集中可以为偶者甚多。古人之文,可为偶者甚多,惜不能一一称量而配合之耳。

廿七日(与纪泽儿论文章之道通乎声音)

早饭后见客四次,朱云岩坐最久。接奉廷寄三次。中饭后核改片稿一件,见客二次,又立见者二次。申刻阅本日文件。意绪郁郁,不愿作事。酉正,与纪泽儿论文章之道通乎声音,写对联一副。夜核改批札稿信稿,发报三摺、五片。二更后温《汉书·赵广汉传》。

廿八日

早饭后见客一次,衙门期也。旋出城拜徐稼生、朱云岩,又入城拜吴清如,午初归。清理文件。沈蔼亭、魏涟西来久坐。旋席砚香等四人来。沈、魏留此中饭。饭后围棋一局,阅本日文件,写江军门所求大横幅一、小横幅二、直幅一、对联一。傍夕至幕府一谈。夜核批札各稿,二更后又写对联四付。旋改信稿二件、摺稿一件,江方伯求改者也。

廿九日（读《考工记·匠人》）

早饭后清理文件。旋见客，坐见者二次，立见者四次。围棋一局，读《考工记·匠人》未毕。中饭后见客，立见者二次，坐见者三次。阅本日文件，写对联挂屏数件。傍夕至幕府一叙。夜写久香先生信一件、杨军门信一件，核批札各稿。二更三点后温《史记·屈贾传》等篇。五点睡。

卅日

早饭后清理文件。旋见客二次，围棋一局，下各对联之款，读《匠人》毕，录《雅训小记》。请徐稼生中饭，万、勒二君陪之，申初散。阅本日文件，再录《雅训小记》，酉旋毕。核批札各稿。傍夕至幕府一谈。夜核各信稿。二更后温《孟子》"于东山""小鲁""仁礼""存心"等章，若有所会。四点入内室，睡颇酣。

十一月

初一日

早间，文武贺朔者甚多，直至巳初方毕。清理文件，围棋一局。读《考工记》《匠人》《车人》，中饭后读毕。录《雅训小记》，阅本日文件。摺差自京回，接京信数件。核批札稿。傍夕至幕府一叙。夜又阅京信数件，京报九月事。二更后温韩文数首，朗诵《诗》《东山》《杕杜》、《小旻》诸篇。二更四点至内室，睡不甚成寐。因阅倭艮峰相国、吴竹如侍郎各信，肝气颇为怫郁。

初二日（欣闻苏州克复）

早饭后清理文件。旋见客，立见者一次，坐见者六次，围棋一局，陈虎臣坐颇久。中饭后见客二次，阅本日文件甚多。读《弓人》，《周礼》于本日读毕。傍夕至幕府一谈。夜录《雅训杂记》，至二更后毕。核批札稿信稿，四点毕。是日闻苏州于十月廿五日克复，为之大慰。午后写沅弟信一封。

初三日

是日为先妣江太夫人冥寿，未明即起，料理一切，黎明行礼。饭后见客二次，围棋一局。写希庵信一件，写对联十馀付。黎纯斋来，与之言志以帅气、器以养志之道。中饭后，出门拜朱久香、徐稼生两处，酉刻归。阅本日文件极多。傍夕至幕府一谈。夜核批札稿，改信稿，至二更四点未毕。是日巳刻接程学启报苏州克复之信。

初四日（可喜苗沛霖之党张士端叛苗降官）

早饭后清理文件。旋写澄弟信一件，见客四次，又立见者一次，围棋一局，写沈幼丹信未毕。午刻，陈又铭宝箴来久谈。中饭后将幼丹信写毕，吴清如来久坐。阅本日文件，写对联数付。牧云自金陵归，与之久谈，同至后院楼上。定更后，核批札各稿，李眉生来久谈。二更三点至内室。是日闻唐中丞克复怀远。苗沛霖之党张士端叛苗降官，将怀远城献出，可喜事也。

初五日

早饭后见客三次，衙门期也。清理文件，与程颖芝围棋一局，写沅弟信一件，见客二次，马雨农坐颇久。中饭后倦甚，与鲁秋航围棋一局。朱久香来，久坐一时有奇。阅本日文件。傍夕至幕府一谈。夜核批札稿。二更三占入内室，睡颇酣。

初六日

早饭后清理文件。旋围棋一局。巳刻见客一次。午刻见客二次。中饭后与魏西垣、沈蔼亭邑谈，阅本日文件，核萧为则保单、石清吉保单，核批札各稿。傍夕至幕府一谈。夜核改信稿多件，温《孟子》数章。二更三点睡，甚能成寐。

初七日（录《雅训杂记》毕）

早饭后清理文件。旋见客三次，又坐见者一次。围棋一局，写左季高信一件，录《雅训杂记》。中饭后，程颖芝来，围棋二局。录《杂记》毕，阅本日文件，核楚岸盐务章程，重刻数纸，傍夕至幕府一叙。定更后，核批札各稿，改信稿，王子坚与吴竹如信改甚多。二更四点入内室。

初八日

早饭后见客一次，衙门期也。清理文件。旋又立见者五次，阅《文献通考·田赋门》。午刻见客二次，李壬叔坐颇久。中饭后改信稿数件，阅本日文件，核批札各稿，核毛、萧保举单，郭世兄与刘伯山来久坐。傍夕至幕府一谈。夜又核保举单，改信稿数件，倦甚。温《诗经》数章。二更三点睡，甚能酣寝。

附记

○六安保摺

○零保方、华、徐、王、魏

○专保摺

○请魏、刘、沈、郭

初九日（料理寄京炭敬单）

早饭后清理文件。旋见客，立见者三次，坐见者一次。改京信稿，沈蔼亭来久坐。偲来，陈虎臣、刘开生来，坐亦久。中饭后添吴竹如信四叶，料理寄京炭敬单。傍夕至幕府一谈。夜核雪琴保单，改信稿数件，温韩文《柳子厚墓志》等篇。

初十日

早饭后，拜发元旦题本。旋见客二次，衙门期也。将京信各件清厘，交摺差黄斋昂手。围棋一局。见客，坐见者一次，立见者三次。中饭后清理文件，将《田赋门》第一卷阅毕，阅本日文件颇多。申正与魏涟西等冄谈，核六安守城保单，改摺稿一件。傍夕至幕府一谈。夜改李世忠剿苗逆摺一件。二更后温杜诗五律。

十一日

早饭后清理文件。江方伯、罗士瀛、涂朗仙等五次客来，坐皆颇久。围棋一局。李雨亭之侄来，与谈片刻。午正请刘伯山毓嵩、魏涟西万杰等中饭。饭后作保举贤员摺，未毕，阅本日文件，又作摺，至灯后毕。核批札各稿，改杨军门请开缺养亲摺，并改信稿咨稿，又核零保诸人单。二更四点入内室，睡不甚成寐。

十二日

未明起，至学宫与文武同行礼拜牌，是日冬至也。归寓，天已明矣。凡文武来贺者，皆谢不见。又改近日军情片稿，写沅弟信一件。围棋一局。见客一次，谈颇久。中饭后阅本日文件，核批札各稿，核新添保举各零单。接奉十月廿七日所发摺件之批谕，计廷寄一件、明谕五件。傍夕至幕府一谈。发报四摺、一片、一保单。夜略核批札稿，温韩文十馀首，二更三点睡。

十三日（至内室与诸女论节俭、习劳之道）

早起。饭后，五局委员来见，清理文件，旋又见客二次，围棋一局。午刻写扁三付，阅《通考·田赋门》二卷，至未正阅毕，录《诂训杂记》，阅本日文件。是日大雪平地盈尺，寒甚。傍夕至内室与诸女论节俭、习劳之道。夜核批札各稿，朗诵《孟子》数十章，将其抗心高望者记出。

十四日（江西建昌有杀死卡员刘廷选之案）

早饭后清理文件。旋围棋一局，见客二次。午刻写对联十二付。中饭后见客一次，写澄弟家信一封，阅本日文件，阅《田赋门》三卷，未毕。傍夕至幕府一谈。夜再阅《通考》，二更后核批札稿，温《诗经》数章，四点睡。是日公牍毕，见江西建昌有杀死卡员刘廷选之案，为之不怿。

十五日

早起，各文武前来贺望，至已正始毕。清理文件，围棋一局。午刻，阅《田赋考》三卷毕。中饭后见客一次，写《欧阳氏姑妇节孝家传》，牧云求书此以刻石也。旋阅本日文件。书至日暮，共写五百馀字。傍夕至幕府一叙。夜又书《节孝传》二百馀字，写刘星房、程尚斋信，共添三叶，温韩文、《史记》共十馀首。

十六日（古人行文之不可及全在行气）

早饭后清理文件。陈虎臣来，语次，余为不怿，大作声色斥之。旋与鲁秋航围棋一局。见客，立见者一次，坐见者二次。陶继曾，江西知县，送其祖凫芗先生《诗集》一部。又两淮运司寄到康伯山著述一部。康名发祥，泰州人，著有》《《诗话》《三国志补义》等书，翻阅时许。中饭后又阅康、陶两家之书，见客一次。申刻阅本日文件极多，将《欧阳氏姑妇家传》写毕，至幕府一谈。夜核批札稿，二更后温韩文数篇，若有所得。古人之不可及，全在行气，如列子之御风，不在义理字句间也。

十七日

早饭后清理文件。见客、江达川、周汝筠二次。出门拜马雨农、莫子偲、郭慕徐三处，谈皆久。午刻归，见客二次。中饭后，袁西台来久坐，阅《通考·田赋考四》，阅本日文件，写对联八付，又阅《田赋考》。傍夕至幕府一谈。夜核批札各稿，二更后温《史记·游侠》等传。三点入内室，早睡，酣寝，是日早送欧阳牧云回籍，夜送钱警石先生辽参等件，因其病甚重也。

附记

石昌歝一案，范云吉说帖八条，存要件偶记

。朱金权岁修十六金，今年加四金

十八日

早饭后见客一次，衙门期也。旋又见客，坐见者二次，立见者一次，围棋一局，孙琴西、马雨农来，各谈二刻许。阅《通考·田赋四》。中饭后，黎庶昌来久谈。将《田赋四》阅毕，阅本日文件颇多，录《雅训杂记》。傍夕至幕府一谈。夜核批札各稿。二更后温《孟子》，分类记出，写于每章之首，如言心言性之属目，曰性道至言；言取与出处之属目，曰廉节大防；言自况自许之属目，曰抗心高望；言反躬刻厉之属目，曰切己反求。

十九日（阅小芸所作神道碑）

早饭后清理文件。旋见客，坐见者二欠，围棋一局，又见客，坐见者三次，邓小芸坐甚久，阅《田赋考五》。中饭后，涂心畲来。将《田赋》五卷阅毕，录《雅训杂记》，阅本日文件甚多。傍夕至幕府甾谈。夜核批核稿信稿，拟作邓湘皋先生幕表，将小芸所作神道碑再阅一过。二更四点入内室，颇能酣寝。

附记

"善后局办文案者，请保五人"

派两处截角二员

寄银单与澄弟廿四日

二十日（哀希庵弃世，怅警石仙逝）

早饭后清理文件。见客二次，衙门期也，写左季高信一件，围棋一局，魏涟西等来久坐，陈右铭来久坐。阅《田赋六》，中饭后阅毕。莫子偲来久坐，阅本日文件，录《雅训小记》。申正接信，知希庵于十月廿八日子刻弃世。若战多年，家无长物，忠荩廉介，可敬可伤。旋又闻钱警石先生仙逝。老成凋射，弥用怅惘。夜核批札各稿，二更后温《诗经》数首。倦甚，早睡。

廿一日

早饭后清理文件。旋见客二次，围棋一局，写沈幼丹信一件，阅《田赋考七》。午刻见客

二次。中饭后，太湖县一新进文生来见，年仅十一岁，孟昭暹，字进初。旋又读《田赋考》，阅本日文件。丁果臣寄其兄叙忠所著之《读易初稿》，翻阅一过。傍夕至幕府一谈。夜核批札各稿，二更后温韩文数首。夜睡，不甚成寐。

廿二日

早饭后见客一次，清理文件。旋围棋一局，阅《通考·田赋七》，午正毕。录《雅训小记》。中饭后，李葆斋来畅谈。写李少荃信一件，阅本日文件。申刻至钱家吊丧。钱警石先生于二十二日申刻去世，嘉道间一学者也。旋至周缦云家看其母之病，傍夕归。至幕府一谈。夜核批札各稿，核改信稿，写炼渠信，添二叶，阅《古文·叙记类》。二更三点早睡。是日，又将《读易初稿》略一翻阅。

廿三日

早饭后，见客一次，衙门期也。旋围棋一局，阅《通考·钱币一》，江方伯来久坐，双阅《钱币考》未毕，写沅弟信一件。中饭后写厚庵信一叶，见客一次。阅本日文件，见李少荃杀苏州降王八人一信稿一片稿，殊为眼明手辣。小岑来谈颇久。傍夕至幕府一谈。夜核批札各稿，二更后与纪泽讲七言律诗之法。旋读七律二十馀首。

廿四日（夜作邓湘皋先生墓表）

早饭后清理文件。旋见客三次，又坐见者一次，围棋一局，写澄弟信一件。午正请陈又铭、吴赞先等便饭。饭后阅本日文件。摺差王廷贵等自京归来，阅邸钞二十馀本。傍夕至内室一谈。夜作邓湘皋先生墓表，将小芸所作行状细阅一通。写沅弟信一件。二更五点睡。

廿五日

早饭后见客二次，衙门期也。清理文件。围棋一局。旋作墓表数行，见客二次，谈甚久。中饭后，李壬叔来一谈，阅本日文件，又作墓表数行。傍夕至幕府一谈。夜又作墓表，二更四点睡，尚未毕业。

廿六日

早饭后清理文件。旋见客二次，围棋一局。作邓湘皋墓表毕。午刻见客一次。中饭后，徐毅甫来久坐，核批札各稿，阅本日文件。倦甚，至内室闲谈。傍夕至幕府一谈。夜改摺稿一件。二更三点睡。是日用心太过，尚能成寐，幸也。

附记

赵世暹请拿乌池痞棍

徐子苓请拿合肥西南乡痞棍

周盛和雷麻店人

孙炳文、孙长贵、孙长乐江家店人

王缺三子王三户人

周德宣保黄奇意

廿七日（阅《柏枧山房集》）

早饭后清理文件。旋见客二次，围棋一局。已刻见客一次，恽光业等谈颇久。阅《柏枧山房文集》。中饭后核批札稿，改片稿一件，阅本日文件，核批稿颇多，又阅《柏枧山房集》。傍夕至幕府一谈。夜改信稿甚多。因所为墓表甚不称意，阅欧文数首。二更四点睡。

廿八日（安庆六属新进生员来此谒见）

早饭后清理文件。旋见客二次，围棋一局。已刻又见客三次。是日，安庆六属新进生员谒文庙后，来此谒见，朱学使牌示如此，向例所无也。共接见七次，每次约百馀人。系补行咸丰三、四年岁科考一次，五六年岁科考一次，故每县及府学各百馀人耳。阅《文献通考·钱币一》毕。中饭后，又见新进生员数次，阅本日文件甚多。傍夕至幕府一谈。夜将墓表改定数句，阅《梅伯言文集》，核批札信稿甚多。二更四点睡。

廿九日（忧溧水失守，东坝危急）

早饭后清理文件。旋见客一次,又立见者三次,围棋一局。旋改复范云吉信稿。午刻又见客,坐见者二次,立见者二次。中饭后阅《通考·钱币二》,约二十叶。阅本日文件。申正又改云吉信稿,至二更改毕,约二千馀字。傍夕至幕府一谈。二更后阅曾子固文数首、梅伯言文数首。四点睡。将睡时接信,知溧水失守,东坝危急,忧灼之至。睡不甚成寐。

附记

派州县查游勇

○派员赴临淮

十二月

初一日

早饭后,各文武员弁贺朔,皆谢不见。清理文件,写沅弟信一件,围棋一局,核批札各稿。中饭,请江达川,钱行,申刻散。又与邓伯昭久谈。阅本日文件甚多,未毕。傍夕与莫子偲谈,至幕府一谈。夜又阅本日文件毕,将曾子固文集分卷另钉,温《古文·传志类》。二更四点睡,不甚成寐。昨日闻溧水失守,忧灼殊甚。本日得鲍春霆信,实未失守,乃误报耳。

附记

邓士林　徐思荐

初二日(至新造之多宝仓验工)

早饭后见客五次,坐皆久,内江方伯赴川辞行。曾恕三、彭声二、曾柏九自家乡来,说话尤多,倦甚。围棋一局。张锦瑞来,谈亦久。核批札稿。中饭后写对联、挂屏数件。旋出门至江方伯处送行。又至新造之多宝仓验工,由北至同凡三廒,每廒五间。大门以东三廒,十五间;大门以西六廒,三十间。又西为晒谷场,场之北为碓房、砻房。工坚料实,用钱仅八千串,可慰也。归,阅本日文件。旋核批札稿,至幕府一谈。夜核批札稿,至二更毕。温古文《蜀都赋》。四点睡,腰疼殊甚,似为风所伤,不甚成寐。

初三日(阅《通考·钱币二》)

早饭后见客二次,衙门期也。清理文件。旋又见客,立见者六次,坐见者四次,唐桂生、万篪轩二次谈甚久。围棋一局。午刻看科房批札稿。中饭后阅《通考·钱币二》,阅本日文件,录《雅训杂记》,倦甚。写对联数付。傍夕至幕府一谈。夜核批札稿甚多,二更后再温《蜀都赋》,读《吴都赋》未毕。三点早睡,因腰疼敷贴膏药,不甚爽快。

附记

多宝仓节略,存诗文杂件包内

江保谢藻鉴　汤△△

○唐罃鼎臣衡州都司存要件偶记

初四日

早饭后清理文件。旋围棋一局,见客二次。出城见江达川方伯,送行。又入城拜客一家。核科房批札稿。中饭后写澄弟信一件。阅《通考·户口一》,阅本日文件。傍夕至幕府一谈,与马雨农、李眉生、程尚斋各信一片。夜核批札信稿各件,二更后阅惜抱轩古文十馀首。

初五日

早饭后见客二次,衙门期也。邓伯昭来辞行,久坐。围棋一局。写沅弟信一件,颇长。午刻见客二次。中饭后阅《通考·户口二》未毕,阅本日文件。傍夕至幕府一谈,阅《惜抱轩集》。夜核批札各稿,二更后阅韩文数首。四点睡。天气燥热已十馀日,本日转北风,又寒冷矣。后院多隙地,新栽竹数十丛,每丛十根八根,或三、五根不等。

附记

〇改泽两课 核各保单 和莫诗

初六日（出门验枪炮局工程）

早饭后清理文件。旋见客一次。围棋一局。出门验枪炮局工程。旋至郭慕徐家一坐，午刻归。见客二次。中饭后见客二次，阅《通考·户口二》毕，阅本日文件，核批札各稿。傍夕与纪泽言墓志墓表体裁。夜录《诂训小记》，核批札稿信稿颇多。温《孟子》至二更四点止，如有所会。

初七日

早饭后清理文件。旋见客，坐见者三次，立见者三次，唐桂生、万簸轩坐甚久。围棋一局。午刻，袁雪舟来坐甚久。魏涟西、沈蔼亭来此便饭，申刻去。说话太多，倦甚，至内室闲坐片刻。阅本日文件，阅《梅伯言文集》。傍夕至幕府一谈。夜核朱云岩、李申夫保单，二更二点阅《商君传》。

附记

旋鸿基松如所保 朱△△

王廷选函告恽次山中丞

初八日

早饭后见客三次，方存之坐颇久。围棋一局，写李克轩北冈信一件。午刻见客三次，刘伯山坐颇久，核科房批稿。中饭后头疼，倦甚。陈虎臣来一谈，写挽幛三幅。阅本日文件，未毕，灯后阅毕。阅供招三件，核批札稿。二更后温《诗经·巧言》等数篇。

初九日（改纪泽古文及诗）

早饭后见客二次，清理文件，围棋一局。旋又见客，立见者七次，坐见者三次，内刘开生、方元徵谈最久，何小宋、万簸轩俱有公事来商。午正核科房批稿。中饭后，莫子偲、黎纯斋来一谈，写复李眉生一片，阅本日文件。傍夕至幕府一谈。夜题莫子偲所作《唐写本说文笺异》之检，核喻吉三保单，改纪泽古文一首、四言诗一首、五七言诗三首。

附记

澄弟十一月十八日李宅信 振亭姻伯健

旭三迪子讪寄金陵安江浙直 伯固已归

十一月十二日九酌存闻，见日记内

黎纯文杨乾陈存偶记

初十日（改皖南开垦荒田章程）

早饭后见客二次，衙门期也。清理文件。旋围棋一局，见客二次，新科拔贡八人来见。改皖南开垦荒田章程，改至未正毕。又见客二次，阅本日文件，核批札各稿。傍夕至邵宅并内银钱所一叙。夜阅李世忠与陈国瑞案件。

十一日

早饭后清理文件。见客，立见者三次，坐见者一次。旋围棋一局，作钱警石先生挽联一对，拟作复奏李世忠案一扬，清理各卷。午刻核科房批札稿。中饭，请唐桂生等便饭，未正散。阅本日文件。酉初作摺，未毕。傍夕至幕府一谈。至二更三点作摺毕，约二千字。又改一短摺。辛苦颇甚，若疲乏不能堪者。

附记

陈 灿华阳卡

十二日

早饭后清理文件，见客一次，围棋一局。旋又见客，坐见者一次，立见者三次。作密片一件，言李世忠事，至未正作毕，约千馀字。写挽联一副，阅本日文件。傍夕至幕府一谈。夜核批札稿，至二更四点毕。是日发报三摺、一片、一清单。

十三日（核文案房及幕府稿）

早饭后清理文件。见客三次。旋出门至钱家，渠于今日开吊也，巳正归。围棋一局。旋又见客二次。中饭后写毛寄云信，阅本日文件。连日因办密摺，积压公事、批札各稿甚多。本日午刻核科房稿，申刻核文案房及幕府稿，清厘完毕。傍夕至幕府一叙。夜，改僧王并唐中丞信稿，二更三点毕，约五百馀字。温《诗经》数章。

附记

翟增荣　佳士

十四日

早饭后清理文件。见客，坐见者一次，立见者二次。旋程颖芝来，与之围棋二局，又观刘开生与程二局，巳午正矣。中饭后见客，坐见者一次，立见者三次。写纪瑞侄信，阅本日文件，看京报十馀本，写澄弟信一件。傍夕至幕府一谈。夜核批札各稿，二更后温《史记》数首，四点睡。

十五日（讲《伯夷列传》与纪泽听）

早起，各文武员弁贺望，至巳刻止。见客毕，清理文件。旋围棋一局，又见客二次。写郭意城信，中饭后始毕，计千馀字。旋阅《通考·职役一》，阅本日文件极多，傍夕毕。夜核批札稿，写沅弟信一件，二更后温《史记》，讲《伯夷列传》与纪泽听。余咸丰九年所批《史记》，纪泽于今年点读一过，顷自家中寄来，因再翻一遍。是日接部文，将郑珍、莫友芝、邓瑶、赵烈文、成果道、向师棣等十馀人发往江苏，以知县用，因中外臣工先后保奏也。

附记

王氏姊墓志

李、江奠仪

十六日（本日大风雨，念前敌各军殆无生计）

早饭后清理文件。旋围棋一局，见客一次，写沈幼丹信一封。午刻核科房批稿，核幕府各批。中饭后阅《通考·职役一》，未毕，阅本日文件。傍夕与纪泽论潘、陆之文，因及昌黎各篇。本日雨大，竟日未息，北风如吼，念各饷船在途，不得到台，前敌各军殆无以为生矣。夜核信稿数件，温《吴都赋》。

十七日

早饭后清理文件，见客一次，围棋一局。见客，坐见者三次，立见者一次。午初阅科房稿批各件，阅《通考·职役二》，至申正阅毕。阅本日文件。夜核批札各稿，写程尚斋信一叶，二更后阅《魏都赋》，未毕。四点睡。是日大雪苦寒，不便作事。

十八日（知运司衙门寄弟营银，为之一慰）

清代诰命

早饭后见客一次，围棋一局，写王子坚密信。午刻核科房批札稿，阅《通考·征榷一》。中饭后阅《征榷二》，录《雅训杂记》。写沅弟信一件，深以弟营无银度岁为苦。旋接信，知运司衙门寄弟营银七万八千有奇，为之一慰。申刻阅本日文件，与欧阳小岑围棋一局。傍夕至

幕府一谈。夜核批札各稿，二更后阅《魏都赋》未毕，四点睡。

十九日

早饭后见客二次，清理文件。旋围棋一局，见客二次。午刻核批札稿。阅《征榷二》，中饭后阅毕。见客二次。接信，知范云吉于十三日戌刻弃世。仁厚正派而有识见，方意其大有为于时，而止于此，良可痛也。添申甫信一叶，阅本日文件，核批札各稿。是日奇寒异常，至内室围炉小坐。会客一次，夜温《魏都赋》毕，温《西征赋》。

廿日

早饭后清理文件。见客二次，衙门期也。围棋一局，莫子偲来久坐，写李少荃信一件。阅《通考·征榷三》未毕，中饭后再阅数叶。见客四次。出门至河下看蔡国祥新造之小火轮。船长约二丈八、九尺，因坐至江中，行八、九里，约计一个时辰可行二十五、六里。试造此船，将以次放大，续造多只。申正归，阅本日文件甚多。傍夕至幕府一谈。夜核批札稿，温《西征赋》毕。

附记

周瑞二犯摺　九洑洲保摺

谢优叙恩摺并近日军情　萧、李二谢摺

抄元年五月十四日密寄

廿一日

早饭后行封印礼。旋清理文件。围棋一局。与沅弟信一封，见客一次，阅《通考·征榷三》。中饭后，新进武生员来谒，七县共见七次。涂心斋来久坐。阅本日文件甚多。傍夕李眉生来吧谈。夜，改摺稿二件。阅《征榷三》毕。是日说话太多，精神委顿之至。阅《通考》不甚了然，并说话不圆，舌尖若提不起者。三点睡。

廿二日（接奉御赏"福、寿"字）

早饭后清理文件。旋见客二次，围棋一局。又见客，坐见者一次，立见者二次。午刻核科房批稿。阅《通考·征榷四》，中饭后又阅之，未毕。疲倦殊甚。朱久香学使来久谈，李雨亭来一谈，阅本日文件颇多。傍夕至内室一坐。夜核批札稿，核杨、彭保举单，阅《恽子居文集》。二更三点早睡。是日午刻接奉御赏"福、寿"字，又沅弟及杨、彭、鲍、李五处"福"字，皆由此间转送。

廿三日

早饭后清理文件，见客一次，围棋一局。旋写沅弟信一件。巳刻见客二次。孙尚绂者，莲堂侍郎之少君，坐谈颇久。午刻核科房批稿、幕府批稿。中饭后［后字衍］，约李雨亭便饭，即邀入公馆小住。中饭后阅《征榷四》毕，阅本日文件甚多。酉初至雨亭处久谈。夜核批札稿。将改纪泽所为《六书论》，精神疲甚，不能动笔。温《秋兴赋》《笙赋》。四点睡。

廿四日（闻筠仙续弦不合意）

早饭后清理文件，见客二次，围棋一局。出门拜朱学使，巳正归。见客一次，又立见者四次。写澄侯弟信一件，核科房批札稿、幕府批稿。中饭后见客二次，阅《通考·征榷五》，阅本日文件甚多，核改信稿批稿甚多。傍夕至幕府一谈，黄南坡来久谈。闻郭筠仙续弦钱氏之女为继配，由沪带至广东，竟以不合而大归，良用忧骇。改复总理衙门咨稿一件、信稿一件。二更四点睡。

廿五日（因精神日倦，做丸药服之）

早饭后清理文件，围棋一局，见客二次。巳刻又立见者三次，坐见者一次，写左季高信一件。午刻，魏涟西来久坐，中饭后去。黄南坡来久谈，与之围棋一局，李勉亭来一坐，阅本日文件，写对联二付。傍夕至幕府一谈。夜，改信稿二件，核比札各稿，温《史记·汲黯传》。是日见客，说话太多，又复倦甚，因旬日精神疲倦，本日做丸药，一单鹿茸四两、麋茸八两，又和以高丽参、黄耆之类，合计费银八、九十两，自来未服此珍药也。

廿六日

早饭后清理文件。旋围棋一局，见客，坐见者一次，立见者五次，写沅弟信一件。午刻核科房批稿，作摺稿未毕。中饭后，黄南坡来久谈，又与围棋一局。阅本日文件甚多。傍夕改摺稿未毕，灯后改毕。又改二片稿，核各保举单。二更后温《史记·张释之冯唐传》。四点睡。

附记

吴 钱 刘 桂 黎 李 联 录奏目

廿七日

早饭后见客三次，清理文件。旋围棋一局。出门至河下拜客，未遇。入城拜客二家，午刻归。核批札各稿。中饭后见客二次，黄南坡坐极久。阅本日文件，核批札各稿。傍夕至幕府一谈，发报四摺、二片、一清单。夜核批札稿极多，改纪泽诗未毕。

廿八日

早饭后清理文件。旋见客，坐见者三次，立见者三次。改纪律（诗）未毕。李壬叔来久谈。约黄南坡、程颍芝来围棋，凶留便饭。余未动手，见黄与程对二局，又刘开生与黄、程各一局，申正散去。酉刻阅本日文件。夜将七律改毕，又改《六书论》一首。五点睡。

廿九日（阅《唐写本说文笺异》）

早饭后清理文件。旋见客三次，又坐见者一次，围棋一局。见客，坐见者三次，立见者一次。午刻核科房批札稿，又核幕府批未毕。午正约李勉亭便饭。饭后阅莫子偲所作《唐写本说文笺异》。将作诗而不果，阅本日文件。傍夕至幕府一谈。夜核信稿批札稿。二更五点睡。

三十日（总理衙门令各省绘呈地图）

早饭后清理文件，旋围棋一局，写沅弟信一件，见客四次。本日辞岁之客，皆谢不见。阅莫子偲所为《说文笺异》。午刻，邓守之来，携一幼孙，仅八、九岁，盖完白先生之于孙仅存此耳，相对凄然。午正敬神。中饭后再看子偲书，未毕。阅本日文件。傍夕至内室一叙。夜核批札稿甚多。三更睡，公事尚有未毕者。是日接总理衙门文书，令各省绘呈地图。拟派袁西台与方、刘二人办理。睡不甚成寐。驹光浪掷，学不加进，又一年矣。